高职高专“十一五”规划教材

汽车构造

方勇 主编

化学工业出版社

·北京·

本书通过采用大量相关的立体图、实物图及简图深入浅出地介绍了整车及各个系统、总成、零部件的构造和工作原理。结合现代汽车技术的最新发展，增加了可变气门正时、高压共轨电喷柴油机、自动变速器、多轮驱动和四轮转向等新结构、新技术的介绍。

本书可作为高职高专汽车运用、汽车检测与维修、汽车营销等专业的教材，也可作为汽车制造、营销、运输、检测、维修等企业的培训教材及相关行业的工程技术人员的参考书。

图书在版编目（CIP）数据

汽车构造/方勇主编. —北京：化学工业出版社，2008.6(2014.3 重印)

高职高专“十一五”规划教材

ISBN 978-7-122-02601-9

Ⅰ.汽… Ⅱ.方… Ⅲ.汽车-构造-高等学校：技术学院-教材 Ⅳ.U463

中国版本图书馆 CIP 数据核字（2008）第 075982 号

责任编辑：高 钰　　文字编辑：陈 喆

责任校对：吴 静　　装帧设计：尹琳琳

出版发行：化学工业出版社（北京市东城区青年湖南街 13 号　邮政编码 100011）

印　　装：大厂聚鑫印刷有限责任公司

787mm×1092mm　1/16　印张 18¼　字数 453 千字　　2014 年 3 月北京第 1 版第 3 次印刷

购书咨询：010-64518888（传真：010-64519686）　售后服务：010-64518899

网　　址：http://www.cip.com.cn

凡购买本书，如有缺损质量问题，本社销售中心负责调换。

定　　价：28.00 元

前　言

汽车构造课程作为汽车类相关专业的主要专业课，掌握课程的知识对高职高专的学生具有非常重要的意义。为了能在有限的学时内提高教学效率，本教材选取汽车上的典型零件或总成作为讲解对象，建议通过现场教学、多媒体教学、实践教学等教学方法的有机结合，使学生具备汽车整体构造的基本知识。

本书编写中我们按照高等职业教育技术应用型人才培养的基本要求，结合教学和生产实际的需要，确定了编写的指导思想和教材特色。以应用为目的，突出实用性和针对性。本书主要特色如下。

1. 坚持学以致用、理论与实践相结合的原则。各章在讲解基本结构、工作原理时，以典型结构为主，讲清基本原理，辅以部分新车型的实例介绍，以培养学生举一反三的能力。

2. 信息量大、内容广泛。教材在内容上深入浅出，对汽车新结构、新技术作了较详尽的说明。

本书共 15 章，内容包括汽车发动机、汽车传动系统、汽车行驶系统、汽车转向系统、汽车制动系统及车身和附属设备等。编写分工为：方勇编写绪论、第 1 章、第 2 章、第 3 章、第 8 章、第 10 章、第 11 章，鲁春艳编写第 4 章、第 5 章、第 6 章、第 7 章、第 9 章、第 15 章，徐长寿编写第 12 章、第 13 章、第 14 章。全书由方勇任主编，徐长寿任副主编。

全书由南京林业大学机电学院汽车与交通工程系万茂松副教授担任主审，他在审阅过程中提出了许多宝贵意见和建议，在此深表感谢。在编写本书的过程中，得到了王震、吉智等同志的大力支持，在此向他们致以衷心的谢意。

由于编者水平有限，书中难免有不足之处，恳请读者批评指正。

编　者

目　　录

0 绪 论

学习要求

1. 掌握汽车总体组成及基本功用；

2. 了解汽车的分类方法、汽车的基本行驶原理以及汽车工业的发展史。

0.1 汽车总体组成

汽车通常是由发动机、底盘、车身、电气设备等部分组成。普通轿车的总体构造如图0-1 所示。各部分的基本组成及功用如下。

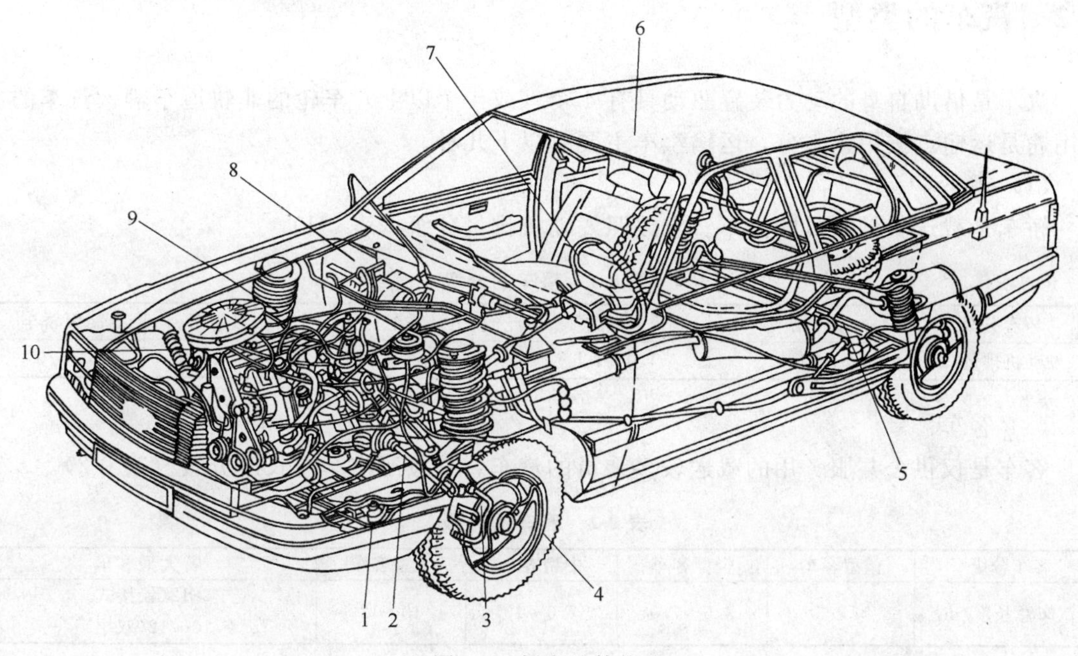

图 0-1 轿车总体构造

1—副车架；2—左半轴；3—盘式制动器；4—轮胎；5—后桥；6—车身顶盖；7—转向盘；8—空调装置；9—悬架；10—发动机总成

① 发动机的作用是使供入其汽缸中的燃料燃烧而发出动力。大多数汽车都采用往复活塞式内燃机，它一般是由机体、曲柄连杆机构、配气机构、燃料供给系统、冷却系统、润滑系统、点火系统（柴油发动机无此系统）、启动系统等部分组成。

② 底盘接受来自发动机的动力，使汽车克服行驶阻力产生运动，并保证汽车按照驾驶员的操纵正常行驶。底盘由以下几部分组成。

传动系统——将发动机的动力传递给驱动车轮。该系统包括离合器、变速器、分动器、万向节、传动轴、主减速器、差速器、半轴等部件。

行驶系统——将汽车各总成及部件连成一个整体并对全车起支承作用，缓和道路冲击和振动，对路面起附着作用，以保证汽车正常行驶。该系统包括车架（或承载式车身）、前轴、驱动桥的壳体、车轮（包括转向轮和驱动轮）、悬架等部件。

转向系统——保证汽车能按照驾驶员选择的方向行驶。该系统由转向操纵机构、转向器及转向传动机构组成，部分汽车还有转向助力装置。

制动系统——使汽车减速或停车，并保证汽车能可靠地停驻。每辆汽车的制动装备都包括若干个相互独立的制动系统，每个制动系统都由供能装置、控制装置、传动装置和制动器组成。

③ 车身是驾驶员的工作场所，也是装载乘客和货物的部件。车身应为驾驶员提供方便的操作条件，以及为乘客提供舒适安全的环境或保证货物完好无损。它包括车前板制件、车身本体，还包括货车的驾驶室和货厢以及某些汽车上的专业作业设备。

④ 电气设备由电源组、发动机启动系统和点火系统、汽车照明和信号装置组成。此外，在现代汽车上愈来愈多地装用了各种电子设备：微处理机、中央计算机系统及各种人工智能装置等，显著提高了汽车的性能。

0.2 汽车的类型

汽车是借助自身的动力装置驱动具有 4 个（或 4 个以上）车轮的非轨道车辆。汽车的主要用途是运输。按用途来分，运输汽车主要有以下几种。

（1）轿车

轿车是载送少量乘员的汽车。它按照发动机排量分级（表 0-1）。

表 0-1 轿车的分级

轿车分级	微型轿车	普及型轿车	中级轿车	中高级轿车	高级轿车
发动机排量/L	≤1.0	1.0～1.6	1.6～2.5	2.5～4.0	>4.0

（2）客车

客车是仅供公共服务用的载送较多乘员的汽车。它按照汽车总长度分级（表 0-2）。

表 0-2 客车的分级

客车分级	微型客车	轻型客车	中型客车	大型客车	特大型客车
汽车总长度/m	≤3.5	3.5～7.0	7.0～10	10～12	>12(铰接式) 10～12(双层)

（3）货车

货车是载送货物的运输汽车。它按照汽车的总质量分级（表 0-3）。

表 0-3 载货汽车的分级

载货汽车分级	微型货车	轻型货车	中型货车	重型货车
汽车总质量/t	≤1.8	1.8～6.0	6.0～14	>14

（4）越野车

主要用于非公路上（也可在公路上）载运人员和货物或牵引各种装备的汽车。越野汽车的全部车轮都可以作为驱动轮。

（5）自卸车

主要用于矿区、工地运输矿石、砂土等散装货物，货厢能自动倾卸的汽车。

(6) 专用汽车

专用汽车是用基本车型改装，装上专用设备，完成专门运输任务或作业任务的汽车。如消防车、冷藏车、救护车、混凝土搅拌运输车、容罐车、检阅车、指挥车等。

(7) 牵引汽车和半挂汽车

① 牵引汽车　专门或主要用于牵引挂车的汽车，可分为全挂牵引汽车和半挂牵引汽车。

② 挂车　本身没有自带动力及驱动装置，由汽车牵引组成汽车列车。用以载运人员或货物的汽车挂车分为全挂车、半挂车和特种挂车等。

为使我国的汽车行业在标准、法规方面充分利用国际的最新成果，提高我国汽车产品的管理能力，同时使我国汽车产品设计、开发等方面及时跟上国际汽车工业发展的进程，为我国汽车行业参与国际竞争打下基础，国家制定了 GB/T 3730.1—2001《汽车和挂车类型的术语和定义》。该标准中规定运输汽车分为乘用车、商用车，其中乘用车包括 11 种车型，商用车包括客车、半挂牵引车和货车。

0.3 汽车工业发展概况

(1) 世界汽车工业的发展概况

1885 年德国工程师卡尔·本茨设计并成功制造了一辆装有单缸汽油机的三轮汽车，并于 1886 年 1 月 29 日申请了专利。后来人们将这一天作为汽车的诞生日。同年，德国人哥德里普·戴姆勒设计制造出了第一辆汽油机四轮汽车。

1892 年德国工程师鲁道夫·狄赛尔获得了柴油发动机发明专利，并于 1897 年研制成功了实用的四冲程柴油机。后人为纪念这位发明家，把柴油机命名为“狄赛尔发动机”。

1903 年亨利·福特创立了福特汽车公司。1908 年福特汽车公司推出了著名的 T 型车，并于 1913 年在汽车行业率先采用流水生产线大批生产，使该车型产量迅速上升、成本大幅度下降。在 1908～1927 年的二十年间，T 型车共生产了 1500 万辆，世界汽车史上出现了第一个黄金时代。

1936 年德国波尔舍博士设计出甲壳虫型汽车，逐渐成为当时世界最畅销的汽车，汽车史上出现了第二个黄金时代。

从 20 世纪初至 20 世纪 50 年代，汽车产量大幅增加，汽车技术也有了很大的进步：相继出现了高速汽油机、柴油机；弧齿锥齿轮和准双曲面锥齿轮传动、带同步器的齿轮变速器；摩擦片式离合器；等速万向节；液压减振器；艾克曼式转向机构；石棉制动片；充气式橡胶轮胎等。

20 世纪 50 年代至 20 世纪 70 年代，美国汽车业逐步形成了通用、福特、克莱斯勒三大公司鼎立的局面。欧洲汽车工业发展主要集中在德国、法国、英国、意大利和西班牙 5 国，1973 年欧洲汽车产量达 1500 万辆。这一时期流线型车身、前轮独立悬架、液力自动变速器、动力转向、全轮驱动、子午线轮胎等都相继出现。

20 世纪 70 年代至今，世界汽车业形成了通用、丰田、福特-沃尔沃、雷诺、大众、戴姆勒-克莱斯勒、标致-雪铁龙等大集团公司。汽车产量稳定在每年 4000 万～5000 万辆。日本汽车工业在引进、消化的基础上，不断创造新车型，曾于 1980～1993 年间超过美国而居世界第一位。这一时期汽车主要以提高安全性、降低排放污染为发展方向。因此各种防抱死制动系统、电子控制燃油喷射、电子点火控制、三元催化转换系统、电动汽车等新技术、新车型相继出现。

汽车工业涉及众多的工业门类。一辆汽车有上万个零部件，由钢铁、有色金属、工程塑料、橡胶、玻璃、纺织品、涂料等繁多的材料制成，应用冶金、铸造、锻压、焊接、机械加工、装配、涂装等许多工艺技术，涉及冶金、机械制造、化工、电力、石油、轻工等部门，汽车销售与营运还涉及金融、商业、运输、旅游和服务等第三产业。汽车工业的发展将带动整个国民经济的发展。发达国家汽车工业产值约占国民经济总产值的8%，占机械工业产值的30%。世界发达国家无一例外地把汽车工业作为国民经济的支柱产业。汽车工业的发展水平是代表一个国家工业水平的重要标志之一。

(2) 我国汽车工业的发展概况

1953年7月第一汽车制造厂开始在长春兴建，1956年7月15日正式投产，生产出新中国第一辆解放CA10型载货汽车。1958年又生产出了我国第一辆轿车——东风牌轿车，接着又开始小批量生产红旗牌轿车。

从1953年至1978年改革开放之前，这段时间的建设初步奠定我国汽车工业发展的基础，相继建设了一批汽车制造厂。在发展中，我国汽车工业也曾一度陷于“散、乱、差”的局面，车型结构也处于“缺重少轻，轿车几乎空白”的状态。

从1978年到20世纪末伴随着我国改革开放的不断进行，我国汽车工业得到了长足发展，形成了完整的汽车工业发展体系。中共十四大和全国人大八届四次会议确定将汽车工业列为国民经济支柱产业。1994年国家又颁布了《汽车工业产业政策》。经过多年艰难的产业结构调整，通过大规模的兼并重组，实现了规模化生产的格局。世界汽车的6大集团（通用、福特、丰田、大众、戴姆勒-克莱斯勒、雷诺）和3大公司（宝马、本田、标致-雪铁龙）等纷纷以各种方式进入我国汽车行业，极大地加快了汽车工业的技术进步。1998年我国汽车产量为162.8万辆，列世界第十位。轿车产量为50.7万辆，世界排名第十四位。轿车工业形成了“三大”、“三小”、“两微”格局。

1999年至今是我国汽车工业的高速发展时期，每年保持两位数以上的增长率。2002年是我国加入世贸组织后的第二年，生产汽车325万辆、销售324万辆；2003年生产汽车450万辆、销售420万辆；2004年生产汽车507.05万辆、销售507.11万辆。2005年生产汽车570万辆、销售590万辆；2006年生产汽车728万辆、销售718.4万辆；2007年生产汽车888万辆、销售879万辆。中国汽车行业良好的发展势头和前景为世界各国所重视。中国汽车工业从引进项目、与国外联合开发为主开始走向自主开发。展望未来，我国汽车工业将全面融入国际汽车工业体系，并将成为世界汽车工业强国之一。

现代汽车技术发展主要有以下几个方向。

① 进一步提高安全可靠性能　在应用汽车防抱死制动系统、汽车驱动防滑系统、电控稳定程序、电子巡航控制系统、行车安全带、安全气囊等技术基础上研发新的技术。

② 环境保护　采用电控燃油喷射、电子控制点火系统、废气再循环控制系统、燃油蒸发排放控制系统、气门升程与配气相位可变控制系统、废气涡轮增压控制、共轨电控柴油喷射系统等新技术。

③ 节约能源　整车轻量化，主要目标是将目前占汽车质量70%的钢铁材料替换成其他轻质材料，如塑料、铝等；降低轮胎的滚动阻力，研制新型的轮胎；降低空气阻力，通过改进车身造型设计，使汽车造型更光顺圆滑；变速器多挡化；新能源汽车，研制和采用合成燃

料、液化石油气、压缩天然气、醇类燃料等代用燃料、混合动力汽车、氢燃料电池汽车等。

④ 操纵方便、乘坐舒适　采用自动变速器、电控动力转向、电控悬架、智能仪表、自动空调、全球卫星定位系统等技术，进一步研制新的技术。

0.4　汽车行驶基本原理

汽车能够在道路上行驶必须具备两个基本条件，即驱动条件和附着条件。

(1) 汽车行驶的驱动条件

① 汽车的驱动力 F_t　发动机发出的转矩经传动系统传到驱动车轮上，转矩 T_t 力图使车轮旋转。由此在驱动轮与地面接触处，车轮向地面施加一个力 F_0，其数值为 T_t 与车轮半径之比；而与此同时，地面对驱动轮产生一个反作用力 F_t 推动汽车前进，F_t 称为汽车的驱动力，如图 0-2 所示。

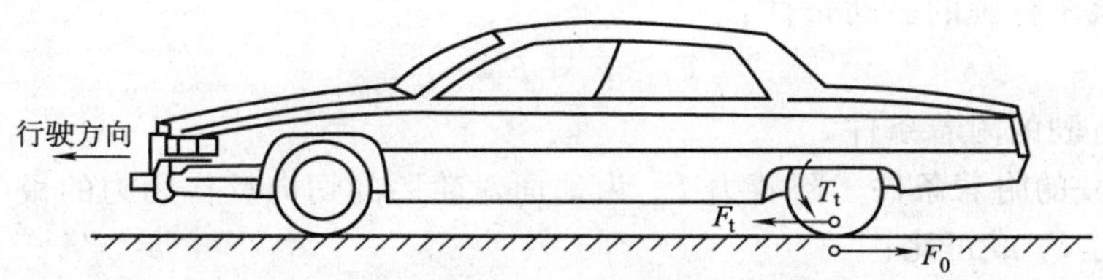

图 0-2　驱动力产生示意图

故有：

$$F_t = T_t / r$$

式中　T_t——作用于驱动轮上的转矩，N·m；

r——车轮半径，m。

② 汽车的行驶阻力 $\sum F$　汽车行驶时需要克服各种阻力。

$$\sum F = F_f + F_w + F_i + F_j$$

a. 滚动阻力 F_f　由车轮滚动时轮胎与路面发生变形而产生。

$$F_f = W_t f$$

式中　F_f——滚动阻力，N；

W_t——车轮载荷，N；

f——滚动阻力系数。

滚动阻力系数与轮胎结构、轮胎气压、车速和路面性质等有关。

b. 空气阻力 F_w　汽车行驶时受到空气作用力在行驶方向上的分力称为空气阻力。它由压力阻力与摩擦阻力两部分组成。

压力阻力是空气作用在汽车外表面上的法向压力的合力在行驶方向的分力。

摩擦阻力是由于空气的黏性在车身表面产生的摩擦作用的阻力。

影响空气阻力的因素主要有汽车形状、迎风面积和车速。在汽车行驶的速度范围内，空气阻力与车速的平方成正比，当车速很高时，空气阻力是行驶阻力的主要部分。

c. 坡度阻力 F_i　当汽车上坡行驶时，汽车重力沿坡道的分力称为汽车坡度阻力。

$$F_i = G\sin\alpha$$

式中　G——汽车重力，$G = mg$，N；

α——坡度角。

道路的坡度是以坡高 h 与底长 s 之比来表示，即

$$i=h/s=\tan\alpha$$

我国公路标准规定，高速公路平原微丘区最大坡度为 3%，山岭重丘区为 5%；一般四级路面山岭重丘区最大坡度为 9%。当坡度不大时，$\cos\alpha\approx1$，$\sin\alpha\approx\tan\alpha=i$，则

$$F_{\mathrm{i}}\approx Gi$$

d. 加速阻力 F_{j}　汽车加速行驶时，需要克服汽车质量加速运动时的惯性力，这就是加速阻力。汽车的质量越大，加速阻力越大。

③ 汽车行驶方程及驱动条件　汽车行驶的动力方程

$$F_{\mathrm{t}}=F_{\mathrm{f}}+F_{\mathrm{w}}+F_{\mathrm{i}}+F_{\mathrm{j}}$$

当汽车驱动力等于滚动阻力、空气阻力和坡度阻力之和时，汽车匀速行驶；当驱动力大于后三者之和时，汽车才能起步或加速行驶；当驱动力小于后三者之和时，则汽车无法起步或减速行驶。汽车行驶的驱动条件：

$$F_{\mathrm{t}}\geqslant F_{\mathrm{f}}+F_{\mathrm{w}}+F_{\mathrm{i}}$$

（2）汽车行驶的附着条件

① 汽车行驶的附着条件　附着力 F_{φ} 为地面对轮胎的切向反作用力的极限值。它与驱动轮法向反作用力 F_{z} 成正比：

$$F_{\varphi}=F_{\mathrm{z}}\varphi$$

式中　φ——附着系数。

汽车行驶的附着条件：地面切向反作用力不能大于附着力。

$$F_{\mathrm{t}}\leqslant F_{\varphi}=F_{\mathrm{z}}\varphi$$

汽车行驶必须同时满足驱动条件和附着条件，即：

$$F_{\mathrm{f}}+F_{\mathrm{w}}+F_{\mathrm{i}}\leqslant F_{\mathrm{t}}\leqslant F_{\varphi}$$

② 汽车附着力影响因素分析

a. 附着系数 φ　主要取决于路面的种类和状况、轮胎结构、气压等使用条件。

硬路面的附着系数较高。但当路面有尘土覆盖或潮湿后，附着系数显著下降。轮胎的结构及材料对附着系数的影响也很显著。细而浅花纹的轮胎在硬路面上有较好的附着力，而在松软地面上花纹宽而深的轮胎则可获得较大的附着系数。低气压、宽断面和子午线轮胎，与地面接触面积大，附着系数比一般轮胎高。当车速提高时，附着系数下降。在严寒冬季冰雪路面行驶的车辆易打滑，为了增加附着力，可采用特殊花纹的轮胎或在轮胎上绕防滑链，也可以在路面撒砂等。

b. 驱动轮的法向反作用力 F_{z}　该作用力与汽车的总体布置、行驶状况及道路的坡度有关。

对于两轮驱动的汽车，只有作用在驱动轮上的反作用力才能产生附着力。而该反作用力与汽车整体重力在前后车轮上的分配比例有关。全轮驱动汽车的所有车轮都是驱动轮，附着力大。

后轮驱动的汽车在加速或上坡时，驱动轮的法向反作用力增加。前轮驱动的汽车相反。

0.5　汽车主要技术参数

一般汽车主要的技术参数有以下几个，部分结构参数如图 0-3 所示。

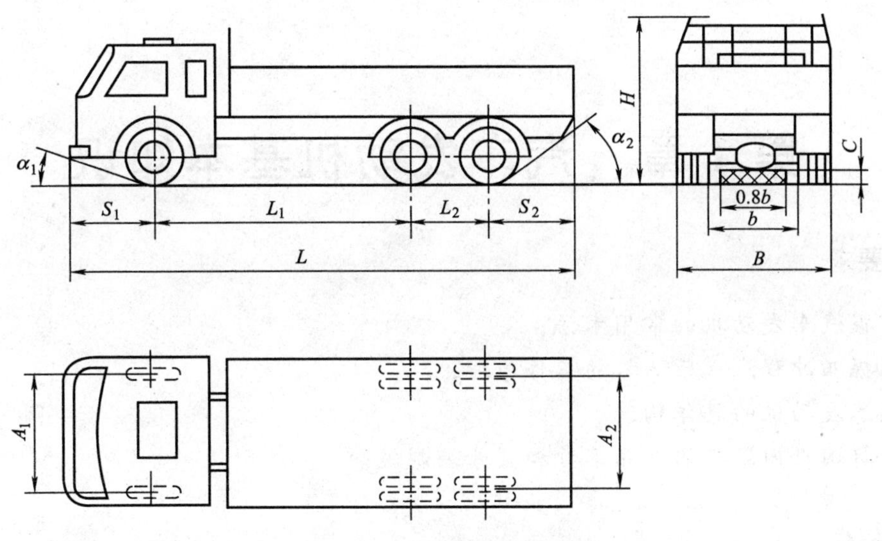

图 0-3　汽车常用结构参数

① 整车整备质量（kg）　汽车完全装备好的质量。除了整车质量外，还包括燃料、润滑油、冷却液、随车工具、备用车轮及备品等的质量，但不包括人员和货物。

② 最大总质量（kg）　汽车满载时的总质量。

③ 最大装载质量（kg）　最大总质量和整车整备质量之差。

④ 最大轴载质量（kg）　汽车单轴所承载的最大总质量。

⑤ 车长 L（mm）　垂直于车辆纵向对称平面并分别抵靠在前、后最外突出部位的两垂面间的距离。

⑥ 车宽 B（mm）　平行于车辆纵向对称平面并分别抵靠在车辆两侧固定突出部位（除后视镜、侧面标志灯、方位灯、转向指示灯等）的两平面之间的距离。

⑦ 车高 H（mm）　车辆支承平面与车辆最高突出部位相抵靠的水平面之间的距离。

⑧ 轴距 L_1、L_2（mm）　汽车处于直线行驶状态时，同侧相邻两轴的车轮落地中心点到车辆纵向对称平面的两条垂线间的距离。

⑨ 轮距 A_1、A_2（mm）　在支承平面上，同轴左右车轮两轨迹中心间的距离（轴两端为双轮时，为左右两条双轨迹的中线间的距离）。

⑩ 前悬 S_1（mm）　在直线行驶状态时，汽车前端刚性固定件的最前点到通过两前轮轴线的垂面间的距离。

⑪ 后悬 S_2（mm）　汽车后端刚性固定件的最后点到通过最后车轮轴线的垂面间的距离。

⑫ 最小离地间隙 C（mm）　满载时，车辆支承平面与车辆最低点之间的距离。

⑬ 接近角 α_1　汽车前端突出点向前轮引的切线与地面间的夹角。

⑭ 离去角 α_2　汽车后端突出点向后轮引的切线与地面间的夹角。

⑮ 转弯半径（mm）　外转向轮（转向盘转到极限位置）的中心平面在车辆支承平面上的轨迹圆的半径。

⑯ 最高车速（km/h）　汽车在平坦公路上行驶时能达到的最高速度。

⑰ 最大爬坡度［(°) 或%］　汽车满载时的最大爬坡能力。

⑱ 百公里燃料消耗量（L/100km）　汽车在平直良好的公路上等速行驶时每百公里的燃料消耗量。

第1章 汽车发动机基本知识

学习要求

1. 掌握汽车发动机的常用术语；
2. 掌握四冲程汽、柴油机的工作原理；
3. 熟悉发动机的总体构造；
4. 了解国产内燃机的产品名称和型号编制规则。

1.1 概述

发动机是将某种形式的能量转变成机械能的机器。汽车发动机是汽车的动力源，它借助工质的状态变化将燃料燃烧产生的热能转变为机械能。

发动机分内燃机和外燃机两种。将燃料在机器内部燃烧产生的热能转变为机械能的机器称为内燃机；将燃料在机器外部燃烧所产生的热能转变为机械能的机器称为外燃机。内燃机包括活塞式内燃机和燃气轮机（主要用于航空方面）。外燃机包括蒸汽机、汽轮机和热气机等。内燃机与外燃机相比，具有热效率高、功率范围广、适应性好、结构紧凑、体积小、重量轻和容易启动等许多优点。因此，活塞式内燃机被广泛地用作汽车动力装置。

1.1.1 汽车发动机的类型

① 按活塞运动方式的不同可分为往复活塞式内燃机和旋转活塞式内燃机。前者的活塞在汽缸内作往复直线运动，后者的活塞在汽缸内作旋转运动。

② 按所用燃料的不同可分为汽油机、柴油机、气体燃料（天然气、液化石油气等）发动机等。

③ 按活塞运动的行程数不同可分为四冲程内燃机和二冲程内燃机。曲轴旋转两周（720°），活塞在汽缸内上下往复运动四个行程完成一个工作循环的内燃机称为四冲程内燃机；而曲轴旋转一周（360°），活塞在汽缸内上下往复运动两个行程完成一个工作循环的内燃机称为二冲程内燃机。

④ 按冷却方式的不同可分为水冷发动机和风冷发动机。

⑤ 按内燃机汽缸数目的不同可分为单缸发动机和多缸发动机。

⑥ 按汽缸排列形式的不同可分为直列式、卧式、V形、对置汽缸式、X形、星形、对动活塞式等（图1-1）。

⑦ 按进气状态的不同可分为增压式和非增压式（也称自然吸气式）。增压式发动机上装有增压器，空气经过增压后进入汽缸；非增压式发动机则利用活塞的往复运动将空气吸入汽缸。

1.1.2 发动机的基本结构

四冲程汽油机的构造如图1-2所示，发动机活塞运动的空间称作汽缸2，汽缸内表面为圆柱形。在汽缸内作往复运动的活塞通过活塞销5与连杆6的一端铰接，连杆的另一端则与

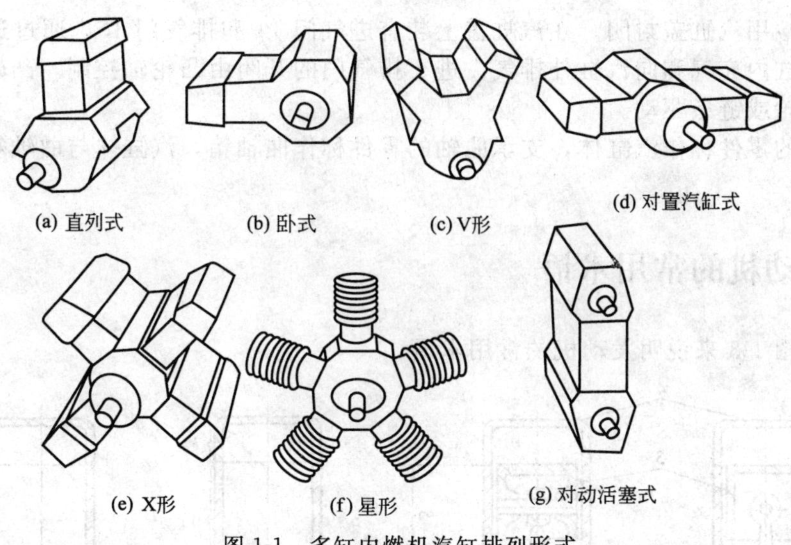

图 1-1 多缸内燃机汽缸排列形式

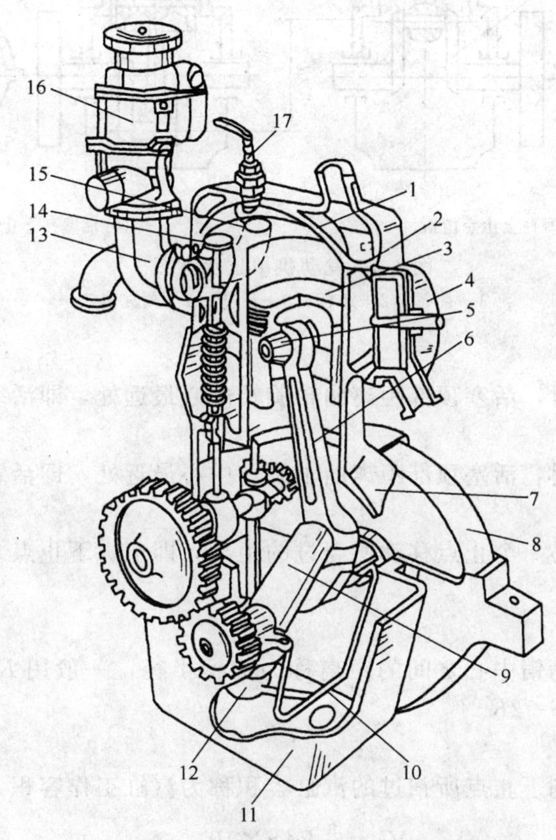

图 1-2 单缸四冲程汽油机的构造

1—汽缸盖；2—汽缸；3—活塞；4—水泵；5—活塞销；6—连杆；7—曲轴箱；8—飞轮；9—曲轴；10—机油管；11—油底壳；12—机油泵；13—进气管；14—进气门；15—排气门；16—化油器；17—火花塞

曲轴 9 相连，构成曲柄连杆机构。当活塞 3 在汽缸内作往复运动时，连杆 6 便推动曲轴旋转。同时，汽缸的容积也不断地由最小变到最大，再由最大变到最小，如此不断循环。

汽缸的顶端用汽缸盖封闭。在汽缸盖上装有进气门 14 和排气门 15，通过进、排气门的开闭实现向汽缸内充气和向汽缸外排气。进、排气门的开闭由凸轮轴控制。凸轮轴由曲轴通过同步带或齿轮或链条驱动。

构成汽缸的零件称作汽缸体，支承曲轴的零件称作曲轴箱，汽缸体与曲轴箱的连铸体称作机体。

1.1.3 发动机的常用术语

下面结合图 1-3 来说明发动机的常用术语。

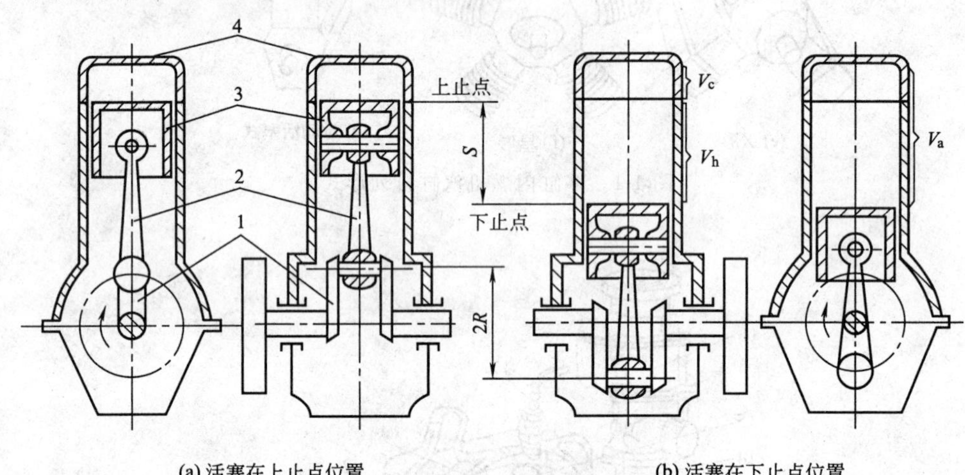

图 1-3 发动机单缸示意图

1—曲轴；2—连杆；3—活塞；4—汽缸体

（1）上止点

活塞上下往复运动时，活塞顶部距离曲轴旋转中心最远处，即活塞的最高位置。

（2）下止点

活塞上下往复运动时，活塞顶部距离曲轴旋转中心最近处，即活塞的最低位置。

（3）活塞行程

活塞从一个止点向另一个止点移动所经过的距离，即上、下止点之间的距离称为活塞行程，一般用 S 表示。

（4）曲柄半径

曲轴旋转中心到曲柄销中心之间的距离称为曲柄半径，一般用 R 表示。通常活塞行程为曲柄半径的两倍，即 $S=2R$。

（5）汽缸工作容积

活塞从上止点运动到下止点所扫过的汽缸容积称为汽缸工作容积，一般用 V_h 表示。

$$V_h=\frac{\pi}{4}D^2S\times10^{-6}$$

式中 D——汽缸直径，mm；

S——活塞行程，mm。

（6）燃烧室及燃烧室容积

活塞位于上止点时，活塞顶部与汽缸盖底部之间的空间称为燃烧室，其容积称为燃烧室容积，一般用 V_c 表示。

(7) 汽缸总容积

活塞位于下止点时，活塞顶部与汽缸盖底部之间的容积称为汽缸总容积，一般用 V_a 表示。汽缸总容积就是汽缸工作容积与燃烧室容积之和，即 $V_a=V_h+V_c$。

(8) 发动机排量

多缸发动机各汽缸工作容积的总和，称为发动机排量，一般用 V_L 表示。

$$V_L=V_h i$$

式中 V_h——汽缸工作容积，L；

i——汽缸总数。

(9) 压缩比

汽缸总容积与燃烧室容积之比，一般用 ε 表示。

$$\varepsilon=\frac{V_a}{V_c}=\frac{V_h+V_c}{V_c}=1+\frac{V_h}{V_c}$$

式中 V_a——汽缸总容积，L；

V_c——燃烧室容积，L；

V_h——汽缸工作容积，L。

压缩比是发动机的一个很重要的参数。它反映了在压缩行程中汽缸内的可燃气体被压缩的程度。通常汽油机的压缩比为 6～10，柴油机的压缩比较高，一般为 15～22。

(10) 工作循环

发动机工作时，各汽缸内每进行一次能量转换，均要经过进气、压缩、做功和排气过程，这称为发动机的一个工作循环。

(11) 工况

发动机在某一时刻的运行状况简称工况，以该时刻发动机输出的有效功率和曲轴转速表示。曲轴转速即为发动机转速。

1.2 发动机的基本工作原理

1.2.1 四冲程汽油机的工作原理

汽油机工作时将汽油和空气混合成可燃混合气，然后进入汽缸用电火花点燃。四冲程汽油机的每个工作循环均经过四个行程，如图 1-4 所示。

(1) 进气行程

由于曲轴的旋转，活塞从上止点向下止点运动，这时进气门打开，排气门关闭。进气过程开始时，活塞位于上止点，随着活塞下移，汽缸内容积增大，在汽缸内产生真空吸力，可燃混合气通过进气门被吸入汽缸。活塞向下运动到下止点，进气门关闭，进气行程结束，此时曲轴转过了 180°。

在进气过程中，受空气滤清器、进气管道、进气门等产生的阻力影响，进气终了时，汽缸内气体压力略低于大气压，一般为 0.07～0.09MPa，同时受到残余废气和高温机件加热的影响，温度达到 370～400K。实际上，汽油机的进气门是在活塞到达上止点之前打开，并且延迟到下止点之后关闭，以便吸入更多的可燃混合气。

(2) 压缩行程

进气行程结束后，曲轴继续旋转，活塞从下止点向上止点运动，这时进气门和排气门都

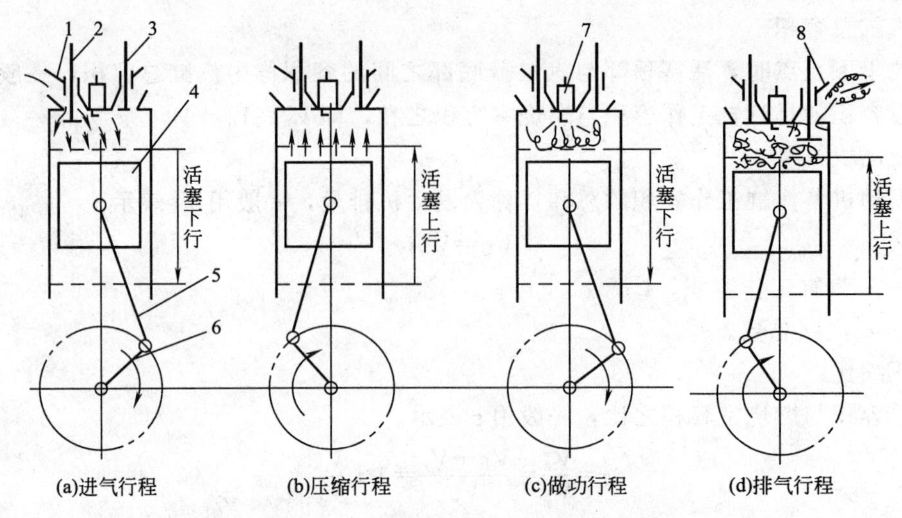

图 1-4　四冲程汽油机工作原理示意图

1—进气管；2—进气门；3—排气门；4—活塞；5—连杆；6—曲轴；7—火花塞；8—排气管

关闭，活塞上方的容积逐渐缩小，进入到汽缸内的混合气逐渐被压缩，使其温度、压力升高。活塞到达上止点时，压缩行程结束。

压缩行程结束时，可燃混合气压力可达 0.6～1.2MPa，温度可达 600～700K，为燃烧创造了良好的条件。

（3）做功行程

做功行程也称作燃烧和膨胀行程。在这一行程中，进气门和排气门仍然保持关闭。当活塞位于压缩行程接近上止点（即点火提前角）位置时，火花塞产生电火花点燃可燃混合气，可燃混合气燃烧后放出大量的热使汽缸内气体温度和压力急剧升高，最高压力可达 3～5MPa，最高温度可达 2200～2800K。高温高压气体膨胀，推动活塞从上止点向下止点运动，通过连杆使曲轴旋转并输出机械功。

在做功行程中，随着活塞向下运动，汽缸内容积增加，气体压力和温度降低。当活塞运动到下止点时，做功行程结束，气体压力降低到 0.3～0.5MPa，气体温度降至 1300～1600K。

（4）排气行程

可燃混合气在汽缸内燃烧后成了废气，必须从汽缸中排出，以便进行下一个进气行程。当做功接近终了时，排气门开启，进气门仍然关闭，靠废气的压力先进行自由排气，活塞到达下止点再向上止点运动时，继续把废气强制排出到大气中去，活塞越过上止点后，排气门关闭，排气行程结束。实际上，汽油机的排气行程也是排气门提前打开，延迟关闭，以便排出更多废气的过程。排气终了时，气体压力仍高于大气压力，约为 0.105～0.115MPa，温度为 900～1200K。留在汽缸内的废气，称残余废气，要尽可能排除干净。

综上所述，四冲程汽油机经过进气、压缩、做功、排气四个行程完成了一个工作循环，这期间活塞在上、下止点间往复运动了四个行程，相应地曲轴旋转了两周。

1.2.2　四冲程柴油机的工作原理

四冲程柴油机和四冲程汽油机的工作过程相同，每一个工作循环同样包括进气、压缩、做功和排气四个行程。但由于柴油机使用的燃料是柴油，柴油与汽油有较大的差别，柴油黏度大，不易蒸发，自燃温度低，故可燃混合气的形成、着火方式、燃烧过程以及气体温度、压力的变化都和汽油机不同。图 1-5 为四冲程柴油机的工作原理示意图。在进气行程中不同于汽油机的是，柴油机吸入汽缸的是纯空气而不是可燃混合气，在进气通道中没有化油器，

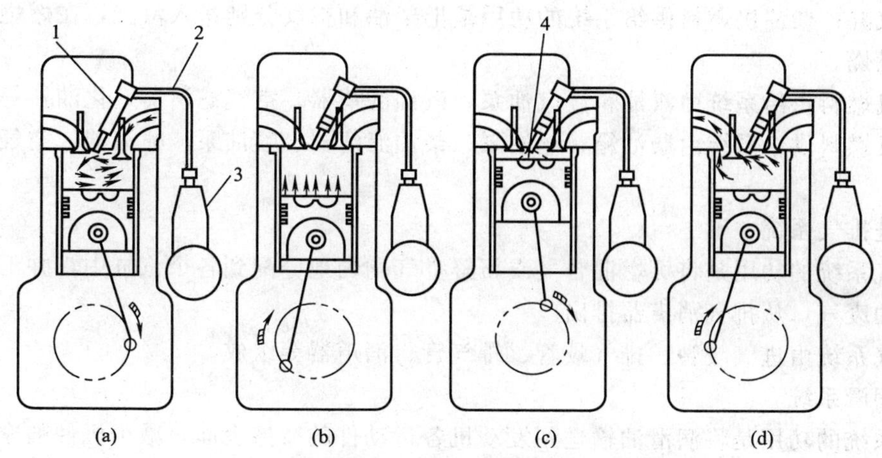

图 1-5　四冲程柴油机的工作原理示意图

1—喷油器；2—高压油管；3—喷油泵；4—燃烧室

进气阻力小，进气终了时气体压力略高于汽油机，而气体温度略低于汽油机。进气终了时气体压力为 0.0785～0.0932MPa，气体温度为 300～370K。

柴油机压缩行程压缩的是纯空气，在压缩行程接近上止点时，喷油器将高压柴油以雾状喷入燃烧室，柴油和空气在汽缸内形成可燃混合气并着火燃烧。柴油机的压缩比比汽油机的压缩比大很多（一般为 15～22），压缩终了时气体压力和温度都比汽油机高，压力为 3.5～4.5MPa，温度为 750～1000K，大大超过了柴油的自燃温度，因此，柴油机中的可燃混合气是自燃着火的，不需要点火。柴油机又称为压燃机。

柴油喷入汽缸后，在很短的时间内与空气混合后便立即着火燃烧。柴油机的可燃混合气是在汽缸内部形成的，而不像汽油机那样是在汽缸外部的化油器中形成的。柴油机燃烧过程中汽缸内出现的最高压力要比汽油机高得多，可高达 6～9MPa，最高温度可达 2000～2500K。做功行程终了时，气体压力为 0.2～0.4MPa，气体温度为 1200～1500K。

柴油机的排气行程和汽油机一样，废气同样经排气管排入到大气中去。排气终了时，汽缸内气体压力为 0.105～0.125MPa，气体温度为 800～1500K。

1.3　发动机的总体构造

汽油机由曲柄连杆机构、配气机构和燃料供给系统、进排气系统、润滑系统、冷却系统、点火系统、启动系统等组成。柴油机则由曲柄连杆机构、配气机构和燃料供给系统、进排气系统、润滑系统、冷却系统、启动系统等组成。

（1）曲柄连杆机构

曲柄连杆机构是发动机实现工作循环、完成能量转换的主要运动部件。它由机体组、活塞连杆组和曲轴飞轮组等组成。

（2）配气机构

配气机构的功用是按照发动机各缸的工作顺序，定时开启和关闭各缸的进气门和排气门，使新鲜气体进入汽缸，并使废气从汽缸内排出，实现换气过程。配气机构一般由气门组、气门传动组和气门驱动组组成。

（3）燃料供给系统

汽油机燃料供给系统的功用是根据发动机的要求，配制出一定数量和浓度的可燃混合气，送入汽缸；柴油机燃料供给系统的功用是把柴油和空气分别送入汽缸，在燃烧室内形成混合气并燃烧。

汽油机燃料供给系统由汽油箱、汽油泵、汽油滤清器、空气滤清器、化油器等组成。

柴油机燃料供给系统由柴油箱、输油泵、柴油滤清器、喷油泵、喷油器、空气滤清器等组成。

(4) 进排气系统

进排气系统的功用是将可燃混合气或新鲜空气均匀地分配到各个汽缸中，并汇集各个汽缸燃烧后的废气，从排气消声器排出。

进排气系统由进气歧管、排气歧管、排气管、消声器等组成。

(5) 润滑系统

润滑系统的功用是将润滑油输送到发动机各运动件的摩擦表面，减少机件的摩擦阻力和耗损，同时起到冷却、清洗、密封和防锈的作用。润滑系统由机油集滤器、机油泵、润滑油道、限压阀、机油滤清器、机油散热器、油底壳等组成。

(6) 冷却系统

冷却系统的功用是吸收发动机工作中受热零件的多余热量并及时散发出去，保证发动机在最适宜的温度状态下工作。冷却系统分为水冷系统和风冷系统两类。水冷系统通常由散热器、水泵、风扇、节温器等组成。风冷系统由散热片、风扇、导流罩等组成。

(7) 点火系统

点火系统的功用是在一定的时刻产生电火花，点燃汽缸内的可燃混合气。点火系统分为蓄电池点火系统、磁电机点火系统及电子点火系统等类型。蓄电池点火系统通常由蓄电池、发电机、分电器、点火线圈和火花塞等组成；磁电机点火系统由磁电机和火花塞等组成。柴油发动机混合气是压缩自燃的，因此没有点火系统。

(8) 启动系统

启动系统的功用是使发动机由静止进入怠速工作状态。最简单的启动方式是人力启动，适用于小型内燃机，一般内燃机通常采用电启动。启动系统通常由蓄电池、启动开关、启动机等组成。

1.4 内燃机产品的名称和型号编制规则

为了便于内燃机的生产管理和使用，我国对内燃机名称和型号编制规则进行了重新审定，并颁布了国家标准 GB/T 725—1991。摘录标准的部分内容如下。

① 内燃机产品名称均按所采用的燃料命名，例如柴油机、汽油机、煤气机、沼气机、双（多种）燃料发动机等。

② 内燃机型号由阿拉伯数字和汉语拼音字母组成。

③ 内燃机型号由以下四部分组成。

首部：包括产品系列代号、换代标志符号和地方、企业代号，由制造厂根据需要自选相应字母表示，但需经行业标准化归口单位核准、备案。该部分以字母表示。

中部：由缸数符号、汽缸排列形式符号、冲程符号和缸径符号组成。该部分以数字或字母表示。

后部：由结构特征符号和用途特征符号组成。该部分以字母表示。

尾部：区分符号。同一系列产品因改进等原因需要区分时，由制造厂选用适当符号表示。后部与尾部可用“-”分隔。

例 1：汽油机

EQ6100Q-1 表示第二汽车制造厂生产的六缸、四冲程、缸径为 100mm、水冷式汽车用发动机，为第一代的变型产品。

例 2：柴油机

12V135Z 表示十二缸、汽缸排列形式为 V 形、四冲程、缸径为 135mm、水冷式增压发动机。

复习思考题

1. 汽车发动机有哪些类型？
2. 发动机由哪些机构组成？各部分的功用分别是怎样的？
3. 请叙述四冲程汽油机与柴油机的异同点。

第 2 章　曲柄连杆机构

学习要求

1. 掌握曲柄连杆机构的功用和组成；
2. 掌握机体组的组成、功用及结构特点；
3. 掌握活塞连杆组的组成、功用及结构特点；
4. 掌握曲轴飞轮组的组成、功用及结构特点；
5. 熟悉几种常见类型发动机的发火顺序及工作循环。

曲柄连杆机构是往复活塞式发动机的重要工作机构。其功用是将燃料燃烧后作用于活塞顶上的气体膨胀力转变为推动曲轴旋转的转矩，向工作机械输出机械能。

曲柄连杆机构的零部件主要由机体组、活塞连杆组和曲轴飞轮组组成。

从发动机的工作原理可知，在做功行程中，汽缸内的最高温度可达 2500K 以上，最高压力可达 5～9MPa，最高转速可达 6000r/min 以上，活塞每秒钟要行经约 100～200 个行程。此外与可燃混合气和燃烧废气接触的机件（如汽缸、汽缸盖、活塞组等）还将受到化学腐蚀。综上所述，曲柄连杆机构是在高温、高压、高速和受到化学腐蚀的恶劣工作条件下工作的。

由于曲柄连杆机构是在高压下作变速运动，所以它在工作中的受力情况非常复杂。例如，在汽缸中作往复运动的机件（如活塞组等）要受到气体压力、往复惯性力的作用；旋转机件（如曲轴飞轮组等）要受到旋转惯性力的作用；相对运动的机件要受到摩擦力的作用等。这些力作用在曲柄连杆机构上，会使各传动机件受到拉伸、压缩和弯扭等不同形式的变形，同时通过活塞作用在汽缸壁上的侧压力有使发动机机体翻倒的趋势，惯性力传到机体后会引起发动机的振动。因此，为了保证发动机工作可靠，尽量减少磨损和振动，在结构设计和材料选择等方面要考虑周到。

2.1　机体组

机体组主要由汽缸体、汽缸盖、曲轴箱、油底壳、汽缸垫等组成。它是发动机各机构、各系统的装配基体，其本身的许多部分又分别是配气机构、燃料供给系统、冷却系统和润滑系统的组成部分。

2.1.1　汽缸体

汽车发动机多为水冷发动机，其汽缸体和上曲轴箱常铸成一体，合称为汽缸体-曲轴箱（简称为汽缸体）。汽缸体上半部有一个或若干个为活塞在其中运动导向的圆柱形空腔，称为汽缸；下半部为支承曲轴的曲轴箱。汽缸体一般用灰铸铁铸成，在汽缸体内部铸有冷却水套、润滑油道及许多加强肋。

根据汽缸体与油底壳安装平面位置的不同，通常把汽缸体分为以下三种形式，如图 2-1 所示。

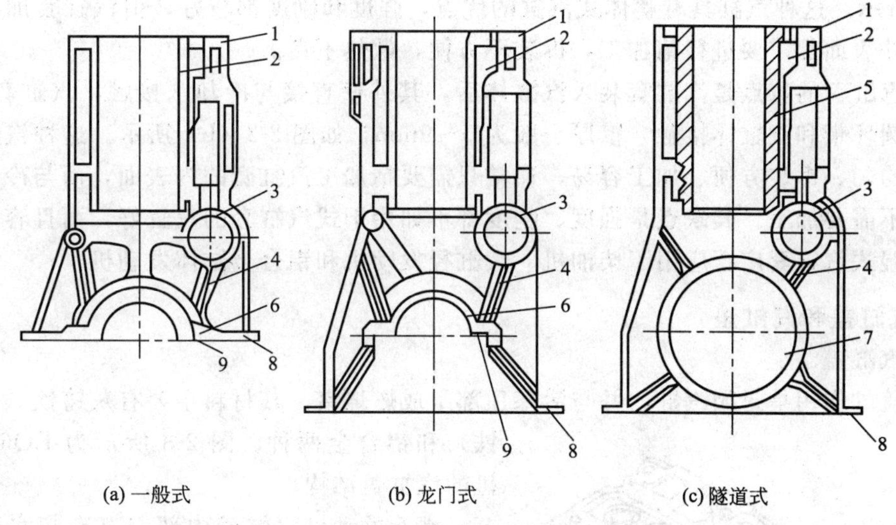

图 2-1　汽缸体的结构形式

1—汽缸体；2—水套；3—凸轮轴座孔；4—加强肋；5—湿式汽缸套；6—主轴承座；7—主轴承座孔；8—安装油底壳的加工平面；9—安装主轴承盖的加工平面

(1) 一般式汽缸体

图 2-1（a）所示为一般式汽缸体，其特点是汽缸体和油底壳的安装平面与曲轴轴线在同一平面上。这种汽缸体的优点是整体高度低、重量轻、结构紧凑、便于加工及曲轴拆装方便，缺点是刚度和强度较差。一般适用于中、小型发动机，如夏利用 372Q、马自达 MAZDAB6 型发动机等。

(2) 龙门式汽缸体

图 2-1（b）所示为龙门式汽缸体，其特点是汽缸体和油底壳的安装平面低于曲轴轴线。它的优点是强度和刚度较好，能承受较大的机械负荷，缺点是工艺性较差、结构笨重、加工较困难。强化的轿车汽油机和柴油机多采用此种结构形式，如 CA6102、EQ6100 以及捷达轿车、富康轿车、桑塔纳轿车的发动机都采用这种形式的汽缸体。

(3) 隧道式汽缸体

图 2-1（c）所示为隧道式汽缸体，这种汽缸体曲轴的主轴承座孔为整体式，采用滚动轴承，主轴承座孔较大，曲轴从汽缸体后部装入。其优点是结构紧凑，刚度和强度好，缺点是加工精度要求高，工艺性较差，曲轴拆装不方便。它主要用在一些负荷较大的柴油机上。如 6135Q 等发动机多采用此种结构形式的汽缸体。

汽车发动机汽缸套也称汽缸，用来引导活塞作往复直线运动，其形式分为干式和湿式两种，如图 2-2 所示。

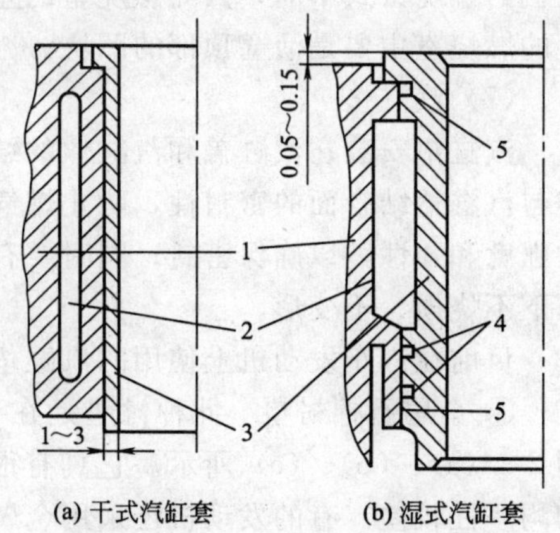

图 2-2　发动机汽缸套结构

1—汽缸体；2—水套；3—汽缸套；4—橡胶密封圈；5—圆环带

干式汽缸套的特点是汽缸套装入汽缸体后，其外壁不直接与冷却水接触，而是和汽缸体的壁面直接接触。干式汽缸套的壁厚较薄，一般为 1～3mm，如图

2-2（a）所示。这种汽缸具有整体式汽缸的优点，强度和刚度都较好，但汽缸套加工比较复杂，内、外表面都需要进行精加工，拆装不方便，散热不良。

湿式汽缸套的特点是汽缸套装入汽缸体后，其外壁直接与冷却水接触，汽缸套仅在上、下各有一圆环带和汽缸体接触，壁厚一般为5～9mm，如图2-2（b）所示。这种汽缸散热良好、冷却均匀、拆装方便、加工容易，通常只需要精加工汽缸套的内表面，而与冷却水接触的外表面不需要加工。其缺点是强度、刚度都不如用干式汽缸套的汽缸好，而且容易产生漏水现象。湿式汽缸套广泛应用于柴油机、大缸径发动机和铝合金缸体发动机。

2.1.2 汽缸盖和汽缸垫

（1）汽缸盖

汽缸盖的作用是封闭汽缸，并与活塞顶部组成燃烧室。其材料主要有灰铸铁（或合金铸铁）和铝合金两种。图2-3所示为EQ6100发动机的汽缸盖结构。

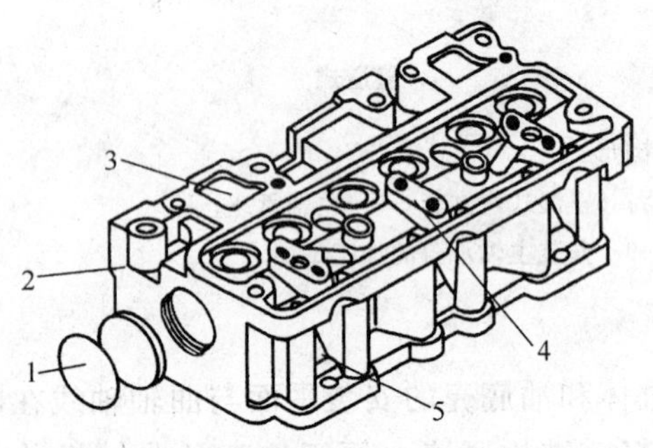

图2-3 EQ6100发动机的汽缸盖结构

1—水堵；2—汽缸盖；3—出水口；4—气门摇臂架安装平面；5—火花塞螺孔

水冷发动机汽缸盖内部制有冷却水套，汽缸盖下端面的冷却水孔与汽缸体的冷却水孔相通，利用循环水来冷却燃烧室等高温部分。汽缸盖上还装有进、排气门座，设有气门导管孔、进气道和排气道等。汽油机的汽缸盖上加工有安装火花塞的孔，而柴油机的汽缸盖上加工有安装喷油器的孔。顶置凸轮轴式发动机的汽缸盖上还加工有凸轮轴轴承孔，用以安装凸轮轴。

汽缸盖的结构比较复杂，它与发动机的类型、燃烧室的形状、气门和顶置凸轮轴的布置以及冷却水套的安装等有密切关系。为了制造和维护方便，减小变形对密封的影响，缸径较大的柴油机多采用分开式汽缸盖，即一缸一盖式、二缸一盖式或三缸一盖式。汽油机一般缸径较小，缸盖负荷较轻，故结构比较轻巧，多采用整体式缸盖，也有采用分开式的。

汽缸盖是燃烧室的组成部分，燃烧室的形状对发动机的工作影响很大。由于汽油机和柴油机的燃烧方式不同，因此燃烧室的差别也较大。汽油机的燃烧室主要在汽缸盖上，而柴油机的燃烧室主要是活塞顶部的凹坑。

（2）汽缸垫

汽缸垫安装在汽缸盖和汽缸体的结合面之间。它的主要功用是弥补加工误差，保证汽缸体与汽缸盖结合面的密封性，防止燃气、冷却液、润滑油互窜。为此，汽缸垫必须具有一定的强度和弹性，以确保密封；同时要有良好的耐热、耐压、耐腐蚀等特性，以保证在高温高压下不烧损、不变形。

目前在汽车发动机上使用的汽缸垫主要有以下几种。

① 金属石棉衬垫　此种衬垫是在石棉中间夹有金属丝或金属屑，外覆铁皮或铜皮，如图2-4（a）、（b）、（c）所示。它具有很好的弹性和耐热性，能重复使用，但厚度和质量分布的均一性较差。有的发动机还采用金属网或带孔的钢板为骨架，两面用石棉及橡胶胶黏剂压成的汽缸垫，如图2-4（d）所示。此种汽缸垫弹性好，但易黏结，一般只能使用一次。

② 纯金属汽缸垫　一些强化发动机采用纯金属汽缸垫，它由单层或多层金属片（铜、铝或低碳钢）制成。为了增强密封性能，在缸口、润滑油道、冷却水道口处冲弹性凸筋，如

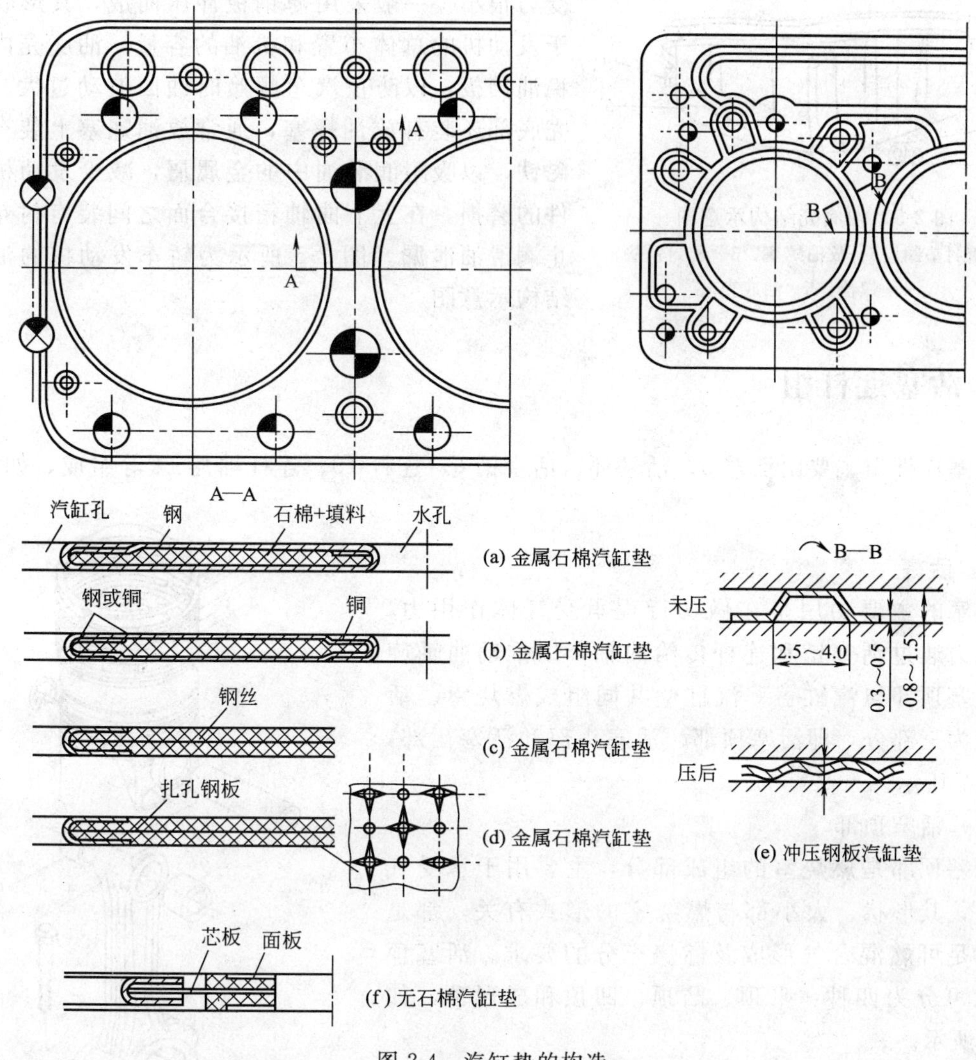

图 2-4 汽缸垫的构造

图 2-4（e）所示。

③ 加强型无石棉汽缸垫 它是在汽缸密封部位采用五层薄钢板组成，并设计成圆形，无石棉夹层，从而消除了气囊的产生，也减少了工业污染。在油孔和水孔周围均包有钢护圈以提高密封性。

④ 其他类型 随着新型密封材料的研制，一些发动机开始使用单层金属片加耐热密封胶，或只用耐热密封胶，但使用此种材料的发动机对汽缸体和汽缸盖结合面的加工精度要求较高。

缸盖螺栓用于连接汽缸盖和汽缸体，为标准件。在对缸盖螺栓进行装配时，拧紧螺栓时必须按由中央对称地向四周扩散的顺序分 2～3 次进行，最后一次使用扭力扳手按规定的拧紧力矩值紧固。

2.1.3 油底壳

汽缸体下部用来安装曲轴的部分称为曲轴箱。曲轴箱分上曲轴箱和下曲轴箱，上曲轴箱与汽缸体铸成一体，下曲轴箱用来储存润滑油，并封闭上曲轴箱，故又称为油底壳。油底壳

图 2-5 油底壳结构示意图

1—密封垫圈；2—放油螺塞；3—密封衬垫；4—螺栓；5—油底壳

受力很小，一般采用薄钢板冲压而成，其形状取决于发动机的总体布置和机油的容量。油底壳内装有稳油挡板，以防止汽车颠簸时油面波动过大。油底壳底部还装有放油螺塞，通常放油螺塞上装有永久磁铁，以吸附润滑油中的金属屑，减少发动机运动件的磨损。在上下曲轴箱接合面之间装有衬垫，防止润滑油泄漏。图 2-5 所示为轿车发动机的油底壳结构示意图。

2.2 活塞连杆组

活塞连杆组主要由活塞 5、活塞环、活塞销 6、连杆 10、连杆轴瓦 14 等组成，如图 2-6 所示。

2.2.1 活塞

活塞的主要功用是在做功行程承受气体作用力，并将此力通过活塞销和连杆传给曲轴，以推动曲轴旋转。活塞顶部与汽缸盖、汽缸壁共同组成燃烧室。活塞可分为三部分，即活塞顶部、活塞头部和活塞裙部，如图 2-7 所示。

（1）活塞顶部

活塞顶部是燃烧室的组成部分，主要用于承受气体压力，其形状、大小都与燃烧室的形式有关，都是为了满足可燃混合气形成及燃烧充分的要求。活塞顶部形状可分为四种：平顶、凸顶、凹顶和成形顶，如图 2-8 所示。

平顶活塞顶部是一个平面，结构简单，制造容易，受热面积小，顶部应力分布较为均匀，一般用在汽油机上，柴油机上很少采用。

凸顶活塞顶部凸起呈球形，其顶部强度高，起导向作用，有利于改善换气过程。摩托车用汽油机常采用凸顶活塞。

凹顶活塞顶部呈凹陷形，凹坑的形状和位置设计成有利于可燃混合气的燃烧，通常有双涡流凹坑、球形凹坑、U 形凹坑等。柴油机都采用凹顶活塞。

成形顶活塞一般适用于对燃烧室有特殊要求的柴油机。特殊的顶面形状可满足燃烧过程中的要求。

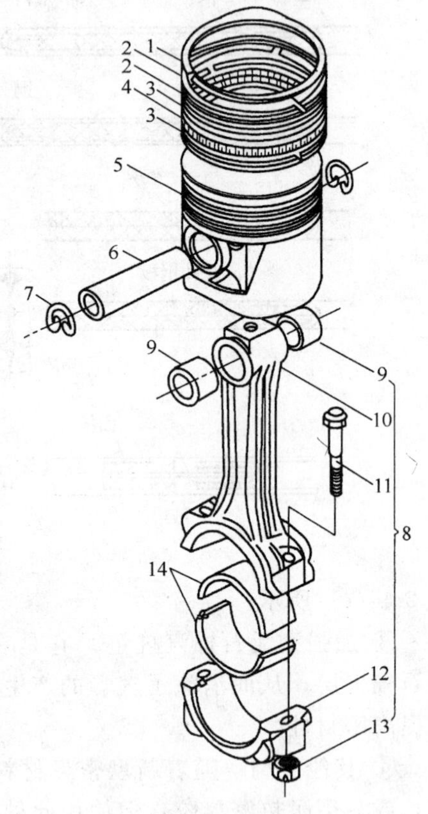

图 2-6 活塞连杆组

1,2—气环；3—油环上、下刮片；4—油环衬簧；5—活塞；6—活塞销；7—活塞销挡圈；8—连杆组；9—衬套；10—连杆；11—连杆螺栓；12—连杆盖；13—螺母；14—连杆轴瓦

（2）活塞头部

活塞头部是指活塞环槽以上的部分。头部一般有数道环槽，用以安装起密封作用的活塞环。柴油机压缩比高，一般有四道环槽，上部三道安装气环，最下一道安装油环。汽油机一

般有三道环槽，其中有两道气环槽和一道油环槽。在油环槽底面上钻有许多径向小孔，以便使油环从汽缸壁上刮下的机油经过这些小孔流回油底壳。

活塞头部的作用除了用来安装活塞环外，还与活塞环一起密封汽缸，防止可燃混合气漏到曲轴箱内，同时还将70%～80%的热量通过活塞环传给汽缸壁。

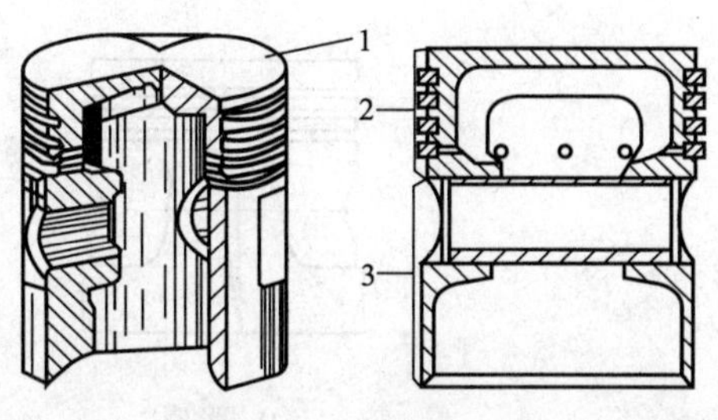

图 2-7 活塞结构

1—活塞顶部；2—活塞头部；3—活塞裙部

（3）活塞裙部

活塞裙部是指从油环槽下端面起至活塞底面的部分。其主要作用是引导活塞在汽缸内作往复运动。活塞裙部制有活塞销销座孔，用来安装活塞销，销座孔加工精度很高，并且制作得较厚，有时为限制活塞销的轴向窜动，销座孔内接近外端面处设有卡环槽，用以装卡环。活塞裙部对活塞在汽缸内的往复运动起导向作用，并承受侧压力。

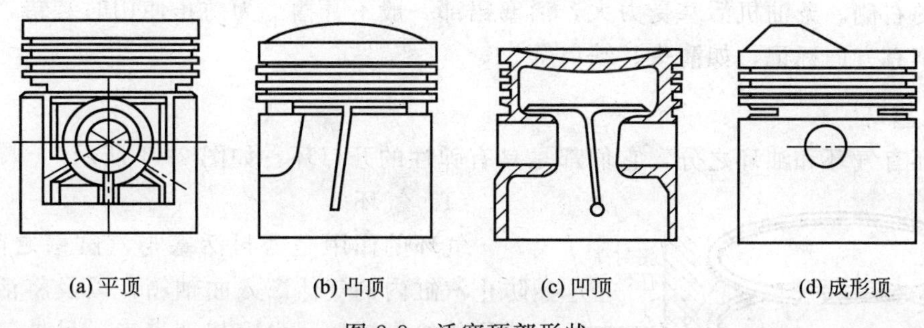

(a) 平顶　(b) 凸顶　(c) 凹顶　(d) 成形顶

图 2-8 活塞顶部形状

为了使裙部两侧承受气体压力并与汽缸保持较小且安全的间隙，要求活塞在工作时具有正确的圆柱形。但是，由于活塞裙部的厚度很不均匀，活塞销销座孔部分的金属堆积量较多，受热膨胀量大，沿活塞销座轴线方向的变形量大于其他方向；另外，活塞裙部受气体侧压力的作用，导致沿活塞销座轴向变形量较垂直活塞销方向大，如图 2-9 所示。这样，如果活塞冷态时活塞裙部为圆形，那么工作时就会变成一个椭圆，使活塞与汽缸之间沿圆周的间隙不相等，造成活塞在汽缸内卡住而无法正常工作。因此，在加工时预先把活塞裙部做成了椭圆形状，沿活塞销座方向为短轴，与活塞销座垂直方向为长轴，这样可保证活塞在工作时趋近正圆。

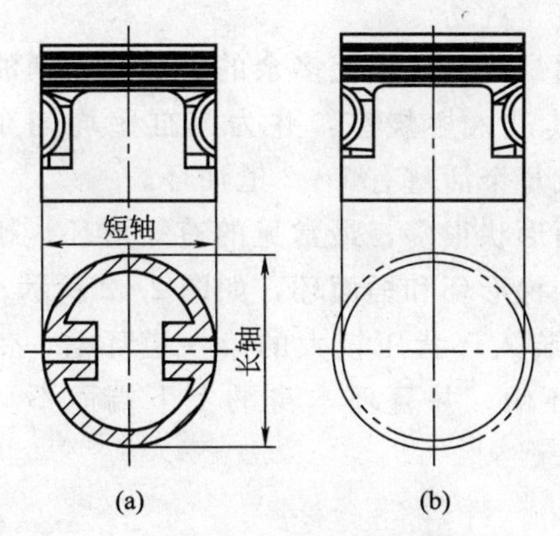

(a)　(b)

图 2-9 活塞裙部形状

活塞沿高度方向的温度很不均匀，上部高、下部低，膨胀量也相应是上部大、下部小。为了使工作时活塞上下直径趋于相等（即呈圆柱形），就必须预先把活塞制成上小下大的阶梯形、锥形或上小中大的桶形。目前最好的形状是桶形，它可以保持活塞在任何状态下都能得到良好的润滑。为了减小活塞裙部的受热量，通常在活塞裙部开有横向的隔热槽（横槽），而为了补偿裙部受热后的变形量，裙部又开有纵向的膨胀槽（竖槽）。槽的形状有 T 形或 Π 形，如图 2-10 所示。横槽一般开在最下一道环槽的下面，活塞裙部上边缘活塞销座的两侧（也有开在

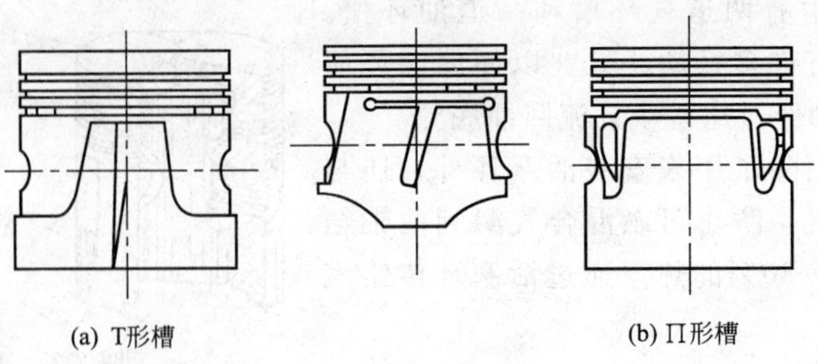

图 2-10 开槽活塞

油环槽之中的），以减小活塞头部热量向活塞裙部传递，故称为隔热槽。竖槽会使活塞裙部具有一定的弹性，从而使活塞装配时与汽缸间具有尽可能小的间隙，而在热态时又具有补偿作用，不致造成活塞在汽缸中卡死，故将竖槽称为膨胀槽。活塞裙部开竖槽后，会使其开槽的一侧刚度变小，在装配时应使其位于做功行程中承受侧压力较小的一侧，即从发动机前面向后看的右侧。柴油机活塞受力大，活塞裙部一般不开槽。为防止使用时装错，一般在活塞顶面上制有方向标记，如箭头、缺口等。

2.2.2 活塞环

活塞环有气环和油环之分，它们都是具有弹性的开口环，如图 2-11 所示。

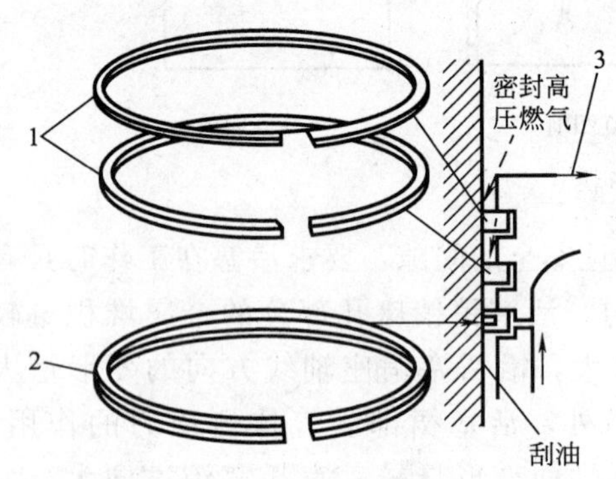

图 2-11 活塞环

1—气环；2—油环；3—活塞

（1）气环

气环的作用是密封活塞与汽缸壁之间的间隙，防止汽缸内的气体窜入曲轴箱，以及将活塞头部的热量传给汽缸壁，由冷却液带走。另外气环还起刮油、布油的辅助作用，一般发动机每个活塞有 2～3 道气环。

（2）油环

油环的作用是将汽缸壁上多余的机油刮回到油底壳去，防止其进入燃烧室，并为汽缸壁均匀布油。一般发动机每个活塞有 1～2 道油环。

气环的断面形状很多，最常见的有矩形环、扭曲环、锥面环、梯形环和桶面环，如图 2-12 所示。

扭曲环在安装时应注意，带内、上切口的扭曲环须装入环背压较大的第一道环槽，带外、下切口的扭曲环须装入环背压较小的第二、三道环槽，并且环本身的上下端面不可装反。

油环有普通油环和组合油环两种。

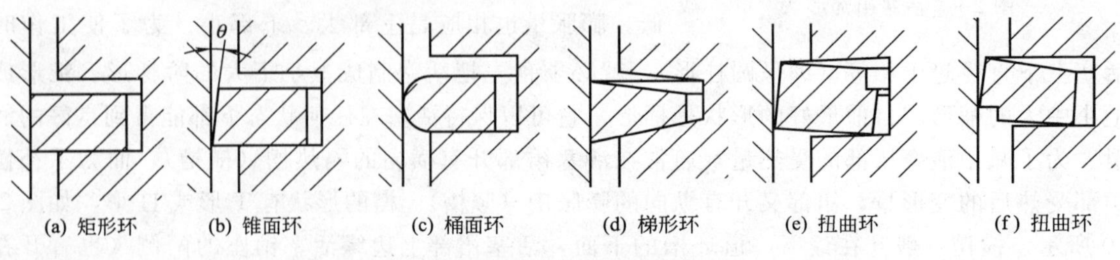

图 2-12 气环的断面形状

普通油环又叫整体式油环，如图 2-13 所示。环的外圆柱面中间加工有凹槽，槽中钻有小孔或开切槽。当活塞向下移动时，将缸壁上多余的机油刮下，通过小孔或切槽流回曲轴箱；当活塞向上移动时，还有布油功能。有些普通油环为了提高环的径向压力，保证环的刮油效果，在其背后加装弹性弹簧。

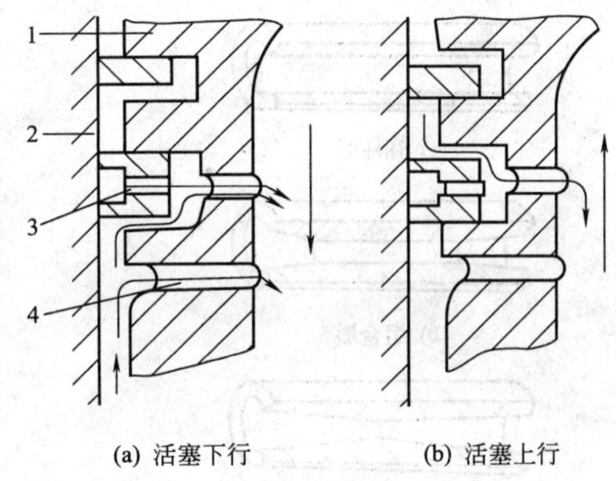

图 2-13　整体式油环的刮油过程

1—活塞；2—汽缸壁；3—油环切槽；4—回油孔

组合式油环由一个径向衬环、三个扁平环（上面两片、下面一片）和一个轴向波形环组成，如图 2-14 所示。其材料为弹簧钢，三个扁平环的外圆表面镀有铬层。轴向波形环使扁平环贴紧槽上、下端面，形成端面密封，以防止机油上窜；径向衬环使扁平环外圆紧贴汽缸壁，以便活塞下行时刮去汽缸壁上多余的机油。组合式油环具有对汽缸壁接触压力高而均匀、刮油能力强、密封性好等优点；其主要缺点是制造成本高。

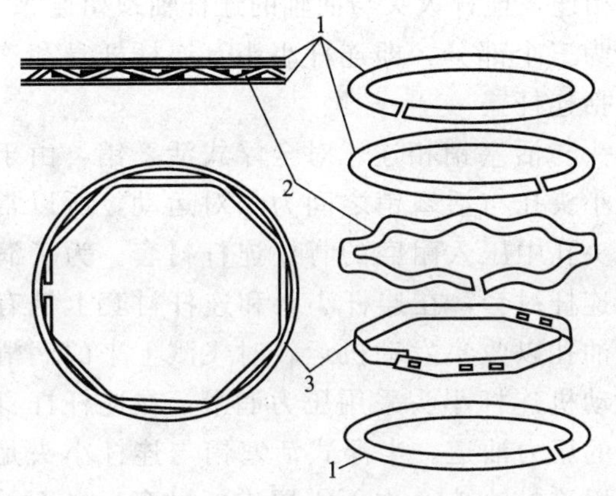

图 2-14　组合式油环

1—扁平环；2—波形环；3—径向衬环

2.2.3　活塞销

活塞销的作用是连接活塞和连杆小头，并把活塞承受的气体压力传给连杆。

活塞销的内孔有三种形状，圆柱形、两段截锥与一段圆柱组合的组合形和两段截锥形，如图 2-15 所示。活塞销常用低碳钢或低碳合金钢制成，表面经过渗碳和淬火，耐磨而心部韧性好，加工后外圆具有高的精度与低的表面粗糙度。

活塞销与活塞销座孔及连杆小头衬套孔的连接配合有两种方式，即全浮式和半浮式，如图 2-16 所示。全浮式连接的特点是，当发动机工作时，活塞销能在活塞销座孔中及连杆小头的衬套孔内自由转动，这样能使活塞销沿长度和圆周的磨损比较均匀。这种活塞销的固定方法是用卡簧嵌装于活塞销座孔两端的卡环槽内，以防止活塞销沿活塞销座孔径向向外移动。卡环一般采用高碳钢压成或用弹簧钢丝卷制。采用这种连接的活塞大多是铝活塞，而活塞销采用钢材料，铝比钢热膨胀量大，为了保证高温工作时活塞销与活塞销座孔为过渡配合，装配时，先把铝活塞加热到一定程度，然后再把活塞销装入。这种全浮式连接方式应用较广泛。半浮式连接的特点是，活塞销固定在连杆小头中，其两端支承在活塞销的座孔上，活塞销可以在活塞销座孔内作微量的摆动，活塞销只能在两端活塞销座内作自由摆动，而和连杆小头没有相对运动。活塞销不会作轴向窜动，不需要挡圈。这种半浮式连接方式在轿车上应用较多。

2.2.4　连杆

连杆的作用是把活塞承受的气体压力传给曲轴，并把活塞的往复运动变成曲轴的旋转运

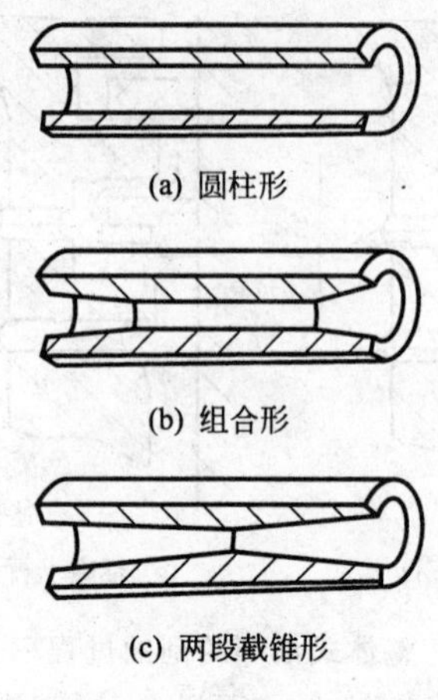

图 2-15 活塞销的结构

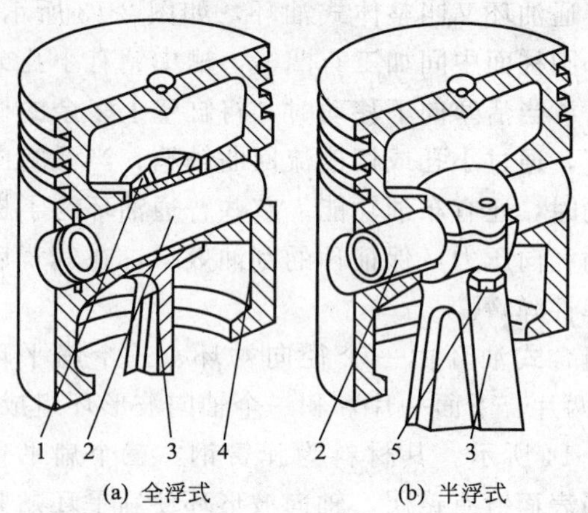

图 2-16 连杆小头与活塞销的连接配合方式

1—连杆衬套；2—活塞销；3—连杆；4—活塞销挡圈；5—紧固螺栓

动。如图 2-17 所示，连杆小头通过活塞销与活塞相连，连杆大头与曲轴的连杆轴颈相连。

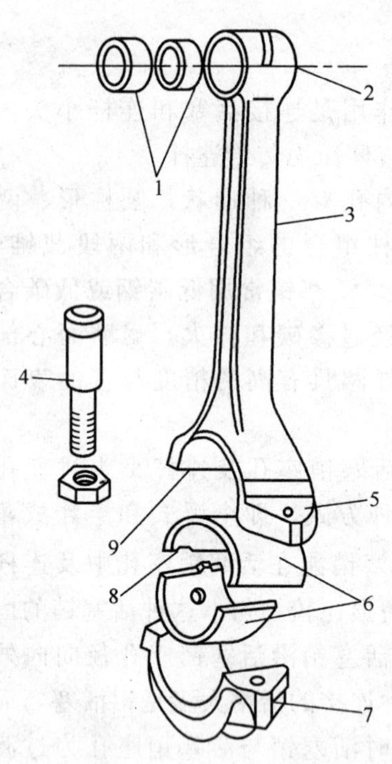

图 2-17 连杆的结构

1—连杆衬套；2—连杆小头；3—连杆杆身；4—连杆螺栓；5—连杆大头；6—连杆轴瓦；7—连杆盖；8—装配凸键；9—轴瓦定位凹槽

连杆分为三个部分，即连杆小头、连杆杆身和连杆大头（包括连杆盖）。

连杆小头与活塞销相连。对全浮式活塞销，由于工作时连杆小头孔与活塞销之间为相对运动，所以常常在连杆小头孔中压入耐磨的青铜连杆衬套。为了润滑活塞销与连杆衬套，在连杆小头和连杆衬套上铣有油槽或钻有油孔以收集发动机运转时飞溅上来的润滑油。有的发动机连杆小头采用压力润滑，在连杆杆身内钻有纵向的压力油道。半浮式活塞销与连杆小头是紧配合，所以连杆小头孔内不需要连杆衬套，也不需要润滑。为了避免连杆小头与活塞销座卡住，连杆小头端面与活塞销座之间留有一定的配合间隙。

连杆一般采用中碳钢或合金钢经模锻或辊锻，然后经加工和热处理而成。为了保证连杆有足够的强度、刚度和减轻重量，如图 2-18 所示，连杆杆身通常做成工字形断面。

连杆大头与曲轴连杆轴颈的连接一般都采用分开式，被分开部分称为连杆盖，用螺栓、螺母连接紧固。分开式又分为平分和斜分两种，如图 2-18 所示。

平分式的切分面与连杆杆身轴线垂直，汽油机多采用这种连杆。

斜分式的切分面与连杆杆身轴线成 30°～60°夹角，一般采用 45°的较多。柴油机多采用这种连杆，因为柴油机的压缩比大，受力较大，曲轴的连杆轴颈较粗，相应的连杆大头尺寸往往超过了汽缸直径，为了使连杆大头能通过汽缸，一般都采用斜切口。

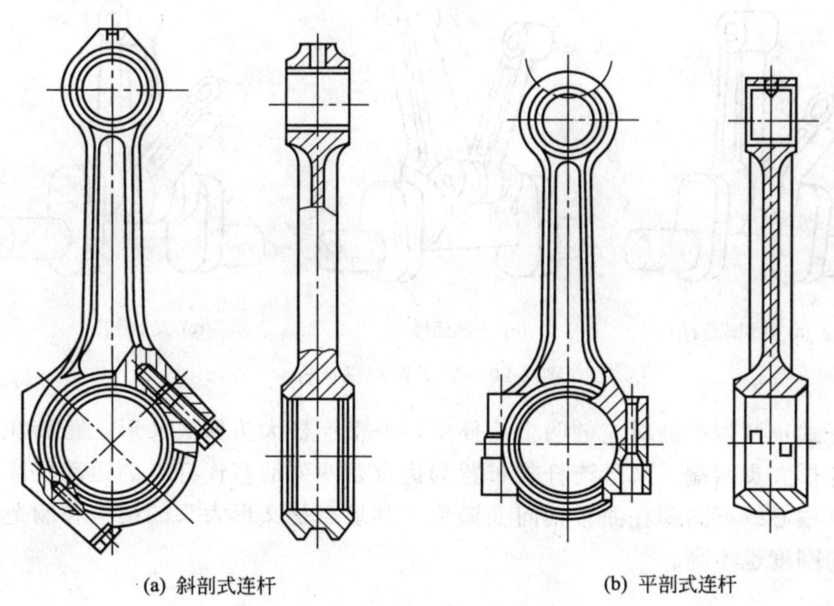

(a) 斜剖式连杆　　　　(b) 平剖式连杆

图 2-18　剖分式连杆结构

连杆大头分开可取下的部分叫连杆盖。连杆与连杆盖配对加工，加工后，在它们同一侧打上配对记号，安装时不得互相调换或变更方向。

将连杆盖和连杆大头连接在一起的连杆螺栓，在工作中要承受很大的冲击力，连杆螺栓采用韧性好的优质碳素钢或优质合金钢制成，并经热处理。连杆螺栓装配时要用扭力扳手分2～3次交替均匀地拧紧到规定的转矩，拧紧后还应可靠地锁紧。若拧紧力矩过小，连杆连接面处易产生缝隙，使连杆螺栓受到很大的附加力而造成疲劳断裂；若拧紧力矩过大，超过了螺栓材料的屈服点，会造成螺栓变形甚至断裂。

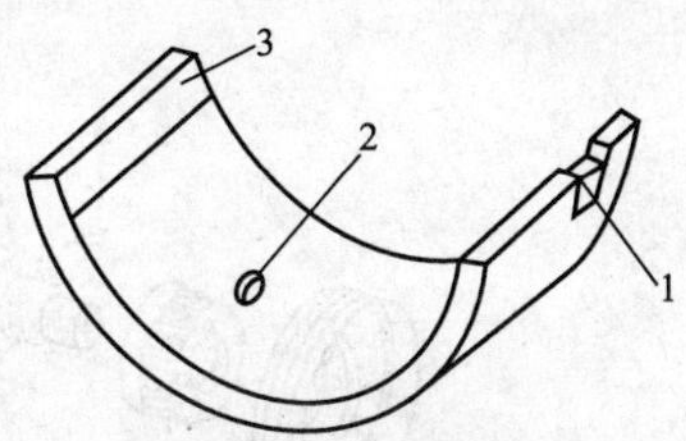

图 2-19　连杆轴瓦

1—定位唇；2—油孔；3—倒角

为了减小摩擦阻力和曲轴连杆轴颈的磨损，连杆大头孔内装有制成两半的滑动轴承，简称连杆轴瓦。如图 2-19 所示，连杆轴瓦由上、下两个半片组成。为了防止连杆轴瓦在工作中转动和轴向移动，两片连杆轴瓦剖分处均制成有定位凸键，装配时凸键嵌入连杆大头内孔相应的凹槽内。有的连杆轴瓦上还制有油孔，安装时应与连杆上相应的油孔对齐。

V 形发动机左、右两侧对应两个汽缸的连杆是同支承于一个曲柄销上的，其布置形式有三种，如图 2-20 所示。

并列连杆式：左右两缸的连杆一前一后装在同一曲柄销上。这种布置的优点是连杆可以通用，两列汽缸的活塞连杆组运动规律相同。缺点是两列汽缸的轴心沿曲轴的轴向要错开一段距离，因而曲轴总长度增加，刚度降低。

主副连杆式：一列汽缸的连杆为主连杆，其大头直接安装在曲柄销的全长上；另一列汽缸的连杆为副连杆，其连杆大头与对应的主连杆大头上的两个凸耳作铰链连接。这种结构中，左右两列对应汽缸的主副连杆与其汽缸中心线位于同一平面内，这样布置不会增加发动机的长度，但缺点是主副连杆不能互换。此外，左右两列汽缸的活塞连杆组的运动规律和受力都不一样。

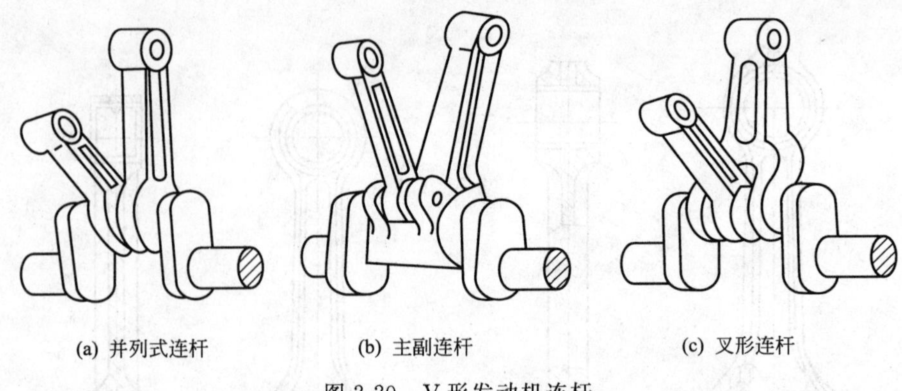

图 2-20　V 形发动机连杆

叉形连杆式：两列汽缸对应的两个连杆中，一个连杆大头做成叉形，跨装在另一个连杆厚度较小的片形大头两端。叉形连杆式布置的优点是两列活塞连杆组的运动规律相同，左右对应的两汽缸轴心线不需要在曲轴轴向上错位。其缺点是叉形大头的结构和制造较复杂，而且连杆大头的刚度也不高。

2.3　曲轴飞轮组

曲轴飞轮组主要由曲轴和飞轮以及其他不同作用的零件和附件组成，如图 2-21 所示。

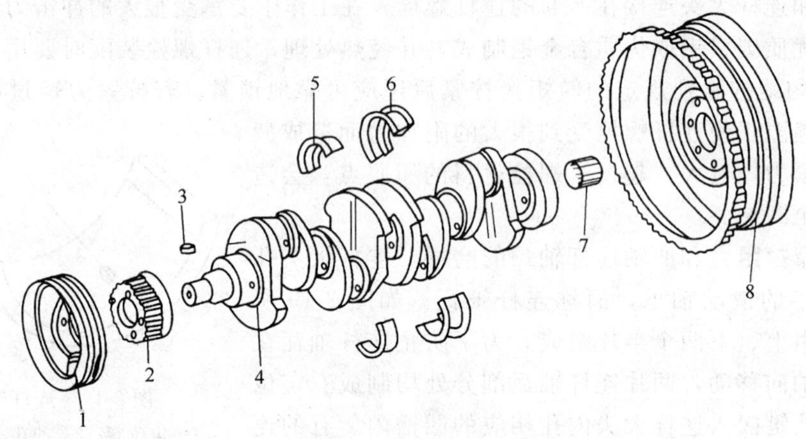

图 2-21　曲轴飞轮组

1—曲轴带轮；2—曲轴正时齿轮；3—键；4—曲轴；5—上轴瓦；6—止推轴承；7—滚针轴承；8—飞轮

2.3.1　曲轴

曲轴的作用是把连杆传来的气体压力转变为转矩对外输出，同时驱动配气机构和其他辅助装置，如风扇、水泵、发电机等运转。

曲轴在工作时承受气体压力、惯性力及惯性力矩的作用，受力大而且受力复杂。这些周期性变化的交变载荷会引起曲轴的振动和疲劳破坏，同时在曲轴轴径与轴承之间造成严重的磨损。因此，要求曲轴具有足够的强度和刚度，具有良好的承受冲击载荷的能力，耐磨损且润滑良好，重量要轻。

曲轴一般用中碳钢或中碳合金钢锻造而成。轴颈表面经高频淬火或氮化处理，并经精磨加工，以达到表面硬度和表面粗糙度的要求。为了节约钢材，降低成本，近年来也用高强度的球墨铸铁来铸造曲轴。

曲轴可分为整体式和组合式两大类。整体式曲轴是将曲轴做成一个整体零件，具有较高的强度和刚度，结构紧凑、重量轻；组合式曲轴是将曲轴分成若干个零件分别进行加工，然后组装在一起，构成完整的曲轴，具有加工方便，便于产品系列通用等优点，其缺点是强度、刚度较差，装配复杂。多缸发动机曲轴一般都是整体式的，但对于主轴承采用滚动轴承或连杆大头为整体式，则曲轴必须采用组合式。以下主要介绍整体式曲轴。

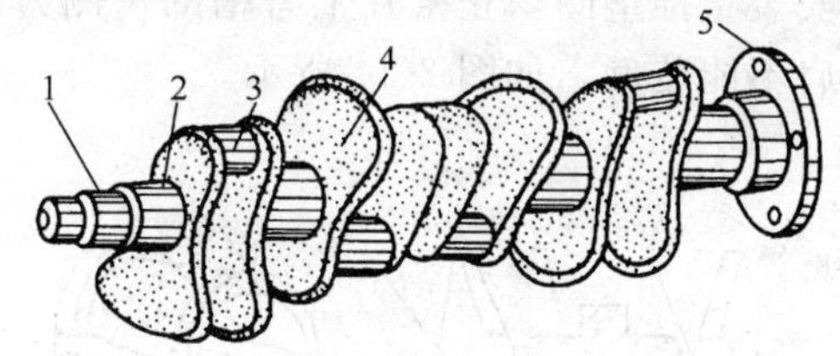

图 2-22 曲轴

1—前端轴；2—主轴颈；3—连杆轴颈；4—曲柄；5—后端凸缘

曲轴一般由主轴颈、连杆轴颈、曲柄、前端和后端等组成，如图 2-22 所示。

一个连杆轴颈和它两端曲柄以及前后两个主轴颈组成一个曲拐。直列式发动机曲轴的曲拐数目等于汽缸数，V 形发动机曲轴的曲拐数等于汽缸数的一半。

主轴颈是曲轴的支承部分，通过主轴承支承在曲轴箱的主轴承座中。主轴颈的数目与发动机汽缸数目有关，同时主要考虑保证曲轴有足够的强度和刚度，还取决于曲轴的支承方式。曲轴的支承方式一般有两种，即全支承曲轴和非全支承曲轴，如图 2-23 所示。全支承曲轴的特点是曲轴的主轴颈数比汽缸数目多一个，即每一个连杆轴颈两边都有一个主轴颈。四缸发动机全支承曲轴有五个主轴颈。这种支承，曲轴的强度和刚度都比较好，并且减轻了主轴承载荷，减小了磨损。柴油机和大部分汽油机采用这种形式，如捷达轿车、富康轿车、夏利轿车和奥迪轿车所使用的发动机均采用这种全支承曲轴。非全支承曲轴的特点是曲轴的主轴颈数比汽缸数目少或与汽缸数目相等。这种支承的主轴承载荷较大，但缩短了曲轴的总长度，使发动机的总体长度有所减小。有些承受载荷较小的汽油机，可以采用这种曲轴形式。

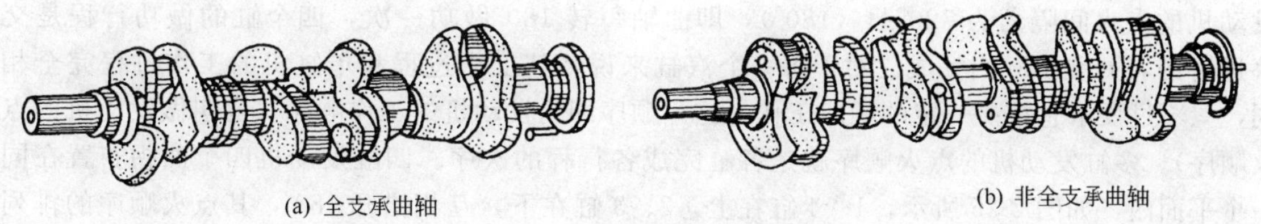
(a) 全支承曲轴　　(b) 非全支承曲轴

图 2-23 曲轴的支承方式

曲轴的连杆轴颈用于安装连杆大头，并在连杆轴承中转动，它通过曲柄与主轴颈相连，在连接处用圆弧过渡，以减少应力集中。直列发动机的连杆轴颈数与汽缸数相等，V 形发动机的连杆轴颈数等于汽缸数的一半。

曲柄是主轴颈和连杆轴颈的连接部分，也是曲轴受力最复杂、结构薄弱的环节。断面呈矩形、椭圆形，为了平衡曲轴旋转的惯性力，往往在曲柄上与曲柄销相反的方向装有平衡重，用来平衡发动机的离心力矩，从而使曲轴旋转平稳。

曲轴前端装有正时齿轮、驱动风扇和水泵的带轮以及启动爪等。为了防止机油外漏，在曲轴前端装有一个挡油盘，在齿轮室盖上装有油封。

曲轴的后端用来连接飞轮，在后轴颈与飞轮凸缘之间制成挡油凸缘与回油螺纹，螺纹的方向与曲轴的旋转方向一致，可将曲轴上的机油引回到曲轴箱内。

曲轴前端多采用斜齿轮传动，在传动过程中会产生轴向力，使曲轴前后窜动，影响曲柄连杆机构的正常工作，另外，曲轴工作时还会受热伸长。因此，为了保证曲轴既有受热膨胀的余地，又不致产生过大的轴向冲击而保证曲柄连杆机构的正确位置，必须对曲轴进行轴向定位，曲轴的轴向定位既要使其轴向间隙保持在一定范围内，又要使曲轴不产生轴向窜动。曲轴轴向定位通常是在主轴承结构上采取限位措施。较多的是在曲轴后部主轴承上制作凸肩或安装止推垫圈，止推片上有槽的一侧为工作面，其表面镀有耐磨合金，安装时应朝向曲轴凸肩不能装反，如图 2-24 所示。

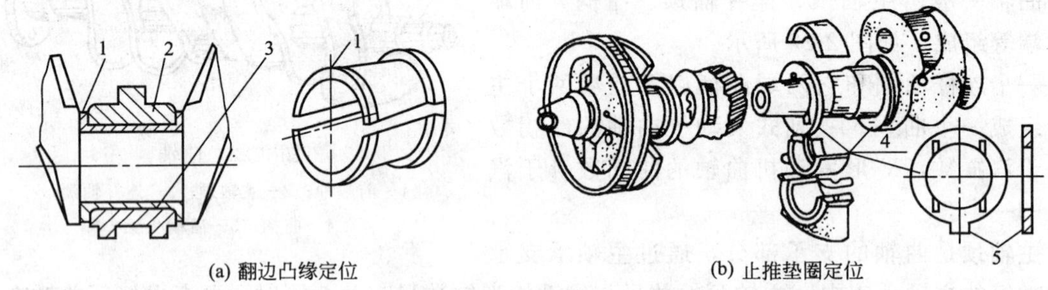

(a) 翻边凸缘定位　　(b) 止推垫圈定位

图 2-24　曲轴轴向定位方式

1—翻边凸缘；2—主轴承座；3—主轴承盖；4—止推垫圈；5—舌榫

曲轴的形状和各曲拐的相对位置，取决于汽缸数、汽缸排列方式和发动机的点火顺序。安排多缸发动机的点火顺序时，应注意使连续做功的两缸相距尽可能远，以减轻主轴承的载荷，同时避免可能发生的进气重叠现象，以免影响充气；做功间隔应力求均匀，也就是说发动机在完成一个工作循环的曲轴转角内，每个汽缸都应点火做功一次，而且各缸发火的间隔时间（以曲轴转角表示，称为点火间隔角）应力求均匀。四冲程发动机完成一个工作循环曲轴转两周（720°），在 720°的曲轴转角内发动机的每个汽缸应该点火做功一次，且点火间隔角是均匀的，因此四冲程发动机的点火间隔角为 720°/i（i 为发动机的汽缸数）。四缸四冲程发动机的点火间隔角为 720°/4（180°），即曲轴每转 180°做功一次，四个缸的做功行程是交替进行的，并在 720°内完成。对于每一个汽缸来说，其工作过程和单缸机的工作过程完全相同，只不过要求它按照一定的顺序工作，这一顺序即为发动机的工作顺序（也叫做发动机的点火顺序）。多缸发动机的点火顺序就是各缸完成各行程的次序。四缸发动机四个曲拐布置在同一个平面内，如图 2-25 所示，1、4 缸在上，2、3 缸在下，互相错开 180°，其点火顺序的排列只有两种可能，即 1—3—4—2 或 1—2—4—3，两种工作顺序的发动机工作循环分别见表 2-1 和表 2-2。直列六缸发动机点火顺序为 1—5—3—6—2—4 的工作循环见表 2-3。四个曲拐也可以布置在两个互相错开 90°的平面内，使发动机得到更好地平衡。红旗轿车发动机曲轴曲拐布置如图 2-26 所示，点火顺序为 1—8—4—3—6—5—7—2，其工作循环见表 2-4。

2.3.2　飞轮

飞轮是转动惯量很大的盘形零件，如图 2-27 所示。它的主要功用是存储发动机做功行程中输入曲轴的动能的一部分，用以在其他行程中克服阻力，带动曲柄连杆机构越过上、下止点，保证曲轴的旋转角速度和输出转矩尽量均匀，并使发动机能克服短时间的超负荷。此外，飞轮又往往用作摩擦式离合器的驱动件，把发动机产生的动力传递给传动系统。飞轮外缘上压装的齿圈与启动机的驱动齿轮啮合，供启动发动机用。

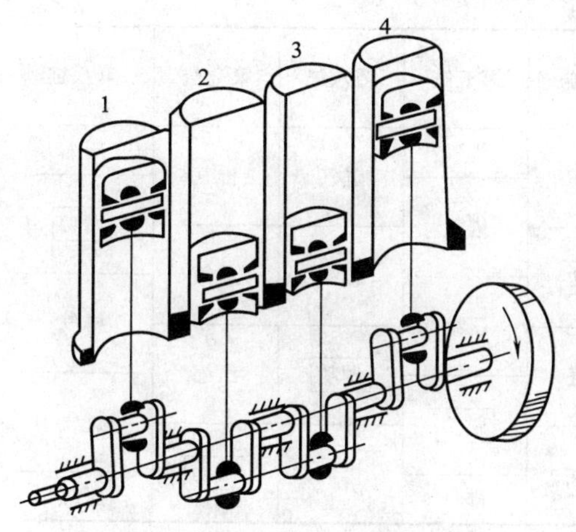

图 2-25　直列四缸发动机的曲拐布置

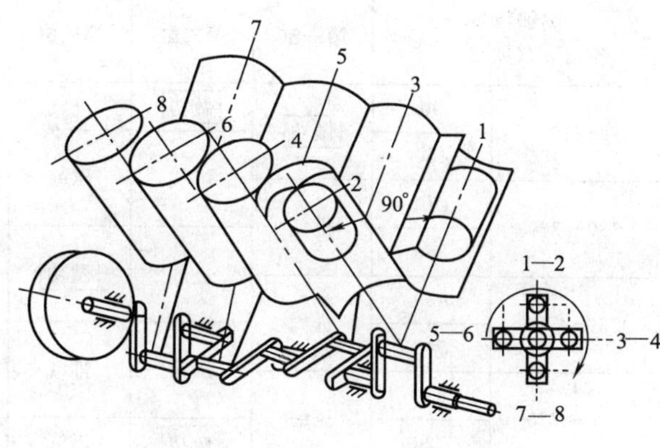

图 2-26　红旗轿车发动机的曲拐布置

表 2-1　直列四缸发动机工作循环（点火顺序 1—3—4—2）

曲轴转角/(°)	第一缸	第二缸	第三缸	第四缸
0～180	做功	排气	压缩	进气
180～360	排气	进气	做功	压缩
360～540	进气	压缩	排气	做功
540～720	压缩	做功	进气	排气

表 2-2　直列四缸发动机工作循环（点火顺序 1—2—4—3）

曲轴转角/(°)	第一缸	第二缸	第三缸	第四缸
0～180	做功	压缩	排气	进气
180～360	排气	做功	进气	压缩
360～540	进气	排气	压缩	做功
540～720	压缩	进气	做功	排气

表 2-3　直列六缸发动机工作循环（点火顺序 1—5—3—6—2—4）

<table>
<tr><th colspan="2">曲轴转角/(°)</th><th>第一缸</th><th>第二缸</th><th>第三缸</th><th>第四缸</th><th>第五缸</th><th>第六缸</th></tr>
<tr><td rowspan="3">0～180</td><td>60</td><td rowspan="3">做功</td><td rowspan="2">排气</td><td>进气</td><td>做功</td><td rowspan="2">压缩</td><td rowspan="3">进气</td></tr>
<tr><td>120</td><td rowspan="3">压缩</td><td rowspan="3">排气</td></tr>
<tr><td>180</td><td rowspan="3">进气</td><td rowspan="3">做功</td></tr>
<tr><td rowspan="3">180～360</td><td>240</td><td rowspan="3">排气</td><td rowspan="3">压缩</td></tr>
<tr><td>300</td><td rowspan="3">做功</td><td rowspan="3">进气</td></tr>
<tr><td>360</td><td rowspan="3">压缩</td><td rowspan="3">排气</td></tr>
<tr><td rowspan="3">360～540</td><td>420</td><td rowspan="3">进气</td><td rowspan="3">做功</td></tr>
<tr><td>480</td><td rowspan="3">排气</td><td rowspan="3">压缩</td></tr>
<tr><td>540</td><td rowspan="3">做功</td><td rowspan="3">进气</td></tr>
<tr><td rowspan="3">540～720</td><td>600</td><td rowspan="3">压缩</td><td rowspan="3">排气</td></tr>
<tr><td>660</td><td rowspan="2">进气</td><td rowspan="2">做功</td></tr>
<tr><td>720</td><td>排气</td><td>压缩</td></tr>
</table>

表 2-4　V形八缸发动机工作循环（点火顺序 1—8—4—3—6—5—7—2）

曲轴转角/(°)		第一缸	第二缸	第三缸	第四缸	第五缸	第六缸	第七缸	第八缸
0～180	90	做功	做功	进气	压缩	排气	进气	排气	压缩
	180		排气	压缩		进气			做功
180～360	270	排气			做功		压缩	进气	
	360		进气	做功		压缩			排气
360～540	450	进气			排气		做功	压缩	
	540		压缩	排气		做功			进气
540～720	630	压缩			进气		排气	做功	
	720		做功	进气		排气			压缩

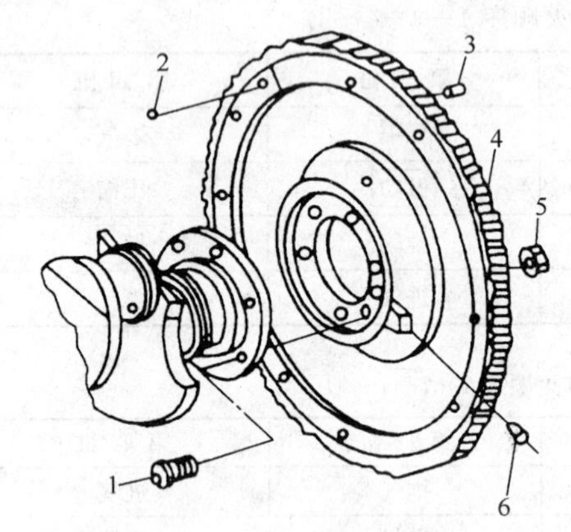

图 2-27　飞轮

1—螺栓；2—上止点记号；3—定位销；4—齿圈；5—螺母；6—润滑脂油嘴

飞轮上通常刻有第 1 缸点火正时记号，以便检查和调整点火（喷油）正时和气门间隙。解放 CA6102 型发动机的上止点记号如图 2-28（a）所示。当刻在飞轮轮缘上的记号“上止点/1-6”与飞轮壳上的刻线 1 正对时，即表示 1、6 两缸的活塞处于上止点位置。东风 EQ6100-1 型发动机，在飞轮轮缘上镶嵌有一个钢球 2，当钢球与飞轮壳上的刻线正对时，另一处是当曲轴带轮上的小缺口 3 和正时齿轮盖凸筋 4 对准时，都表示 1、6 两缸的活塞处于上止点位置［图 2-28（b）］。但有些发动机的上止点记号在发动机的前端，如北京 BJ492Q、长安 JL462Q 型发动机等，当曲轴带轮上的小缺口和正时齿轮盖上指针对准时，则第 1、4 缸处于上止点位置［图 2-28（c）］。

飞轮多采用灰铸铁制造，当飞轮轮缘的圆周速度超过 50m/s 时，要采用强度较高的球墨铸铁或铸钢制造。

飞轮与曲轴装配后就进行动平衡试验，所以在某些发动机飞轮上和曲轴上能看到有钻过

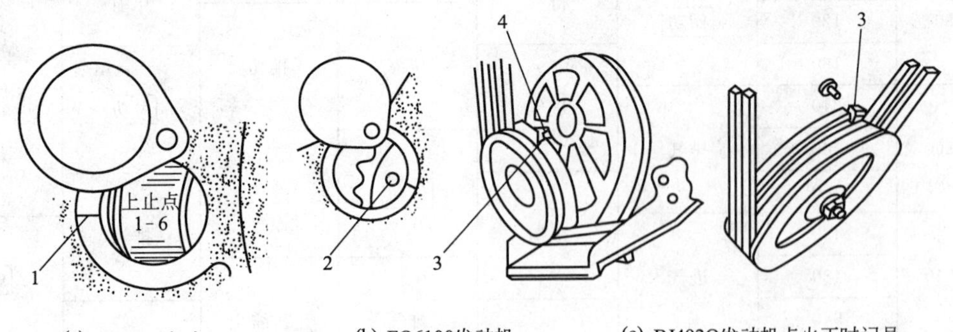

(a) CA6102发动机点火正时记号　(b) EQ6100发动机点火正时记号　(c) BJ492Q发动机点火正时记号

图 2-28　飞轮上点火正时记号

1—飞轮壳上的刻线；2—飞轮缘上的钢球；3—带轮上的正时缺口；4—正时齿轮盖凸筋

的孔。否则在旋转时因质量不平衡而产生离心力，将引起发动机振动并加速主轴承的磨损。为了在拆装时不破坏它们的平衡状态，飞轮与曲轴之间应有严格的相对位置，用定位销或不对称布置螺栓予以保证。

2.3.3 曲轴扭转减振器

曲轴本身是一扭转弹性元件，具有一定的自振频率。在它工作过程中，由活塞连杆组传给曲轴连杆轴颈的作用力的大小和方向都是周期性变化的，所以曲轴各个曲拐的旋转速度也是忽快忽慢呈周期性变化，由此造成曲轴各曲拐的转动时快时慢，这种现象称为曲轴的扭转振动。当外界作用频率等于曲轴的自振频率时，便会发生共振。这种现象既损失发动机的功率，也会破坏曲轴和装在其上的驱动齿轮、链轮、链条等附件，严重时甚至将曲轴扭断。为了消除这种现象，曲轴前端装有扭转减振器。

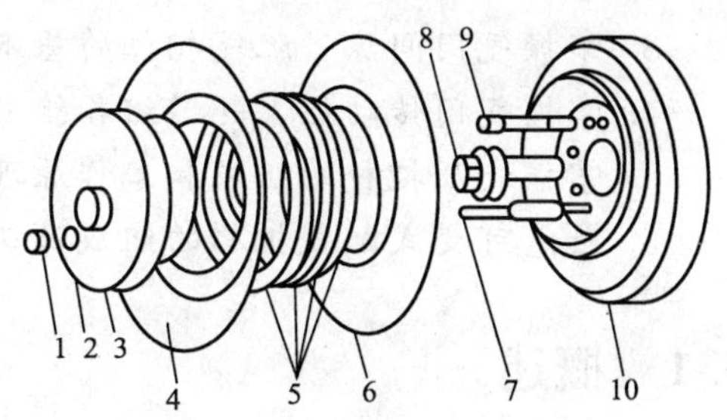

图 2-29 曲轴扭转减振器

1—螺母；2—波形垫片；3—带轮固定盘；4,6—带轮；5—调节垫片；7—双头螺栓；8—大螺栓；9—螺栓；10—带轮总成

汽车发动机最常用的曲轴扭转减振器是摩擦式扭转减振器，可分为橡胶摩擦式扭转减振器及硅油式扭转减振器两类。如某发动机，其扭转减振器与曲轴带轮结合在一起，结构如图 2-29 所示。扭转减振器由外圈、橡胶（轮毂）等组成，带轮 4、6 外面为外圈，里面是橡胶层，带轮固定盘 3 即为内圈。当曲轴旋转时，内圈通过弹性橡胶层带动外圈一起转动，当曲轴发生扭转时，外圈因其转动惯量大而角速度均匀，于是橡胶层产生很大的交变剪切变形，消耗了扭转能量，减小了扭振。

复习思考题

1. 简述曲柄连杆机构的功用及组成。
2. 什么是干式汽缸套、湿式汽缸套？各有何特点？
3. 活塞裙部在使用中为什么会产生椭圆变形？预防和控制裙部变形主要有哪些措施？
4. 活塞顶部形状有哪几种？各有何特点？
5. 已知某微型轿车发动机为三缸四冲程汽油机，问该发动机做功间隔角度是多少？该发动机当第一缸正处于做功下止点时，三缸正处于进气行程且离上止点 60°，请确定第二缸的位置，并画出该发动机的曲柄端面图，确定该发动机的发火顺序。

第 3 章　配气机构

学习要求

1. 掌握配气机构的功用、组成及布置形式；
2. 掌握凸轮轴的驱动方式及应用场合；
3. 掌握气门间隙、配气相位的基本概念；
4. 掌握气门传动组、气门组各组成零件的功用和结构特点；
5. 掌握液压挺杆的组成和工作原理；
6. 熟悉可变式配气机构的组成及工作原理。

3.1　概述

配气机构的功用是根据发动机每一汽缸内所进行的工作循环或发火次序的要求，定时开启和关闭各汽缸的进、排气门，使新鲜可燃混合气（汽油机）或空气（柴油机）得以及时进入汽缸，废气得以及时从汽缸中排出，使换气过程最佳，以保证发动机在各种工况下工作时发挥最好的性能。

吸入的新鲜空气或可燃混合气越多，发动机能够发出的功率和转矩越大。新鲜空气或可燃混合气充满汽缸的程度，常用充气效率来表示（也称为充量系数）。对于一定工作容积的发动机而言，充气效率与进气终了时汽缸内的压力和温度有关。进气终了压力愈高，温度愈低，则一定容积的气体质量就愈大，表明充气效率愈高。

影响发动机充气效率的因素很多，要求配气机构的结构有利于减小进气和排气的阻力，而且进、排气门的开启时刻和持续开启时间要适当，使进气和排气都尽可能充分。

发动机在全负荷下工作时，需获得最大功率和转矩，这就要求在此工况下，配气机构应保证获得最大的新鲜空气或可燃混合气量。在发动机部分负荷下工作时，要求汽车具有良好的燃油经济性，这时配气机构应保证混合气形成质量良好。为此，随发动机工况的变化而改变配气机构动作的可变化技术开发出来，并在发动机的配气机构中获得越来越多的应用。

四冲程内燃机采用气门式配气机构，由气门组、传动组和驱动组三部分组成。气门组包括气门、气门座、气门导管、气门弹簧、气门弹簧座及锁紧装置等；传动组包括挺柱、推杆、摇臂、摇臂轴等；驱动组包括凸轮轴、凸轮轴轴承和止推装置等。车用内燃机的高速、低排放，要求配气机构不断改善换气性能和提高高速适应性。配气机构随着内燃机的发展出现了多种形式，常见的分类形式有以下几种。

① 按气门的布置形式不同分为气门顶置式和气门侧置式。

② 按凸轮轴的布置位置不同分为凸轮轴下置式、凸轮轴中置式和凸轮轴上置式。

③ 按曲轴和凸轮轴的传动方式不同分为齿轮传动式、链条传动式和齿带传动式。

④ 按每个汽缸气门数目的不同分为二气门式、三气门式、四气门式和五气门式。

气门顶置式配气机构是应用最多的一种形式，其特点是进、排气门均倒装在汽缸盖上。

气门顶置式布置方式的特点是：气门行程大，虽结构较为复杂，零件数目较多，但它的燃烧室紧凑，有利于燃烧及散热，有利于提高压缩比，改善发动机的动力性。

（1）凸轮轴下置式配气机构

凸轮轴布置在曲轴箱内的配气机构为凸轮轴下置式配气机构，其典型结构如图 3-1 所示。

此结构中凸轮轴由曲轴上的正时齿轮（图中未画出）驱动。发动机工作时，曲轴通过正时齿轮驱动凸轮轴旋转，凸轮 15 通过挺柱 14、推杆 13 和绕摇臂轴 9 摆动的摇臂 10 使气门按相应于凸轮轮廓的运动规律运动。在凸轮轮廓的上升段克服作用在气门上的弹簧作用力打开气门；在凸轮轮廓的下降段，气门在弹簧力的作用下逐渐关闭，达到气体更换的要求。

凸轮轴下置式配气机构的优点是凸轮轴离曲轴近，可采用简单可靠的齿轮传动方式。其缺点是凸轮轴到气门的传动环节多、路线长，在高速运动时整个机构容易产生弹性变形，影响气门运动规律和气门的开闭定时。因此此种配气机构多用于转速较低的发动机。

（2）凸轮轴中置式配气机构

凸轮轴置于机体上部的配气机构称为凸轮轴中置式配气机构，如图 3-2 所示。与凸轮轴下置式配气机构相比，中置式配气机构缩短或取消了推杆结构，从而减轻了配气机构的往复运动质量，增大了机构的刚度。玉柴 YC6105Q、CA6110A 等发动机均采用这种结构。

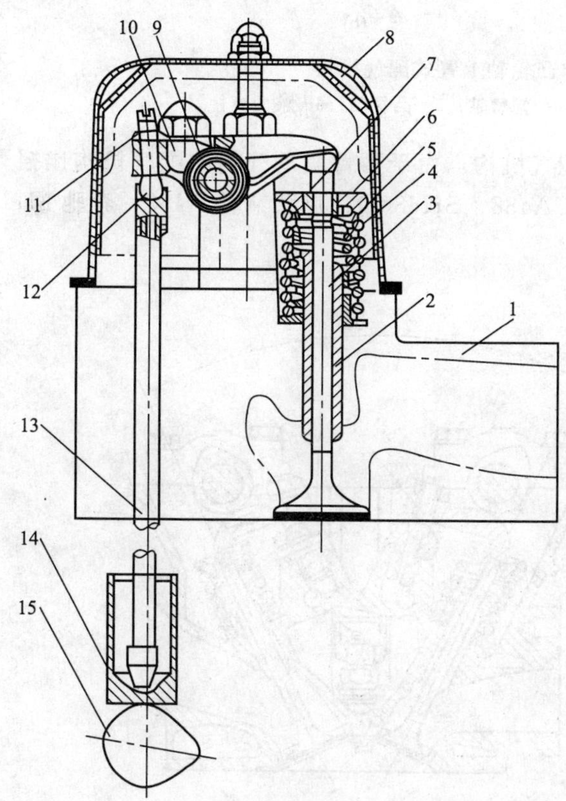

图 3-1 凸轮轴下置式配气机构

1—汽缸盖；2—气门导管；3—气门；4—气门主弹簧；5—气门副弹簧；6—气门弹簧座；7—锁片；8—气门室罩；9—摇臂轴；10—摇臂；11—锁紧螺母；12—调整螺钉；13—推杆；14—挺柱；15—凸轮

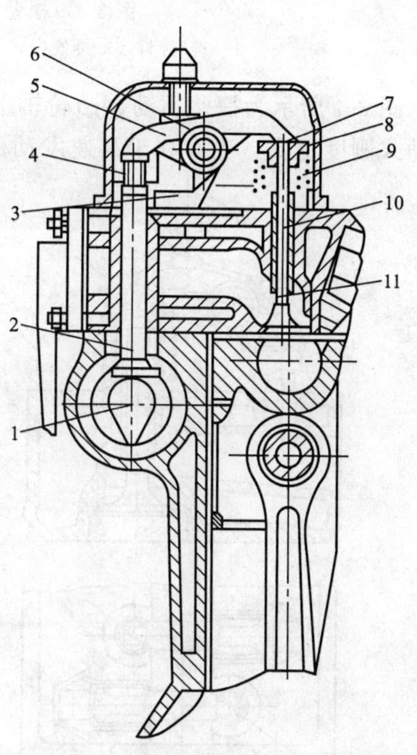

图 3-2 凸轮轴中置式配气机构

1—凸轮轴；2—挺杆；3—支架；4—调整螺钉；5—摇臂；6—摇臂轴；7—锁片；8—气门弹簧座；9—气门弹簧；10—气门导管；11—气门

(3) 凸轮轴上置式配气机构

凸轮轴置于汽缸盖上的配气机构称为凸轮轴上置式配气机构（OHC/OHV）。此种形式配气机构的优点是传动链短，运动件少，整个机构的刚度大，多用于高速发动机。由于气门排列和气门驱动形式的不同，凸轮轴上置式配气机构有多种多样的结构形式。

图 3-3 所示为摇臂驱动、单凸轮轴上置式配气机构。凸轮轴推动液力挺柱，液力挺柱推动摇臂，通过摇臂驱动气门［图 3-3（a）］；或凸轮轴直接驱动摇臂，摇臂驱动气门［图 3-3（b）］。夏利 TJ376Q 型发动机便采用了后一种结构形式。

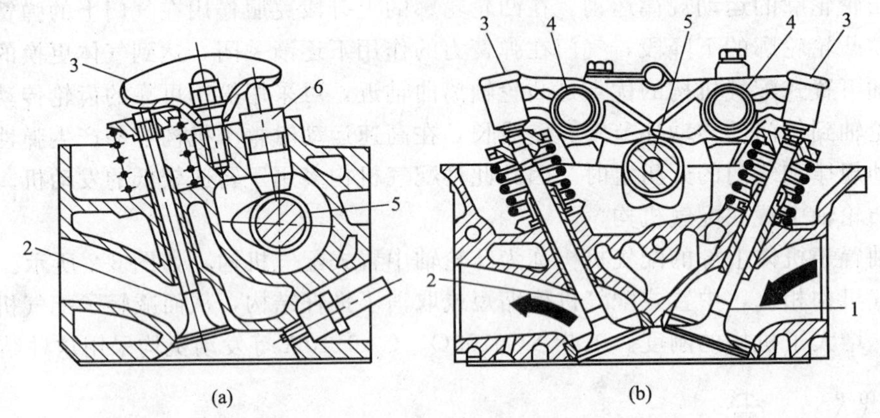

图 3-3　摇臂驱动、单凸轮轴上置式配气机构

1—进气门；2—排气门；3—摇臂；4—摇臂轴；5—凸轮轴；6—液力挺柱

图 3-4 所示为摆臂驱动、凸轮轴上置式配气机构。由于摆臂驱动气门的配气机构比摇臂驱动式刚度更高，更有利于高速发动机。如 CA488、SH680Q、克莱斯勒 A452、奔驰 M115

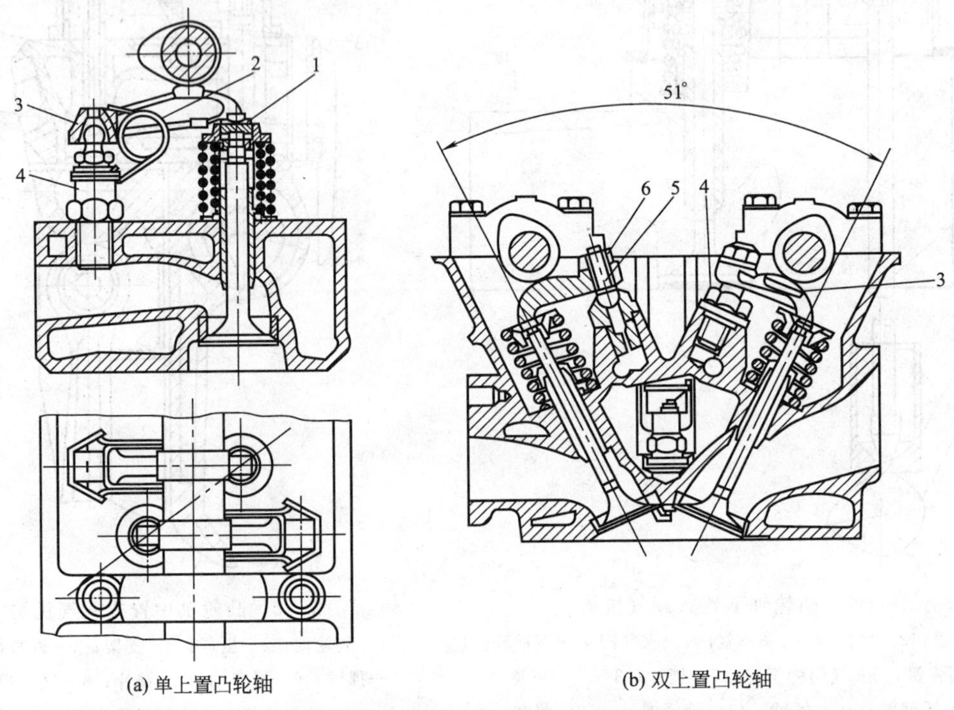

图 3-4　摆臂驱动、凸轮轴上置式配气机构

1—调整块；2—弹簧卡扣；3—摆臂；4—摆臂支座；5—气门间隙调整螺钉；6—锁紧螺母

等发动机均为单凸轮轴上置（SOHC）摆臂驱动式配气机构［图 3-4（a）］；而本田 B20A、三菱 3G81、日产 VH45DE 等发动机均为双凸轮轴上置（DOHC）摆臂驱动式配气机构［图 3-4（b）］。

图 3-5 所示为直接驱动、凸轮轴上置式配气机构。在这种形式的配气机构中，凸轮通过吊杯形机械挺柱驱动气门［图 3-5（a）］或通过吊杯形液力挺柱驱动气门［图 3-5（b）］。与上述形式的配气机构相比，直接驱动式配气机构的刚度最大，驱动气门的能量损失最小，因此在高强化的轿车发动机上得到广泛应用。如奔驰 320E、欧宝 V6、南京依维柯 8140.01 等均采用了这种形式的配气机构。

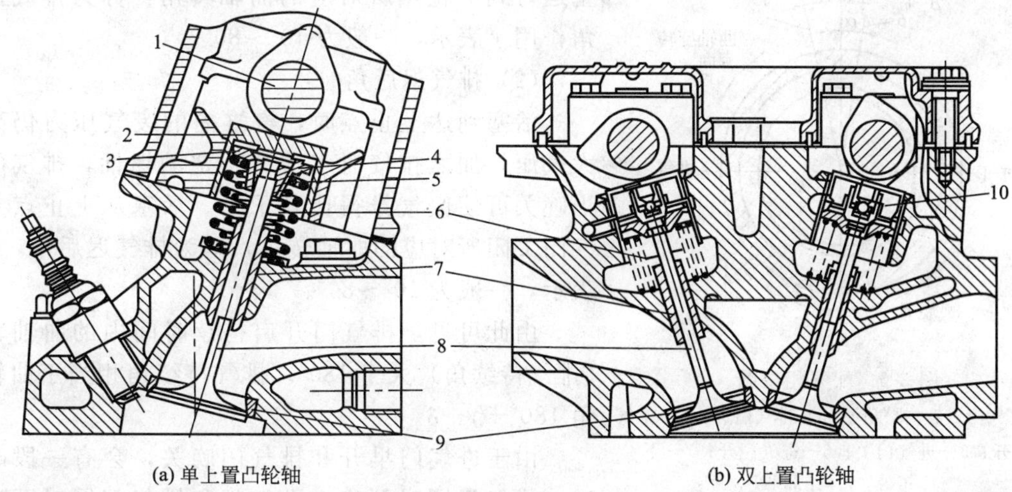

图 3-5　直接驱动、凸轮轴上置式配气机构

1—凸轮轴；2—机械挺柱；3—气门间隙调整垫片；4—气门弹簧座；5—气门锁片
6—气门弹簧；7—气门导管；8—气门；9—气门座圈；10—液力挺柱

3.2　配气相位

以曲轴转角表示的进、排气门开闭时刻及其开启的持续时间称作配气相位（又称配气正时）。配气相位是影响进气量的重要因素之一，它直接关系到发动机的动力性和经济性。一般用曲轴转角的环形图来表示配气相位，这种图称为配气相位图，如图 3-6 所示。

3.2.1　进气门的配气相位

（1）进气提前角

进气门提前开启的目的是保证新鲜气体或可燃混合气能顺利、充足地充入汽缸。从进气门开始开启到活塞运行到上止点所对应的曲轴转角，称为进气提前角，用 α 表示，一般为 10°～30°。

（2）进气迟后角

进气门晚关是为了在压缩行程开始时，利用汽缸内的压力暂低于大气或环境压力，依靠进气气流的惯性使新鲜气体或可燃混合气仍可继续进入汽缸。从活塞位于进气行程下止点到进气门关闭所对应的曲轴转角，称为进气迟后角，用 β 表示，一般为 40°～80°。

由上述可知，进气门开启持续时间内的曲轴转角大于 180°，整个持续时间为 $180°+\alpha+\beta$ 曲轴转角。

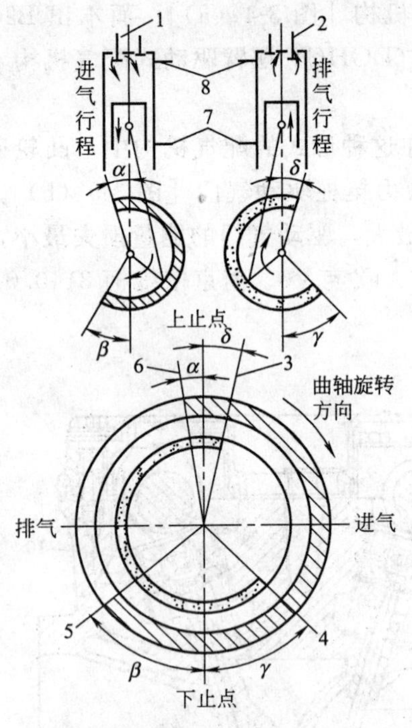

图 3-6　配气相位图

1—进气门；2—排气门；3—排气门关；4—排气门开；5—进气门关；6—进气门开；7—下止点；8—上止点

3.2.2　排气门的配气相位

(1) 排气提前角

在做功行程接近终了时，汽缸内的气体仍有 300～500kPa 的压力，就活塞做功而言作用不大，这时若稍开启排气门，大部分废气在此压力作用下可以很高的速度从缸内排出，从而使排气行程的阻力和消耗的功大为减小。活塞从排气门开始开启到活塞运行到下止点所对应的曲轴转角，称为排气提前角，用 γ 表示，一般为 40°～80°。

(2) 排气迟后角

活塞到达上止点时，汽缸内的废气压力仍高于大气压，加之排气时气流有一定的惯性，排气门适当晚关可使废气排得比较干净。活塞从上止点到排气门关闭所对应的曲轴转角，即为排气迟后角，用 δ 表示，一般为 10°～80°。

由此可见，排气门开启持续时间内的曲轴转角（排气持续角）大于 180°，排气持续角相当于曲轴转角 $180°+\gamma+\delta$。

由于进气门早开和排气门晚关，会有一段时间进、排气门同时开启。进气门和排气门同时开启的那一段时间的曲轴转角，称气门叠开角。由于新鲜气体和废气流的惯性使其保持原来的流动方向，所以只要气门叠开角取得合适，就不会产生废气倒流到进气管和新鲜气体随废气排出的问题。发动机的结构不同、转速不同，配气相位也就不同，最佳配气相位是根据发动机性能指标的要求，由试验确定的。

3.3　气门组

气门组包括气门、气门导管、气门座、气门弹簧、气门弹簧座及锁片等，如图 3-7 所示。

3.3.1　气门

气门由头部和杆部两部分组成。气门的工作条件非常恶劣，主要表现在：气门头部的工作温度很高，进气门可达 300～400℃；排气门更高，可达 600～800℃。气门头部要承受气体压力、气门弹簧力及配气机构运动件惯性力的作用，冷却和润滑条件差，还要接触汽缸内燃烧生成物中的腐蚀介质。因此，要求气门必须具有足够的强度、刚度、耐热、耐蚀和耐磨能力。由于进、排气门的工作条件不同，为保证气门正常工作，进气门一般采用铬钢或镍铬钢等中碳合金钢制造；排气门由于热负荷大，一般采用耐热合金钢（硅铬钢、硅铬钼钢等）

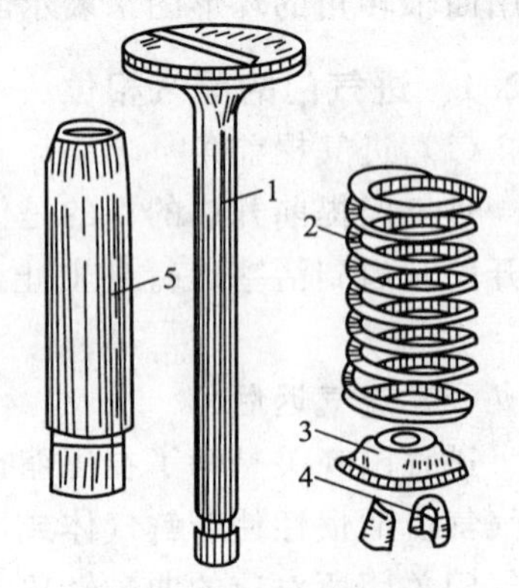

图 3-7　气门组

1—气门；2—气门弹簧；3—气门弹簧座；4—锁片；5—气门导管

制造。为了降低成本，有的排气门头部采用耐热合金钢，杆部采用普通合金钢，然后将两者对焊在一起。还有些排气门在头部锥面堆焊或等离子喷涂一层钨、钴等特种合金覆盖层，以提高其耐蚀性和耐热性。

气门头顶部的形状有平顶、凸顶和凹顶等，如图 3-8 所示。凸顶气门头部刚度大，用作排气门时排气阻力小，但受热面积大，质量大，加工制造比较复杂。凹顶气门的头部呈喇叭形，与杆部有较大的过渡圆弧，用作进气门时，可减小进气阻力，而且凹顶气门具有较大的弹性，能较好地适应气门座圈的变形，但其顶部受热面积大，多用在进气门。平顶气门结构简单，制造方便，受热面积小，性能介于凸顶气门和凹顶气门之间，应用较广。

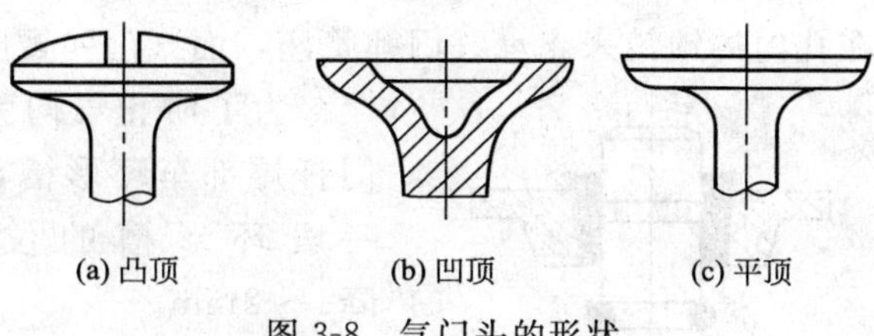

图 3-8　气门头的形状

气门与气门座或气门座圈之间靠锥面密封，通常将这一锥面与气门顶平面之间的夹角称为气门锥角，如图 3-9 所示。进、排气门的锥角一般为 45°，少数发动机的进气门锥角为 30°。采用锥形工作面，气门落座时能自行对正中心，接触良好，能获得较大的气门座合压力，以提高密封性和导热性。锥形工作面可以避免使气流拐弯过大而降低流速。此外，有了气门锥角，气门有利于挤掉锥面上的沉积物，即有自洁作用。

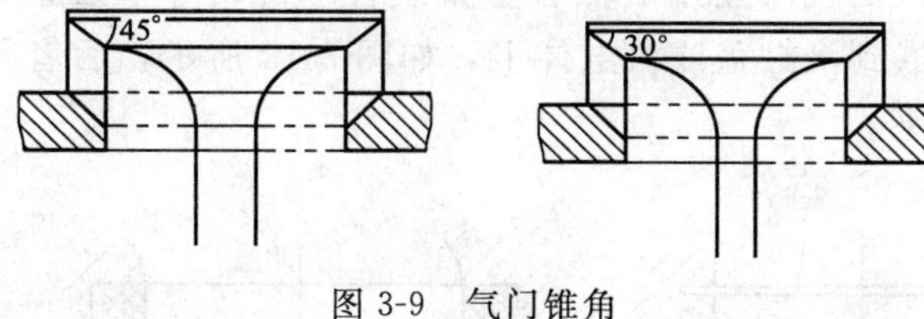

图 3-9　气门锥角

气门头的边缘应保持一定的厚度，一般为 1～3mm，以防止工作中由于气门与气门座之间的冲击而损坏或因与高温气体接触而烧蚀。气门头部直径越大，气门口通道截面就越大，进、排气阻力就越小。为了减小进气阻力，提高汽缸的充气效率，多数发动机进气门的头部直径做得比排气门的大。

气门杆制成圆柱形，在气门导管中不断进行往复运动。其杆部表面加工精度及粗糙度要求较高，需经热处理和磨光以保证同气门导管的配合精度和耐磨性，并起到良好的导向、散热作用。

气门杆端的形状决定于气门弹簧座的固定形式。常用的结构有以下两种。

① 如图 3-10（a）所示，锁片式固定方法是把气门杆尾部切一凹槽，在凹槽上装有两个

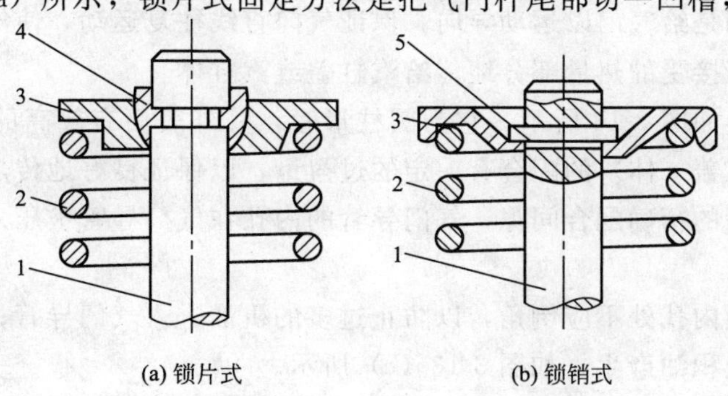

图 3-10　弹簧座的固定形式结构示意图

1—气门杆；2—气门弹簧；3—气门弹簧座；4—锁片；5—锁销

半锥形锁片，在气门弹簧的弹力作用下，气门弹簧上座圈内锥面压住两个半锥形锁片，使其紧箍在气门杆尾部。

② 如图 3-10（b）所示，锁销式固定方法是把气门杆尾部制成一圆柱形径向通孔，利用插在孔内的锁销来支承气门弹簧座，而气门弹簧座的边缘又可以阻止锁销松脱。

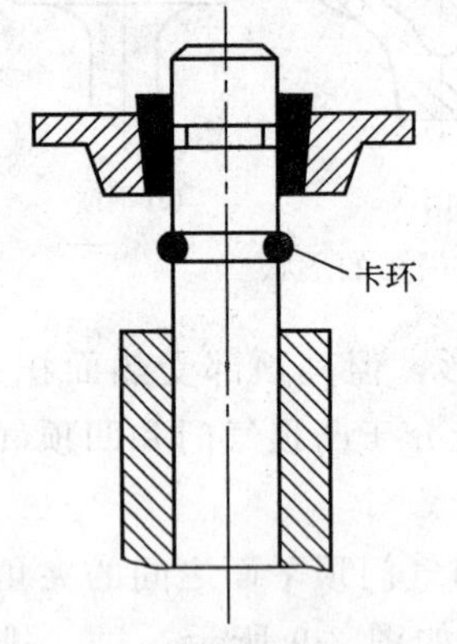

图 3-11 安全防落弹簧卡环结构示意图

为了防止气门弹簧折断时落入汽缸造成事故，一般在气门杆尾部车环形槽，在槽内装上弹簧卡环，如图 3-11 所示。一般环形槽的位置相应于气门最大升程后可再下降1～2mm。

3.3.2 气门座

汽缸盖或缸体的进、排气道与气门锥面相接触的部位称为气门座。气门座的作用是与气门头部共同对汽缸起密封作用，同时接受气门传来的热。气门座可在汽缸盖上直接镗出，但大多数车用发动机的气门座用耐热合金钢或合金铸铁等单独做成座圈，然后镶嵌到汽缸盖或汽缸体上，如图 3-12 所示，后者称为镶嵌式气门座。

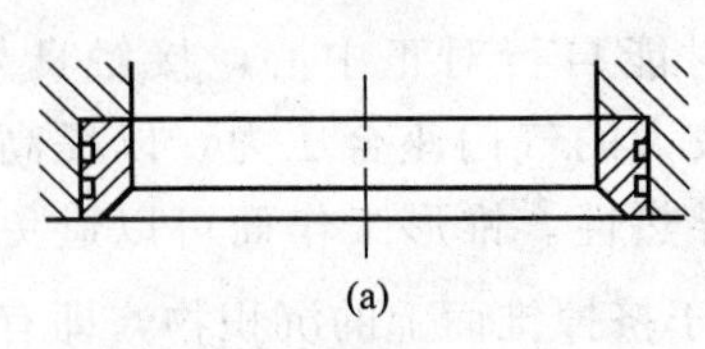
(a)

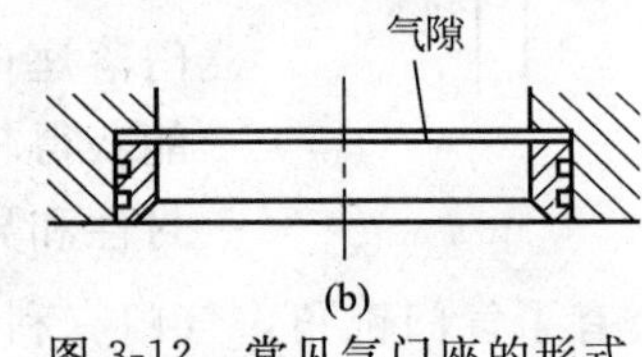

(b)

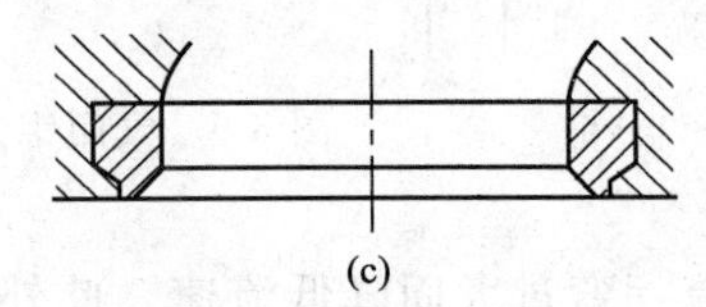
(c)

图 3-12 常见气门座的形式

气门座圈的外表面可以是圆柱面，也可以是锥角不超过 12°的圆锥面。在气门座圈的外圆面加工有环形槽，当气门座圈压入座孔后，汽缸盖材料由于塑性变形而嵌入环形槽内，这样可以防止气门座圈脱落。

镶嵌式气门座导热性差，加工精度也较高。气门座与座孔应有较大的过盈，配合表面也应具有一定的表面要求，安装时通常将气门座冷缩或将座孔部位加热后压入。如果气门座配合的公差选择不当，则工作时镶座易脱落，当在汽缸体或汽缸盖上直接镗出的气门座能满足工作性能要求时，最好不用镶嵌气门座。

3.3.3 气门导管

气门导管的作用是给气门以运动导向，保证气门直线往复运动，使气门与气门座能正确贴合，同时将气门杆接受的热量部分地传给汽缸盖或汽缸体。

气门导管的外形如图 3-13 所示。它为圆柱形管，其外表面有较高的加工精度、较低的表面粗糙度，与汽缸盖（体）的配合有一定的过盈量，以保证良好地传热和防止松脱。为了保证气门和气门导管的精确配合间隙，气门导管的内孔在气门导管被压入汽缸盖或汽缸体后再精铰。

气门导管上端面内孔处不应倒角，以防止过多的机油进入气门导管；气门导管外侧面带有一定锥度，以防止积油产生，如图 3-13（c）所示。

为了防止气门导管在使用过程中脱落，有的发动机将气门导管用卡环定位，如图 3-13（b）所示。这样气门导管的配合过盈量可小些。铝合金汽缸盖常用带凸台式卡环的气门导管，这是因为铝合金汽缸盖（体）受热后膨胀量大，气门导管与其配合的过盈量较使用铸铁汽缸盖（体）的配合过盈量大。

3.3.4 气门弹簧

气门弹簧的功用是使气门自动回位关闭，保证气门与气门座的座合压力，同时防止气门在发动机振动时因跳动而破坏密封；在气门开启时，保证气门不因运动时产生的惯性力而脱离凸轮。为此，气门弹簧应具有合适的刚度和足够的安装预紧力。

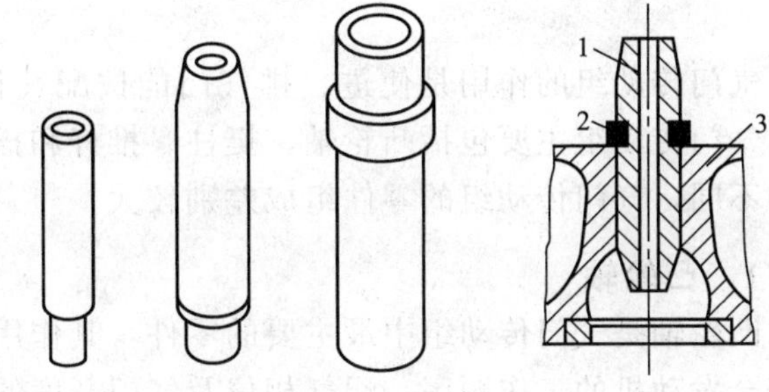

(a) 气门导管的外形 (b) 用卡环定位 (c) 气门导管装配示意图

图 3-13 气门导管

1—气门导管；2—卡环；3—汽缸盖

气门弹簧一般多为等螺距圆柱形螺旋弹簧，如图 3-14（a）所示。其一端支撑在汽缸盖或汽缸体上，另一端则压靠在气门杆端的弹簧座上。弹簧座用锁片或锁销固定在气门杆的末端，其材料为高碳锰钢或铬钒钢等冷拔钢丝，加工后要经过热处理。为提高抗疲劳强度，增强弹簧的工作可靠性，钢丝一般都经过了抛光或喷丸处理，弹簧的两端面经磨光并与弹簧轴线相垂直。

为防止气门弹簧发生共振，一般可采取以下几种措施。

① 提高气门弹簧的刚度。如加粗钢丝直径或减小弹簧的圈径，但这会增加功率消耗和零件间的冲击载荷。

② 采用变螺距的圆柱弹簧，如图 3-14（b）所示。当传动零件压缩气门开启时，螺距小的先叠合，使弹簧的实际工作圈数逐渐减少，刚度和固有频率逐渐变化，从而避免共振的发生。变螺距的气门弹簧在安装时，螺距小的一端应朝向气门头部，这有利于减小惯性力。

③ 采用双气门弹簧，如图 3-14（c）所示。多数高速发动机是一个气门有同轴安装的内、外两根气门弹簧，且旋向相反。由于两弹簧的自振频率不同，当某一弹簧发生共振时，另一弹簧可起减振作用；且当有一根弹簧折断时，另一根还可维持工作；此外还能使弹簧的高度减小。当装用两根气门弹簧时，弹簧的螺旋方向应相反，这样可以防止折断的弹簧圈卡入另一弹簧圈内。

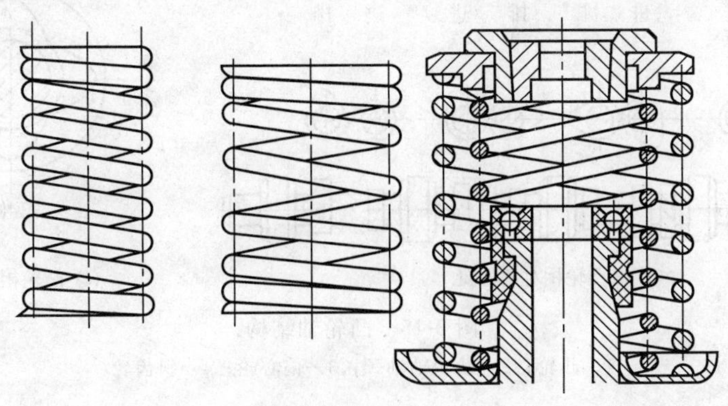

(a) 等螺距圆柱弹簧 (b) 变螺距圆柱弹簧 (c) 双气门弹簧

图 3-14 气门弹簧

3.4 气门传动组

气门传动组的作用是使进、排气门能按配气相位规定的时刻开闭，并保证有足够的开度。气门传动组主要包括凸轮轴、挺柱、推杆和摇臂等零件。但随气门驱动形式和凸轮轴位置的不同，气门传动组的零件组成差别较大。

3.4.1 凸轮轴

凸轮轴是气门传动组中最主要的零件，其作用是驱动和控制各缸气门的开启和关闭，使其符合发动机的工作顺序、配气相位及气门开度的变化规律等要求。此外，多数汽油机还用它来驱动汽油泵、机油泵等。

凸轮轴主要由各缸进、排气凸轮和凸轮轴颈等组成。多缸发动机的凸轮轴，按汽缸工作顺序，布置了一系列的凸轮。根据发动机的总体布置，在一根凸轮轴上，可以单独配置进气凸轮或排气凸轮，也可以同时配置进气凸轮和排气凸轮，如图 3-15 所示。

凸轮是凸轮轴的主要工作部分，它的轮廓应保证气门开启和关闭的持续时间符合配气相位的要求，且使气门有合适的升程及其升降过程的运动规律。转速较低的发动机，其凸轮轮廓由几段圆弧组成，此种凸轮称为圆弧凸轮。高速发动机则采用函数凸轮，其轮廓由某种函数曲线构成。凸轮在工作时承受气门间歇性开启的周期性冲击载荷，因而要求凸轮表面应有良好的耐磨性，为了保证气门开闭规律的正确性，凸轮还应有足够的刚度。

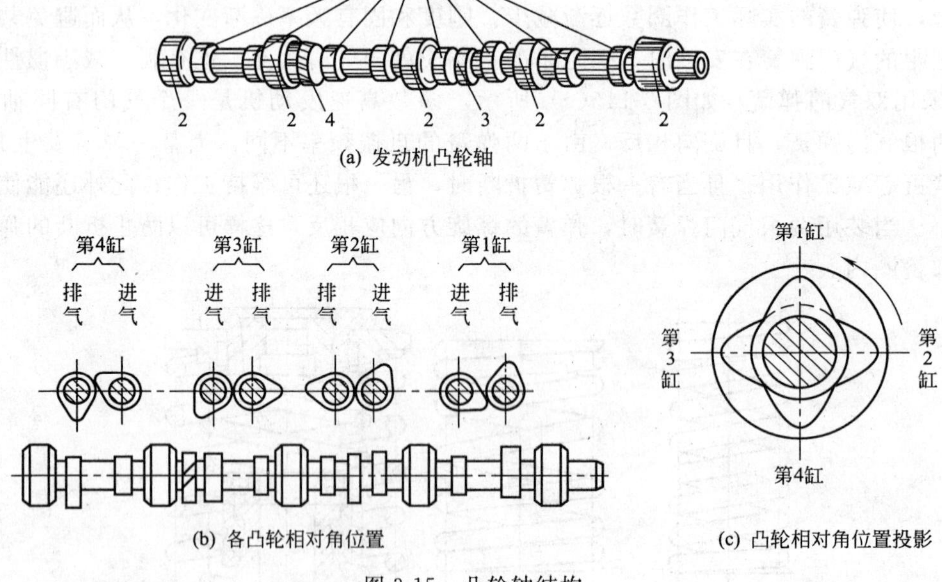

图 3-15 凸轮轴结构

1—凸轮；2—凸轮轴轴颈；3—偏心轮；4—斜齿轮

凸轮轴受周期性冲击载荷的作用。凸轮与挺柱之间的接触应力很大，相对滑动速度也很高，造成凸轮工作表面的磨损比较严重。因此，凸轮轴轴颈和凸轮工作表面除应具有较高的尺寸精度、较小的表面粗糙度和足够的刚度外，还应具有较高的耐磨性和良好的润滑。凸轮轴通常做成一整体轴，采用优质碳钢和合金钢模锻，并经表面高频淬火（中碳钢）或渗碳淬火处理。近年来，合金铸铁和球墨铸铁也被广泛地用来制造凸轮轴。有的发动机凸轮轴安装在汽缸体的轴承座上，座孔中压装有青铜或巴氏合金滑动轴承；也有的发动机凸轮轴安装在汽缸盖上。凸轮轴的轴颈数取决于承受的载荷和轴本身的刚度。轴颈的设置通常有两种形式，即每隔两个汽缸设置一个轴颈和每隔一个汽缸设置一个轴颈。一般发动机多采用前者，当缸径较大、气门数多、转速高及凸轮轴负荷大时，则应采用后者。有些凸轮轴轴颈上有特殊形状的油槽或油孔。为了承受斜齿轮产生的轴向力，防止凸轮轴在工作中产生轴向窜动，凸轮轴需要轴向定位。目前多数发动机采用止推定位装置，其结构如图 3-16 所示。

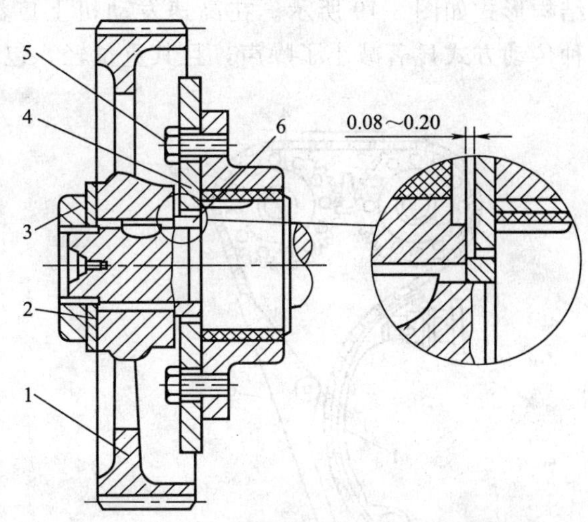

图 3-16　凸轮轴的轴向止推定位装置

1—正时齿轮；2—锁紧垫圈；3—螺母；4—止推片；5—止推凸缘固定螺栓；6—挡圈

凸轮轴轴承一般做成衬套压入整体式轴承座孔内，再加工轴承内孔，使凸轮轴与凸轮轴轴颈配合良好，其材料多与曲轴轴承相同。

3.4.2　凸轮轴的传动机构

凸轮轴由曲轴通过传动装置来驱动，常见的传动机构有齿轮式、链式和齿形带式。

（1）齿轮传动

该种形式的传动方式就是采用齿轮副来驱动凸轮轴。曲轴与凸轮轴的传动比为 2∶1，即曲轴旋转 720°完成一个工作循环，发动机各缸工作一次，对应凸轮轴旋转 360°，使各缸进、排气各一次。所以凸轮轴正时齿轮的齿数为曲轴正时齿轮齿数的两倍。凸轮轴下置和中置的配气机构大多采用圆柱形正时齿轮传动，一般从曲轴到凸轮轴的传动只需一对正时齿轮（图 3-17），必要时可加装惰轮。为了啮合平稳，减少噪声，正时齿轮多采用斜齿。在一些中、小功率发动机上，曲轴正时齿轮用钢制造，凸轮轴正时齿轮则用铸铁或夹布胶木制造。为了保证装配时的配气正时，齿轮上都有正时记号，装配时必须使记号对齐。

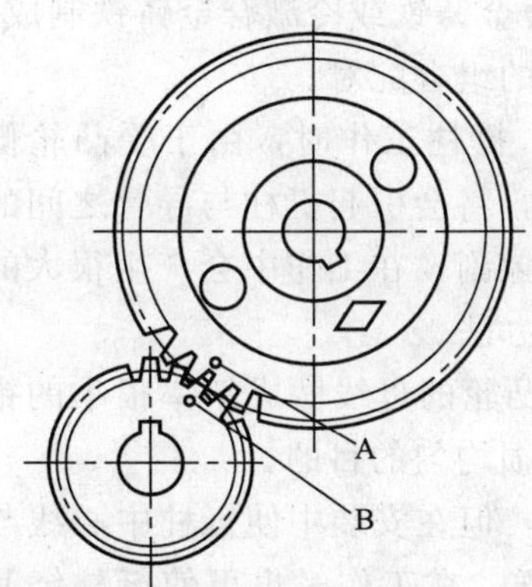

图 3-17　正时齿轮传动

A—凸轮轴正时齿轮记号；
B—曲轴正时齿轮记号

（2）链传动

曲轴通过链条驱动凸轮轴，在链条侧面有张紧机构和链条导板，利用张紧机构可以调整链条的张力，如图 3-18 所示。链传动噪声小，一般用于中置凸轮轴式或顶置凸轮轴式发动机上。但链传动的工作可靠性和耐久性较差，其传动性能在很大程度上取决于链的制造质量。

(3) 齿形带传动

这种传动方式与链传动的原理相同，只是将链轮改为了齿轮，链条改成了齿形带，其装置结构形式如图 3-19 所示。在高速发动机上广泛采用氯丁橡胶齿形带传动来代替链传动，这种传动方式显著减小了噪声，且其重量轻、包角大、啮合量大、工作可靠。

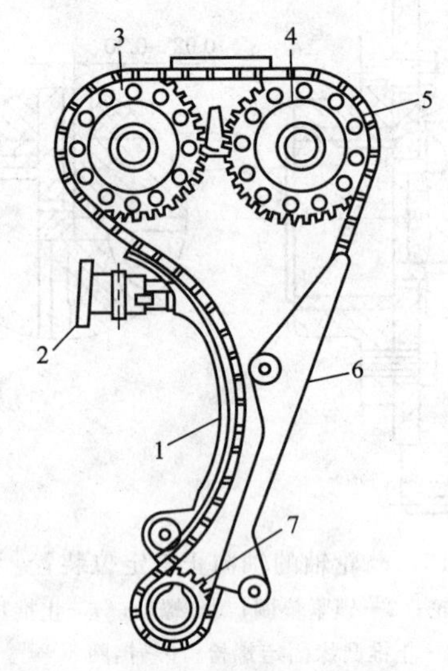

图 3-18 链传动装置

1—张紧导板；2—张紧器；3—进气凸轮轴链轮；4—排气凸轮轴链轮；5—链条；6—链导板；7—曲轴链轮

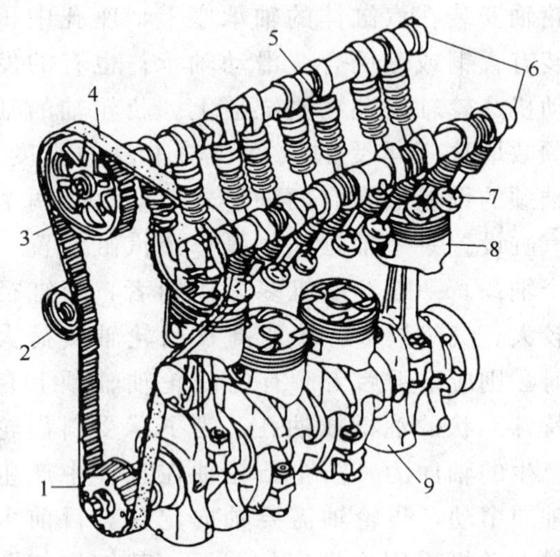

图 3-19 齿形带传动装置

1—曲轴齿形带轮；2—张紧轮；3—凸轮轴齿形带轮；4—齿形带；5—液力挺杆；6—凸轮轴；7—气门；8—活塞；9—曲轴

3.4.3 气门挺柱

挺柱的作用是将凸轮的推力传给推杆（顶置气门式配气机构）或气门（侧置气门式配气机构），并承受凸轮轴旋转时所施加的侧向力。挺柱常用镍铬合金铸铁或冷激合金铸铁制成，其摩擦表面应经热处理后精磨。它与凸轮轴的材料必须有合理的组合配对。

常见的挺柱有菌形式、平面式和筒形式，如图 3-20 所示。挺柱工作时，由于受凸轮侧向推力的作用，会稍有倾斜，并且由于侧向推力方向是一定的，将会引起挺柱与导管之间的单面磨损，又因挺柱的工作面直接与凸轮相接触，是一对高摩擦副，在工作中会产生很大的摩擦与磨损，为了减轻挺柱工作面的局部磨损，一般采取以下办法。

① 如图 3-20（a）所示，将挺柱底面工作面制成球面，将凸轮的母线做成斜率很小的锥体，这样可使挺柱在工作中绕其中心线稍有转动，从而达到磨损均匀的目的。

② 如图 3-20（b）所示，挺柱工作面是平面，凸轮是柱体，但在安装中使挺柱中心线与凸轮中心线不相重合而具有一定的偏心量（e=1～3mm）。这样，在工作时也可使挺柱绕其中心线产生一定的转动。

③ 如图 3-20（c）所示，挺柱外表面做成两端小、中间大的筒形。当挺柱在座孔中歪斜时，由于它的自定位作用，仍可保证凸轮面全宽与挺柱表面相接触，从而可减小接触应力，并使磨损均匀。

平面挺柱由于结构简单、重量轻，被广泛用于车用发动机上。

在配气机构中预留气门间隙将使发动机工作时配气机构产生撞击和噪声。为解决这一问题，有些发动机尤其是轿车发动机采用了液力挺柱，实现零气门间隙，如图 3-21 所示。在

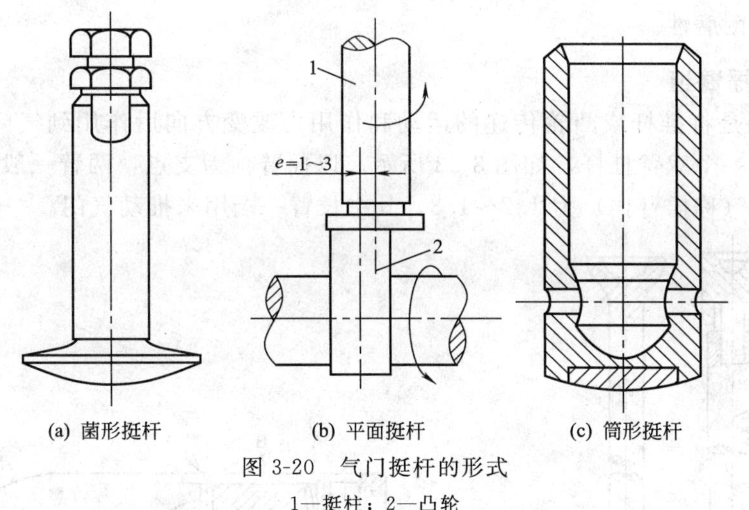

图 3-20　气门挺杆的形式

1—挺柱；2—凸轮

液力挺柱体中装有柱塞，柱塞上端压入支承座。柱塞经常被弹簧压向上方，其最上位置由卡环限制。柱塞下端单向阀架内装有碟形弹簧和单向阀。发动机润滑系统中的机油从主油道经液力挺杆侧面的油孔流入，经常充满柱塞内腔及其下面的空腔。

当气门关闭时，弹簧使柱塞连同压合在柱塞中的支承座紧靠着推杆，整个配气机构中不存在间隙。当液力挺柱被凸轮顶起上升时，推杆作用在支承座和柱塞上的反力使柱塞克服弹簧力而相对于液力挺柱体向下运动。这样，柱塞下部空腔油压迅速升高，使单向阀关闭。由于液体不可压缩，整个液力挺柱如同刚体一样上升，保证了必要的气门升程。当油压很高时，会有少许油液经柱塞与液力挺柱体之间的配合间隙漏出去，但不影响正常工作。同样，在气门受热膨胀时，柱塞因受压而与液力挺杆体作轴向相对运动，将油液自下腔经上述间隙挤出。所以，使用液力挺柱时，可以不留气门间隙，而保证气门受热膨胀时仍能与气门座密合。

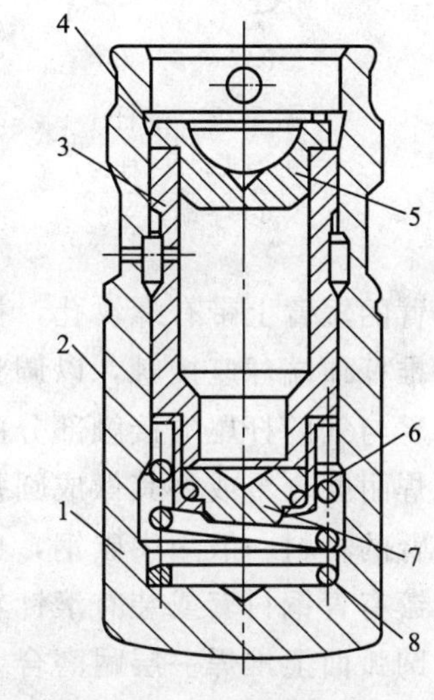

图 3-21　发动机液力挺柱

1—液力挺柱体；2—单向阀架；3—柱塞；4—卡环；5—支承座；6—单向阀碟形弹簧；7—单向阀；8—柱塞弹簧

当气门开始关闭或冷却收缩时，柱塞所受压力减小，在弹簧力的作用下，柱塞向上运动，始终与推杆保持接触。同时，柱塞下部的空腔中产生真空度，单向阀被吸开，油液充满整个液力挺杆内腔。

采用液力挺柱，消除了配气机构中的间隙，减小了各零件的冲击载荷和噪声，同时凸轮轮廓可设计得比较陡一些，使气门关闭更快，以减小进、排气阻力，改善发动机的换气，提高发动机的性能，特别是高速性能。但液力挺柱结构复杂，加工精度要求较高，磨损后无法调整只能更换。

3.4.4　推杆

推杆位于挺柱和摇臂之间，其功用是将从凸轮轴经挺柱传递来的运动和作用力传给摇臂。推杆的结构形状如图 3-22 所示，为了减轻重量，推杆制成一根细长空心杆，其上、下端压入或用电阻焊接（并经淬火和精加工的）凹、凸球头，推杆的上、下两端均经热处理并磨光，以提高其耐磨性。

3.4.5 摇臂和摇臂组

摇臂的作用是将推杆或凸轮传递的运动和作用力改变方向后作用到气门杆端以推开气门。摇臂实际是一个双臂杠杆，如图 3-23 所示。以摇臂轴为支点，两臂一般制成不等长的，两边臂长的比值（称摇臂比）为 1.2～1.8，其中长臂一端用来推动气门。

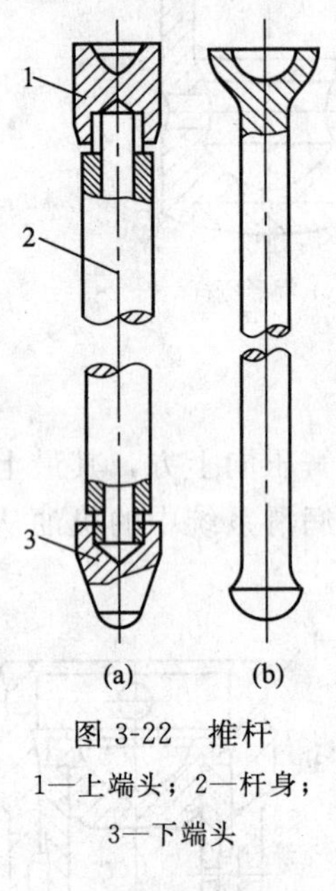

图 3-22 推杆

1—上端头；2—杆身；3—下端头

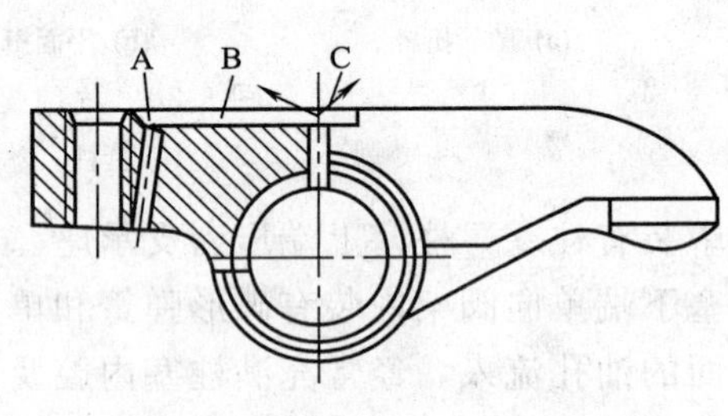

图 3-23 摇臂

A,C—油孔；B—油槽

摇臂的短臂上带有螺纹孔，拧入调整螺钉。调整螺钉上带有锁紧螺母，调整螺钉的球面端头与推杆顶端球座接触，以调整配气机构的气门间隙。

摇臂与气门杆尾端接触部分由于接触应力高，且相对滑移，因此磨损严重，为此在该部分常堆焊耐磨合金或将其做成圆弧面状。摇臂内还钻有润滑油道和油孔。

摇臂的材料一般用中碳钢，也有的用球墨铸铁或合金铸铁。为了提高其耐磨性，摇臂的轴孔内镶有青铜衬套或装有滚针轴承与摇臂轴配合转动，有些高速发动机摇臂采用轻质合金铸铝，圆弧面上堆焊一层耐磨合金。

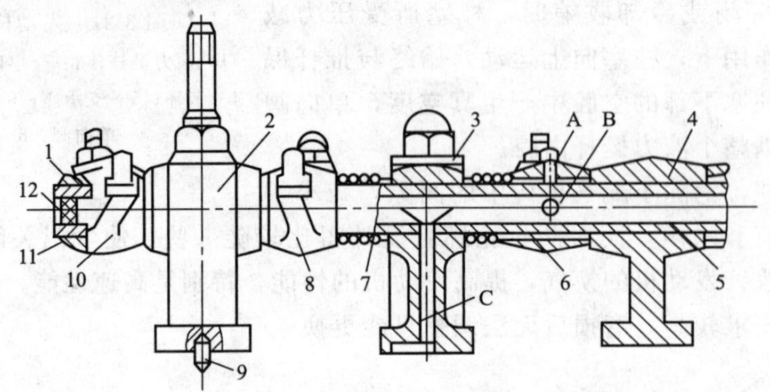

图 3-24 摇臂组结构示意图

1—垫圈；2,3,4—摇臂轴支座；5—摇臂轴；6,8,10—摇臂；7—定位弹簧；9—定位销；11—锁簧；12—堵塞；A,C—油道；B—油孔

摇臂组的结构如图 3-24 所示。摇臂组中的摇臂通过摇臂轴支承在摇臂轴支座上，摇臂轴支座安装在汽缸盖上。摇臂与推杆端、摇臂轴间的润滑可采用来自挺杆座、挺柱、推杆、摇臂内油道或来自汽缸体、汽缸盖，摇臂内孔的压力机油润滑。为了防止摇臂的窜动，在摇臂轴上每两摇臂之间都装有定位弹簧。摇臂轴为空心管状结构，用碳钢制成，它的工作面一般都经过表面淬火处理以提高其耐磨性。

3.5 可变气门正时及升程的配气机构

随着发动机汽缸采用多气门的结构，发动机高速动力性有了很大的提高，但是却带来了中小负荷经济性变差和低速转矩的降低等不足。为了解决此矛盾，近来高性能轿车发动机广泛采用了可变进气、排气系统，可变增压系统，可变喷油系统等可变化技术，从而使发动机从高速到低速整个使用范围性能都得到提高。

常见的双气门机构与四气门机构的气门正时主要是考虑发动机的有效功率、转矩尽可能增大，但在发动机怠速运行时，动力性就会急剧下降，燃料经济性会变得很差。为了避免这些缺点，本田公司对新研制的汽车采用一种可变配气相位与气门升程电子控制（VTEC）机构，如图 3-25 所示，来控制进气时间与进气量，从而使发动机产生不同的输出功率，以适应不同的工况。

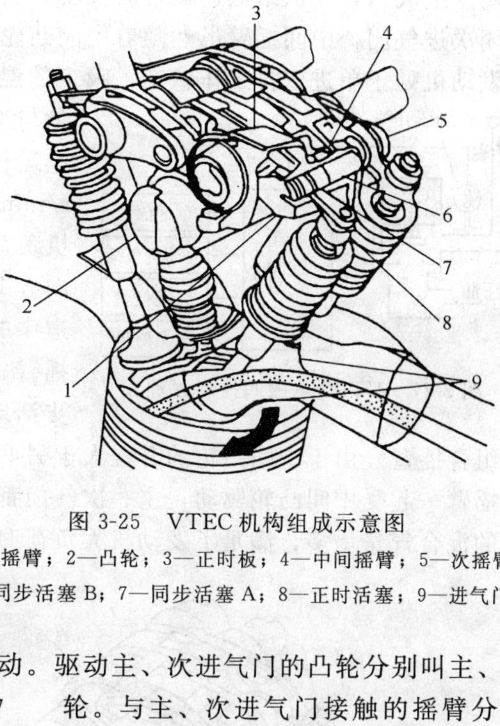

图 3-25　VTEC 机构组成示意图

1—主摇臂；2—凸轮；3—正时板；4—中间摇臂；5—次摇臂；6—同步活塞 B；7—同步活塞 A；8—正时活塞；9—进气门

（1）气门定时和升程可变的可变进气系统（VTEC）

装有 VTEC 机构的发动机每个汽缸和常规的高速发动机一样都配置有两个进气门和两个排气门。它的两个进气门有主次之分，即主进气门和次进气门。每个进气门均由单独的凸轮通过摇臂来驱动。驱动主、次进气门的凸轮分别叫主、次凸轮。与主、次进气门接触的摇臂分别叫主、次摇臂。主、次摇臂之间设有一个特殊的中间摇臂，它不与任何气门直接接触。三个摇臂并列在一起，均可在摇臂轴上转动。在主摇臂、次摇臂和中间摇臂相对应的凸轮轴上铸有三个不同升程的凸轮，分别称为主凸轮、次凸轮和中间凸轮（图 3-26）。其中，中间凸轮的升程最大，它是按发动机双进双排气门工作最佳输出功率的要求而设计的，主凸轮升程小于中间凸轮，它是按发动机

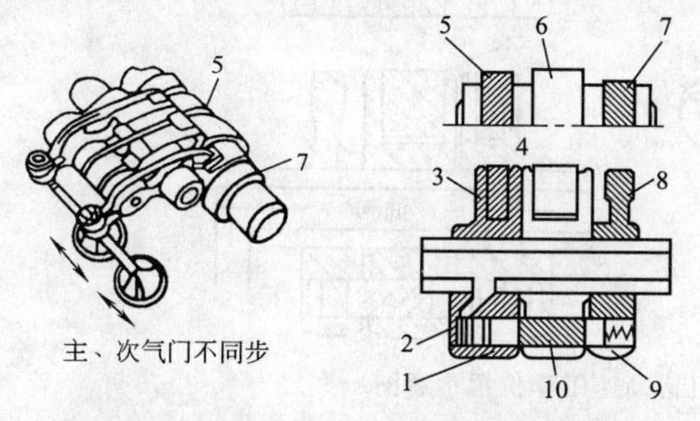

图 3-26　VTEC 机构低速工作位置示意图

1—主同步活塞 A；2—正时活塞；3—主摇臂；4—中间摇臂；5—主凸轮；6—中间凸轮；7—次凸轮；8—次摇臂；9—次同步活塞；10—中间同步活塞 B

低速工作时单气门开闭要求设计的，次凸轮的升程最小，最高处只是稍微高于基圆，其作用只是在发动机怠速运行时，通过次摇臂稍微打开次气门，以免燃油集聚在次进气门口。中间摇臂的一端和中间凸轮接触，另一端在低速时可自由活动。三个摇臂在靠近气门一端均有一个油缸孔，油缸孔中都安置有靠油压控制的活塞，它们依次为正时活塞、主同步活塞、中间同步活塞和次同步活塞。VTEC 机构是采用一根凸轮轴上设计两种（高速型和低速型）不同配气定时和气门升程的凸轮，根据发动机转速、负荷、水温及车速信号，由 ECM 进行计算处理后将信号输出给电磁阀来控制油压，进而使不同配气定时和气门升程的凸轮工作。

VTEC 不工作时，正时活塞和主同步活塞位于主摇臂缸内，和中间摇臂等宽的中间同步活塞位于中间摇臂油缸内，次同步活塞和弹簧一起则位于次摇臂油缸内。正时活塞的一端和液压油道相通，液压油来自工作油泵，油道的开启由 ECM 通过 VTEC 电磁阀控制。VTEC 电磁阀控制原理如图 3-27 所示。在发动机低速运行时（图 3-26），ECM 无指令，油道内无油压，活塞位于各自的油缸内，因此各个摇臂均独自上下运动。于是主摇臂紧随主凸轮开闭主进气门，以供给低速运行时发动机所需混合气；次凸轮则迫使次摇臂微微起伏，微微开闭次进气门，中间摇臂虽然随着中间凸轮大幅度运动，但是它对于任何气门不起作用。此时发动机处于单进双排工作状态，吸入的混合气不到高速时的一半。由于仍然是所有汽缸参与工作，所以运转十分平顺均衡。而当发动机高速运行时（图 3-28），即发动机转速在 2300～2500 r/min、车速在 5 km/h、水温在－5℃以上时，发动机负荷到达一定程度，发动机控制电脑 ECM 就会向 VTEC 电磁阀供电以开启工作油道，于是工作油道中的压力油就推动活塞移动，压缩弹簧，这样主摇臂、中间摇臂和次摇臂就被主同步活塞、中间同步活塞和次同步活塞串联为一体，成为一个同步活动的组合摇臂。由于中间凸轮的升程大于另两个凸轮，而中间凸轮角度提前，故组合摇臂随中间摇臂一起受中间凸轮驱动，主、次气门都大幅度地同步开闭，因此配气相位发生变化，吸入的混合气量增多，满足了发动机大负荷时的进气要求。

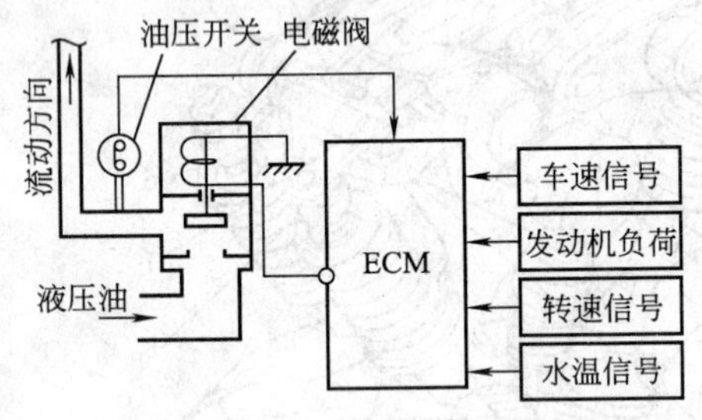

图 3-27　VTEC 电磁阀控制原理

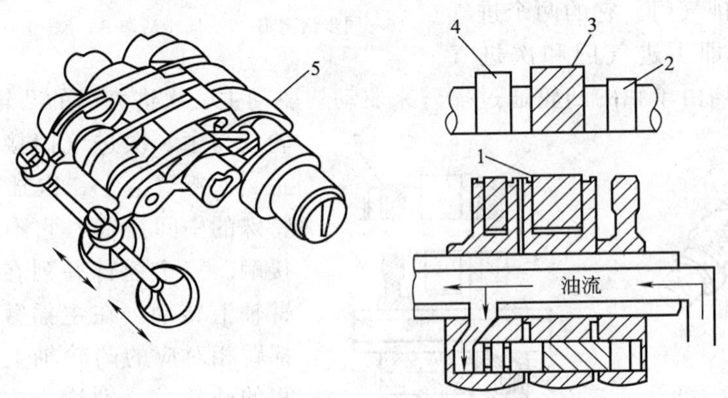

图 3-28　VTEC 机构高速工作位置示意图

1—中间摇臂；2—次凸轮；3—中间凸轮；4—主凸轮；5—主摇臂

（2）可变谐振增压系统

可变谐振增压系统是利用由谐振箱的容积、谐振管的长度和直径所决定的共振频率与汽缸工作频率一致时，在谐振箱管系内产生非常大的压力振动（称共振或谐振）。当压力达到最大值时，进气门恰好关闭，这时充气量最大。用转换阀来改变谐振系的管长，从而改变谐振所对应的转速，即最大转矩所对应的转速。六缸发动机采用可变谐振增压系统，是利用转换阀将六个汽缸分为每三个汽缸一组的谐振增压系统，如图 3-29 所示。当转换阀关闭时，六个汽缸共同加振于空气滤清器后节气门前的容积，谐振发生在从汽缸到节气门前这一段谐振管内，这时谐振发生于低速，故低速转矩大。

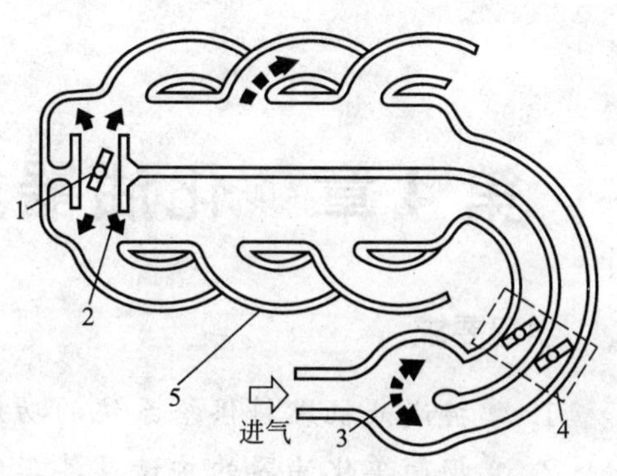

图 3-29　可变进气谐振增压原理示意图

1—转换阀；2—短谐振管；3—长谐振管；4—双节气门；5—进气歧管

当转换阀开启时，谐振发生在短谐振管 2 内，这时谐振发生在高速，故高速转矩大。

日产公司开发了一类似的可变谐振增压系统（图 3-30），用在 V 形六缸发动机（VG30DE）上。

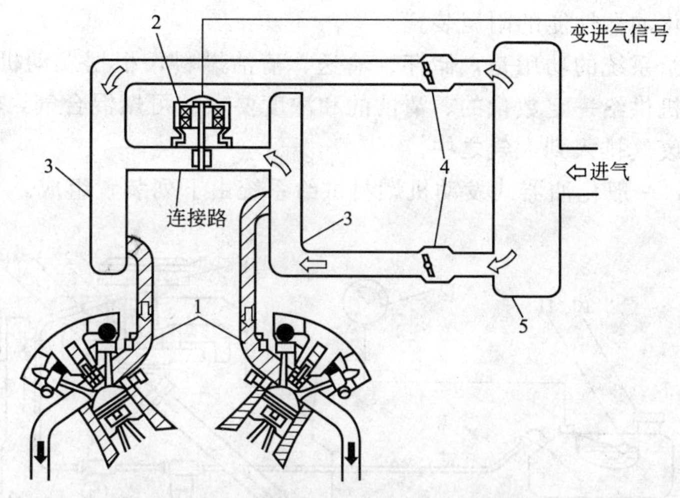

图 3-30　发动机的可变谐振增压系统原理

1—进气歧管；2—可变进气控制阀；3—集流室；4—节气门；5—调压室

复习思考题

1. 简述配气机构的组成及功用。
2. 试比较下置凸轮轴式、中置凸轮轴式、上置凸轮轴式配气机构的异同点，并说明其应用的场合。
3. 配气机构中进、排气门为什么要早开晚关？试绘制发动机配气机构的配气相位图进行说明。
4. 简述可变配气正时和升程配气机构的工作原理。

第 4 章　化油器式发动机燃料供给系统

学习要求

1. 掌握汽油机燃料供给系统的功用、组成、布置形式；
2. 掌握简单化油器的构造及其工作原理；
3. 熟悉化油器各工作系统的结构；
4. 了解化油器的分类、型号编制规则。

4.1　概述

化油器是一个很复杂的机件，具有为满足发动机各种工况需要所必需的基本计量装置、各种子装置和改善化油器性能的附属装置。

汽油机燃料供给系统的功用是，储存、输送、清洁燃料，根据发动机不同工况的需要，连续不断地向发动机供给一定数量的、清洁的和浓度要求的可燃混合气，输入汽缸，并将发动机做功后产生的废气排入到大气之中。

如图 4-1 所示，一般化油器式发动机燃料供给系统由下列装置组成。

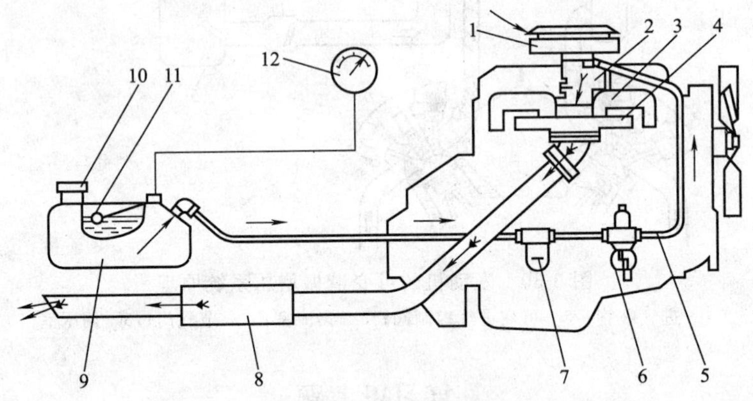

图 4-1　化油器式发动机的燃料供给系统

1—空气滤清器；2—化油器；3—进气管；4—排气管；5—油管；6—汽油泵；7—汽油滤清器；8—消声器；9—油箱；10—油箱盖；11—液位传感器；12—燃油表

燃油供给装置：包括燃油箱、燃油滤清器、汽油泵和油管，用以完成汽油的储存、输送及清洁的任务。

空气供给装置：即空气滤清器。

可燃混合气形成装置：主要是化油器。

可燃混合气供给和废气排出装置：包括进气管、排气管和排气消声器。

4.2 简单化油器与可燃混合气的形成

4.2.1 简单化油器及其特性

在燃料供给装置中，主要靠化油器实现可燃混合气的形成和控制。在发动机进气行程中，汽油在化油器喉管真空度的作用下，吸出到气流中，同时被气流吹散。由于汽油表面的张力，汽油在空气流的动能作用下，形成极细小的球状油粒并随进气道流经进气管流入进汽缸。进气流速越大，雾化后的油粒越小，越有利于蒸发。

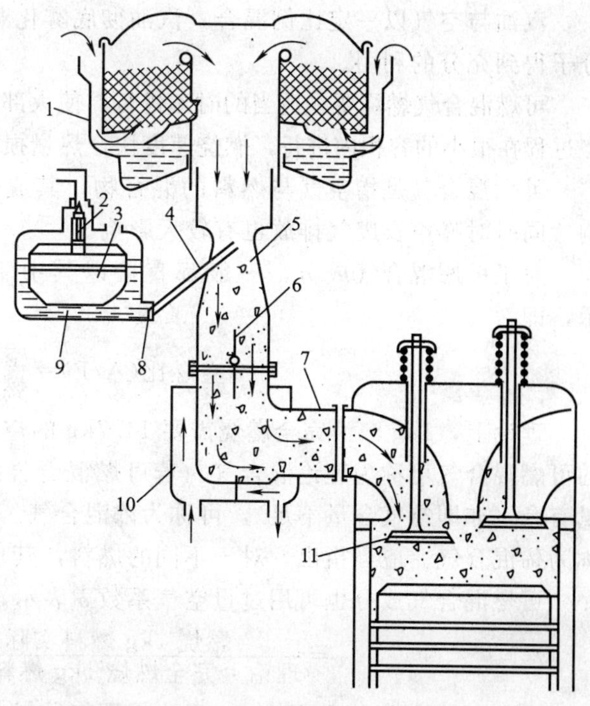

图 4-2 简单化油器及可燃混合气形成过程

1—空气滤清器；2—针阀；3—浮子；4—喷管；5—喉管；6—节气门；7—进气支管；8—量孔；9—浮子室；10—进气预热套管；11—进气门

如图 4-2 所示，简单化油器由带有浮子机构（浮子和针阀）和量孔的浮子室、喷管、带有喉管的空气管、节气门组成。浮子室连同喷管实际上是一个壶状的容器，储存来自汽油泵的汽油，喷管高于浮子室中的油面 2～5mm。喉管用以提高空气管中气体的流速，提高该处真空度，以实现喷油。量孔用来控制燃油流量。

发动机转动时，活塞下移吸气，气体流动使空气管中的压力下降，喉管处因截面最小，产生的真空度最大，当真空度达到一定高度时，吸力克服高度差，燃油从喉管中被吸出，并被进气气流冲散成雾状与空气混合形成可燃混合气。

由于汽车行驶情况的不断变化，需要发动机的功率也作相应的变化，发动机功率的变化是通过改变供入汽缸的可燃混合气的数量来实现的。当发动机转速一定时，可燃混合气的数量由节气门的开度决定，节气门的开度愈大，供入的混合气数量愈多。

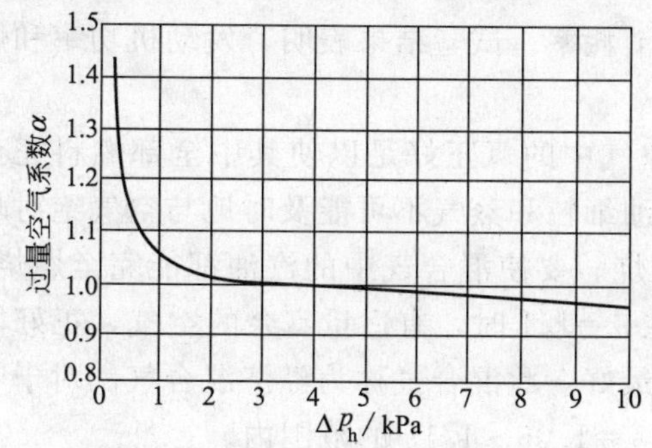

图 4-3 简单化油器的特性曲线

在转速一定时，简单化油器的可燃混合气浓度随节气门开度变化的关系称为简单化油器特性，也就是燃油量和空气量的变化规律，其曲线如图 4-3 所示。

通过改变节气门开度，可以改变可燃混合气供入汽缸的数量，但节气门开度的变化还会引起可燃混合气浓度的变化。当发动机转速一定、节气门开度逐步增大时，流经喉管的空气流量和流速也逐步增加，因而喉管真空度也随之逐步增大，结果是汽油流量与空气流量一同增加。试验证明，在节气门小开度范围内，随着节气门开度的加大，汽油流量的增长率比空气流量的增长率显然要大，因而可燃混合气明显地逐渐由稀变浓。再继续加大节气门开度，这种趋势仍然存在，但由于汽油流量和空气流量的增长率逐渐接近，因而可燃混合气的浓度也逐渐趋于稳定。

4.2.2 可燃混合气成分对发动机工作性能的影响

(1) 发动机对燃料燃烧的要求

汽油与空气以一定比例混合，汽油彻底雾化蒸发并与空气均匀混合，使汽油分子与空气分子得到充分的利用。

可燃混合气燃烧要在适当的时刻进行，使大部分燃料在活塞处于上止点附近燃烧完毕，燃烧过程在很小的容积内进行，燃烧速度快，热量损失少，使燃烧产生的热量得到充分利用。

可燃混合气是指空气与燃料的混合物，其成分对发动机的动力性与经济性有很大的影响，同时对噪声及废气排放也有较大影响。

对于可燃混合气成分，一般都直接以其中所含空气与燃料的质量比——空燃比来表示，即

$$\text{空燃比(A/F)}=\frac{\text{空气质量(kg)}}{\text{燃料质量(kg)}}$$

理论上，1kg 汽油完全燃烧需要 14.7kg 的空气。因此对于汽油机而言，空燃比为 14.7 的可燃混合气可称为理论混合气。若可燃混合气的空燃比小于 14.7，则意味着其中汽油含量有余（亦即空气含量不足），可称为浓混合气。同理，空燃比大于 14.7 的可燃混合气则可称为稀混合气。应当指出，对于不同的燃料，其理论空燃比数值是不同的。

可燃混合气成分也可用过量空气系数 α 表示，其表达式为：

$$\alpha=\frac{\text{燃烧 1kg 燃料实际供给的空气质量}}{\text{理论上完全燃烧 1kg 燃料所需要的空气的质量}}$$

由上面的定义表达式可知：无论使用何种燃料，凡过量空气系数 $\alpha=1$ 的可燃混合气即为理论混合气；$\alpha<1$ 的为浓混合气；$\alpha>1$ 的则为稀混合气。

(2) 可燃混合气成分对发动机性能的影响

可燃混合气的成分对发动机性能的影响是通过试验获得的。在发动机转速一定和节气门全开条件下，流经化油器的空气量即为一定值。此时通过改变汽油量孔开度大小以改变供油量，即可得到浓度不同（即过量空气系数 α 不同）的可燃混合气。分别以不同 α 值的可燃混合气供入发动机，并测出相应的发动机功率和燃料消耗率。试验结果表明，发动机功率和燃料消耗率都是随过量空气系数 α 而变化的。

理论上，对于 $\alpha=1$ 的理论混合气而言，所含空气中的氧正好足以使其中全部燃料完全燃烧。但实际上，由于时间和空间条件的限制，汽油细粒和蒸气不可能及时地与空气绝对均匀地混合，因此，即使 $\alpha=1$，汽油也不可能完全燃烧。要使混合气中的汽油都能完全燃烧，混合气必须是 $\alpha>1$ 的稀混合气。实际上，发动机在 $\alpha=1.1$ 时，有适量富余的空气，正好能使汽油完全燃烧，此时燃料消耗率最低，即经济性最好，此混合气称为经济混合气。对于不同的发动机，最低燃料消耗率的混合气成分一般在 $\alpha=1.05\sim1.15$ 的范围内。

若 α 值继续增加至 $1.0\sim1.15$，则混合气过稀，虽然混合气中的汽油可以保证完全燃烧，但是，由于过稀的混合气燃烧速度低，反而会导致经济性的下降。实际上，当混合气稀到 $\alpha=1.3\sim1.4$ 时，燃料分子之间的距离将增大到使混合气的火焰不能传播的程度，以致发动机不能稳定运转，甚至缺火停转。此 α 值称为过量空气系数的火焰传播下限。

在节气门全开而转速保持一定的情况下，发动机在$\alpha=0.88$时，输出的功率最大，此混合气称为功率混合气。对不同的汽油机来说，一般在过量空气系数$\alpha=0.85\sim0.95$的混合气中，汽油分子相对较多，混合气燃烧速度高，热损失小。如果其他条件相同，用这种成分的混合气工作的汽油机所输出的功率将是最大的。

α值继续减小，使混合气过浓，由于燃烧很不完全，汽缸中将产生大量的一氧化碳，甚至还有游离的碳粒，造成汽缸盖、活塞顶、气门和火花塞积炭，排气管冒黑烟，排气污染严重。废气中的一氧化碳还可能在排气管中被高温废气引燃，发生排气管“放炮”现象。此外，由于这种混合气的燃烧速度也较低，有效功率也将减小，燃料消耗率则将增高。当混合气加浓到$\alpha=0.4\sim0.5$时，由于燃烧过程中严重缺氧，也将使火焰不能传播，此α值称为过量空气系数的火焰传播上限。

4.2.3 汽车发动机各种工况对可燃混合气成分的要求

由于汽车在使用中的实际装载质量不是定值，路面性质及道路坡度也是多变的，路上的车流和人流情况又十分复杂，这就使得汽车的行驶速度和牵引力经常需要作大幅度的变化。因此，作为汽车动力的汽油机的工况（负荷和转速）不可能如同用作固定动力的汽油机那样稳定，而是要经常在最大可能的范围内变化。例如，汽车在起步前或在红灯信号下短时间停车时，发动机应作怠速运转，此时负荷为零（节气门开度最小），转速最低；在汽车满载爬陡坡时，节气门应全开（全负荷），但转速并非最高；在一般道路上行驶时，行驶阻力不大，节气门只需部分开启，即发动机在中等负荷下工作，车速和发动机转速也不一定很高；有时在良好的路面上高速行驶，发动机也可能是全负荷，转速又达到最大值。

汽车用汽油机工作的特点如下：工况变化范围很大，负荷可从0变到100%，转速可从最低稳定转速变到最高转速，而且有时工况变化非常迅速；在汽车行驶的大部分时间内，发动机是在中等负荷下工作的。一般情况下轿车发动机负荷为40%～60%，而货车则为70%～80%。

车用汽油机各种使用工况对混合气成分的要求各不相同，根据汽车运行特点，一般将其分为冷启动、怠速、中小负荷、大负荷和全负荷、加速几种基本工况。

（1）冷启动

发动机在外力驱动下启动时，转速极低（只有100r/min左右），因此化油器中的空气流速非常低，不能使汽油得到良好的雾化，其大部分将呈较大的油粒状态。特别是在冷机启动时，这种油粒附在进气管壁上，不能及时随气流进入汽缸内，从而使汽缸内混合气过稀，以致无法燃烧。为此要求化油器供给极浓的混合气（$\alpha=0.2\sim0.6$），以保证进入汽缸内的混合气中有足够的汽油蒸气，使发动机得以顺利启动。

（2）怠速

怠速一般是指发动机在对外无功率输出的情况下以最低转速运转，此时混合气燃烧后所做的功，只是用以克服发动机内部的阻力，使发动机保持最低转速稳定运转。汽油机怠速转速一般为700～850r/min。怠速工况下，节气门处于接近关闭位置。吸入汽缸内的可燃混合气不仅数量极少，其中的汽油雾化蒸发也不良。此外，由于进气管中的真空度很高，如果当进气门开启时汽缸内的压力仍高于进气管压力，废气就可能膨胀而冲入进气管，而后又随着新鲜混合气一起被吸入汽缸，因而吸入汽缸的气体中废气含量较大。为保证这种品质不良而且被废气稀释过的混合气能正常燃烧，化油器提供的混合气必须较浓，即α应为$0.6\sim0.8$，才能保证发动机怠速稳定。

（3）小负荷

小负荷时，节气门开度较小，发动机对外输出功率较小，进入汽缸的混合气数量较少，与怠速相比，新鲜混合气的品质逐渐改善，废气对混合气的稀释作用也逐渐减弱，因而混合气浓度可以减小至$\alpha=0.7\sim0.9$。

(4) 中等负荷

发动机在大部分工作时间内处于中等负荷状态。在此情况下，节气门有足够的开度，废气稀释的影响可以略去不计。此时燃料经济性要求是首要的，化油器应供给接近相应于燃料消耗率最小的$\alpha=0.9\sim1.1$的混合气（其中主要是$\alpha>1$的稀混合气）。这样，功率损失不多，节油的效果却很明显，从而保证发动机的经济性。

(5) 大负荷和全负荷

当汽车需要克服较大的阻力时，要求发动机能发出尽可能大的功率，此时驾驶员往往将节气门踏板踩到底，使节气门全开，发动机在全负荷下工作。此时要求化油器能供给相应于最大功率的浓混合气（$\alpha=0.85\sim0.95$）。在达到全负荷之前的大负荷范围内，化油器所供给的混合气应从以满足经济性要求为主逐渐转到以满足动力性要求为主。

(6) 加速

汽车行驶过程中，有时要在短时间内迅速提高车速。当加速时，驾驶员猛踩节气门踏板，使节气门开度突然加大，以使发动机功率迅速增大。这时，通过化油器的空气流量随之增加，但是，由于液体燃料的惯性远大于空气的惯性，燃料流量的增长比空气流量的增长要慢得多，致使混合气暂时过稀。而且，在节气门急开时，进气管内压力骤然升高，同时由于冷空气来不及预热，使进气管内温度降低。这种条件当然不利于混合气中的汽油蒸发，致使燃料的蒸发量相对减少。因此除非有额外的燃料添加进去，否则将会出现瞬时混合气过稀现象。这不仅达不到使发动机加速的目的，而且还可能发生发动机熄火现象。为了改善汽车发动机的加速性能，化油器应能在节气门突然开大时，额外添加供油量，以便及时使混合气加浓到足够的程度。

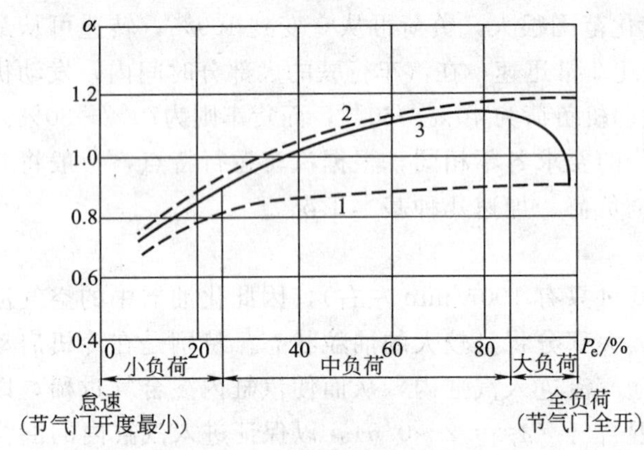

图 4-4 理想化油器特性

1—相应于最大功率的α值；2—相应于最小燃料消耗率的α值；3—理想化油器特性

综上所述，车用汽油机在正常运转时，在小负荷和中负荷工况下要求化油器能随着负荷的增加，供给由较浓逐渐变稀的混合气成分。当进入大负荷范围直到全负荷工况下，又要求混合气由稀变浓，最后加浓到能保证发动机发出最大功率。这种在一定转速下，汽车发动机所要求的混合气成分随负荷变化的规律称为理想化油器特性，如图 4-4 所示。

4.3 化油器的构造及工作原理

4.3.1 化油器的构造

由于各种汽车发动机要求不同，所用化油器的整体结构方案也是多种多样的，但其中包括的各种供油系统及其基本原理则大体相同。

按喉管处空气流动方向不同，化油器可分为上吸式、下吸式和平吸式三种，如图 4-5 所示。其中下吸式应用最广泛，有如下优点：由于弯道少，下吸式进气阻力较上吸式的小，有利于提高汽缸充气效率和发动机功率；化油器装在进气管上方，便于调整和保养。其缺点是：当燃料蒸发不良时，油滴容易流入汽缸，冲洗汽缸壁上的润滑油膜，并流入曲轴箱稀释润滑油。平吸式进气阻力也较小，多用于摩托车上。

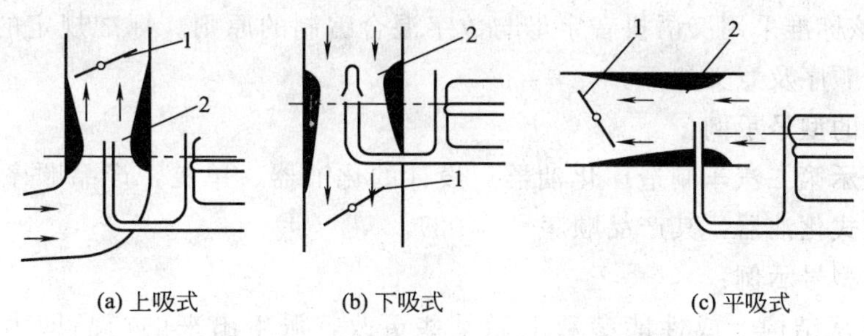

图 4-5　化油器的类型（按空气流动方向分）
1—节气门；2—喉管

按重叠的喉管数目不同，化油器可分为单喉管式、多重（双重和三重）喉管式，如图 4-6 所示。

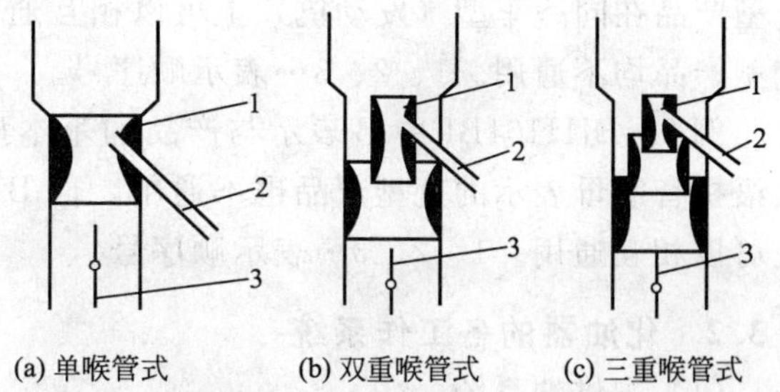

图 4-6　化油器的类型（按重叠的喉管数分）
1—喉管；2—喷管；3—节气门

采用多重喉管的目的在于解决充气量与汽油雾化的矛盾。喉管大，则充气量可增加，但汽油雾化不良；喉管小，则汽油雾化较好，但充气量减少。多重喉管是将两个或三个直径不同的喉管按上小下大的顺序重叠套置组合而成的。主喷管出口位于最小的喉管中。当气流通过时，小喉管中的空气流速大，产生的喉管真空度高，因而汽油的雾化较好，有利于提高燃料经济性；大喉管与小喉管之间的环形通道则保证了化油器有足够的充气量，以满足动力性的要求。此外，采用多重喉管时，由主喷管喷出的汽油，经过在两个或三个喉管中的多次雾化，因而能更好地保证所形成的混合气的质量。

按其空气管腔数目不同，化油器又可分成单腔式、双腔并动式、双腔分动式和四腔分动式四种。

双腔并动式化油器，实质上是两个同样的单腔式化油器的并联，不过将它们的壳体合铸成一个整体，而且一般是使用同一套浮子室、启动系统、加速系统和加浓系统，但两个管腔各有一套结构和作用完全相同的主供油系统、怠速系统和节气门。两个节气门装在同一轴上，同时启闭。

双腔并动式化油器的出现是为了解决汽缸数较多（四缸以上）的高速汽油机容易产生的各缸吸入混合气数量和浓度不一致的问题。在缸数多和转速高的情况下采用一个单腔式化油器和单一进气管时，化油器到各缸的距离相差较大，很难在进气管设计上保证每个化油器到各缸的进气管阻力和温度情况近于一致；而且缸数多，就不可避免地要发生同时有几个汽缸进行吸气，即所谓进气重叠的现象，因此造成各缸吸进的混合气数量和浓度很不一致。为解决此问题，有的多缸发动机采用双腔并动式化油器与双进气管，分别向半数汽缸供气。这样就免除了各缸进气重叠现象，提高了充气效率，使发动机功率有所增加。

四腔分动式化油器实际上是两个双腔分动式化油器的组合，其中两个主腔和两个副腔各自并动。这种化油器应与双式进气管配合使用，每一组主副腔相应于一个进气管腔。四腔分动式化油器兼有双腔分动和双腔并动的优点。

1985 年，机械工业部颁发了部标准《汽车化油器、汽油泵型号编制方法》（JB/T 1672—1984）。该标准采用汉语拼音字母与数字混合编制的原则。标准规定的化油器、汽油泵型号中的符号顺序及意义如下。

基本型产品的型号示例：

EQH101 表示第二汽车制造厂化油器厂设计的化油器、单腔，产品顺序号为 01（如新设计第二个单腔式化油器，其产品顺序号为 02）。

变型产品的型号示例：

基本型产品从结构上或性能参数上做某些更改，派生出来的产品即为基本型的变型产品。其编号为在基本型号后添加尾注（由一个汉语拼音字母及数字顺序号组成）来表示。

例 1：BJH101A1 中 A 表示与产品的基本型可以通用的变型产品，且 A1、A2、A3 等变型产品在同一车型（发动机）上可以相互通用，但与以 B、C、D 等汉语拼音字母表示的变型产品均不通用。1、2、3…表示顺序号。

例 2：BJH101B1 中 B 表示与产品的基本型不能通用的变型产品，且与以 A、C、D 等汉语拼音字母表示的变型产品也不通用，但 B1、B2、B3 等变型产品在同一车型（发动机）上可以相互通用。1、2、3…表示顺序号。

4.3.2 化油器的各工作系统

（1）主供油系统

化油器主供油系统的功用是保证发动机正常工作时，化油器所供给的混合气随着节气门开度加大而逐渐变稀，并在中负荷下接近于最经济的成分，这就意味着主供油系统应把简单化油器在部分负荷下所供混合气成分偏离经济混合气的特性校正过来，使之符合图 4-4 中所示的理想化油器特性曲线的相应区段。在汽车发动机的全部工作范围内，除了怠速工况和极小负荷工况以外，主供油系统都起供油作用。目前广泛采用的是降低主量孔处真空度的方案，其结构原理如图 4-7 所示。

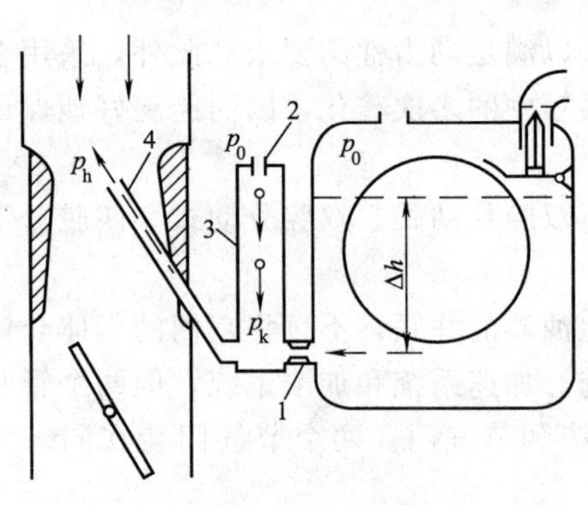

图 4-7 主供油系统

1—主量孔；2—空气量孔；3—通气管；4—主喷管

这种装置的特点是在喷管上加开一个通气管 3，管 3 上设有控制渗入空气流量的空气量孔 2。加设空气量孔 2 的目的就在于引入少量空气，适当降低吸油真空度，借以适当地抑制汽油流量的增长率，使混合气的规律变为由浓变稀，以符合理想化油器特性的要求。

在发动机未工作时，主喷管 4、通气管 3 和浮子室的油面是等高的。当发动机开始工作，节气门开度逐渐加大到足以使汽油从主喷管喷出时，通气管 3 中的油面即下降，空气通过空气量孔 2 流入通气管。当喉管真空度大到能使通气管 3 中的油面降到主喷管入口处时，则通过空气量孔 2 流入的空气渗入油流中形成泡沫，随油流经主喷管 4 流入喉管。由于空气流经空气量孔时有压力损失，故主量孔处的气压 p_k小于大气压力 p_0，但却大于喉管处气压 p_h，即 $p_h<p_k<p_0$。这时决定通过主量孔 1 的汽油流量的压力差已不再是 Δp_h，而是 $(p_0+\rho g\Delta h)-p_k$，其中 ρ 为汽油密度，g 为重力加速度，Δh 为浮子室油面到主量孔 1 的距离。$\rho g\Delta h$ 是常数，且其数值比 p_0小得多，如果忽略不计，则可以认为决定油流量的压力差只是通气管中的真空度 $p_0-p_k=\Delta p_k$。因为 $\Delta p_k<\Delta p_h$，所以燃油流量就比没有空气量孔时要小些。这样，在同样的 Δp_h下形成的混合气的 α 值就比简单化油器的大，即混合气较稀。而且由于燃油中有少量空气渗入，喷出的油液呈泡沫状，有助于燃油的雾化和蒸发。

当发动机转速不变，节气门开度增加时，喉管真空度 Δp_h增加，通气管 3 中真空度 Δp_k也会增加。Δp_h增加的直接结果是空气流量增加，同时间接地通过 Δp_k的增加，使汽油流量增加；但由于 Δp_k的增长比 Δp_h的增长慢，因而汽油流量的增长率小于空气流量的增长率，结果使得混合气随节气门开度的增大而逐渐变稀。只要通过反复试验，正确地选定主量孔和空气量孔的尺寸，即能使主供油系统在中、小负荷范围内，供给所要求的 $\alpha=0.9\sim1.1$ 的可燃混合气。

由此可知，降低主量孔处真空度的实质是引入极少量的空气到主喷管中，以降低主量孔处内外的压力差，从而降低汽油的流量和流速。此外也应当提到，这部分引入的空气还将起到使汽油“泡沫化”的作用，这就是说，空气在流入通气管后与流向主喷管的汽油相遇并渗入其中，形成一种内部含有大量很小的空气泡的油流。泡沫化了的汽油，由于含有一定量的空气，因此比纯汽油更轻，更容易被吸入喉管。这一点对于在喉管真空度还不高的小负荷工况，以及在加速等过渡工况下及时供油是有利的。同时，泡沫化了的汽油在从主喷口喷入喷管之后，也更易于被其中的空气流所吹散。总之，喷出燃料的“泡沫化”，可以使化油器获得较好的雾化效果与过渡性能。

(2) 怠速系统

怠速系统的功用是保证在怠速和很小负荷时供给很浓的混合气，其 α 值为 $0.6\sim0.8$。怠速时，发动机转速低，节气门近于全闭，节气门前方的喉管处真空度很低，以致根本不能将汽油由主喷管吸出。但节气门后面的真空度却很高（约为 0.04～0.06MPa），故可利用这个条件，另设怠速油道，其喷口即设在节气门后，这样就解决了上述矛盾。

典型的怠速系统如图 4-8 (a) 所示。它由怠速喷口 3、怠速调整螺钉 4、怠速过渡孔 5、怠速量孔 8、怠速空气量孔 6、怠速油道 7 及限止螺钉 2 等组成。

发动机怠速时，怠速喷口 3 处真空度为 $\Delta p_x=p_0-p_x$。在 Δp_x的作用下，浮子室中的汽油经主量孔和怠速量孔 8，流入怠速油道 7，与从怠速空气量孔 6 进入的空气混合成泡沫状的油液自怠速喷口 3 喷出。喷出的泡沫状的汽油受到高速流过节气门边缘的空气的冲击，再次雾化，因为有极少量空气从怠速空气量孔 6 渗入，所以怠速油道 7 中的真空度 $\Delta p_{xx}=p_0-p_{xx}$，便小于节气门后面的真空度 Δp_x，实际上决定通过怠速量孔的汽油流量的是怠速通道真空度 Δp_{xx}。引入极少量的空气是必要的，因为节气门后面的真空度太大，而怠速时所需油量却很少。

怠速空气量孔 6 除上述作用外，还可防止虹吸作用，以免在发动机不工作时，燃油自动由浮子室经怠速喷口流出。

在怠速喷口 3 的上方不远处还设置一个怠速过渡孔 5，以使发动机能够由怠速工况圆滑地转入小负荷工况而不致发生混合气突然过稀，甚至供油中断以致发动机熄火。

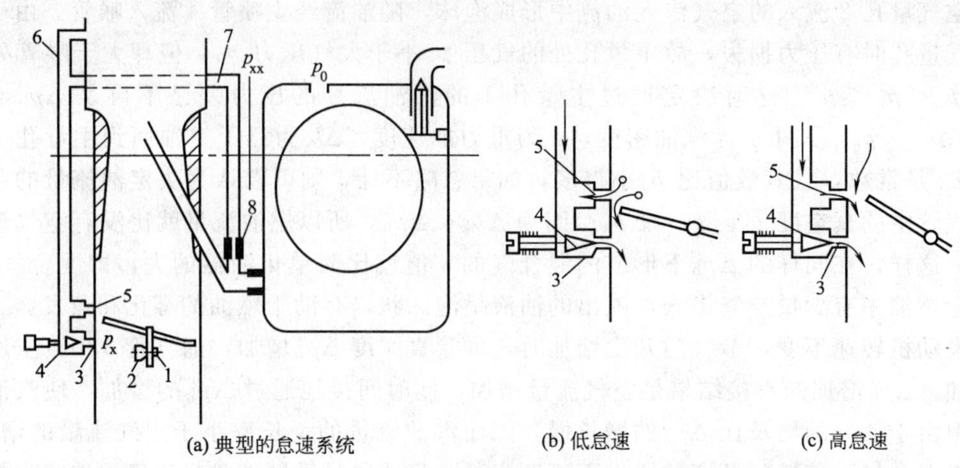

(a) 典型的怠速系统　　(b) 低怠速　　(c) 高怠速

图 4-8　怠速系统

1—支块；2—限止螺钉；3—怠速喷口；4—怠速调整螺钉；5—怠速过渡孔；6—怠速空气量孔；7—怠速油道；8—怠速量孔

在上述常见怠速系统方案中，怠速系统和主供油系统相通，且怠速喷口与主喷口是并联的，因而从怠速喷口喷出的汽油也来自主量孔。发动机由怠速向小负荷圆滑过渡，是靠主供油系统和怠速系统的协同工作来实现的。

整个过渡过程可分为四个阶段。

① 在低速怠速时，节气门开度很小，因而喉管真空度很小，但节气门后真空度却很大。主供油系统不仅不能出油，且主喷管中的油面在怠速系统真空度作用下还有所降低。此时如图 4-8（b）所示，只有位于节气门下方的怠速喷口 3 出油，位于节气门上方的怠速过渡孔 5 实际上成了第二个怠速空气量孔，不仅限制了喷口 3 的出油量，且由此渗入的空气使汽油再次泡沫化。

② 当节气门开度稍大，使喷口 3 和过渡孔 5 都处于高真空区时［图 4-8（c）］，两者同时出油，以满足发动机以较高转速怠速工作的需要。此时喉管真空度虽然有所提高，使主喷管中油面回升，但尚不足以将汽油从主喷管中吸出。

③ 节气门开度进一步增大到使得主供油系统开始工作时，虽然从喷口 3 和过渡孔 5 喷出的油量已经由于节气门后真空度的进一步降低而减少，但这个补充供油量还是很有必要的，因此时主供油系统的供油量还不能满足发动机小负荷工况的要求。

④ 节气门开度增加到相应于发动机进入中等负荷工况时，喷口 3 和过渡孔 5 处的真空度已降低到使怠速系统停止供油的程度。此时喉管真空度已增高，使得主供油系统能够正常工作，开始单独供油。

在怠速系统停止供油以后，当喉管真空度相对于怠速喷口真空度高出太多时，有可能将存于怠速系统中的燃油完全吸向主喷管，同时从怠速空气量孔、怠速喷口 3 和过渡孔 5 进入的空气便经怠速油量孔渗入主喷管。这一现象称为怠速反流。这等于额外增大了主供油系统的空气量孔，因而过分降低了主量孔处的真空度，破坏了主供油系统的正常校正（补偿）作用。所以，在设计、调试、改装化油器时，应力求避免发生怠速反流。

在怠速工况下，汽缸内混合气的燃烧条件很差，导致燃烧过程不稳定。为了保证发动机的怠速工作稳定，在化油器怠速系统中都设有调节装置，以便根据其工作条件对混合气成分进行调节。最常用的调节方法是，采用前端带有锥面的怠速调整螺钉 4（图 4-8），改变怠速喷口的通过面积，调节喷口处的泡沫化汽油的流量，因而也就改变了混合气的浓度。节气门的怠速位置，即节气门最小工作开度，在很多化油器上也是可调的。这两个调节的相互配合，可以得到保证在各种条件下稳定的怠速工作所要求的混合气。

应该指出，在怠速工况下，供给的混合气的燃烧很不完全，排气中的一氧化碳和碳氢化合物的含量都比较高。可见，怠速是汽车发动机排气污染最严重的工况之一。经验表明，排气污染的程度常与怠速系统的调节有关。无论混合气调节得偏浓还是偏稀，都会加重排气污染。从减少排污的观点出发，提高怠速转速有好处。将怠速转速提高到 700～800r/min 左右，可使怠速工况下所供混合气的过量空气系数加大到 0.8～0.9，使燃烧与排放性能得到改善。

(3) 加浓系统

由于主供油系统的作用，化油器供给的混合气是随负荷的增加而变稀的，即使在大负荷范围内直到全负荷时，也是如此。这就不能满足大负荷时的加浓要求。为此，另设有加浓系统，在大负荷和全负荷时额外供油，保证在全负荷时混合气浓度达到 $\alpha=0.9$，使发动机发出最大功率。由于有加浓系统的补偿加浓作用，就可以将主供油系统设计得符合最经济的要求，而不必考虑全负荷时的最大功率要求。“省油器”的名称即由此而来。加浓系统分为机械式加浓系统和真空式加浓系统两种。

① 机械式加浓系统　机械式加浓系统的结构原理如图 4-9 (a) 所示。在浮子室内装有加浓量孔 1 和加浓阀 3。加浓量孔 1 与主量孔 2 并联。加浓阀 3 上方有推杆 4，与拉杆 5 固连为一体。拉杆又通过摇臂 6 与节气门轴相连。

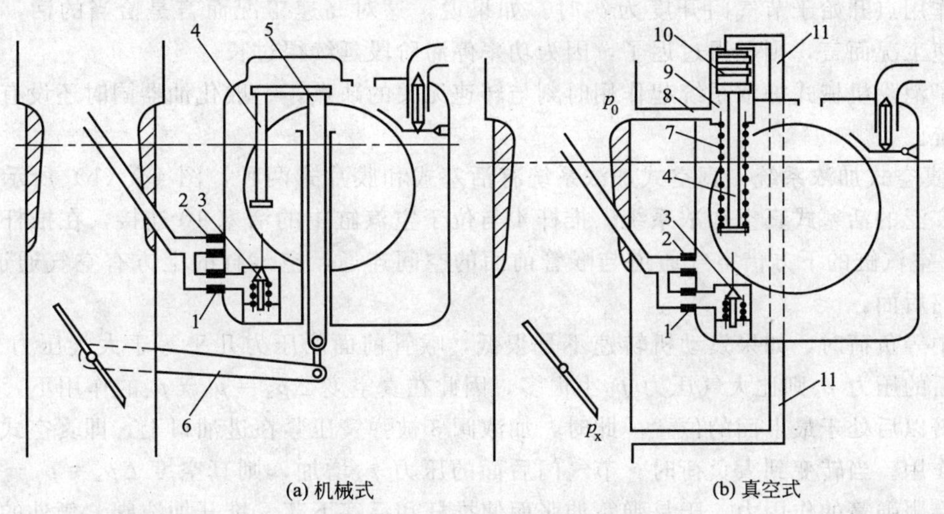

图 4-9　加浓系统示意图

1—加浓量孔；2—主量孔；3—加浓阀；4—推杆；5—拉杆；6—摇臂；7—弹簧；8,11—通气道；9—空气缸；10—活塞

当节气门开启时，摇臂转动，带动拉杆和推杆一同向下移动，只有在节气门开度达到 80%～85%时，推杆才开始顶开加浓阀。于是，汽油便从浮子室经加浓阀和加浓量孔 1 流入主喷管，与从主量孔 2 来的汽油汇合，一起由主喷管喷出。这样便增加了汽油的供给量，使混合气加浓。正确选择加浓量孔的尺寸，便可保证在大负荷范围内混合气由稀转浓，直到全

负荷所需的浓度。

当节气门开度减小时，拉杆与推杆上移，加浓阀在弹簧作用下关闭加浓进油口。

显然，这种加浓系统起作用的时刻只与节气门的开度有关，也就是只与负荷有关，而与发动机的转速无关。

事实上，发动机的进气量和功率与节气门开启角度的关系并不是线性的，而是如图4-10所示，即随着节气门开启角度 θ 的加大，一开始，发动机功率 P_e 的增长率很大，以后逐渐减小，一般还未达节气门全开时，P_e 对 θ 的增长率就几乎等于零。这种现象称为“功率停滞”。实际上，在汽车行驶中，驾驶员对此是有感觉的，当需要加速时，驾驶员踩下加速踏板时，就会感到反应很迟钝，有一种“踩空”了的感觉，车速提高不起来，一直要踩到机械加浓系统起作用的节气门位置上时，混合气才得到加浓，车速才会上升。而且，不同的发动机转速下发生“功率停滞”的节气门开度是不同的。在比较低的转速 n_1 下，节气门开启角度为 θ_1 时功率 P_e 就开始停止增长；而在比较高的转速 n_2 下，“功率停滞”现象则产生于节气门开启角度较大的 θ_2 时。

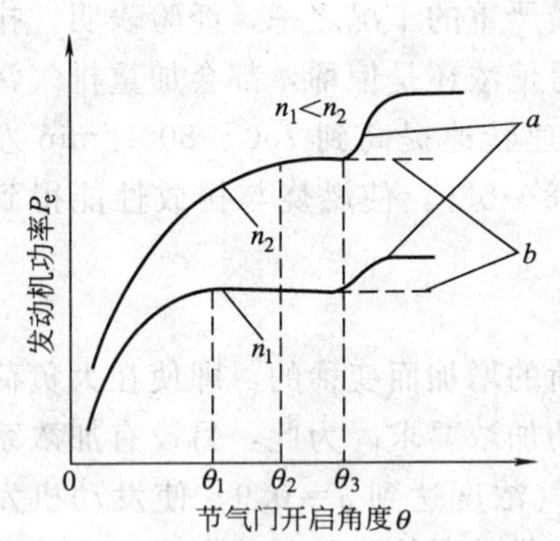

图 4-10 发动机功率和节气门开启角度的关系

n_1，n_2—发动机转速；

θ_1，θ_2—功率停滞时的节气门开度；

a—有机械加浓作用；b—无机械加浓作用

由此可见，在任何转速下，都是当节气门尚未达到全开时，就已经不可能单靠增大节气门开度的方法来增加功率，而必须利用加浓系统。当采用机械加浓系统时，加浓的作用点开始于节气门开度为 θ_3 时。如果说，这对高速工况而言是恰当的话，那么对于低转速工况而言，则显得过迟了，因为功率停滞阶段延续得过长。

为了消除机械式加浓系统起作用时刻与转速无关的缺点，一般化油器同时还设有真空式加浓系统。

② 真空式加浓系统　真空式加浓系统有活塞式和膜片式两种，图4-9（b）所示的是用得较为广泛的活塞式真空加浓系统。推杆4与位于空汽缸中的活塞10连接，在推杆上装有弹簧7。空汽缸的下方借空气通道与喉管前面的空间连通，空汽缸的上方有空气通道11通到节气门后面。

在中等负荷时，如果发动机转速不是很低，喉管前面的压力几乎等于大气压力 p_0；而节气门后的压力 p_x 则比大气压力 p_0 小很多，因此在真空度 $\Delta p_x = p_0 - p_x$ 的作用下，活塞压缩了弹簧以后处于最上面的位置。此时，加浓阀3被弹簧压紧在进油口上，即真空式加浓系统不起作用。当转变到大负荷时，节气门后面的压力 p_x 增加，则真空度 $\Delta p_x = p_0 - p_x$ 减小到不能克服弹簧的作用力，于是弹簧伸张而使推杆和活塞下落，推开加浓阀，额外的汽油便经加浓量孔1流入主喷管中，以补偿主量孔出油的不足，使混合气加浓。

如上所述，真空式加浓系统起作用的时刻完全取决于节气门后面的真空度 Δp_x，只要 Δp_x 低到一定程度，真空式加浓系统就起加浓作用。

必须指出，节气门后面的真空度 Δp_x 的大小不仅与负荷或节气门开度有关，还和发动机曲轴转速有关。当发动机转速不变时，节气门后的真空度将随节气门的开度加大而减低。如果节气门开度保持不变，则节气门后的真空度将随转速的升高而升高。这一关系可以利用图4-11所示曲线来表示。n_1、n_2、n_3、n_4 分别代表不同的四个转速，且 $n_1 < n_2 < n_3 < n_4$。当节

气门全开、转速为最高值 n_4 时，节气门后真空度最高。由此可见，真空加浓系统的作用点对真空度 Δp_x 来说是固定的，但达到真空度 Δp_x 时的节气门开度，分别可为 θ_1、θ_2、θ_3 和 θ_4，而且 $\theta_1<\theta_2<\theta_3<\theta_4$。因此，各个转速下功率的区域将自动地缩小，“踩空”的感觉也将减轻，加浓的反应也将更为灵敏。此外，当汽车行驶阻力突然增大，致使车速（发动机转速）下降时，进气管真空度随之下降，真空加浓系统就自动起作用，把混合气加浓到功率混合气成分，因而尽管在这种情况下驾驶员没有（或没有来得及）加大节气门开度，发动机功率也会自动有所加大，以帮助克服行驶阻力。

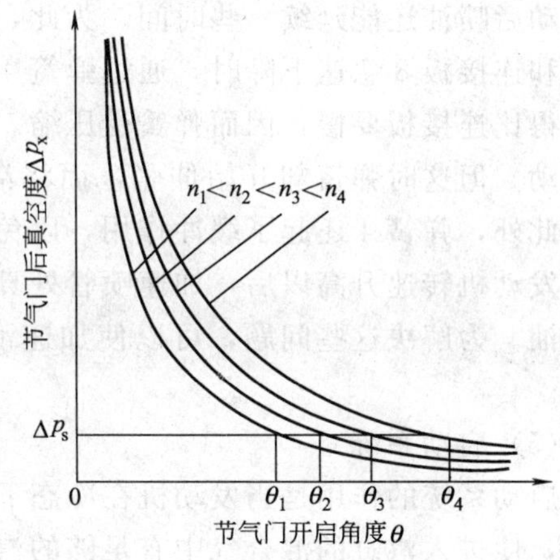

图 4-11　节气门后真空度与节气门开度的关系

n_1, n_2, n_3, n_4—发动机转速；

Δp_s—选定的加浓系统作用点的节气门后真空度；

$\theta_1, \theta_2, \theta_3, \theta_4$—各转速下与 Δp_s 对应的节气门开度

（4）加速系统

汽车在一定的使用条件下需要加速前进或超车时，就要急速地加大节气门开度，使发动机功率迅速增大，此时要求供给浓混合气。因此化油器设有加速系统。其作用是在节气门突然开大时，及时将一定量的额外燃油一次性地喷入喉管，使混合气临时加浓，以适应发动机加速的需要。

加速泵也有活塞式和膜片式两种。通常采用的活塞式机械加速泵见图 4-12。在浮子室内有一泵缸，泵缸内有活塞 2。活塞 2 通过活塞杆 3 及弹簧 4、连接板 8 与拉杆 9 相连。拉杆 9 由固装在节气门轴上的摇臂 1 操纵。加速泵腔与浮子室之间装有进油阀 11，泵腔与加速量孔 6 之间的油道中装有出油阀 5。进油阀在不加速时，在本身重力的作用下，经常开启或关闭不严；而出油阀则靠重力经常保持关闭，只有在加速时方能开启。

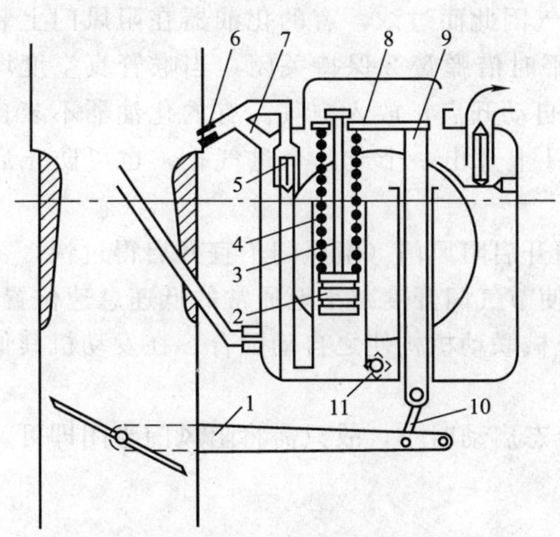

图 4-12　活塞式机械加速泵

1—摇臂；2—活塞；3—活塞杆；4—弹簧；5—出油阀；6—加速量孔；7—通气道；8—连接板；9—拉杆；10—连杆；11—进油阀

当节气门开度减小时，摇臂 1 逆时针回转，带动拉杆 9、连接板 8、活塞杆 3 及活塞 2 向上移动，泵腔内产生真空度，汽油便自浮子室经进油阀 11 充入泵腔。

当一般地增加负荷时，即节气门缓慢地开大时，活塞便缓慢地下降，泵腔内形成的油压不大，进油阀关闭不严密，于是燃油又通过进油口流回浮子室，加速系统并不起作用。但是当节气门迅速地开大时，由于活塞下移很快，泵腔油压迅速增大，使进油阀紧闭，同时顶开出油阀 5，泵腔内所储存的汽油便从加速量孔 6 喷入喉管内，加浓混合气。这种加浓作用只是一时的，当节气门停止运动后，即使保持的开度很大，加速泵也不再供油。

为改善发动机的加速性能，希望加速泵不仅在节气门急开的瞬时喷油，并在节气门已停

止运动后喷油还能延续一些时间。为此，在连接板 8 和活塞 2 之间装有弹簧 4。这样，在拉杆 9 和连接板 8 急速下降时，通过弹簧 4 将力传给活塞 2。由于有加速量孔 6 的阻力，活塞下降得比连接板要慢，因而弹簧受压缩。而当节气门已经停止转动时，拉杆和连接板随之不再移动，但这时弹簧却开始伸张，而将活塞继续往下压，因而使加速装置喷油时间有所延长。此外，弹簧 4 还起了缓冲作用，以免节气门开大过急时损坏驱动机件。

发动机转速升高以后，加速喷管处真空度较高，可能将出油阀吸开而使加速装置不适时地喷油。为解决这些问题，可以使加速油道经由通气道 7 与浮子室相通，使油道中真空度降低。

(5) 启动系统

启动系统的作用是当发动机在冷态下启动时，在化油器内形成极浓的混合气（$\alpha=0.2\sim0.6$），使进入汽缸的混合气中有足够的汽油蒸气，以保证发动机能够顺利启动。

用得最广泛的启动系统是在喉管之前装一个阻风门 1（图 4-13），用弹簧保持它经常处于全开位置。

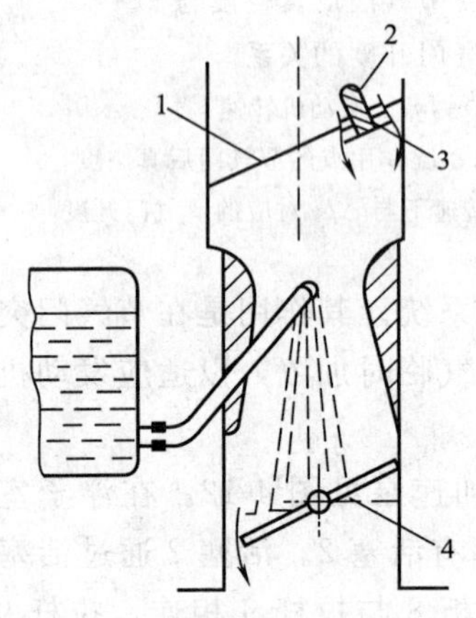

图 4-13 阻风门式启动系统
1—阻风门；2—弹簧；
3—自动阀；4—节气门

发动机启动前，驾驶员通过拉杆将阻风门关闭（但空气通道并未完全封闭）。启动机带动曲轴旋转时，在阻风门后面产生很大的真空度，使得主供油系统和怠速系统都供油，而通过阻风门边缘的空隙流入的空气量很少，故混合气极浓。启动时，节气门 4 的开度应比通常的怠速最小开度稍大一些，使发动机启动后能以较高的转速进行怠速运转，使发动机较快地热启。发动机启动过程的后期，转速和喉管真空度都较开始启动时为大，为避免混合气因此而过浓，有的化油器在阻风门上装有自动阀 3。自动阀平时借弹簧 2 保持关闭，当喉管真空度增至一定值时，自动阀自动开启，放入空气。有的化油器不装自动阀，而只在阻风门 1 上开出一个或几个进气孔，也可防止启动后期混合气过浓。

当发动机由启动工况转入怠速工况时，应逐渐开启阻风门（阻风门不宜开启得过快，否则混合气将突然变得过稀，使发动机熄火），同时使节气门开度减小至通常的低速怠速位置。阻风门和节气门的动作，在有的化油器上是利用机械联动机构使之自动配合。在发动机其他工况下，阻风门一直开启。

发动机在热态下启动时，所需混合气浓度比冷态启动时小，故只需将阻风门半闭即可。

4.4 汽油机燃料供给系统的辅助装置

4.4.1 汽油箱

汽油箱用于储存汽油，其容量一般能使汽车行驶 300～600km，其位置和数量因车而异。

图 4-14 为常见汽油箱的构造。汽油箱多用薄钢板冲压焊制，有些轿车的汽油箱用塑料制成。油箱盖必须密封，以防止汽油因振荡溅出。为保证汽油泵正常工作，油箱盖设有空气阀和蒸气阀。

图 4-15 为双阀式油箱盖原理。空气阀 1 受软弹簧控制，当汽油箱内燃油减少、压力下

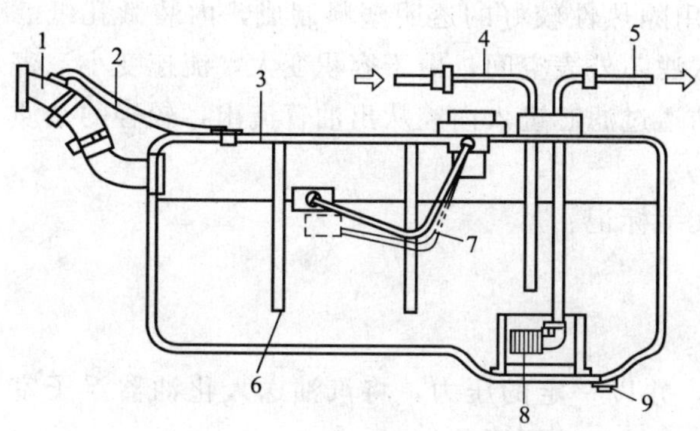

图 4-14 汽油箱结构示意图

1—加油管；2—通气管；3—燃油箱；4—回油管；
5—出油管；6—隔板；7—液位传感器；
8—汽油箱集滤器；9—放油螺塞

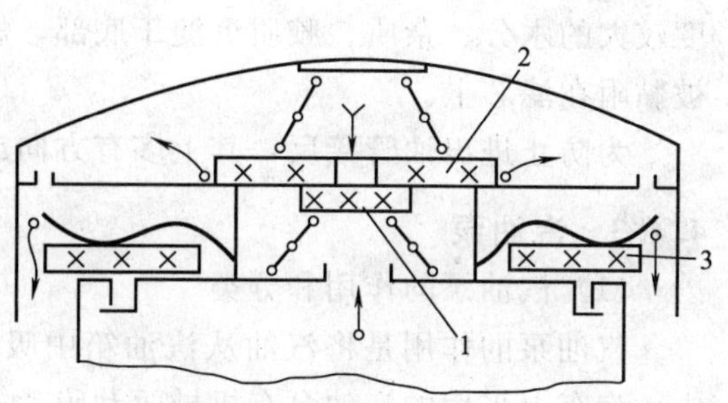

图 4-15 双阀式油箱盖原理

1—空气阀；2—蒸气阀；3—密封垫和弹簧片

降到预定值（约 98kPa）时，大气推开空气阀 1 进入汽油箱；蒸气阀 2 受硬弹簧控制，当汽油箱内的蒸气压力增大到约 120kPa 时，蒸气阀被推开，燃油蒸气泄出，保持汽油箱内压力正常。

4.4.2 汽油滤清器

汽油在进入汽油泵之前必须经过滤清器，滤除混入的水分、杂质和胶质，以保证汽油泵、化油器的正常工作。

图 4-16 为可拆式汽油滤清器。可拆式汽油滤清器外壳用锌、铝合金铸制，滤芯可用尼龙布、多孔陶瓷、微孔滤纸制成，定期清洗或更换滤芯，可多次使用。

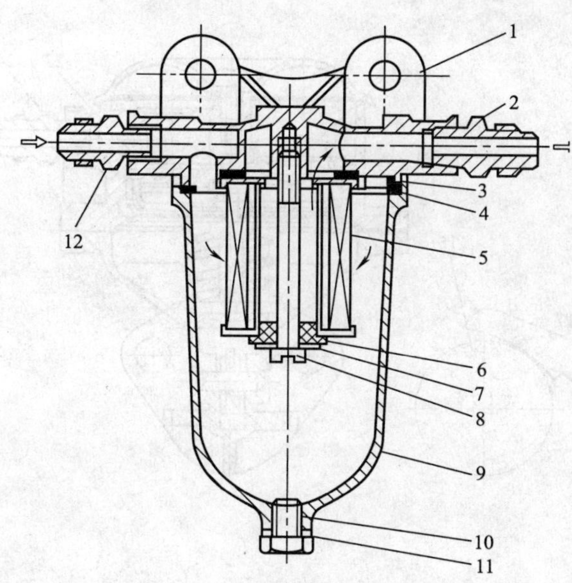

图 4-16 可拆式汽油滤清器

1—盖；2—出油管接头；3,6—密封圈；4—密封垫；
5—纸滤芯；7—平垫圈；8—螺栓；9—沉淀杯；
10—放油螺塞；11—密封垫圈；12—进油管接头

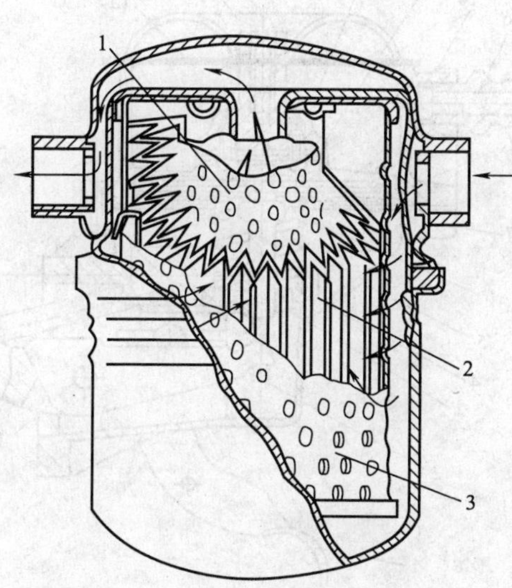

图 4-17 不可拆式汽油滤清器

1—中央多孔筒；2—特制折叠纸滤芯；
3—多孔滤纸外筒

图 4-17 为不可拆式汽油滤清器。其外壳用隔热性较好的透明塑料制成，内装微孔纸滤芯，一次性使用。燃油在汽油泵的作用下流入滤芯外表空间，由于容积变大，流速变小，密度较大的水分、杂质、胶质沉淀于底部，燃油透过滤芯进入内腔从出油管流出，较轻的杂质被黏附在滤芯上。

为防止进出油管接反，其上多有方向或文字标记。

4.4.3 汽油泵

(1) 汽油泵的作用和分类

汽油泵的作用是将汽油从汽油箱中吸出，并以一定的压力，将汽油送入化油器浮子室中。汽车上采用的汽油泵有机械驱动膜片式和电动汽油泵两种。

机械汽油泵多利用配气机构凸轮轴上的偏心轮驱动，因此它的安装位置随凸轮轴的位置而异。为保证发动机各种工况的需要，汽油泵应有充分的供油能力，其最大供油量为发动机最大耗油量的 6～8 倍，以适应复杂的地理和气候条件的需要，有效地减小“气阻”现象。

有的汽油泵采用电力驱动式，它的安装位置可避开发动机的热源而不受限制。

(2) 膜片式汽油泵的构造和工作情况

常见的汽油泵如图 4-18 所示。当凸轮轴转动时，偏心轮驱动摇臂使泵膜拉杆向下，压缩泵膜弹簧，泵膜向下拱曲到最低位置。此时泵膜上方的泵室容积增大，产生了一定的真空度使进油阀吸开，出油阀关闭，汽油从进油腔吸入泵室。当偏心轮的偏心部分转离摇臂后，在摇臂复位弹簧的作用下，外摇臂便转回原位，其斜面与内摇臂斜面分离，泵膜便在泵膜弹簧的作用下，连同内摇臂向上移动，使泵室容积减小，油压增大，进油阀关闭，出油阀开启，汽油便从出油阀经油管流向化油器。

由于发动机的耗油量随其工况的变化而变化，供油量的自动调节，是由汽油泵的摇臂结

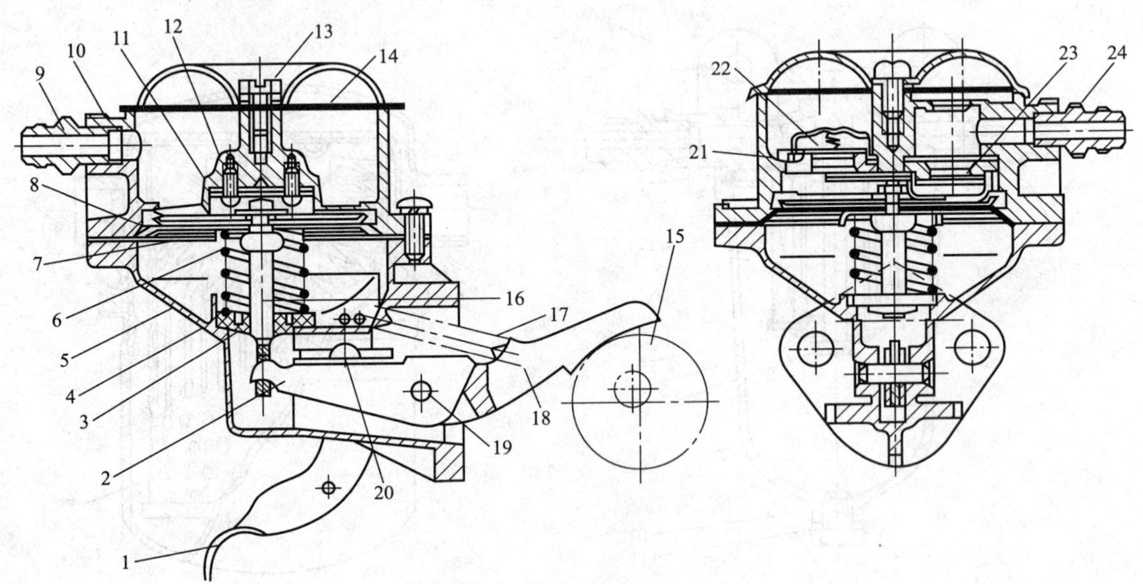

图 4-18 机械驱动膜片式汽油泵

1—手摇臂；2—内摇臂；3—泵膜拉杆油封；4—拉杆油封座；5—下体；6—泵膜弹簧；7—泵膜下护盖；8—泵膜；9—出油管接头；10—上体；11—阀门支持片；12—螺钉；13—泵盖；14,21—垫片；15—偏心轮；16—泵膜拉杆；17—摇臂回位弹簧；18—外摇臂；19—摇臂轴；20—手摇臂轴；22—出油阀；23—进油阀；24—进油管接头

构与化油器浮子室浮子及针阀的配合工作来实现的。汽油泵供油量的多少，决定于泵膜行程的大小，泵膜工作时下行的最低位置是不变的，但能自动调节上行的终点位置。

在发动机启动前，若化油器浮子室内无燃油，可用手摇臂泵油。

4.4.4 空气滤清器

空气滤清器的作用是清除流向化油器的空气中所含的尘土和砂粒，以减少汽缸、活塞和活塞环的磨损。因此，汽车在使用时，必须装上空气滤清器。

按照滤清的方法不同，汽油机用的空气滤清器可分为三类：惯性式、过滤式和综合式（前两种的综合）。

综合式空气滤清器又称油浴式空气滤清器［图 4-19（a）］。它由空气滤清器盖 2、滤芯 4 及带有机油盘的滤清器壳 6 组成。

发动机工作时，空气以很大的速度从盖与壳之间的夹缝中流入并向下行，较大颗粒尘土具有较大的惯性，冲向机油面上，被机油所黏附，较轻的尘土随空气转向滤芯流去，被滤芯所黏附，这样经过两级过滤，空气中的尘土将滤去 95%～97%。已滤清的空气从上方经气管 3 流入化油器。

黏附在滤芯上的尘土由于受到被气流带起的油粒的清洗，渐渐流回油底壳内。

近年来，纸质空气滤清器获得较大的发展，使用实践表明，它比油浴式空气滤清器具有质量小、高度小、成本低、安装方便、使用方便和滤清效率高的优点。如原解放汽车发动机油浴式空气滤清器的滤清效率只有 96%，而且随着空气滤清器容灰量的增加，滤清效率会显著下降，甚至到 88%以下。而纸质空气滤清器，其效率可达 99.5%以上，性能比较稳定。另外油浴式空气滤清器只能垂直于地面安装以保证一定油面，否则会造成失油。

所以现在 CA6102 型发动机空气滤清器改用纸质空气滤清器，但纸质空气滤清器的缺点是使用寿命较短，在恶劣使用条件下，工作不够可靠。

如图 4-19（b）所示为纸质干式（外壳内不装机油）空气滤清器构造。其滤芯是用树脂处理的微孔滤纸做成的。滤芯的上下两端有塑料密封圈，以保证滤芯两端的密封。

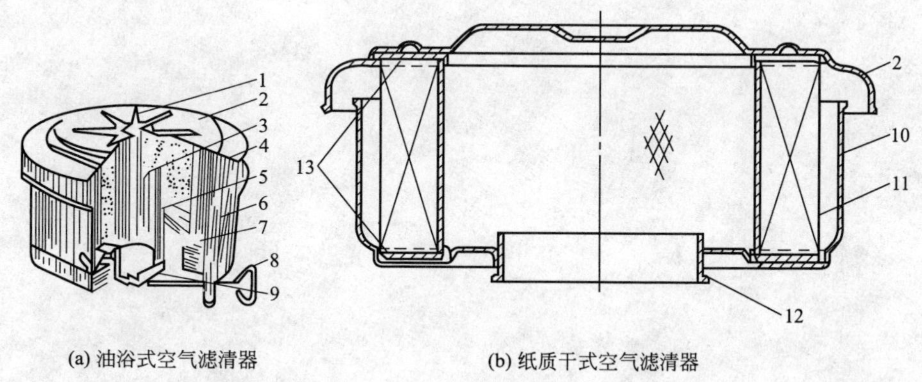

(a) 油浴式空气滤清器　　(b) 纸质干式空气滤清器

图 4-19　空气滤清器

1—螺杆；2—空气滤清器盖；3—气管；4—滤芯；5—滤芯支承盘；6—滤清器壳；7—曲轴箱通风管；8—紧固夹螺栓；9—支架固定螺母；10—外壳；11—纸质滤芯；12—接管；13—密封圈支承盘

发动机工作时，空气由空气滤清器盖 2 与外壳 10 之间的空隙进入，经纸质滤芯 11 被滤清，进入接管 12 通向化油器。

为延长纸质滤芯的使用寿命，一般情况下在汽车每行驶7000～8000km进行一次保养或更换。

复习思考题

1. 化油器式发动机燃油供给系统的功用是什么？

2. 用方框图表示、并注明汽油机燃料供给系统各组成部分的名称，燃料供给、空气供给及废气排除的路线。

3. 简单化油器是由哪些零件组成的？喉管、浮子、量孔的作用是什么？

4. 什么是可燃混合气？试述简单化油器的可燃混合气的形成。

5. 结合理想化油器特性，说明现代化油器各供油装置的功用。

6. 为了保证发动机可靠运转，过量空气系数 α 应在什么范围内变化？α 值在什么情况下，发动机能获得最大功率？α 值在什么情况下，发动机能获得很好的经济性？

7. 汽车用发动机的各种工况对可燃混合气的浓度有何要求？为什么？

8. 怠速装置在什么情况下工作？它的构造和工作原理如何？

9. 启动装置在什么情况下工作？它的构造和工作原理如何？

10. 加浓装置在什么情况下工作？它的构造和工作原理如何？

11. 加速装置在什么情况下工作？它的构造和工作原理如何？

12. 双腔分动式化油器有何特点？为什么有些汽车的发动机采用此种化油器？

13. 试述膜片式燃油泵的结构及工作原理。

14. 汽油泵出油阀的外部为什么要留有空腔？

15. 空气滤清器的作用是什么？

第5章 电控汽油喷射式发动机的燃料供给系统

学习要求

1. 掌握汽油机燃油喷射系统的组成、分类；
2. 掌握电控燃油喷射系统组成部件的结构和工作原理；
3. 掌握电控燃油喷射系统的工作过程。

5.1 概述

化油器式发动机的充气及混合气分配不能得到理想的控制，对于提高发动机的动力性、经济性以及改善废气排放都有一定的局限性，而采用电控汽油喷射系统可解决以上问题。它具有良好的加速和怠速稳定特性，混合气分配均匀，可以降低油耗。因其进气量比进气管中有狭窄喉管的传统供给系统的进气量多，可提高其输出功率；对混合气浓度的精确控制提高了整机的动力性、经济性，并可降低有害气体的排放量。

电控汽油喷射系统是利用电子计算机（电子控制单元），根据空气流量和发动机转速的高低来决定其基本喷油量。另外ECU还接收修正喷油量的信号，随机调节燃油与空气的配比，使汽油机的动力性、经济性、排放性大幅度地提高。

按不同的分类方式，电控汽油喷射系统有如下分类。

（1）按控制方法分类

按控制方法分类有机械控制式、机电混合控制式及电子控制式三种。因电控燃油喷射系统有其突出的优点，且成本大幅度下降，使用可靠性和可维修性都达到了相当高的水平，新产的发动机上已广泛装用。

（2）按喷射部位的不同分类

按喷射部位的不同分类有缸内喷射和缸外喷射两种。缸内喷射是通过安装在汽缸盖上的喷油器，将汽油直接喷入汽缸内。这种喷射系统需要较高的喷射压力，为3～5MPa，因而喷油器的结构和布置都比较复杂，目前极少应用。

缸外喷射系统是将喷油器安装在进气管或进气支管（进气门的前方）上，以0.20～0.35MPa的喷射压力将汽油喷入进气管或进气支管内。前者称为单点喷射，后者称为多点喷射。

单点喷射（SPI）系统的喷油器安装在节气门体上，而节气门体安装在进气支管上部相当于化油器式发动机安装化油器的位置。因此，单点喷射又称节气门体喷射（TBI）。一般发动机只装有1～2个喷油器在节气门体上。

多点喷射（MPI）系统是每个汽缸设置一个喷油器，各个喷油器分别向各缸进气支管喷油。

（3）按喷射的连续性与否分类

将燃油喷射系统按喷射的连续性与否分为连续喷射式和间歇喷射式。连续喷射是指在发动机工作期间，喷油器连续不断地向进气道内喷油，且大部分汽油是在进气门关闭时喷射的。这种喷射方式大多用于机械控制式或机电混合控制式汽油喷射系统中。

间歇喷射是指在发动机工作期间，汽油被间歇地喷入进气道内。电子控制的燃油喷射系统都采用间歇喷射方式。间歇喷射可按各缸喷射时间的不同，分为同时喷射、分组喷射和顺序喷射三种形式。

同时喷射是指 ECU 发出同一个指令，控制各缸喷油器同时喷油［图 5-1（a)］。分组喷射是指各缸喷油器分成两组，每一组喷油器共用一根导线与 ECU 连接，ECU 在不同时刻先后发出两个喷油指令，分别控制两组喷油器交替喷射［图 5-1（b)］。顺序喷射则是指喷油器按发动机各缸的工作顺序进行喷射，ECU 根据曲轴位置传感器信号和凸轮轴位置传感器信号，辨别各缸的进气行程，适时发出各缸喷油指令以实现顺序喷射［图 5-1（c)］。

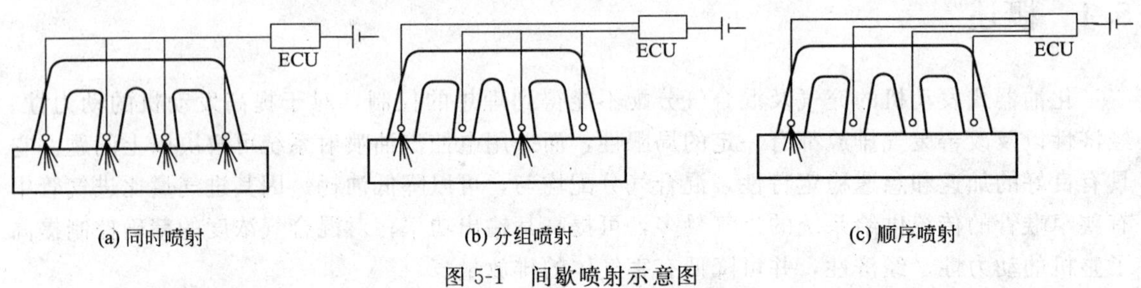

图 5-1　间歇喷射示意图

(4) 按空气量的测量方式分类

按空气量测量的方式分类，燃油喷射系统可分为间接测量方式和直接测量方式两种。

① 间接测量方式　间接测量方式中，ECU 通过对节气门开度或进气支管压力、发动机转速的测量，计算出发动机吸入的空气量。在电控燃油喷射系统中采用的间接测量方式有节流-速度方式和速度-密度方式。

a. 对于节流-速度方式，ECU 根据节气门开度和发动机转速，计算出每一循环的进气量，并由此计算出每一循环基本喷油量。

这种方式由于直接检测节气门的开度，因此发动机过渡工况响应特性较好，被用在一些赛车上。但是空气量与节气门开度和发动机转速之间的函数关系相当复杂，因此要精确测量空气量存在一定的困难。

b. 对于速度-密度方式，ECU 根据进气支管压力和发动机转速，计算出每一循环的进气量，并由此计算出每一循环基本喷油量。

这种方式测量方法简单，喷油量调整精度容易控制。但是由于进气支管压力和进气量之间函数关系比较复杂，在过渡工况和采用废气再循环时，由于进气支管内压力波动较大，会造成空气量测量的精度较低，需进行流量修正。

② 直接测量方式　直接测量方式采用空气流量计直接测量单位时间发动机吸入的空气量。然后，ECU 根据发动机的转速，计算每一循环的空气量，并由此计算出每一循环基本喷油量。直接测量方式包括体积流量方式和质量流量方式两种。

a. 体积流量方式利用叶片式空气流量计或卡门旋涡式空气流量计，直接测量单位时间发动机吸入的空气体积流量。ECU 根据已测出的空气体积和发动机转速，计算出每一循环的进气空气体积流量，并进行大气压力和温度修正，再计算出每一循环基本喷油量。这种测量方式与间接测量方式相比，测量精度较高，有利于提高混合气空燃比的控制精度，但存在需要进行大气压力和温度修正等缺点。

b. 质量流量方式利用热线式空气流量计或热膜式空气流量计，直接测量单位时间发动机吸入的空气质量流量。ECU根据已测出的空气质量和发动机转速，计算出每一循环的进气空气体积流量，计算出每一循环基本喷油量。这种测量方式除测量精度高、响应速度快、结构紧凑外，由于其测出的是空气质量，因此不需要进行大气压力和温度修正。

5.2 电控燃油喷射系统的构造和工作原理

5.2.1 电控燃油喷射系统的组成

电子控制燃料喷射系统的组成一般分为三个子系统，即燃料供给系统、进气系统和控制系统。根据直接或者间接检测的空气量信号，计算发动机燃烧时所需要的汽油量，向喷油器提供开阀信号，然后将加有一定压力的汽油，通过开启的喷油器供给发动机。

典型的电控燃油喷射系统组成如图 5-2 所示。

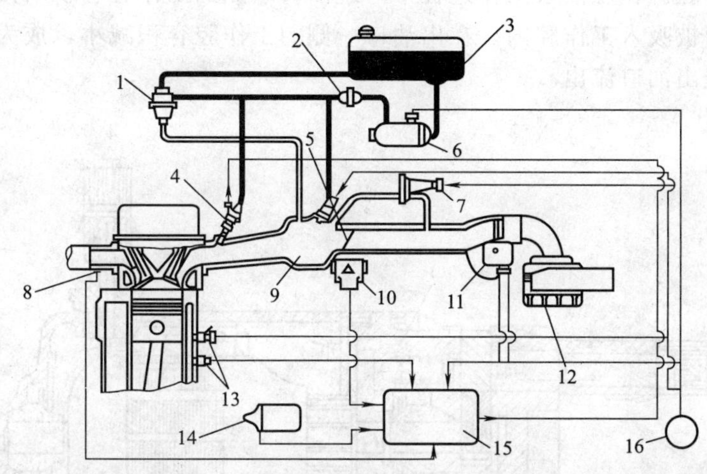

图 5-2 电控喷射系统组成示意图

1—压力调节器；2—燃油滤清器；3—燃油箱；4—喷油器；5—节气门；6—燃油泵；
7—空气阀；8—氧传感器；9—稳压箱；10—节气门位置传感器；11—空气流量计；
12—空气滤清器；13—温度传感器；14—分电器；15—电控单元；16—点火开关

5.2.2 燃料供给系统

(1) 燃料供给系统的组成和基本工作过程

燃料供给系统的组成如图 5-3 所示，其基本工作过程是：电动燃油泵从燃油箱吸出的汽油，通过燃油滤清器后，经压力调节器调压，将压力调整到比进气管压力高出约 250kPa 的压力，经输油管配送给各个喷油器和低温启动喷射阀（低温启动喷油器），喷油器根据 ECU 喷射信号，把适量汽油喷射到进气支管中。

(2) 电动燃油泵

电动燃油泵的作用是向燃油系统输送一定压力和足够量的燃油，其结构如图 5-4 所示。电动燃油泵主要由泵体、永磁电动机和外壳三部分组成。卸压阀的作用是当油压超过

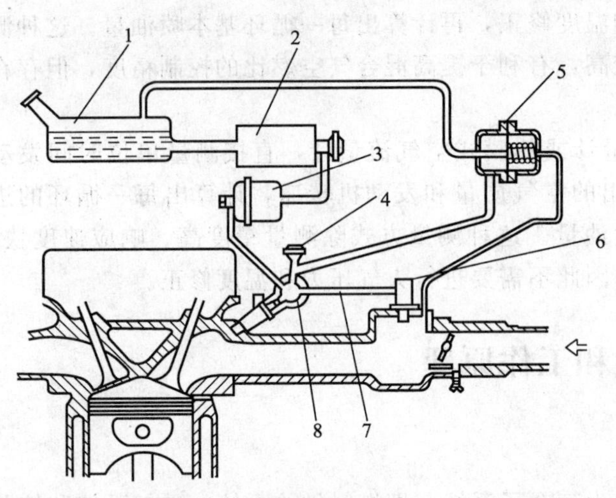

图 5-3 燃料供给系统示意图

1—燃油箱；2—燃油泵；3—燃油滤清器；4—脉动减振器；5—压力调节器；6—冷启动阀；7—输油管；8—喷油器

0.45MPa 时开启，使汽油回流到进油口，以防止油压过高损坏燃油泵。在出油口处装设单向阀，当发动机停机时，单向阀关闭，防止管路中的汽油倒流回燃油泵，借以保持管路中有一定的油压，目的是再启动发动机时比较容易。在电子控制的燃油喷射系统中，应用的电动燃油泵通常有两种类型，即滚柱式电动燃油泵和涡轮式电动燃油泵。

滚柱式电动燃油泵如图 5-5 所示。转子 1 偏心地安装在泵壳体 3 内，滚柱 2 装在转子的凹槽中。当转子旋转时，滚柱在离心力的作用下紧压在泵壳体的内表面上。同时在惯性力的作用下，滚柱总是与转子凹槽的一个侧面贴紧，从而形成若干个工作腔。在燃油泵工作过程中，进油口一侧的工作腔容积增大，成为低压吸油腔，汽油经进油口被吸入工作腔内。在出油口一侧的工作腔容积减小，成为高压压油腔，高压汽油从压油腔经出油口流出。

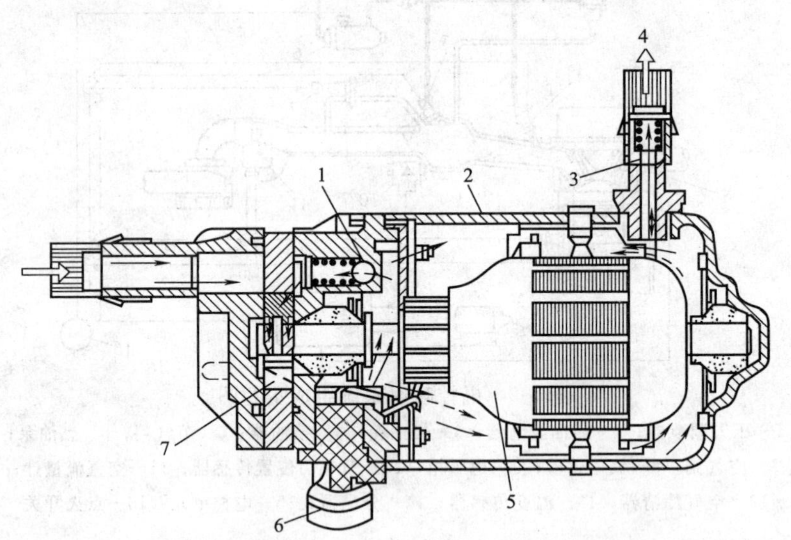

——→油液正常的流动路线；┈┈→溢流阀开启时的流动路线

图 5-4 电动燃油泵的结构

1—溢流阀；2—外壳；3—单向阀；4—出油口；5—永磁电动机；6—电连接器；7—泵体

滚柱式电动燃油泵运转时噪声大，油压脉动也大，而且泵壳体内表面和转子容易磨损。

近年来，越来越多的发动机采用涡轮式电动燃油泵，如图 5-6 所示。叶轮 3 是一个圆形平板，在平板的圆周上加工有小槽，形成泵油叶片。叶轮旋转时，小槽内的汽油随同叶轮一同高速旋转，由于离心力的作用，使出油口处油压增高，而在进油口处产生真空，从而使汽油从进油口吸入，从出油口排出。涡轮式电动燃油泵运转噪声小，油压脉动小，泵油压力高，叶片磨损小，使用寿命长。

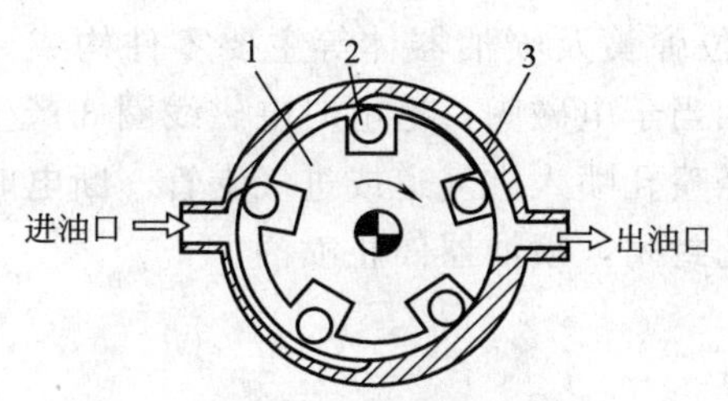

图 5-5 滚柱式电动燃油泵工作原理

1—转子；2—滚柱；3—泵壳体

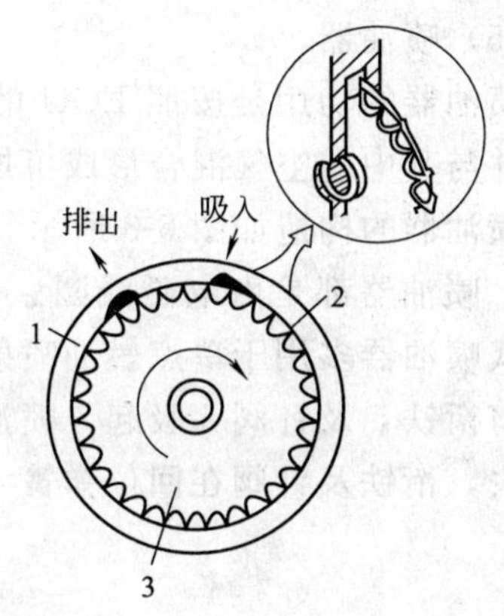

图 5-6 涡轮式电动燃油泵工作原理

1—壳体；2—叶轮叶片；3—叶轮

（3）燃油滤清器

燃油滤清器的作用是滤除汽油中的杂质。滤清器壳体内有一个纸质滤芯，滤芯的孔径平均为 10μm，以提高滤清效果。在维护时，应按规定的行驶里程更换燃油滤清器。

（4）燃油压力调节器

发动机 ECU 对喷油量的控制是通过控制喷油器电磁线圈通电时间的长短来实现的。当燃油系统的绝对油压和喷油器喷孔处的进气支管的空气压力差不为定值时，喷油器电磁线圈的通电时间尽管相同，但其喷油量却不相同。因此，燃油压力调节器的功用是使发动机在任何工况下，燃油系统的绝对油压和进气支管的空气压力之间的差值恒定不变，保证发动机 ECU 对喷油量的精确控制。燃油压力调节器的调节结果是使燃油系统的绝对油压，随进气支管空气压力的上升（负荷增加）而升高，随进气支管空气压力的下降（负荷减小）而降低，但两者之间的差值始终恒定不变，约为 250kPa（不同的电控燃油喷射系统有所不同）。

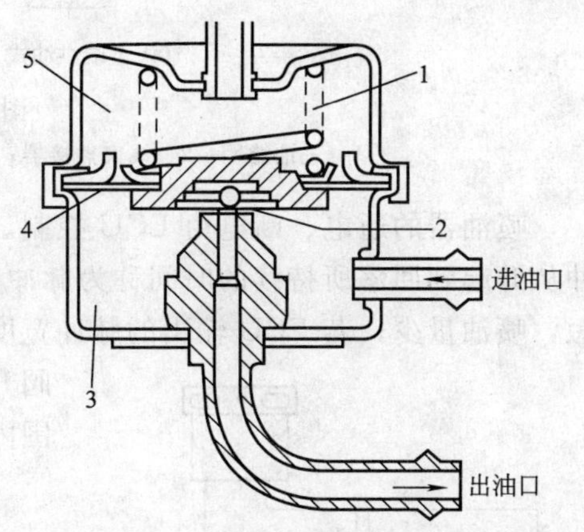

图 5-7 燃油压力调节器

1—弹簧；2—球阀；3—燃油室；4—膜片；5—弹簧室

燃油压力调节器的结构如图 5-7 所示，主要由壳体、膜片、回油阀和校正弹簧等组成。膜片将燃油压力调节器分隔成弹簧室和燃油室，膜片下端带有球阀，用以控制回油箱的回油口。弹簧室通过通气管与进气支管相通，用以感受进气支管压力变化。燃油压力调节器的入口与安装喷油器的管道相接，出口通过油管与燃油箱相通。当节气门后的进气管压力降低时（发动机负荷减小），膜片带动回油阀上移，使燃油系统的绝对油压更易顶开回油口（或开大回油口的通路），使燃油系统的绝对油压相应降低；当进气管压力增大时（发动机负荷增大），膜片带动回油阀下移，压紧回油口，使燃油系统的绝对油压上升到一定值时，才可能打开回油口，如此，使燃油系统的绝对油压上升。如此反复，燃油压力调节器使喷油器内油压和进气支管处空气压力差值保持恒定。当发动机停止工作时，在弹簧力作用下，回油阀关闭，使系统内保持一定的残余压力以利于发动机再启动。

(5) 喷油器

喷油器的功用是按照 ECU 的指令，将一定数量的汽油适时地喷入进气道或进气支管内，并与其中的空气混合形成可燃混合气。

喷油器的构造如图 5-8 所示。不论是上端供油式［图 5-8 (a)］还是侧面供油式［图 5-8 (b)］，喷油器都是由电磁线圈、衔铁、针阀、回位弹簧及喷油器体等主要零件构成。侧面供油式喷油器多用于单点燃油喷射系统。喷油器相当于电磁阀，通电时电磁线圈 3 产生电磁力，将衔铁 5 及针阀 6 吸起，喷油器开启，汽油经喷孔喷入进气道或进气支管。断电时电磁力消失，衔铁及针阀在回位弹簧 4 的作用下将喷孔封闭，喷油器停止喷油。

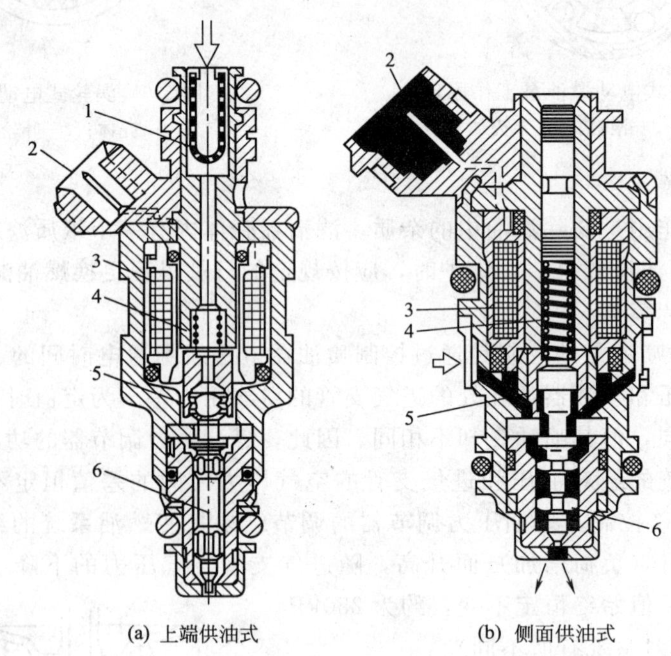

图 5-8 喷油器构造

1—进油滤网；2—线束插接器；3—电磁线圈；4—回位弹簧；5—衔铁；6—针阀

喷油器的通电、断电由 ECU 控制。ECU 以电脉冲的形式向喷油器输出控制电流。电脉冲从升起到回落所持续的时间称为脉冲宽度。若 ECU 输出的脉冲宽度小，则喷油持续时间短，喷油量少；若 ECU 输出的脉冲宽度长，则喷油持续时间长，喷油量多。一般喷油器针阀升程约为 0.1mm，而喷油持续时间在 2～10ms 范围内。

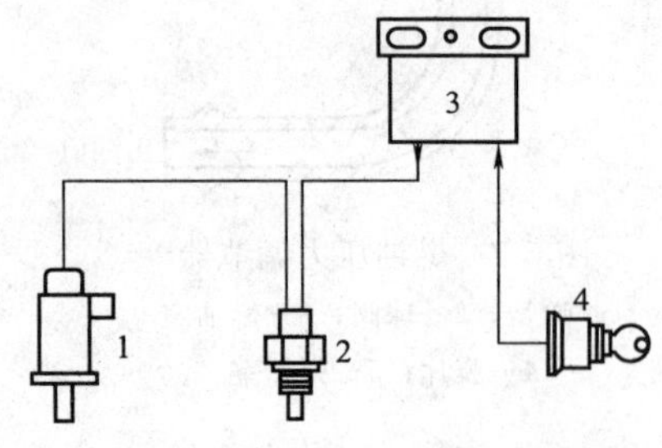

图 5-9 冷启动阀的控制电路

1—冷启动阀；2—温度-时间开关；3—启动继电器；4—点火开关

(6) 冷启动阀和温度-时间开关

冷启动阀作用是冷车启动时加浓，即在发动机低温下启动时，向进气管喷油，其喷油量由温度-时间开关控制，如图 5-9 所示。

低温（冷却液温度低于 303K）启动时，温度-时间开关控制冷启动阀电磁线圈形成电流回路，冷启动阀喷油；常温启动时，温度-时间开关关断冷启动阀电磁线圈电流回路，冷启动阀不喷油。

冷启动阀的结构与各缸喷油器相似，其结构如图 5-10 所示。

温度-时间开关安装在发动机冷却水道上，其作用是控制冷启动阀的喷油时间。温度-时间开关的结构如图 5-11 所示。

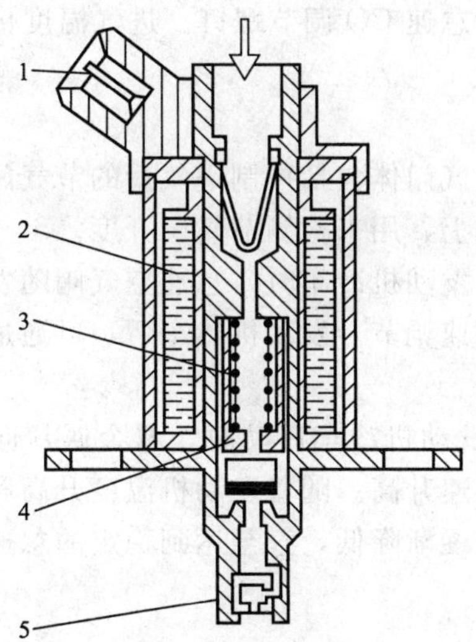

图 5-10 冷启动阀

1—电插头；2—电磁线圈；3—弹簧；4—阀门；5—旋流式喷嘴

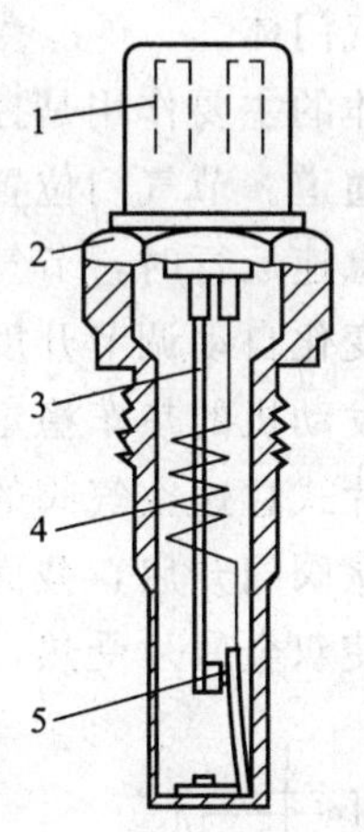

图 5-11 温度-时间开关

1—电插头；2—壳体；3—双金属片；4—加热线圈；5—接地触点

启动时的冷却液的温度越低，双金属片接地时间越长，喷油器喷油时间越长，直至加热线圈使双金属片受热变形后断开接地触点，冷启动阀停止喷油。冷却液温度在 253K 以下时，最大喷油时间为 7.5s，温度越高，最大喷油时间越短。冷却液温度高于 303K 时，由于双金属片接地触点保持断开状态，启动时冷启动阀不喷油。

5.2.3 进气系统

（1）进气系统的组成及工作过程

进气系统的组成如图 5-12 所示。空气经滤清器滤清后，由空气流量计进行检测，再通过节气门进入各缸进气支管。节气门由驾驶员通过操纵加速踏板，控制进气量的大小。在节气门旁通道上装有怠速空气阀，控制怠速时进气量的大小，从而实现怠速控制。

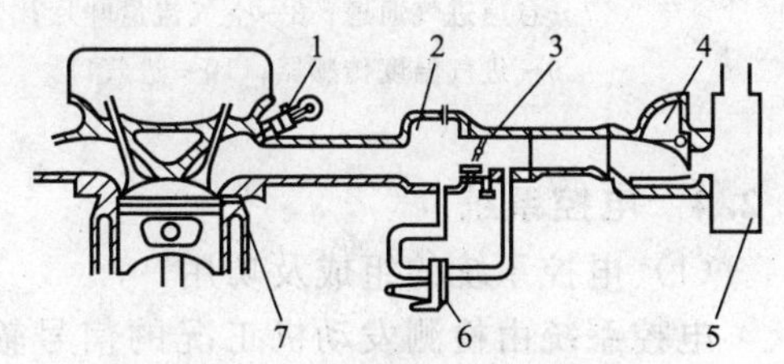

图 5-12 进气系统组成示意图

1—喷油器；2—稳压室；3—节气门体；4—空气流量计；5—空气滤清器；6—空气阀门；7—发动机

（2）空气流量计

空气流量计的功用是测量进入发动机的空气流量，并将测量的结果转换为电信号传输给 ECU。空气流量计有多种形式，常见的有叶片式、热线式、热膜式、旋涡式等。典型的叶片式空气流量计结构如图 5-13 所示。

空气流量计内腔的空气通道上装有空气流量计叶片，该叶片的偏转角随进气量的大小而变化。当进气量增加时，气流对叶片的作用力增加，叶片的转角增大，并与回位弹簧的作用力相平衡，使电位计向电控单元输出的电压信号相应增大。电控单元根据电位计输出的电压信号即可确定进气量的大小。

空气流量计中设有阻尼挡板，以克服进气管中压力波动造成的空气叶片振动。空气流量计叶片一侧还设有一个怠速进气通道，CO 调节螺钉可调节怠速进气通道内的空气流量，从而调节怠速工况下的混合气浓度，该调节螺钉又称为怠速 CO 调节螺钉。进气温度传感器安装在空气流量计的进气道上，用于检测进气温度。

（3）节气门体

节气门体的主要作用是控制发动机运行工况。节气门体包括控制进气量的节气门通道和怠速空气旁通道。节气门位置传感器安装在节气门轴上，用来检测节气门开度。

发动机怠速运行时，节气门处于完全关闭状态。发动机冷车时，怠速空气阀随发动机冷却液温度的变化自动调节开度截面，实现发动机快怠速调节。发动机热车后，可通过怠速调整螺钉调整发动机的热车稳定怠速。

双金属片式怠速空气阀的结构如图 5-14 所示。发动机冷车启动时，双金属片向下弯曲变形，使闸状阀门开启，截面增加，进气量增加，怠速升高。随着发动机温度升高和电流通过电热丝，使双金属片受热，缓缓将阀门关闭，怠速逐渐降低，直至达到稳定的怠速。

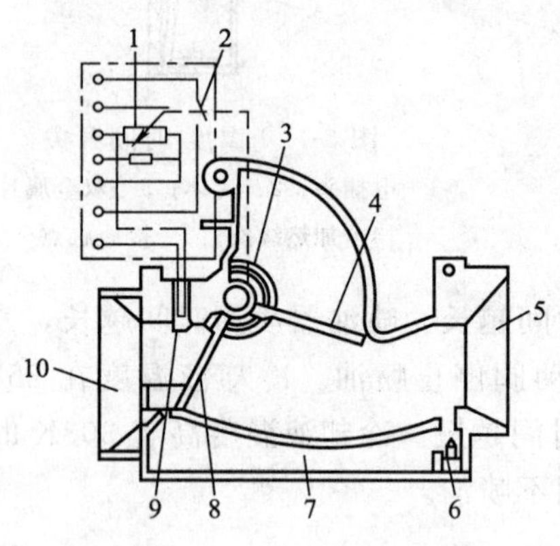

图 5-13　叶片式空气流量计

1—电位器；2—油泵开关；3—回位弹簧；4—阻尼挡板；5—出气口；6—CO 调节螺钉；7—怠速进气通道；8—空气流量叶片；9—进气温度传感器；10—进气口

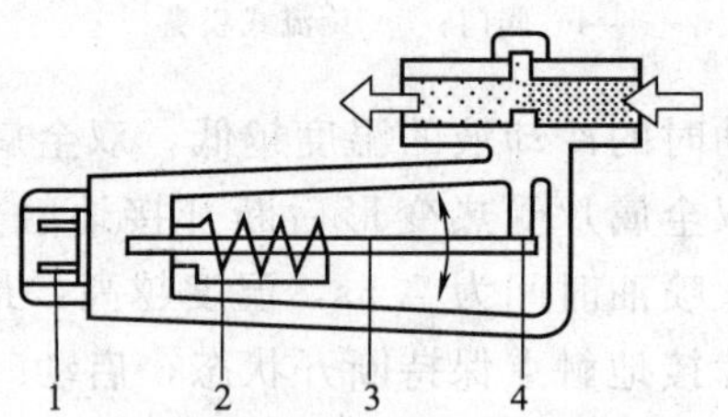

图 5-14　双金属片式怠速空气阀

1—电插头；2—电热丝；3—双金属片；4—闸状阀门

5.2.4　电控系统

（1）电控系统的组成及功用

电控系统由检测发动机工况的信号输入装置、电控单元和执行器三部分组成，如图 5-15 所示。

控制系统的功能，是根据发动机运转和车辆运行状况确定汽油最佳喷射量。供给发动机的汽油量，用喷油器的喷射时间来控制，喷油时间则由 ECU 进行计算和控制。检测发动机工况的传感器，有水温传感器、进气温度传感器、曲轴位置传感器、节气门位置传感器等。另外，还有检测车辆运行状况的传感器，如车速传感器、空调器开关等。

① 信号输入装置及输入信号　发动机电控系统的控制信号，主要是通过各种传感器或其他输入装置输入 ECU 的。

常见的发动机电控系统的传感器和输入信号主要有以下方面。

空气流量计：空气流量计测量发动机吸入的空气量，并将信号输入 ECU。ECU 将该信

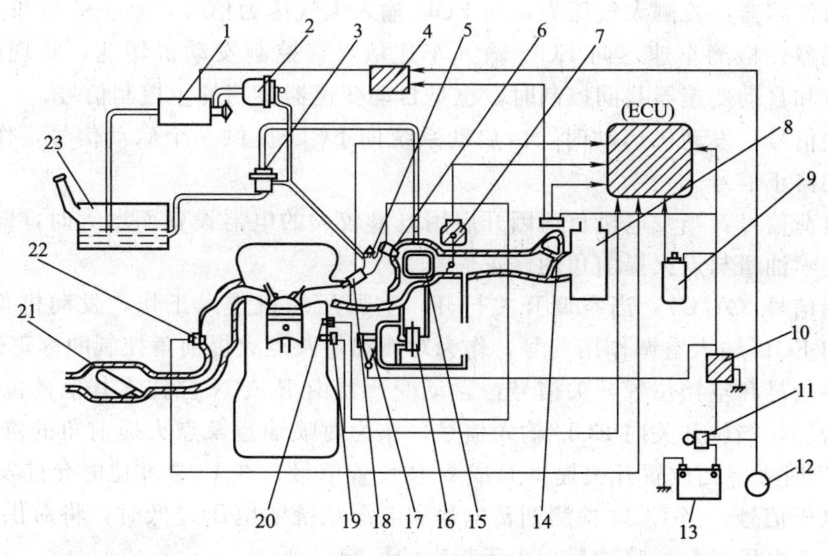

图 5-15 控制系统示意图

1—燃油泵；2—燃油滤清器；3—压力调节器；4—断路继电器；5—脉动减振器；6—低温启动喷油器；7—节流阀位置传感器；8—空气滤清器；9—点火线圈；10—主继电器；11—点火开关；12—启动装置；13—蓄电池；14—空气流量计；15—稳压箱；16—真空限制器；17—空气阀；18—喷油器；19—水温传感器；20—启动喷油器定时开关；21—催化剂转化器；22—氧传感器；23—燃油箱

号和发动机转速作为燃油喷射和点火控制的主控制信号。

进气支管绝对压力传感器：进气支管绝对压力传感器测量进气支管绝对压力（真空度），并将信号输入 ECU，ECU 将该信号和发动机转速作为燃油喷射和点火控制的主控制信号。

转速和曲轴位置传感器：曲轴位置传感器检测曲轴转角信号（转速信号），并输入 ECU，作为点火控制和燃油喷射的主控制信号。

凸轮轴位置传感器：凸轮轴位置传感器向 ECU 输入凸轮轴位置信号，是点火控制的主控制信号。

上止点位置传感器：上止点位置传感器向 ECU 提供一缸上止点位置信号，作为点火控制的主控制信号。

缸序判别传感器：缸序判别传感器向 ECU 提供各缸工作顺序信号，作为点火控制的主控制信号。

冷却水温度传感器：检测发动机冷却水温度，向 ECU 输入温度信号，作为燃油喷射和点火正时的修正信号，同时也是其他控制系统的控制信号。

进气温度传感器：检测进气温度，向 ECU 输入进气温度信号，作为燃油喷射和点火正时的修正信号。

节气门位置传感器：节气门位置传感器检测节气门的开度状态及节气门开、闭的速率信号，将其输入 ECU，控制燃油喷射及其他控制系统。

氧传感器：检测排气中氧的含量，向 ECU 输入空燃比的反馈信号，进行喷油量的闭环控制。

爆燃传感器：爆燃传感器向 ECU 输入爆燃信号，经 ECU 处理后，控制点火提前角，抑制爆燃产生。

大气压力传感器：检测大气压力，向 ECU 输入大气压力信号，修正喷油和点火控制。

车速传感器：检测车速，向 ECU 输入车速信号，控制发动机转速，实现超速断油控制。在发动机和自动变速器共同控制时，也是自动变速器换挡的主控制信号。

启动开关信号：发动机启动时，由启动系统向 ECU 提供一个启动信号，作为喷油量、点火提前角的修正信号。

发电机负荷信号：当发电机负荷因开启用电量较大的电器设备而增大时，向 ECU 输入此信号，作为喷油量与点火提前角的修正信号。

空调作用信号（A/C）：当空调开关打开，空调压缩机进入工作，发动机负荷加大时，由空调开关向 ECU 输入空调作用信号，作为对喷油量及点火提前角控制的修正信号。

挡位开关信号和空挡位置开关信号：自动变速器由 P 或 N 位挂入其他挡位时，发动机负荷将有所增加，挡位开关向 ECU 输入信号，作为对喷油量及点火提前角的修正信号。当挂入 P 或 N 位时，空挡位置开关提供 P 或 N 位位置信号，在 P 或 N 位时允许发动机启动。

蓄电池电压信号：当 ECU 检测到蓄电池和电源系统的电压过低时，将对供油量进行修正，以补偿由于电压过低，喷油量减少所带来的影响。

离合器开关信号：在离合器接合和分离过程中，由离合器开关向 ECU 输入离合器工作状态信号，作为喷油量及点火提前角控制的修正信号。

制动灯开关信号：在制动时，由制动灯开关向 ECU 提供制动信号，作为对喷油量、点火提前角、自动变速器等的控制信号。

动力转向开关信号：采用动力转向装置的汽车，当转向盘由中间位置向左右转动时，由于动力转向油泵工作而使发动机负荷加大，此时动力转向开关向 ECU 输入修正信号，调整喷油量及点火提前角。

EGR 阀位置传感器：EGR 阀位置传感器向 ECU 提供 EGR 阀的位置信号，以检测 EGR 阀动作是否正常。

巡航（定速）控制开关信号：当进入巡航控制状态时，由巡航控制开关向 ECU 输入巡航控制状态信号，由 ECU 对车速进行自动控制。

随着控制功能的扩展，输入信号也将不断增加。从上述所列传感器及输入信号中可以看出，发动机集中控制系统所用的传感器及输入信号有很多都是相同的。这就意味着在发动机集中控制系统中，可以减少大量的传感器数目，一个传感器或一个输入信号，可以多次重复使用，作为几个控制系统的输入信号。

② ECU 的功能　ECU 是一种电子综合控制装置，它所具备的基本功能如下。

接受传感器或其他装置输入的信息，给传感器提供 5V、8V、12V 参考（基准）电压等，将输入的信息转变为微型计算机所能接受的信号。

存储、计算、分析处理信息。存储计算所用的程序，存储该车型的特点参数，存储运算中的数据（随存随取），存储故障信息。

运算分析。根据信息参数求出执行命令数值，将输出的信息与标准值对比，查出故障。

输出执行命令。输出喷油、点火等控制命令，输出故障信息。

自我修正功能（自适应功能）。

在发动机电控系统中，ECU 不仅用来控制燃油喷射系统，同时还具有点火提前控制、怠速控制、排气控制、进气控制、自诊断、失效保护和备用控制系统等多项控制功能。

③ 执行器　执行器是受 ECU 控制，具体执行某项控制功能的装置。ECU 控制执行器

电磁线圈的搭铁回路，或控制某些电子控制电路，如电子点火控制器等。

在发动机电控系统中，执行器主要有下列各种形式：电磁式喷油器，点火控制器（点火模块），怠速控制阀、怠速电动机，EGR阀，进气控制阀，二次空气喷射阀，活性炭罐排泄电磁阀，车速控制电磁阀，燃油泵继电器，冷却风扇继电器，空调压缩机继电器，自动变速器挡位电磁阀，增压器释压电磁阀，自诊断显示与报警装置，故障备用程序启动装置，仪表显示器等。

（2）控制原理

如图5-16所示电控单元首先从模数转换器读取进气支管真空度、冷却水温度、进气温度、蓄电池电压等信息。然后将这些信息与存储器中预置好的信息进行比较，进而确定了在这种状态下发动机所需的油量和点火提前时间。预先存储在存储器内的信息是由发动机优化数据实验获得的。一般来讲，进气支管真空度（或进气流量）是主参数，由它可以确定在此工况下的基本燃油供给量和基本的点火正时时刻；其他几个参数都对基本量起修正作用，如冷却水温度修正、进气温度修正、蓄电池电压修正、节流阀瞬变（加减速）修正、排气含氧量修正等。其中，排气含氧量修正的目标是将混合气空燃比控制在理想空燃比的狭小区域内，确保三元催化的顺利进行，达到使排气污染降至最低限度。另外，还有一些与运行时间有关的修正，如暖机修正。电控单元可以记住从启动到暖机的时间，依据时间的长短来确定对燃油供给量的修正量。

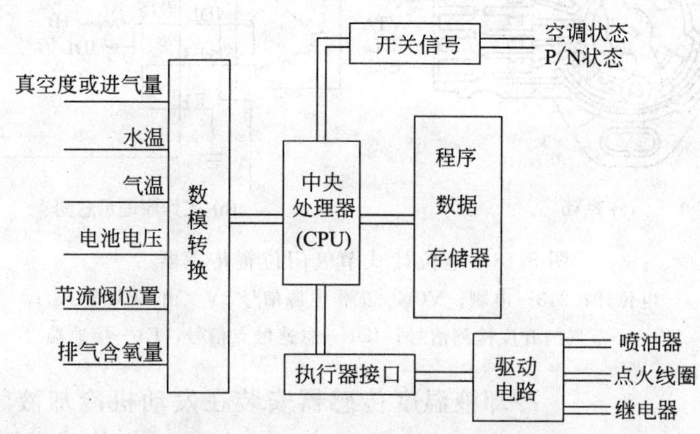

图5-16 电控汽油喷射系统工作原理

（3）节气门位置传感器（TPS）

节气门位置传感器的作用是检测节气门的开度，其结构与工作原理如图5-17所示。

开关式节气门位置传感器又称节气门开关，主要由活动触点、怠速触点、全负荷（功率）触点等部分组成。活动触点可在导向凸轮槽导轨内移动，导向凸轮由固定在节气门轴上的控制杆驱动，随节气门轴一起转动。当节气门关闭时，活动触点与怠速触点接触，检测出发动机处于怠速状态；节气门完全开启时，活动触点与全负荷触点接触，检测出发动机处于全负荷状态；节气门部分开启时，活动触点既不跟怠速触点接触，也不跟全负荷触点接触，表明发动机处于部分负荷状态。

电位计式节气门位置传感器的结构如图5-18所示。

其特点是，活动触点作为节气门位置检测信号（VTA），其检测输出电压信号随节气门开度线性增加。该种形式的传感器广泛用于其他类型的电子燃油喷射系统中。

（4）冷却液温度传感器和进气温度传感器

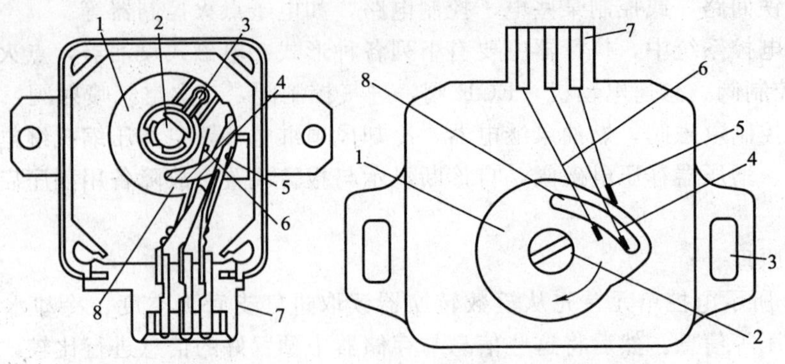

(a) 节气门位置传感器结构　　(b) 工作示意图

图 5-17　开关式节气门位置传感器

1—导向凸轮；2—节气门轴；3—控制杆；4—活动触点；5—怠速触点；6—全负荷触点；7—导线插头；8—导向凸轮槽

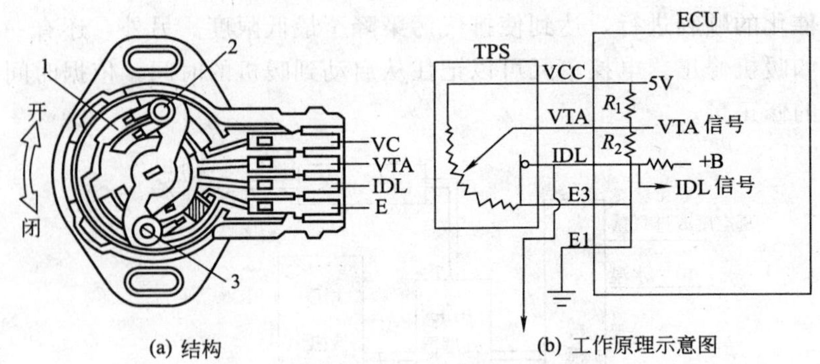

(a) 结构　　(b) 工作原理示意图

图 5-18　电位计式节气门位置传感器

1—电位计；2,3—电刷；VCC—工作电源信号 5V（由 ECU 输入）；VTA—节气门开度检测信号；IDL—怠速触点信号；E1—接地端

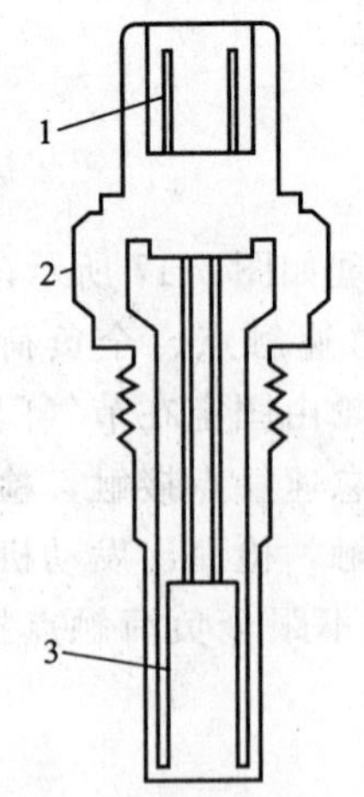

图 5-19　冷却液温度传感器

1—电插头；2—外壳；3—负温度系数热敏电阻

冷却液温度传感器安装在发动机冷却液管道上，其作用是检测发动机冷却液温度。冷却液温度传感器的结构如图 5-19 所示。利用负温度系数热敏电阻的阻值随温度变化的特性，即阻值随温度升高而降低的特性，检测发动机冷却液温度。

进气温度传感器安装在空气流量计的进气管道上，其作用是检测发动机进气温度，其结构和工作原理与冷却液温度传感器相似。

（5）氧传感器

氧传感器安装在发动机排气管上，用于检测排气中氧的浓度，作为电控单元进行空燃比反馈控制的输入信号。氧传感器的结构如图 5-20 所示。

它主要由二氧化锆（ZrO_2）固态电解质制成的锆管、铂电极、保护套和加热元件等组成。锆管固定在带有安装螺纹的固定套中，其内侧与大气相通，外侧与废气相通。锆管内外表面

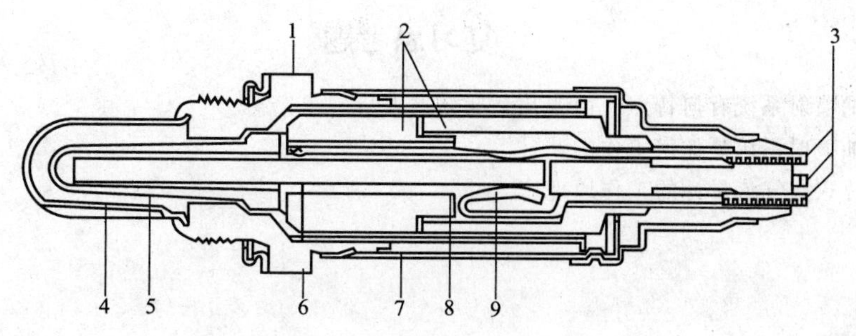

图 5-20 加热型氧传感器

1—外壳；2—陶瓷保护管；3—导线插头；4—保护管；
5—二氧化锆（ZrO_2）固态电解质锆管；6—传感器检测信号输出引线；
7—保护外套；8—加热元件；9—加热元件引线夹子

覆盖着一层多孔性的铂膜作电极，在锆管铂膜外表面覆盖着一层多孔陶瓷。

氧传感器的工作原理如图 5-21（a）所示。二氧化锆在高温下（573～1123K）可以使氧气发生电离，成氧离子并在其内部传导，当混合气浓（$\alpha<1$）时，排气中的含氧量少，同时伴有未完全燃烧的 CO、HC、H_2 等成分，在铂的催化作用下与氧发生反应，使锆管外侧的氧气浓度变为零，两极间产生 800～1000mV 的电压；当混合气稀（$\alpha>1$）时，排气中含氧多，使锆管内外两侧的氧气浓度差小，两极间产生 100mV 的较小的电压；当混合气浓度为理论空燃比（$\alpha=1$）时，两极间产生的传感器电压发生突变。氧传感器输出电压随空燃比变化的特性如图 5-21（b）所示。

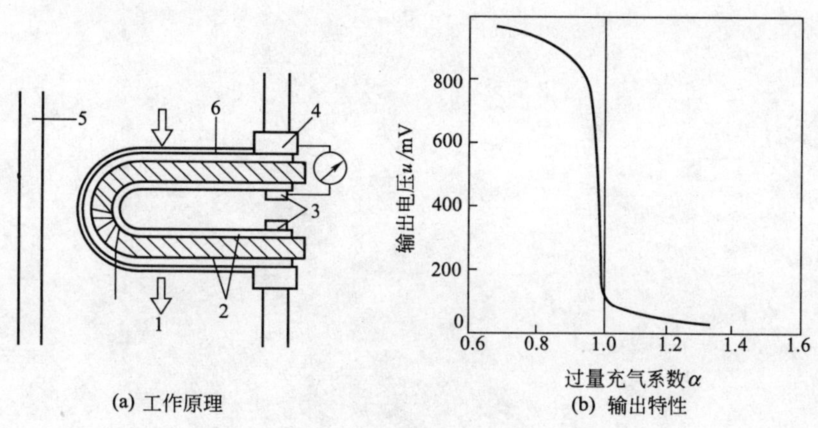

(a) 工作原理　(b) 输出特性

图 5-21 氧传感器的工作原理和输出特性

1—氧传感器检测元件；2—铂电极；3，4—接触元件；5—排气管；6—保护套

对于安装氧传感器的发动机应使用无铅汽油，以免造成氧传感器中毒失效。加热元件由蓄电池供电，以加热锆管使氧传感器处于最佳工作温度。

（6）电控单元

电控单元是一个微型计算机，内有集成电路以及其他精密电子元件和印制电路。电路中有触发器、分频器、单稳态电路和累加器等组成的脉冲形成器、脉冲分配器、多谐振荡器等功能组件。整个电控单元装在一个金属壳内，可以防水和防热辐射，但其使用温度不应超过 353K，否则会影响电控部件的功能。

复习思考题

1. 电控燃油喷射系统有何特点？由哪几个部分组成？
2. 电控燃油喷射系统是如何工作的？
3. 试述叶片式空气流量计的工作原理。

第6章 柴油机燃料供给系统

学习要求

1. 掌握柴油机燃料供给系统的功用与组成；
2. 掌握柴油机可燃混合气的形成与燃烧室的组成；
3. 掌握喷油器、喷油泵、调速器、输油泵的结构与原理；
4. 掌握柴油机混合气的形成特点以及各种燃烧室的特点及应用；
5. 了解电控柴油喷射系统的结构。

6.1 概述

6.1.1 柴油的性能

在石油蒸馏过程中，温度在200～350℃之间的馏分即为柴油。柴油分为轻柴油和重柴油。轻柴油用于高速柴油机，重柴油用于中、低速柴油机。汽车柴油机均为高速柴油机，所以使用轻柴油。柴油对柴油机性能有重要影响的性能指标如下。

（1）十六烷值

十六烷值是评定柴油自燃性好坏的指标，直接影响柴油机工作的粗暴性和启动性。自燃性好的燃料，着火落后期短，在着火落后期内形成混合气少，着火后压力升高速度低，工作柔和。而且，对于自燃性好的燃料，冷启动性能也得到改善。

十六烷值过高过低，对燃烧都不利。十六烷值过高，燃料分子量加大，使燃油蒸发性变差、黏度增加，导致燃烧不完全，经济性变差，排气冒黑烟。十六烷值太低，使柴油机工作粗暴，难启动。一般高速柴油机采用十六烷值为40～50的柴油，低速柴油机则采用十六烷值为30～40的柴油。

（2）馏程

馏程是表示柴油蒸发性的指标，用燃料馏出某一百分比的温度范围来表示。燃油馏出50%的温度低，说明轻馏分多，蒸发性好，易于形成可燃混合气。90%和95%馏出温度标志柴油中所含重质成分的数量。90%和95%馏出温度高，标志着柴油中难蒸发的重馏分多，混合气形成困难，燃烧不及时、不完全。所以高速柴油机使用轻馏分多的柴油。但轻馏分过多时，柴油机工作粗暴。

（3）黏度

黏度是衡量燃油流动性的尺度，它影响着柴油的喷雾质量。当其他条件相同时，黏度越大，雾化质量越差，燃油越不易与空气均匀混合，使燃烧不完全，燃油消耗率增加，排气冒烟。可是，由于喷油泵柱塞偶件用柴油润滑，所以柴油应具有一定的黏度。柴油黏度过低时，柱塞偶件磨损加大，通过柱塞副的燃油泄漏也会增大。

（4）凝点

凝点是用来评价柴油低温流动性的，指柴油失去流动性开始凝结的温度。燃油凝点高低，影响到燃油在内燃机中的正常使用和储运过程，因而是商品燃油的一个重要参数。我国柴油的牌号是以其凝点不同进行编定的。根据国标 GB 252—2000 规定，轻柴油按凝点不同分为 10 号、0 号、－10 号、－20 号、－35 号五级，其凝点分别不高于 10℃、0℃、－10℃、－20℃、－35℃。选用柴油时，应按最低环境温度高出凝点 5℃以上。

6.1.2 柴油机燃料供给系统的功用及组成

柴油机燃料供给系统的功用是完成燃料的储存、滤清和输送工作，将燃料按照柴油机各种不同工况的要求，定时、定量、定压并以一定的喷油质量喷入燃烧室，使其与空气迅速而良好地混合和燃烧，最后使废气排入大气。由于汽缸内柴油的燃烧放热规律在一定程度上决定于供油规律，所以柴油机的经济性、噪声以及排气烟度等，都与燃料供给有关。

柴油机燃料供给系统由燃油供给装置、空气供给装置、混合气形成装置及废气排出装置四部分组成，图 6-1 是常见的一种汽车柴油机燃油供给系统简图。

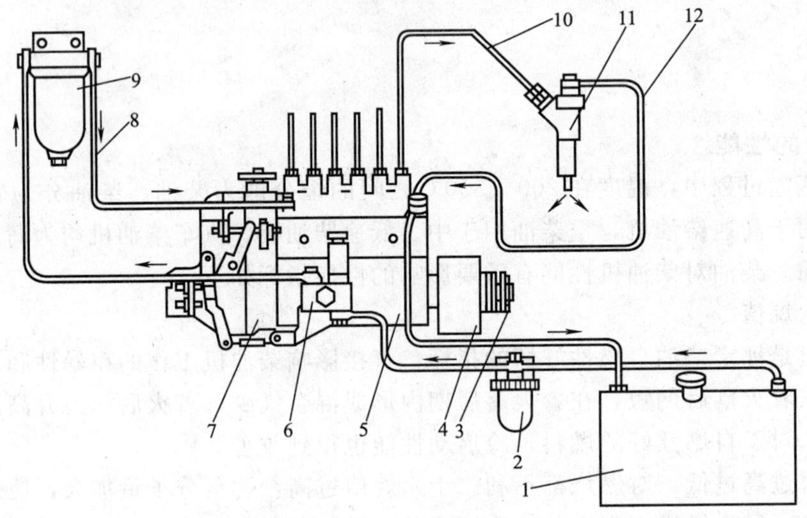

图 6-1　柴油供给系统示意图

1—燃油箱；2—粗滤器；3—连接器；4—自动供油提前器；5—喷油泵；6—输油泵；7—调速器；8—低压油管；9—细滤器；10—高压油管；11—喷油器；12—回油管

燃油供给装置由燃油箱、输油泵、低压油管、滤清器、喷油泵、高压油管、喷油器及回油管等组成；空气供给装置由空气滤清器、进气管等组成，有的柴油机还装有增压器；混合气形成场所为燃烧室；废气排出装置由排气管及排气消声器等组成。

为了保证柴油机可靠并稳定地运转，系统还装有与喷油泵组成一体的调速器，来自动调节燃油的供给量。在车用柴油机的喷油泵传动轴上，大都装有喷油角度自动提前器。在增压柴油机的喷油泵上，还组装了烟度补偿器。

整个系统由低压油路（燃油箱 1、输油泵 6、细滤器 9 及低压油管）、高压油路（喷油泵 5、高压油管 10、喷油器 11）和调节系统（离心式调速器 7、自动供油提前器 4）组成。其核心部分是高压油路所组成的喷油系统，人们也把这种传统的燃油供给系统称为泵-管-嘴系统。燃油箱 1 储有经过沉淀和滤清的柴油。输油泵 6 将燃油箱内的柴油吸入并泵出，经柴油细滤器 9 滤去杂质后，进入喷油泵 5。自喷油泵输出的高压柴油经高压油管 10 进入喷油器

11，并被喷油器呈雾状喷入燃烧室，与空气混合形成可燃混合气。由于输油泵的供油量比喷油泵供油量大得多，过量的柴油便经回油管 12 流回到燃油箱。

从燃油箱到喷油泵入口的这段油路中的油压是由输油泵建立的，而输油泵的出油压力一般为 0.15～0.3MPa，故这段油路称为低压油路，只用以向喷油泵供给滤清的燃油。从喷油泵到喷油器这段油路中的油压是由喷油泵建立的，一般在 10MPa 以上，故称此段油路为高压油路。

6.2 可燃混合气的形成与燃烧室

6.2.1 可燃混合气的形成与燃烧过程

（1）混合气的形成方法

柴油机的可燃混合气混合主要有三种方法：空间雾化混合方式，油膜蒸发混合方式，复合式。

空间雾化混合方式是将柴油喷向燃烧室的空间，形成雾状的混合物，再在空间中形成混合气，为了使混合物分布均匀，要求喷出一个或数个油束与燃烧室的形状配合，并利用燃烧室的空气促进混合；油膜蒸发混合方式是将柴油喷向球形油膜燃烧室的壁面上，在强烈的空气涡流作用下，燃油的大部分（95%）形成油膜，由于油束贯穿空气和室壁的反射，必然有少量油粒（5%）悬浮在空间，形成着火源，油膜在空间火源的热能作用下，逐层蒸发、逐层卷走、逐层燃烧，产生了燃气涡流，其燃烧速度是前期慢、后期快，使燃烧过程加速进行到终点；复合式即空间雾化混合燃烧和油膜蒸发混合燃烧混合使用，低速时以前者为主，高速时以后者为主。目前，多数柴油机仍以空间雾化混合为主，仅球形燃烧室以油膜蒸发混合为主。

（2）混合气的形成和燃烧

柴油机的可燃混合气形成与燃烧的条件比汽油机差得多。混合气形成的时间极短，只占 15°～35°曲轴转角。燃烧室各处的混合气成分很不均匀，且随时间而变化。虽然柴油机的平均过量空气系数大于 1，但是在燃烧室内仍然有的地方混合气过浓，燃烧不完全；有的地方混合气过稀，空气得不到充分利用。

图 6-2 表示在柴油机压缩和做功行程中，汽缸内压力 p 随曲轴转角 θ 变化的关系曲线。当曲轴转到相应于上止点前的 O 点的位置时，喷油泵开始供油，随着供油压力急剧升高，当转到 A 点的位置时，喷油器开始喷油。O 点与上止点之间的曲轴转角称为供油提前角，A 点与上止点之间的曲轴转角称为喷油提前角。喷入汽缸内的柴油要在曲轴已转到相应于 B 点的位置时，才开始发火燃烧。

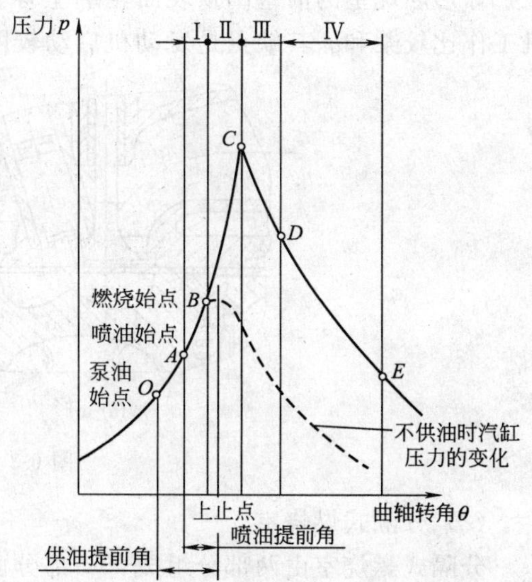

图 6-2 汽缸压力与曲轴转角的关系

Ⅰ—备燃期；Ⅱ—速燃期；

Ⅲ—缓燃期；Ⅳ—后燃期

通常将混合气的形成与燃烧过程按曲轴转角划分为四个阶段。

备燃期：指喷油始点 A 与燃烧始点 B 之间

的时间间隔。在此期间，喷入汽缸的雾状柴油从汽缸内的高温空气吸热、蒸发、扩散，与空气混合。

速燃期：指 B、C 两点间的时间间隔。自 B 点起，火焰自火源向四周迅速传播，燃烧速度迅速增加，急剧放热，使燃烧室内的温度和压力迅速上升，直至压力达到 C 点所表示的最高值为止。

缓燃期：指从最高压力点 C 起到最高温度点 D 止的时间间隔。在此阶段，燃气温度继续升高，燃烧速度越来越慢。喷油过程一般在缓燃期内结束。

后燃期：指从 D 点起直至燃烧停止时的正点的时间间隔。在此期间，压力和温度均降低。

为了改善柴油机混合气的形成条件，除了选用十六烷值较高的柴油外，一般柴油机都采用较高的压缩比（15～20），其目的在于提高汽缸内空气温度，促进柴油更好地燃烧。

6.2.2 柴油机燃烧室

柴油机的燃烧室按其结构形式可分为统一式燃烧室和分隔式燃烧室两大类。

（1）统一式燃烧室

统一式燃烧室常见的结构形式如图 6-3 所示，燃烧室是由凹形活塞顶与汽缸盖底面所围成的一个内腔。采用这种燃烧室的发动机，燃油自喷油器直接喷射到燃烧室中，借喷出油柱的形状和燃烧室形状的匹配，以及室内的空气涡流运动，迅速形成混合气。此种燃烧室又称为直接喷射式燃烧室。常见的有 ω 形和球形两种形式。ω 形燃烧室的活塞凹顶剖面轮廓呈 ω 形［图 6-3（a）］。这种燃烧室要求喷油压力较高，一般为 17～22MPa，并应采用小孔径的多孔喷油器，以使喷柱形状与燃烧室形状大致相符。

ω 形燃烧室形状简单，易于加工；结构紧凑、散热面积小、热效率高；启动性能好。其缺点是：所要求的喷油压力高，对喷油泵和喷油器中配合偶件加工精度要求较高，多孔喷油器的喷孔直径小，易堵塞；发动机工作比较粗暴。

球形燃烧室的活塞凹顶表面轮廓呈球形［图 6-3（b）］。采用单孔或双孔喷油器，发动机工作比较柔和。其缺点是发动机启动较困难。

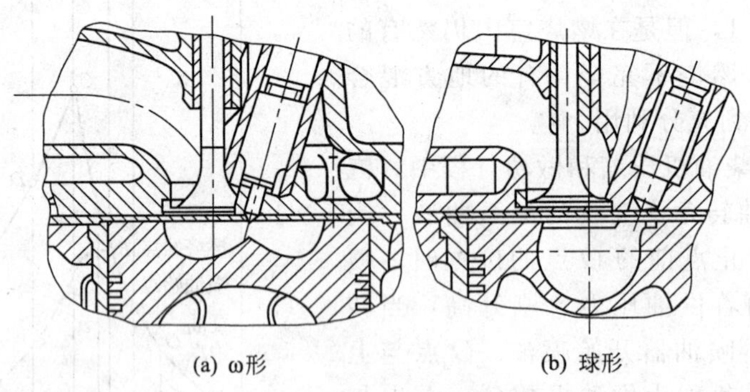

(a) ω形　　(b) 球形

图 6-3　统一式燃烧室

（2）分隔式燃烧室

分隔式燃烧室由两部分组成，一部分由活塞顶与缸盖底面围成，称为主燃烧室；另一部分在汽缸盖中，称为副燃烧室。主、副燃烧室之间由一个或几个孔道相连通。分隔式燃烧室的常见形式有涡流室式燃烧室和预燃室式燃烧室。

① 涡流室式燃烧室［图 6-4（a）］　涡流室式燃烧室的副燃烧室呈球形或圆柱形，借与

其内壁相切的孔道与主燃烧室连通，在压缩行程中，空气从汽缸被挤入涡流室时形成强烈的有规则的涡流。喷入涡流室的燃油通过这种强烈的涡流与空气迅速地完成混合。大部分燃油在涡流室内燃烧，未燃部分在做功行程初期与高压燃气一起通过切向孔道喷入主燃烧室，进一步与空气混合燃烧。

② 预燃室式燃烧室［图 6-4（b）］ 预燃室式燃烧室连通预燃室与主燃烧室的孔道直径较小，在压缩行程中空气从汽缸进入预燃室时产生无规则的紊流运动。喷入的燃油依靠空气紊流的扰动与空气初步混合，并有小部分燃油在预燃室内开始燃烧，使预燃室内气压急剧升高，未燃烧的大部分燃油连同燃气高速喷入主燃烧室。此时由于窄小孔道的节流作用，在燃烧室中产生涡流，使燃油进一步雾化并与空气混合实现完全燃烧。

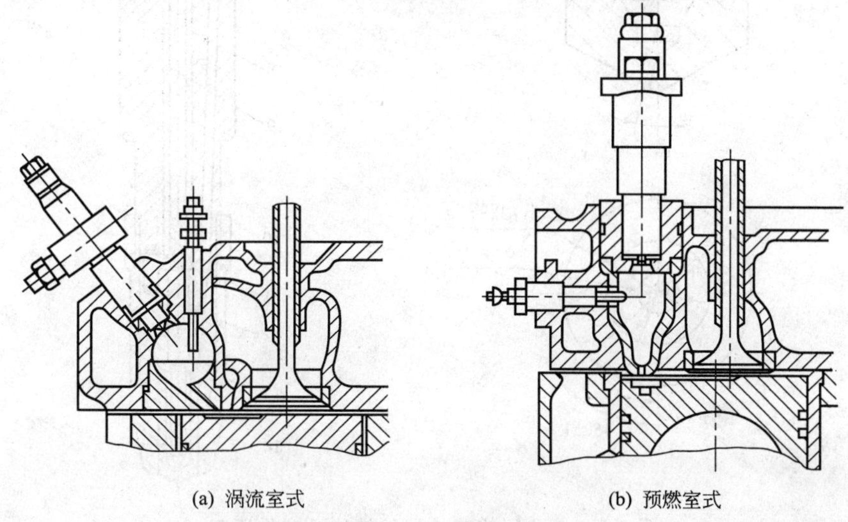

(a) 涡流室式　　(b) 预燃室式

图 6-4　分隔式燃烧室

分隔式燃烧室的优点是：混合气的形成主要通过强烈的空气运动，对喷油系统要求不高，即可采用喷油压力较低（12～14MPa）的轴针式喷油器，在使用中其故障较少；发动机工作较平稳，排气污染少。分隔式燃烧室的缺点是：散热面积大，热效率低，经济性较差，启动性差。

6.3　喷油器与喷油泵

6.3.1　喷油器

喷油器的功用是把柴油雾化成细小的颗粒，并分布到燃烧室中。对喷油器的要求是：应具有一定的喷射压力和射程，以及合适的喷射锥角；在规定的停止喷油时刻应立即切断燃油的供给，不发生滴油现象。

常见的喷油器有孔式和轴针式两种形式。

（1）孔式喷油器

孔式喷油器主要用于具有直接喷射燃烧室的柴油机。喷油孔的数目范围一般为 1～8 个，喷油孔直径为 0.2～0.8mm。

双孔闭式喷油器的结构及工作原理如图 6-5 所示，其喷油孔直径为 0.42mm，喷油压力

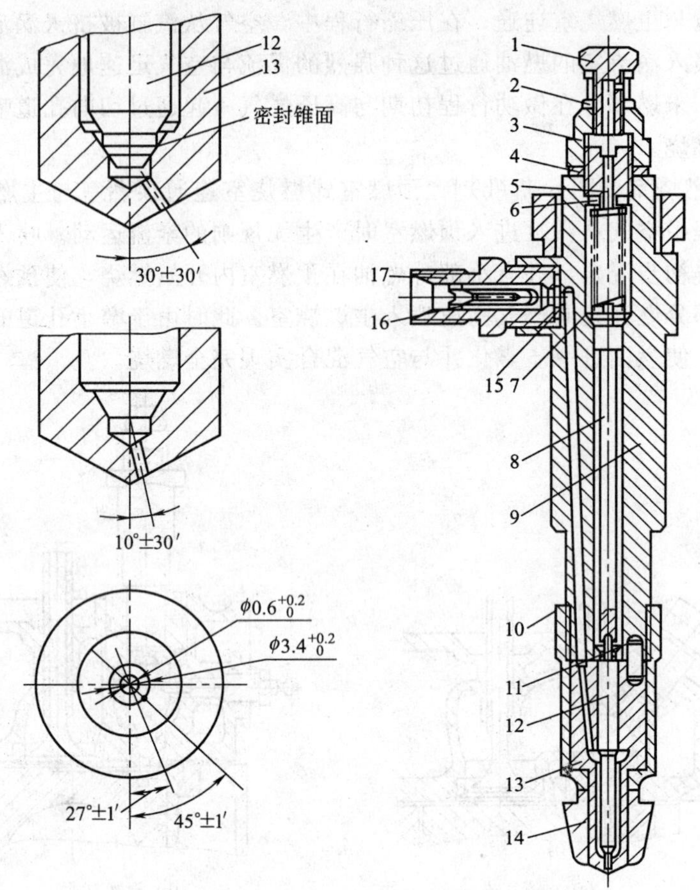

图 6-5　双孔闭式喷油器的结构及工作原理

1—回油管螺栓；2—回油管衬垫；3—调压螺钉护帽；4—调压螺钉垫圈；5—调压螺钉；6—调压弹簧垫圈；7—调压弹簧；8—顶杆；9—喷油器体；10—紧固螺套；11—定位销；12—针阀；13—针阀体；14—喷油器锥体；15—进油管接头衬垫；16—滤芯；17—进油管接头

为 17.5MPa。该喷油器由针阀 12、针阀体 13、顶杆 8、调压弹簧 7、调压螺钉 5 及喷油器体 9 等零件组成。其中最关键的零件是针阀和针阀体，两者合称针阀偶件。针阀上部的圆柱表面同针阀体的相应内圆柱面为高精度的间隙配合，配合间隙为 0.002～0.003mm。此间隙过大则易发生漏油而使油压下降，影响喷雾质量；间隙过小时，针阀将不能自由滑动。针阀中部的锥面全都露出在针阀体的环形油腔中，用以承受油压，称为承压锥面。针阀下端的锥面与针阀体上相应的内锥面配合，以实现喷油器内腔的密封，称为密封锥面。针阀偶件经过选配和研磨以保证其配合精度，在维修过程中针阀偶件不能互换。

装在喷油器体上部的调压弹簧通过顶杆使针阀紧压在针阀体的密封锥面上，将喷油孔关闭。由喷油泵输出的高压柴油从进油管接头 17 经过喷油器体与针阀体中的孔道进入针阀中部周围的环状空间。油压作用在针阀的承压锥面上，造成一个向上的轴向推力，当此推力克服了调压弹簧的预紧力以及针阀与针阀体间的摩擦力后，针阀即上移而打开喷油孔，高压柴油便从针阀体下端的两个喷油孔喷出。当喷油泵停止供油时，由于油压迅速下降，针阀在调压弹簧作用下及时回位，将喷油孔关闭。喷射开始时的喷油压力取决于调压弹簧的预紧力，其预紧力用调压螺钉调节。

在喷油器工作期间，有少量柴油从针阀体与针阀之间的间隙渗出。这部分柴油对针阀起润滑作用，并沿顶杆周围的空隙上升，通过回油管螺栓 1 上的孔进入回油管，流回燃油箱。

喷油器用两个固定螺钉固定在汽缸盖上的喷油器孔座内，用铜制的喷油器锥体 14 密封，防止汽缸漏气。

在拆去喷油器后，为防止污物进入喷油器，应将进油管接头处和针阀体端部用防污套罩上。

(2) 轴针式喷油器

轴针式喷油器的工作原理与孔式喷油器相同。在构造上与孔式喷油器不同之处是，轴针式喷油器针阀下端的密封锥面以下还延伸出一个轴针，其形状呈倒锥形或圆柱形（图 6-6）。轴针伸出喷油孔外，使喷油孔呈圆环状的狭缝。喷油时喷柱呈空心的锥状或柱形。

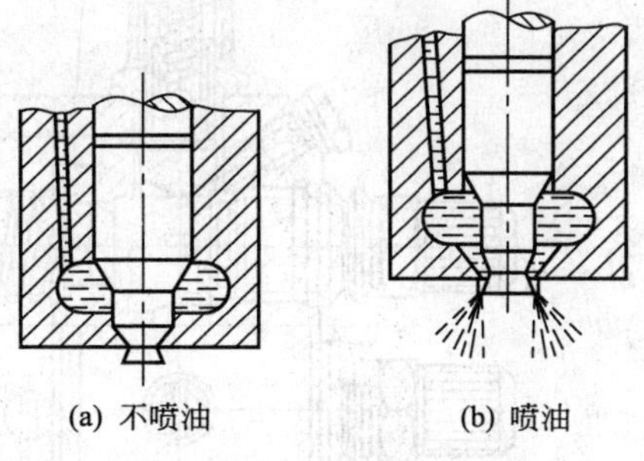

图 6-6　轴针式喷油器的喷油情况

常见的轴针式喷油器只有一个喷油孔。由于喷油孔直径较大，孔内有轴针上下运动，使喷油孔不易形成积炭，而且还能自行清除积炭。

轴针式喷油器孔径较大（1～3mm），需要的喷油压力较低（12～14MPa），所以加工比较容易。它主要适用于对喷雾质量要求不高的涡流室式燃烧室和预燃室式燃烧室。

6.3.2 喷油泵

喷油泵的功用是定时定量地向喷油器输送高压燃油，以满足柴油机在各种工况下对燃油的要求。多缸柴油机的喷油泵应保证：各缸的供油次序符合所要求的发动机的点火次序；各缸供油均匀，不均匀度在标定工况下不大于 3%～4%；各缸的供油提前角一致。为避免喷油器的滴油现象，喷油泵必须保证供油停止迅速。

喷油泵种类很多，在汽车用柴油机上得到广泛应用的有柱塞式喷油泵和转子分配式喷油泵，此外，还有泵-喷油器等。

柱塞式喷油泵因其性能良好，工作可靠，目前被大多数汽车用柴油机所采用。我国生产的几种车用柱塞式喷油泵为Ⅰ、Ⅱ、Ⅲ和 A、B、P、Z 等系列。

国产Ⅰ、Ⅱ、Ⅲ号系列喷油泵的结构大致相同，也由分泵、油量调节机构和泵体几部分组成。它们具有以下特点：泵体为上、下分开的组合式，拆装和维修方便；油量调节机构为拨叉式，加工简单；滚轮传动机构的高度采用垫块调整，使用方便，寿命长；结构紧凑，体积小，重量轻，零件数目少，通用性和互换性较好。

(1) 柱塞式喷油泵的基本结构和工作原理

Ⅱ号喷油泵的总体构造如图 6-7 所示，主要由柱塞分泵、油量调节机构、分泵驱动机构、泵体四部分组成。

① 柱塞分泵　在多缸柴油机上，柱塞分泵的数量与缸数相等且每组相同。将各分泵组装在同一泵体中，共用一根凸轮轴驱动，并对其供油量进行统一调节，即构成喷油泵总成。分泵（图 6-7）主要由柱塞偶件 7 和 8、柱塞弹簧 18、弹簧座 19、出油阀偶件 12 和 10、出油阀弹簧 15、减容体 14、出油阀压紧座 13 等组成。

a. 柱塞偶件　如图 6-7 所示，柱塞偶件由柱塞和柱塞套筒组成。柱塞套筒装于泵体座孔内固定不动，由凸轮轴凸轮驱动，在柱塞套筒内上下往复运动，此外它还可以绕本身轴线在一定角度内转动，以达到泵油和调节供油量的目的。如图 6-8 所示，柱塞头部铣有斜槽（直

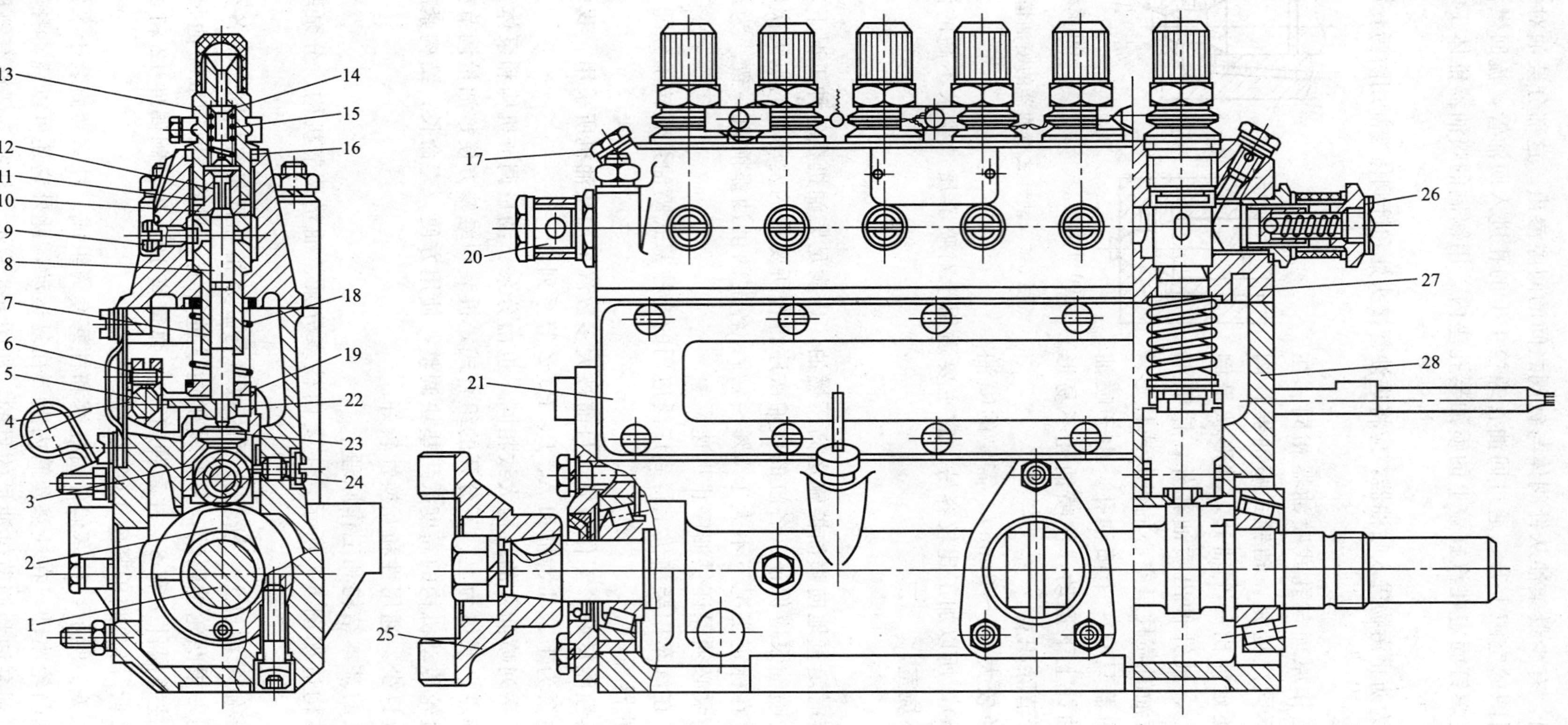

图 6-7　喷油泵组成结构

1—凸轮轴；2—凸轮；3—滚轮架部件；4—调节叉；5—调节拉杆；6—紧固螺钉；7—柱塞套筒；8—柱塞；9—柱塞套筒定位螺钉；10—出油阀座；11—压紧垫片；12—出油阀；13—出油阀压紧座；14—减容体；15—出油阀弹簧；16—低压密封垫圈；17—放气螺钉；18—柱塞弹簧；19—弹簧座；20—进油管接头；21—侧盖；22—调节臂；23—调整垫块；24—定位螺钉；25—联轴器从动盘；26—溢流阀；27—喷油泵上体；28—喷油泵下体

线形或螺旋形）和直槽，直槽使斜槽与柱塞上方泵腔相通。柱塞套上部开有一个吸油和回油用的径向小孔与泵体上低压油腔相通。柱塞弹簧通过弹簧座将柱塞推向下方（图6-7），使柱塞下端与滚轮式挺杆接触，并使挺杆中的滚轮与下方凸轮接触。柱塞与柱塞套筒是喷油泵中的重要精密偶件，柱塞偶件的密封性须定期在试验台上试验，并及时更换调整。

柱塞式喷油泵的泵油工作过程分为吸油、压油和回油过程（图6-8）。

吸油过程［图6-8（a）］：柱塞自上止点下移，其上方泵腔因容积增大而产生真空度，当柱塞上端面低于柱塞套筒上进油孔上缘时，燃油在真空吸力及输油泵压力作用下，自低压油腔经进油孔被吸入并充满泵腔及柱塞头部凹穴部分。

压油过程［图6-8（b）］：柱塞自下止点上移，起初有部分燃油从泵腔被挤回低压油腔，直到柱塞上部的圆柱面将进油孔完全封闭为止。此后柱塞继续上行，由于液体的不可压缩性，泵腔内的燃油压力骤然升高，克服出油阀弹簧的预紧力后推动出油阀上升，当出油阀的圆柱形减压环带离开出油阀座孔时，高压燃油自泵腔冲入高压油管。

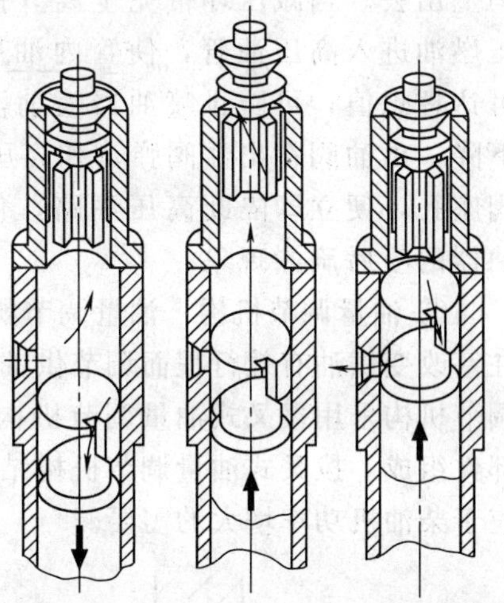

(a) 吸油过程　(b) 压油过程　(c) 回油过程

图6-8　柱塞式喷油泵泵油原理示意图

回油过程［图6-8（c）］：柱塞继续上行，当斜槽上线高出回油孔下缘时，凹穴即与低压油腔相通，使泵腔也与低压油腔相通。泵腔内燃油迅速通过直槽、斜槽、油孔回到低压油腔，泵腔内油压迅速下降。出油阀在弹簧及高压油管残余油压作用下立即回位，喷油泵供油停止。之后柱塞仍继续上行至最高点，但不再泵油。

可见喷油泵每次泵出的油量取决于有效行程的长短，即从出油阀开启到柱塞斜槽上线打开回油孔时柱塞移动的距离。因此，欲使喷油泵能随发动机工况的不同而改变供油量，只需改变有效行程。一般由改变柱塞斜槽棱边与柱塞套上油孔的相对位置来实现。将柱塞斜槽上线向右转离油孔一个角度，有效行程和供油量即增加，反之则减少。当柱塞向左转到其直槽对正回油孔时，柱塞根本不可能完全封闭油孔，即有效行程为零，喷油泵处于不泵油的状态。

b. 出油阀偶件　由出油阀2和阀座1组成，如图6-9所示。出油阀上部的圆锥面为阀的轴向密封锥面。中部的圆柱面为减压环带3，与阀座内孔精密配合，是出油阀的径向滑动密封面。出油阀的尾部同阀座内孔作间隙配合，为出油阀的运动导向。为了留出油流通道，阀尾铣有四个直槽，断面呈十字形。

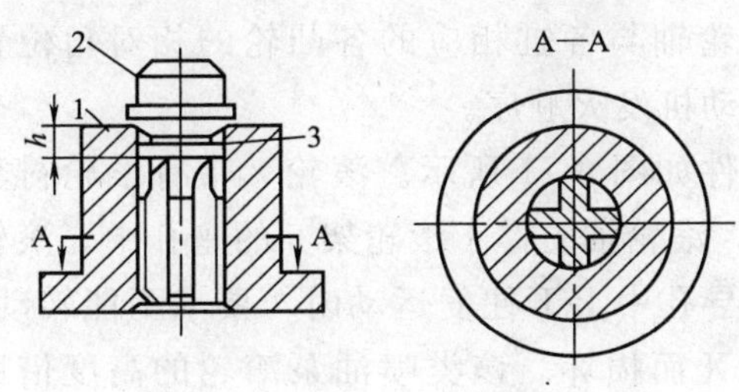

图6-9　出油阀及阀座的结构

1—阀座；2—出油阀；3—减压环带

出油阀偶件位于柱塞套筒上面，两者接触平面要求严密配合。紧固螺钉（图6-7）以规定力矩拧入后，通过高压密封垫圈将阀座与柱塞套筒压紧，同时使出油阀弹簧将出油阀紧压在阀座上。出油阀压紧座内腔空间的容积，在高压系统中占有相当大的比例（高压油管的内径仅为

1mm)，为此在内腔中装有带槽的减容体，以减小这部分空间容积，以利于改善喷油过程，同时起限制出油阀最大升程的作用。

喷油泵停止供油时，出油阀在高压油管内剩余油压和出油阀弹簧作用下，紧压在阀座上，防止柴油回流，同时使高压油管中保持一定的残余油压。当柱塞上行遮住进油孔后，泵腔内油压迅速上升，当其大于出油阀弹簧预紧力和高压油管内剩余油压时，出油阀开始上升，出油阀的锥面离开阀座，但由于减压环带还在座孔内起着密封作用，泵腔内柴油不能马上出去。当减压环带完全离开阀座的导向孔，即出油阀还要上升一段距离后，才有高压燃油进入高压油管，使管内油压上升。这样，一旦供油通路打开，油压和喷射速度即可达理想值，可防止喷油器喷前滴油。当柱塞继续上行结束有效行程时，泵腔油压迅速下降，出油阀在出油阀弹簧和高压油管残余油压的作用下开始下落，一旦减压环带接触阀座孔，便立即隔断高压油路，使高压管路中压力迅速降低，立刻停止喷油，防止了喷油器的喷后滴漏现象。

② 油量调节机构　油量调节机构的作用是根据柴油机的负荷和转速变化，相应地转动柱塞改变供油有效行程而调节供油量，并保证各缸供油量均匀一致。国产Ⅱ号喷油泵的油量调节机构采用拨叉式油量调节机构，如图 6-10 所示。它主要由调节臂、拨叉和供油拉杆等部件组成。拨叉式油量调节机构结构简单，制造方便，易于修理，又便于加大柱塞直径，适应于柴油机功率增大的需要。

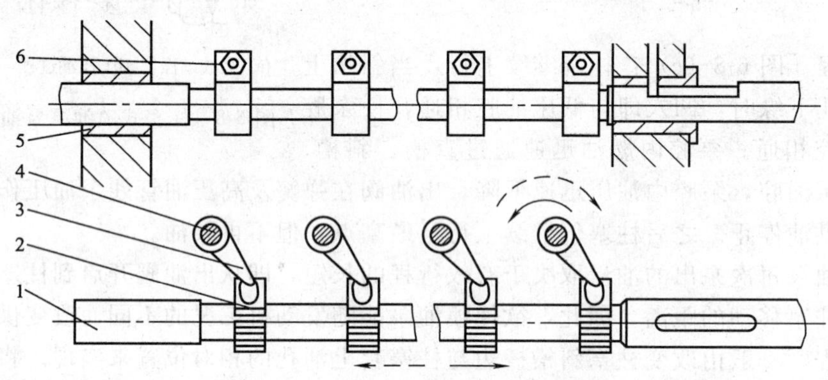

图 6-10　拨叉式油量调节机构

1—供油拉杆；2—拨叉；3—调节臂；4—柱塞；5—供油拉杆衬套；6—拨叉固定螺钉

③ 分泵驱动机构　分泵驱动机构是由凸轮轴和滚轮传动部件组成。喷油泵的凸轮轴是由柴油机的曲轴通过齿轮驱动的。为了保证在相当于一个工作循环的曲轴转角内，各缸都能喷油一次，四冲程柴油机喷油泵凸轮轴的转速应等于曲轴转速的二分之一。当然，凸轮轴与各缸相应的各凸轮的相对角位置还必须符合所要求的发动机发火顺序。

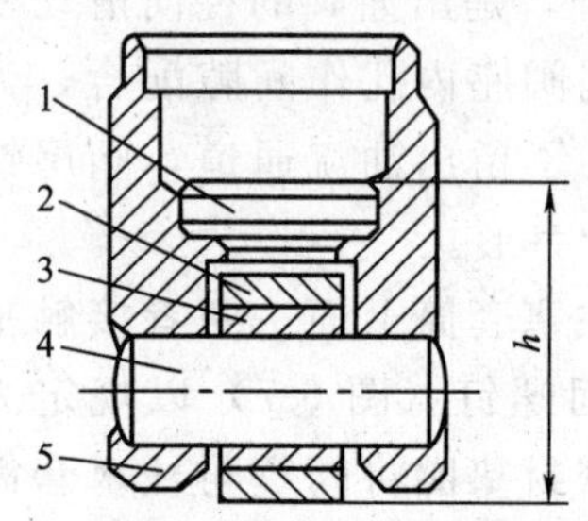

图 6-11　滚轮传动部件

1—调整垫块；2—滚轮；3—滚轮衬套；4—滚轮轴；5—滚轮架

喷油泵滚轮传动部件如图 6-11 所示。滚轮 2 带有滚轮衬套 3 并松套在滚轮轴 4 上，滚轮轴支撑于滚轮架 5 的座孔中。滚轮传动部件在喷油泵壳体导孔中上下往复运动时，要求不能转动，否则就会和凸轮相互卡死而损坏。该类喷油泵滚轮的高度借助于调整垫块 1 来改变。

④ 泵体　如图 6-7 所示，国产Ⅱ号喷油泵泵体为组合式，

上体由灰铸铁铸成，下体由铝合金铸成。泵体是喷油泵的基体，分泵、油量调节机构及滚轮都装在泵体上。

在泵体上加工有低压油腔，并在泵体上两侧分别装有进油管接头和溢流阀。在喷油泵下体的内腔中加有润滑油，依靠润滑油的飞溅保证传动机构的润滑。

（2）分配式喷油泵

分配式喷油泵简称分配泵，有转子式和单柱塞式两大类。英国CAV公司的DPA型分配泵和法国SIGMA公司的PRS型分配泵均属转子式，也称径向压缩式。德国BOSCH公司的VE型分配泵则为单柱塞式，又称轴向压缩式。

分配泵与柱塞式喷油泵相比，有许多特点：分配泵结构简单，零件少，体积小，重量轻，使用中故障少，容易维修；分配泵精密偶件加工精度高，供油均匀性好，因此不需要进行各缸供油量和供油定时的调节；分配泵的运动件靠喷油泵体内的柴油进行润滑和冷却，因此，对柴油的清洁度要求很高；分配泵凸轮的升程小，有利于提高柴油机转速。

① VE型分配泵结构　VE型分配泵主要由驱动机构、二级滑片式输油泵、高压分配泵和电磁式断油阀等组成。此外，机械式调速器和液压式供油提前角调节机构也安装在分配泵体内（图6-12）。依维柯汽车柴油发动机上采用的就是这种VE型分配泵。

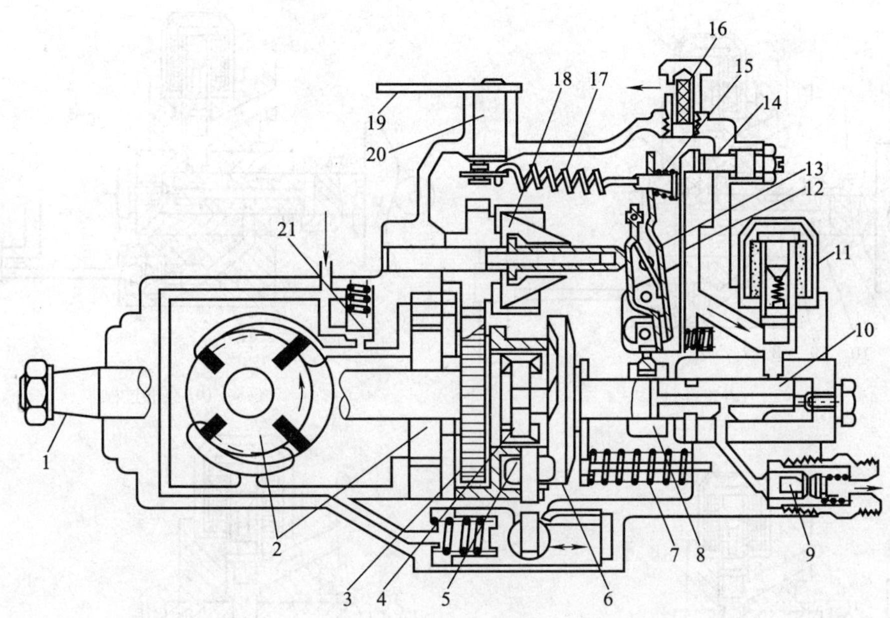

图6-12　VE型分配泵结构示意图

1—驱动轴；2—二级滑片式输油泵；3—调速器驱动齿轮；4—联轴器；5—凸轮机构；6—平面凸轮盘；7—柱塞弹簧；8—柱塞套筒；9—出油阀；10—分配柱塞；11—电磁阀；12—预调杠杆；13—张力杠杆；14—全负荷油量调节螺钉；15—怠速弹簧；16—放气阀；17—调速弹簧；18—飞块；19—操纵杆；20—操纵轴；21—压力控制阀

驱动轴1由柴油机曲轴定时齿轮驱动。驱动轴带动二级滑片式输油泵2工作，并通过调速器驱动齿轮3带动调速器轴旋转。在驱动轴的右端通过联轴器4与平面凸轮盘6连接，利用平面凸轮盘上的传动销带动分配柱塞10。柱塞弹簧7将分配柱塞压紧在平面凸轮盘上，并使平面凸轮盘压紧凸轮机构5的滚轮。滚轮轴嵌入静止不动的滚轮架上。当驱动轴1旋转时，平面凸轮盘与分配柱塞同步旋转，而且在滚轮、平面凸轮和柱塞弹簧的共同作用下，凸轮盘还带动分配柱塞在柱塞套筒 8 内作往复运动。往复运动使柴油增压，旋转运动进行柴油分配。

② 高压泵的工作过程　平面凸轮盘上平面凸轮的数目与柴油机汽缸数相同。VE 型分配泵由一个泵油元件向多个汽缸供油，柱塞右端为压油部分，沿周向均布四个轴向进油槽，柴油通过进油道和柱塞上的进油槽进入压油腔内。柱塞的中心有轴向油道，柱塞中部的配油槽有径向油孔与中心油道相通。中心油道的末端与泄油孔相连。

高压泵的工作过程如图 6-13 所示。

a. 进油过程［图 6-13（a）］　当平面凸轮盘 12 的凹下部分转至与滚轮 13 接触时，柱塞弹簧将分配柱塞 14 由右向左推移至柱塞下止点位置，这时分配柱塞上的进油槽 3 与柱塞套 20 上的进油孔 2 连通，柴油自喷油泵体 19 的内腔经进油道 17 进入柱塞腔 4 和中心油孔 10 内。

b. 泵油过程［图 6-13（b）］　当平面凸轮盘由凹下部分转至凸起部分与滚轮接触时，分配柱塞在凸轮盘的推动下由左向右移动。在进油槽转过进油孔的同时，分配柱塞将进油孔封闭，这时柱塞腔内的柴油开始增压。与此同时，分配柱塞上的燃油分配孔 18 转至与柱塞套

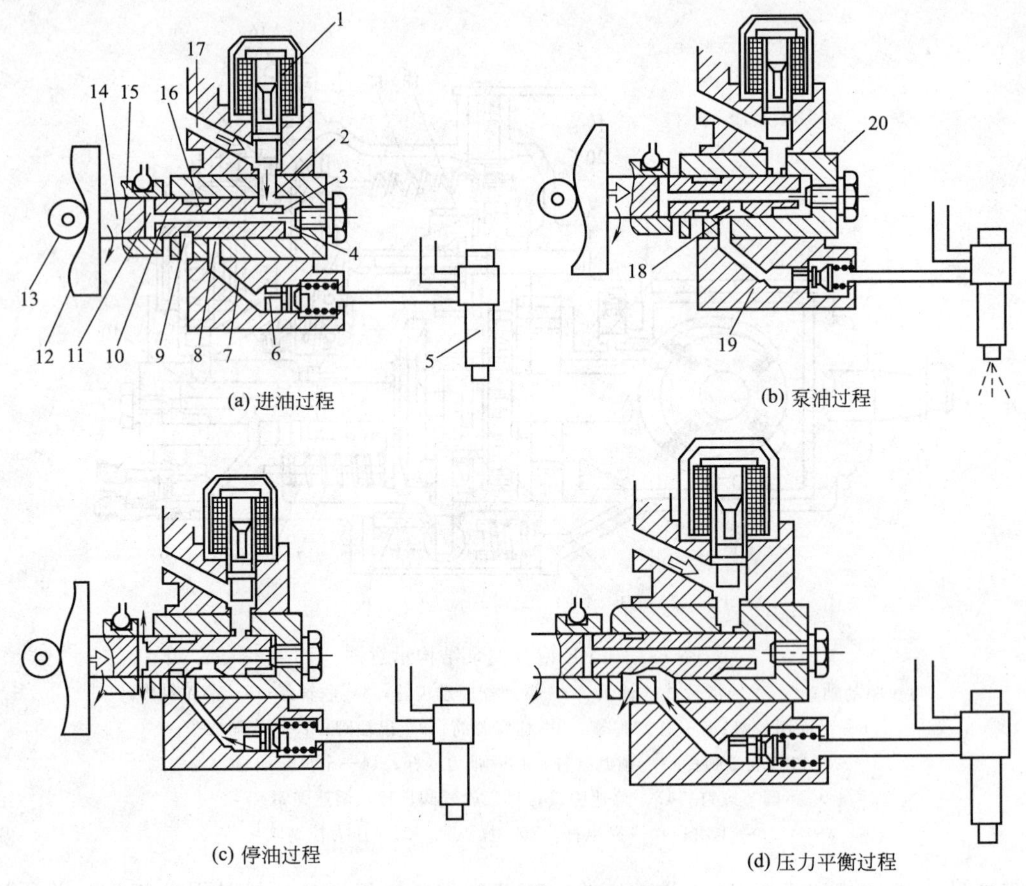

图 6-13　高压泵的工作过程

1—断油阀；2—进油孔；3—进油槽；4—柱塞腔；5—喷油器；6—出油阀；7—分配油道；8—出油孔；9—压力平衡孔；10—中心油孔；11—泄油孔；12—平面凸轮盘；13—滚轮；14—分配柱塞；15—油量调节套筒；16—压力平衡槽；17—进油道；18—燃油分配孔；19—喷油泵体；20—柱塞套

上的一个出油孔 8 相通，高压柴油从柱塞腔经中心油孔、燃油分配孔、出油孔进入分配油道 7，再经出油阀 6 和喷油器 5 喷入燃烧室。

平面凸轮盘每转一周，分配柱塞上的燃油分配孔依次与各缸分配油道接通一次，即向柴油机各缸喷油器供油一次。

c. 停油过程［图 6-13（c）］ 分配柱塞在平面凸轮盘的推动下继续右移，当柱塞上的泄油孔 11 移出油量调节套筒 15 并与喷油泵体内腔相通时，高压柴油从柱塞腔经中心油孔和泄油孔流进喷油泵体内腔，柴油压力立即下降，供油停止。

从柱塞上的燃油分配孔与柱塞套上的出油孔 8 相通的时刻起，至泄油孔移出油量调节套筒的时刻止，这期间分配柱塞所移动的距离为柱塞有效供油行程。显然，有效供油行程越大，供油量越多。移动油量调节套筒即可改变有效供油行程，向左移动油量调节套筒，停油时刻提早，有效供油行程缩短，供油量减少；反之，向右移动油量调节套筒，供油量增加。油量调节套筒的移动由调速器操纵。

d. 压力平衡过程［图 6-13（d）］ 分配柱塞上设有压力平衡槽 16，在分配柱塞旋转和移动过程中，压力平衡槽始终与喷油泵体内腔相通。在某一汽缸供油停止之后，且当压力平衡槽转至与相应汽缸的分配油道连通时，分配油道与喷油泵体内腔相通，于是两处的油压趋于平衡。在柱塞旋转过程中，压力平衡槽与各缸分配油道逐个相通，致使各分配油道内的压力均衡一致，从而可以保证各缸供油的均匀性。

6.4 喷油提前角调节装置

喷油提前角对柴油机工作过程影响很大，喷油提前角过大时，由于喷油时缸内空气温度较低，混合气形成条件较差，备燃期较长，将导致发动机工作粗暴。而喷油提前角过小时，将使燃烧过程延后过多，所能达到的最高压力较低，热效率也显著下降，且排气管中常有黑烟冒出。因此为保证发动机有良好的性能，必须选定最佳喷油提前角。

最佳喷油提前角即在转速和供油量一定的条件下，能获得最大功率及最小燃油消耗率的喷油提前角。最佳喷油提前角都不是常数，而是随供油量和曲轴转速变化的。供油量愈大，转速愈高，则最佳喷油提前角也愈大。最佳喷油提前角也与发动机结构有关，例如采用直接喷射燃烧室时，最佳喷油提前角就比采用分隔式燃烧室时要大些。有些汽车柴油机是根据常用的某个工况（供油量和转速）范围的需要而确定一个喷油提前角数值（用直接喷射燃烧室时，约为 28°～35°；用分隔式燃烧室时，则为 15°～20°），在将油泵安装到发动机上时即已调定，发动机工作时一般不再变动。显然，这个数值仅在指定工况范围内才能是最佳的。

机械离心式供油提前角自动调节器用以适应转速的变化而自动改变喷油提前角，满足了最佳喷油提前角随转速升高而增大的要求，近年来国内外车用柴油机常装用。

图 6-14 为 CA6110-2 型柴油机上与 A 型喷油泵配用的供油提前角自动调节器。该调节器位于联轴器和喷油泵之间。在驱动盘 9 的前端面上有两个螺孔 C，用以与之相连接。在前端面上还压装着两个销钉 3，两个飞块 4 的一端各有一圆孔，即套在此销钉上。飞块的另一端各一个销钉 7，每个销钉上各松套着一个滚轮 5 和内座圈 6。筒状从动盘 8 的毂部用半月键与喷油泵凸轮轴相连接。从动盘两臂的弧形侧面 E 与滚轮 5 接触，其平侧面 F 则压在两个弹簧 1 上，弹簧 1 的另一端支于松套在销钉 3 上面的弹簧座 2 上。从动盘 8 是由筒状盘和

从动盘毂焊接在一起而组成的，其外圆面与驱动盘 9 的内圆面配合，以保证两者的同轴度。整个调节器为一密闭体，内腔充有机油以供润滑。发动机工作时，驱动盘 9 连同飞块 4 受发动机曲轴的驱动而沿图中箭头方向旋转，两个飞块活动端向外甩开，滚轮 5 则迫使从动盘 8 沿箭头所示方向相对驱动盘 9 超前转过一个角度。直到弹簧 1 的压缩弹力与飞块离心力相平衡时为止，于是驱动盘 9 与从动盘 8 同步旋转［图 6-14（b）］。当转速升高时，飞块活动端便进一步向外甩出，飞块上的滚轮 5 推动从动盘 8 相对驱动盘沿箭头所示方向再超前转动一个角度，直到弹簧 1 的压缩弹力足以平衡新的飞块离心力为止。这样，供油提前角便相应地增大。反之，当发动机转速降低时，供油提前角相应减小。

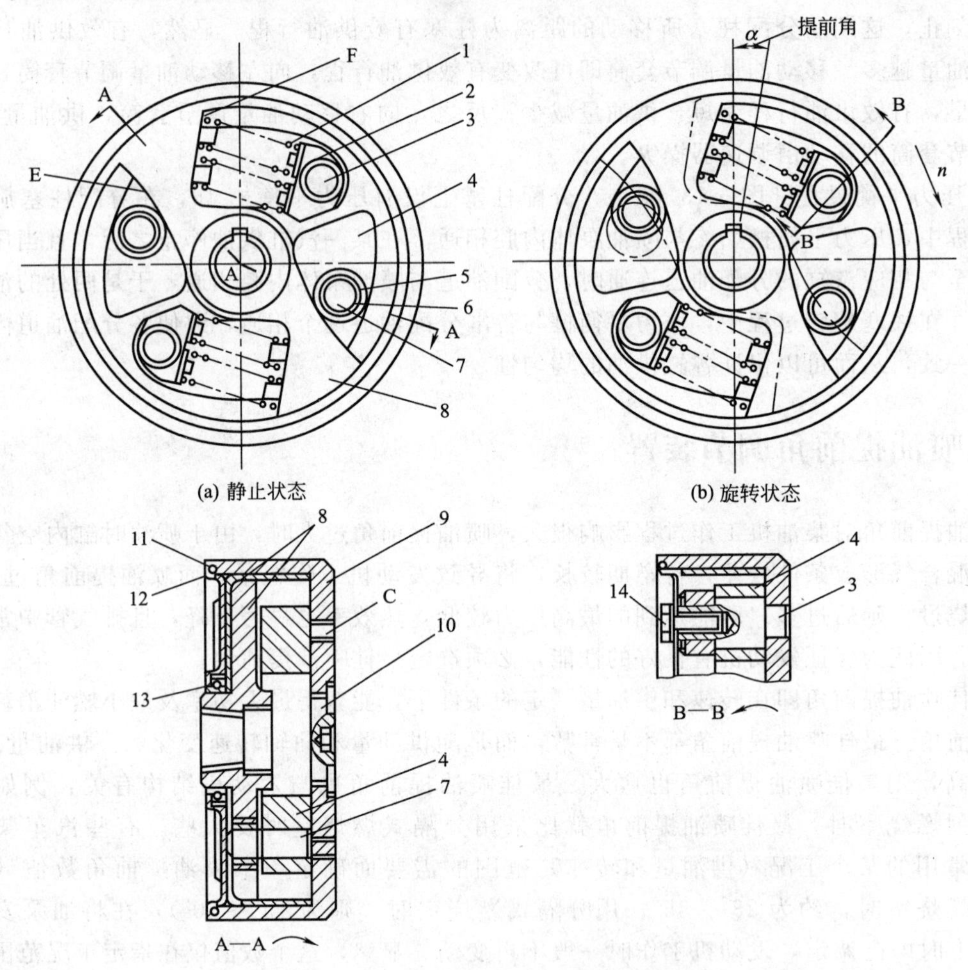

图 6-14　供油提前角自动调节器工作原理

1—弹簧；2—弹簧座；3—主动盘销钉；4—飞块；5—滚轮；6—滚轮内座圈；7—飞块销钉；8—筒状从动盘；9—驱动盘；10—螺塞；11—壳体密封圈；12—调节器盖；13—油封弹簧；14—螺钉；C—螺孔

6.5　调速器

喷油泵每个工作循环的供油量主要取决于调节拉杆的位置，同时还受发动机转速的影响。在油量调节拉杆位置不变时，供油量随着发动机转速的升高而不断增加，随着发动机转速的降低而减少。喷油泵的这种变化对车用柴油机是非常不利的。因为这样的喷油泵装在发动机上会导致发动机的转速在某些条件下自动变化，从而使发动机不能得到稳定的怠速或良好的高速性能。因此，车用柴油机一般都装有调速器，通过自动进行供油量调节，限制发动机最高转速并稳定怠速。

调速器是一种自动调节装置，它根据柴油机负荷的变化，自动增减喷油泵的供油量，使柴油机能够以稳定的转速运行。

汽车柴油机调速器按其工作原理的不同，可分为机械离心式、气动膜片式、液压式、机械气动复合式、机械液压复合式和电子式等多种形式。但目前应用最广的为机械离心式调速器，其结构简单，工作可靠，性能良好。

按调速器起作用的转速范围不同，又可分为两速式调速器和全速式调速器。中、小型汽车柴油机多数采用两速式调速器，以起到防止超速和稳定怠速的作用。在重型汽车上则多采用全速式调速器，这种调速器除具有两速式调速器的功能外，还能对柴油机工作转速范围内的任何转速起调节作用，使柴油机在各种转速下都能稳定运转。

(1) 两速式调速器

两速式调速器只在柴油机的最高转速和怠速时起自动调节作用，而在最高转速和怠速之间的其他任何转速，调速器不起调节作用。在此转速范围内，由驾驶员直接控制供油量和柴油机转速的变化。因此，两速式调速器适用于一般条件下使用的车用柴油机。

德国博世公司生产的RQ型调速器是典型的两速式调速器，与A、B、P型等柱塞式喷油泵配套，型号中的R表示机械离心式，Q表示可变杠杆比。

通常调速器由感应元件、传动元件和附加装置三部分构成。RQ型调速器的结构如图6-15 (a) 所示。感应元件包括飞锤等零件，传动元件则是指由角形杠杆、调速套筒、调速杠杆和连接杆等组成的杠杆系统。

① 启动加浓 [图6-15 (b)] 将调速手柄2从停车挡块1移至最高速挡块4上。在此过程中，调速手柄带动摇杆3，摇杆带动滑块5，使调速杠杆6以其下端的铰接点17为支点向右摆动，并推动喷油泵供油量调节杠杆7克服供油量限制弹性挡块9的阻力，向右移到启动油量的位置。启动油量多于全负荷油量，旨在加浓混合气，以利于柴油机低温启动。

② 怠速稳定 [图6-15 (c)] 柴油机启动之后，将调速手柄置于怠速位置。这时调速手柄通过摇杆、滑块使调速杠杆仍以其下端的铰接点为支点向左摆动，并拉动供油量调节齿杆左移至怠速油量的位置。怠速时柴油机转速很低，飞锤11的离心力较小，只能与怠速弹簧力相平衡，飞锤处于内弹簧座与安装飞锤的轴套之间的某一位置 [图6-16 (b)]。若此时柴油机由于某种原因转速降低，则飞锤离心力减小，在怠速弹簧的作用下，飞锤移向回转中心，同时带动角形杠杆14和调速套筒15，使调速杠杆下端的铰接点以滑块为支点向左移动 [图6-15 (c)]，调速杠杆则推动供油量调节齿杆向右移，增加供油量，使转速回升。反之，当转速增高时，飞锤的离心力增大，飞锤便压缩怠速弹簧远离回转中心，同样通过角形杠杆和高速套筒使调速杠杆下端的铰接点以滑块为支点向右移动，而供油量调节齿杆则向左移动，减小供油量，使转速降低。可见，调速器可以保持怠速转速稳定。

调节螺母3 (图6-16) 用来调节怠速弹簧4的预紧力，以达到调节怠速转速的目的。

③ 中速 [图6-15 (d)] 将调速手柄从怠速位置移至中速位置，供油量调节齿杆处于部分负荷供油位置，柴油机转速较高，飞锤进一步外移直到飞锤底部与内弹簧座接触为止 [图6-16 (c)]。柴油机在中等转速范围内工作时，飞锤的离心力不足以克服怠速弹簧和高速弹簧的共同作用力，飞锤始终紧靠在内弹簧座上而不能移动，即调速器在中等转速范围内不起

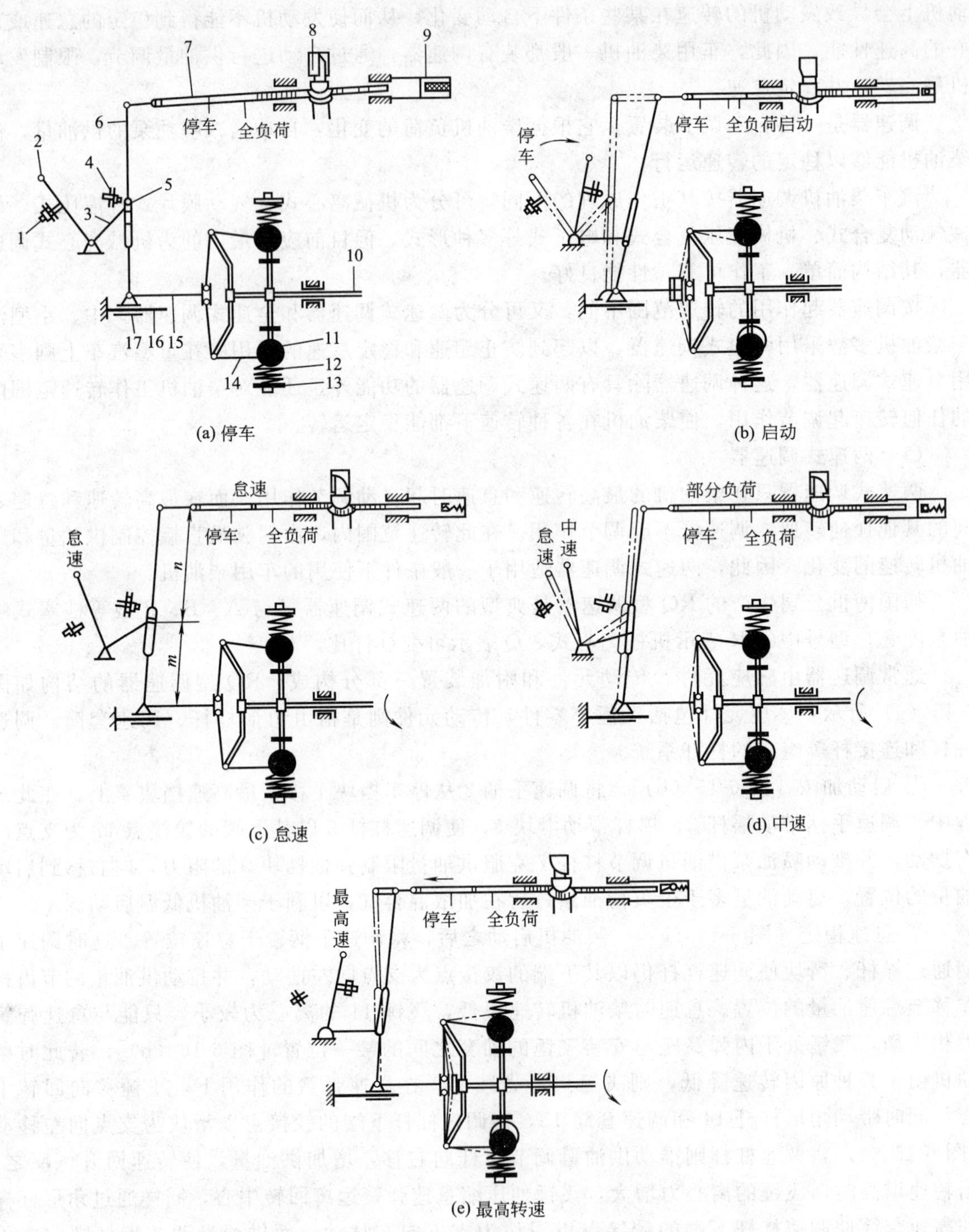

图 6-15　RQ 型调速器工作原理示意图

1—停车挡块；2—调速手柄；3—摇杆；4—最高速挡块；5—滑块；6—调速杠杆；7—供油量调节齿杆；
8—喷油泵柱塞；9—供油量限制弹性挡块；10—喷油泵凸轮轴；11—飞锤；12—调速弹簧；
13—调节螺母；14—角形杠杆；15—调速套筒；16—导向销；17—铰接点

调节供油量的作用。但此时驾驶员可根据汽车行驶的需要改变调速手柄的位置，使调速杠杆以其下端的铰接点为支点转动，并拉动供油量调节齿杆增加或减少供油量。

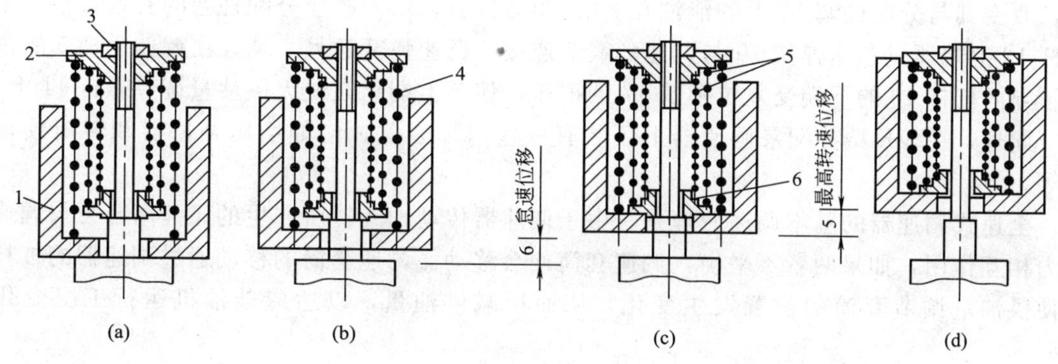

图 6-16　HQ 型调速器飞锤的位移

1—飞锤；2—外弹簧座；3—调节螺母；4—怠速弹簧；5—高速弹簧；6—内弹簧座

④ 最高转速［图 6-15（e）］　将调速手柄置于最高速挡块上，供油量调节齿杆相应地移至全负荷供油位置，柴油机转速由中速升高到最高速。此时，飞锤的离心力相应增大，并克服全部调速弹簧 12 的作用力，使飞锤连同内弹簧座一起向外移到一个新的位置［图 6-16（d）］。在此位置，飞锤离心力与弹簧作用力达到新的平衡。若柴油机转速超过规定的最高转速，则飞锤的离心力便超过调速弹簧的作用力，使供油量调节齿杆向减油方向移动，从而防止了柴油机超速。

⑤ 停车［图 6-15（a）］　将调速手柄置于停车挡块 1 上，调速杠杆以其下端的铰接点为支点向左摆动，并带动供油量调节齿杆向左移到停油位置，柴油机停车，调速器飞锤在调速弹簧的作用下抵靠在安装飞锤的轴套上［图 6-16（a）］。

（2）全速式调速器

机械离心式全速式调速器的结构形式很多，有与柱塞式喷油泵配套的，也有装在分配式喷油泵体内的，但其工作原理却基本相同。以 VE 型分配泵的调速器为例，说明机械离心式全速式调速器的基本结构及工作原理。

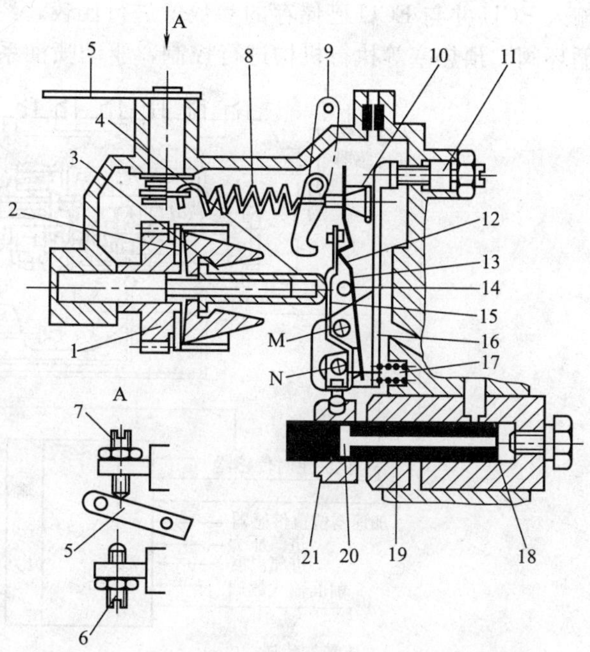

图 6-17　VE 型分配泵全速式调速器结构示意图

1—调速器传动齿轮；2—飞锤支架；3—飞锤；4—调速套筒；5—调速手柄；6—怠速调节螺钉；7—最高速限位螺钉；8—调速弹簧；9—停车手柄；10—怠速弹簧；11—最大供油量调节螺钉；12—张力杠杆；13—启动弹簧；14—拉力杠杆挡销；15—启动杠杆；16—导向杠杆；17—复位弹簧；18—柱塞套筒；19—分配柱塞；20—泄油孔；21—供油量调节套筒；M—导杆支承销轴（固定）；N—启动杠杆、拉力杠杆及导杆支承销轴（可动）

VE 型分配泵调速器结构示意图如图 6-17 所示，在飞锤支架 2 上装有四个飞锤 3，飞锤通过止推片推动调速套筒 4 移动。张力杠杆 12、启动杠杆 15 和导向杠杆 16 组成调速器杠杆系统。这三个杠杆通过销轴 N 连在一起并可分别绕销轴 N 摆动。导向杠杆 16 通过销轴 M 固定在分配泵体上。启动杠杆 15 的下端是球头销，嵌入供油量调节套筒 21 的凹槽中，当启动杠杆摆动时，球头销将拨动供油量调节套筒，改变其与分配柱塞 19 上的泄油孔 20 的相对位置，从而改变分配柱塞的有效行程。张力杠杆 12 上端通过怠速弹簧 10 与调速弹簧 8 连接，调速弹簧的另一端挂在调速手柄 5 的销轴上。导向杠杆 16 的下端受复位弹簧 17 的推压，使其上端靠在最大供油量调节螺钉 11 上。

此外，在 VE 型分配泵调速器上还装有一些附加装置，诸如增压补偿器和转矩校正装置等。

全速式调速器的基本调速原理是，由于调速器传动轴旋转所产生的飞锤离心力与调速弹簧力相互作用，如果两者不平衡，调速套筒便会移动。调速套筒的移动通过调速器的杠杆系统使供油量调节套筒的位置发生变化，从而增减供油量，以适应柴油机运行工况变化的需要。

6.6 电控柴油喷射系统

6.6.1 组成和工作原理

电控柴油喷射系统的控制原理如图 6-18 所示。该类系统主要由传感器、ECU（中央控制单元）和执行器三部分组成。其任务是对喷油系统进行电子控制，实现对喷油量以及喷油定时和随运行工况的实时控制。电控系统采用转速、温度、压力等传感器，将实时检测的参数同步输入 ECU 并与 ECU 已储存的参数值进行比较，经过处理计算，按照最佳值对喷油泵、废气再循环阀、预热塞等执行机构进行控制，驱动喷油系统，使柴油机运行状态达到最佳。

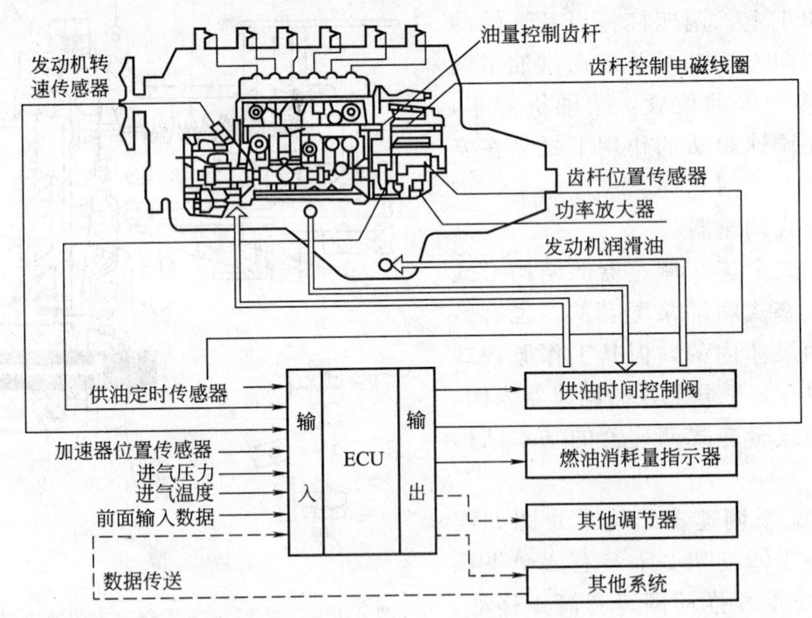

图 6-18 电控柴油喷射系统控制原理示意图

6.6.2 电控分配泵喷射系统

以日本电装公司 ECD-V1 系统为例来说明电控分配泵喷射系统工作原理和工作过程。该系统是在 VE 分配泵上进行电子控制的系统，其结构见图 6-19。其保留了 VE 分配泵上控制喷油量的溢油环（也称滑套），取消了原来的机械调速机构，采用一个布置在泵上方的线性电磁铁，通过一根杠杆来控制溢油环位置，从而实现喷油量的控制，并有溢油环位置传感

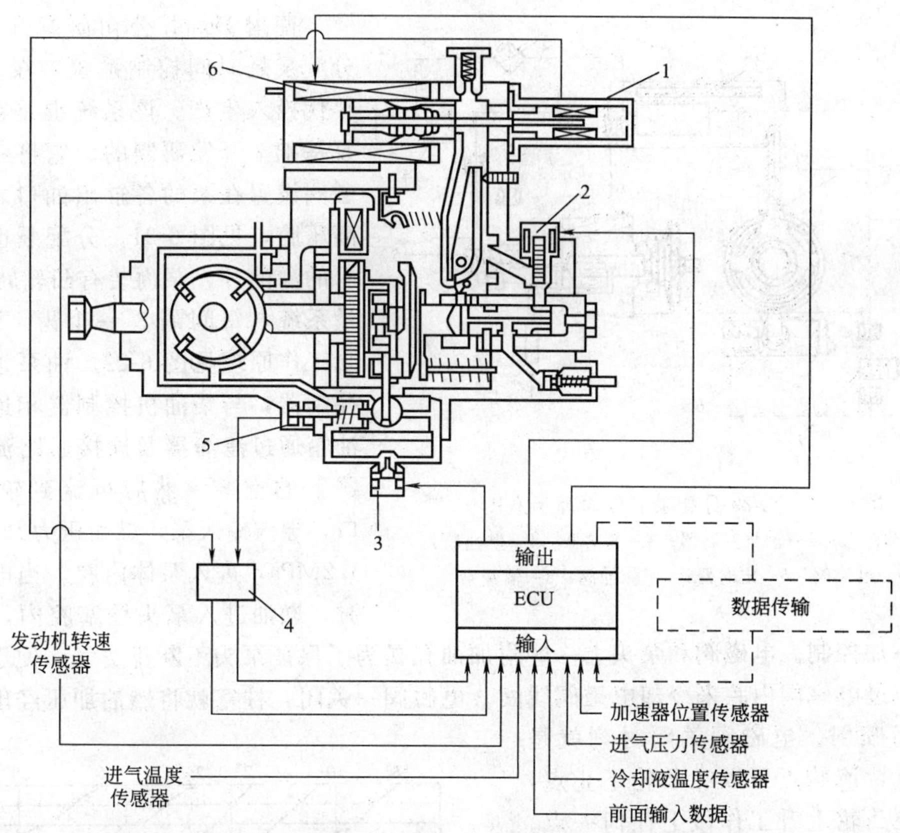

图 6-19 日本电装公司 ECD-V1 电控喷油系统原理

1—溢油环；2—断油线圈；3—供油时间控制阀；4—功率放大器；
5—供油提前器位置传感器；6—溢油控制线圈

器（电感式传感器）作为反馈信号，实现闭环控制。喷油正时控制也保留了 VE 泵上原有的液压提前器，它用一个正时控制电磁阀（图 6-20）来控制液压提前器活塞的高压室和低压室之间的压差。当电磁阀通电时，吸动铁芯，高压室与低压室形成通路，两室之间压力差消失，在回位弹簧作用下，提前器活塞复位，带动滚轮架转动，形成喷油提前。同时系统中还设置了供油提前器活塞位置传感器，形成喷油正时的闭环控制。

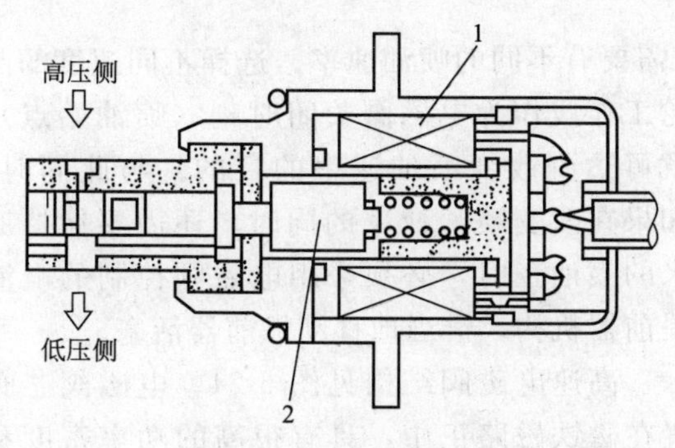

图 6-20 正时控制阀原理

1—线圈；2—滑动磁芯

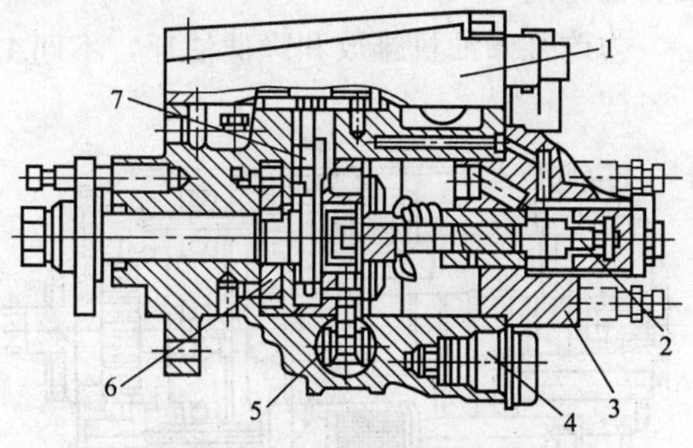

图 6-21 VP29 电控分配泵结构示意图

1—油泵控制器；2—电磁阀；3—分配头；4—脉冲阀；5—定时器；6—输油泵；7—泵体

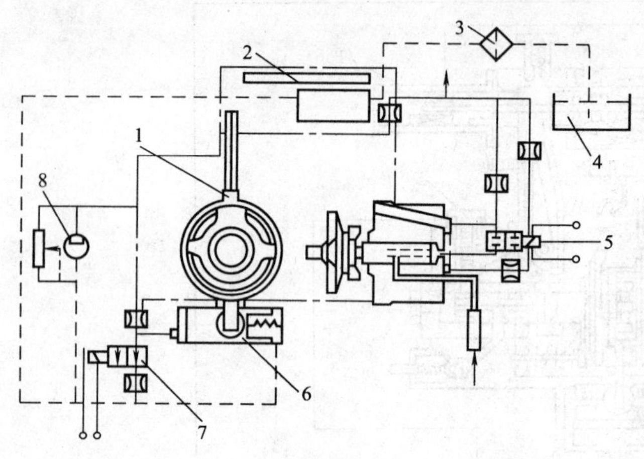

图 6-22　VP29 分配泵工作原理示意图

1—分配泵；2—油泵控制器；3—滤清器；4—燃油箱；5—电磁阀；6—定时器；7—脉冲阀；8—输油泵

德国 Bosch 公司研制开发的 VP29 分配泵是时间控制系统，在 20 世纪 90 年代投入生产。该系统也是在 VE 分配泵基础上开发研制的。它将一个高速电磁阀设置在泵的各缸出油口之间，紧靠高压腔，见图 6-21。分配泵也取消了原有的溢油环，泵内装有凸轮转角-时间测量系统，每间隔 3°一个齿。VP29 分配泵工作原理见图 6-22。油泵顶部装有分控制器，与柴油机控制器相连。燃油经油箱通过滤清器及连接通路流入分控制器下的空腔，然后再流到输油泵进油口，导入输入泵，燃油压力升高到 0.6～1.2MPa，进入泵体内腔。当电磁阀开启时，燃油进入泵头柱塞腔内，进油过程中油量不加控制。电磁阀和泵头上一些附加油孔是为了保证泵头不断排空气，便于启动。同时燃油流过电磁阀内腔来冷却电磁阀线圈。电磁阀一关闭，柱塞就将燃油加压经出油阀到喷油嘴进行喷射。电磁阀关闭时刻就是喷射始点，该始点可以在凸轮下止点，也可以在凸轮上升工作段上任何一点。电磁阀一开启供油就结束。电磁阀关闭的持续时间决定了燃油喷射量。电磁阀如果在关闭状态下出故障，则没有燃油被吸入，不会喷油。电磁阀如果在开启状态下出故障，则吸入的燃油在柱塞上升时又会重新通过电磁阀排出到进油腔，所以也不会喷油。总之，电磁阀出现任何故障，柴油机都不会继续运转，不需要另外附加的停油装置。喷油泵供油特性见图 6-23。

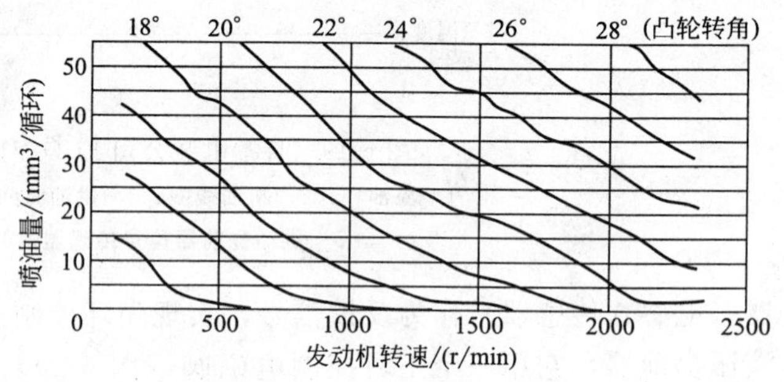

图 6-23　喷油泵供油特性

为改善柴油机排放和降低油耗，不同工况时需要有不同的喷油速率。选择不同速度的凸轮工作段作为电磁阀关闭时刻（喷油始点），就可达到改变喷油速率的目的。与此同时，如果在改变喷油速率的同时，还需要保持原来的喷油正时，必须采用电磁阀控制的电液提前器机构，恰当地移动提前器活塞。

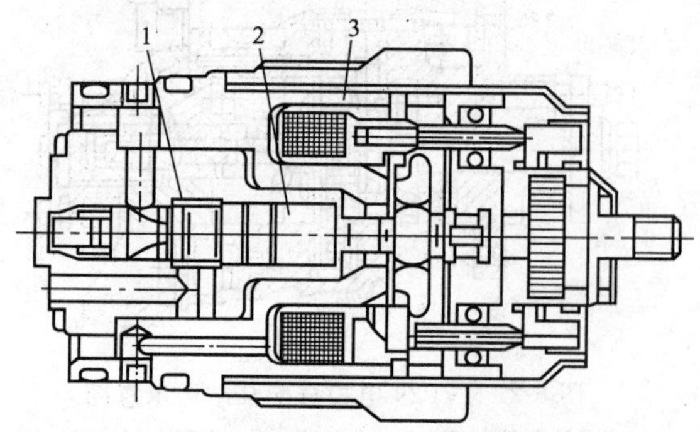

图 6-24　电磁阀结构示意图

1—阀座；2—阀芯；3—阀体

高速电磁阀结构见图 6-24。电磁阀芯布置在磁铁磁路正中，具有很高的功率密度和很低的磁耗损失。电磁阀直接控制高压油路。断电时电磁阀开启。电磁阀高压、低压油路均按力平衡原理设计，结构紧凑。为了使电磁阀满足高压密封和使用条件，要求电磁阀磁路动态反应性能尽可能快，阀的运动质量尽可能小，电磁阀开启和关闭的拉力尽可能大，而且电磁阀成本又要尽可能低。对于多缸高速分配泵，电磁阀尽可能采用较大的控制燃油进出截面。

6.6.3 电控直列泵喷射系统

时间控制的电控分配泵用一个高速电磁阀就可对 4 个缸或 6 个缸的喷油量和喷油正时都实施控制，因此显得结构简单，相对成本低，控制精度也好。而直列泵采用高速电磁阀实施时间控制，4 缸泵或 6 缸泵就要 4 个或 6 个高速电磁阀来进行控制，结构上就显得复杂，相对成本也高些。但是直列泵本身由于不再需要控制油量和喷油正时，其结构可以简化，整体的成本随高速电磁阀结构变化程度而定。

PPVI 系统如图 6-25 所示。PPVI 系统保留了喷油泵-高压油管-喷油嘴系统，但是高压油管加一个高速电磁阀，变成了泵-管-阀-嘴系统。采用高速电磁溢流阀控制油量和喷油正时后，柱塞只承担供油加压功能，使喷油泵简化和强化，高压供油能力提高。通过凸轮和柱塞强化设计，使主供油速率进一步提高。当高速电磁阀快速打开，高压燃油高速泄流，喷射结束。它能形成初期喷油速率低、主喷射速率高、快速溢流切断而又不致产生穴蚀的理想喷油速率图形。

高速电磁阀结构如图 6-26 所示。电磁阀关闭过程的响应时间小于 7ms，开启过程响应时间小于 4ms。

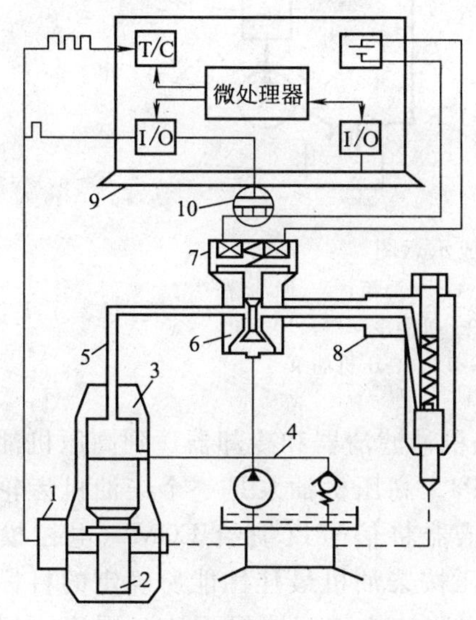

图 6-25 PPVI 系统示意图

1—增量式凸轮轴角度编码器；2—凸轮；3—简化式喷油泵；4—低压系统；5—油管；6—旁通溢流阀；7—高速电磁铁；8—喷油器；9—电子控制单元；10—功率开关电路

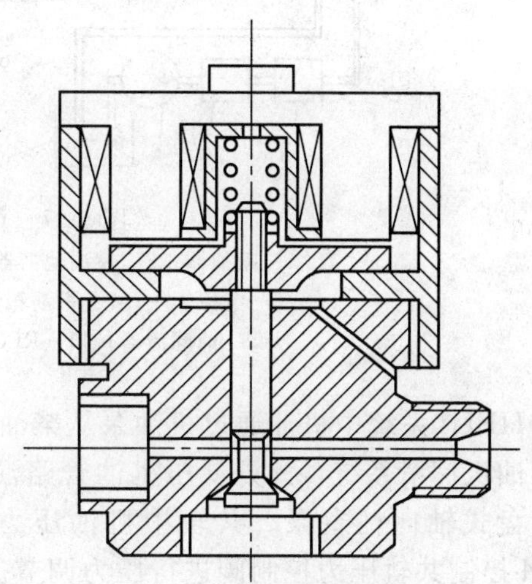

图 6-26 PPVI 系统的高速电磁阀结构示意图

6.6.4 共轨式电控喷射系统

所谓共轨式（公共轨道式）电控喷射系统是指该系统中有一条公共油管，用高压（或中压）输油泵向共轨（公共油道）中泵油，用电磁阀进行压力调节并由压力传感器反馈控制。有一定压力的柴油经由共轨分别通向各缸喷油器，喷油器上的电磁阀控制喷油正时和喷油量。喷射压力或直接取决于共轨中的高压压力，或由喷油器中增压活塞对共轨来的油压予以增压。共轨式电控喷射系统的喷射压力高且可控制，又可以实现喷油速率的柔性控制，以满足排放法规的要求。与电控泵喷嘴系统比较，虽然电控泵喷嘴系统也可实现高达200MPa的喷射压力，但对于原来采用传统的泵-管-嘴系统柴油机来说，采用共轨式电控柴油喷射系统对柴油机结构的改造工作量不大，能比较方便地采用，并且能达到120～160MPa的高压喷射，某些系统今后也能达到200MPa的喷射压力。因此近年来共轨式电控喷射系统正在积极发展并逐步投入使用。

以美国卡特公司HEUI系统为例说明共轨式电控喷射系统工作原理。HEUI系统是一种中压共轨电控液压式喷射系统。该系统的共轨中不用燃油而用柴油机润滑油，因此系统中有润滑油和燃油两套油路，整个系统示意图见图6-27。

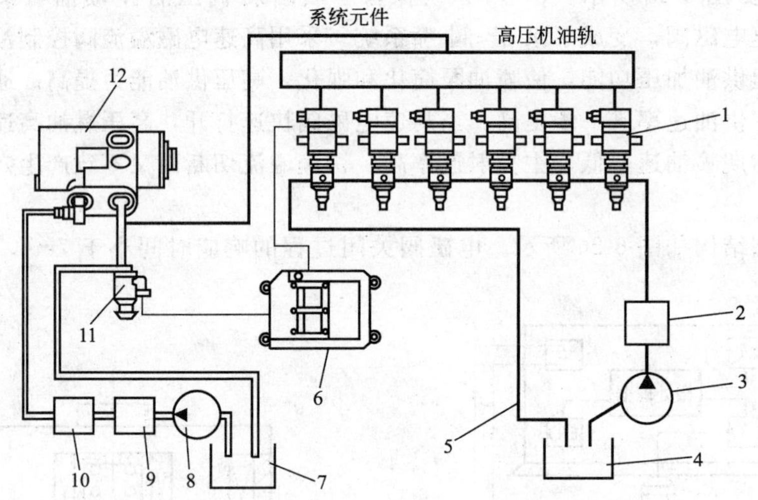

图6-27　HEUI系统组成示意图

1—喷油器；2—燃油滤清器；3—输油泵；4—燃油箱；5—回油管；6—电控模块；7—机油箱；8—机油泵；9—机油冷却器；10—机油滤清器；11—RPCV压力控制阀；12—高压机油泵

HEUI系统中机油通过机油泵从柴油机油底壳经机油滤清器和冷却器送到高压机油泵以及柴油机润滑系统，此处低压机油管路油压为300kPa。高压机油泵是一个柴油机齿轮驱动的斜盘式轴向柱塞泵。共轨中机油压力由压力传感器将信号反馈给ECM（电控模块），ECM控制共轨压力控制阀进行压力调节。共轨中油压按柴油机最佳性能所确定的目标值控制在4～23MPa之间。机油从液压式喷油器直接回到柴油机气门罩框下边，再流回到油底壳，不再需要机油回油管道。燃油输油泵把燃油经燃油滤清器输送到液压式喷油器。燃油系统输油压力为200kPa，由普通调压阀调节。

电控液压式喷油器由三部分组成：电磁控制阀、增压柱塞和柱塞套、喷油嘴，结构见图6-28。控制阀的作用是控制喷油开始和喷油结束，它由提升阀、电枢和电磁线圈组成。中压机油从共轨通过柴油机汽缸盖上铸造的机油道进入提升阀下方。当电磁线圈通电时喷油开始，电枢带动提升阀向上运动，打开下座，关闭上座，切断了机油回油孔，使中压机油进入增压活塞上方，增压活塞下行，增压柱塞压缩燃油。燃油进油道处由单向阀封闭，燃油只有通过喷油嘴喷出。由于增压活塞面积比增压柱塞大几倍，燃油加压后可实现高压喷射，喷射一直持续到电磁阀线圈断电。在提升阀弹簧力作用下，提升阀从上座移到下座。高压机油通过开启的上座泄出到气门罩框区，压力迅即下降。在增压活塞下面弹簧力的作用下，增压活塞迅即上行，在喷油嘴弹簧作用下，针阀立即关闭，停止喷油。同时燃油以输油泵压力通过球形单向阀进入增压柱塞下方，为下次喷油作准备。电磁阀通电时刻决定了喷射始点，通电的持续时间决定了喷油量。增压活塞和增压柱塞面积比为 7，考虑到液压损失，喷射压力可达 150MPa。图 6-29 为 HEUI 系统的响应特性波形。峰值电流使提升阀上升响应速度加快。电磁阀驱动电压 110V，功率消耗 45W。在峰值电流后降为维持电流，使系统能量消耗减少。

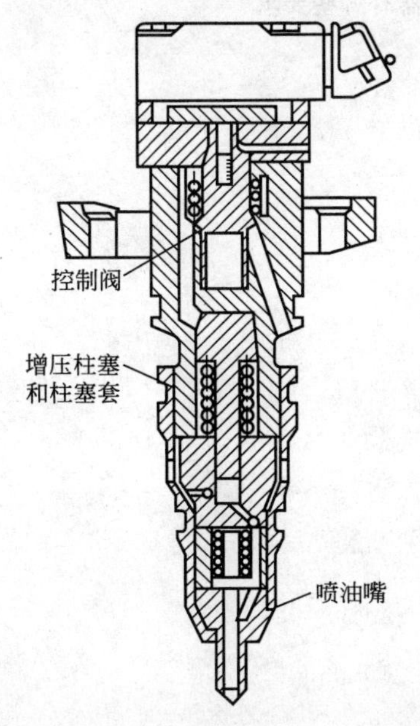

图 6-28　电控液压喷油器结构示意图

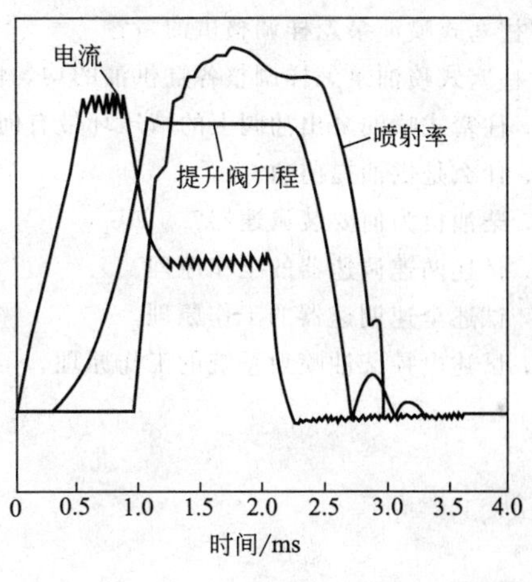

图 6-29　HEUI 系统响应特性波形

HEUI 系统可实现预喷射，但要在增压柱塞和柱塞套上增加精密的溢油孔，通过回油控制来实现。如图 6-30 所示，在增压柱塞上的小回油孔与柱塞套上回油孔尚未打开前有一段预喷射行程。当柱塞上小回油孔越过柱塞套上回油孔后开始主喷射。

HEUI 系统采用机油作共轨工作油的主要原因是解决热工况下工作油黏度降低、易泄漏和汽化所造成的热启动困难。使用机油后解决了热启动问题，冷启动又有困难。同时考虑到机油和柴油机汽缸盖等金属热膨胀量不同，在机油管道中增加一个储油槽，以减少这种热膨胀量不同引起的机油管路中可能出现的气泡或真空，保证在低温度下高黏度机油能顺利地流到高压输油。

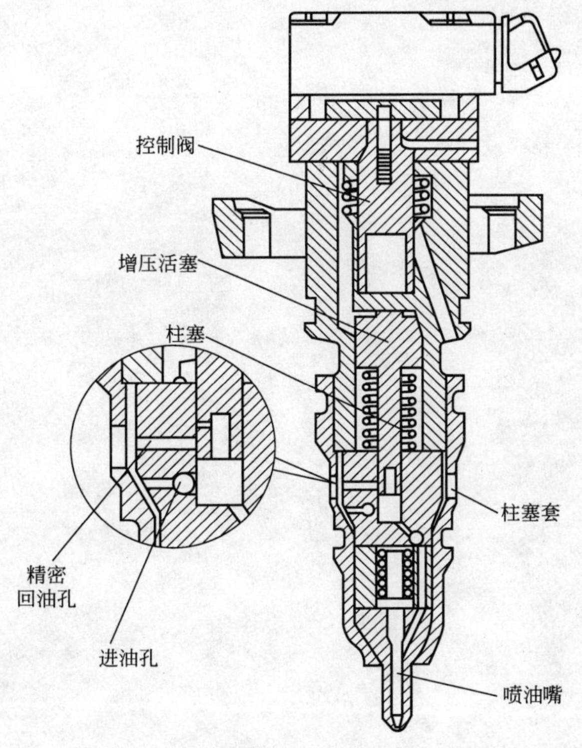

图 6-30　HEUI 系统具有预喷射的结构示意图

复习思考题

1. 柴油机燃料供给系统由哪些装置构成?
2. 柴油机的可燃混合气是怎样形成的?燃烧过程分为哪几个阶段?
3. 为改善柴油机可燃混合气的形成条件及燃烧性能可采取哪些措施?
4. 柴油机燃烧室有几种?各有什么特点?
5. 喷油器的作用是什么?混合气在形成与燃烧过程中对喷油器有哪些要求?
6. 请简述喷油器的构造及工作原理。
7. 说明柱塞式喷油泵的基本结构及泵油原理。
8. 柱塞式喷油泵怎样调整供油量?
9. 柱塞式喷油泵怎样调整各缸供油的均匀性?
10. 柱塞式喷油泵出油阀上的减压环带有何作用?
11. 什么是供油提前角?
12. 柴油机为何要装调速器?
13. 试述两速调速器的工作原理。
14. 试述全速调速器的工作原理。
15. 试述电控柴油喷射系统的工作原理。

第7章　进、排气系统

学习要求

1. 掌握进、排气系统的组成及功用；
2. 了解机外净化采用的催化反应器净化原理；
3. 理解废气再循环（EGR）系统的工作过程；
4. 理解曲轴箱强制通风工作原理。

7.1　进、排气装置

7.1.1　进气管与排气管

进气管是连接空气滤清器和汽缸盖进气道之间的管子。进气管的作用是将化油器所供给的可燃混合气分别送到发动机的各个汽缸，排气管的作用是汇集各汽缸的废气，从排气消声器排出。

一般进、排气管用铸铁制成。轿车发动机进气管多采用铝合金制造，具有重量轻、导热性能好的特点。近来采用复合塑料制造的进气管也日渐增多。排气管也有用不锈钢制造的，其具有重量轻、耐久性好、内壁光滑、排气阻力小等特点。进、排气管应具有减小气体流动阻力，提高进、排气能力等特点，以充分发挥发动机的效率。

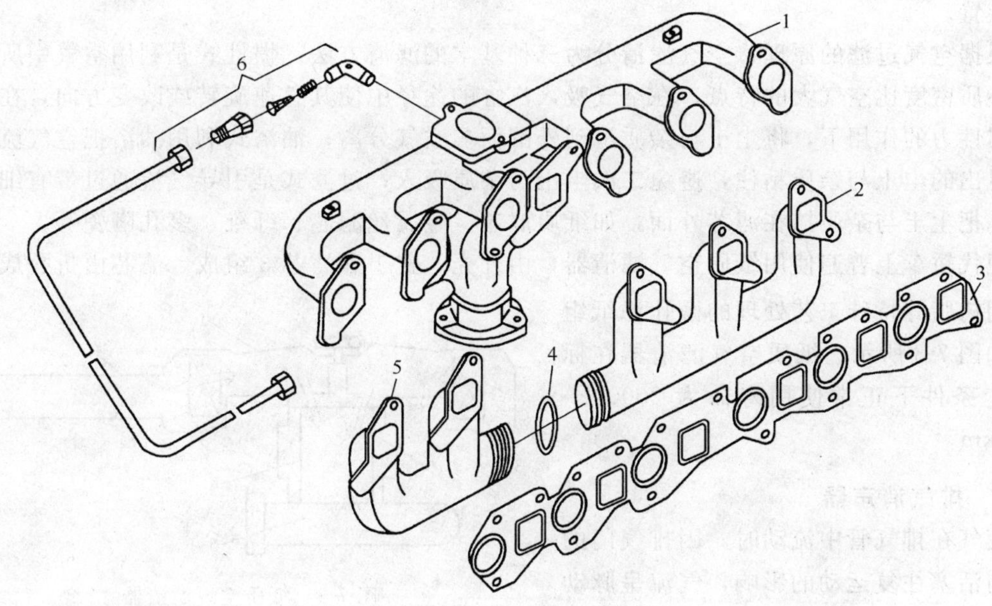

图7-1　进、排气管分解图

1—进气管；2—排气管；3—衬垫；4—铸铁环；5—后端排气管；6—曲轴箱通风单向阀

一般汽车进、排气管的构造如图 7-1 所示。该进气管有六个分支，形成每缸单独的进气道，有利于混合气均匀地分配至各汽缸。排气支管则采用前、中、后三段结合式的结构，排气支管的中段与进气支管铸成一体，利用排气的余热通过进气支管壁预热混合气。为了加强预热，在进气支管的中部设有带沟槽的预热装置，以增加预热面积，使化油器底部的燃油能得到较好的雾化。排气支管的前、后两段，经单独制造加工后与中间段装配成一体，其连接处采用两道耐热合金铸铁环 4 密封。各排气管内设有双弧形双导流板，使排出的废气各行其道，消除排气相互干扰，减小排气阻力，降低排气温度。

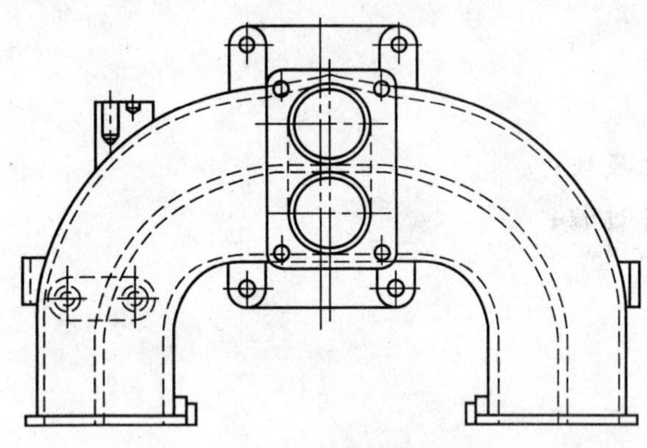

图 7-2　汽车发动机进气管排列

进、排气管的衬垫是整体式的钢片石棉板，坚固耐用。安装时应尽量使衬垫处于中间位置，先用两定位螺栓将衬垫、排气支管定位，其后再将螺栓逐一拧紧以避免进、排气道孔被衬垫挡住而减小流通面积。

采用双腔式化油器的发动机，其进气管是双式的，在同一管内有两个进气通道，如图 7-2 所示。化油器的一个管腔对第一、第四汽缸供气，另一管腔则对第二、第三汽缸供气。

7.1.2　空气滤清器

空气滤清器的功用就是滤去空气中的尘埃和杂质，将清洁的空气（或空气与燃油的可燃混合气）送入燃烧室，以减少活塞与汽缸套之间、活塞组之间和气门组之间的磨损，延长发动机的使用寿命。此外它还能抑制内燃机的进气噪声。对于汽油机，还可防止化油器回火时火焰向外扩展。在一些汽油机上，为了降低有害气体的排放，还在空气滤清器上加装了一些附加装置。

根据空气过滤的原理，空气滤清分为三种基本的滤清方法。惯性式是利用空气中所含尘土与杂质密度比空气大的特点，在空气吸入汽缸的途径中使其急速旋转或改变方向，在离心力或惯性力的作用下，将尘土与杂质甩到外围而与空气分离；油浴式利用油浴把空气流在转折时甩出的尘土与杂质粘住，避免二次尘土与杂质吸入；过滤式是引导气流通过带有细小孔的滤芯把尘土与杂质挡在滤芯外面，如纸质滤芯、金属丝滤芯、纤维、多孔陶瓷等。

现代轿车上普遍使用纸质空气滤清器，由外壳、盖 1 和滤芯 3 组成。滤芯由折叠成波纹状并用树脂等特殊工艺处理的微孔滤纸组成，如图 7-3 所示。纸质空气滤清器在标准含尘条件下正常使用寿命为 20000～50000km。

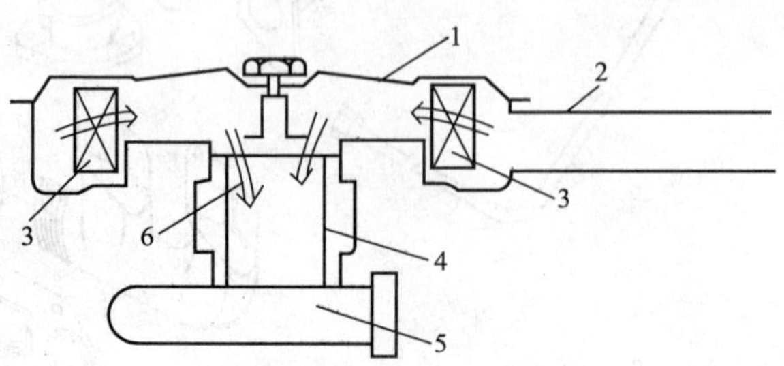

图 7-3　纸质空气滤清器

1—滤清器盖；2—进气导流管；3—滤芯；4—化油器；5—进气管；6—气流

7.1.3　排气消声器

废气在排气管中流动时，因排气门的开闭与活塞往复运动的影响，气流呈脉动形式，当排气门刚打开时压力约 0.4MPa，具有一定的能量。如果让废气直接排入大气，会产生强烈的排气噪声。为减小噪声和消除废气中的火焰及火星，在排气管出口处装有排气消声器。排气消声器的基本原理是：消耗废气流的能量，并平衡气流的压力波动。一般可采用以下几种方法实现：多次地变动气流方向；重复地使气流通过收缩而又扩大的断面；将气流分割为很多小的支流并沿着不平滑的平面流动；将气流冷却。

如图 7-4 所示为汽车发动机排气消声器的基本组成，其外壳 1 用薄钢板制成，隔板 3 把内部分隔成几个尺寸不同的滤声室，多孔管 2、4 在滤声室内通过。

废气进入多孔管 2 后，再流入多孔管与外壳间的滤声室，在其中经多次反射、碰撞、膨胀、冷却而使其压力降低，振动减轻，最后从多孔管 4 排到大气中，使噪声显著减小。

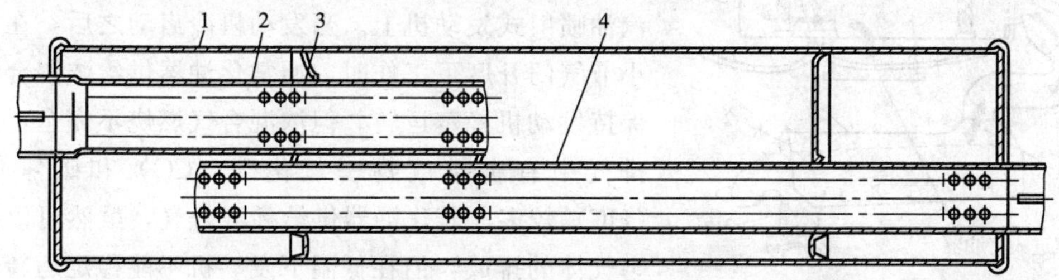

图 7-4　发动机排气消声器

1—外壳；2,4—多孔管；3—隔板

7.1.4　混合气的预热装置

为促进混合气中燃油颗粒的蒸发，并防止油气在进气管壁凝结，常利用排气管中高温废气的热量对进气管入口处的可燃混合气进行预热。进、排气管铸在一起，通过废气直接对进气管壁进行预热，其预热作用不能调节（图 7-5）。

北京 BJ492Q 型汽车发动机的混合气预热装置是可调节的（图 7-6）。排气管内装有混合气预热阀 4，可根据不同季节（冬季或夏季）调至不同位置，以改变对混合气的预热程度。

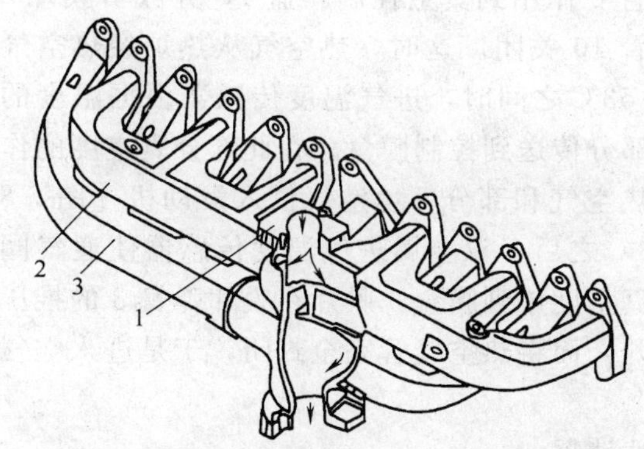

图 7-5　发动机进、排气管及预热装置

1—化油器安装凸缘；2—进气管；3—排气管

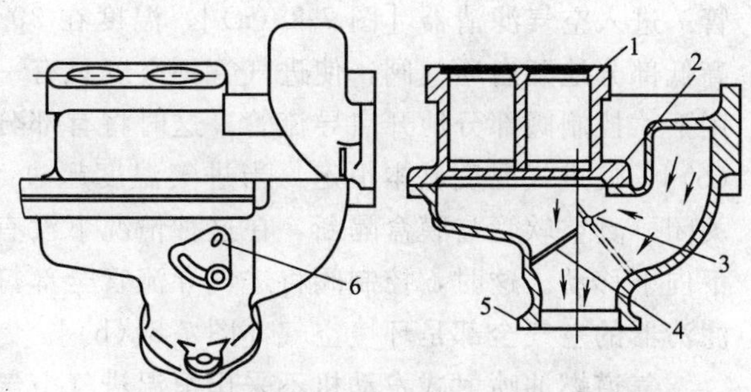

图 7-6　发动机预热装置

1—进气管；2—石棉衬垫；3—混合气预热阀轴；4—混合气预热阀；5—排气管；6—混合气预热阀调节手柄

7.2　排气净化装置

随着汽车保有量的与日俱增，汽车排气对人类健康的危害及对环境的污染也日益严重。

对此，世界各国都制定了相应的法规或标准，以期把汽车的有害排放物控制在较低的水平。为了满足排放标准，必须对发动机的排气进行净化。近几年来，汽车界开发和创制出许多净化排气的新技术和新装置。本节只介绍安装在发动机外部的排气净化装置，诸如恒温进气空气滤清器、二次空气喷射系统、催化转换器、排气再循环系统、曲轴箱通风等。

7.2.1 恒温进气空气滤清器

恒温进气空气滤清器也称进气温度自动调节式空气滤清器。它是在普通空气滤清器上增设一套空气加热与控制系统构成的（图 7-7）。

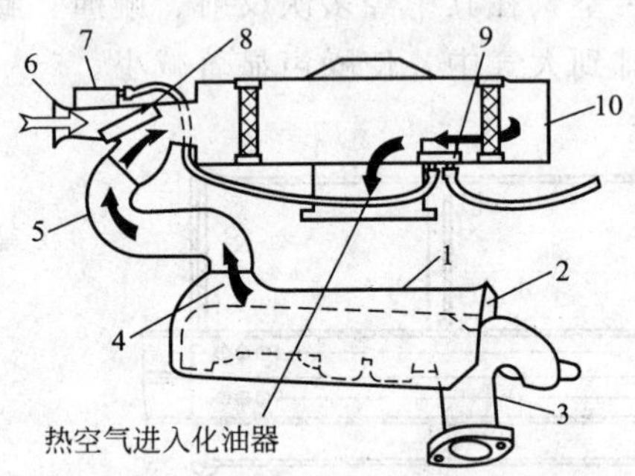

图 7-7　恒温进气空气滤清器的空气加热与控制系统示意图

1—热炉；2—冷空气入口；3—排气支管；4—热空气出口；5—热空气管；6—进气导流管；7—真空控制膜盒；8—控制阀；9—进气温度传感器；10—空气滤清器

恒温进气空气滤清器多用于化油器式或节气门体汽油喷射式发动机上。当发动机冷启动之后，在怠速或小节气门开度下工作时，通常化油器供给浓混合气，以保持发动机稳定运转。但浓混合气燃烧不完全，发动机排气中有害排放物一氧化碳（CO）和碳氢化合物（HC）较多。若化油器供给稀混合气，虽然可以减少有害气体的排放，但在低温下发动机不能稳定运转。恒温进气空气滤清器的功用就是当发动机冷启动之后，向发动机供给热空气。在这种情况下，即使化油器供给浓混合气，热空气也能促使燃油充分汽化和燃烧，从而既减少了 CO 和 HC 的排放，又改善了发动机低温运转性能。当发动机温度升高后，恒温进气空气滤清器向发动机供给环境温度的空气。因此，这种空气滤清器是一种排气净化装置。

恒温进气空气滤清器的工作原理如图 7-8 所示。

当发动机冷启动后、汽车前罩下的环境温度低于 30℃时，双金属进气温度传感器 4 将通气阀 5 开启（图 7-8）。进气管真空度经真空软管 6 作用到真空控制膜盒 1，并吸引膜片 2 向上，膜片通过连接杆带动控制阀 9 将进气导流管 10 关闭。这时，热空气从热炉经热空气管 7 进入空气滤清器［图 7-8（a）］。温度在 30～53℃之间时，进气温度传感器根据温度的高低部分地开启通气阀，使进气管真空度只有一部分传送到控制膜盒。在此部分真空度的作用下，控制阀部分地开启导流管。这时将有部分热空气和部分环境空气供入发动机［图 7-8（b）］，使进气温度基本恒定。当进气温度超过 53℃之后，双金属进气温度传感器使通气阀关闭，真空软管与膜盒隔断，在这种情况下没有真空度传到膜盒，膜片在膜片弹簧 3 的推压下向下移动。这时，控制阀将进气导流管全部打开，而将热空气管完全封闭，于是进入空气滤清器的空气全部是环境空气［图 7-8（b）］。

气道燃油喷射式发动机不采用恒温进气空气滤清器。

7.2.2 二次空气喷射系统

目前有的汽车发动机装有二次空气喷射系统。虽然二次空气喷射系统有各种各样的结构，但其功用却基本相同，即利用空气泵将新鲜空气经空气喷管喷入排气道或催化转换器，使排气中的 CO 和 HC 进一步氧化或燃烧成为二氧化碳（CO_2）和水（H_2O）。

图 7-9 所示为电脑控制的二次空气喷射系统，它由空气泵 1、旁通线圈及旁通阀 2、分流线圈及分流阀 4、空气分配管 6、空气喷管 7 和单向止回阀 11 等组成。空气泵通常由发动机驱动，空气泵产生的低压空气称作二次空气。在分流阀与排气道之间以及分流阀与催化转

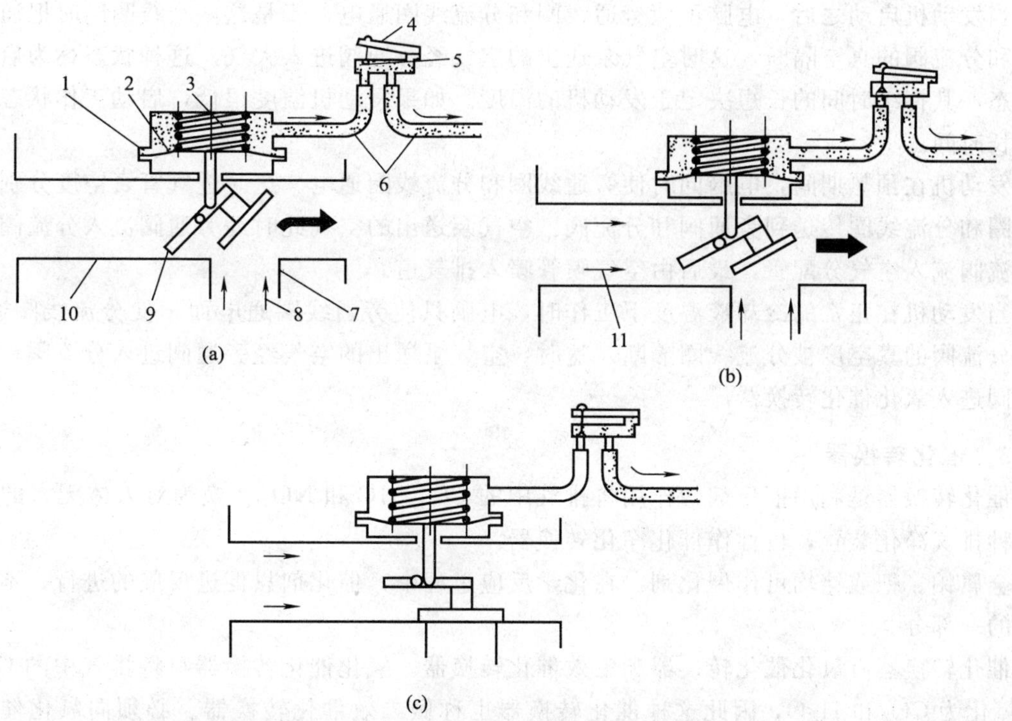

图 7-8　恒温进气空气滤清器工作原理示意图

1—真空控制膜盒；2—膜片；3—膜片弹簧；4—进气温度传感器；5—通气阀；6—真空软管；7—热空气管；8—热空气；9—控制阀；10—进气导流管；11—环境空气

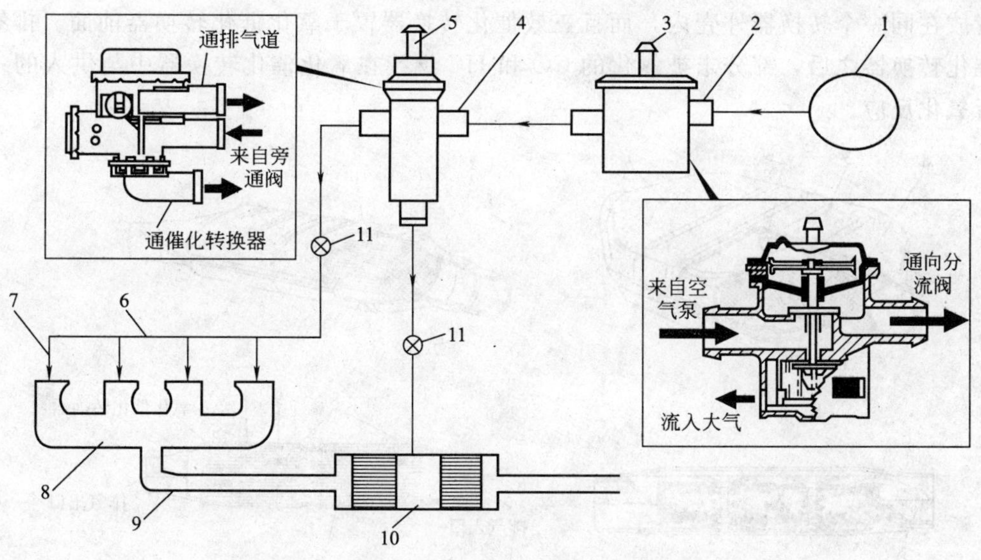

图 7-9　二次空气喷射系统

1—空气泵；2—旁通阀；3,5—真空管；4—分流阀；6—空气分配管；7—空气喷管；8—排气支管；9—排气管；10—催化转换器；11—单向止回阀

换器之间均装有单向止回阀，以防止排气进入二次空气喷射系统。分流线圈及旁通线圈由电脑控制，当接通发动机点火开关之后，电源电压便施加到两个线圈的绕组上，电脑通过对每个绕组提供接地使线圈通电。

当发动机启动之后，电脑不使旁通线圈和分流线圈通电，于是这两个线圈同时把通向旁通阀和分流阀的真空隔断，这时空气泵送出的空气经旁通阀进入大气。这种状态称为启动工作状态，其持续时间的长短决定于发动机的温度。如果发动机温度很低，启动工作状态将持续较长时间。

发动机在预热期间，电脑同时使旁通线圈和分流线圈通电。这时进气管真空度分别经旁通线圈和分流线圈传送到旁通阀和分流阀。空气泵送出的空气此时经旁通阀流入分流阀，再由分流阀流入空气分配管，最后由空气喷管喷入排气道。

当发动机在正常的冷却液温度下工作时，电脑只使旁通线圈通电而不使分流线圈通电，通向分流阀的真空度被分流线圈隔断。这时，空气泵送出的空气经旁通阀进入分流阀，再经分流阀进入氧化催化转换器。

7.2.3 催化转换器

催化转换器是利用催化剂的作用将排气中的 CO、HC 和 NO_x 转换为对人体无害的气体的一种排气净化装置，也称作催化净化转换器。

金属铂、钯或铑均可作催化剂。在化学反应过程中，催化剂只促进反应的进行，不是反应物的一部分。

催化转换器有氧化催化转换器和三效催化转换器。氧化催化转换器只将排气中的 CO 和 HC 氧化为 CO_2 和 H_2O，因此这种催化转换器也称做二效催化转换器。必须向氧化催化转换器供给二次空气作为氧化剂，才能使其有效地工作。三效催化转换器可同时减少 CO、HC 和 NO_x 的排放，它以排气中的 CO 和 HC 作为还原剂，把 NO_x 还原为氮（N_2）和氧（O_2），而 CO 和 HC 在氧化反应中被氧化为 CO_2 和 H_2O。当同时采用两种转换器时，通常把两者放在同一个转换器外壳内，而且三效催化转换器置于氧化催化转换器前面。排气经过三效催化转换器之后，部分未被氧化的 CO 和 HC 继续在氧化催化转换器中与供入的二次空气进行氧化反应。

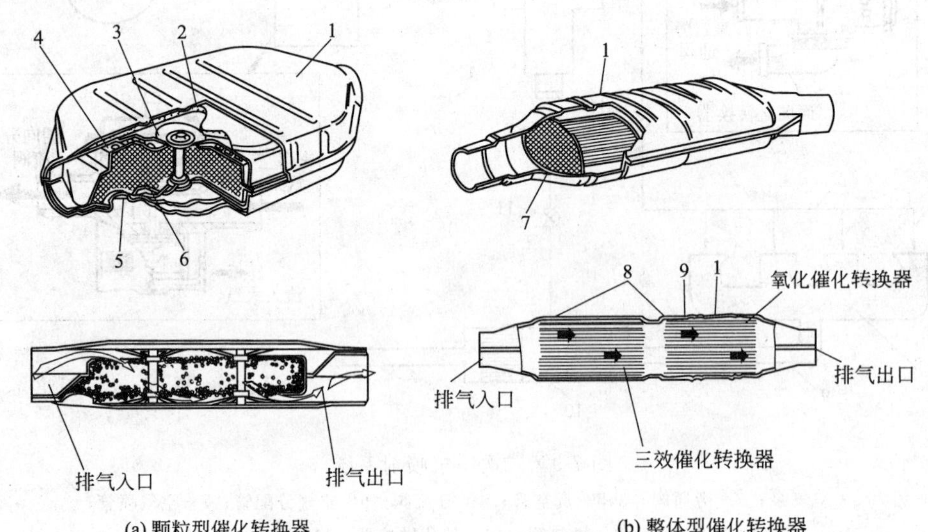

(a) 颗粒型催化转换器　　(b) 整体型催化转换器

图 7-10　三效催化转换器结构

1—转换器外壳；2—隔热层；3—转换器内壳；4—挡板；5—填料孔螺塞；6—陶瓷小球；7—陶瓷块；8—密封；9—金属网

催化转换器有两种结构形式（图 7-10）。一种是颗粒型催化转换器［图 7-10（a）］，其中由 100 个直径为 2～3mm 的多孔性陶瓷小球构成反应床，排气从反应床流过；另一种是整体型催化转换器［图 7-10（b）］，其中是一个有很多蜂窝状小孔的陶瓷块，排气从蜂窝状小孔流过。转换器内的陶瓷小球或陶瓷块小孔表面有一层薄薄的铂、钯或铑的镀层。小球或陶瓷块均装在不锈钢外壳内。与颗粒型催化转换器相比，整体型催化转换器有体积小、与排气接触的表面积大和排气阻力小等许多优点。

催化转换器的使用条件相当严格。首先，装用催化转换器的发动机只能使用无铅汽油。如果使用加铅汽油，铅覆盖在催化剂表面将使催化剂失效。其次，仅当温度超过 350℃时，催化转换器才起催化反应。温度较低时，转换器的转换效率急剧下降。因此，催化转换器都安装在温度较高的排气支管后面。第三，必须向装有三效催化转换器的发动机供给理论混合比的混合气，才能保证三效催化转换器有较好的转换效果。如果混合气成分不是理论混合比，那么，CO 和 HC 的氧化反应或 NO_x 的还原反应不可能进行得很完全。另外，发动机调节不当，如混合气过浓或汽缸缺火，都将引起转换器严重过热。

7.2.4 废气再循环（EGR）系统

废气再循环是指把发动机排出的部分废气（5%～20%）回送到进气管，并与新鲜混合气一起再次进入汽缸。由于废气中含有大量的 CO_2，而 CO_2 不能燃烧却吸收大量的热，使汽缸中混合气的燃烧温度降低，从而减少了 NO_x 的生成量。废气再循环是净化废气中 NO_x 的主要方法。一般当 $\alpha=1$ 左右，废气循环量为 20%时，NO_x 可下降 60%～70%，但油耗增加 3%。一般再循环废气量不应超过 20%。废气再循环系统装置由 EGR 阀、EGR 调控阀、延迟阀、三向螺线管等组成，如图 7-11 所示。它是利用水温传感器感知进气管或散热器水温来控制三向螺线管通电的开、闭，以控制负压通路。

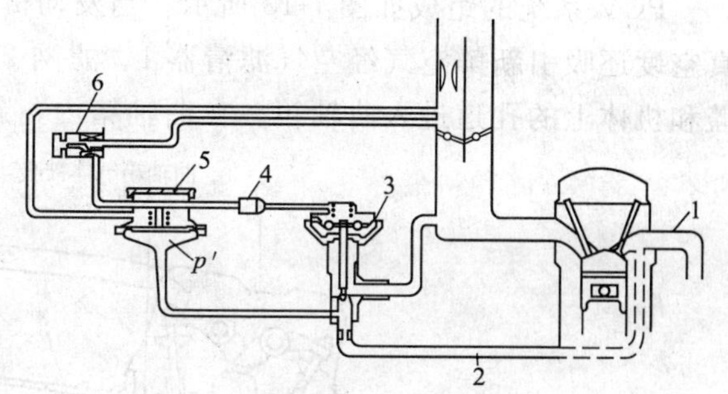

图 7-11　废气再循环（EGR）系统

1—排气管；2—排气引出管；3—EGR 阀；4—延迟阀；5—EGR 调控阀；6—EGR 电磁阀

当进气管水温在 68℃以上和散热器的水温在 17℃以上时，螺线管通电而关闭，节气门上的负压通道开通，然后再由 EGR 调控阀来控制 EGR 阀，如图 7-12 所示。当排气管背压 p' 增加或通向 EGR 调控阀的 No. 2 管的负压作用时，空气（新气）泄漏通道被关闭，负压

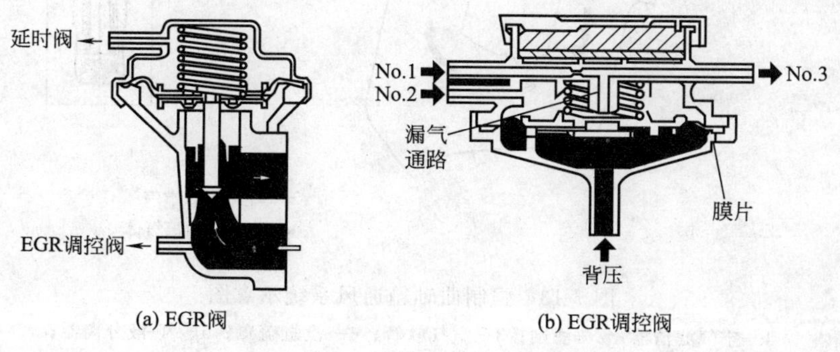

图 7-12　EGR 阀和 EGR 调控阀

仅通过 No. 1 管进入、No. 3 管流出，再通过延迟阀使负压平滑，最后作用于 EGR 调控阀的膜片上面的空间，当此负压克服弹簧的压力时，EGR 阀开启，废气便从排气管，通过开启的 EGR 阀进入进气管。

当 EGR 阀开启时，若 p' 变小（小负荷、低速、怠速等），这时空气泄漏阀开启，从 No. 1 管来的负压由于泄漏到大气中，这时 EGR 阀关闭，停止工作。总之，它是通过排压来控制与吸气空气量成比例的 EGR 阀。

7.3 强制式曲轴箱通风装置

强制式曲轴箱通风系统又称 PCV 系统。在发动机工作时，会有部分可燃混合气和燃烧产物经活塞环由汽缸窜入曲轴箱内。当发动机在低温下运行时，还可能有液态燃油漏入曲轴箱。这些物质如不及时清除，将加速润滑油变质并使机件受到腐蚀或锈蚀。又因为窜入曲轴箱内的气体中含有 HC 及其他污染物，所以不准许把这种气体排放到大气中。目前汽车发动机所采用的强制式曲轴箱通风系统，就是防止曲轴箱气体排放到大气中的净化装置。

PCV 系统的组成如图 7-13 所示。当发动机工作时，进气管真空度作用到 PCV 阀 6，此真空度还吸引新鲜空气经空气滤清器 1、滤网 2、空气软管 3 进入汽缸盖罩 4 内，再由汽缸盖和机体上的孔道进入曲轴箱。在曲轴箱内，新鲜空气与曲轴箱气体混合并经气-液分离器

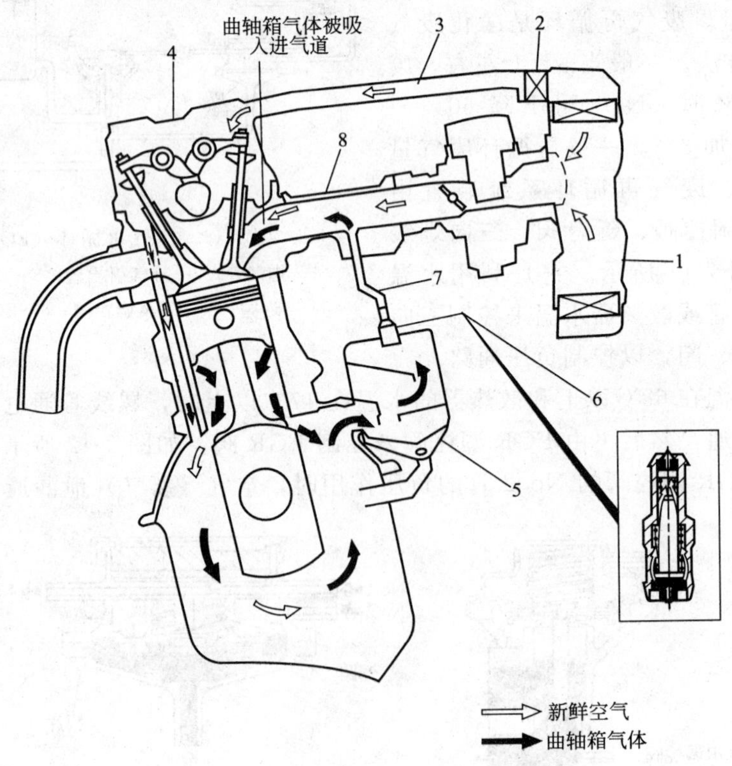

图 7-13　强制曲轴箱通风系统示意图

1—空气滤清器；2—滤网；3—空气软管；4—汽缸盖罩；5—气-液分离器；6—PCV 阀；7—曲轴箱气体软管；8—进气管

5、PCV 阀 6 和曲轴箱气体软管 7 进入进气管 8，最后经进气门进入燃烧室烧掉。被气-液分离器分离出来的液体返回曲轴箱。

在 PCV 系统中最重要的控制元件是 PCV 阀，其功用是根据发动机工况的变化自动调节进入汽缸的曲轴箱气体的数量。

（1）发动机不工作时 PCV 阀的开度

当发动机不工作时，PCV 阀中的弹簧 2（图 7-14）将其中的锥形阀 3 压在阀座 4 上，关闭了曲轴箱与进气管的通路［图 7-14（a）］。

（2）发动机在怠速或减速时 PCV 阀的开度

在怠速或减速时，进气管真空度很大，真空度克服弹簧压力把锥形阀高高吸起，这时锥形阀 3 与 PCV 阀体 1 之间只有很小的缝隙［图 7-14（c）］。因为发动机在怠速或减速工作时，窜入曲轴箱的气体很少，所以 PCV 阀开度虽小，但足以使曲轴箱内的气体流出曲轴箱。

（3）部分节气门开度时 PCV 阀的开度

节气门部分开度时的进气管真空度比怠速时小，在弹簧的作用下锥形阀与阀体间的缝隙增大［图 7-14（c）］。因为在部分节气门开度下发动机的负荷比怠速时大，窜入曲轴箱的气体较多，所以较大的 PCV 阀开度可以使所有曲轴箱气体被吸入进气管。

（4）发动机在大负荷工作时 PCV 阀的开度

发动机在大负荷工作时，节气门全开，进气管真空度较小，弹簧将锥形阀进一步向下压，使 PCV 阀的开度达到最大［图 7-14（d）］。因为大负荷时将产生更多的曲轴箱气体，所以只有 PCV 阀开度很大才能使曲轴箱气体全部流进进气管。

（5）进气管回火时 PCV 阀的开度

如果进气管发生回火，进气管压力增高，锥形阀落在阀座上，如同发动机不工作时一样，以防止回火进入曲轴箱而引起严重事故。当活塞或汽缸严重磨损时，将有过多的气体窜入曲轴箱，这时即使 PCV 阀开度最大也不足以使这些气体都流入进气管。在这种情况下，曲轴箱压力将会升高，部分曲轴箱气体经空气软管和滤网进入空气滤清器（图 7-14）。

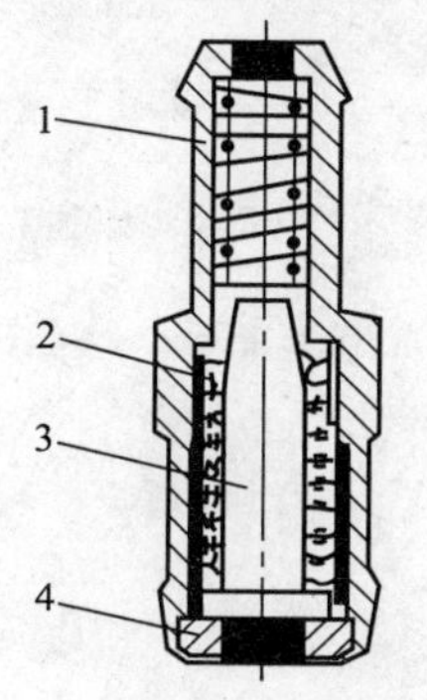

(a) 发动机不工作或回火时,PCV阀关闭

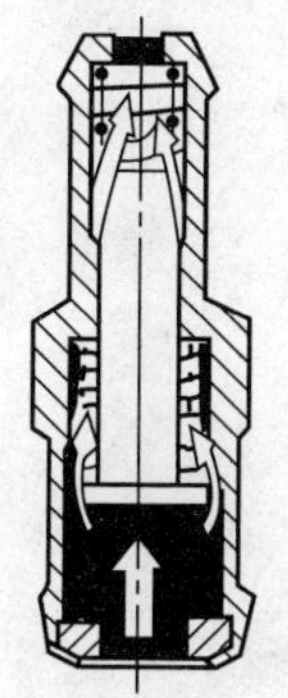

(b) 怠速或减速时,PCV阀开度较小

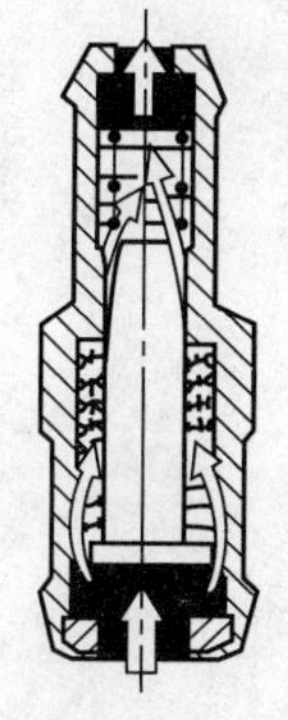

(c) 中等负荷时,PCV阀开度较大

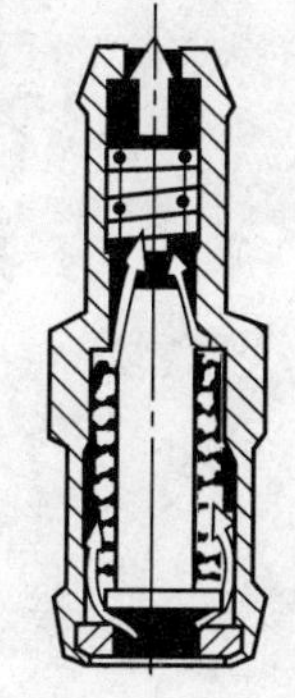

(d) 加速或大负荷时,PCV阀全开

图 7-14　发动机各种工况下的 PCV 阀开度

1—PCV 阀体；2—弹簧；3—锥形阀；4—阀座

复习思考题

1. 简述进排气系统的组成及功用。
2. 简述排气消声器的结构特点。
3. 简述机外净化采用的催化反应器净化原理。
4. 简述废气再循环（EGR）系统的工作过程。
5. 简述曲轴箱强制通风原理。

第 8 章　发动机润滑系统

学习要求

1. 掌握发动机润滑系统的组成、功用及润滑方式；
2. 掌握润滑油路的构造和润滑系统主要零部件的结构特点及功用。

8.1　概述

发动机工作时，各运动零件互相接触的表面（如曲轴轴颈与主轴承，活塞、活塞环与汽缸壁，正时齿轮副等）在作高速相对运动时会产生摩擦。这种金属表面之间的直接摩擦不仅会增加发动机内部功率消耗，加速零件工作表面磨损，而且由于摩擦产生的大量热会使零件膨胀，导致其配合间隙减小，甚至使零件表面烧损（如曲轴轴瓦等），致使发动机不能正常运转。因此，为了保证发动机正常工作，必须对相对运动表面加以润滑，也就是在摩擦表面上覆盖一层润滑油使金属表面间形成油膜，以减小摩擦阻力，降低机内摩擦功率的消耗，减轻零部件磨损，延长发动机的使用寿命。

发动机的润滑是由润滑系统来实现的。润滑系统的功用就是将清洁的、压力和温度适宜的润滑油不断地供给各运动零件的摩擦表面，减少零件的摩擦和磨损；流动的润滑油不仅可以清除摩擦表面的磨屑等杂质，而且还可以冷却摩擦表面；润滑油的黏性作用，在活塞和汽缸壁之间形成的油膜能增强活塞、活塞环和汽缸壁之间的密封作用，减少活塞与汽缸壁之间的漏气现象；此外，润滑油还能防止零件表面生锈。

发动机运转时，由于各运动零件的工作条件不同，所要求的润滑强度也不同，因而要相应地采用不同的润滑方式。零件表面的润滑，按其供油方式不同可分为压力润滑、飞溅润滑等。现代汽车发动机都采用包括压力润滑和飞溅润滑的复合润滑方式。

（1）压力润滑

利用机油泵建立起一定的压力后通过油管输送至摩擦表面的间隙中，形成油膜以保证润滑。一般对负荷大、相对运动速度高（如主轴承、连杆轴承表面、凸轮轴轴承、挺柱、正时齿轮等）的零件，采取该种润滑方式。压力润滑工作可靠，润滑效果好，对摩擦表面有良好的清洗和冷却作用。

（2）飞溅润滑

利用发动机工作时某些运动零件（主要是连杆大头和曲轴曲柄）飞溅起来的油滴或油雾润滑零件的摩擦表面。一般对裸露在外、载荷较轻、相对运动速度较低或润滑条件有利（如汽缸壁、活塞、活塞环、活塞销以及配气机构的凸轮等）的零件，采用此种润滑方式。飞溅润滑无需专门设备，但润滑强度受到转速的影响。

在汽车发动机上采用以压力润滑为主、飞溅润滑为辅的润滑方式。另外，对于某些露于发动机体外的辅助部件，如水泵、启动机、发电机等部件的轴承部位则采用定期注入润滑油脂（凡士林）的方式进行润滑。近年来，在发动机上也有采用耐磨润滑材料（如尼龙、二硫化钼等）的轴承来代替加注润滑油脂的轴承。

8.2 润滑系统的组成及工作原理

8.2.1 润滑系统的组成

现代发动机润滑系统的组成及油路大致相似，绝大部分发动机都是采用压力和飞溅两种形式相结合的润滑方式，如对曲轴主轴承、连杆轴承、凸轮轴轴承等一些高速重负荷的摩擦表面采用压力润滑，而对一些负荷小、速度低的部位，如活塞、活塞环、活塞销、汽缸壁、凸轮等零件则采用飞溅起来的机油润滑。发动机润滑系统主要由机油泵、机油滤清装置、限压阀、旁通阀、油管、油道、油底壳、机油散热器以及机油压力传感器和机油压力指示装置等部件组成。

8.2.2 润滑系统的工作原理

(1) 汽油机润滑油路

图 8-1 所示为东风 EQ1090E 型汽车的 6100-1 型发动机润滑系统。在该润滑系统中，曲轴的主轴颈、连杆轴颈、摇臂孔、凸轮轴止推凸缘、正时齿轮分电器传动轴等都采用压力润滑。其余部件如凸轮、气门、汽缸壁、活塞、活塞销等采用飞溅润滑。

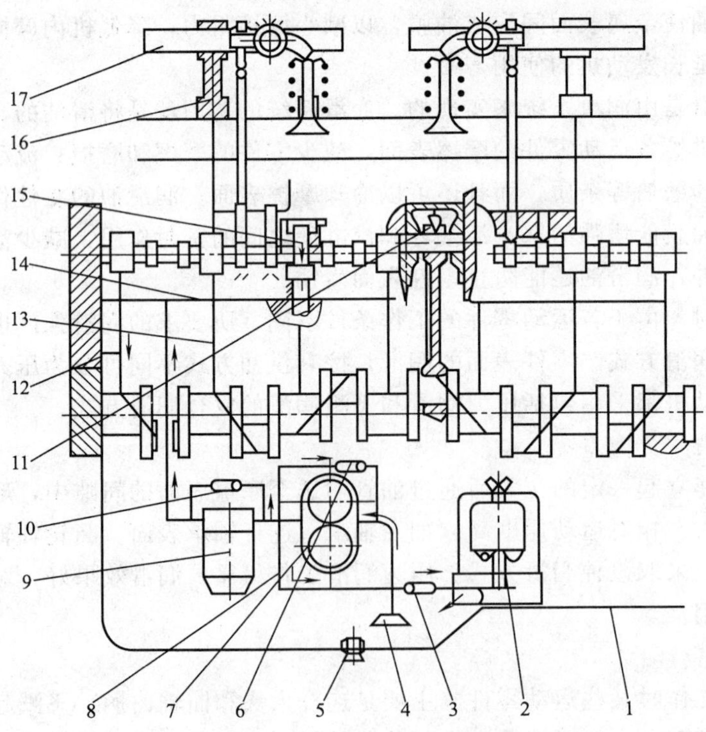

图 8-1 EQ6100-1 发动机润滑系统油路示意图

1—油底壳；2—机油细滤器；3—机油细滤器进油限压阀；4—固定式集滤器；5—放油螺塞；6—机油泵限压阀；7—机油泵；8—输油管；9—机油粗滤器；10—机油粗滤器旁通阀；11—连杆小头油道；12—喷油嘴；13—横向油道；14—主油道；15—机油泵传动轴；16—上油道；17—摇臂轴

当发动机工作时，机油泵 7 经固定式集滤器 4 从油底壳中吸取机油，这样可防止大颗粒的杂质进入机油泵内。经机油泵加压后的机油分成两路：大部分的机油经机油粗滤器 9 滤除较大的杂质，流入纵向的主油道 14，达到润滑机件表面的目的；另有一小部分机油（约 10%～15%），经进油限压阀 3 流入机油细滤器 2 内，滤除较细的杂质后流回油底壳。由此可知，机油细滤器与机油粗滤器及主油道是并联的。这是考虑到机油细滤器的阻力较大，如果与主油道串联，则难以保证主油道的畅通，并使发动机消耗于驱动机油泵的功率增加。采取并联的方案，虽每次经细滤器的油量少，但机油经过不断地循环流动仍可取得良好的滤清效果。实践表明，一般汽车每行驶 50km 左右，全部机油即能通过细滤器一次。

若机油泵出油压力低于一定值，则机油细滤器进油限压阀 3 不开启，以保证压力油全部进入主油道。

进入主油道 14 的机油，通过上曲轴箱中的七条并联的横向油道 13 分别润滑主轴颈和凸轮轴轴颈。机油还通过曲轴中的斜向油道从主轴颈处流向连杆轴颈（曲柄销）。同时也从凸轮轴的第二、第四轴颈处，经两个上油道 16 通向摇臂支座、润滑摇臂轴、推杆球头和气门端部。第三条横向油道还通向机油泵传动轴 15。可见以上这些摩擦表面都能得到压力润滑。

还有一部分机油，由第一条横向油道通过喷油嘴 12 喷射出来，以润滑正时齿轮副。此外，在第一、二横向油道之间还有油管从主油道接出，通到空气压缩机曲轴中心的油道，润滑空气压缩机的连杆轴颈后，由回油管流回到油底壳中（这一支油路在图上未画出）。

在主油道中还装有机油压力传感器和油压过低信号器，并通过导线分别与驾驶室中的机油压力表和机油压力过低警报灯连接，借以测量油压，并显示润滑系统的工作状态。

当连杆大头上对着凸轮轴一侧的小孔与曲轴连杆轴颈上的油道孔口相通时，机油即由此小孔喷向凸轮表面、汽缸壁及活塞等处。润滑推杆球头和气门端的机油顺推杆表面流下到杯形挺柱内，再由挺柱下部的油孔流出，与飞溅的机油共同来润滑凸轮的工作表面。飞溅到活塞内部的机油，溅落在连杆小头的切槽内，借以润滑活塞销。

若机油粗滤器被杂质严重淤塞，将使整个油路不能畅通。因此在机油泵与主油道之间，与粗滤器并联设置一个旁通阀 10。当粗滤器进油或出油道中的压力差达到 0.15～0.18MPa 时，旁通阀即被推开，机油不经过粗滤器而直接流入主油道，以保证对发动机各部分的正常润滑。

如果润滑系统中油压过高（例如在冷机启动时，机油黏度大，就可能出现油压过高现象），则将增加发动机功率损失。为此在机油泵端盖内设置柱塞式限压阀 6。当机油泵出油压力超过 0.6MPa 时，作用在阀上的机油总压力将超过限压阀弹簧的预紧力，顶开柱塞阀而使一部分机油流回到机油泵的进油口，在机油泵内进行小循环。弹簧预紧力可用增加或减少垫片的办法来调节。

东风 EQ6100-1 型发动机润滑系统中，在机油细滤器的下面还设置了可接机油散热器的阀门。机油散热一般安装在冷却水散热器的前面。在酷热季节，当发动机长时间在大负荷高转速下工作时，驾驶员可将阀门打开，使部分机油流入机油散热器进行散热。在寒冷季节或在气温低于 20℃的情况下，汽车行驶于好路面上时，须将阀门关闭。为保证主油道油压不至于过低，通往散热器的通路是否开通也受到进油限压阀 3 的控制。

图 8-2 为某轿车发动机润滑系统结构及油路示意图。该发动机曲轴主轴承、连杆轴承及凸轮轴和摇臂轴上各轴承等均采用压力润滑；摇臂、活塞、活塞环、汽缸壁等部位则采用飞溅润滑。机油泵装在发动机前面，由曲轴直接驱动。发动机工作时，机油泵 4 由曲轴带动运

转，机油从油底壳 2 经集滤器 1 被吸入机油泵。机油通过集滤器将其中的颗粒较大的机械杂质过滤掉；经机油泵压出的具有一定压力的机油通过机油滤清器 5 进一步将较细的机械杂质和胶质过滤掉。其中限压阀 3 限制润滑系统中的机油压力处于某一压力值。经滤清具有一定压力的机油从滤清器流出进入主油道，然后分两路，一路经油道润滑曲轴主轴承、连杆轴承和平衡轴轴承；另一路经缸体油道，通过机油控制节流孔 7 进行流量调节后送到缸盖上的油道，润滑凸轮轴 8 和摇臂轴 9 上各轴承。飞溅起来的润滑油则润滑凸轮、摇臂等其他零件，活塞和汽缸壁是靠连杆大头轴瓦油孔喷出来的润滑油润滑的，各润滑部位的机油最后经汽缸体回油道流回油底壳，在机油泵的作用下经过过滤再次循环，不断润滑各零件摩擦表面。

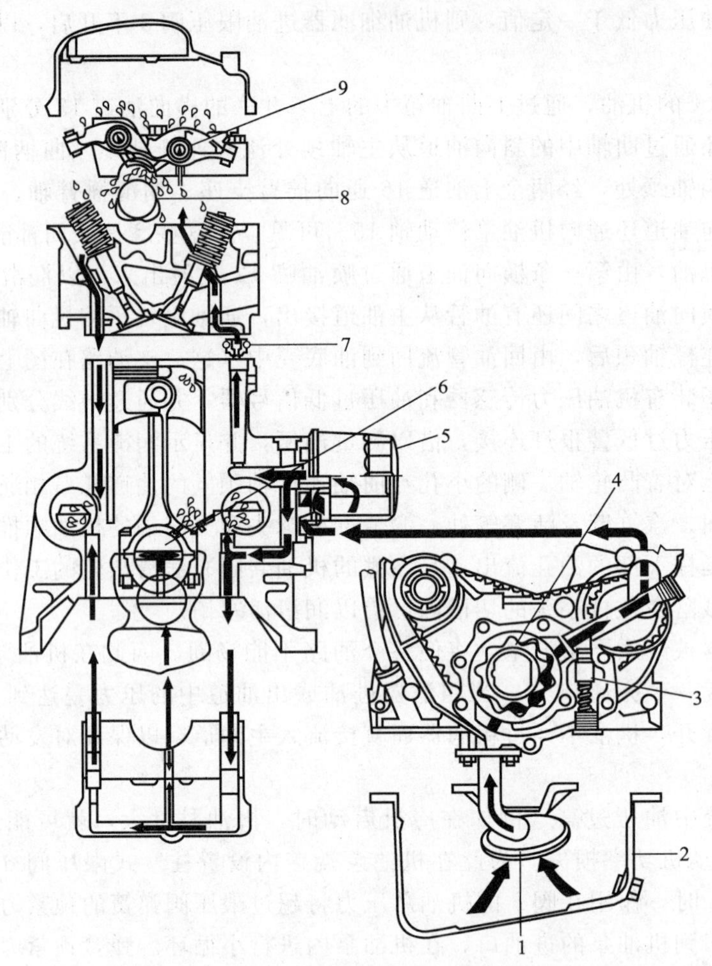

图 8-2 发动机润滑系统结构及油路示意图

1—机油集滤器；2—油底壳；3—限压阀；4—机油泵；5—机油滤清器；6—曲轴；7—机油控制节流孔；8—凸轮轴；9—摇臂轴

发动机润滑系统油路中还装有机油压力传感器和油压过低信号器，并分别通过导线与驾驶室的机油压力指示装置和机油压力报警灯相接，以便驾驶员可以随时监视系统油压，保证发动机正常工作。限压阀 3 和旁通阀分别装在机油泵和机油滤清器中。

（2）柴油机润滑油路

由于柴油机与汽油机的结构和工作条件不一样，其润滑系统的组成和油路也各有不同。柴油机的机械负荷和热负荷较大，其活塞一般专设油道进行冷却，所配用的喷油泵、调速器、增压器等也需要润滑，因此要求柴油机的润滑强度较高。为了保证润滑系统的可靠工作，通常设有机油散热器。同时，由于柴油机无需驱动分电器，所以机油泵可安装在曲轴箱内第一道或第二道主轴承盖处，由曲轴正时齿轮直接或间接驱动。这样可使机油泵的转速等于或高于发动机转速，以满足柴油机高强度润滑的需要。

图 8-3 所示为 6135Q 型柴油机的润滑油路。其中的机油细滤器与粗滤器也是并联的。由机油泵压出的机油绝大部分经粗滤器后进入主油道，一部分经细滤器流回油底壳。整个曲轴是空心的，其空腔形成润滑油道，机油经此分别润滑各个连杆轴承。曲轴主轴承因是滚动轴承，用飞溅润滑方式。用以润滑顶置气门式的气门传动机构的机油，沿着由第二个凸轮轴承引出的油道，一直通到汽缸盖上气门摇臂轴的中心油道中。再由此流向各个摇臂的工作面，然后顺推杆表面下流到杯形的挺柱内。由挺柱下部两个油孔流出的机油及飞溅的机油润滑凸轮工作表面。

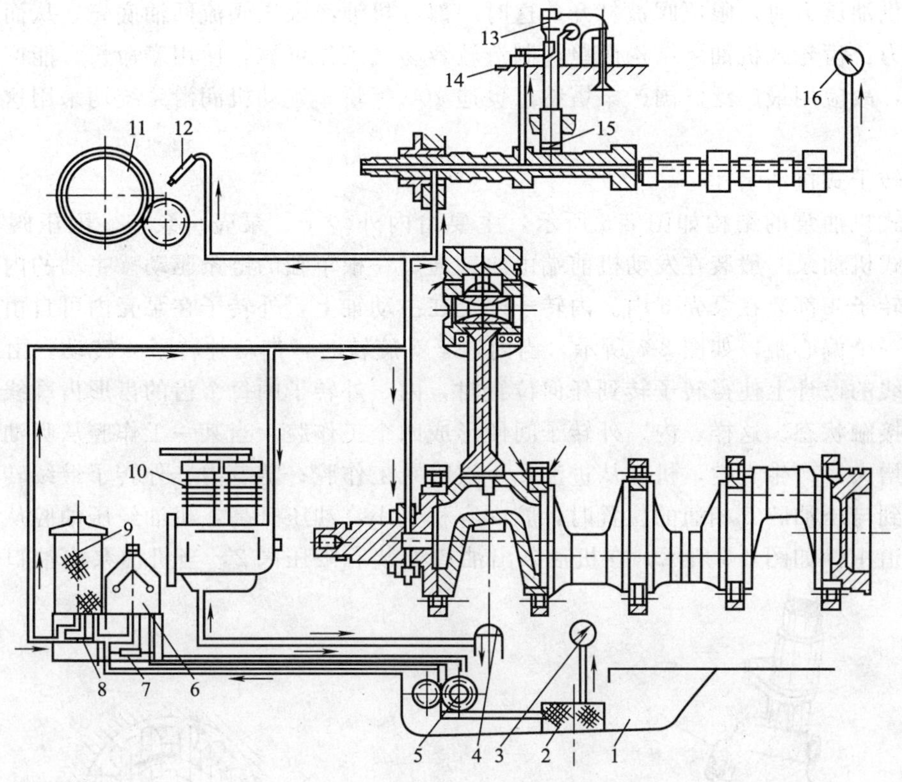

图 8-3　6135Q 型柴油机润滑系统示意图

1—油底壳；2—机油集滤器；3—机油温度表；4—加油口；5—机油泵；6—机油细滤器；7—限压阀；8—旁通阀；9—机油粗滤器；10—空气压缩机；11—正时齿轮；12—机油喷嘴；13—气门摇臂；14—汽缸盖；15—气门挺柱；16—机油压力表

8.3　润滑系统的主要零部件

8.3.1　机油泵

机油泵的功用是将一定压力和数量的润滑油输送到各运动机件的摩擦表面，使机油在润滑油路中不断循环，以保证发动机的良好润滑。根据其结构和工作原理的不同，机油泵常见的有齿轮式、转子式、叶片式和柱塞式等多种形式。现代汽车发动机润滑系统常用的机油泵为齿轮式和转子式机油泵。

(1) 齿轮式机油泵

图 8-4 所示为齿轮式机油泵的一般结构。这种机油泵主要由泵体 1、泵盖 4、主动齿轮 6、从动齿轮 2、限压阀 5、齿轮轴 7 等零件组成。其工作原理如图 8-5 所示，当发动机工作时，机油泵主动齿轮 1 由经凸轮轴上的螺旋齿轮驱动的主动齿轮轴带动旋转，并带动从动齿轮 3 按图 8-5 所示方向旋转，进油口处的容积由于轮齿向脱离啮合的方向运动而增大，在该处产生一定的真空度，机油便从进油口被吸入并充满进油腔。随着齿轮的转动，机油沿齿轮与泵壳 4 之间的空间被轮齿带到机油泵出油口 6 处，压入机油滤清器或主油道。当齿轮进入啮合时，啮合间隙中的机油由于容积变小在齿轮间产生很大的压力，为此，在泵盖上铣有一条卸压槽 5，使轮齿啮合时齿间挤出的机油可通过卸压槽流向出油口。当机油泵出油压力超过规定的供油压力时，限压阀被打开；这时一部分机油经限压阀流回油底壳，从而保持一定的供油压力。齿轮式机油泵结构简单，制造较容易且工作可靠，使用寿命长，能产生较高的供油压力，故应用最广泛。国产桑塔纳、奥迪 100 等轿车发动机润滑系统均采用这种齿轮式机油泵。

(2) 转子式机油泵

转子式机油泵的结构如图 8-6 所示，主要由内外转子、泵壳、泵盖、限压阀等零件组成。转子式机油泵一般装在发动机前端由曲轴通过一根单独的链条驱动。主动的内转子 5 和从动的外转子 4 都装在泵壳 6 内。内转子固定在主动轴上，外转子在泵壳内可自由转动，两者之间有一个偏心距，如图 8-7 所示，当内转子 3 旋转时，带动外转子 4 转动。由于在转子齿形齿廓线的设计上使得转子转到任何位置时，内、外转子的每个齿的齿形齿廓线上总能互相保持点接触状态。这样，内、外转子间便形成四个工作腔。当某一工作腔从吸油腔 2 转过时，容积增大，产生真空，机油从进油孔 1 被吸入工作腔；随着内、外转子继续转动，当该工作腔转到与压油腔 5 相通的位置时，腔内容积变小，油压升高，机油经压油腔从出油口压入润滑油道中。如图 8-6 所示，在机油泵出油口处装有限压阀 2，当机油泵出油口处机油压

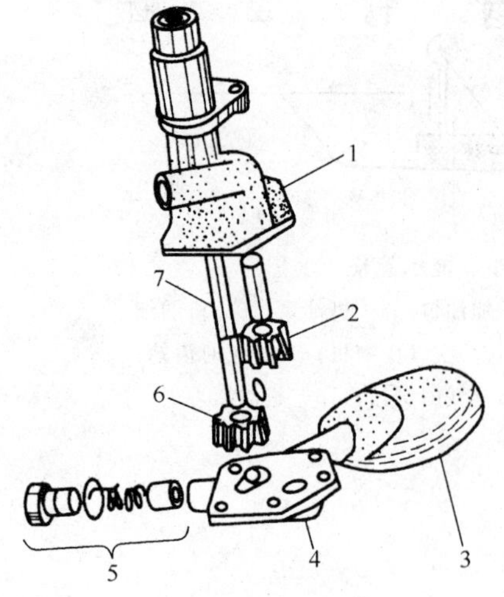

图 8-4 齿轮式机油泵结构

1—泵体；2—从动齿轮；3—集滤器；4—泵盖；
5—限压阀；6—主动齿轮；7—齿轮轴

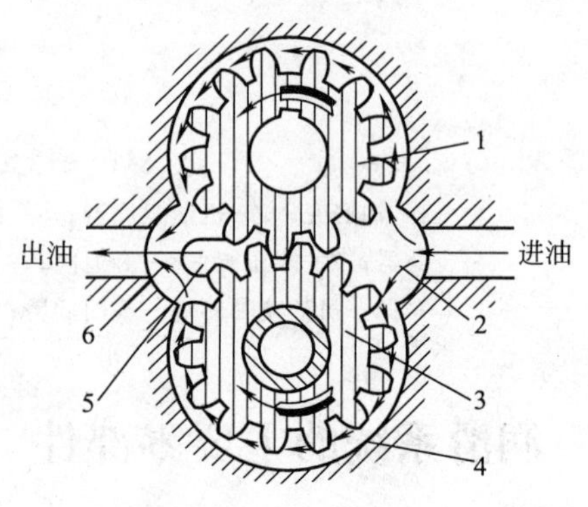

图 8-5 齿轮式机油泵工作原理示意图

1—主动齿轮；2—进油口；3—从动齿轮；
4—泵壳；5—卸压槽；6—出油口

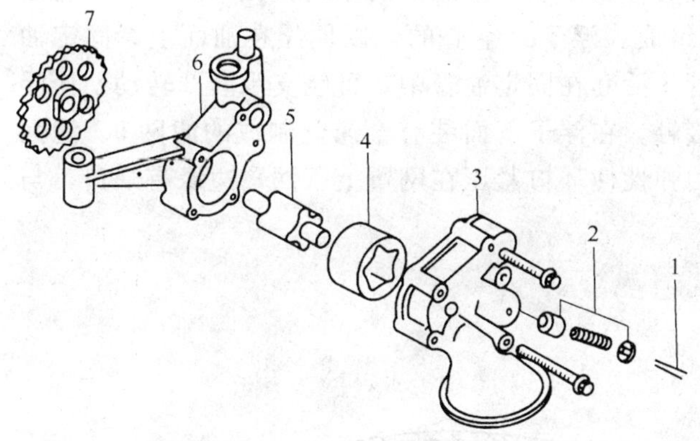

图 8-6　转子式机油泵的结构

1—开口销；2—限压阀；3—泵盖；4—外转子；5—内转子；6—泵壳；7—链轮

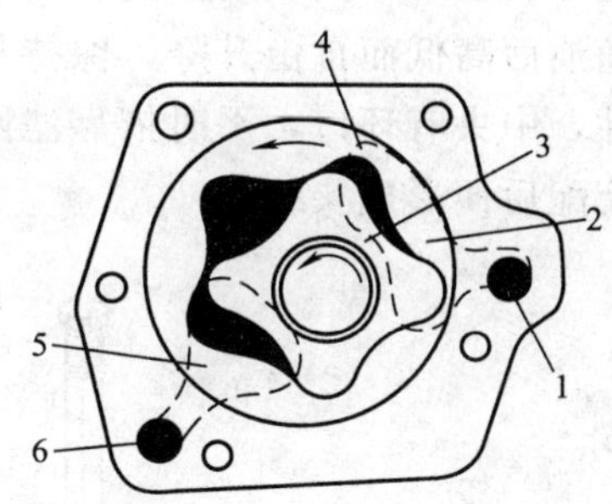

图 8-7　转子式机油泵工作原理示意图

1—进油孔；2—吸油腔；3—内转子；4—外转子；5—压油腔；6—出油孔

力超过规定限值（一般为 0.078～0.117MPa）时，限压阀被打开，一部分机油经限压阀流回机油泵进油口处或油底壳中，使供油压力保持在规定的限值内，也可以通过调节限压弹簧的预紧力来调节机油泵的供油压力。

转子式机油泵结构紧凑，吸油真空度较高，泵油量较大，且供油均匀。当机油泵安装在曲轴箱外且位置较高时，用此种油泵较为合适。夏利 TJ7100、马自达 323 等轿车发动机上均采用转子式机油泵。

(3) 叶片式机油泵

如图 8-8 所示，叶片式机油泵主要由偏心转子、叶片、弹簧及泵壳等零件组成，结构较简单。转子 1 与泵壳 3 偏心安装，叶片 2 装在转子槽中，由弹簧 5 将叶片压紧在泵壳上。当转子旋转时，带动叶片一起转动，当叶片转过进油口时，随着转子的继续旋转，叶片、转子和泵壳三者之间组成的容积逐渐增大，产生一定真空度，将机油从进油口吸入。

当叶片转至出油口时，叶片、转子和泵壳三者间的容积逐渐由大变小，油压升高，叶片将油压入出油口，送入油道。

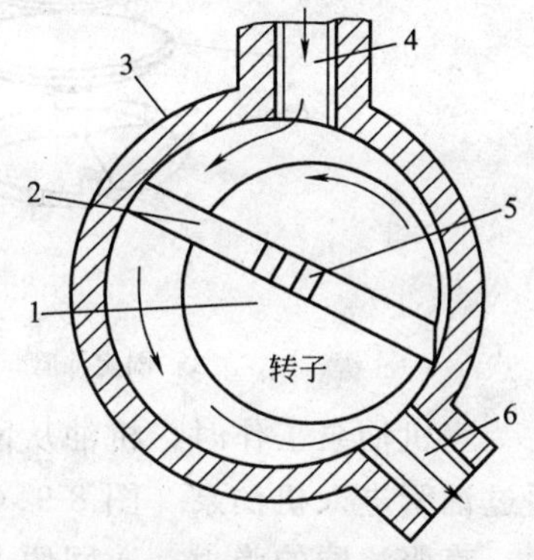

图 8-8　叶片式机油泵

1—转子；2—叶片；3—泵壳；4—进油口；5—弹簧；6—出油口

8.3.2　机油滤清装置

机油滤清装置的功用是滤去机油中含的金属屑末等杂质，保证机油质量，防止零件过快地磨损。机油滤清器性能的好坏直接影响到发动机的大修期限和使用寿命。

机油在流到摩擦表面之前，所经过的滤清器滤芯愈细密，滤清次数愈多，机油流动阻力愈大。为此在润滑系统油路中一般装有几个不同滤清能力的滤清装置——集滤器、粗滤器和细滤器，分别并联和串联在主油道中，这样既能使机油得到较好的滤清，而又不至于造成很大的流动阻力。

(1) 集滤器

集滤器的过滤元件一般为用金属丝编织而成的滤网，装在机油泵之前，串联在油路中，其网孔较大，机油通过性好，主要用于防止机油中一些颗粒较大的杂质进入机油泵。目前汽车发动机所用的集滤器分为浮动式和固定式两种。浮动式集滤器的结构如图 8-9 所示，它由浮子 4、滤网 5、网罩 6 以及油管 1 和 3 等组成。浮子是空心的，以便浮在油面上。固定油管 1 通往机油泵，安装后固定不动。吸油管 3 活套在固定油管中，可绕支承套 2 转动，使浮子能随油面高低而自由升降，保持与油面接触。在浮子下面装有金属丝制成的滤网 5。滤网有弹性，中央有环口，平时依靠滤网本身的弹性使环口紧压在网罩上。网罩边缘有缺口，与浮子装配后便形成狭缝。

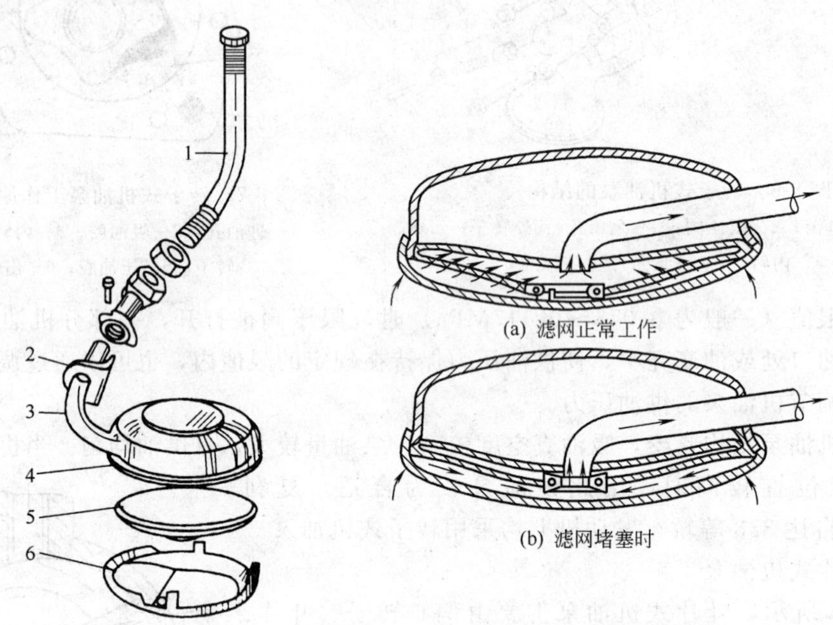

图 8-9　浮动式机油滤清器

1—固定油管；2—支承套；3—吸油管；4—浮子；5—滤网；6—网罩

当机油泵工作时，机油从网罩与浮子之间的狭缝被吸入，经滤网滤去颗粒较大的杂质后通过油管进入机油泵［图 8-9（a）］。当滤网被堵塞时［图 8-9（b）］，滤网上方的真空度增大，克服滤网的弹力，滤网便上升而环口离开网罩，这时机油不经滤网而直接从环口进入吸油管，以保证机油泵供油不致中断。浮动式集滤器能吸入油面上较清洁的机油，但油面上的泡沫也容易被吸入机油泵，使机油压力降低，润滑欠可靠。固定式集滤器装在油面下，不能随油面的高低而上下浮动，吸入的机油清洁度较浮动式集滤器差，但可防止泡沫吸入。

（2）机油滤清器

机油滤清器装在机油泵和主油道之间的油路中，对机油泵压出的全部或部分机油进一步过滤，清除混在机油中的各种杂质。机油滤清器应具有足够的滤清能力，流通阻力小，过滤后的机油清洁度高，且使用寿命长。

机油滤清器根据其对机油滤清效果的不同，可分为粗滤器和细滤器两种。粗滤器用以滤去机油中粒度较大、颗粒直径为 0.05～0.1mm 的杂质。这种滤清器对机油的流动阻力比较小，一般串联在机油泵和主油道之间。由于其过滤后的机油清洁度比较差，所以一般和细滤器一起装在发动机润滑油路中，同时使用。细滤器用以过滤和清除机油中颗粒直径为 0.001～0.005mm 的细小杂质。这种滤清器一般采用纸质滤芯，过滤效果比较好，过滤后的机油清洁度比较高，但由于滤网孔径较小，所以对机油的流动阻力比较大，安装时一般与主油道并联在油路中。

① 机油过滤的方式　机油过滤的方式大致可分为如图 8-10 所示的四种情况，即全流式、分流式、混合式和并联式。

a. 全流式　全流式的过滤方式如图 8-10（a）所示。机油滤清器串联在机油泵和主油道之间，机油泵压出的机油全部经过滤清器过滤后流入主油道。采用全流式过滤方式，在机油滤清器内设有旁通阀（图 8-11），一旦滤清器滤芯堵塞，机油将不经过滤芯而直接从旁通阀进入主油道，以保证机件的润滑。目前轿车发动机上一般都采用这种过滤方式。

b. 分流式　分流式的过滤方式如图 8-10（b）所示。机油泵压出的机油一部分经滤清器过滤后流回油底壳，另一部分则不经过滤清器过滤而直接流入主油道，润滑发动机零件。

c. 混合式　如图 8-10（c）所示，这种过滤方式的油路中装有两个不同的滤清器，从机油泵压出的机油一部分经一个未装旁通阀的滤清器（一般为细滤器）过滤后流回油底壳，另一部分则经一个装有旁通阀的滤清器（一般为粗滤器）过滤后流入主油道，润滑发动机零件。

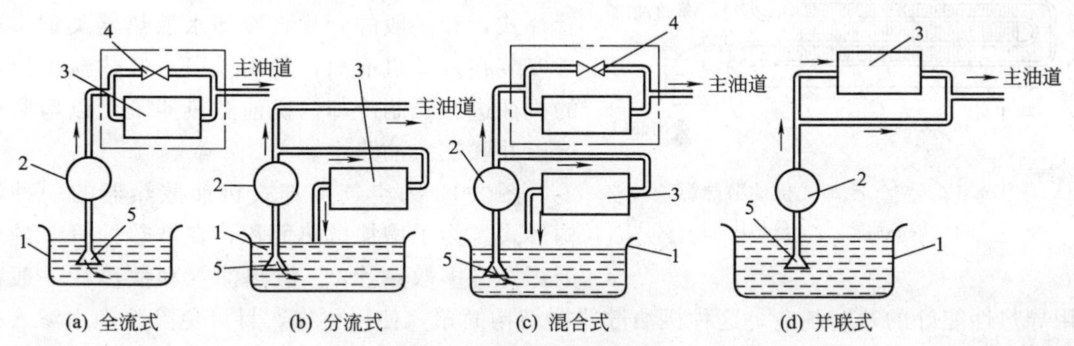

图 8-10　机油过滤的方式

1—油底壳；2—机油泵；3—机油滤清器；4—旁通阀；5—集滤器

d. 并联式　如图 8-10（d）所示，并联式过滤方式是将机油滤清器并联在机油泵和润滑机件之间的油路中，机油泵压出的机油一部分经滤清器过滤后与另一部分未经过滤的机油一起同时流入主油道润滑发动机零件。

② 机油滤清器的一般结构　机油滤清器的构造如图 8-11 所示，主要由壳体、外壳、滤芯和旁通阀等零件组成。在壳体中设有进、出油口，机油泵工作时压出的机油经过进油口进入滤清器外壳 1 与滤芯 2 之间的空间，穿过滤芯，从出油口流出，然后进入主油道或流回油底壳中。在壳体 4 中装有旁通阀 3，当滤芯被杂质堵塞时，机油则不能穿过滤芯流向出油口，这时滤芯周围的机油压力升高，于是推开旁通阀直接流到出油口进入主油道，以确保机件润滑。

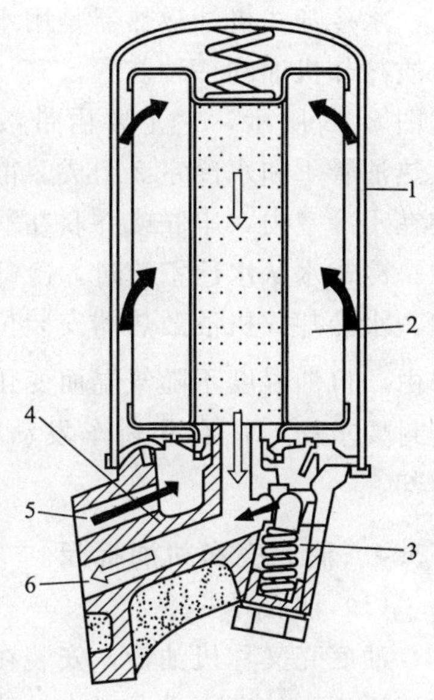

图 8-11　机油滤清器的构造

1—外壳；2—滤芯；3—旁通阀；4—壳体；5—进油道；6—出油道

滤清器的过滤能力、过滤效果和机油的流通阻力主要决定于滤芯的材料和结构。滤芯的种类很多，根据其过滤的材料不同，一般可分为叠层式、铁丝式、棉纱式、烧结式、纸质式和锯末式几种。叠层式、铁丝式、棉纱式由于消耗物质多、成本高，近年来逐渐被淘汰，现在常用的有纸质式和锯末式两种。为了发挥各种滤芯材料及结构的特点，可以将几种不同过滤材料或不同结构的滤芯安装在一个总成壳体内，组成具有不同特点的滤清器，如复合式滤清器、双作用式滤清器等。

8.3.3 机油散热器

机油在润滑机件摩擦表面的过程中，吸收机件表面因摩擦产生的部分热量，从而使其自身温度升高。机油温度过高将使其黏度下降，润滑效果变差，同时对摩擦表面的冷却作用减弱，机油因高温而氧化变质。为使机油保持在最有利的温度范围内工作，在很多汽车发动机特别是轿车发动机上都装有机油散热器。机油除在油底壳中自然冷却外还通过散热器进行强制冷却。

采用散热器冷却机油，根据其冷却方法可分为空气冷却和水冷却两种方式。

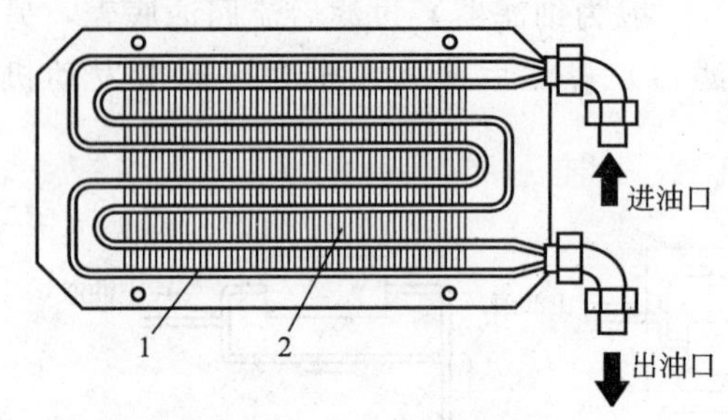

图 8-12 空气冷却式机油散热器

1—散热油管；2—散热片

(1) 空气冷却式机油散热器

空气冷却式机油散热器是以空气为介质带走机油热量的一种冷却机油的装置。其结构一般为管片式，和一般的管片式冷却水散热器类似。通常安装在发动机前面，利用风扇对散热器中流动的机油进行强制冷却。机油散热器既可以串联也可以并联在主油路中。

图 8-12 为空气冷却式机油散热器的一种结构形式。为了增加散热面积，在散热油管 1 的周围焊有许多散热片 2。散热油管和散热片一般都采用导热性能好的黄铜制造。这种机油散热器结构简单，使用可靠，且可免除冷却水渗入机油中的可能。

(2) 水冷却式机油散热器

水冷却式机油散热器是用水为冷却介质冷却机油的一种装置。其一般结构如图 8-13 所示，它主要由带散热片的散热油管 1 和水冷室 2 组成。散热油管装在水冷室内，串联或并联在润滑油路中，冷却水从水冷室流过，冷却润滑机油。水冷却式机油散热器安装位置比较自由，机油温度不随气温而变化，启动后机油加热快，阻力小，但结构比较复杂，水与油的密封要求高。在有些轿车发动机上，将机油散热器和机油滤清器做成一体，对机油进行冷却。

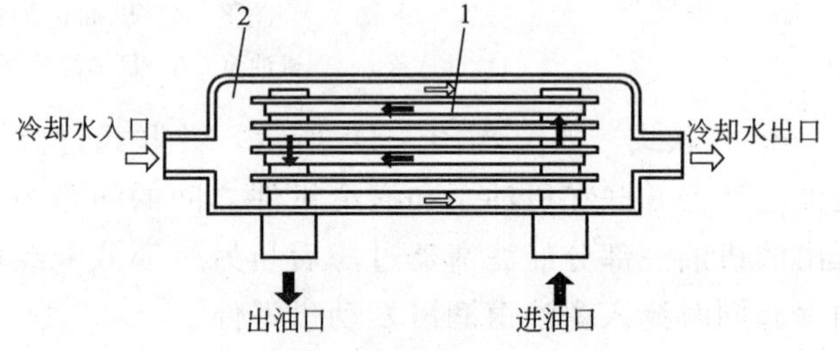

图 8-13 水冷却式机油散热器

1—散热油管；2—水冷室

8.3.4 油底壳和机油标尺

(1) 油底壳

油底壳又称机油盘，安装在曲轴箱的下方，其作用是收集和储存从机体内各机件上流回的润滑油。油底壳受力很小，一般用薄钢板冲压而成，其结构如图 8-14 所示。为了保证汽车在纵坡道行驶时机油泵能吸到足够的机油，一般将油底壳后端底面做得深一些。同时，为了防止汽车振动时油面波动过大，在油底壳底部装有挡油板。油底壳底部最低处装有放油螺塞，放油螺塞通常具有磁性，以便将沉积在机油中的金属屑吸住，避免再循环。

（2）机油标尺

发动机工作时，应保证供给足够的润滑油，若油量不够，则会使油压不足，造成润滑不良，甚至加速机件磨损，影响机器寿命。但油量过多，又会增加发动机运动阻力，造成发动机功率下降。若过多的机油进入燃烧室，还会造成燃烧室积炭等故障，所以在油底壳中设有机油标尺，以便随时检查发动机机油量的多少。检查发动机机油量应在发动机启动之前或停止运转 5min 以后进行，其油量应保持在机油标尺的上下限之间。

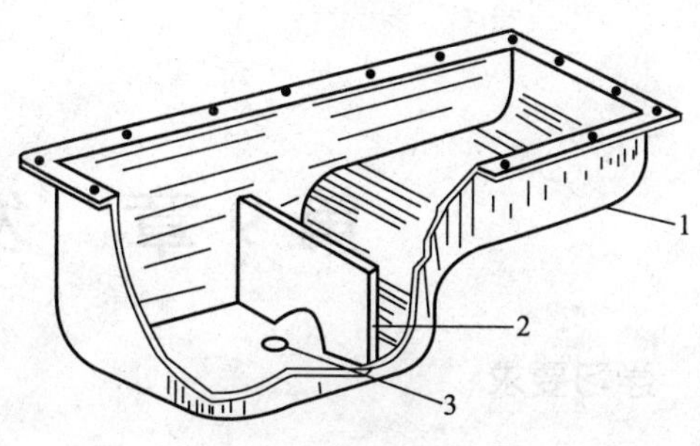

图 8-14 油底壳

1—壳体；2—挡油板；3—放油螺塞

复习思考题

1. 润滑系统的功用是什么？主要由哪些零部件组成？

2. 发动机润滑系统通常采用哪几种机油滤清器？它们应该串联还是并联？为什么？

3. 发动机润滑油路中如不装限压阀将会引起什么不良后果？

4. 试分析发动机机油压力降低的故障原因。

5. 用于曲轴箱通风的空气滤清器如堵塞，对发动机工作会有哪些影响？如摘除去掉，不换新的可否？为什么？

第 9 章 发动机冷却系统

学习要求

1. 掌握水冷却系统的功用和组成；
2. 掌握水冷却系统的工作原理。

9.1 概述

9.1.1 冷却系统的功用和分类

发动机工作时，由于燃料的燃烧，汽缸内气体的温度可高达 2200～2800K，使发动机中的零件温度升高，尤其是与高温气体接触的零部件。如果不及时采取必要的冷却措施，将难以保证其正常工作。发动机冷却系统的任务就是使发动机得到适度的冷却，从而保持在最适宜的温度范围内工作。

当然发动机的冷却必须适度。若冷却不足，会使发动机过热，从而造成充气效率下降，早燃和爆燃的倾向加大，致使发动机功率下降；发动机零件也会因润滑不良而加速磨损。若冷却过度，会使发动机过冷，从而导致进入汽缸的可燃混合气（或空气）因温度过低而使点燃困难或燃烧延迟，造成发动机功率下降及油耗上升；润滑油黏度增大，造成润滑不良而加剧零件的磨损；同时因混合气与温度较低的汽缸壁接触，使其中原已汽化的燃油重又凝结而流入曲轴箱内，不仅增加油耗，且使机油稀释而影响润滑，导致磨损加剧。

发动机冷却系统按冷却介质的不同，可分为水冷却系统和风冷却系统两类。

（1）水冷却系统

该类冷却系统以冷却液为介质，通过冷却液在发动机水套中循环流动而吸收热量，再将此热量散入大气而使发动机的温度降低，散热后的冷却液再重新流回至受热机件处。水冷却系统因冷却强度大、易调节、便于冬季启动而广泛用于汽车发动机上。采用水冷却系统时，汽缸盖内冷却水的温度应保持在 80～90℃范围内，汽缸壁的温度则不超过 197～277℃。

（2）风冷却系统

将发动机中高温零件的热量，通过装在汽缸体和汽缸盖表面的散热片直接散入大气中而进行冷却的一系列装置称为风冷却系统。风冷却系统因冷却效果差、噪声大、功耗大等缺点，仅用于部分小排量汽车及摩托车用发动机。

9.1.2 冷却液

发动机用的冷却液最好使用软水，如雨水、雪水、自来水等。用硬水容易在水套中产生水垢而堵塞水道，破坏冷却系统，使汽缸体、汽缸盖传热效果差，容易造成发动机过热。

在冬季使用冷却水，往往会发生因冷却水冻结而使汽缸体和汽缸盖胀裂的现象，因此要在其中加入防冻液。为了降低冷却水的冰点，以适应冬季行车的需要，在冷却水中加入适量的可提高沸点的乙二醇或丙二醇，可以降低冰点，配成防冻液。在防冻液中加入少量的添加剂（如亚硝酸钠、硼砂、磷酸三丁酯、着色剂等）可以配制成长效防锈防冻液。常用的防冻液有以下两种。

① 乙二醇与水型防冻液　乙二醇是一种无色略有甜味的黏性液体，沸点为197℃。它能与水及有机溶剂以任何比例混合。乙二醇与水混合后，其冰点可显著降低，用不同比例的乙二醇与水可以配制各种冰点的防冻液。因乙二醇的沸点比水高得多，故使用中蒸发的主要是水，发现体积减少时，添加适量的水即可继续使用。

② 丙二醇与水型防冻液　是将丙二醇化学物质与水按一定的比例混合而成的混合液，还要加入防腐剂、清洁剂、着色剂等添加剂。

9.2　水冷却系统的组成及工作原理

9.2.1　水冷却系统的组成

（1）水冷却系统的组成

冷却系统因冷却可靠、布置紧凑、噪声小、使用方便而在汽车发动机上有着广泛的应用。目前发动机上广泛采用的水冷却系统大都是用水泵强制地使冷却水在冷却系统水路中循环流动，又称强制循环水冷却系统。如图 9-1 所示，强制循环水冷却系统主要由散热器 2、风扇 4、水泵 5、节温器 6 和汽缸盖水套 7、缸体水套 9 等部件组成。

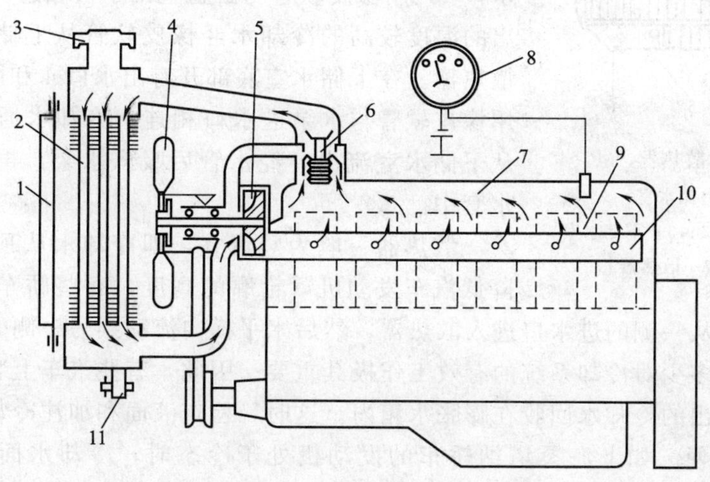

图 9-1　发动机水冷却系统示意图

1—百叶窗；2—散热器；3—散热器盖；4—风扇；5—水泵；6—节温器；7—汽缸盖水套；8—水温表；9—缸体水套；10—分水管；11—放水阀

在水冷发动机的汽缸体和汽缸盖中都铸有储水的、连通的水套，使循环的冷却水得以接近受热的零件，吸收并带走热量。在多缸发动机中为了使各汽缸冷却均匀，在水套中设有分水管 10。分水管一般为一根铜制的扁管，插入缸体水套中，沿纵向开有若干出水孔，离水泵愈远，其孔径愈大，以使离水泵较远的发动机后部各缸得到充分冷却。有些发动机在排气门座附近另装有喷水口，使冷却水能以较高的速度流经温度极高的排气门座附近，以降低其温度。

发动机工作时，一般由曲轴通过带轮带动水泵轴转动，冷却水在水泵 5 中增压后，经分水管 10 流入发动机缸体水套 9 中。缸体水套中的冷却水吸收了汽缸壁传给的热量，温度升高，继而流入汽缸盖水套中，再次吸热升温后通过节温器经散热器进水软管流入散热器2内。由于风扇的强力抽吸及汽车的高速行驶，空气不断地由前向后高速从散热器芯部通过，冷却水在流经散热器芯部的过程中不断地将热量传给散热器，然后被高速流过的空气带走，从而使冷却水本身得以冷却。温度降低后的冷却水流到散热器底部后，又在水泵的作用下再次压入缸体水套中进行循环冷却。冷却水的不断循环，使发动机中一些在高温条件下工作的零件不断地得到冷却，从而保证发动机正常运转。

在冷却系统水路中还装有冷却液温度传感器，通过导线与装在驾驶室仪表板上的冷却液温度指示装置相连，以便使驾驶员能随时监视发动机冷却液温度，防止发动机过热。

(2) 水冷却系统的主要部件

① 散热器　散热器俗称水箱，安装在发动机前的车架横梁上。其作用是将冷却水在水套中所吸收的热量传给外界大气，使冷却水温度下降。散热器要用导热性能良好的材料制造，并应保证足够的散热面积。

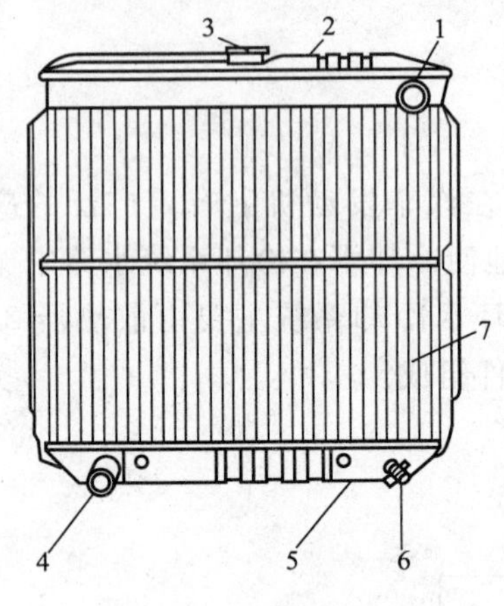

图 9-2　散热器

1—进水口；2—上储水室；3—散热器盖；4—出水口；5—下储水室；6—放水阀；7—散热器芯

如图 9-2 所示，散热器一般由上储水室 2、下储水室 5、散热器芯 7、散热器盖 3、放水阀 6 等部件组成。上、下储水室用于储存冷却水，散热器芯的作用是吸收冷却水的热量并将其传给周围高速流过的空气。在上储水室上开有进水口 1，用橡皮软管与缸盖上出水口相连，由缸盖出水口流出的温度较高的冷却水经橡皮软管从上储水室进水口流入散热器。在下储水室底部开有出水口 4 和放水阀 6。出水口用橡皮软管与水泵进水口相连，冷却水通过散热器冷却后从下储水室流出，经水管后吸入水泵，再由水泵压入缸体水套中。

散热器一般为竖流式，即冷却水从顶部流向底部。为降低汽车发动机罩轮廓的高度，有些轿车采用了横流式散热器，即冷却水从一侧的进水口进入散热器，然后水平横向流动到另一侧的出水口。

冷却液量的多少对冷却系统的有效工作极其重要。因此，有些汽车上装有冷却水回收装置，可将受热溢出的冷却水回收在膨胀水箱内。这时，检查液面和加注冷却水都在膨胀水箱上进行，安全方便。如上海桑塔纳轿车的发动机处于冷态时，冷却水面应在膨胀水箱的 MIN 和 MAX 两标记之间；发动机处于暖态时，其水面应略高于 MAX 标记。

为提高冷却效果，汽车上广泛采用闭式水冷却系统，该水冷却系统的散热器盖具有空气-蒸汽阀，可自动调节冷却系统内压力。闭式水冷却系统散热器上储水室的加水口平时用散热器盖严密盖住，以防冷却水溅出。但如果冷却系统中蒸汽过多，压力过大，可能导致散热器破裂；当冷却系统中的蒸汽凝结时，又会使系统内的压力低于外界压力，致使散热器芯冷却管被大气压坏。所以，在闭式水冷却系统的散热器盖内都装有一个能根据散热器内蒸汽压力大小而自动开启的阀门。当发动机热状态正常时，阀门关闭，将冷却系统水路与大气隔开，防止蒸汽逸出，并使冷却系统内的压力稍高于大气压力，从而提高冷却水的沸点。这一措施对于在热带和高原行驶的汽车尤为有利。当冷却系统内的压力过高或过低时，阀门自动开启，使冷却系统水路与大气相通。目前轿车发动机的散热器上广泛采用具有空气-蒸汽阀的散热器盖，其结构如图 9-3 所示。这种散热器盖主要由散热器盖 3、蒸汽阀 5、空气阀 6

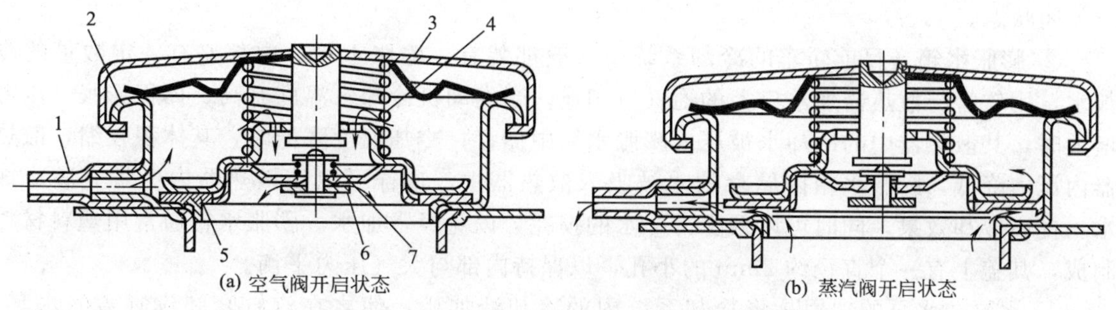

图 9-3　带空气-蒸汽阀的散热器盖结构示意图

1—通气口；2—加水口；3—散热器盖；4—蒸汽阀弹簧；5—蒸汽阀；6—空气阀；7—空气阀弹簧

以及蒸汽阀弹簧 4 和空气阀弹簧 7 组成。当发动机热状态正常时，蒸汽阀和空气阀各自在弹簧压力的作用下处于关闭状态，这时冷却系统水路与大气隔开；当冷却系统水温升高，散热器中压力达到一定值（一般为 26～37kPa），在此压力下冷却系统内水的沸点可达 108℃时，蒸汽阀开启，蒸汽从蒸汽阀经通气口排入大气或膨胀水箱，使散热器内的压力下降到规定值。目前轿车散热器盖的蒸汽阀开启压力设计得更高，可达 98kPa，其冷却水的沸点可高到 120℃。当冷却水温度下降，冷却系统内的真空度达 10～20kPa 时，空气阀被大气压力推开，空气从通气口进入冷却系统，以防止散热器芯被大气压坏。

在发动机冷却水温度过高时，打开散热器盖，散热器内的蒸汽或沸腾的冷却水会因压力突然降低而从加水口喷出，造成危险。所以，在有些发动机散热器盖上装有手动减压装置。手动减压装置可分为两种不同的结构形式，即杠杆式和按钮式。带杠杆减压装置的散热器盖的结构如图 9-4 所示。平时减压杠杆 3 处于水平位置，这时蒸汽阀 7 在蒸汽阀弹簧 4 的作用下处于关闭状态。当发动机处于热状态时，如要打开散热器盖，则先将减压杠杆扳起，通过减压杠杆将蒸汽阀向上提起，离开阀座，使散热器内的高压蒸汽经蒸汽阀从通气口 1 排出，等降压后再打开散热器盖。图 9-5 为带按钮减压装置的散热器盖。需要减压时，将按钮 1 按下，推动压杆 3 向下，打开空气阀 6，高压蒸汽从空气阀经散热器通气口 9 排出。不减压时，压杆在按钮弹簧 10 的作用下向上运动，离开阀杆 7，空气阀在空气阀弹簧 8 的作用下处

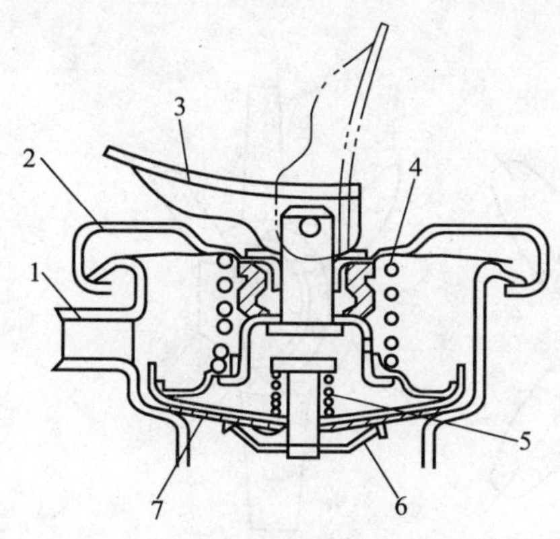

图 9-4　杠杆减压式散热器盖

1—通气口；2—散热器盖；3—减压杠杆；4—蒸汽阀弹簧；5—空气阀弹簧
6—空气阀；7—蒸汽阀

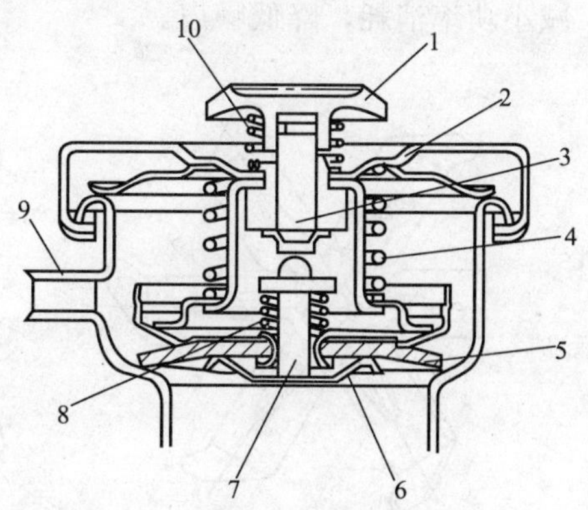

图 9-5　按钮减压式散热器盖

1—按钮；2—散热器盖；3—压杆；4—蒸汽阀弹簧；5—蒸汽阀；6—空气阀；7—阀杆；8—空气阀弹簧；9—通气口；10—按钮弹簧

于关闭状态。

② 膨胀水箱　目前轿车的冷却系统中一般都装有一膨胀水箱，内部盛有一定数量的冷却水，用软管与散热器加水口上的通气口相连。当发动机冷却水温度升高、体积膨胀、压力增大时，其散热器中的冷却水被压入膨胀水箱中储存；冷却温度降低时，其体积收缩，散热器内压力降低，膨胀水箱内储存的水被吸入散热器中，这样可以使散热器内经常充满冷却水，提高冷却效果，同时可以减少冷却水的损耗，以免经常加水。膨胀水箱通常用塑料材料制成，其盖上有一个直径约 2mm 的小孔，以保持内部与大气压力平衡。

③ 水泵　水泵的功用是将冷却系统内的冷却液加压，使之在汽缸套和汽缸盖的水套、散热器内循环流动。水泵安装在发动机前端，通常与风扇一起用带轮同轴驱动。

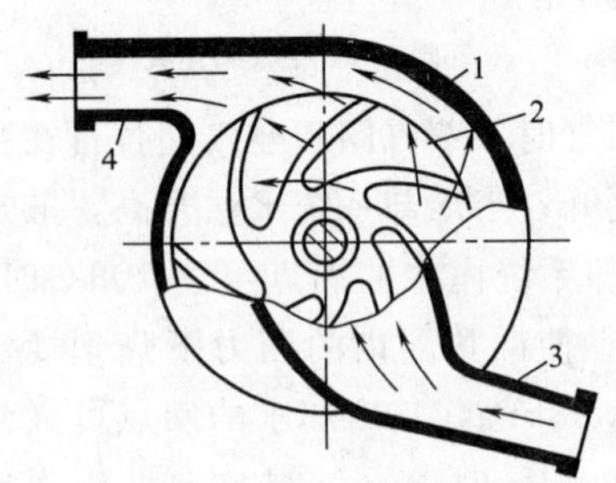

图 9-6　离心式水泵示意图

1—水泵壳体；2—叶轮；
3—进水口；4—出水口

目前车用发动机广泛采用离心式水泵。它具有尺寸小、重量轻、出水量大、结构简单等优点。其工作原理如图 9-6 所示，当叶轮 2 旋转时，水泵内的水被叶片推动一起旋转，在离心力的作用下甩向叶轮边缘，在轮廓线为对数螺旋线的水泵壳体 1 内将动能转变为水的压力能，经与叶轮成切线方向的出水口压入发动机的水套。与此同时，叶轮中心因具有负压而使散热器中的水经进水管被吸入水泵。

④ 风扇　风扇的功用是使冷却空气在风道内不断流动，提高流经散热器的空气流速和流量，强化散热器的散热能力。风扇通常安装在散热器的后面并与水泵同轴驱动，同时对发动机其他附件也有一定的冷却作用。

风扇的扇风量主要取决于风扇的直径、转速、叶片形状、叶片数目及安装角等。

目前车用水冷发动机大多采用轴流式风扇（图 9-7）。风扇叶片多用薄钢板压制而成，数目为 4～6 片。为减小叶片旋转时的振动和噪声，叶片之间的夹角一般不相等。叶片与其旋转平面成 30°～45°的安装倾斜角，借以产生吸风能力，使空气沿轴向流动。在轿车及轻型载货汽车上还常使用翼形断面的整体风扇，由铝合金、塑料等材料制成，可提高风扇的效率，减小功率消耗，降低噪声。

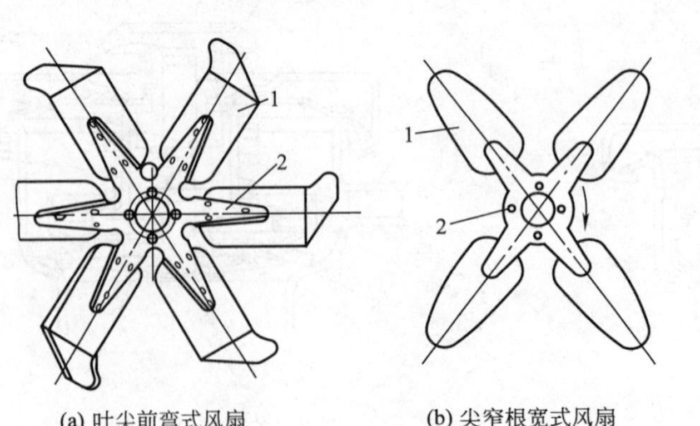

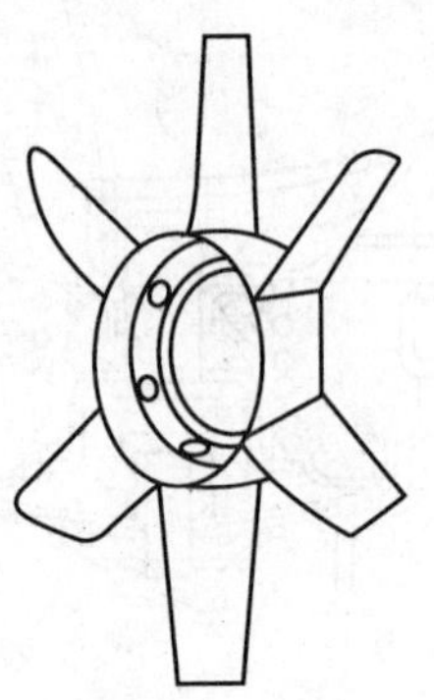

(a) 叶尖前弯式风扇　(b) 尖窄根宽式风扇　(c) 塑料注射成型整体式风扇

图 9-7　轴流风扇形式

1—叶片；2—连接板

近年来，有的轿车采用了以蓄电池为动力的电动风扇，其转速与发动机的转速无关。电动机的开关由位于散热器的温度传感器控制，需要风扇工作时自行启动。这种风扇无动力损失，结构简单，布置方便。

风扇常和发电机一起由曲轴带轮通过 V 带驱动。为调节传动带的松紧程度，通常将发电机的支架做成可调节的（如图 9-8 所示）。

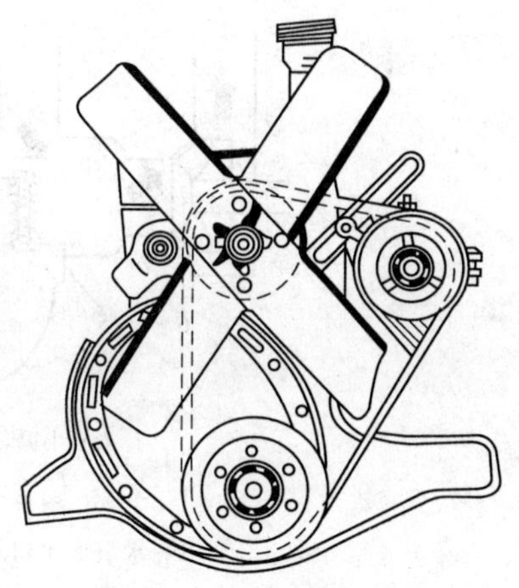

图 9-8　风扇的驱动及传动带松紧装置

9.2.2　冷却强度调节装置

（1）节温器

节温器安装在水泵的进水口或汽缸盖的出水口。其作用是根据发动机冷却水温度的高低，自动改变冷却水的循环路线及流量，以使发动机始终在最合适的温度下工作。目前汽车上多采用蜡式节温器，其核心部分为蜡质感温元件（如图 9-9 所示）。反推杆 1 的一端固定于支架上，另一端插入橡胶套 4 的中心孔内，橡胶套与金属外壳 2 间装有精制石蜡 3，利用石蜡受热后由固态变为液态时体积膨胀的性质进行控制阀门开闭。

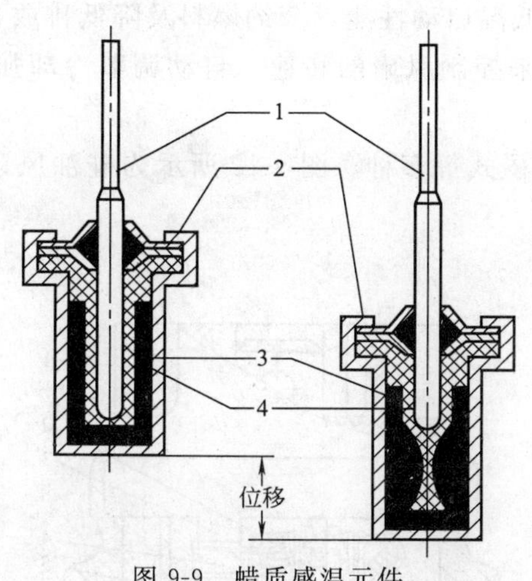

图 9-9　蜡质感温元件

1—反推杆；2—金属外壳；3—石蜡；4—橡胶套

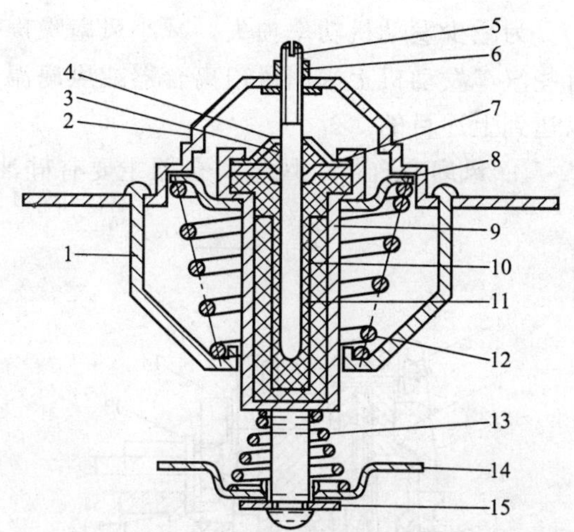

图 9-10　蜡式双阀门节温器

1—下支架；2—上支架；3—橡胶密封圈；4—节温器盖；5—推杆；6—螺母；7—隔圈；8—主阀门；9—节温器壳体；10—石蜡；11—橡胶套；12—主阀门弹簧；13—副阀门弹簧；14—副阀门；15—垫圈

图 9-10 为上海桑塔纳轿车冷却系统所用的蜡式双阀门节温器。发动机工作后，因温度逐渐升高而使石蜡 10 逐渐变为液态，体积开始膨胀。在发动机冷却水温度低于 85℃时，因石蜡产生的膨胀力小于主阀门弹簧 12 的预紧力，主阀门 8 在主阀门弹簧的作用下压在出水口上，从散热器来的低温冷却水不能进入发动机水套内。此时，从发动机汽缸盖出水口流出的高温冷却水可以不经散热器而直接进入水泵，于是，未经散热的冷却水被水泵重新压入发动机水套内，因而减少了热量损失。此时冷却水的循环路线称为小循环［图 9-11（a)］。当发动机冷却水温度超过 85℃时，石蜡产生的膨胀力克服了主阀门弹簧的预紧力，主阀门开

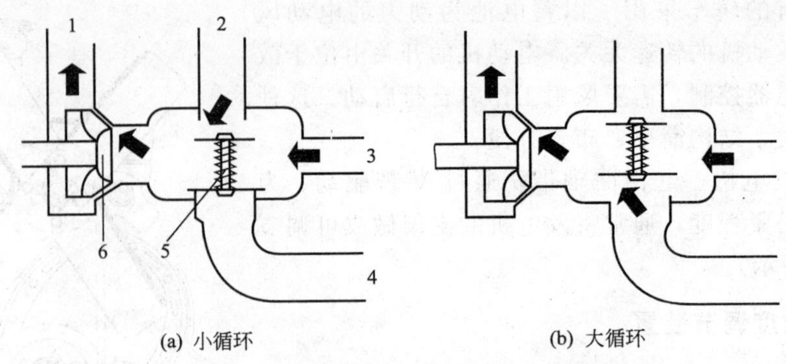

图 9-11 发动机冷却水循环工作示意图

1—水泵出水口；2—接发动机缸盖出水口；3—接暖风水箱水管；4—接散热器出水口；5—节温器；6—水泵

始打开。冷却水温度达到 105℃时，主阀门完全打开，而副阀门 14（图 9-10）则彻底关闭了小循环通路。这时来自汽缸盖出水口的高温冷却水全部进入散热器进行冷却，之后再由水泵重新压入发动机的水套内。此时冷却水的循环路线称为大循环［图 9-11（b）］。当冷却水的温度在 85～105℃时，主、副阀门都打开，此时，冷却系统中的大小循环同时进行。

（2）风扇离合器和温控开关

为减少发动机功率损失，减小风扇噪声，改善低温启动性能，节约燃料及降低排放，在有些汽车发动机上采用风扇离合器或风扇温控开关来控制风扇的转速，自动调节冷却强度，以达到上述目的。

① 风扇离合器 风扇离合器主要有硅油式及电磁式等多种。图 9-12 所示为硅油风扇离

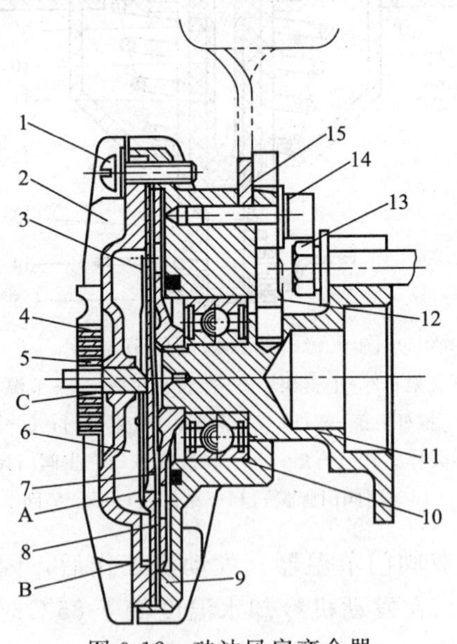

图 9-12 硅油风扇离合器

1—螺钉；2—前盖；3—密封毛毡圈；4—双金属感温器；5—阀片轴；6—阀片；7—主动板；8—从动板；9—壳体；10—轴承；11—主动轴；12—锁止板；13—螺栓；14—内六角螺钉；15—风扇；A—进油孔；B—回油孔；C—漏油孔

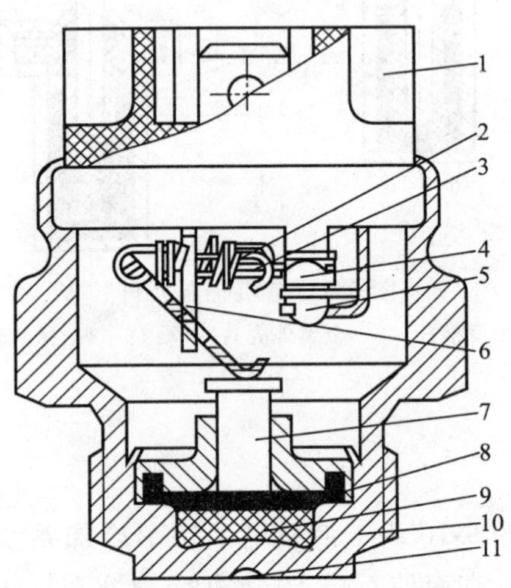

图 9-13 双温蜡质热敏温控开关

1—接线杆座；2—低速触点拉簧；3—高速触点拉簧；4—低速触点；5—高速触点；6—拉簧架；7—推杆；8—橡胶密封圈；9—石蜡；10—外壳；11—调整凹槽

合器。当冷却水温度不高时，双金属感温器 4 不带动阀片 6 偏转，进油孔 A 关闭，工作腔内无油，风扇离合器处于分离状态。这时仅由于密封毛毡圈 3 和轴承 10 的摩擦，使风扇随同离合器壳体一起在主动轴上空转打滑，转速很低。当发动机的负荷增加而使吹向双金属感温器的气流温度超过 65℃时，阀片转到将进油孔 A 打开的位置，于是硅油从储油腔进入工作腔。主动板 7 利用硅油的黏性带动离合器壳体和风扇 15 转动。此时离合器处于接合状态，风扇转速得到提高以适应发动机增强冷却的需要。若发动机的负荷减小，流经双金属感温器的气流温度低于 35℃时，双金属感温器复原，阀片将进油孔关闭。工作腔内油液继续从回油孔 B 流向储油腔，直至甩空为止。这时风扇离合器又回到分离状态。漏油孔 C 的作用是防止风扇离合器在静态时从阀片轴周围泄漏硅油。

② 风扇温控开关　图 9-13 所示为上海桑塔纳轿车的双温蜡质热敏温控开关。它由蜡质感温元件及两挡触点动作机构组成，利用石蜡 9 受热由固态变为液态时体积突然变大来移动推杆 7，控制触点 4、5 的开闭。

随冷却水温度的升高，石蜡开始膨胀，通过橡胶密封圈 8 推动推杆而压动拉簧架 6。当冷却水温度升至 95℃时，低速触点闭合，散热器风扇电源接通，以 1600r/min 低速运转。当冷却水温度继续上升至 105℃时，因石蜡继续膨胀而使高速触点闭合，使散热器风扇以 2400r/min 的高速运转，以增加冷却强度。当冷却水温度下降时，石蜡体积收缩，推杆在触点拉力的作用下回缩而使触点断开，实现了对散热器风扇的控制。

(3) 百叶窗

汽车发动机散热器的前面还装有起辅助调节冷却强度的百叶窗。它通过调节流经散热器的空气量来调节冷却系统的冷却强度，使发动机保持在适宜的温度下工作。

百叶窗由许多片活动挡板组成，可由驾驶员通过手柄在驾驶室内操纵、控制；也可由冷却水温度传感器根据冷却水温度的高低自动调节百叶窗活动挡板的开度。

复习思考题

1. 发动机为什么要冷却？一般正常的工作水温范围是多少？
2. 水冷却系统中为什么要装节温器？何谓水冷却系统的大循环和小循环？
3. 试分析水冷却系统的冷却液温度过高或过低会对发动机产生哪些危害。
4. 如果蜡式节温器中的石蜡漏失，那么节温器将会处于怎样的工作状态？发动机会出现什么故障？

第 10 章 汽油机点火系统和发动机启动系统

学习要求

1. 掌握点火系统的组成、结构及工作原理；

2. 理解各种点火提前调节装置的工作原理；

3. 掌握启动系统的组成、启动机的结构及工作原理。

10.1 概述

10.1.1 点火系统的发展概况

汽油发动机的点火系统主要历经了四个阶段。

1886 年，第一辆以四循环内燃机为动力的汽车是以磁电机为电源的点火系。这种点火装置结构较复杂，且低速时的点火性能较差，一般只用于无蓄电池的机动车上，如小排量摩托车等。1908 年，美国人首先在汽车上使用蓄电池点火装置，这种以蓄电池和发电机为电源的点火系经过不断的改进，结构性能逐渐完善，半个多世纪以来曾在汽车上得到广泛的应用，并称之为传统点火系统。随着人们对汽油发动机技术指标要求的不断提高，在提高动力性和安全性、降低油耗和减少排放污染等方面，这种点火装置也不能满足高速发动机的点火要求，成了进一步提高发动机转速、降低燃油消耗和废气排放污染的障碍。

20 世纪 60 年代，出现了电子点火系统。这种点火装置利用原分电器中断电器的触点，来控制晶体管的导通和截止，因而流经触点的电流很小，解决了传统点火系工作时由于断电器触点火花较大而带来的一系列问题，并使点火性能得到了较大的提高。

20 世纪 70 年代，无触点的电子点火系统开始应用并得到了迅速的发展。如今，无触点电子点火装置在国内外已基本普及。但点火提前机构仍然沿用了传统点火系统中的机械式点火提前机构及真空式点火提前机构。

20 世纪 70 年代末期至今，随着微机控制的喷油系统的应用与发展，以微机控制点火时刻的点火系统开始在汽车上使用。这种微机控制的点火系统，解决了传统点火系统中点火提前装置不能适应发动机工况和状态改变时实际需要的问题，使发动机的油耗和排污进一步降低。

10.1.2 点火系统的作用与要求

(1) 点火系统的作用

点火系统的作用是将汽油发动机工作时吸入汽缸的可燃混合气，在压缩行程终了时，及时地用电火花点燃可燃混合气，并满足可燃混合气充分地燃烧及发动机工作稳定的性能要求，使汽油发动机顺利地实现从热能到机械能的转变。

(2) 对点火系统的要求

根据发动机各工况的要求，点火系统应保证在各种使用条件下可靠地点燃可燃混合气。

因此，对点火系统的要求如下。

① 点火系统应能迅速及时地产生足以击穿火花塞电极间隙的高电压，使火花塞电极之间产生火花的电压称为击穿电压。影响击穿电压的因素有火花塞电极间隙、汽缸内混合气的压力与温度、电极的温度与极性。发动机正常工作时击穿电压一般均在15kV以上；发动机在满载低速时击穿电压为8～10kV；启动时击穿电压需19kV。考虑各种不利因素的影响，通常点火系统的设计电压为30kV。

② 电火花应具有足够的点火能量。正常工作情况下，可靠点燃可燃混合气的点火能量为50～80mJ，启动时需100mJ左右的点火能量。

③ 能根据发动机各种工况提供最佳的点火时刻。

发动机的温度、负荷、转速和燃油品质等，都直接影响混合气的燃烧速度。点火系统必须能适应上述情况变化并实现最佳点火时刻的变化。

10.2 传统点火系统

10.2.1 传统点火系统的组成

传统点火系统主要包括电源、点火线圈、分电器、火花塞、点火开关、附加电阻等，如图10-1所示。

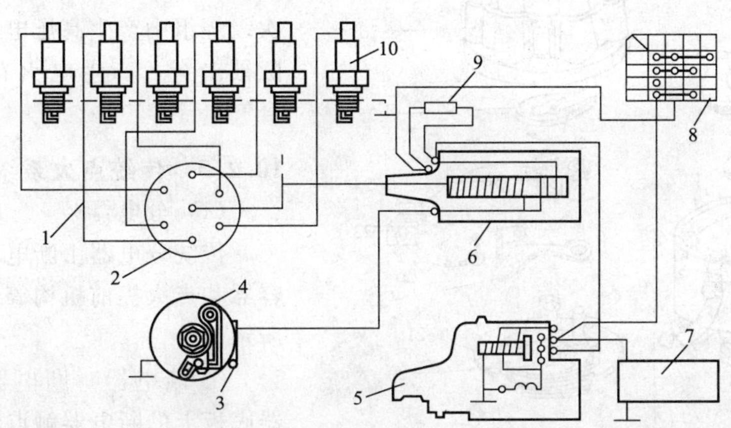

图10-1 传统点火系统的组成示意图

1—高压导线；2—配电器；3—电容器；4—断电器；5—启动机；6—点火线圈；7—蓄电池；8—点火开关；9—附加电阻；10—火花塞

10.2.2 传统点火系统的工作原理

传统点火系统的电路可分为低压电路和高压电路两部分。低压电路的作用是控制点火线圈初级电路的通断，使点火线圈内磁场产生突变而使点火线圈次级绕组产生高压电。低压电路主要包括蓄电池、电流表（有些车辆没有）、点火开关、附加电阻、点火线圈初级绕组、断电器、电容器等。高压电路的作用是在点火线圈初级电路被切断时感生出高压电，击穿火花塞间隙产生电火花，点燃可燃混合气。高压（次级）电路主要包括点火线圈次级绕组、中心高压线、配电器、分缸高压线、火花塞等。传统点火系统的工作原理如图10-2所示。

发动机工作时，由发动机凸轮轴以1∶1的传动关系驱动分电器轴。分电器上的凸轮使断电器触点交替地闭合和打开。当触点闭合时，接通点火线圈初级绕组的电路；当触点打开

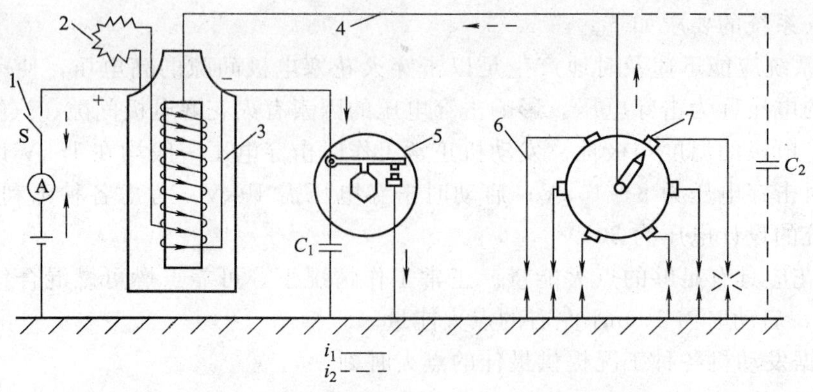

图 10-2 传统点火系统的工作原理简图

1—点火开关；2—附加电阻；3—点火线圈；4—中心高压线；5—断电器；6—分缸高压线；7—配电器

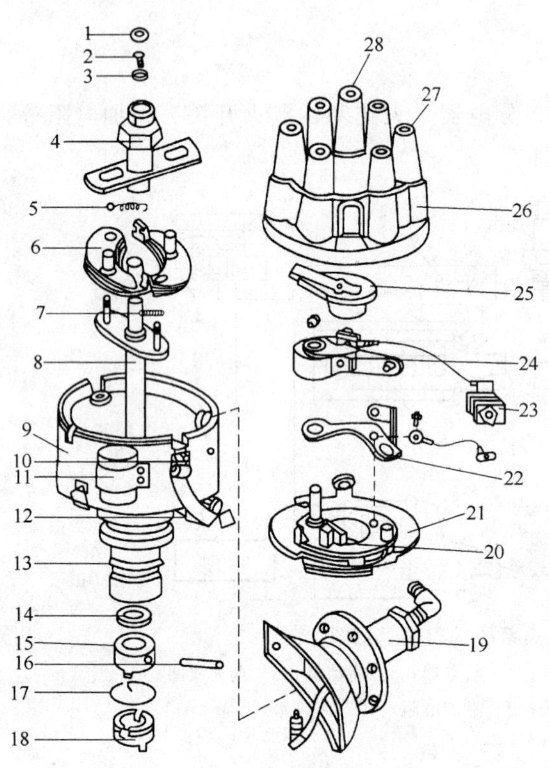

图 10-3 分电器总成分解图

1—油毡；2—螺钉；3—垫片；4—断电器凸轮；5—硬弹簧；6—离心重块；7—软弹簧；8—分电器轴；9—分电器壳；10—卡簧；11—电容器；12—油杯；13—O 形密封圈；14—平垫圈；15—联轴器；16—固定销；17—万向节钢丝；18—扁尾联轴器；19—真空点火提前机构；20—活动底板；21—固定底板；22—固定触点；23—接线柱；24—活动触点臂；25—分火头；26—分电器盖；27—分缸高压线插孔；28—中央高压线插孔

时，切断点火线圈初级绕组的电路，使点火线圈的次级绕组中产生高压电；经火花塞的电极产生电火花，点燃混合气。其工作过程可分为三个阶段：触点闭合，初级电流逐步增长；触点断开，次级绕组中产生高压电；火花塞电极间隙被击穿，产生电火花，点燃可燃混合气。

10.2.3 传统点火系统的主要元件

（1）分电器

传统分电器由断电器、配电器、电容器和点火提前机构等组成，如图 10-3 所示。

① 断电器　断电器由固定在断电器底板上的断电器触点和断电器凸轮组成。断电器的触点由钨制成，一个触点及支架固定在底板上且直接搭铁，并可借助转动固定触点支架的偏心螺钉调整触点间隙。另一个触点为活动触点，在触点臂回位扭簧的作用下，向固定触点靠近。

② 配电器　配电器安装在断电器的上方，它由胶木制的分电器盖和分火头组成。分电器盖的中央有一高压线插孔（中央电极，其内装有带弹簧的炭柱，压在分火头的导电片上）。分电器盖的四周均匀分布着与发动机汽缸数相

等的旁电极（各缸高压线插孔），可通过分缸高压线与各汽缸火花塞相连。分火头装在断电器凸轮的顶端，随凸轮一起旋转。当断电器触点断开时，分火头上的导电片总是正对某一旁电极，此时来自点火线圈的高压电经中心高压线引入到分火头上，跳过分火头与旁电极之间较小的气隙到旁电极，再由分缸高压线引入到各缸火花塞上跳火，点燃汽缸内的可燃混合气而使发动机做功。

③ 点火提前机构　由于可燃混合气从点燃到产生最高温度与最大压力需要一段时间（该时间的长短受很多因素的影响）来实现，根据可燃混合气的燃烧理论，火花塞应当在活塞达到上止点前，相对于曲轴转角的某一时刻点火，使汽缸内的气体压力，在活塞运行到上止点后相对于曲轴转角 10°～15°时达到最高值，发动机才能发挥最大的热效率。因此，将这一点火时刻称为点火提前角（点火后曲拐转到上止点所转过的角度）。

最佳点火提前角对发动机的功率、稳定性及排放污染有较大的影响。

最佳点火提前角应根据发动机转速、负荷、混合气的浓度及混合质量、燃油品质等诸多因素来确定。当转速一定时，随着负荷的加大，点火提前角应适当减小；发动机负荷减少时，点火提前角应当加大。当负荷一定时，点火提前角应随转速提高适当增大；当使用高辛烷值汽油时，因其抗爆性好，点火提前角应适当增大。

分电器的点火提前机构一般设有两套：一套是能随发动机转速的变化而自动调节点火提前角的离心式点火提前机构，另一套是按发动机负荷不同而自动调节点火提前角的真空式点火提前机构。

a. 离心式点火提前机构　离心式点火提前机构是在发动机不同转速下自动调节点火提前角的装置，其结构如图 10-3 所示。

当发动机转速升高时，离心重块在离心力的作用下克服弹簧拉力向外甩开，其上的销钉推动断电器凸轮带离心提前机构横板沿原旋转方向，相对于分电器轴转动一个角度，使凸轮提前顶开触点，即点火提前角增大。当发动机转速降低时，离心重块的离心力相应减小，弹簧将离心重块拉回一些，点火提前角减小。

发动机的转速升高，并非要求点火提前角成线性增加，而是随着发动机转速升高，点火提前角的增幅应适当减小。为此，有些离心点火调节器的每个离心重块设有一粗一细两个弹簧。细弹簧在发动机转速较低时就起作用，而粗弹簧要在转速达到一定值、离心重块上的离心力较大时才能起作用。由于离心重块在发动机高速时有两个弹簧起作用，相应的点火提前角的增幅也就较小，使之更符合发动机对点火提前角的要求。

b. 真空式点火提前机构　真空式点火提前机构能根据发动机负荷的变化自动调节点火提前角，使点火提前角随发动机负荷的增大而减小。真空点火提前机构装在分电器壳体的外侧，其结构如图 10-3 所示，工作原理如图 10-4 所示。

真空式点火提前机构中膜片的左侧通大气，右侧通过真空软管与节气门轴偏前方的进气管道孔相通。

当发动机怠速运转时，由于节气门接近关闭，节气门前方的真空度几乎为零。真空点火提前机构的膜片在弹簧力作用下向左拱曲至最大，拉杆拉动断电器底板连同触点沿分电器轴旋转方向转动最大角度，使点火提前角最小或不提前。

当发动机小负荷工作，在节气门开度小于 1/4 开度时，随着负荷增大，节气门开度增大，吸气孔处的真空度也增加，膜片克服弹簧力向右拱曲，拉杆拉动断电器底板连同触点沿分电器轴旋转方向的逆向转动一个角度，使凸轮提前顶开触点，点火提前角

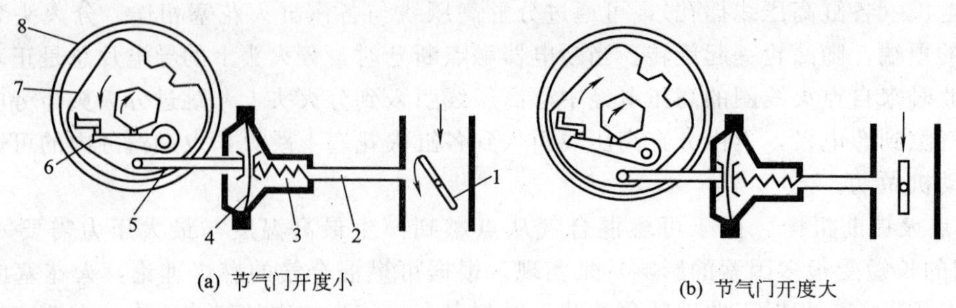

图 10-4　真空式点火提前机构工作原理简图

1—节气门；2—真空连接管；3—弹簧；4—膜片；5—拉杆；6—触点副；7—活动底板；8—分电器壳体

增大。

当发动机大负荷工作时，随着负荷增大，节气门开度增大，吸气孔处的真空度减小，弹簧推动膜片使点火提前角减小。

(2) 点火线圈与附加电阻

点火线圈由初级绕组、次级绕组和铁芯等组成。按磁路的结构形式不同，可分为开磁路式点火线圈和闭磁路式点火线圈。

① 开磁路式点火线圈　如图 10-5 所示为一种常见的开磁路式点火线圈，有二接线柱式（不带附加电阻）和三接线柱式之分。

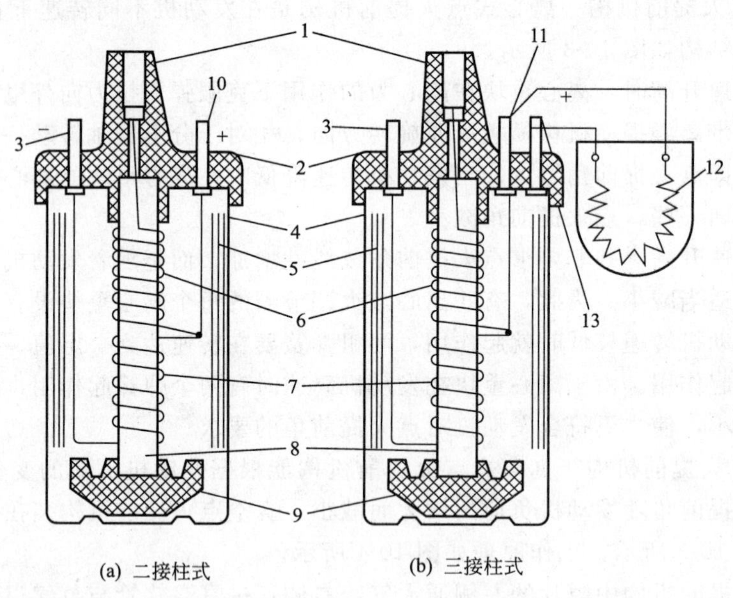

图 10-5　开磁路式点火线圈

1—高压接线柱；2—胶木盖；3—“−”接线柱；4—外壳；5—导磁钢套；6—次级绕组；7—初级绕组；8—铁芯；9—瓷座；10—“+”接线柱；11—“开关”接线柱；12—附加电阻；13—“点火开关”接线柱或“+开关”接线柱

点火线圈的中心是用硅钢片叠成的铁芯，在铁芯外面套上绝缘的纸板套管，纸质套管上绕有直径为 0.06～0.10mm、约 11000～23000 匝的次级绕组；初级绕组用直径为 0.5～1.0mm、约 230～370 匝的高强漆包线，绕在次级绕组的外面，以利于散热。绕组和外壳之间装有导磁钢套，底部有瓷质绝缘支座，上部有绝缘盖，外壳内充满沥青或变压器油等绝缘物，加强绝缘并防止潮气侵入。

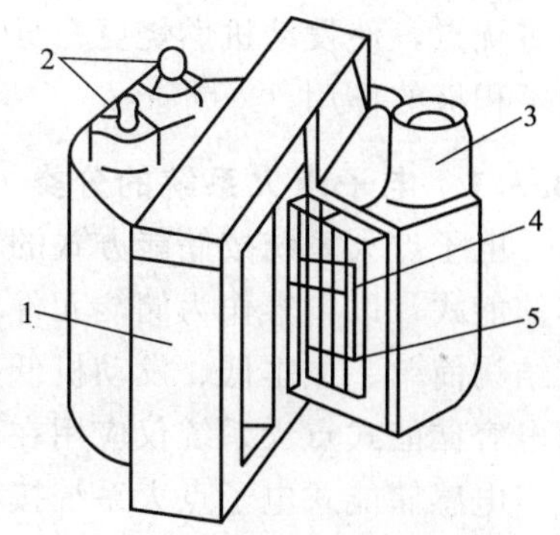

图 10-6 闭磁路式点火线圈结构示意图

1—日字形铁芯；2—低压接线柱；3—高压线插孔；4—初级绕组；5—次级绕组

三接线柱式与二接线柱式点火线圈的区别在于三接线柱式带附加电阻，而二接线柱式不带附加电阻。三接线柱式点火线圈的绝缘盖上有“－”、“开关”、“＋开关”三个接线柱，分别接断电器、启动机附加电阻短路接线柱、点火开关“IG”接线柱或 15 接线柱。附加电阻接在标有“开关”和“＋开关”的两接线柱上，与点火线圈的初级绕组串联。

② 闭磁路式点火线圈　闭磁路式点火线圈的结构如图 10-6 所示，有口字形和日字形之分。与开磁路式点火线圈不同的是铁芯内绕有初级绕组，而次级绕组绕在初级绕组外面。绕组在铁芯中的磁通，通过铁芯形成闭合磁路，故称为闭磁路式点火线圈。

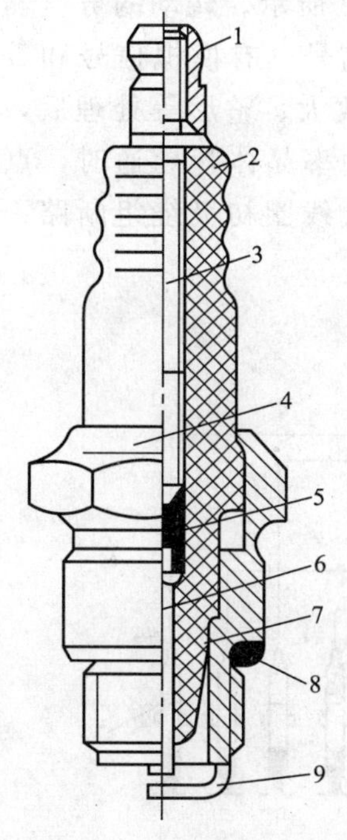

图 10-7 火花塞结构

1—接线螺母；2—绝缘瓷体；3—导电金属杆；4—壳体；5—导电玻璃；6—中心电极；7—纯铜垫圈；8—密封垫圈；9—侧电极

此外，与开磁路式点火线圈相比，闭磁路式点火线圈具有漏磁少、转换效率高、体积小、重量轻、铁芯裸露易于散热等优点，目前已在电子点火系统中广泛应用。

③ 附加电阻　附加电阻是一种正温度系数的热敏电阻，一般用低碳钢丝、镍铬丝或纯镍丝制成，具有受热时电阻值迅速增大而冷却时电阻值迅速降低的特性。因此，用点火系统的初级电路来稳定初级电流，改善高速时的点火特性。

（3） 火花塞

火花塞的工作条件极其恶劣，它要受到高压、高温以及燃烧产物的强烈腐蚀。因此要求火花塞必须具有足够的机械强度、能够承受冲击性高压电的作用、能承受剧烈的温度变化且具有良好的热特性，并要求火花塞的材料能抵抗燃气的腐蚀。

① 火花塞的结构　火花塞的结构如图 10-7 所示。

② 火花塞的型号　根据国家行业标准 ZBT 37003—89《火花塞产品型号编制方法》的规定，火花塞型号由三部分组成：第 1 部分为字母，表示火花塞的结构类型及主要形式尺寸；第 2 部分为阿拉伯数字，表示火花塞热值；第 3 部分为汉语拼音字母，表示火花塞派生产品、结构特性、材料特性及特殊技术要求等。

10.3 半导体电子点火系统

电子点火系统具有次级上升速度更高、点火能量大、对火花塞积炭不敏感、高速点火可靠等优点，使发动机燃烧更充分、工作更可靠，同时还对降低燃料的消耗、改善排放污染起到了积极的作用。

10.3.1 电子点火系统的分类

电子点火系统按储能方式的不同，可分为电感储能式（以点火线圈作为储能元件）和电容储能式（以电容作为储能元件）两大类，电感储能式电子点火系统与电容储能式相比，具有结构简单、成本低、发动机低速点火性能好等优点而在普通汽油发动机上得以广泛应用，而电容储能式点火系统仅应用在高速发动机上。

电感储能式电子点火系统按有无微机控制，可分为普通电子点火系统和微机控制电子点火系统两类；早期的普通电子点火系统按有无触点可分为有触点式和无触点式，而有触点电子点火系统目前基本被淘汰；按信号发生器的性质不同，又可分为电磁式、霍尔式和光电式三种。

10.3.2 普通电子点火系统的组成和工作原理

普通电子点火系统一般由点火信号发生器、电子点火器、配电器、点火线圈、火花塞等主要部件组成，如图 10-8 所示。其基本工作原理如图 10-9 所示。转动的分电器根据发动机做功的需要，使点火信号发生器产生某种形式的电压信号（有模拟信号和数字信号两种），该电压信号经电子点火器大功率晶体管前置电路的放大、整形等处理后，控制串联于点火线圈初级回路的大功率晶体管的导通和截止。大功率晶体管导通时，点火线圈初级绕组通路，点火系统储能；大功率晶体管截止时，点火线圈初级绕组断路，次级绕组便产生高压电。

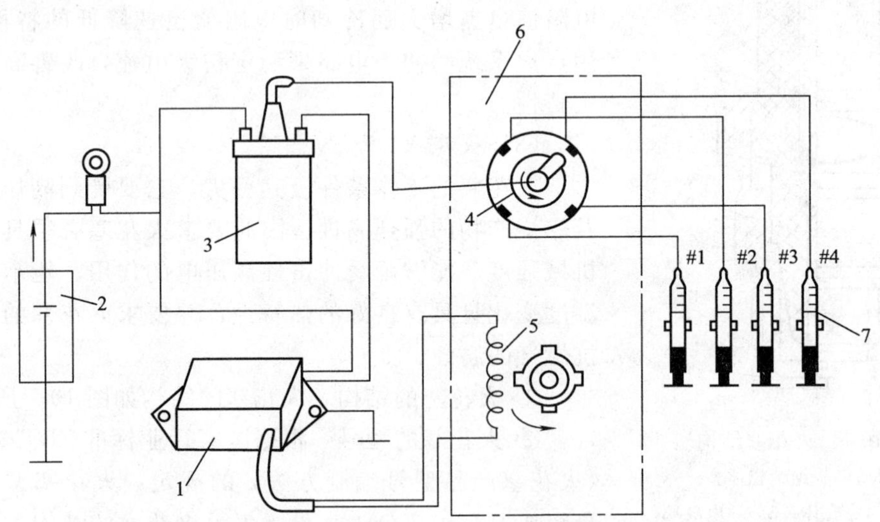

图 10-8 无触点式电子点火系统的组成

1—电子点火器；2—蓄电池；3—专用点火线圈；4—配电器；5—磁感应式点火信号发生器；6—磁感应式分电器；7—火花塞

下面将结合磁脉冲式、霍尔效应式两种不同的电子点火装置来阐述普通型电子点火系统的工作过程。

（1）磁脉冲式电子点火装置的工作过程

图 10-10 是丰田汽车常用的磁脉冲式无触点电子点火系统电路图。它由点火信号发生

器、电子点火器、分电器、点火线圈、火花塞等组成。

① 磁脉冲式点火信号发生器 信号转子上有与发动机的汽缸数相同的凸齿。永久磁铁的磁通经信号转子凸齿、线圈铁芯构成回路。当信号转子由分电器轴带动旋转时，转子凸齿与线圈铁芯间的空气间隙将发生变化，磁路的磁阻随之改变，使通过线圈的磁通量发生变化，因而在线圈内感应出交变电动势，如图 10-11 所示。

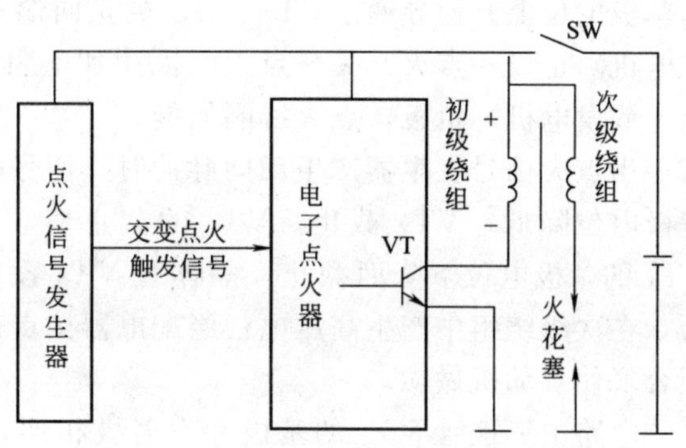

图 10-9 电子点火系统的基本工作原理

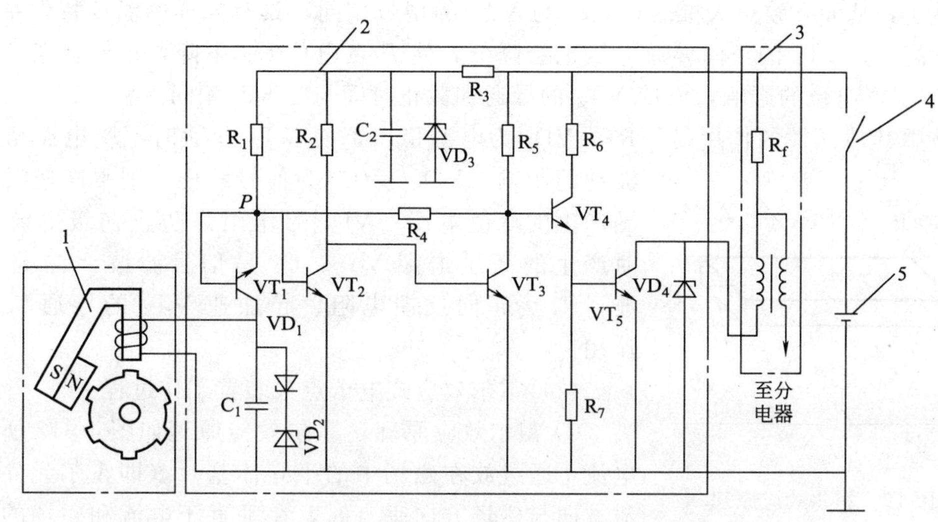

图 10-10 磁脉冲式电子点火装置电路图

1—点火信号发生器；2—电子点火器；3—点火线圈；4—点火开关；5—蓄电池

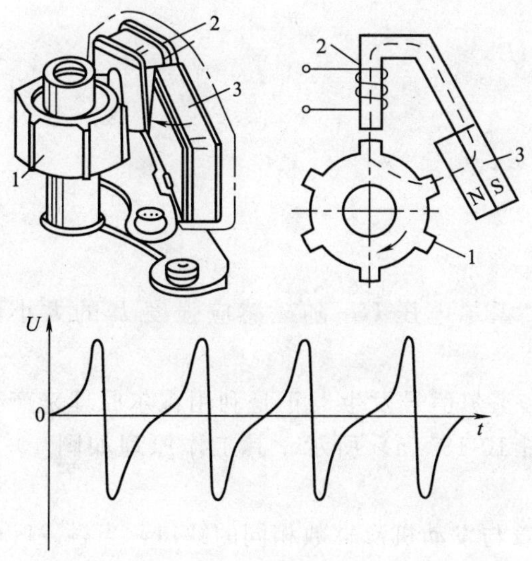

图 10-11 磁脉冲式点火信号发生器工作原理

1—信号转子；2—传感线圈；3—永久磁铁

磁脉冲式点火信号发生器具有点火信号电压的大小随发动机转速的变化而变化的特点。发动机转速升高时，点火信号发生器磁路的磁阻变化速率提高，相应磁通量的变化速率也提高，传感线圈产生的信号电压也就随之增大。

② 电子点火器的工作原理 电子点火器的工作原理如图 10-10 所示。接通点火开关时，蓄电池的电压使 VT_1 导通，其直流电路为：蓄电池（或发电机）正极→点火开关→R_3→R_1→VT_1→信号线圈→搭铁→蓄电池（或发电机）负极。

当点火信号发生器产生正向脉冲时，信号电压与 VT_1 的正向电压降叠加后，高于 VT_2 的导通电压，VT_2 导通。VT_2 的导通使 VT_3 的基极电位下降而截止，VT_3 的截止使 VT_4

的基极电位上升而导通，VT_5 因 R_7 的正向偏置而导通。于是初级电流回路为：蓄电池（或发电机）正极→点火开关→点火线圈附加电阻 R_f→点火线圈初级绕组→VT_5→搭铁→蓄电池（或发电机）负极，点火线圈储能。

当点火信号发生器产生反向脉冲时，信号电压与 VT_1 的正向电压降叠加后，使 VT_2 的基极电位降低，VT_2 截止。VT_2 的截止使 VT_3 的基极电位上升而导通，VT_3 的导通使 VT_4 的基极电位下降而截止，晶体管 VT_5 没有正向偏置电压而截止。于是初级电流被切断，在次级绕组中产生高压电，经配电器按点火次序分配到各缸火花塞进行点火，点燃可燃混合气使发动机做功。

电路中三极管 VT_1 的基极和发射极相连，相当于发射极为正、集电极为负的二极管，起温度补偿作用。其原理如下：当温度升高时，VT_2 的导通电压会降低，使 VT_2 提前导通而滞后截止，从而导致点火推迟；VT_1 与 VT_2 的型号相同，具有同样的温度特性系数，故在温度升高时，VT_1 的正向导通电压也会降低，使 P 点电位 U_P 下降，正好补偿了温度升高对 VT_2 工作电位的影响，而使 VT_2 的导通和截止时间与常温时相同。

电路中其他元件的作用是：R_3、VD_3 为电源稳压，使 VT_2 导通时不受电源系统电压波动的影响；VD_1、VD_2 为信号稳压，削平高速时感应线圈产生的峰值电压；VD_4 的作用是防止初级电流被切断时产生的高压击穿 VT_5；C_1 是信号滤波，C_2 是电源滤波；R_4 为正向反馈电阻，起加速 VT_2 的导通和截止的作用。

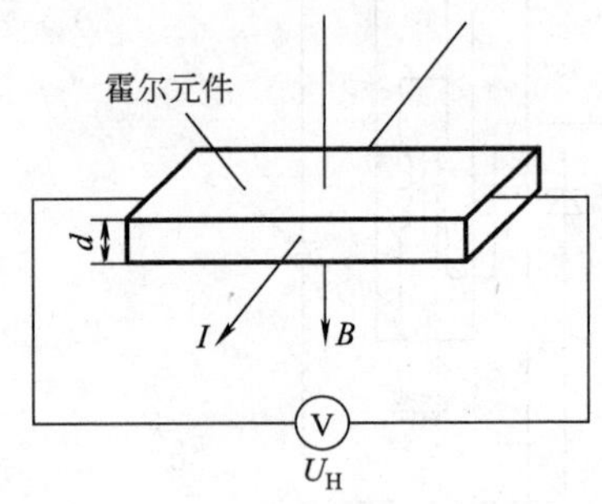

图 10-12 霍尔效应原理

(2) 霍尔效应式电子点火装置工作过程

① 霍尔效应原理 霍尔效应原理如图 10-12 所示。当电流 I 通过放在磁场中的半导体基片（即霍尔元件）且电流方向与磁场方向垂直时，在垂直于电流和磁场的半导体基片的横向侧面上将产生一个电压 U_H（通常称为霍尔电压）。霍尔电压的高低与通过的电流和磁感应强度成正比，可用下式表示：

$$U_H=\frac{R_H}{d}IB$$

式中 R_H——霍尔系数；

d——半导体基片厚度；

I——电流；

B——磁感应强度。

由上式可知，当通过的电流 I 为一定值时，霍尔电压 U_H 随磁感应强度 B 的大小而变化。

② 霍尔效应式点火信号发生器的工作原理 霍尔信号发生器正是利用霍尔原理来产生点火信号的。霍尔式信号发生器的结构组成如图 10-13（a）所示，其工作原理如图 10-13（b）、（c）所示。

在与分火头制成一体的触发叶轮的四周均布着与发动机汽缸数相同的缺口，当触发叶轮由分电器轴带着转动，转到触发叶轮的本体（没有缺口的地方）对着装有霍尔集成块的地方时（叶片在气隙内），通过霍尔集成块的磁路被触发叶轮短路，如图 10-13（b）所示，此时

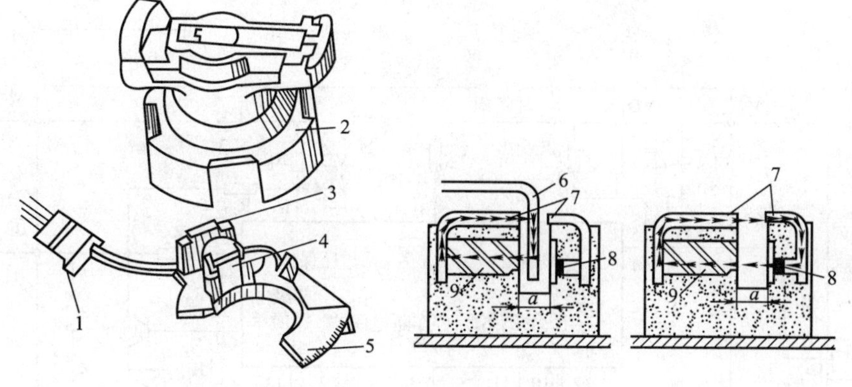

(a) 霍尔信号发生器的组成　(b) 叶片在气隙内　(c) 叶片不在气隙内

图 10-13　霍尔信号发生器的组成及工作原理

1—专用插接器；2—与分火头制成一体的触发叶轮；3,8—霍尔集成块；4—带导板的永久磁铁；5—底板；6—触发叶轮叶片；7—导板；9—永久磁铁

霍尔集成块中没有磁场通过，不会产生霍尔电压；当触发叶轮转到其缺口对着装有霍尔集成块的地方时(叶片不在气隙内)，永久磁铁所产生的磁场，在导板的引导下，垂直穿过通电的霍尔集成块，于是在霍尔集成块的横向侧面产生一个霍尔电压 U_H，但这个霍尔电压 U_H 是毫伏级，信号很微弱，还需要进行信号处理，这一任务由集成电路完成。这样霍尔元件产生的霍尔电压 U_H 信号，经过放大、脉冲整形，最后以整齐的矩形脉冲（方波）信号 U_g 输出，如图 10-14 所示。

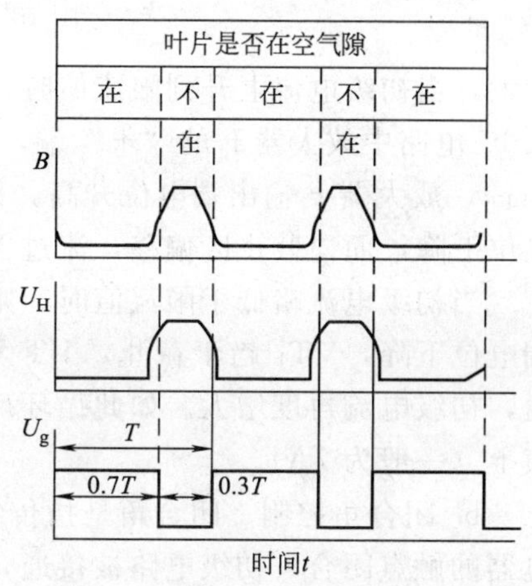

图 10-14　霍尔信号发生器的输出信号

③ 霍尔式电子点火器的工作原理　霍尔式电子点火器一般多由专用点火集成块 IC 和一些外围电路组成，比较接近微机控制的点火系统（但还是有根本的区别）。除了具有控制点火线圈初级电流的通断外，还具有其他辅助控制，如限流控制、停车断电保护等功能。这使该点火系统显示出更多的优越性，如点火能量高、在发动机转速范围内基本保持恒定、高速不断火、低速耗能少、启动可靠等。

图 10-15 为霍尔式点火装置的工作电路简图，其电子点火器的基本工作过程如下：接通点火开关，发动机转动，当霍尔信号发生器输出信号 U_g 为高电位，该信号通过点火器插座⑥端子和③端子进入点火器。此时，点火器通过内部电路，驱动点火器大功率晶体管 VT 导通，接通初级电路。其电路是：蓄电池（或发电机）“+”极→点火开关→点火线圈初级绕组 N_1→点火器大功率晶体管 VT→反馈电阻 R_s→搭铁→蓄电池（或发电机）“—”极。

当霍尔信号发生器输出信号 U_g 下跳为低电位时，点火器大功率晶体管 VT 立即截止，切断点火线圈初级电路，次级绕组产生高压电。

霍尔式点火装置的其他辅助控制的工作过程如下。

a. 初级电流的恒流控制　工作过程是：大功率晶体管饱和导通时，初级电流就会逐渐

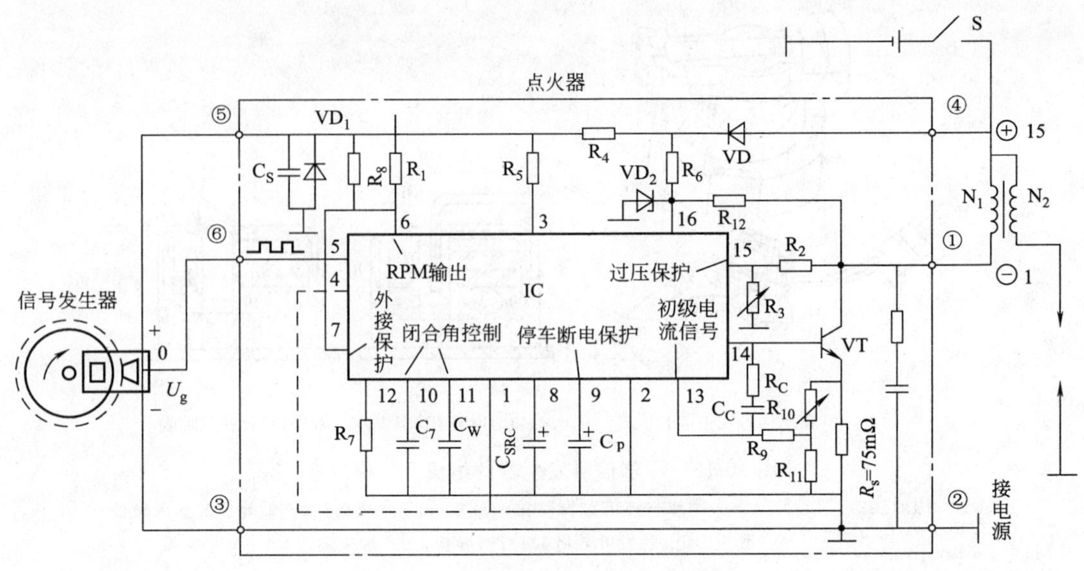

图 10-15　霍尔式点火装置电路简图

增大，当初级电流上升到限流值时，取样电阻 R_s 上的电压值也达到规定值。该电压信号送入 IC 电路中放大器 F 的“+”端，且该电压信号高于放大器“−”端设置的基准参考电压 U_{REF}，放大器 F 输出端电位升高，使三极管 VT_1 更加导通，这样大功率晶体管 VT 集电极电位下降，而向截止区偏移，流过 VT 管的初级电流下降。

当初级电流略低于限流值时，则 R_s 上的电压值低于基准参考电压 U_{REF}，放大器 F 输出端电位下降，VT_1 趋于截止，VT 集电极电位升高，使 VT 向饱和导通偏移，VT 更加导通，初级电流再度增大。如此循环反馈并以极高的频率进行控制，使初级电流稳定在某一定值上（一般为 7A）。

b. 闭合角控制　闭合角是指传统点火系统中断电器的触点闭合时相对曲轴的转角。断电器的触点闭合，初级电路被接通，初级电流逐步增长。在传统点火系统中，闭合角的概念也可以理解为初级电路通电时间的长短。所以闭合角的控制也就是初级电路通电时间长短的控制。

在传统点火系统中，初级电流通电时间长短是由发动机的汽缸数、发动机的转速、断电器触点间隙等多因素决定的，根本就无法来实现控制；而其断电时刻是由点火提前角决定的。

电子点火装置中闭合角控制原理如图 10-16 所示。图 10-16（a）为不同转速下加在点火器上的信号电压 U_g 与时间的关系，T 为点火信号电压的周期；图 10-16（b）为不同转速下没有闭合角控制时点火线圈初级电流与时间的关系，t_b 为初级电路接通后的通电时间，t_1 为初级电流达到某一恒定值的必需时间，t_2 为初级电流达到某一恒定值后的富余时间；图 10-16（c）为不同转速下有闭合角控制时点火线圈初级电流与时间的关系，t_3 为稳定初级电流在某一恒定值的保守时间，Δt 为相同转速情况下与无闭合角控制相比，初级电路接通的滞后时间。

从图 10-16 可以看出，与无闭合角控制的电子点火系统相比，有闭合角控制的电子点火系统缩短了点火线圈的有效工作时间，从而使点火线圈的性能与使用寿命得到进一步的改善。

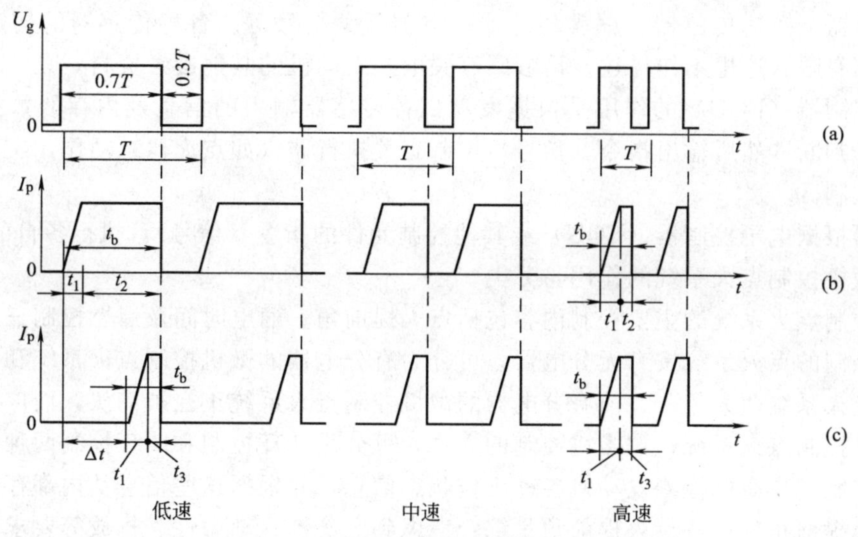

图 10-16　闭合角控制工作波形示意图

c. 停车断路保护　具有停车保护作用的电子点火系统的工作波形如图 10-17 所示。当发动机熄火而点火开关处于“ON”位置时，点火信号发生器因停车后长时间不能发出点火（切断初级电流）信号，而使初级电路处于长时间的接通状态。设置停车保护装置后，当初级电路接通时间大于某一设定时间 T_p 时，停车保护装置将发出信号，切断点火线圈的初级电流，使点火线圈得到保护。

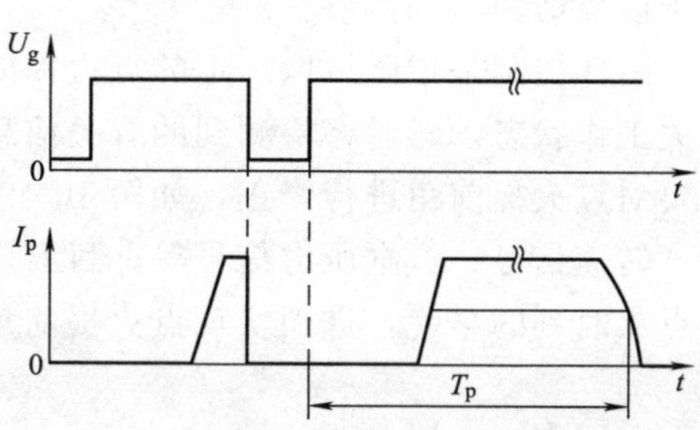

图 10-17　停车保护装置的工作波形示意图

10.4　微机控制点火系统

微机控制点火系统是在普通电子点火系统的基础上随着电子技术的高速发展以及超微计算机在汽车工业上应用的必然结果。采用微机控制点火系统，可使发动机实际点火提前角接近理想点火提前角，在各种运转条件下，点火提前角可获得复杂而精确的控制：怠速时，最佳点火提前角使发动机运转更平稳、排放污染最低、油耗最小；部分负荷时，可降低油耗和提高行驶特性；大负荷时，能满足发动机最大转矩输出和避免工作中产生爆震的要求。

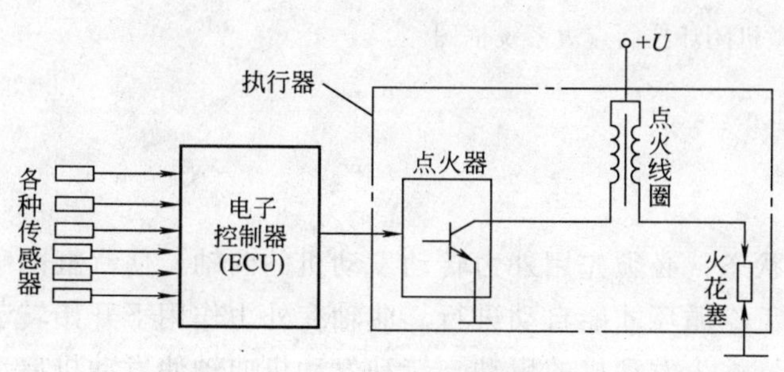

图 10-18　微机控制点火系统原理框图

（1）微机控制点火系统的组成

微机控制的点火系统主要由传感器、电子控制器（ECU）、执行器（点火器、点火线圈、火花塞等）组成，如图 10-18 所示。

传感器（包括各种开关）主要有曲轴位置传感器、空气流量计（或绝对压力传感器）、水温传感器、进气温度传感器、氧（O_2）传感器、节气门位置传感器、车速传感器、爆震传感器、空调开关信号等。各种传感器的构造与工作原理，因篇幅有限，这里不作描述，请参阅有关电控发动机的其他参考资料。

电子控制器（ECU）的作用是根据发动机各传感器输入的信息及内存的数据，进行运算、处理、判断，然后输出指令（信号）控制有关执行器（如点火器）动作，实现对点火系统的精确控制。

执行器根据电子控制器（ECU）或其他控制元件的指令（信号），执行各自的功能。

（2）微机控制点火系统的作用与分类

微机控制点火系统的主要控制内容包括点火提前角、通电时间及爆燃控制三个方面。

微机控制的点火系统按有无分电器，可分为有分电器的微机控制点火系统和无分电器的微机控制点火系统两大类，目前有分电器的微机控制点火系统正在被淘汰，而广泛应用无分电器的微机控制点火系统；按微机控制的方式，可分为开环控制和闭环控制两种。

开环控制是指微机检测发动机各种工作状态信息，并根据这些信息从内部存储器中调出相应的点火提前角（这一点火提前角是综合考虑到经济性、动力性、排放等要求，并经过大量的试验优化的结果），然后输出控制信号对点火时刻进行控制。这种控制方式对控制结果不予以反馈。

闭环控制是指微机以一定的点火提前角控制发动机工作的同时，还不断地检测发动机的有关工作状态，然后将检测到的有关信息反馈给控制单元（ECU），控制单元（ECU）根据需要对点火提前角进行修正，如图 10-19 所示。闭环控制的反馈信号可以有多种，如爆震信号、转速信号、汽缸压力信号等。目前广泛采用的是通过检测爆震传感器的爆震信号，来判断点火时刻的早晚，进而实现点火提前角的最佳控制。

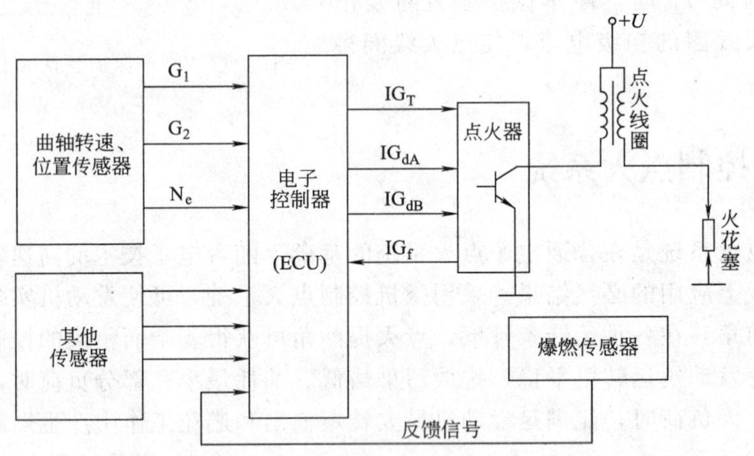

图 10-19　微机闭环控制点火系统框图

10.5　发动机启动系统

要使发动机由静止状态过渡到工作状态，必须先用外力转动发动机的曲轴，使汽缸内吸入（或形成）可燃混合气并燃烧膨胀，工作循环才能自动进行。曲轴在外力作用下开始转动到发动机开始自动地怠速运转的全过程，称为发动机的启动。转动发动机曲轴使发动机启动的方法很多。汽车发动机常用的有直流电动机启动和手摇启动两种。目前绝大多数汽车发动机都采用直流电动机启动。

10.5.1 启动机的结构

车用启动机一般由串励直流电动机、传动机构和操纵机构三个部分组成，如图 10-20 所示。

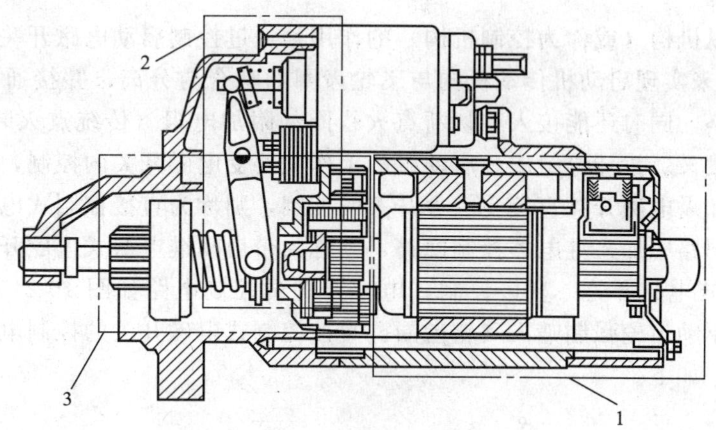

图 10-20 启动机总体构造

1—串励直流电动机；2—操纵机构；3—传动机构

(1) 串励直流电动机

串励直流电动机的作用是将蓄电池输入的电能转换为机械能，产生电磁转矩。它一般由电枢、磁极、电刷、壳体等主要部件构成。

① 电枢 电枢是直流电动机的旋转部分，包括电枢轴、换向器、电枢铁芯、电枢绕组等部分。为了获得足够的转矩，通过电枢绕组的电流一般很大（汽油机为 200～600A，柴油机可达 1000A），因此电枢一般采用较粗的矩形裸铜线绕制而成。

换向器由铜质换向片和云母片叠压而成，且云母片的高度略低于铜质换向片的高度，为了避免电刷磨损的粉末落入换向片之间造成短路，启动机换向片间的云母的高度一般不能过低。电枢绕组各线圈的端头均焊接在换向器片上，通过换向器和电刷将蓄电池的电流传递给电枢绕组，并适时地改变电枢绕组中电流的流向。

② 磁极 磁极一般是由 4 个低碳钢板制成，其内端部扩大为极掌形。每个磁极上绕有励磁绕组，两对磁极相对交错安装在电动机定子内壳上。4 个励磁线圈可互相串联后再与电枢绕组串联，也可两两串联后并联再与电枢绕组串联。

③ 电刷架与机壳 电刷架一般为框式结构，其中正极刷架与端盖绝缘，负极刷架通过机壳直接搭铁。电刷置于电刷架中，正电刷与励磁绕组的末端相连，负电刷负极刷架搭铁。电刷由铜粉与石墨粉压制而成，呈棕红色。刷架上装有弹性较好的盘形弹簧。

启动机机壳的一端有 4 个检查窗口，中部有一个与壳体绝缘的电流输入接线柱，并在内部与励磁绕组的一端相连。端盖分前、后两个，前端盖由钢板压制而成，后端盖由灰口铸铁浇制而成。前后端盖均压装有青铜石墨轴承套或铁基含油轴承套，外围有 2 个或 4 个组装螺孔。电刷装在后端盖内，前端盖上有拨叉座，盖口有凸缘和安装螺孔，还有拧紧中间轴承板的螺钉孔。

(2) 传动机构

传动机构的作用是在发动机启动时，将直流电动机的转矩传递给发动机曲轴；在发动机启动后而与飞轮啮合的小齿轮没有及时回位的情况下，保护启动机不被飞轮反拖。传动机构主要由单向离合器、减速机构（有些启动机不具有减速机构）等组成。

传动机构中的单向离合器分滚柱式单向离合器、摩擦片式单向离合器、弹簧式单向离合器等几种。

（3）操纵机构

启动机的操纵机构（或称为控制机构）的作用是通过控制启动电磁开关及杠杆机构（或其他某种装置），来实现启动机传动机构与飞轮齿圈的啮合与分离，并接通和断开电动机与蓄电池之间的电路，同时还能接入和切断点火线圈的附加电阻（传统点火装置）。其主要由启动电磁开关、拨叉、拨环等组成。启动机的工作主要受电磁开关的控制，而电磁开关又受别的装置控制。如果电磁开关直接受点火开关的控制，则称为直接控制式电磁开关；如果在电磁开关的控制回路中加入继电器控制回路，则称为带启动继电器式电磁开关。

① 直接控制式电磁开关　直接控制式电磁开关的控制电路如图 10-21 所示。通过电磁开关推动启动机驱动齿轮强制啮入飞轮齿圈。直接控制式电磁开关的控制电路共有 3 条工作回路，其工作过程如下。

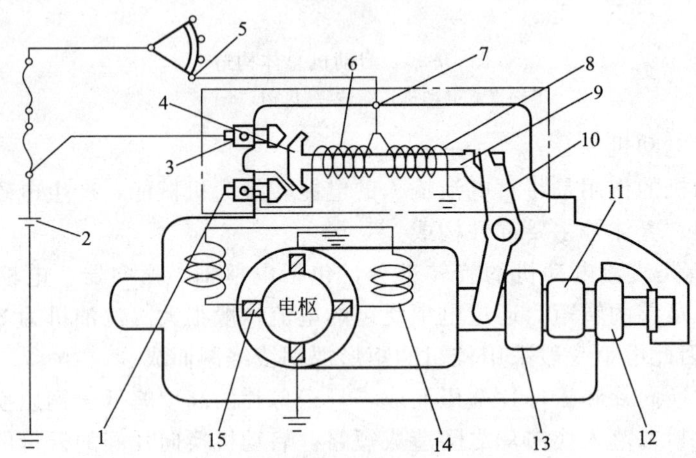

图 10-21　直接控制式电磁开关控制电路图

1—C 接线柱；2—蓄电池；3—30# 接线柱；4—导电盘；5—点火开关启动挡；6—吸拉线圈；7—50# 接线柱；8—保位线圈；9—铁芯；10—拨叉；11—单向离合器；12—驱动齿轮；13—拨环；14—励磁绕组；15—电刷

a. 启动时，将点火开关打到启动挡，在点火开关打到启动挡的一瞬间，接通了 2 条回路，实现了 2 个动作。回路 1：蓄电池正极→点火开→50# 接线柱→吸拉线圈→C 接线柱→启动机励磁绕组→电枢→搭铁→蓄电池负极；回路 2：蓄电池正极→点火开→50# 接线柱→保位线圈→搭铁→蓄电池负极。动作 1：流经励磁与电枢绕组中的小电流使启动机缓慢转动，保证驱动齿轮被强制啮入时与飞轮齿圈的顺利啮入；动作 2：磁场铁芯在吸拉线圈与保位线圈所产生的磁场共同作用下，向左移动，并同时通过拨叉推动启动机驱动齿轮向右移动，与飞轮齿圈啮合。

磁场铁芯向左移动，致使导电盘接通电磁开关上的 30# 接线柱与 C 接线柱，此时短路了回路 1（吸拉线圈的两端均被加上蓄电池的端电压而被短路不工作，磁场铁芯依靠回路 2 保位线圈所产生的磁场，继续保持导电盘将 30# 接线柱与 C 接线柱接通）、接通了新的回路

3，产生了新的动作 3。即回路 3：蓄电池正极→30# 接线柱→导电盘→C 接线柱→启动机励磁绕组→电枢→搭铁→蓄电池负极；动作 3：回路 3 中流经励磁与电枢绕组中的大电流使启动机产生大转矩，经启动机的传动机构驱动飞轮齿圈使曲轴旋转，用来启动发动机。

b. 发动机启动后，松开点火开关，50# 接线柱断电，由于机械惯性，在松开点火开关的瞬间，导电盘仍将 30# 接线柱与 C 接线柱接通，瞬间构成一个新的回路：蓄电池正极→30# 接线柱→导电盘→吸拉线圈→保位线圈→搭铁→蓄电池负极。吸拉线圈与保位线圈产生相反方向的磁场而有效磁场大大削弱，磁场铁芯因失去磁场力而在回位弹簧的作用下迅速回位，导电盘与 C 接线柱、30# 接线柱分开，回路 3 被断开，同时驱动齿轮通过拨叉被拉回位，启动完毕。

在上述的 3 条回路中，一般将回路 1 和回路 2 认作一条回路，即启动系统的开关电路（在没有启动继电器的控制电路中，也可以认作控制电路）；而回路 3 则被称为启动系统的主电路。

在传统点火系统中，图 10-21 中 30# 接线柱和 C 接线柱之间还有一旁通接线柱，是用来在启动时短路点火线圈上的附加电阻，从而改善启动时的点火性能。目前，汽车较多采用电子点火，点火系统已不再设置附加电阻，在这种类型的车上，启动机电磁开关也没有旁通接线柱。

② 启动继电器控制的电磁开关　图 10-22 是带有启动继电器控制电磁开关的启动系统控制电路。与图 10-21 的控制电路相比，多了一条点火开关控制启动继电器磁场线圈的控制回路。

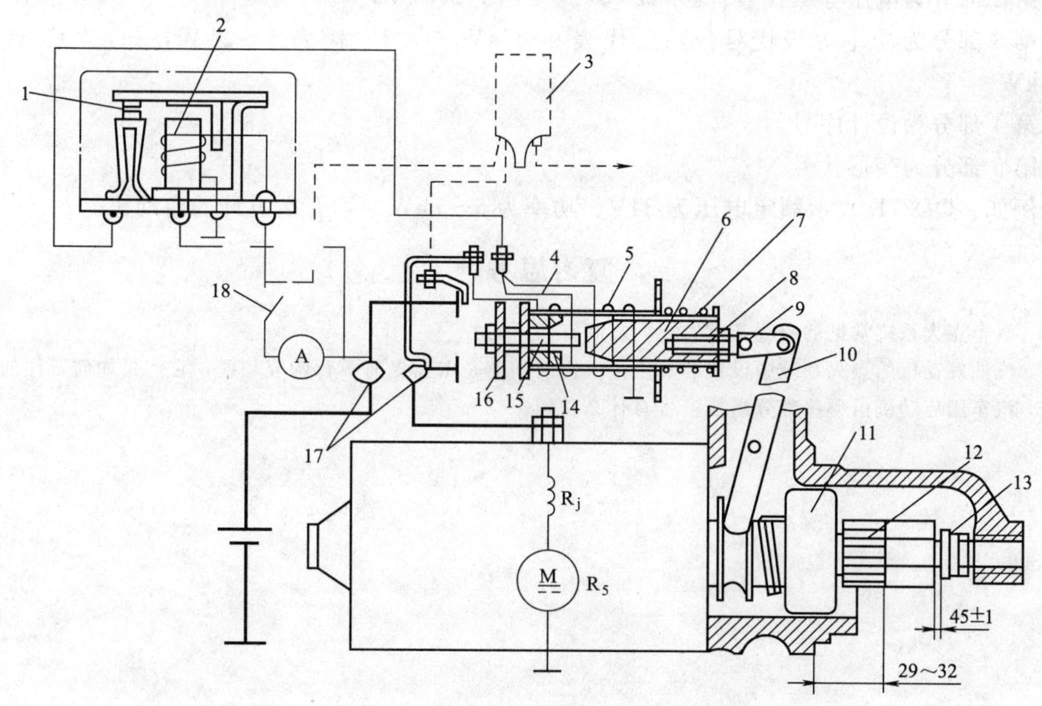

图 10-22　带有启动继电器控制电磁开关的启动系统控制电路

1—启动继电器触点；2—启动继电器线圈；3—点火线圈；4—吸拉线圈；5—保位线圈；6—活动铁芯；7—复位弹簧；8—调节螺钉；9—连接叉；10—拨叉；11—单向离合器；12—驱动齿轮；13—止推螺母；14—固定铁芯；15—推杆；16—接触盘；17—主触头；18—点火开关；

10.5.2 启动机的分类

启动机的种类很多，在各种启动机的三个组成部分中，电动机部分有励磁式和永磁式两种，但一般没有本质的差别。而启动机的传动机构和操纵机构则有很大差异，因此启动机主要是按传动机构和操纵机构的不同来分类的。

(1) 按操纵机构分类

① 直接操纵式启动机；

② 电磁操纵式启动机。

(2) 按传动机构的啮合方式分类

① 惯性啮合式启动机；

② 强制啮合式启动机；

③ 电枢移动式启动机；

④ 减速式启动机。

10.5.3 启动机的型号

根据我国行业标准 QC/T 73—1993《汽车电气设备产品型号编制方法》的规定，启动机的型号由以下五部分组成。

第 1 部分为产品代号：启动机的产品代号 QD、QDJ、QDY 分别表示启动机、减速启动机及永磁启动机。

第 2 部分为电压等级代号：1～12V；2～24V；3～6V。

第 3 部分为功率等级代号："1"代表 0～1kW，"2"代表 1～2kW，…，"9"代表 8～9kW。

第 4 部分为设计序号。

第 5 部分为变形代号。

例如：QD27E 表示额定电压为 24V、功率为 6～7kW、第五次设计的启动机。

复习思考题

1. 汽车点火系统常见的有哪几类？它们之间有何不同？
2. 汽油发动机的点火系统中设置有真空点火提前和离心点火提前两套调节装置，它们是如何工作的？
3. 汽车用启动机由哪些部分组成？各有什么功用？

第11章 传动系统

学习要求

1. 掌握传动系统的功用、组成、布置形式；

2. 掌握离合器的功用，摩擦离合器的组成、构造及一般工作原理；

3. 掌握变速器的功用与分类、普通齿轮变速器的变速传动机构；

4. 掌握同步器的作用与工作原理，熟悉变速器的操纵机构，掌握分动器的作用；

5. 了解自动变速器的组成，理解行星齿轮变速器的工作原理；

6. 掌握万向传动装置的作用、万向节的构造及工作原理；

7. 掌握驱动桥的功用与组成、主减速器和差速器的构造及工作原理，了解防滑差速器的类型及一般工作原理；

8. 了解常用的半轴支撑形式。

11.1 传动系统的功用与组成

汽车传动系统的基本功用是将发动机发出的动力传给驱动车轮，使汽车行驶。任何形式的传动系统应具有以下的功能。

(1) 减速与变速

由汽车的行驶实践可知，汽车的起步与驱动，要求作用在驱动车轮上的驱动力足以克服各种外界的阻力。发动机发出的转矩如果直接传给驱动车轮，所得到的驱动力很小，不足以驱动汽车运动。而将发动机与驱动车轮直接连接，发动机的转速为3000r/min时，汽车的行驶速度就可达540km/h，这样高的行驶速度，对驱动车轮来说驱动力矩小而无法起步，即使汽车能起步，在道路上也无法行驶。因此，要求传动系统应具有减速增扭的作用。

汽车在道路上行驶时，遇到的情况是千变万化的，要求汽车的驱动力和速度在较大的范围内变化与之适应。而发动机转速和转矩的变化范围较窄。为了适应汽车行驶的速度和转矩的需要，传动系统应具有变速功能。

(2) 实现汽车倒驶

在汽车行驶过程中，汽车除了向前行驶外，在某些情况下还需要倒向行驶，而发动机是不能反向旋转的，这就要求通过传动系统能够改变驱动轮的转动方向，以实现汽车的倒向行驶，一般是在变速器中设置一个倒挡。

(3) 必要时中断传动

在发动机启动运转后，汽车行进中换挡以及对汽车进行制动时，要暂时切断动力的传递。为满足此要求，在汽车发动机与变速器之间设置一个可由驾驶员控制的分离或接合的机构（称为离合器）。另外在变速器中设置有空挡（即处于空挡时各挡位齿轮都处于非传动状态），以满足汽车在发动机不熄火的情况下能较长时间中断动力传递。

(4) 差速作用

汽车在转弯行驶时，左右驱动轮在同一时间内滚过的距离不相同，如果驱动桥两侧的车轮都刚性地安装在一根轴上，则两车轮转动的角速度必然相同，因而会产生车轮相对地面滑动的现象，这将使汽车出现转向困难，动力消耗增加，传动系统内部某些零件和轮胎磨损加剧。为避免这些情况的出现，汽车传动系统在驱动桥内安设有差速器，同时还应将驱动轴制成半轴，使左右驱动车轮以不同的角速度旋转，以保证汽车能顺利转向及正常行驶。

传动系统的组成与其类型、布置形式及驱动形式等许多因素有关。图 11-1 为普通汽车上采用的机械式传动系统。该系统主要由离合器 1、变速器 2、万向传动装置 3、驱动桥（减速器、差速器、半轴）等部件组成。发动机发出的动力依次经离合器、变速器、万向传动装置、主减速器、差速器和半轴，最后传递给驱动车轮。

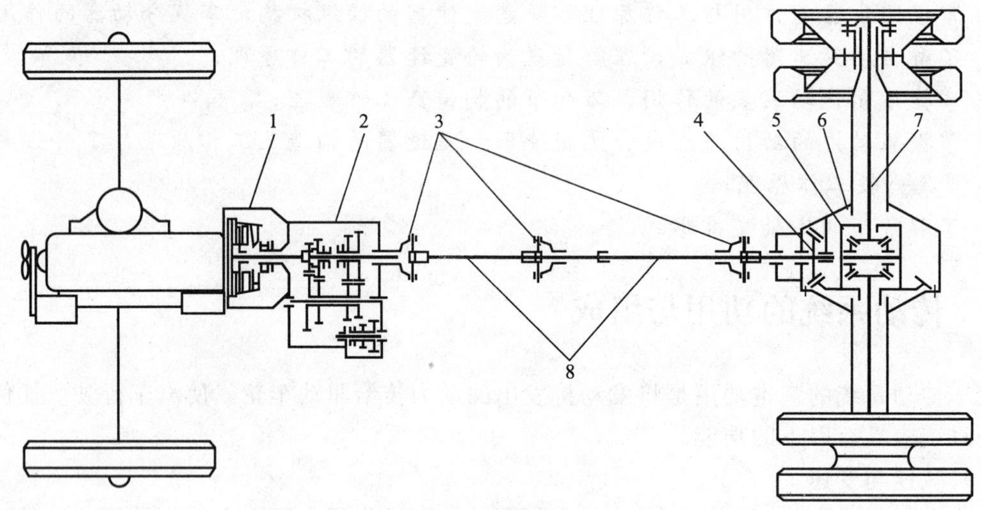

图 11-1 普通汽车传动系统组成和布置示意图

1—离合器；2—变速器；3—万向传动装置；4—主减速器；
5—差速器；6—驱动桥壳；7—半轴；8—传动轴

传动系统各总成的基本功用分述如下。

离合器：按需要适时地切断或接合发动机与传动系统之间的动力传递。

变速器：改变发动机输出转速的高低、转矩的大小以及输出轴的旋转方向，置于空挡时也能实现切断动力的传递。

万向传动装置：将变速器输出的动力传给主减速器，并适应两者之间距离和轴线夹角的变化。

主减速器：降低转速、增大转矩，改变动力的传递方向。

差速器：将主减速器传来的动力分配给左右半轴。并允许左右两半轴以不同角速度旋转以满足左右两驱动轮在行驶过程中差速的需要。

半轴：将差速器传来的动力传给驱动轮，使驱动轮获得旋转的动力。

11.2 传动系统的类型及布置形式

汽车传动系统按结构和传动介质不同，可分为机械式、液力传动式和电力式等。

11.2.1 液力传动系统

液力传动系统可分为液力机械传动系统和静液式传动系统两种。

(1) 液力机械传动系统

液力机械传动，是指发动机通过液力变矩器和机械变速器驱动车轮推动汽车行驶，它是液力传动和机械传动的组合。所谓液力传动，是指以液体为传递动力的介质，利用液体在元件间循环流动中动能的变化来传递动力。

由于液力变矩器输出转矩与输入转矩的比值变化范围较小，不能满足使用要求，因此，在液力变矩器的后面还需串联一个机械变速器。

液力机械传动系统结构复杂、造价高、传动效率低，因此多用于高档轿车或部分重型载重汽车和工程机械。

(2) 静液式传动系统

静液式传动系统是以液体为传递动力的介质，液压泵把发动机输入的机械能转变为液体压能传给液压马达，然后液压马达又把液体压能转变为机械能传给驱动车轮。静液式传动系统存在着传动效率低、造价高、使用寿命和可靠性不够理想等缺点，目前在汽车上采用得很少。

11.2.2 电力式传动系统

电力式传动系统（图 11-2）组成和布置与静液式传动系统类似，其主动部件为由发动机驱动的发电机 3，从动部件为牵引电动机 5。牵引电动机发出的动力经传动轴主减速器传递给驱动轮；也可以在每个驱动轮上单独安装电动机，电动机发出的动力也需要经过一套减速机构才能传给驱动轮。由于电动机的转矩小、转速高，不能直接驱动车轮，所以要经过减速器降低转速、增大转矩，以使汽车正常行驶。

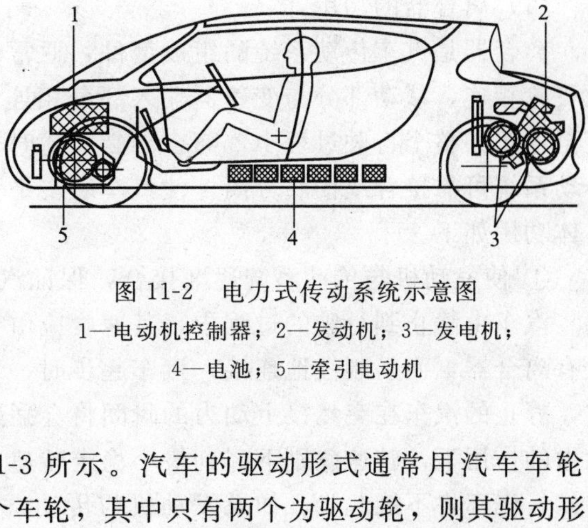

电力式传动系统的性能与静液式传动系统相近，虽然其电动机重量比液压泵和液压马达大得多，但其传动效率高，目前在部分汽车上已开始应用。

1 2 5 4 3

图 11-2 电力式传动系统示意图

1—电动机控制器；2—发动机；3—发电机；4—电池；5—牵引电动机

11.2.3 汽车传动系统的布置形式

汽车传动系统的布置形式主要与发动机的安装位置及汽车驱动形式有关，如图 11-3 所示。汽车的驱动形式通常用汽车车轮总数×驱动车轮数来表示。普通汽车多装用四个车轮，其中只有两个为驱动轮，则其驱动形式为 4×2。越野汽车的全部车轮都可作为驱动轮，根据车轮总数的不同，常见的驱动形式有 4×4、6×6。图 11-3 所示的发动机前置后轮驱动（FR）方式是典型的传动系统布置方式，主要应用于大、中型车辆。发动机前置前轮驱动（FF）方式可减轻重量，使驾驶室内宽敞，多应用于轿车。发动机后置后轮驱动（RR）方式，它的重量集中于汽车后部，发动机距驱动轮很近，可在最短距离内驱动车轮，多应用于大、中型客车。发动机中置后轮驱动（MR）方式，便于对前后轮进行较为理想的重量分配，发动机和变速器等部件集中于车身的重心部位，多见于运动型轿车及方程式赛车。全轮驱动（4WD）方式，源于军用车辆，与其他方式相比，它的特点是向路面传递驱动力的能力强，擅长于无路或坏路面行驶，爬坡能力强。

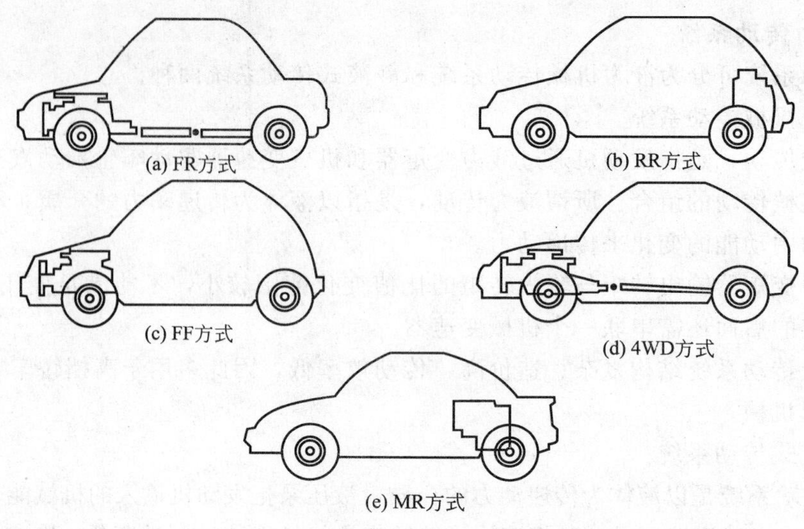

图 11-3 传动系统不同布置形式示意图

11.3 离合器

11.3.1 概述

(1) 离合器的功用

离合器是汽车传动系统的组成部件，通常装在发动机与变速器之间，其主动部分与发动机飞轮相连，从动部分与变速器输入部分相连。在汽车由起步进入正常行驶、变速、制动，直至停车的整个行驶过程中，离合器必须随时根据驾驶员的操纵，保证发动机输出的部分与传动系统可靠接合或彻底分离，使汽车起步平稳、换挡平顺及防止传动系统过载。离合器的具体功用如下。

① 使发动机与传动系统逐渐接合，保证汽车平稳起步。

汽车由静止到行驶的过程中，其速度应由零逐渐增大。如果汽车传动系统与发动机之间没有离合器，而是刚性地连接，汽车起步时，驾驶员将传动系统的变速器挂入一定的工作挡位，静止的汽车在突然接上动力的瞬间将会猛烈前冲，产生很大的惯性力。发动机在这一惯性力的作用下，转速急剧下降到最小稳定转速（300～500r/min）以下，而导致发动机熄火。这样，汽车将不能起步。如果发动机与传动系统之间装有离合器，则在汽车起步前，驾驶员先踏下离合器踏板，使发动机与传动系统分开，待挂上适当的挡位后，再慢慢抬起离合器踏板，同时逐渐踩下加速踏板，加大节气门开度，增加发动机的输出转矩。这时，离合器的主、从动部分在相对滑转的状态下逐渐接合，使发动机传给驱动车轮的转矩平稳增加，当驱动力足以克服行驶阻力时，汽车便由静止开始缓慢地逐渐加速，从而使汽车平稳起步。

② 暂时切断动力传递，便于发动机的起动和变速器平顺换挡。

发动机在冷启动时，踩下离合器踏板使离合器分离，切断发动机与传动系统的联系，这样可除去部分阻力，有利于提高启动转速，使发动机顺利启动。

在汽车行驶的过程中，为了适应不断变化的行驶条件，变速器需要换用不同的挡位工作。这时驾驶员踩下离合器踏板，暂时切断发动机与变速器之间的联系，这样就解除了啮合齿轮齿面间的压力，使摘挡自如。同时，由于离合器切断了发动机与变速器的联系后，使变速器第一轴联系的转动惯量只有离合器的从动部分而大大减小。这样就使将要啮合的两齿轮的轮齿速度在同步器或采用两脚离合器的作用下，很快达到同步，齿轮进入啮合时轮齿间的冲击将大大减轻，使换挡时工作平顺。

③ 限制所传递的转矩，防止传动系统过载。

当汽车紧急制动时，如果没有离合器，则发动机将因和传动系统刚性相连而使转速急剧降低，因此而产生很大的惯性转矩（数值将大大超过发动机发出的最大转矩）作用在传动系统上，造成其内部机件的超载损坏。有了离合器后，一方面在紧急制动时，可先踩下离合器踏板，使发动机与传动系统分离，解除它们之间的相互作用；另一方面即使来不及先踩下离合器踏板，当惯性力矩超过了离合器允许的最大摩擦力矩时，离合器主、从动部分就相对滑转，从而限制了发动机飞轮惯性转矩的增长，消除了发动机和传动系统有关机件过载损坏的危险。

由上述可知，欲使离合器起到以上几个作用，离合器应该满足下列要求：接合平顺柔和，以保证汽车平稳起步；分离迅速彻底，便于换挡和发动机启动；具有合适的储备能力，既能保证传递发动机最大转矩，又能防止传动系统过载；操纵轻便，以减轻驾驶员的疲劳程度；从动部分的转动惯量应尽可能小，以减小换挡时的冲击。

(2) 离合器的类型

常见的汽车离合器类型有摩擦离合器、电磁离合器等。电磁离合器是靠线圈的通断电来控制离合器的接合与分离。摩擦离合器因其结构简单、性能可靠、维修方便，目前在汽车上广泛应用。

11.3.2 摩擦离合器的组成和工作原理

(1) 离合器的组成

如图 11-4 所示，离合器由主动部分、从动部分、压紧装置、分离机构和操纵机构五部分组成。

离合器盖 6 用螺钉固定于飞轮 4 上，压盘 5 沿圆周上的凸起伸入离合器盖的窗孔中，并可沿窗孔作轴向滑动。曲轴旋转时，通过飞轮、离合器盖带动压盘一起转动，构成离合器的主动部分。双面带摩擦衬片的从动盘 3 是从动部分，通过滑动花键套在变速器输入轴 2（从动轴）上，轴前端通过轴承支承于曲轴 1 后端的中心孔内。沿圆周均布的压紧弹簧 16 装在离合器盖和压盘之间，把压盘和从动盘压向飞轮。分离轴承 9 和分离套筒压装成一体松套在从动轴上。分离

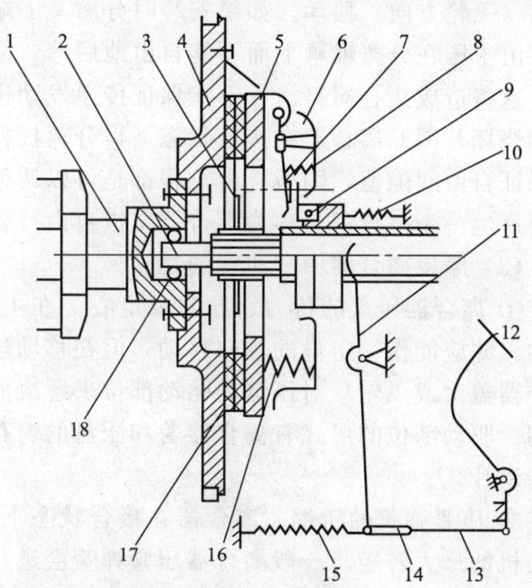

图 11-4 摩擦离合器的基本组成和工作原理示意图

1—曲轴；2—变速器输入轴；3—从动盘；4—飞轮；5—压盘；6—离合器盖；7—分离杠杆；8—弹簧；9—分离轴承；10,15—回位弹簧；11—分离叉；12—离合器踏板；13—拉杆；14—调节叉；16—压紧弹簧；17—从动盘摩擦片；18—轴承

杠杆 7 外端和中部分别铰接于压盘和离合器盖上。由分离杠杆到分离叉 11 一系列零件构成分离机构，从离合器踏板 12 到分离叉这一部分为操纵机构。

(2) 离合器的工作原理

离合器的工作一般包括以下的状态及过程。

① 接合状态　离合器处于接合状态时，压紧弹簧将压盘、飞轮及从动盘互相压紧。发动机的转矩经飞轮及压盘通过摩擦面的摩擦力矩传至从动盘，再经从动轴向传动系统输出。

② 分离过程　踏下离合器踏板时，拉动分离叉下端向右（后）移动，通过分离轴承、分离杠杆便拉动压盘向后移动，使其在进一步压缩压紧弹簧的同时，解除对从动盘的压力。于是离合器的主从动部分处于分离状态而中断动力的传递。

③ 接合过程　当需要恢复动力的传递时，缓慢地抬起离合器踏板，拉动分离叉下端向左（前）移动，带动分离轴承向左（前）移动，压盘便在压紧回位弹簧的作用下逐渐压紧从动盘，并使所传递的转矩逐渐增大。当所能传递的转矩小于汽车起步阻力时，汽车不动，从动盘不转，主、从动摩擦面间完全打滑；当所能传递的转矩达到足以克服汽车开始起步的阻力时，从动盘开始旋转，汽车开始移动，但仍低于飞轮的转速，即摩擦面间仍存在着部分打滑的现象。再随着压力的不断增加和汽车的不断加速，主、从动部分的转速差逐渐减小，直到转速相等、滑摩现象消失、离合器完全接合为止，接合过程即结束。由上可知，汽车平稳起步是靠离合器逐渐接合过程中滑摩程度的变化来实现的。

接合后，在回位弹簧的作用下，踏板回到最高位置，分离叉下端回至最左端位置。分离轴承则在回位弹簧的作用下回至最右端位置。

由于离合器接合过程中存在着滑摩现象，从动盘、压盘和飞轮长期使用磨损后，压盘会向前（飞轮方向）移动。如果安装时分离叉下端与分离轴承间不留间隙，则磨损后分离叉下端将由于压在分离轴承上而不能自由地后移，使外端牵制压盘不能前移，从而不能压紧从动盘。这将造成离合器打滑，不能保证传递发动机的最大转矩，摩擦副和分离轴承也会很快磨损和烧坏。因此离合器在接合状态下，分离杠杆内端与分离轴承间应留有一个自由间隙，为了保证自由间隙值，踏板自由行程都是可以调整的，这个自由间隙反映到离合器踏板上，使踏板产生一个空行程，称为离合器踏板自由行程。

(3) 摩擦离合器中需注意的几点

① 离合器压盘的传力、导向及定心　在主动件中，压盘是靠离合器盖（或飞轮）来驱动的，并应能作一定量的轴向移动，但在移动过程中不允许产生径向位移。这些问题都是由离合器盖（或飞轮）对压盘的驱动部位来解决的。因此，驱动部位具有传力、导向和定心的作用。驱动部位的形式有离合器盖和压盘的窗孔与凸台、传动片、传动销等，应用较广泛的是传动片式。

② 压紧弹簧的压缩　离合器在接合状态下，压紧弹簧应有足够的压紧力，以保证传递发动机的最大转矩。一般离合器压紧弹簧会进行三次压缩过程：前两次是在装配过程中发生的，第三次是在离合器分离的过程中进行。

③ 离合器分离时曲轴的窜动　在离合器分离过程中，分离轴承通过分离杠杆内端对离合器、飞轮和曲轴这一组合件整体向前施加一个轴向推力，将使曲轴向前窜动。这一轴向力经曲轴传至曲轴止推轴瓦（片）。这就是曲轴需要轴向定位和曲轴止推轴瓦后片磨损严重的主要原因。

由此可知，若曲轴轴向窜动量过大，会严重影响分离杠杆的有效行程，造成离合器不能彻底分离。

④ 分离杠杆的运动干涉及预防措施　从离合器的分离过程可知，若分离杠杆中间支承是固定铰链，则其外端与压盘铰接处的运动轨迹将是一弧线（图 11-5），而压盘上该点只能作轴向直线运动，这就使分离杠杆产生运动干涉而不能正常运动。要防止这种运动干涉的出现，就需使支点或杠杆与压盘连接点（重点）处能沿径向移动（平移或摆动），图 11-6 示出了几种常见的防干涉结构形式。

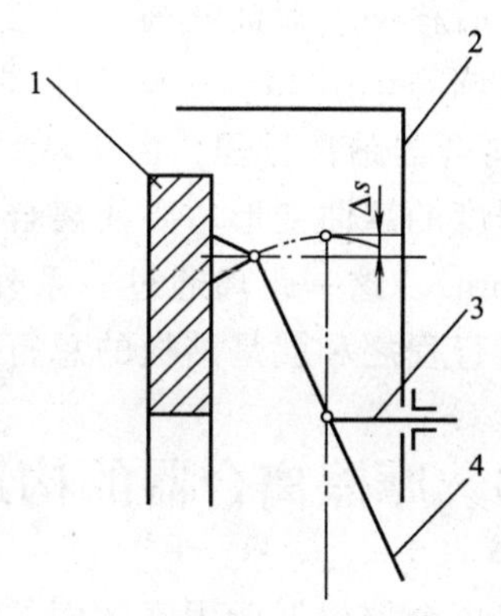

图 11-5　分离杠杆的运动干涉示意图

1—压盘；2—离合器盖；3—支架；4—分离杠杆

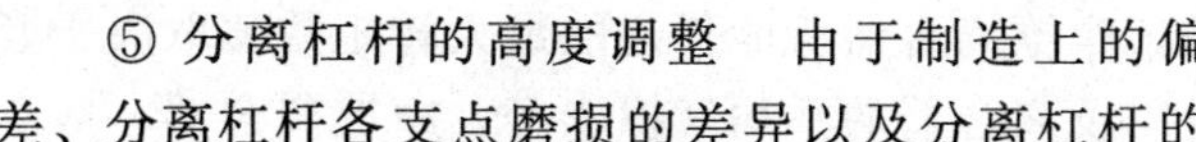

⑤ 分离杠杆的高度调整　由于制造上的偏差、分离杠杆各支点磨损的差异以及分离杠杆的变形等原因，会导致分离杠杆内端沿离合器轴线方向出现高度不一的现象。这将使压盘分离时不能平行移动，从而不能彻底分离。另外，当摩擦片磨损时，分离杠杆内端将向后移，随着移动的进行，分离杠杆斜度增大，这就增大了运动干涉量。为使分离杠杆能够调平，并调到规定高度上，分离杠杆都有高度调整装置。其调整原理就是利用螺纹装置对分离杠杆的外端重点或中间支点进行高度调整。图 11-7（a）为重点可调式，旋进调整螺母 3，分离杠杆 5

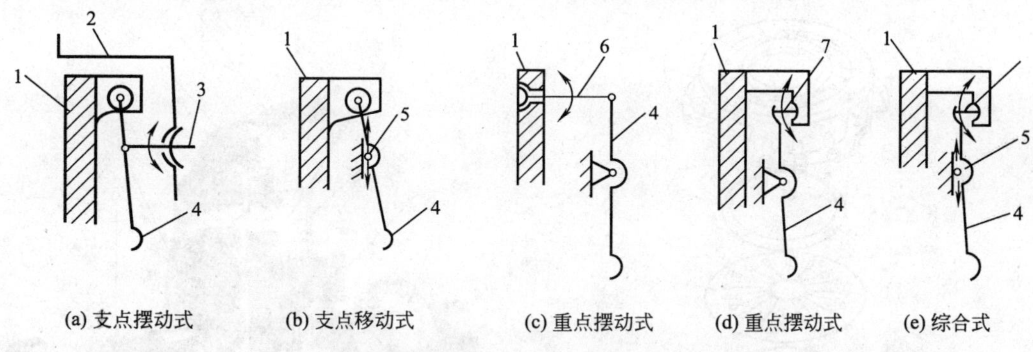

(a) 支点摆动式　(b) 支点移动式　(c) 重点摆动式　(d) 重点摆动式　(e) 综合式

图 11-6　分离杠杆防干涉的结构措施示意图

1—压盘；2—离合器盖；3—支承螺柱；4—分离杠杆；5—滚动销；6—分离螺钉；7—摆动片

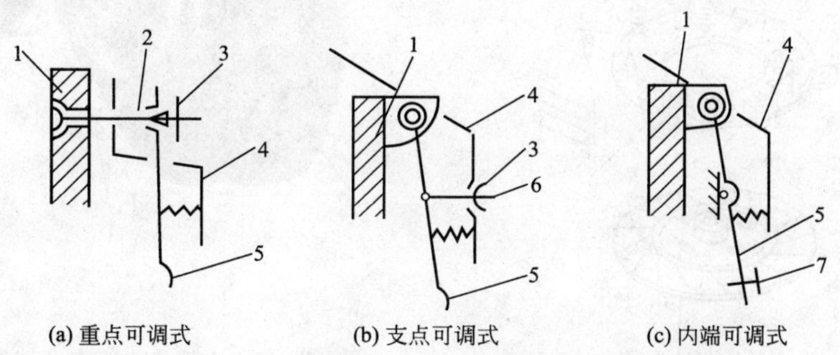

(a) 重点可调式　(b) 支点可调式　(c) 内端可调式

图 11-7　分离杠杆高度调整装置的形式

1—压盘；2—分离螺钉；3—调整螺母；4—离合器盖；
5—分离杠杆；6—支承螺柱；7—调整螺钉

内端就向后移动，即被调高；反之则调低。图 11-7（b）为支点可调式，旋进螺母 3，分离杠杆也被调高。图 11-7（c）为内端可调式。

⑥ 离合器踏板行程　由于从动盘有一定的弹性，飞轮、压盘和从动盘的接触面积也会有一定程度的翘曲变形。要使离合器彻底分离，就必须使压盘有充分向后移动的距离（一般为 1～3mm）。这一距离通过一系列杠杆放大，反映到踏板上就是踏板的有效行程。有效行程与自由行程之和就是踏板的总行程。

11.3.3　摩擦离合器的构造

摩擦离合器根据所用摩擦面的数目（从动盘的数目）、压紧弹簧的形式及安装位置以及操纵机构形式的不同，其总体构造也有差异。摩擦离合器所能传递的最大转矩数值取决于摩擦面间的压紧力、摩擦系数、摩擦面的数目以及离合器的平均摩擦半径。摩擦离合器一般有湿式和干式两种。目前在汽车上与手动变速器相配合的绝大多数离合器为干式摩擦离合器。湿式摩擦离合器一般多盘式，盘片浸在油中便于散热。

摩擦离合器按从动盘的数目不同可分为单盘离合器、双盘离合器和多盘离合器等几种。按压紧弹簧形式的不同可以分为：周布弹簧离合器，采用若干个螺旋弹簧作为压紧弹簧，并将这些弹簧沿压盘圆周分布；中央弹簧离合器，只有一个张力较强的或轴线重合的内外两个

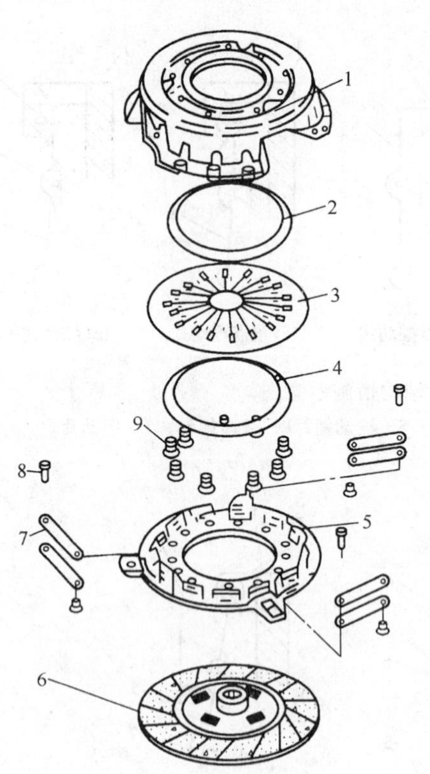

图 11-8　膜片弹簧离合器分解图

1—离合器盖；2,4—支承圈；3—膜片弹簧；5—压盘；6—从动盘；7—传动片；8—铆钉；9—支承铆钉

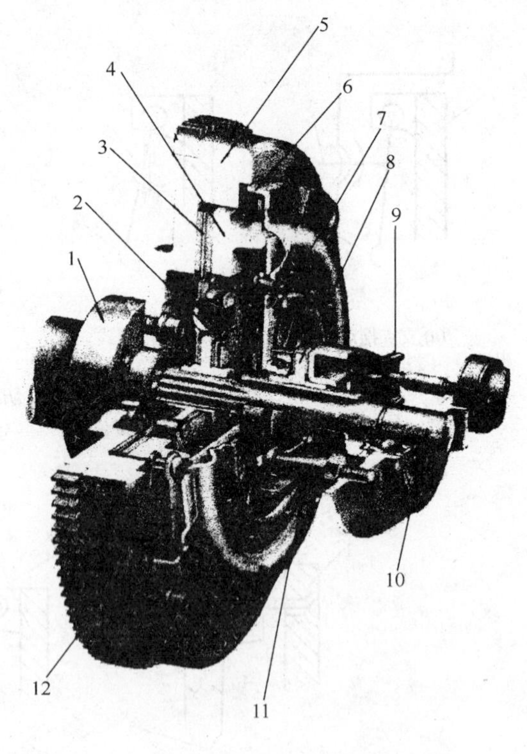

图 11-9　膜片弹簧离合器结构组成

1—曲轴；2—扭转减振器；3—从动盘；4—压盘；5—飞轮；6—离合器盖；7—膜片弹簧；8—分离轴承与套筒；9—分离叉；10—从动轴；11—球头螺栓；12—传动片

压紧弹簧布置在中央；膜片弹簧离合器，采用膜片弹簧作为压紧弹簧。

(1) 膜片弹簧离合器

膜片弹簧离合器的分解图及结构组成如图 11-8、图 11-9 所示。其主动部分是离合器盖、压盘、传动片和飞轮。传动片两端用铆钉连接离合器盖和压盘，并将离合器盖传来的发动机的动力传给压盘，驱动压盘转动。从动部分是从动盘（图 11-10）和从动轴。从动盘的基本结构是两片摩擦衬片 1 和 6、从动盘钢片 3、从动盘毂 5。

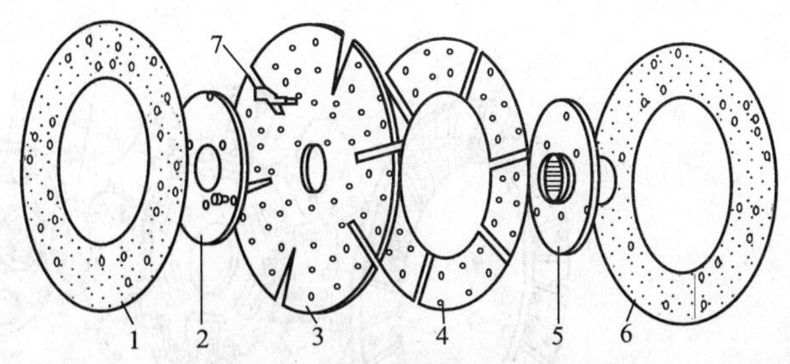

图 11-10　离合器从动盘组成

1—前衬片；2—压片；3—从动盘钢片；4—波浪形弹簧片；5—从动盘毂；6—后衬片；7—平衡片

从动盘钢片通常是用薄弹簧钢板制成，与从动盘毂铆在一起，其上开有辐射状的槽，可防止热变形。两个摩擦衬片应有较大的摩擦系数、良好的耐磨性和耐热性。目前常用的摩擦衬片系用石棉（或加铜丝、铝丝等）、胶黏剂及其他辅助材料经热压合成。衬片和从动钢片之间一般用铜或铝铆钉铆合，也有的用树脂粘接。

为了使离合器接合柔和、启动平稳，单片离合器从动盘钢片具有轴向弹性结构。从动盘钢片与后衬片之间有六块波浪形弹簧片 4 就起这个作用。从动盘钢片辐射状切槽之间的扇形面上有六个孔，其中两孔与前衬片铆接，弹簧片有两孔与后衬片铆接，最后扇形面中间的两孔将钢片和弹簧铆接在一起。这样，从动盘在自由状态时，后衬片与钢片之间有一定间隙。在离合器接合时，弹性变形使压紧力逐渐增加，产生轴向弹性，接合柔和。

离合器从动盘在安装时，应具有方向性，以避免连接长度不足（花键毂处）、摩擦片悬空、顶分离轴承等现象，其方向因车型而异。

由于发动机传到汽车传动系统的转速和转矩是周期性地变化的，汽车行驶在不平的道路上，使汽车传动系统出现角速度的突然变化，这就使传动系统产生扭转振动。对传动系统零件造成冲击性载荷，缩短其寿命，甚至会损坏零件。为了消除扭转振动和避免共振，防止传动系统过载，多数汽车在离合器从动盘中装有扭转减振器。扭转减振器的构造和工作原理如图 11-11 所示。从动盘和从动盘毂 6 通过弹簧 8 弹性地连接在一起，构成减振器的缓冲机构。从动盘毂夹在钢片 3 和减振盘 9 之间，在从动盘毂与钢片和减振盘之间还夹有环状摩擦片 4，其上都有六个圆周均布的窗孔，减振器弹簧 8 装在窗孔中。特种铆钉 5 将钢片和减振盘铆接成一体，但铆钉中部和毂上的缺口存在一定的距离，从动盘毂可相对钢片和减振盘作一定量的转动。当从动盘不受转矩作用时，如图 11-11（b）所示。而受转矩作用时，摩擦衬片 1 和 10 传来的转矩，首先传到钢片和减振盘，再经弹簧传给从动盘毂，这时弹簧被进一步压缩，如图 11-11（c）所示。因而，由发动机曲轴传来的扭转振动所产生的冲击即被弹簧所缓和以及摩擦片所吸收，而不会传到变速器以后总成部件上；同样，汽车行驶于不平路面上所引起传动系统角速度的变化也不会影响发动机。

膜片弹簧离合器的压紧与分离机构由膜片弹簧、支承圈、分离钩等组成（图 11-12）。碟形膜片弹簧用优质钢板制成，其上开有若干个径向切槽，切槽的内端开通，外端为圆孔。每两切槽之间的钢板形成一个弹性杠杆，它既是压紧弹簧，又是分离杠杆。膜片弹簧中间的两侧有支承圈，用铆钉装配在离合器盖上。支承圈为膜片弹簧工作时的支点。在离合器盖未装到飞轮上时，膜片弹簧不受力，处于自由状态，此时离合器盖与飞轮之间有一距离 L。当

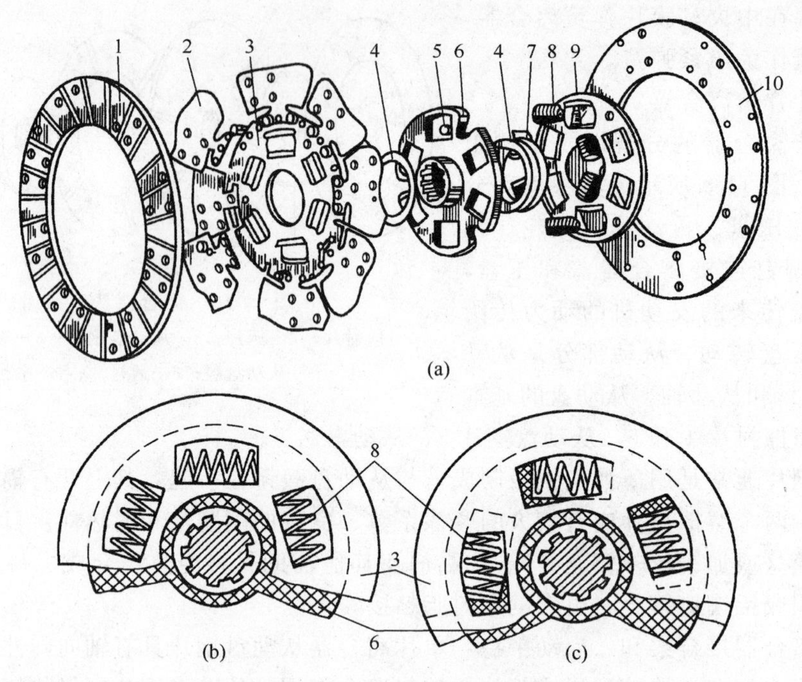

图 11-11　离合器扭转减振器的组成及工作示意图

1,10——摩擦衬片；2—波浪形弹簧片；3—从动盘钢片；
4—摩擦片；5—铆钉；6—从动盘毂；
7—调整垫片；8—减振器弹簧；9—减振盘

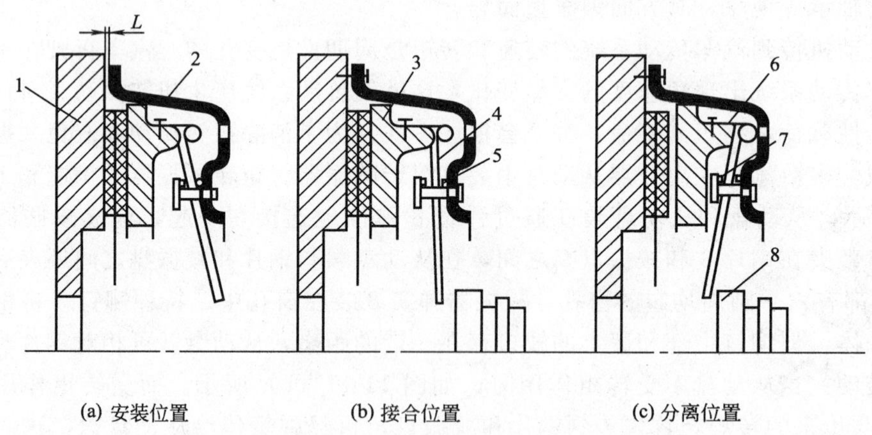

图 11-12　膜片弹簧离合器工作原理示意图

1—飞轮；2—离合器盖；3—压盘；4—膜片弹簧；
5,7—支承圈；6—分离钩；8—分离轴承

把离合器盖与飞轮装合时，支承圈压迫膜片弹簧，使之发生弹性变形。这样，膜片弹簧的反弹力使其外缘对压盘及从动盘产生压紧力，从而使离合器处于压紧状态。离合器分离时，分离轴承左移，膜片弹簧被压在支承圈上，膜片弹簧内缘前移，其径向截面以支承圈为支点转动（膜片弹簧呈反锥形），其外缘通过分离钩拉动压盘使离合器主、从动部分分离。

从上述可见，膜片弹簧兼起压紧弹簧及分离杠杆的双重作用，从而使离合器结构简化，并缩短了离合器的轴向尺寸。

膜片弹簧与螺旋弹簧的弹性特性曲线如图11-13所示。曲线2为螺旋弹簧弹性特性曲线，其压紧力与压缩变形量呈线性关系；曲线1为膜片弹簧弹性特性曲线，其压紧力与压缩变形量呈非线性关系。

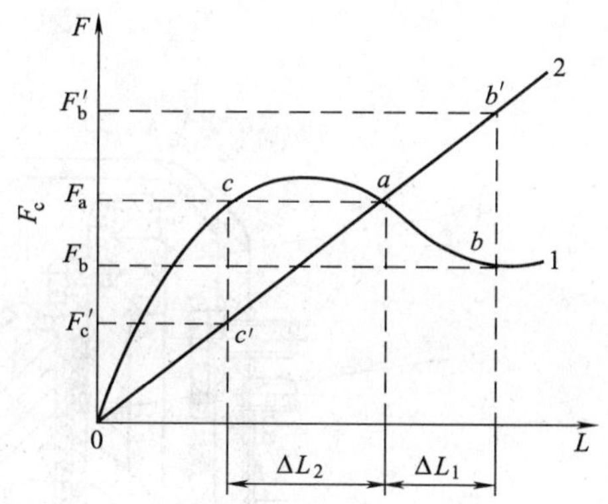

图 11-13 弹簧特性曲线

1—膜片弹簧；2—螺旋弹簧；

ΔL_1—分离时弹性变形量；ΔL_2—磨损后弹簧伸长量

假设新装配离合器时，两种弹簧的压紧力均为 F_a，压缩变形量均为相同的值。当摩擦衬片磨损量达到极限值 ΔL_2 时，膜片弹簧的压紧力 F_c 几乎等于 F_a，而螺旋弹簧的压紧力直线下降到 F'_c。分离离合器时，弹簧被进一步压缩变形。若变形量达最大值 ΔL_1，螺旋弹簧的弹簧力将达 F'_b，而膜片弹簧的弹簧力反而降到 F_b，即膜片弹簧分离时的作用力小于接合时的压力，膜片弹簧离合器操纵轻便。

膜片弹簧在高速下不会因离心力产生弯曲而导致弹簧压紧力下降，即高速时压紧力稳定。

汽车在行驶过程中，会产生一定的扭转振动，这一振动频率若与传动系统中的固有频率相同或成整数倍，就将发生共振。同时，在紧急制动或猛烈接合离合器时，传动系统中将产生强烈的冲击载荷。因此，在汽车传动系统中设置了扭转减振器。这种扭转减振器可以制成独立部件，也可安装于离合器的从动盘中。所以，从动盘就有带扭转减振器和不带扭转减振器两种。

总之，膜片弹簧离合器具有结构简单、轴向尺寸小、弹性特性好、操纵轻便、压紧力分布均匀、摩擦衬片磨损均匀、弹簧压紧力不受离心力影响等优点。因此在汽车（尤其轿车）上得到了广泛的应用。如一汽奥迪、红旗CA7220、捷达、上海桑塔纳、天津夏利TJ7100型轿车、南京依维柯、解放CA1092型载货汽车及北京切诺基越野汽车等均采用膜片弹簧离合器。

（2）周布弹簧离合器

① 单片周布螺旋弹簧离合器　典型的单片摩擦式离合器的结构组成如图11-14所示。

离合器的驱动是靠压盘16上有三个凸起与离合器盖的窗口配合，通过传动片将离合器盖传来的发动机的动力传给压盘，驱动压盘转动。该离合器沿圆周均布有16个螺旋弹簧。

在该种离合器中为防止运动干涉，采用了支点移动、重点摆动的综合式防干涉机构。如图11-15所示，支承柱2前端松插入压盘7相应的孔中，中部有方孔，后端用调整螺母5的球面支承在离合器盖1相应的孔上。分离杠杆6的中部通过浮动销4支承在方孔的平面A上，并用扭簧使它们靠紧。凹字形的摆动支承片3用刀口支承于分离杠杆外端和压盘凸块之间。这样就可利用浮动销在平面A上的滚动和摆动支承片的摆动来消除运动干涉。这种方式结构简单，且分离杠杆的高度是通过螺母调整支点高度来调整的。

分离杠杆一般是由4个薄钢板冲压制成的，也有用特种铸铁铸造而成的，以保证分离杠杆有足够的强度。单片离合器多用于中型或轻型载货汽车上。

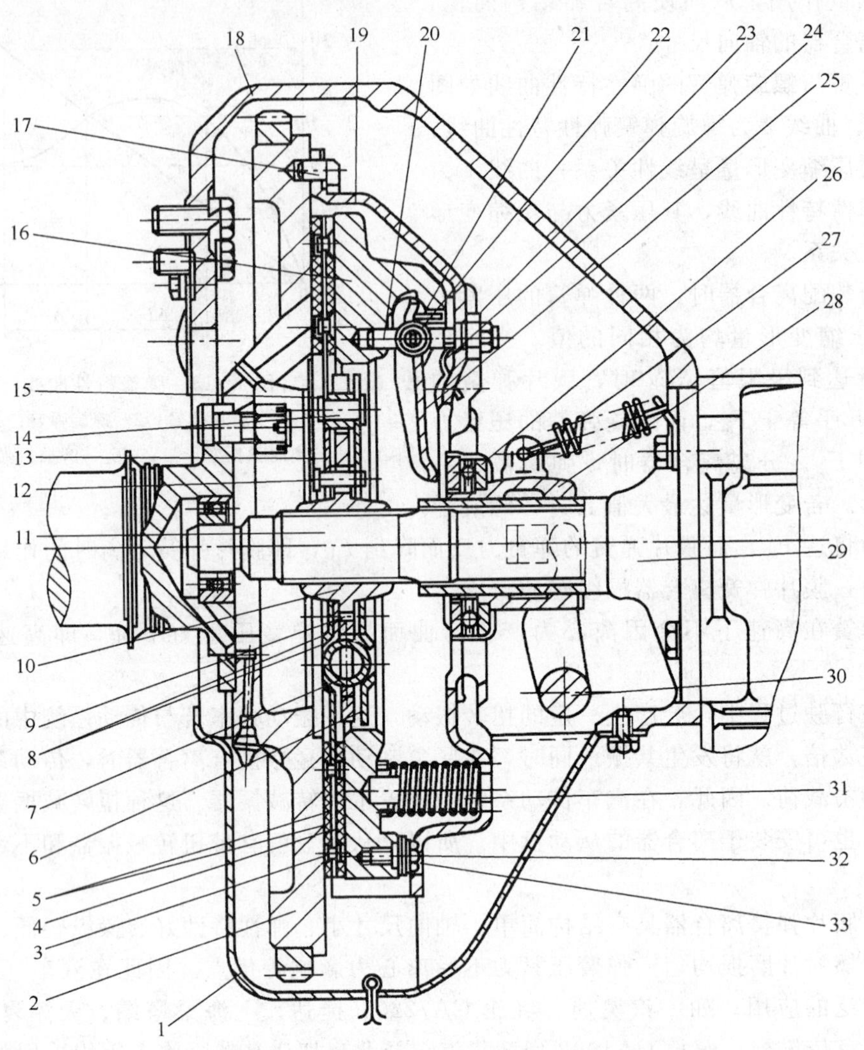

图 11-14 单片周布螺旋弹簧离合器示意图

1—离合器壳底盖；2—发动机飞轮；3—摩擦片铆钉；4—从动盘本体；5—摩擦片；6—减振器盘；7—减振器弹簧；8—减振器阻尼片；9—阻尼片铆钉；10—从动盘毂；11—变速器第一轴（离合器从动轴）；12—阻尼弹簧铆钉；13—减振器阻尼弹簧；14—从动盘铆钉；15—从动盘铆钉隔套；16—压盘；17—离合器盖定位销；18—飞轮壳；19—离合器盖；20—分离杠杆支承柱；21—摆动支承片；22—浮动销；23—分离杠杆调整螺母；24—分离杠杆弹簧；25—分离杠杆；26—分离轴承；27—分离套筒回位弹簧；28—分离套筒；29—变速器第一轴轴承盖；30—分离叉；31—压紧弹簧；32—传动片铆钉；33—传动片

② 双片周布螺旋弹簧离合器　双片螺旋式离合器的工作原理与单片摩擦式离合器相同，不同的部分是多了一个压盘（称为中间压盘）和一个从动盘。工作情况如图 11-16 所示。

由于双片周布螺旋弹簧离合器采用两个从动盘和两个压盘，摩擦面积比单片离合器增加一倍，可传递较大的发动机转矩，因此多应用在中、重型载货汽车上。

(3) 中央弹簧离合器

在有些重型汽车上装用中央弹簧离合器，如图 11-17 所示。其中的压紧弹簧有螺旋圆柱

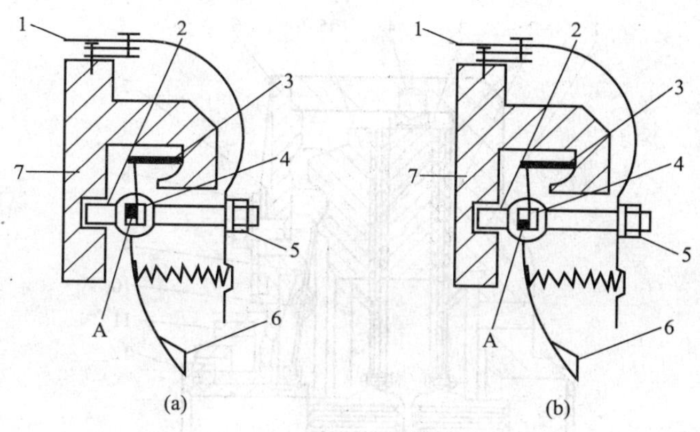

图 11-15　分离杠杆的防干涉结构示意图

1—离合器盖；2—支承柱；3—摆动支承片；4—浮动销；5—分离杠杆调整螺母；6—分离杠杆；7—压盘

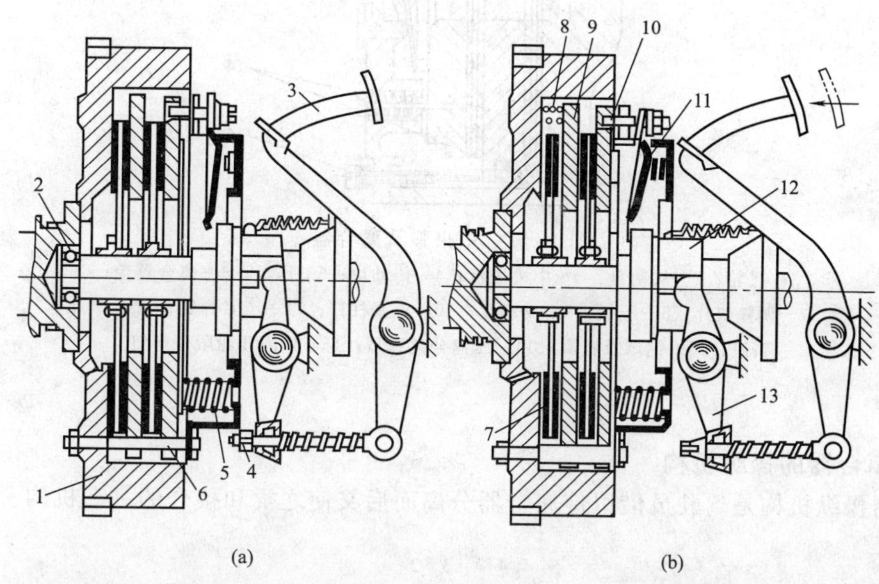

图 11-16　双片周布螺旋弹簧离合器工作示意图

1—飞轮；2—曲轴；3—离合器踏板；4—调整螺母；5—压紧弹簧；6—传动销；7—中间从动盘；8—弹簧；9—中间压盘；10—隔热垫；11—分离杠杆；12—分离轴承；13—分离叉

形和螺旋圆锥形两种。由于锥形弹簧的轴向尺寸小，可缩短离合器的轴向尺寸，因此应用较多。

中央弹簧离合器的压紧弹簧不是直接作用在压盘上，而是通过压紧杠杆将弹簧的张力放大数倍后作用在压盘上。中央弹簧离合器的压紧力是可调的，在压板和离合器盖之间有若干厚度不等的调整垫片，当从动盘摩擦片磨损后，弹簧座向右移动，增大了它与支承盘之间的距离，使弹簧伸长，压紧力下降。若要恢复原来的预紧力，可减薄调整垫片的厚度，使支承盘左移，其弹簧座在压紧杠杆的作用下向左移动数倍于支承盘的移动距离，从而恢复弹簧座与支承盘之间的距离。由于弹簧座左移，增大了与分离轴承之间的间隙，需要调整离合器踏

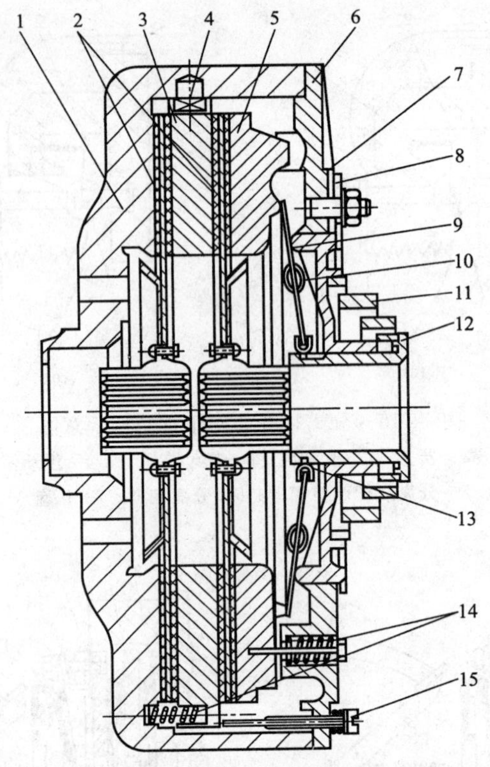

图 11-17　中央弹簧离合器

1—飞轮；2—从动盘；3—中央压盘；4—传动块；5—压盘；6—离合器盖；7—调整垫片；8—压板；9—支承盘；10—压紧杠杆；11—压紧弹簧；12—弹簧座；13—钢球及座圈；14—压盘分离弹簧；15—中间压盘限位螺钉

板自由行程。

11.3.4　离合器的操纵机构

离合器操纵机构是驾驶员借以使离合器分离而后又使之柔和接合的一套机构。该机构包

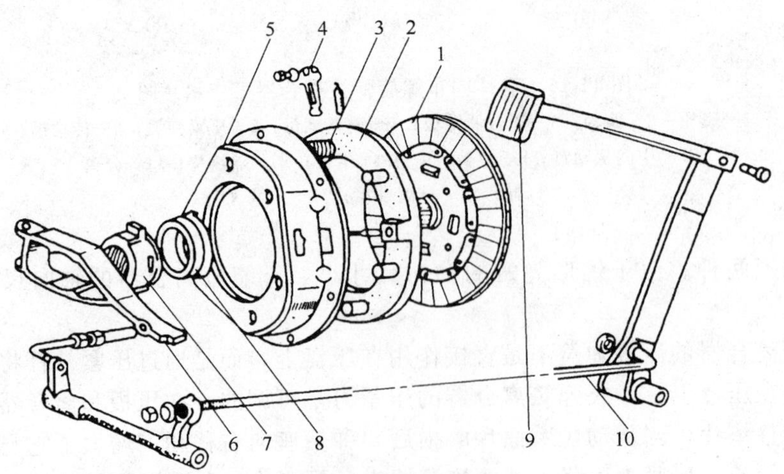

图 11-18　离合器操纵机构组成（杆系传动）

1—从动盘；2—压盘；3—压紧弹簧；4—分离杠杆；5—离合器盖；6—分离叉；7—套筒；8—分离轴承；9—离合器踏板；10—拉杆

括从离合器踏板开始直至飞轮壳内的分离轴承在内的一系列零部件。按照分离离合器所需操纵动力的不同，离合器操纵机构可分为人力式和助力式两类。前者是以驾驶员的体力作为唯一的操纵动力；后者则是以压缩空气或液压油作为主要助力介质而以人体体力作为辅助和后备的操纵动力。

（1）人力机械式离合器操纵机构

在机械式操纵机构中，广泛应用的是杆系传动机构，如图 11-18 所示。杆系传动机构中节点较多，因而摩擦损失较大。此外其工作还会受到车身或车架变形的影响。对于后置发动机汽车的离合器的远距离操纵，其杆系布置较难。

另一种是如图 11-19 所示的绳索式操纵机构。采用绳索传动可以消除杆系传动机构的上述缺点，但是绳索拉伸刚度较小，寿命较短，多用于轻型和微型汽车的离合器中。机械式操纵机构结构简单、成本低、故障少，但传动效率低，踏板行程损失过大。

（2）液压式离合器操纵机构

液压操纵机构主要由主缸、工作缸及连接油管等组成，如图 11-20 所示。液压操纵机构具有摩擦阻力小、重量轻、布置方便、接合柔和等优点，并且不受车身车架变形的影响，因此应用日益广泛。

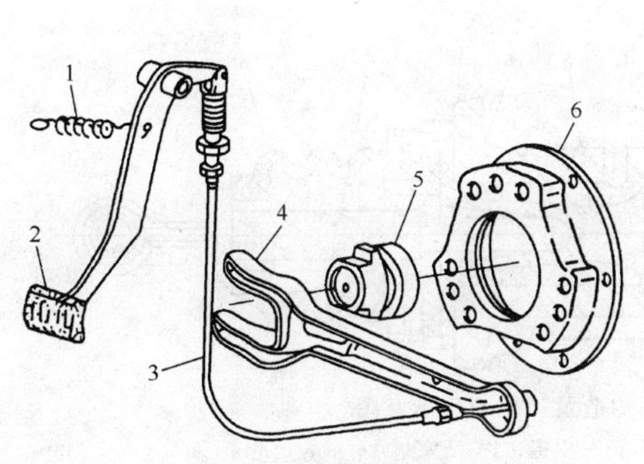

图 11-19　离合器操纵机构组成（绳索传动）

1—踏板回位弹簧；2—离合器踏板；3—绳索；4—分离叉；5—分离轴承；6—离合器盖

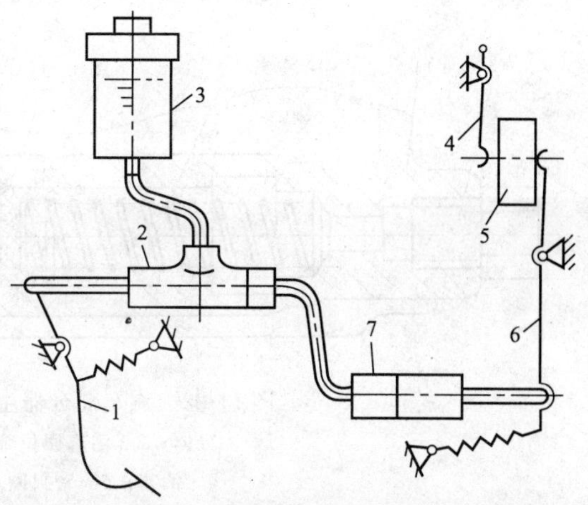

图 11-20　液压式离合器操纵机构组成示意图

1—离合器踏板；2—主缸；3—储液室；4—分离杠杆；5—分离轴承；6—分离叉；7—工作缸

如图 11-21 所示为北京 BJ2020 型汽车离合器的液压式操纵机构，主要由踏板支架、离合器踏板、主缸推杆、离合器主缸、油管、工作缸、分离叉、分离套筒及分离轴承等组成。离合器踏板吊挂在支架上，主缸推杆 2 与离合器踏板 3 以偏心螺栓相连。通过转动偏心螺栓，可改变主缸推杆与主缸活塞之间的间隙，一般主缸推杆与主缸活塞的间隙为 0.5～1.0mm。离合器踏板上固定有缓冲橡胶块，并以踏板回位弹簧 6 的拉力使离合器踏板保持在最高位置。离合器踏板的自由行程为 30～40mm。

① 主缸　主缸的构造如图 11-22 所示，主缸借补偿孔 B、进油孔 C 与储油室相通。主缸体内装有活塞 5，活塞中部较细，使活塞右方的主缸内腔形成环形油室。活塞两端装有密封圈 6 与皮碗 3，顶部有沿圆周分布的六个小孔，活塞回位弹簧 2 将皮碗、活塞垫片 4 压向活塞，盖住小孔，形成单向阀，并把活塞推到最右端位置，使皮碗位于补偿孔 B 与进油孔 C

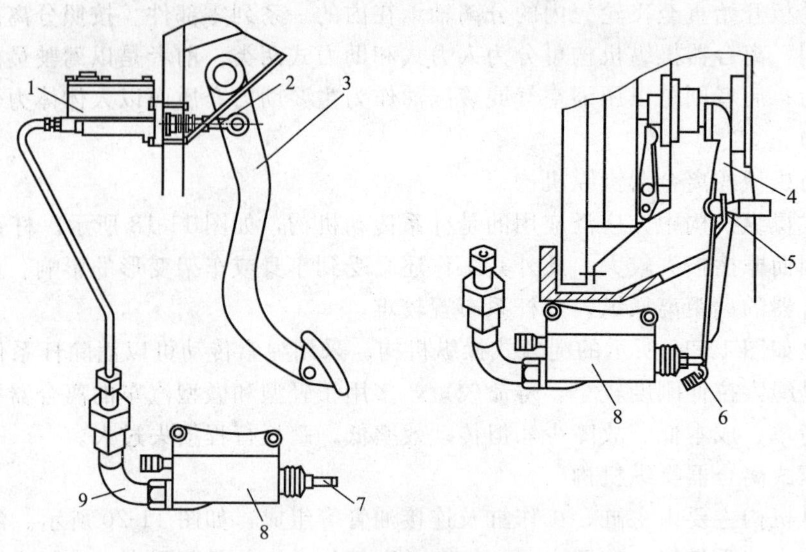

图 11-21　液压式离合器操纵机构

1—主缸；2—推杆；3—离合器踏板；4—分离叉；5—支承销；
6—踏板回位弹簧；7—工作缸推杆；8—工作缸；9—液压油管

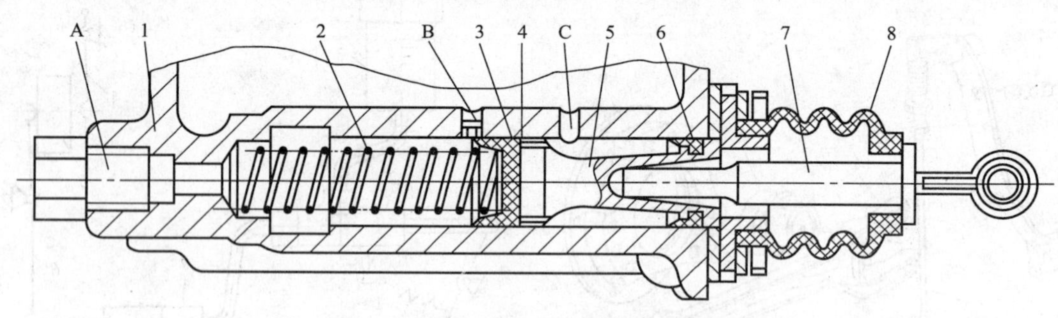

图 11-22　汽车离合器主缸构造及工作原理示意图

1—主缸体；2—活塞回位弹簧；3—皮碗；4—活塞垫片；
5—活塞；6—密封圈；7—推杆；8—防尘罩；
A—出油口；B—补偿孔；C—进油孔

之间，此时两孔均开放。

② 工作缸　工作缸的构造如图 11-23 所示。工作缸内装有活塞 6、皮碗 5 和活塞限位块 4。为防止活塞自工作缸体内脱出，在缸体右端装有挡环 7。工作缸体 3 左端装有进油管接头 1 与放气螺钉 2，当管路内有空气存在而影响离合器操纵时，可拧出放气螺钉 2 进行放气。

驾驶员踩下离合器踏板时，主缸推杆推动主缸活塞向左移动，主缸回位弹簧被压缩。当皮碗将补偿孔 B 关闭后，管路中油压升高，在油压作用下，工作油缸活塞右移，推动分离叉推杆也右移，使分离叉绕支承销转动，从而带动分离轴承、分离套筒移动，使离合器主、从动部分分离。

当迅速放松离合器踏板时，主缸回位弹簧使主缸活塞快速右移，由于管路中有一定的阻尼力，油液回流较迟缓，因而在主缸活塞的左腔会产生一定的真空度，这样在活塞前后腔压力差的作用下，少量油液经过进油孔 C（图 11-22），推开活塞垫片所形成的单向阀，经 6 个

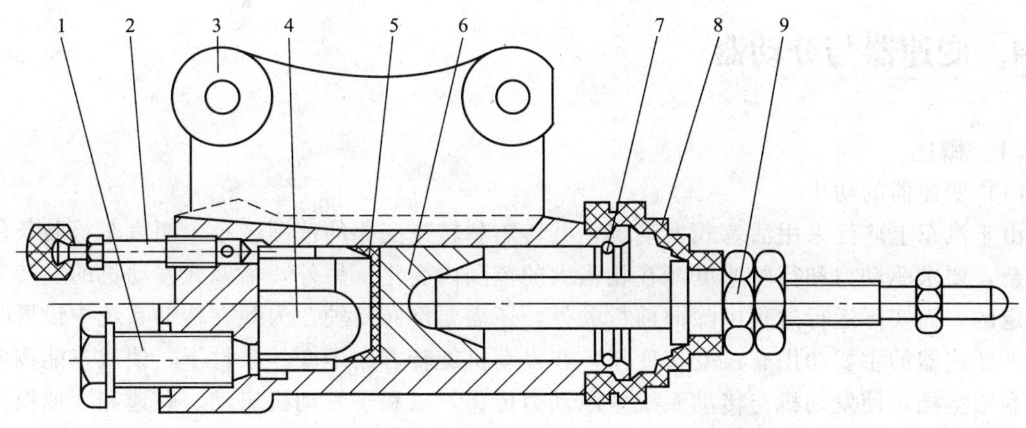

图 11-23　汽车离合器工作缸构造及工作原理示意图

1—进油管接头；2—放气螺钉；3—工作缸体；4—活塞限位块；5—皮碗；
6—活塞；7—挡环；8—护罩；9—工作缸推杆总成

小孔和皮碗与缸体的间隙流到活塞的左腔而填补真空。当原先已由主缸流到工作缸去的油液重又流回主缸时，多余的油液可由补偿孔流回到储油室。同理，由于温度的变化引起系统内油液体积发生变化时，同样可通过补偿孔 B 适时地使系统中油量得到调节，从而保证正常的油压和液压系统工作的可靠性。

红旗 CA7220、奥迪 100 型轿车离合器操纵机构与北京 BJ2020 型汽车离合器操纵机构基本相同。不同之处是使用单独的储液缸，并装有踏板助力回位总成，使离合器操纵更加轻便。

(3) 助力式操纵机构

图 11-24 为弹簧助力式离合器操纵机构示意图。助力弹簧 3 分别固定在支架板 1 和可转三角板 4 的两个支承销上。可转三角板可绕销轴 2 转动。在离合器踏板完全放松、离合器处于接合状态时，助力弹簧的轴线位于可转三角板销轴的下方。踩下离合器踏板时，通过长度可调推杆 5 推动可转三角板 4 绕其销轴逆时针方向转动。此时，助力弹簧的拉力对销轴的力矩实际上是阻碍踏板和可转三角板运动的反力矩，该反力矩随着离合器踏板下移而减小。当可转三角板转到使助力弹簧轴线通过销轴中心时，弹簧反力矩为零。踏板继续下移到使助力弹簧的拉力对可转三角板销轴的力矩方向转为与踏板力对踏板轴的力矩方向一致时，就可起到助力作用。在踏板处于最低位置时，这一助力作用最大。

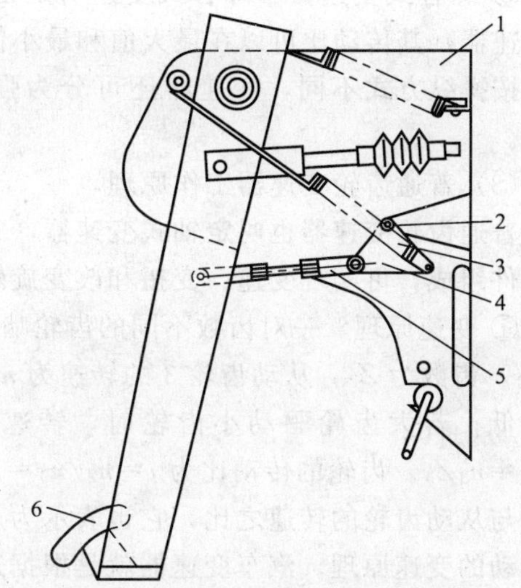

图 11-24　弹簧助力式离合器操纵机构

1—固定支架板；2—销轴；3—助力弹簧；4—可转三角板；5—长度可调推杆；6—离合器踏板

弹簧助力式操纵机构结构简单、工作可靠，但助力效果有限，一般为踏板力的 20%～30%。因此，这种助力机构只应用于载重量较小的汽车上，重型载货汽车多采用气压助力式机械操纵机构。

11.4 变速器与分动器

11.4.1 概述

（1）变速器的功用

由于汽车上广泛采用活塞式发动机，其转矩和转速变化的范围较小，而汽车行驶条件非常复杂，要求驱动力和行驶速度能在相当大的范围内变化。另外，活塞式发动机的旋转方向是一定的，而实际运行过程中除向前行驶外，还需要倒向行驶。为此在传动系统中设置了变速器。变速器的主要功用有：变速变扭；在发动机旋转方向不变的条件下，使汽车能倒向行驶；利用空挡，使发动机与传动系统中断动力传递，以利于发动机启动、怠速和变速换挡或进行动力输出。在多轴驱动的汽车上，还装有分动器，把转矩分配到各个驱动桥。

（2）变速器的类型

变速器按传动比变化方式的不同，可分为有级式、无级式和综合式三种。

① 有级式变速器　有级式变速器应用最为广泛，传动方式采用齿轮传动。它具有若干个数值一定的传动比，传动比的变化呈阶梯式或跳跃式。目前，轿车和轻型货车装用的有级式变速器多为 3～6 个前进挡和一个倒挡。

② 无级式变速器　无级式变速器有电力式和液力式两种，传动部件分别为直流串励电动机和液力变矩器。它的传动比在一定数值范围内可以连续多级变化。

③ 综合式变速器　综合式变速器是由液力变矩器和齿轮式有级变速器组成的液力机械式变速器，其传动比可以在最大值和最小值之间的几个间断的范围内作无级变化。

按操纵方式不同，变速器还可分为强制操纵式、半自动操纵式和自动操纵式变速器三种。

（3）普通齿轮变速器工作原理

普通齿轮变速器也叫定轴式变速器，它由一个变速器壳、轴线固定的几根轴和若干齿轮等零件组成，可实现变速、变扭和改变旋转方向。

① 变速原理　一对齿数不同的齿轮啮合传动时，如图 11-25 所示，设主动齿轮 2 的转速为 n_2，齿数为 Z_2，从动齿轮 3 的转速为 n_3，齿数为 Z_3。若小齿轮带动大齿轮转动时，转速就降低；若大齿轮驱动小齿轮时，转速即升高。在相同的时间内啮合的齿数相等，即 $n_2Z_2=n_3Z_3$。齿轮的传动比为 $i=n_2/n_3=Z_3/Z_2$。齿轮传动机构的传动比定义为主动齿轮的转速与从动齿轮的转速之比，它也表示为从动齿轮的齿数与主动齿轮的齿数之比。这就是齿轮传动的变速原理。汽车变速器就是根据这一原理利用若干大小不同的齿轮副传动而实现变速的。

如图 11-26 所示，发动机的转矩经输入轴Ⅰ输入，经两对齿轮传动，由输出轴Ⅱ输出。其中第一级齿轮传动，1 为主动齿轮，2 为从动齿轮；第二级齿轮传动，3 为主动齿轮，4 为从动齿轮，传动比计算过程如下：

$$i_{12}=\frac{n_1}{n_2}=\frac{Z_2}{Z_1}\qquad i_{34}=\frac{n_3}{n_4}=\frac{Z_4}{Z_3}$$

齿轮 2、3 在同一中间轴Ⅲ上，转速相同，即 $n_2=n_3$，总传动比为

$$i_{14}=\frac{n_1}{n_4}=\frac{Z_2Z_4}{Z_1Z_3}=i_{12}i_{34}$$

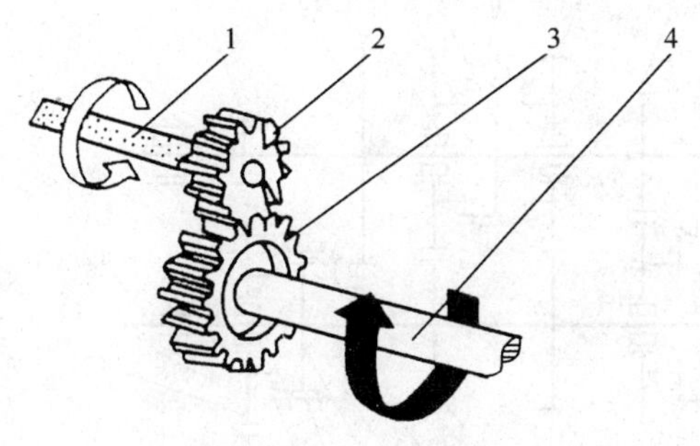

图 11-25　齿轮变速原理示意图

1—主动轴；2—主动齿轮；
3—从动齿轮；4—从动轴

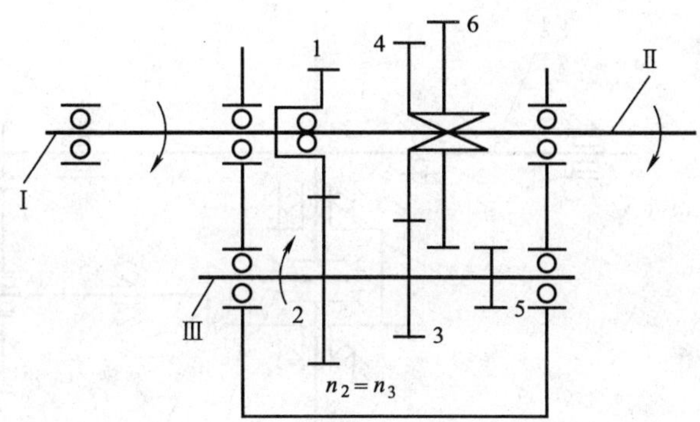

图 11-26　两级齿轮传动简图

Ⅰ—输入轴；Ⅱ—输出轴；Ⅲ—中间轴

汽车变速器某一挡位的传动比为这一挡位各级齿轮传动比的连乘积。由于

$$i=\frac{n_{输入}}{n_{输出}}=\frac{M_{输出}}{M_{输入}}\text{（}M\text{ 表示转矩）}$$

可见传动比既是变速比，又是变矩比。降速则增矩，增速则降矩。汽车变速器就是利用这一关系通过改变速比来适应汽车行驶阻力变化的需要。

② 换挡原理　若将图 11-26 中的齿轮 3 与 4 脱开，再将齿轮 6 与 5 啮合，传动比变化，输出轴Ⅱ的转速、转矩也发生变化，即挡位改变。当齿轮 4、6 都不与中间轴上的齿轮 3、5 啮合时，动力不能传到输出轴，这就是变速器的空挡。

③ 变向原理　汽车发动机在工作过程中是不能逆转的。为了能使汽车倒退行驶，在变速器中设置了倒挡（R）。倒挡传动机构是在主动齿轮与从动齿轮之间增加一个中间齿轮，利用中间齿轮来改变输出轴的转动方向，因此，这个中间齿轮又称为倒挡换向齿轮。

如图 11-27 所示，相啮合的一对齿轮旋向相反，每经一级传动，其轴的转向改变一次。图 11-27（a）所示的两对齿轮传动，其输出轴与输入轴的转向相同，这是普通三轴式变速器前进挡的传动情况。图 11-27（b）所示的齿轮 4 装在中间轴与输出轴之间的倒挡轴上，三对传动副传递动力，输出轴与输入轴的转向相反，这是三轴式变速器倒挡的传动情况。

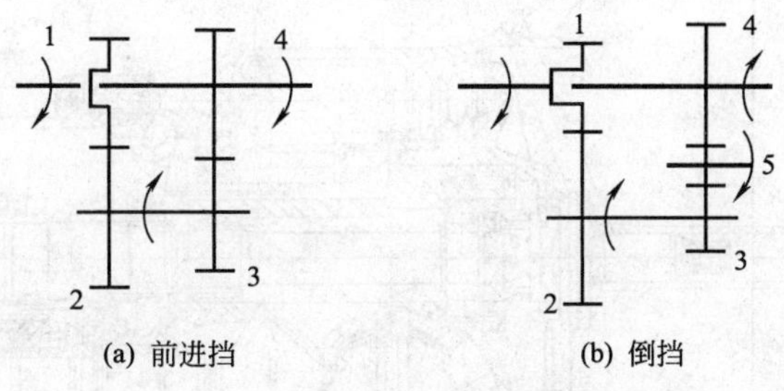

图 11-27　齿轮传动的转向关系示意图

11.4.2　普通齿轮变速器的变速传动机构

普通齿轮变速器按变速器轴的数目不同，有两轴式变速器和三轴式变速器之分。它们的组成均包括变速传动机构和变速操纵机构两大部分。

（1）两轴式齿轮变速器

两轴式齿轮变速器主要应用于发动机前置、前轮驱动（FF 方式）和发动机后置、后轮驱动（RR 方式）的中级和普通级轿车上，以便于汽车的总体布置。这种变速器的特点是输入轴与输出轴平行，且无中间轴，各前进挡的动力分别经一对齿轮传递。图 11-28 是典型的

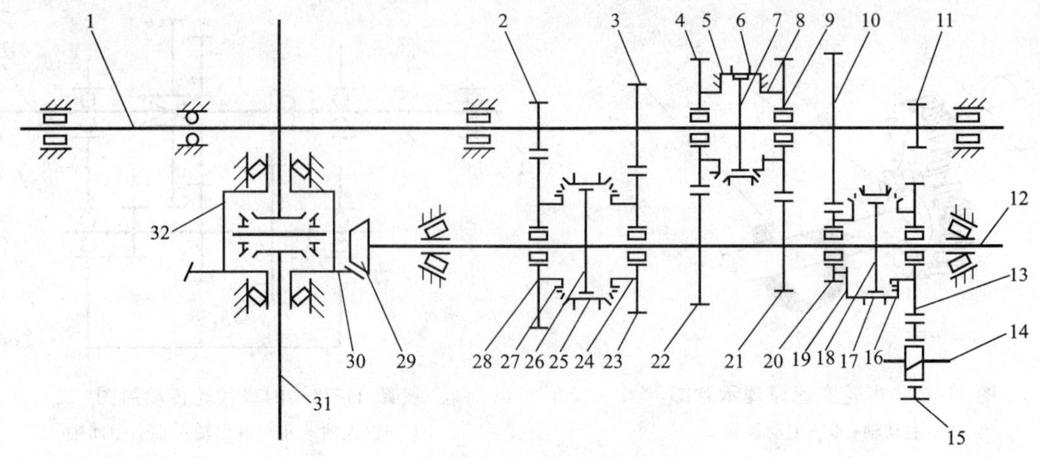

图 11-28　轿车变速器动力传递示意图

1—输入轴；2,3,4,9,10—各挡主动齿轮；5,8,16,19,24,27—同步器锁环；
6,17,25—同步器接合套；7,18,26—花键毂；11,13—倒挡主、从动齿轮；
12—输出轴；14—倒挡轴；15—倒挡中间齿轮；20,21,22,23,28—各挡从动齿轮；
29—主减速器主动锥齿轮；30—主减速器从动锥齿轮；31—半轴；32—差速器壳体

轿车变速器传动简图，该变速器具有五个前进挡和一个倒挡，所有挡位均用锁环式惯性同步器换挡。

图 11-29 为其结构，输入轴 2 通过一个球轴承和两个滚子轴承三点支承在前、后变速器

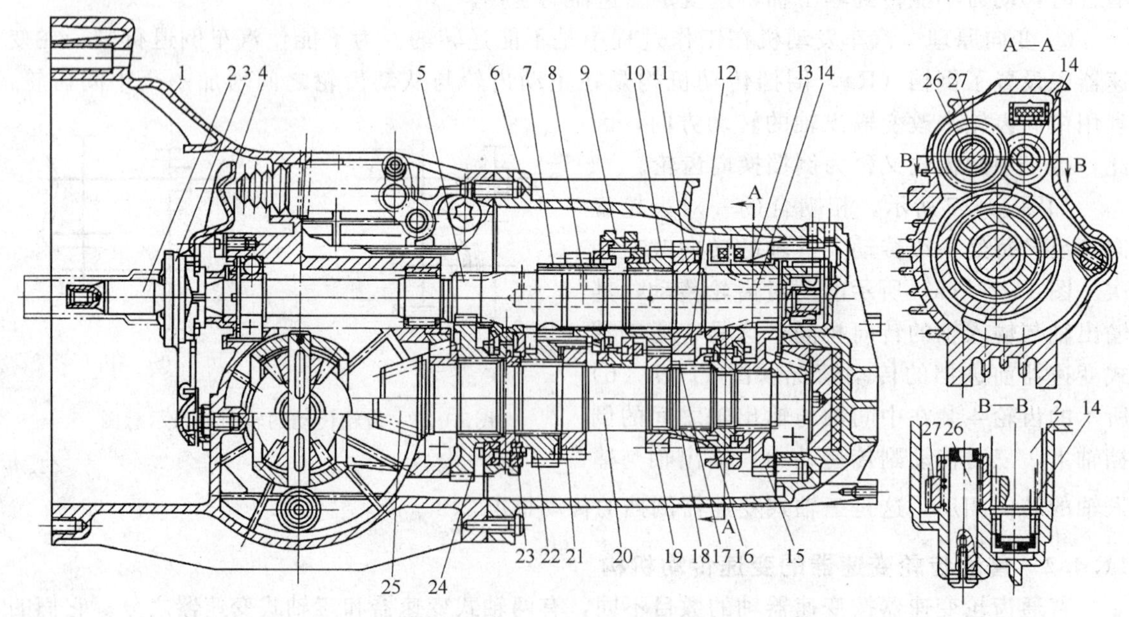

图 11-29　轿车两轴式变速器结构

1—变速器前壳体；2—输入轴；3—分离轴承；4—分离杠杆；5—输入轴一挡齿轮；6—变速器后壳体；
7—输入轴二挡齿轮；8—输入轴三挡齿轮；9,16,23—接合套；10—输入轴四挡齿轮；11,18—隔离套；
12—输入轴五挡齿轮；13—集油器；14—输入轴倒挡齿轮；15—输出轴倒挡齿轮；17—输出轴五挡齿轮；
19—输出轴四挡齿轮；20—输出轴；21—输出轴三挡齿轮；22—输出轴二挡齿轮；24—输出轴一挡齿轮；
25—主减速器主动锥齿轮；26—倒挡中间轴；27—倒挡中间齿轮

壳体上。变速器输入轴与其一挡齿轮 5、二挡齿轮 7 和倒挡齿轮 14 制成一体。另外，输入轴上还装有三挡齿轮 8、四挡齿轮 10，这两个齿轮通过滚针轴承套在输入轴上，三、四挡同步器的接合套 9 与该轴花键配合，五挡齿轮 12 与该轴为过盈配合。以上这些构成了输入轴的主动部分。

输出轴 20 则通过两个圆锥滚子轴承支承在前、后变速器壳体上。输出轴与主减速器主动锥齿轮 25 制成一体，前端借圆锥滚子轴承支承在变速器前壳体上，后端用小圆锥滚子轴承支承在变速器后壳体上。中间装有五个前进挡和一个倒挡的从动齿轮（24、22、21、19、17 和 15）。一、二挡同步器和五挡、倒挡同步器的花键毂与该轴过盈配合，除了三、四挡齿轮（21、19）以花键与输出轴过盈配合外，其他各挡齿轮均通过滚针轴承自由地空套在输出轴上。该变速器各个挡位的主、从动齿轮，均为斜齿圆柱齿轮，平时均处于常啮合状态。各个挡位接合或脱开时，均使用同步器操纵。

结合图 11-28 和图 11-29 分析该变速器各挡的动力传递路线如下。

① 空挡　如图 11-28 所示为变速器的空挡位置。当输入轴 1 由发动机带动旋转时，其上一、二、五挡及倒挡的主动齿轮（2、3、10、11）与之同步旋转。三、四挡主动齿轮（4、9）则处于自由状态，可空转（汽车行驶时随输出轴的旋转而转动），也可不动（汽车静止时）。一、二、五挡及倒挡的从动齿轮（28、23、20、13）随输入轴的旋转而在输出轴 12 上空转，输出轴不被驱动，汽车处于静止或空挡滑行状态。

② 一挡　在空挡位置的基础上，操纵变速杆通过一、二挡换挡拨叉使一、二挡同步器接合套 25 左移，经一挡同步器锁环 27 作用，使一挡从动齿轮与一、二挡同步器花键毂 26 在同步器接合套的作用下同步旋转。这样，从离合器传来的发动机转矩，经输入轴上的一挡主动齿轮及与其常啮合的从动齿轮和一、二挡同步器接合套与同步器花键毂，经花键传到输出轴，直至主减速器。

可知一挡传动比为：

$$i_1=\frac{Z_{28}}{Z_2}=\frac{39}{11}=3.545$$

③ 二挡　在一挡位置时操纵变速杆通过一、二挡换挡拨叉使一、二挡同步器接合套右移，退出一挡进入空挡。继续向右推动该换挡拨叉，使一、二挡同步器接合套借同步器锁环 24 作用，使二挡从动齿轮 23 与该挡同步器花键毂同步旋转。发动机传来的转矩经输入轴上的一挡主动齿轮及与其常啮合的从动齿轮、同步器接合套和花键毂 26，经花键传到输出轴，直至主减速器。

二挡传动比为：

$$i_2=\frac{Z_{23}}{Z_3}=\frac{40}{19}=2.105$$

④ 三挡　在二挡位置时操纵变速杆，通过三、四挡换挡拨叉推动三、四挡同步器接合套左移，经三挡同步器锁环 5 作用，使三挡主动齿轮 4 与三、四挡主动齿轮同步器花键毂 7 同步旋转。则来自发动机的转矩从输入轴上的花键传到三、四挡同步器花键毂，经该挡同步器接合套到三挡主动齿轮 4 以及与其常啮合的三挡从动齿轮 22，再经花键传给输出轴，直至主减速器。

三挡传动比为：

$$i_3=\frac{Z_{22}}{Z_4}=\frac{39}{30}=1.300$$

⑤ 四挡　在三挡位置时，操纵变速杆通过换挡拨叉使三、四挡同步器接合套右移，退出三挡进入空挡。继续向右推动该换挡拨叉，使三、四挡同步器接合套借用同步器锁环 8 作用，使四挡主动齿轮与该挡同步器花键毂同步旋转。发动机传来的转矩，从输入轴通过花

键，三、四挡同步器花键毂，经该挡同步器接合套 6 传到四挡主动齿轮 9，传给与之常啮合的四挡从动齿轮 21，经花键传到输出轴，直至主减速器。

四挡传动比为：
$$i_4=\frac{Z_{21}}{Z_9}=\frac{33}{35}=0.943$$

⑥ 五挡　在四挡位置时操纵变速杆，通过换挡拨叉使五挡同步器接合套 17 左移，经五挡同步器锁环 19 作用，使五挡从动齿轮 20 与该挡同步器花键毂 18 同步旋转。则来自发动机的转矩从输入轴上的五挡主动齿轮 10 及与之常啮合的五挡从动齿轮 20、同步器接合套 17 和花键毂 18 经花键传到输出轴，直至主减速器。

五挡传动比为：
$$i_5=\frac{Z_{20}}{Z_{10}}=\frac{30}{38}=0.789$$

⑦ 倒挡　变速器在输入轴与输出轴之间增设一个倒挡齿轮轴 14 和一个倒挡中间齿轮（惰轮）15，介于倒挡主动齿轮 11 和倒挡从动齿轮 13 之间，并与其处于常啮合状态。倒挡齿轮轴 14 的两端支承在变速器后壳体上，倒挡中间齿轮通过滚针轴承空套在该轴上。若需要挂入倒挡，只能在汽车处于静止时才能挂入。如果汽车正在前进行驶时就必须使变速杆处于空挡位置，并且先待停稳后，方能挂入倒挡。这是因为变速器中设有倒挡锁止机构，防止汽车在前进中误挂入倒挡而造成事故。变速器挂倒挡时，用五挡、倒挡拨叉将该挡同步器接合套向右移动，在倒挡同步器锁环 16 的作用下，使该同步器花键毂 18 与倒挡从动齿轮同步旋转。则来自发动机的转矩从输入轴上的倒挡主动齿轮经倒挡中间齿轮传到倒挡从动齿轮，经该挡同步器花键毂 18 和它与输出轴 12 配合的花键，传至输出轴，这时传出的转矩与其他各挡位传出的转矩方向相反，实现倒挡的动力传递。

倒挡传动比为：
$$i_R=\frac{Z_{13}}{Z_{11}}=\frac{35}{10}=3.500$$

倒挡传动比之所以比各前进挡的传动比大，是考虑到倒车行驶的安全，希望倒车时速度尽可能低些的缘故。

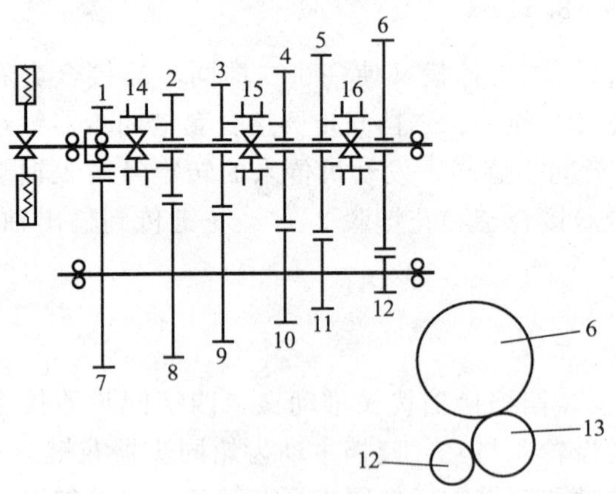

图 11-30　典型三轴式变速器动力传递示意图
1—第一轴常啮合传动齿轮；2—第二轴四挡齿轮；3—第二轴三挡齿轮；4—第二轴二挡齿轮；5—第二轴一挡齿轮；6—第二轴倒挡齿轮；7—中间轴常啮合传动齿轮；8—中间轴四挡齿轮；9—中间轴三挡齿轮；10—中间轴二挡齿轮；11—中间轴一挡齿轮；12—中间轴倒挡齿轮；13—倒挡中间齿轮；14—四、五挡同步器；15—二、三挡同步器；16—一挡、倒挡同步器

该变速器除倒挡外，所有前进挡均为一对常啮合齿轮，故传动效率比较高。由于采用了全同步器换挡，使换挡迅速，操纵轻便，减少了换挡时的冲击和噪声。因为只有输入、输出两根轴传动，故没有直接挡。此变速器壳体空间得到了充分利用，变速器与主减速器和差速器三者共同安装于一个三件组合的外壳内，取消了万向传动装置，整个传动系统都集中在汽车的前部。这种布置方式使得传动系统减少了零件数量，结构更为紧凑，并且有效地减小了体积和重量。但给加工制造带来一定困难，有些零件必须经过特殊工艺加工才能达到要求。

该变速器中的齿轮及轴承采用飞溅润滑，使用 GL-4 齿轮油。齿轮油通过变速器后端的油槽及变速器壳体的钻油孔，进入输入轴后端的带导油套的滚针轴承以及输出轴后端的圆锥滚子轴承里。三、四挡主动齿轮滚针轴承的润滑，是通过输入轴后部的中心孔并在该轴承处开有径向油孔，在轴的前部一、二挡主动齿轮之间还开有泄油孔，以保证齿轮油的顺畅流通。

天津夏利 TJ7100、捷达/高尔夫、上海桑塔纳、神龙富康及红旗 CA7220 型轿车均采用两轴式齿轮变速器。

(2) 三轴式齿轮变速器

三轴式齿轮变速器适用于发动机前置、后轮驱动的布置形式，不同车型变速器的构造虽各不相同，但变速传动机构主要都是由齿轮、轴、壳体和支承件等组成。图 11-30 所示为南京依维柯 2822 型汽车的五挡变速器传动机构简图，它是一种典型的三轴式齿轮变速器。

南京依维柯 S 系列汽车均采用五挡变速器，有五个前进挡和一个倒挡，图 11-31 为其结

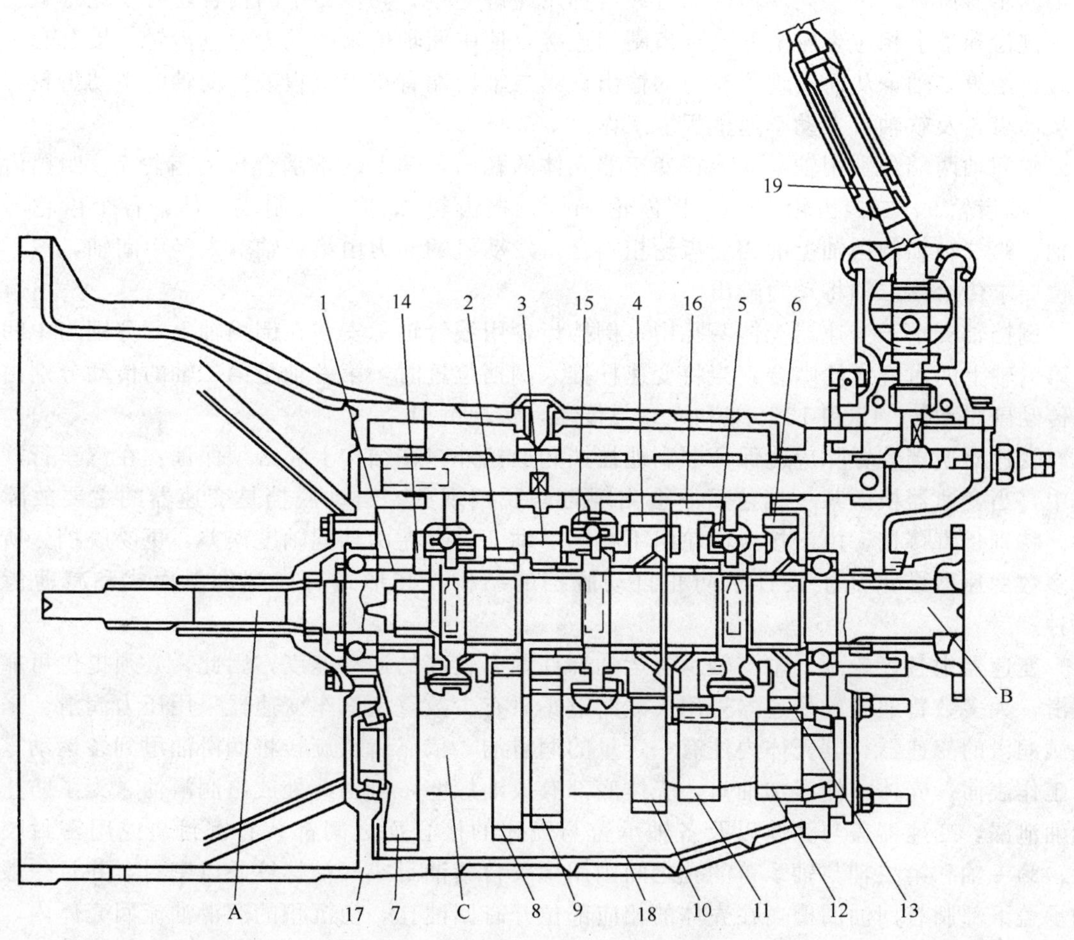

图 11-31　三轴式变速器结构示意图

1—第一轴常啮合传动齿轮；2—第二轴四挡齿轮；3—第二轴三挡齿轮；4—第二轴二挡齿轮；5—第二轴一挡齿轮；6—第二轴倒挡齿轮；7—中间轴常啮合传动齿轮；8—中间轴四挡齿轮；9—中间轴三挡齿轮；10—中间轴二挡齿轮；11—中间轴一挡齿轮；12—中间轴倒挡齿轮；13—倒挡中间齿轮；14—四、五挡同步器；15—二、三挡同步器；16—一挡、倒挡同步器；17,18—壳体；19—换挡机构；A—第一轴（输入轴）；B—第二轴（输出轴）；C—中间轴

构示意图，该变速器设置有第一轴 A（输入轴）、第二轴 B（输出轴）和中间轴 C。第一轴前端通过离合器与发动机曲轴相连，第二轴后端通过凸缘连接万向传动装置，而中间轴则主要用来固定安装各挡的变速传动齿轮。

第一轴的前端通过轴承安装在曲轴后端的中心孔内，后端用轴承安装在变速器壳体间的前壁孔内，轴上的齿轮 1 与中间轴齿轮 7 构成常啮合齿轮，第一轴前端的花键上套有离合器从动盘总成，当离合器处于接合状态时，发动机的动力通过从动盘传给变速器。

第二轴的前端通过滚针轴承支承于第一轴后端内孔中，后端用轴承安装在变速器壳体的后壁内，轴上的四挡齿轮 2、三挡齿轮 3、二挡齿轮 4、一挡齿轮 5、倒挡齿轮 6 均通过滚动轴承空套在轴上，可在轴上自由旋转，它们与中间轴上的对应齿轮 9、10、11、12 构成常啮合齿轮。轴上安装有四、五挡同步器 14，二、三挡同步器 15，一挡、倒挡同步器 16，共有五个同步器齿环。三个同步器的花键毂与轴用花键连接，同步器中的接合套可使花键毂上的外花键齿和轴上相应齿轮上的接合齿圈相连接，使中间轴传来的动力通过齿轮、接合套、花键毂传给第二轴，从而实现了动力的输出。第二轴后端有车速里程表传动轴的主动齿轮，通过从动齿轮及软轴可带动车速里程表工作。

中间轴两端分别用轴承安装在变速器壳体的孔内，轴上的常啮合传动齿轮 7、四挡齿轮 8、三挡齿轮 9、二挡齿轮 10、一挡齿轮 11、倒挡齿轮 12 均与轴制成一体，各个齿轮与第一轴、第二轴和倒挡轴上的相应齿轮相啮合。发动机的动力由第一轴输入经中间轴，按不同挡位要求传给第二轴将动力输出。

倒挡轴支承于变速器壳体两孔中，倒挡齿轮用滚针轴承安装在倒挡轴上，分别与中间轴和第二轴上的对应齿轮啮合，当将变速杆推入倒挡位置时，第一轴至第二轴的传动分别由三对传动副 1 和 7、12 和 13、13 和 6 参与传动，实现倒挡。

变速器换挡装置除应能保证顺利地挂挡和退挡外，在结构上还必须保证：在汽车行驶过程中，当变速器换入某一挡位后不会出现自动脱挡现象。自动脱挡是变速器的主要故障之一，特别是直接挡，由于接合齿轮组不在同一轴上，存在两轴同轴度误差，更易脱挡。所以大多数变速器在齿轮上设计了防止自动脱挡的结构，其形式有齿端倒斜面式和减薄齿式两种。

变速器中各齿轮副、轴与轴承等运动部件均有较高的运动速度，因此，必须提供可靠的润滑，大多数普通齿轮变速器采用飞溅润滑，只有少数重型汽车变速器采用压力润滑。采用飞溅润滑的变速器，其壳体内注有一定量的润滑油，依靠齿轮旋转将润滑油甩到各运动零件的工作表面。壳体一侧有加油口，壳体底部有放油螺塞，可由此处放出润滑油。为了防止润滑油泄漏，变速器盖与壳体以及各轴承盖与壳体的接合面之间都装有密封垫或用密封胶密封；第一轴和第二轴与轴承盖的孔之间则用橡胶自紧油封或回油螺纹予以密封，并且一般在轴承盖下部制有回油凹槽，在壳体的相应部位开有回油孔，使沉积的润滑油流回壳体内，装配时应使凹槽与油孔对准。为了防止变速器工作时由于油温升高使其内部气压过大而造成润滑油渗漏，在变速器盖上都装有通气塞。

11.4.3 同步器

同步器的作用是使接合套与待接合的齿圈之间迅速达到同步，并阻止两者在同步前进入啮合，从而可消除换挡时的冲击，缩短换挡时间，简化换挡过程。

同步器由同步装置（包括推动件和摩擦件）、锁止装置和接合装置三部分组成。同步器有常压式、惯性式、自行增力式等种类。目前所有的同步器几乎都是采用摩擦式惯性同步器，常见的有锁环式惯性同步器和锁销式惯性同步器，下面分别加以介绍。

(1) 锁环式惯性同步器

① 构造　锁环式惯性同步器的结构如图 11-32 所示，其主要由花键毂 15、接合套 7、锁环（也称同步环）4 和 8、销钉 5 及定位销 6 和弹簧 16 等组成。同步器在第二轴上的装配关系如图 11-32 (a) 所示。花键毂 15 以其内花键套装在第二轴的外花键上，并用卡环轴向固定。花键毂的外花键与接合套的内花键相啮合，两端与五挡接合齿圈 3 和四挡接合齿圈 9 之间各有一个青铜制成的锁环 4 和 8，锁环上有断续的短花键齿圈，花键齿的断面轮廓尺寸与齿圈 3、9 及花键毂 15 上的外花键齿均相同，两个齿圈和锁环上的花键齿，在对着接合套的一端都制有倒角，称为锁止角，且与接合套内花键齿齿端的倒角相同。锁环具有内锥面，齿圈 3 和 9 的端部具有相同角度的外锥面，两者之间通过锥面相接触。为了增加其接触锥面之间的摩擦力，在锁环内锥面上车制有细密的螺纹槽，使两锥面接触后能够破坏锥面间的油膜，提高摩擦系数，锁环的内锥面是摩擦件，锁环的另一端沿圆周相间均布着三个凸起部分。外沿带倒角的齿圈是锁止件。三个销钉通过弹簧分别插入花键毂的通孔中，在销钉上压装着起定位作用的止动销，止动销的圆柱面正好嵌在接合套中部凹槽中，起到空挡定位作

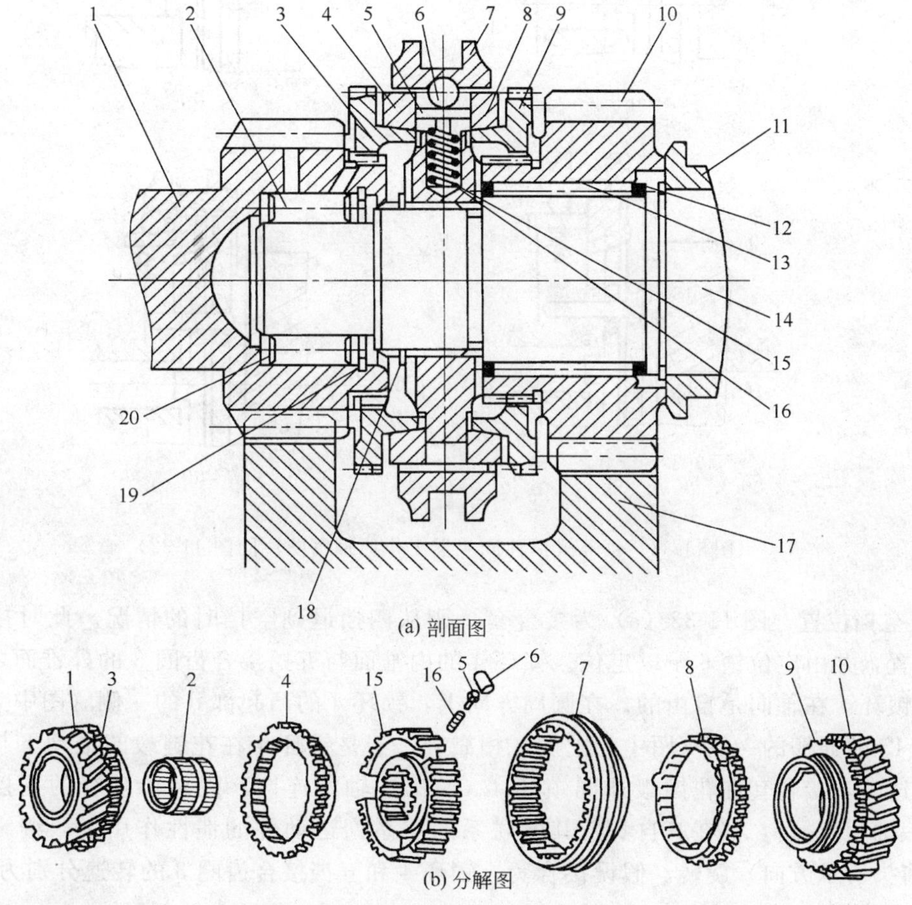

图 11-32　锁环式惯性同步器的示意图

1—第一轴；2,13—滚针轴承；3—五挡接合齿圈；4,8—锁环；5—销钉；6—定位销；7—接合套；9—四挡接合齿圈；10—第二轴四挡齿轮；11—衬套；12,18,19—卡环；14—第二轴；15—花键毂；16—弹簧；17—中间轴四挡齿轮；20—挡圈

用，销钉圆柱面部分正对着锁环凸起部的端面，锁环的凸起部分分别伸入到花键毂的三个通槽中，锁环凸起部分的宽度较花键毂通槽宽度小，两者之差等于锁环上一个花键的齿宽，而且有恰当的周向位置，因而使锁环相对于花键毂左右只能转动半个齿，而且只有当凸起部分位于通槽的中央位置时，接合套的齿才能与锁环的齿进入啮合。

② 工作原理　现在以该变速器由四挡换入五挡过程为例说明锁环式惯性同步器的工作原理，如图 11-33 所示。

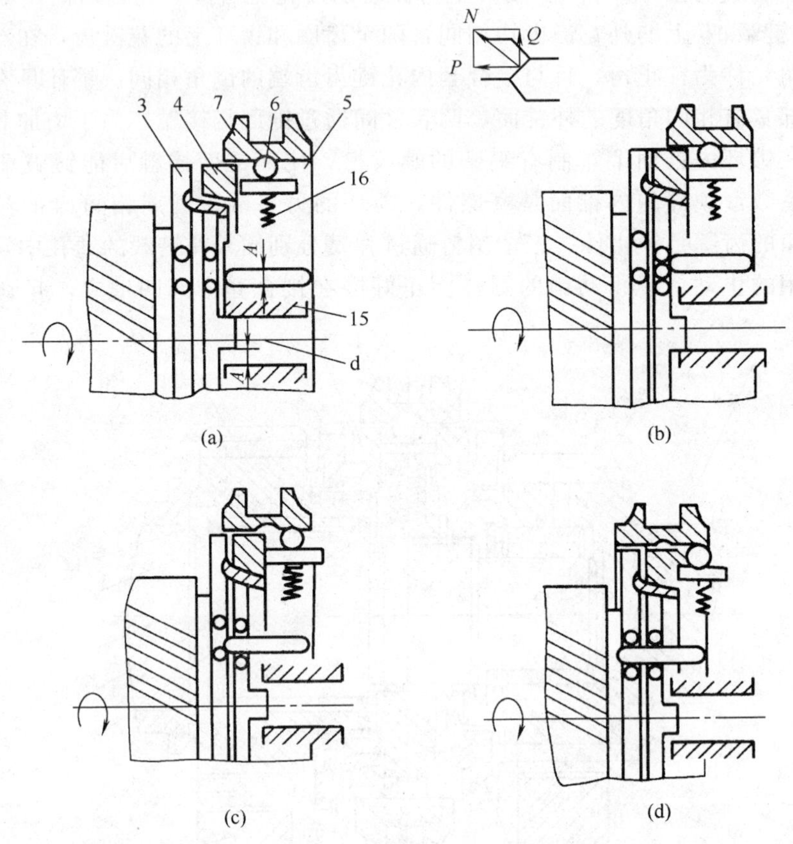

图 11-33　锁环式惯性同步器工作原理（图注同图 11-32）

a. 空挡位置　图 11-33（a）为接合套 7 刚从四挡退到空挡时的情况。此时接合套处于中间位置，并由定位销 6 予以定位。锁环 4 的内锥面与五挡接合齿圈 3 的外锥面之间不相接触，即锁环 4 在轴向是自由的。在圆周方向上，锁环 4 的凸起部 d 的一侧（图中为上侧）与花键毂 15 的通槽的一侧（图中为上侧）相靠合，于是锁环 4 在花键毂的推动下与其作同步旋转。这时，接合套和花键毂连同锁环 4（与第二轴相连接）以及待啮合的五挡接合齿圈（与第一轴相连接），都在其自身及其所联系的一系列运动件的惯性作用下，继续沿原方向（图中箭头所示方向）旋转。假设接合套、锁环 4 和五挡接合齿圈 3 的转速分别为 n_7、n_4 和 n_3，显然此时 $n_4=n_7$，$n_3>n_7$，故 $n_3>n_4$。

b. 接合套移动，摩擦力矩产生　要挂入五挡时，通过变速器操纵机构向左推动接合套，并带动定位销 6 一起向左移动。当销钉的圆柱面左端与锁环 4 凸起部 d 右端接触时，便同时推动锁环移向五挡接合齿圈 3，使两者锥面相接触，如图 11-33（b）所示。由于五挡接合齿圈与锁环 4 转速不相等，即 $n_3>n_4$，所以两者一经接触便在其锥面之间产生摩擦力矩 M_1。五挡接合齿圈即通过摩擦力矩 M_1 的带动使锁环 4 相对于接合套及花键毂 15 转过一个角度，直到锁环的凸起部与花键毂通槽的另一端接触时，锁环 4 即与接合套同步转动。此时接合套的齿与锁环 4 的齿较锁环凸起部 d 位于花键毂通槽中央时错开了约半个齿厚（花键毂通槽宽度为锁环凸起部的宽度加上接合套的一个齿厚 A），从而使得接合套齿端的倒角与锁环齿端的倒角恰好互相抵住，因而接合套不能再向左移动进入啮合。

③ 锁止作用的产生　在上述两倒角互相抵住的情况下，可以看出此时如果要使接合套齿圈与锁环齿圈进入啮合，则必须使锁环相对于接合套向后倒转一个角度。由于在接合套与锁环齿端倒角相抵触时，驾驶员始终对接合套施加一个轴向推力 F_1，此轴向力通过接合套作用于锁环齿端倒角面上，形成倒角斜面上的法向正压力 P，并产生切向分力 F_2。切向力 F_2 便形成一个用于拨动锁环相对于接合套向后倒转的力矩 M_2，称为拨环力矩。但是，轴向推力 F_1 则使锁环 4 与五挡接合齿圈 3 的锥面进一步压紧，产生摩擦力矩 M_1，迫使待啮合的齿圈相对于锁环 4 迅速减速以尽早同锁环 4 同步。由于五挡接合齿圈及与其相连接的零部件的减速旋转，根据惯性原理，便产生一个与其旋转方向相同的惯性力矩，此惯性力矩通过摩擦锥面以摩擦力矩的形式作用到锁环 4 上，阻止其相对于接合套向后倒转。在待啮合五挡接合齿圈与锁环 4 未达到同步之前，摩擦锥面的摩擦力矩在数值上就等于此惯性力矩。这就是说，在待啮合齿圈与锁环及接合套之间未达到同步之前，在锁环上作用着两个方向相反的力矩：一个是齿端倒角面上力图拨动锁环相对于接合套向后倒转的拨环力矩 M_2；另一个是摩擦锥面上阻止锁环向后倒转的惯性力矩（即摩擦力矩）M_1。如果 $M_2>M_1$，锁环即可相对于接合套向后倒转一个角度，以便接合套进入啮合；如果 $M_1>M_2$，锁环则不能够倒转，而通过其齿端锁止角阻止接合套进入啮合，这就是锁环的锁止作用。由于锁环的锁止作用是依靠待啮合的五挡接合齿圈 3 及与其相连接的零件的惯性力矩而形成的，因此称为惯性式同步器。对于一定的轴向推力 F_1，拨环力矩 M_2 的大小取决于锁环及接合套齿端倒角（即锁止角）的大小，而惯性力矩 M_1 的大小则取决于摩擦锥面的锥角大小。实际上同步器在设计时，都经过适当地选择齿端倒角和摩擦锥面锥角，保证在达到同步之前始终保持 $M_1>M_2$，而且，不论驾驶员施加的轴向推力 F_1 有多大，锁环都能够有效地阻止接合套进入啮合，从而使同步器起到锁止作用，防止在同步前挂上挡。

④ 同步啮合　只要驾驶员继续对接合套 7 施加推力，摩擦锥面之间的摩擦力矩就会使五挡接合齿圈 3 的转速迅速降低，直至五挡接合齿圈 3 与锁环 4 的相对角速度为零，因而其惯性力矩也就消失。但是，由于轴向力 F_1 的作用，使两个摩擦锥面之间依靠静摩擦作用紧密地结合在一起，于是在拨环力矩 M_2 的作用下，锁环 4 连同五挡接合齿圈及与其相连接的零部件都一起相对于接合套向后倒转一个角度，使锁环的凸起部转到花键毂 15 通槽的中央位置，接合套与锁环 4 的花键齿不再相抵触，锁环 4 不再起锁止作用，接合套便在驾驶员所施加的轴向推力作用下，压下定位销 6 继续向左移动，而与锁环 4 的花键齿圈进入啮合，如图 11-33（c）所示。

接合套 7 与锁环 4 进入啮合后，轴向力不再作用于锁环上，因此锁环与齿圈锥面间的摩擦力矩也就消失。此时驾驶员还要继续向前拨动接合套，使接合套最终与待啮合的五挡接合齿圈 3 进入啮合。但是，如果此时接合套的花键齿恰好与五挡接合齿圈的花键齿发生抵触，则作用于接合套上的轴向力在五挡接合齿圈的倒角面上也将会产生一个切向分力，靠此切向分力便可拨动五挡接合齿圈及与其相连接的零件相对于接合套转过一个角度，使接合套与五挡接合齿圈进入啮合，如图 11-33（d）所示，即最终完成换入五挡的过程。锁环式惯性同步器多用于轿车，近年来中型货车变速器的中、高挡位也有应用。

反之，如果由高速挡换入低速挡，上述过程也适用，但此时四挡接合齿圈 9 和第二轴四挡齿轮 10 是被加速到与锁环 8（亦即接合套 7）同步，从而使接合套先后与锁环及四挡接合齿圈 9 进入啮合而完成换挡过程。

（2）锁销式惯性同步器

目前中型及大型载货汽车较普遍地采用锁销式惯性同步器。现以东风 EQ1090E 型汽车变速器的四、五挡同步器为例，来说明锁销式惯性同步器的基本结构和工作原理。

① 构造　图 11-34 为该变速器的四、五挡同步器结构示意图。两个带有内锥面的摩擦锥盘 2，以其内花键分别固定在第一轴齿轮 1 和第二轴四挡齿轮 6 上，随齿轮一起转动。与之相配合的两个有外锥面的摩擦锥环 3，其上有圆周均布的三个锁销 8 和三个定位销 4 与接合套 5 相连。锁销的两个顶端固定在摩擦锥环的孔中，而两端的工作表面直径与接合套凸缘上相应销孔的内径相等，其中部直径小于孔径。只有在锁销与接合套孔对中时，接合套方能沿锁销轴向移动。锁销中部和接合套上相应的销孔两端有角度相同的倒角——锁止角。在接合套上定位销孔中部钻有斜孔，内装弹簧 11，把钢球 10 顶向定位销中部的环槽（如 A—A 剖视图所示），以保证同步器处于正确的空挡位置。定位销 4 的两端伸入锥环内侧面，但有间隙，故定位销可随接合套轴向移动。

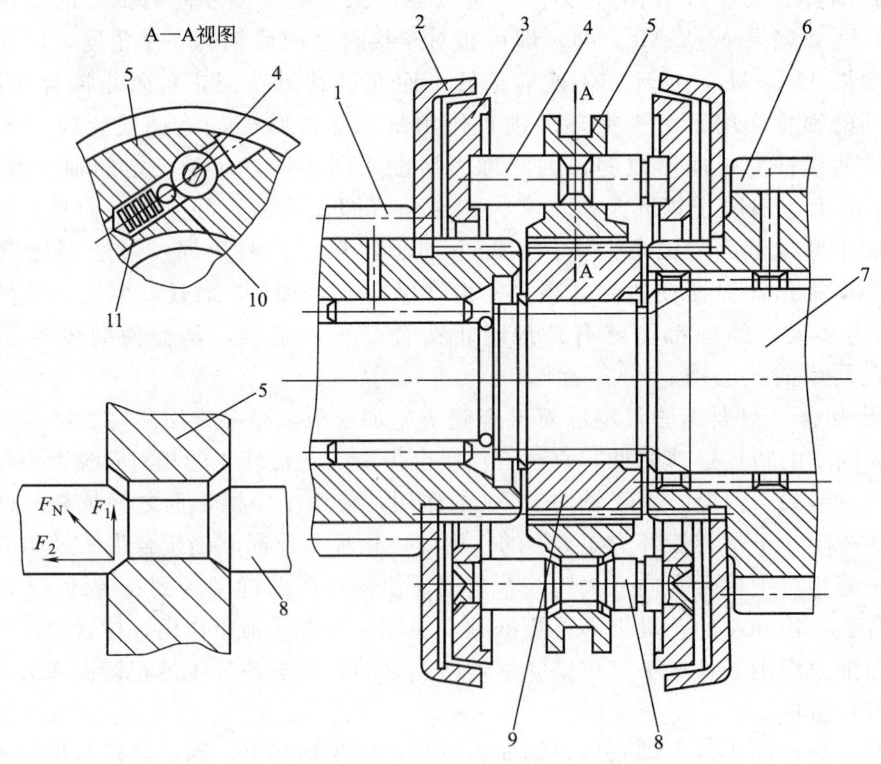

图 11-34　锁销式惯性同步器示意图

1—五挡接合齿圈；2—摩擦锥盘；3—摩擦锥环；4—定位销；5—接合套；6—四挡齿轮；7—第二轴；8—锁销；9—花键毂；10—钢球；11—弹簧

② 工作原理　图 11-34 所示位置为刚由四挡退入空挡的位置。接合套 5 被定位销 4 和定位钢球 10 限定在中间位置。当要挂入五挡时，驾驶员通过变速操纵机构向左拨动接合套，对接合套施加一轴向推力 F，接合套便通过定位钢球和定位销推动左侧摩擦锥环 3 向左移动，使之与左侧摩擦锥盘 2 相接触。由于此时摩擦锥环与摩擦锥盘转速不相等，所以两者一经接触，便在其摩擦锥面之间的摩擦力矩作用下使摩擦锥环连同锁销 8 一起相对于接合套转过一个角度，使锁销与接合套相应销孔的中心线相对偏移，于是锁销中部环槽偏向接合套上销孔的一侧，锁销中部环槽倒角便与接合套销孔端倒角的锥面互相抵触，从而使锁销产生锁止作用，阻止接合套向左移动。与锁环式同步器一样，在锁止倒角上的切向分力也形成一个拨环力矩而力图使锁销及摩擦锥环倒转，但在摩擦锥盘与摩擦锥环未达到同步前，由摩擦锥盘及与其相连接的旋转零件的惯性力矩所形成的摩擦力矩总是大于拨环力矩，因而可以阻止接合套与齿圈在同步之前进入啮合。而只有当达到同步后，惯性力矩消失，拨环力矩便可拨动锁销及摩擦锥环、摩擦锥盘和齿圈 1 等一起相对于接合套转过一个角度，使锁销重新与接合套的销孔对中，接合套便在轴向推力的作用下，压下定位钢球而沿定位销和锁销向左移动，与五挡接合齿圈进入啮合，即完成挂入五挡的换挡过程。

11.4.4　变速器操纵机构

(1) 功用与要求

变速器操纵机构的功用是驾驶员根据汽车使用条件，进行挡位变换，以满足行驶的要求。为了保证在任何情况下变速器都能够准确、安全、可靠地工作，变速器操纵机构必须满足下列要求。

① 变速器操纵机构应能防止自动脱挡，并保证各挡传动齿轮（或接合齿圈）以全齿宽啮合。挂挡时驾驶员对于是否挂入了挡位应具有“手感”，因此，在操纵机构中应设置自锁定位装置。

② 变速器操纵机构应能防止变速器同时挂入两个挡位。若操纵杆能同时推动两个拨叉，即可同时挂入两个挡位。由于两挡位的传动比不同，将造成运动干涉甚至造成零件损坏。因此，在操纵机构中必须设有互锁装置。

③ 变速器操纵机构应能防止误挂倒挡。汽车在原地起步或在行驶过程中因误挂倒挡，将造成安全事故或损坏传动系统的零部件。因此，在操纵机构中应当设有倒挡锁。

(2) 变速器操纵机构的构造

变速器操纵机构通常由换挡拨叉机构和定位锁止装置两部分组成。

① 操纵机构　变速器操纵机构根据其操纵杆与变速器的相互位置的不同，可分为直接操纵式和远距离操纵式两类。

a. 直接操纵式　变速杆及所有换挡操纵装置都设置在变速器盖上，变速器布置在驾驶员座位的近旁，变速杆由驾驶室底板伸出，驾驶员可直接操纵变速杆来拨动变速器盖内的换挡操纵装置进行换挡。这种操纵机构一般由变速杆、拨块、拨叉、拨叉轴及锁止装置等组成，多集装于上盖或侧盖内，结构简单、操纵方便。大多数轿车和长头货车的变速器都采用这种操纵形式。

直接操纵式操纵机构如图 11-35 所示。变速操纵杆 6 的上部为驾驶员直接操纵的部分，伸到驾驶室内，其中间通过球节支承在变速器盖顶部的球座内，并用弹簧罩压紧以消除间隙。球节上开有竖槽，固定于变速器盖的销钉伸入该槽内与其间隙配合，从而使变速杆只能够以球节为支点前后左右摆动，而不能转动。变速杆的下端为一削扁了的球头。一、二挡拨

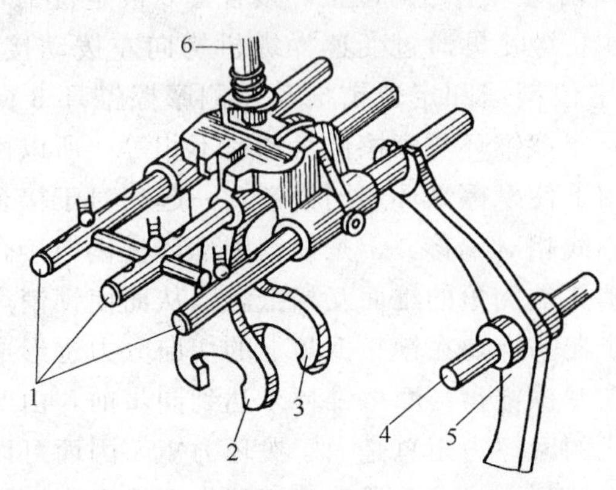

图 11-35　变速器直接操纵式操纵机构示意图
1—拨叉轴；2—三、四挡拨叉；3—一、二挡拨叉；4—倒挡拨叉导向轴；5—倒挡拨叉；6—变速操纵杆

叉 3 和三、四挡拨叉 2 直接装于拨叉轴上，固定并锁紧，倒挡拨叉 5 的中部滑动支承于固定不动的拨叉导向轴 4 上，上端卡在拨叉轴 1 的缺口内。各拨叉的叉形口装配在相应挡位齿轮的环槽内，拨叉轴的两端支承于变速器盖的座孔中，可在孔中轴向滑动，以便为拨叉的移动导向。为使变速杆下端能推动拨叉轴，带动拨叉进行换挡，在拨叉 2、3 和装于倒挡拨叉导向轴上的拨块顶部或顶部的侧面开有凹槽，当变速器处于空挡位置时，各个拨叉轴和拨块都处于中间位置，三者的凹槽相互对齐而连通，变速杆下端的球头正好位于三、四挡拨叉 2 顶部的凹槽内，并可以左右摆动伸入两侧的凹槽内。当驾驶员操纵变速杆换挡时，将依次通过变速杆下球头、凹槽而拨动拨叉轴、拨叉等，以带动滑动齿轮或接合套轴向移动，即可实现换挡。

b. 远距离操纵式　有些汽车变速器距驾驶员座位较远，通常在变速杆与变速器之间增加若干传动件，构成远距离操纵机构。如图 11-36（a）所示为变速杆安置在驾驶室底板上的远距离操纵机构，其变速杆在驾驶员座位近旁穿过驾驶室底板安装在车架上，中间通过一系列的传动杆件与变速器相连。如图 11-36（b）所示为将变速杆安装在转向柱管上。

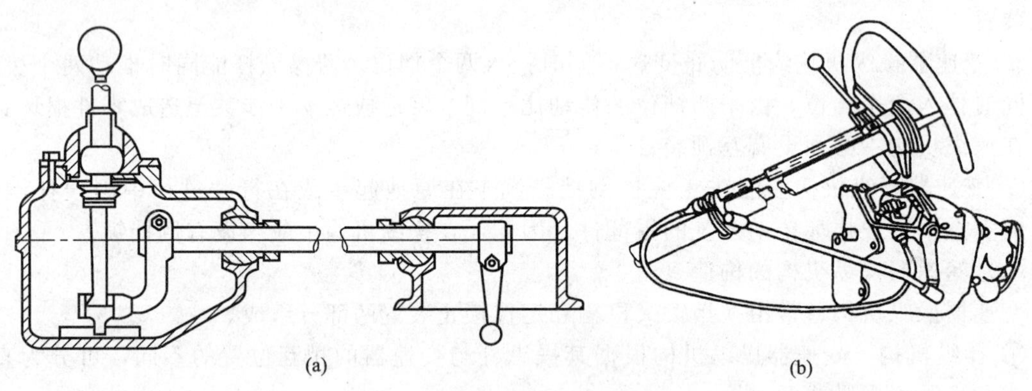

图 11-36　远距离操纵式操纵机构

② 定位锁止装置　变速器定位锁止装置包括自锁装置、互锁装置和倒挡锁，其结构和工作原理如下。

a. 自锁装置　所谓自锁就是对各挡拨叉轴进行轴向定位锁止，以防止其自动产生轴向移动而造成自动挂挡或自动脱挡。大多数变速器的自锁装置都是采用自锁钢球对拨叉轴进行轴向定位锁止。如图 11-37 所示，每根拨叉轴的上表面沿轴向分布有三个凹槽，当任何一根拨叉轴连同拨叉轴向移动到空挡或某一工作挡的位置时，必须有一凹槽正好对准自锁钢球。于是自锁钢球在自锁弹簧 2 弹簧压力作用下嵌入该凹槽内，拨叉轴的轴向位置被固定，从而拨叉轴连同滑动齿轮也被固定在空挡或某一工作挡位上，不能自行脱出。换挡时，驾驶员对拨叉轴施加一定的轴向力，克服自锁弹簧的压力将钢球由拨叉轴的凹槽中挤出推回孔中，拨叉轴和拨叉即可轴向移动。

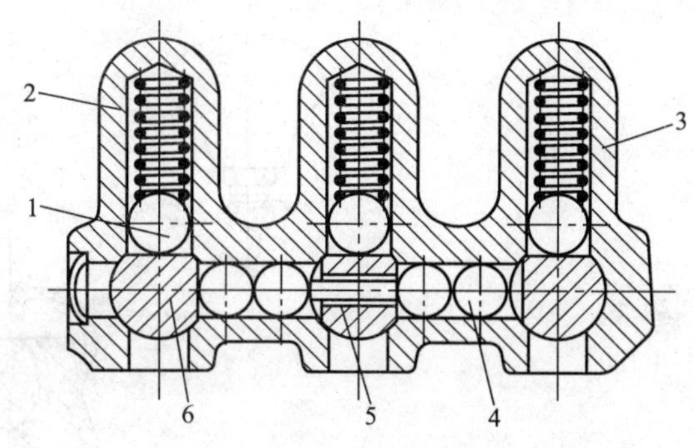

图 11-37 变速器自锁和互锁装置

1—自锁钢球；2—自锁弹簧；3—变速器盖；4—互锁钢球；5—互锁销；6—拨叉轴

b. 互锁装置 互锁装置的作用是阻止两根拨叉轴同时移动，即当拨动一根拨叉轴轴向移动时，其他拨叉轴都被锁止，从而防止同时挂入两个挡位。

互锁装置的结构形式很多，最常用的有锁球式和锁销式。如图 11-38 所示为锁球式互锁装置，它由互锁钢球 4 和互锁顶销 6 组成。在变速器盖前三根拨叉轴孔的中心平面内，沿垂直于轴线的方向钻出与拨叉轴孔相通的横向孔道，在每两根拨叉轴之间的孔道中各装有两个互锁钢球，每根拨叉轴朝向互锁钢球的侧面上都制有一个深度相等的凹槽，中间拨叉轴的两侧都有凹槽，凹槽之间钻有通孔，互锁顶销就装在此孔中。两个互锁钢球的直径之和正好等于相邻两拨叉轴圆柱表面之间的距离加上一个凹槽的深度，互锁顶销的长度则等于拨叉轴的直径减去一个凹槽的深度。

当变速器处于空挡位置时，所有拨叉轴侧面的凹槽同钢球都在一条直线上，此时拨叉轴和互锁钢球及互锁顶销都处于自由状态，相互之间不卡紧，每一根拨叉轴都可以沿轴向拨动。但要挂挡移动某一根拨叉轴时，如图 11-38（a）所示，为移动中间拨叉轴 3，中间拨叉轴 3 两侧的钢球便从其侧面凹槽中被挤出，而两外侧互锁钢球 2 和 4 则分别嵌入拨叉轴 1 和 5 侧面的凹槽中，因而将拨叉轴 1 和 5 刚性地锁止在空挡位置，不能轴向移动。如果要移动拨叉轴 5，则必须先将拨叉轴 3 退回到空挡位置，如图 11-38（b）所示，使拨叉轴及互锁钢球都回到自由状态，然后再拨动拨叉轴 5，这时钢球 4 便从拨叉轴 5 的凹槽中被挤出，于是四个互锁钢球及互锁顶销将拨叉轴 3 和 1 都锁止在空挡位置；同理，当移动拨叉轴 1 时，拨叉轴 3 和 5 都锁止在空挡位置，如图 11-38（c）所示，因而可防止同时挂入两个挡位。

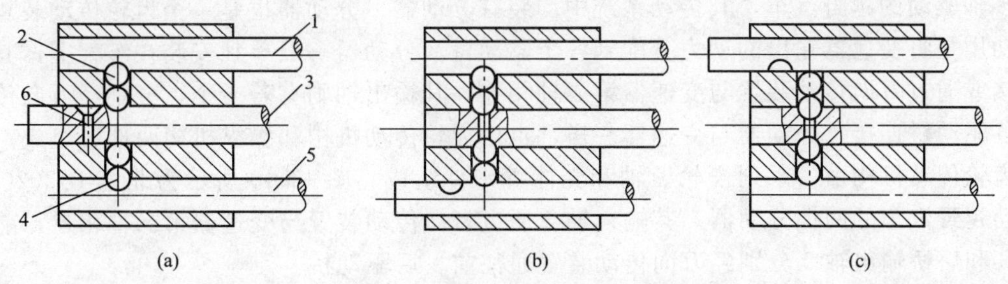

图 11-38 互锁装置工作示意图

1,3,5—拨叉轴；2,4—互锁钢球；6—互锁顶销

c. 倒挡锁装置 倒挡锁的作用是当驾驶员挂倒挡时，必须对变速杆施加较大的力，才能挂入倒挡，从而防止无意中误挂倒挡。

倒挡锁也有多种类型，最常用的是弹簧锁销式倒挡锁，如图 11-39 所示。倒挡锁销及倒挡锁弹簧安装在一挡、倒挡拨块相应的孔中，倒挡锁销内端与倒挡拨块的侧面平齐，倒挡锁

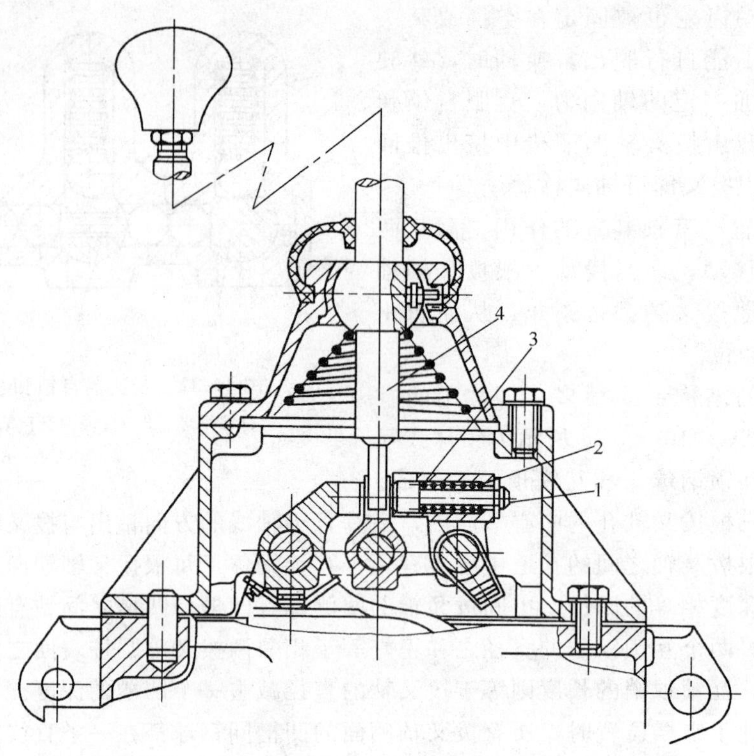

图 11-39　变速器倒挡锁装置

1—倒挡锁销；2—倒挡锁弹簧；3—倒挡拨块；4—变速杆

销可以在变速杆下端球头推压下，压缩倒挡锁弹簧而轴向移动。当驾驶员要挂倒挡时，必须有意识地用较大的力向侧面摆动变速杆，使其下端球头右移，克服倒挡锁弹簧的张力将锁销推入孔中，这样才能使变速杆下端球头进入倒挡拨块的凹槽内，以拨动一挡、倒挡拨叉轴进行挂挡。

11.4.5　分动器

多轴驱动的越野汽车，其传动系统中均装有分动器。分动器也是一个齿轮传动装置，其主要功用是将变速器输出的动力分配到各个驱动桥。分动器一般单独安装在车架上，其输入轴直接或通过万向传动装置与变速器第二轴相连，其输出轴则有若干个，分别经万向传动装置与各驱动桥连接。分动器与变速器一样，也由齿轮传动机构和操纵机构两部分组成。分动器的齿轮传动机构由一系列齿轮、轴和壳体等零件组成。图 11-40 所示为北京 BJ2020 型两轴驱动越野汽车的两挡分动器。其输入轴 3 通过万向传动装置与变速器第二轴相连，前桥输出轴 8 和后桥输出轴 5 分别经万向传动装置通往前、后驱动桥。

对于多轴驱动的越野汽车，在良好路面上行驶时，应以后桥驱动为主，尽量不用前桥参与驱动，并且要尽量使用分动器的高速挡，以减少功率损耗并减轻轮胎及传动系统零件的磨损。在坏路或无路情况下行驶或爬陡坡时，为了提高汽车的驱动力，则应使前桥参加驱动，使用分动器低速挡。而且，因为分动器挂入低速挡工作时，其输出转矩较大，为避免中、后驱动桥超负荷，此时必须使前桥参加驱动，分担一部分载荷。为了能够根据需要接合或摘除前桥驱动，通常在前桥输出轴与中桥或后桥输出轴之间装有接合套进行控制。在前桥输出轴 8 与后桥输出轴 5 之间装有前桥接合套 6。当前桥接合套与前桥输出轴上的花键齿轮 7 不接

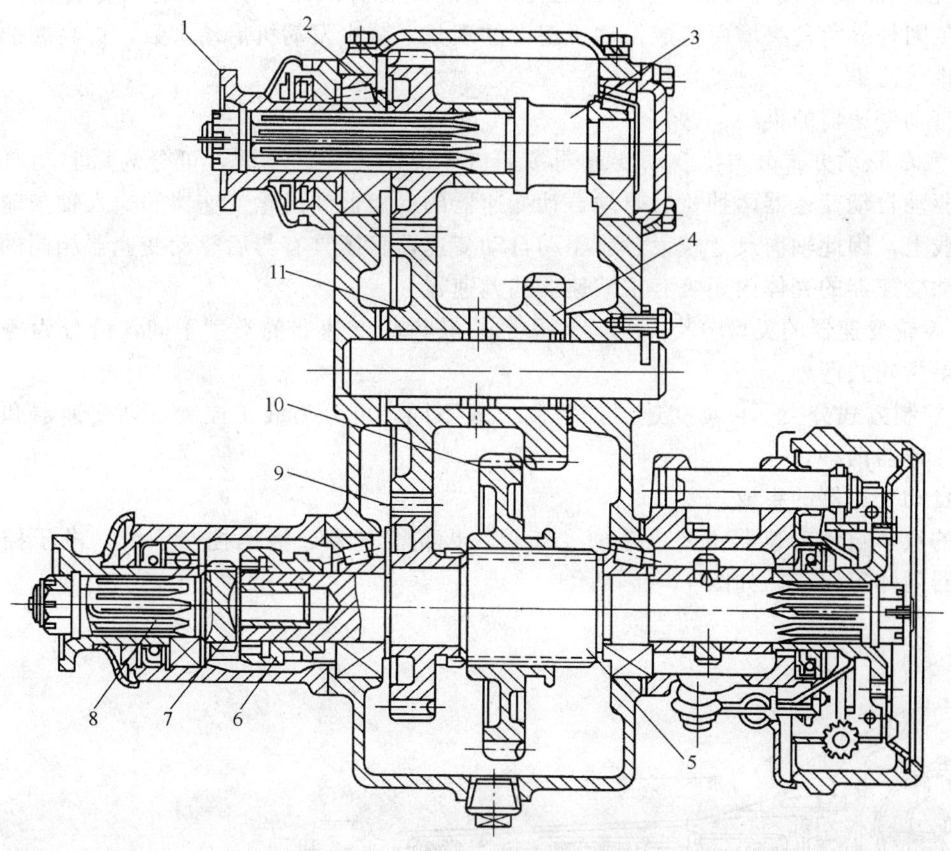

图 11-40　北京 BJ2020 两轴越野汽车分动器示意图

1—凸缘盘；2—输入轴齿轮；3—输入轴；4—中间轴低速挡齿轮；5—后桥输出轴；
6—前桥接合套；7—花键齿轮；8—前桥输出轴；9—输出轴高速挡齿轮；
10—变速滑动齿轮；11—中间轴高速挡齿轮

合时，只有后桥驱动，动力不能传至前桥；当接合套向左移动与花键齿轮相接合时，前后桥输出轴连成一体，则前、后驱动桥同时驱动。

分动器的操纵机构由操纵杆、拨叉、拨叉轴和一系列传动杆件以及自锁和互锁装置等组成。其操纵杆包括高低挡换挡操纵杆和前桥摘挂操纵杆；自锁装置的结构原理与变速器的自锁装置相同。

11.5　自动变速器

11.5.1　概述

随着现代汽车工业的快速发展，自动变速器在汽车上的应用越来越广泛。与传统的手动有级式齿轮变速器相比，自动变速器有以下几个明显的优点：消除了离合器操作，使驾驶员操作简单、省力，提高了行车的安全性；能自动适应汽车行驶阻力的变化，在一定范围内实现无级变速，提高了汽车的动力性和平均车速；使汽车起步、加速更加平稳，能吸收和衰减换挡过程中的振动与冲击，提高了乘坐舒适性；因采用了液力传动，发动机和传动系统是

“弹性”连接，能缓冲接合时的冲击，减轻传动系统的负荷，有利于延长有关零件的使用寿命；可避免因外界负荷突增而造成发动机熄火的现象，减少发动机启动次数，提高燃油经济性，降低排放污染。

(1) 自动变速器的类型

① 按汽车驱动方式分类　自动变速器按照汽车驱动方式的不同，可分为后驱动自动变速器和前驱动自动变速器两种。后驱动自动变速器的变矩器和齿轮变速器的输入轴与输出轴在同一直线上，因此轴向尺寸较大。前驱动自动变速器除了具有与后驱动变速器相同的组成外，在自动变速器的壳体内还装有主减速器和差速器。

② 按齿轮变速器的类型分类　自动变速器按其齿轮变速器的类型不同，可分为普通齿轮式和行星齿轮式两种。

③ 按控制方式分类　自动变速器按控制方式不同，可分为液压控制自动变速器和电液控制自动变速器两种。

(2) 自动变速器的组成

典型的汽车自动变速器主要由液力变矩器、齿轮变速器、液压控制系统、电子控制系统、变速器壳体等组成，如图 11-41 所示。

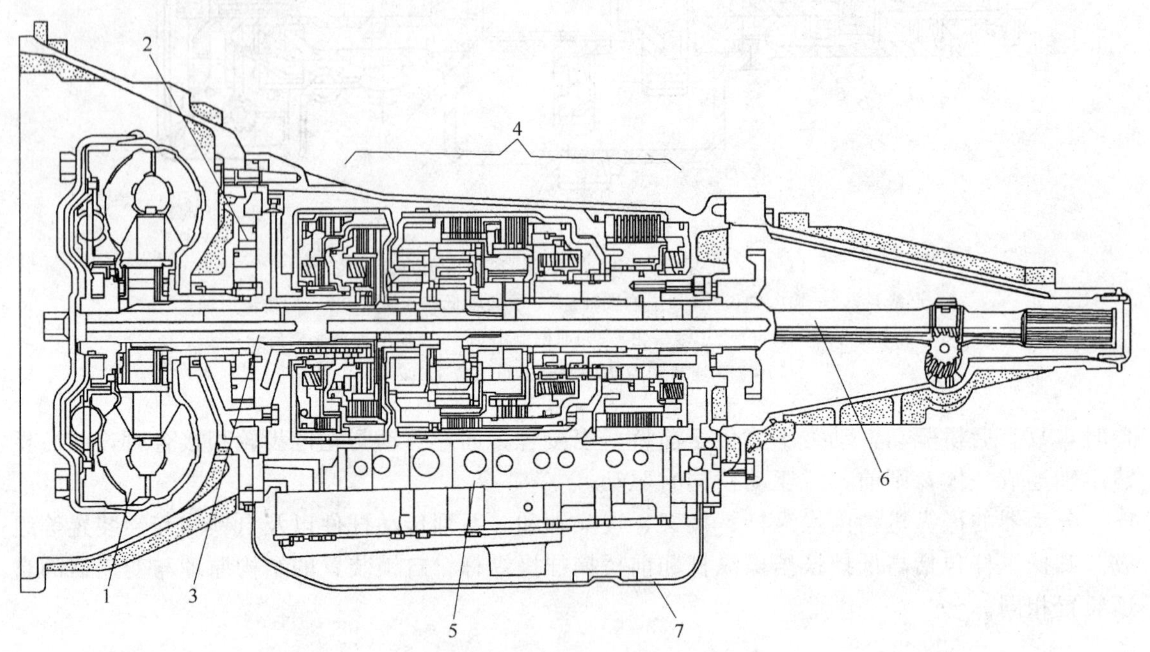

图 11-41　液控自动变速器的组成

1—液力变矩器；2—油泵；3—输入轴；4—齿轮变速器；5—液压控制系统；6—输出轴；7—油底壳

① 液力变矩器　液力变矩器是自动变速器的重要组成部分。它与发动机的曲轴相连，将发动机的动力传给行星齿轮变速器。由于液力变矩器以液体作为传动介质，因此实现了发动机与传动系统间的“软”连接，使传动机构的扭转振动得到进一步衰减，延长了发动机和传动系统零件的使用寿命。

② 齿轮变速器　齿轮变速器是自动变速器的变速传动机构，它由行星齿轮机构和执行机构组成。行星齿轮机构由若干个行星排构成，执行机构一般包括多片摩擦式离合器、制动

器和单向离合器。自动变速器通过执行机构控制行星齿轮机构的工作，使其以不同路线传递动力，为前进挡提供不同的传动比，并实现倒挡和空挡。

③ 液压控制系统　液压控制系统包括由许多控制阀组成的阀板总成和液压管路。阀板总成通常安装在齿轮变速器下方的油底壳内。ECU 接受节气门开度和车速信号，利用液压自动控制原理，实现自动换挡。

④ 电子控制系统　电子控制系统由传感器、执行器、各种控制开关和电子控制器（ECU）组成。传感器将发动机和汽车的行驶参数转变为电信号，然后送给自动变速器的控制器，控制器接受到这些信号后就根据既定的换挡规律实现自动换挡。

11.5.2　液力变矩器

液力变矩器的功用是利用液体循环流动过程中动能的变化传递动力。它能根据选挡操纵手柄的位置和各传感器输送的控制信号，将液压泵输出压力加以精确调节控制行星齿轮变速器执行机构的工作，实现自动换挡。

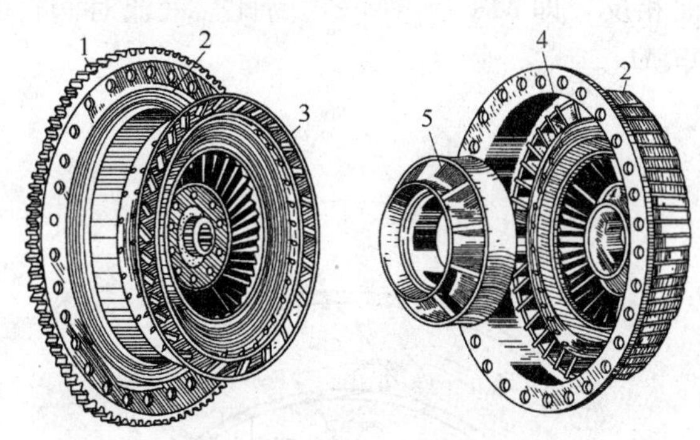

图 11-42　液力变矩器主要零件

1—启动齿圈；2—壳体；3—涡轮；4—泵轮；5—导轮

（1）液力变矩器的基本结构

如图 11-42 所示，液力变矩器主要由旋转的泵轮 4 和涡轮 3 以及固定不动的导轮 5 等元件组成。泵轮与变矩器壳体连成一体，固定在发动机曲轴后端凸缘上。其内部径向装有许多扭曲的叶片，而叶片内缘则装有让变速器油平滑流过的导环。涡轮内部也装有若干叶片，但涡轮叶片的弯曲方向却与泵轮叶片的弯曲方向相反。涡轮中心通过内花键与变速器输入轴连接，其叶片与泵轮叶片相对放置，中间有一定的间隙。导轮位于泵轮与涡轮之间，固定不动，其上也有叶片。叶片的内圆有导流环，可促进油液的循环。涡轮、泵轮及导轮工作时封闭在一个壳体内，里面充满着油液。

（2）液力变矩器的工作原理

发动机运转时，带动泵轮与之一同旋转，泵轮内的工作液在离心力的作用下，由泵轮叶片外缘冲向涡轮，并沿涡轮叶片流向导轮，再经导轮叶片流回泵轮叶片内缘，形成循环流动的液流。由于多了一个固定不动的导轮，在液体循环流动的过程中，固定不动的导轮给涡轮一个反作用力矩，从而使涡轮输出转矩不等于泵轮输入转矩。

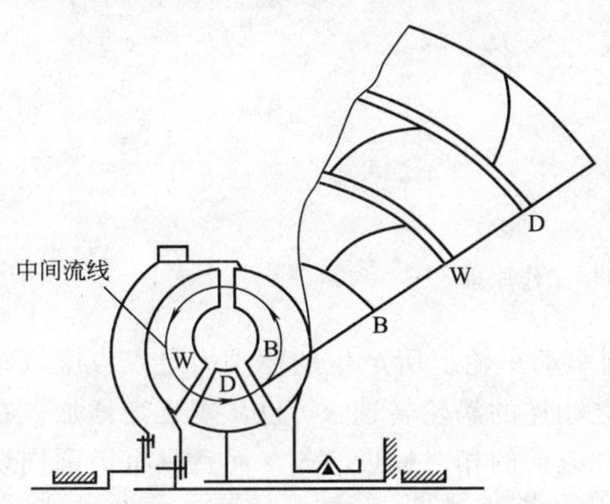

图 11-43　液力变矩器工作轮展开图

B—泵轮；W—涡轮；D—导轮

下面结合液力变矩器工作轮的展开图来说明液力变矩器的变矩原理。沿循环圆的中间流线将其展开成一直线，于是泵轮 B、涡轮 W 和导轮 D 便成为三个沿展开直线顺次排列的环形平面，如图 11-43 所示。

为了便于说明，现假设在液力变矩器的工作中，发动机的转速和负荷不变，即液力变矩

器的泵轮转速 n_B 和转矩 M_B 为常数。

① 汽车怠速，起步之前　在汽车起步之前，涡轮转速 $n_W=0$，发动机带动泵轮旋转，并对工作液产生一个大小为 M_B 的转矩，该转矩即为液力变矩器的输入转矩。液力变矩器内的工作液在泵轮叶片带动下，以一定的绝对速度 v_B 冲向涡轮叶片，如图 11-44（a）所示。绝对速度 v_B 是泵轮的圆周速度 v_{B1} 和沿泵轮叶片的相对速度 v_{B2} 的合成速度，因此时涡轮静止不动，液流沿涡轮叶片流出冲向导轮叶片，如图中箭头 v_W 所示，这即是液流质点在涡轮叶片的相对速度，也是液流质点的绝对速度，然后液流再沿固定不动的导轮叶片沿箭头 v_D 方向回到泵轮中。液流流经导轮叶片时，因受叶片作用，使液流的方向发生变化。设泵轮、涡轮和导轮对液体的作用力矩分别为 M_B、M_W 和 M_D，根据液流的力矩平衡条件，可得：$M_W=M_B+M_D$。由于工作轮对液流的作用力矩 M_W 与液流对工作轮冲击力矩 M'_W 大小相等，方向相反，即 $M'_W=-M_W$，因此，液流对涡轮的冲击力矩 M'_W（即输出力矩）大于泵轮输入力矩 M_B。

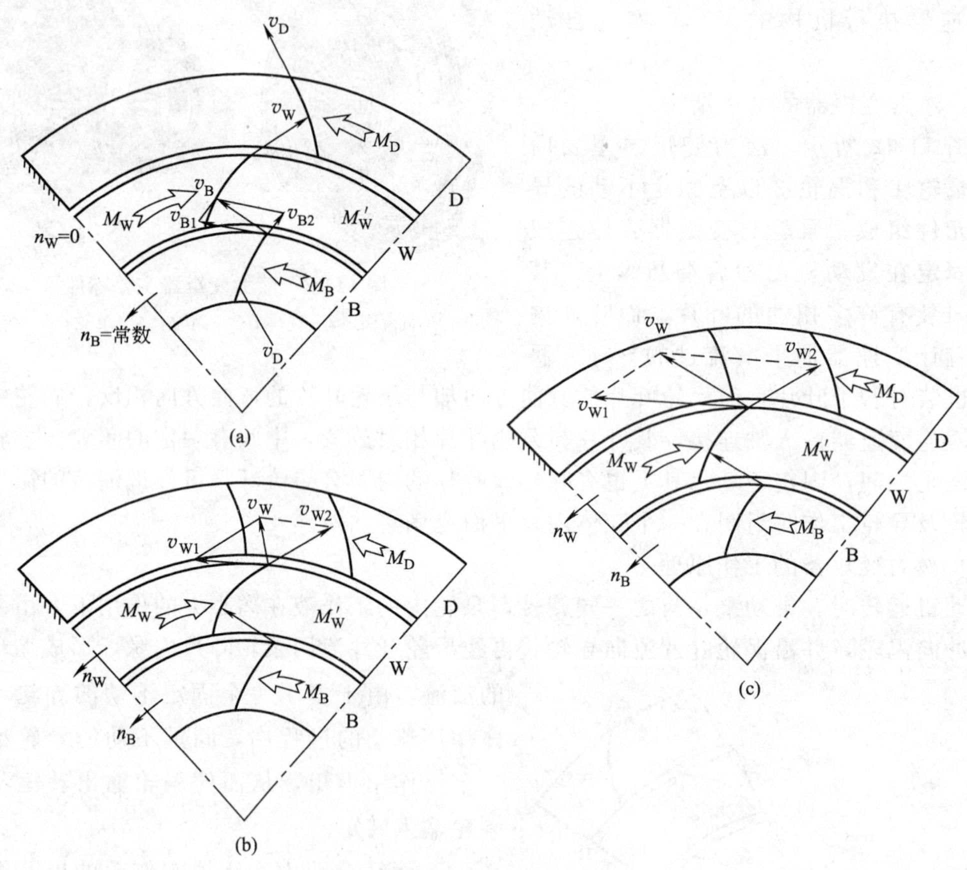

图 11-44　液力变矩器工作原理

② 汽车低速行驶时　当涡轮输出的力矩传到驱动车轮上所产生的驱动力足以克服汽车起步阻力矩时，汽车即起步并开始加速，因而与之相连的涡轮转速 n_W 也从零逐渐增加。在涡轮转动之后，液流在涡轮出口处不仅具有沿叶片方向的相对速度 v_{W2}，而且具有沿圆周切线方向的牵连速度 v_{W1}，所以，此时冲向导轮叶片的液流速度 v_W 是上述两者的合成速度，如图 11-44（b）所示。在汽车起步之后，涡轮转速的变化，引起牵连速度 v_{W1} 的变化，冲向

导轮叶片液流的绝对速度 v_W将随涡轮转速 n_W 的增加而逐渐向左倾斜，使导轮所受的冲击力逐渐变小，导轮对液流反作用力矩也变小，液力变矩器增大转矩值随之减少。这就说明，液力变矩器增扭值随涡轮转速的提高而减少。

③ 汽车中、高速行驶时　当涡轮转速增大至某一数值时，涡轮出口处的液流绝对速度 v_W方向与导轮叶片平行，即正好沿导轮叶片出口的方向，由于从涡轮流出的液流流经导轮后其流向不变，导轮对液流的反作用力矩为零，即 $M_D=0$，则 $M'_W=M_B$，涡轮的输出力矩等于泵轮的输入力矩，液力变矩器转化为耦合工况。

当涡轮转速进一步增大，涡轮出口处液流绝对速度 v_W方向将进一步向左倾斜，如图 11-44（c）所示，液流便冲击到导轮叶片的背面，此时导轮对液流反作用力矩与泵轮对液流的作用力矩的方向相反，即 $M'_W=M_B-M_D$，故涡轮输出力矩反而小于泵轮输入力矩。

当涡轮转速增大至与泵轮转速相等时，油液在循环圆中循环流动即停止，液力变矩器转矩放大效应不再发生，变矩器仅起液力耦合器的作用。

（3）液力变矩器的外特性

外特性是指泵轮转速和转矩不变时，液力元件外特性参数与涡轮转速的关系。一般称泵轮转矩不变时，涡轮转矩与涡轮传动比的关系曲线为外特性曲线。图 11-45 表示泵轮转矩 M_B 和泵轮转速 n_B 为定值时，涡轮转矩 M_W 与涡轮转速 n_W 的关系。

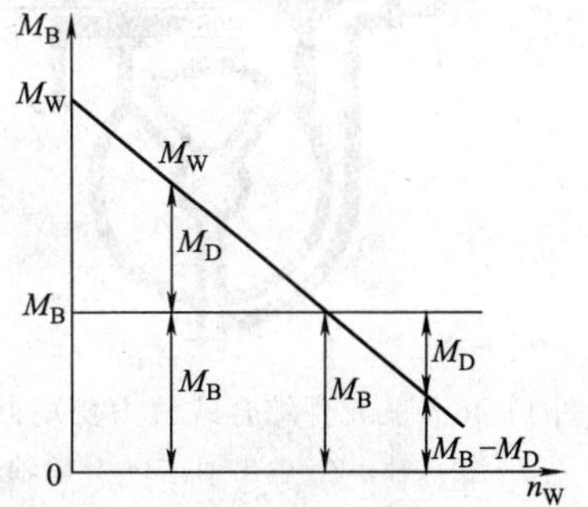

图 11-45　液力变矩器外特性曲线

由图 11-45 可见，液力变矩器涡轮输出转矩 M_W 随涡轮转速 n_W 的变化而变化。实际上，涡轮的转速是随汽车的行驶阻力大小而变化的，当行驶阻力增大，则涡轮转速 n_W 减小，涡轮输出转矩 M_W 增大；当行驶阻力减小，则 n_W 增大，而 M_W 减小。液力变矩器的这种外特性对汽车特别适合，当汽车起步时，此时涡轮转速 $n_W=0$，M_W 达到最大值，使汽车驱动车轮获得最大驱动力矩，保证汽车克服较大的起步阻力而顺利起步。当汽车上坡或遇到较大行驶阻力时，车速降低，涡轮转速也随之降低，涡轮输出转矩 M_W 增大，保证汽车能克服较大的行驶阻力。液力变矩器能够自动地适应汽车行驶情况的需要，所以，液力变矩器是一种在一定范围内能够随汽车行驶情况自动改变转矩比的无级变速器。

（4）综合式液力变矩器

前面所介绍的液力变矩器，只在中等传动比范围内具有较高效率，但汽车经常需要在高传动比情况下行驶，此时液力变矩器的效率反而下降，这对于使用是很不利的。为避免这一缺陷，目前在装用自动变速器的汽车上使用的变矩器大都是综合式液力变矩器。下面以三元件综合式液力变矩器为例进行分析说明。

综合式液力变矩器和上述液力变矩器的结构基本相同，仍主要由泵轮、涡轮和导轮组成，其结构如图 11-46 所示。不同之处在于它的导轮不是完全固定不动的，而是通过单向离合器支承在导轮固定套上，单向离合器对导轮有单向锁止作用。

使用综合式液力变矩器的目的，在于当涡轮处于低速和中速段时，利用液力变矩器能增大输入转矩的特点，而在涡轮处于高转速段时，可利用液力耦合器高效率的特点，即结合了普通液力变矩器和液力偶合器的特点。

（5）带锁止离合器的综合式液力变矩器

液力变矩器是用来传递汽车动力的，而液压油的内部摩擦将造成一定的能量损失，因此传动效率较低。为了提高汽车的传动效率，减少燃料消耗，现代很多轿车采用一种带锁止离合器的综合式液力变矩器，如图 11-47 所示。

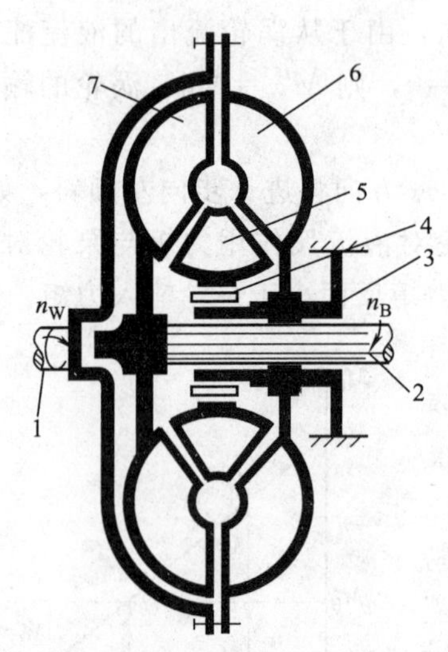

图 11-46　三元件综合式液力变矩器结构示意图

1—输入轴；2—输出轴；3—导轮轴；4—单向离合器；5—导轮；6—泵轮；7—涡轮

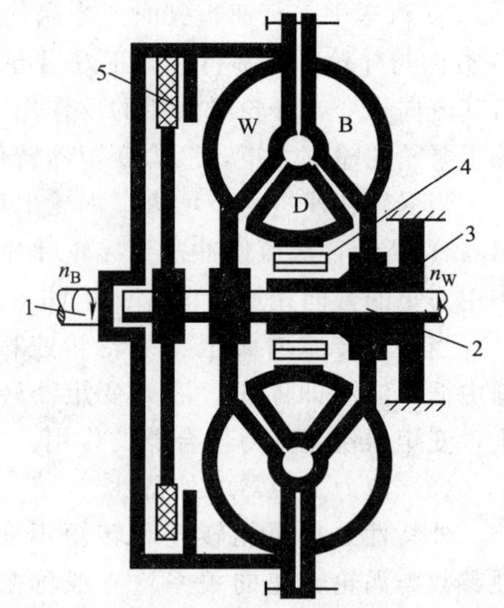

图 11-47　带锁止离合器的综合式液力变矩器结构示意图

1—输入轴；2—输出轴；3—导轮轴；4—单向离合器；5—锁止离合器

这种变矩器内有一个由液压操纵的锁止离合器，锁止离合器的主动盘即为变矩器壳体，从动盘是一个可作轴向移动的压盘，它通过花键套与涡轮连接，压盘背面（图中右侧）的液压油与变矩器泵轮、涡轮中的液压油相通，保持一定的油压，压盘左侧（压盘与变矩器壳体之间）的液压油通过变矩器输出轴中间的控制油道与阀板上的锁止控制阀相通。

自动变速器的控制系统自动控制锁止离合器的分离与结合，当汽车起步换挡或在损坏的路面上行驶时，锁止离合器分离，变矩器起作用；当汽车在良好的路面上行驶时，锁止离合器结合，使变矩器的输入轴和输出轴成为刚性连接及转而成为直接机械传动，提高了传动效率。

11.5.3　行星齿轮变速器

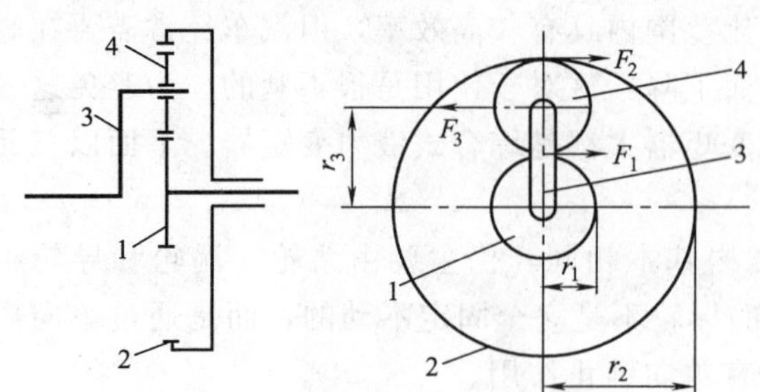

图 11-48　单排行星齿轮机构及作用力

1—太阳轮；2—齿圈；3—行星架；4—行星齿轮；r_1—太阳轮节圆半径；r_2—齿圈节圆半径；r_3—行星齿轮与太阳轮的中心距

液力变矩器虽能在一定范围内自动地、无级地改变变矩比，但由于液力变矩器的变矩范围小，难以满足汽车使用要求，故在汽车上广泛采用的是液力变矩器与行星齿轮变速器组成的液力机械变速器。行星齿轮变速器由行星齿轮机构和换挡执行机构两部分组成。行星齿轮机构的作用是改变传动比和传动方向，即构成不同的挡位。换挡执行机构的作用是实现挡位的变换。

（1）行星齿轮机构

图 11-48 为单排行星齿轮机构的示意

图，图上标出了行星齿轮 4 所受到的作用力。由机械原理可知，单排行星齿轮机构一般运动规律的特性方程式为

$$n_1+\alpha n_2-(1+\alpha)n_3=0$$

式中 n_1——太阳轮转速；

n_2——齿圈转速；

n_3——行星架转速；

α——齿圈齿数 Z_2 与太阳轮齿数 Z_1 之比，即 $\alpha=Z_2/Z_1$。

汽车上的行星齿轮变速器一般都由几个行星齿轮组成，各挡位的传动比可依上述关系导出。

(2) 行星齿轮变速器的换挡执行元件

行星齿轮变速器的换挡执行元件主要有离合器、制动器和单向离合器三种，基本作用是连接、固定和锁止相应元件，使行星齿轮机构获得不同的传动比，从而实现各挡位的变换。

① 离合器

a. 离合器的功用　传递作用，将行星齿轮变速器的输入轴和行星排的某个基本元件连接，使该元件成为主动元件；连接作用，将行星排的某两个基本元件连接在一起，使之成为一个整体，实现同速直接传动。

b. 离合器的结构　在自动变速器的换挡执行元件中，采用的离合器是多片湿式离合器。这是由于其表面积较大，所传递的转矩也较大，并且离合器片表面单位面积压力分布均匀，摩擦材料磨损均匀，还能通过增减片数和改变施加压力的大小，按要求容量调节工作转矩，利于产品系列化和通用化。

多片湿式离合器通常由离合器活塞、离合器鼓、回位弹簧、一组钢片、一组摩擦片、调整垫片及几个密封圈组成，如图 11-49 所示。离合器活塞安装在离合器鼓内，它是一种环状活塞，由活塞内外圈的密封圈保证密封，从而和离合器鼓一起形成一个密封的环状液压缸，并通过离合器鼓内圆轴颈上的进油孔和控制油道相通。

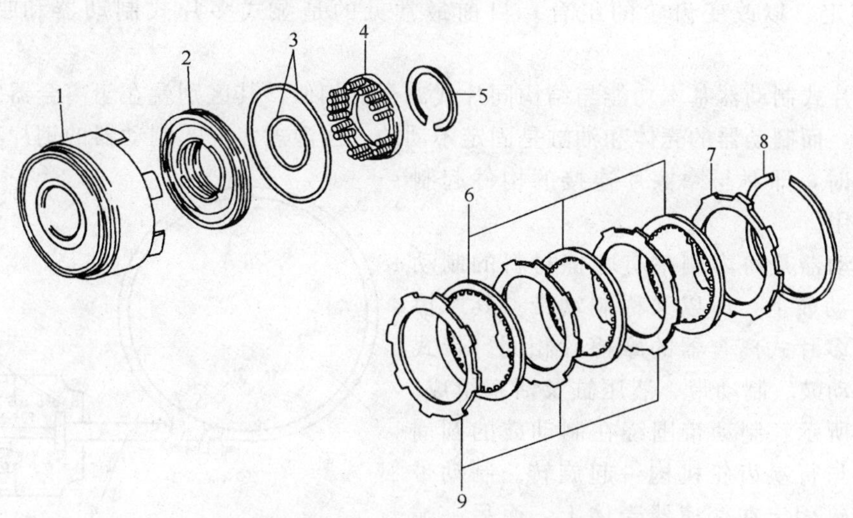

图 11-49　多片离合器零件分解图

1—离合器鼓；2—活塞；3—密封圈；4—回位弹簧；

5,8—卡环；6—摩擦片；7—压板；9—钢片

钢片和摩擦片交错排列，两者统称为离合器片。钢片的外花键齿安装在离合器鼓的内花键齿圈上，可沿齿圈键槽作轴向移动；摩擦片由其内花键齿与离合器毂的外花键齿连接，也可沿键槽作轴向移动。摩擦片两面均为摩擦系数较大的铜基粉末冶金层或合成纤维层，受压力和温度变化影响很小，并且在摩擦衬面表面上都带有油槽，其作用：一是接合时使油液能迅速由两片间挤出，减小接合时的油液阻力，达到接合反应快的目的；二是保证液流通过，以冷却摩擦表面。

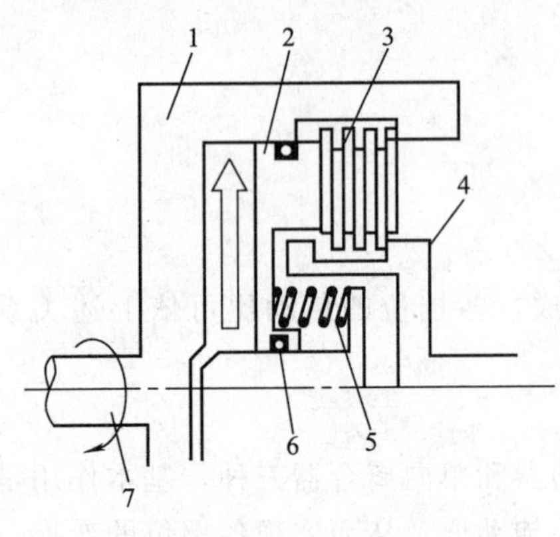

图 11-50　多片湿式离合器工作原理

1—活塞缸；2—活塞；3—离合器片；4—离合器毂；5—回位弹簧；6—密封圈；7—输入轴

c. 离合器的工作情况　如图 11-50 所示，当液压油流入活塞缸内，活塞 2 在缸体内移动，使主动片和从动片互相压紧，因为有较高的摩擦力，便以相同速度旋转，离合器处于接合状态；当撤除油压时，回位弹簧 5 使活塞复位至原始位置，使离合器片 3 相互脱开，离合器处于分离状态。

d. 自由间隙　多片湿式离合器装配后，在卡簧和压板之间要预留一定的间隙，称为自由间隙。一般平均每片之间间隙为 0.3～0.5mm，总间隙因片数不同而不同，一般为 0.5～2.0mm。多片湿式离合器在使用中必须十分注意离合器的自由间隙。间隙过小，离合器分离不彻底；间隙过大，当回位弹簧已被压紧至极限状态而离合器仍未完全接合时，离合器将严重打滑，不能传递动力。检验自由间隙的方法：装好后，用力压住压板，在压板与卡簧之间用塞尺测量。离合器片是易损件，极易磨损，造成的故障是汽车在行驶中出现离合器打滑，使油温升高，若油冷却器和散热器装在一起，可能会引起冷却水温度的升高，甚至沸腾开锅，因此自由间隙必须予以调整。

② 制动器　制动器的功用是将行星排中的太阳轮、齿圈、行星架三元件中的任一元件加以固定，以改变齿轮的组合。目前最常见的是湿式多片式制动器和带式制动器两种。

湿式多片式制动器基本功能与结构同片式离合器相似，其区别就在于离合器的壳体是一个主动部件，而制动器的壳体和油缸是固定不动的。当湿式多片式制动器的钢片和摩擦片处于接合状态时，即对与摩擦片连接的构件起制动约束的作用。

带式制动器是将内侧粘有摩擦材料的制动带围绕在制动鼓上，所以又称制动带。其摩擦材料与湿式多片式离合器的摩擦片相同。带式制动器由制动鼓、制动带、液压缸及活塞组成。如图 11-51 所示，制动带围绕在制动鼓的圆周上，制动鼓与行星齿轮机构一起旋转。制动带的一端用销钉固定在变速器壳体上，而另一端与制动缸活塞抵靠。活塞通过内、外弹簧安装在连杆上，一般备有两种长度的连杆，以便能够调整制动带和制动鼓之间的间隙。

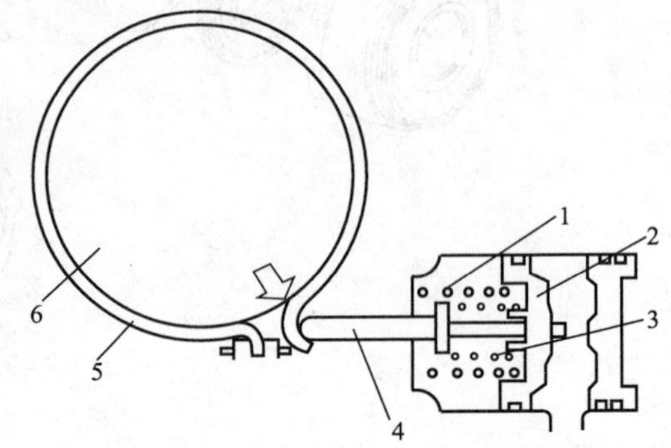

图 11-51　带式制动器的工作原理

1—外弹簧；2—活塞；3—内弹簧；4—推杆；5—制动带；6—制动鼓

当液压油施加于活塞时，活塞在缸体内移至左端，压缩外弹簧，带动推杆移动，推动制动带的一端，因为制动带的另一端固定在变速器壳体上，制动带直径即减小，因此，制动带夹持制动鼓，在制动带和制动鼓之间产生摩擦力，以促使制动鼓被固定，起制动作用。当液压油从缸体内排出时，活塞和推杆被弹簧推回，因此制动鼓释放。

③ 单向离合器　单向离合器广泛应用于行星齿轮变速器及综合式液力变矩器中，它是依靠其单向锁止原理来发挥固定或连接作用的。单向离合器无需控制机构，其工作完全由与之相连接的元件的受力方向来控制，可保证平顺无冲击换挡，同时还能大大简化液压控制系统。单向离合器常见的类型有滚柱斜槽式和楔块式两种。

（3）行星齿轮变速器的结构与工作原理

不同车型自动变速器在结构上往往有较大差别，若前进挡的挡数不同，离合器、制动器及单向离合器的数目和布置方式也不同，所采用的行星齿轮机构的类型也不同。早期的自动变速器的行星齿轮变速器常采用二个或三个前进挡，新型轿车自动变速器行星齿轮变速器大部分采用四个或五个前进挡，前进挡的数目愈多，行星齿轮变速器中的离合器、制动器及单向离合器的数目就愈多。下面以丰田轿车上常用的 A43DL 自动变速器为例进行介绍。

① 行星齿轮变速器的结构　该自动变速器采用了带有锁止离合器的三元件液力变矩器，汽车高速行驶时，控制系统使锁止离合器接合，以提高传动效率、降低油耗。A43DL 自动变速器变速杆有六个位置，其排列顺序为 P—R—N—D—2—L，其中“P”是停车挡，“R”是倒车挡，“N”是空挡，“D”是前进挡，“2”和“L”是前进低挡。变速杆位于“P”或“N”位时发动机方可启动，其他挡位均不能启动，该自动变速器还设置了由变速杆通过联动机构控制的停车闭锁机构。当变速杆位于“D”位时，自动变速器将视节气门开度的大小、车速的高低及超速挡开关闭合情况自动实现一挡至四挡的相互转换；变速杆位于“2”位时，自动变速器只能在一挡和二挡间相互转换，且在“2”位二挡可以利用发动机进行制动；变速杆位于“L”位时，变速器只能在一挡工作，不能升挡，且在“L”位可以利用发动机进行制动。

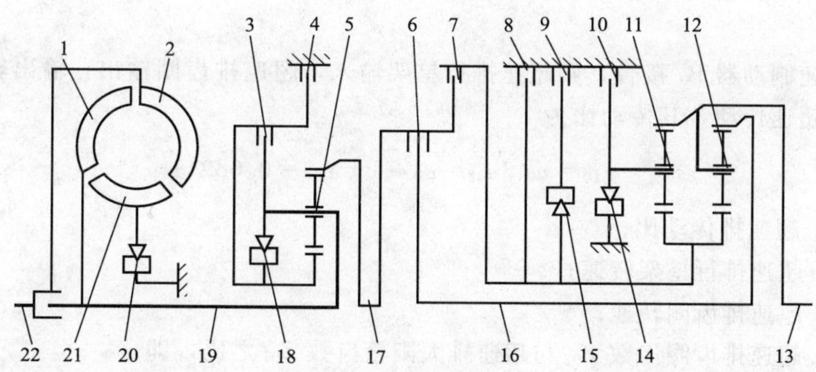

图 11-52　A43DL 行星齿轮变速器传动示意图

1—涡轮；2—泵轮；3—超速离合器；4—超速制动器；5—超速行星排；6—前进离合器；7—高速、倒挡离合器；8—二挡强制制动器；9—二挡制动器；10—低速挡、倒挡制动器；11—前行星排；12—后行星排；13—输出轴；14—单向离合器 F_2；15—单向离合器 F_1；16—中间轴；17—前、后排输入轴；18—单向离合器 F_0；19—主动轴；20—导轮单向离合器；21—导轮；22—发动机曲轴

A43DL自动变速器的行星齿轮变速器主要由三个行星排（超速排、前行星排、后行星排）和十个换挡执行元件（超速离合器 C_0，超速制动器 B_0，超速排单向离合器 F_0，前进离合器 C_1，高挡、倒挡离合器 C_2，二挡强制制动器 B_1，二挡制动器 B_2，低速挡、倒挡制动器 B_3，单向离合器 F_1、F_2）组成。超速排位于前、后行星排前部，动力由超速排输入，前、后行星排共用一个太阳轮，前排齿圈和后排行星架固连在一起共同对外输出。图 11-52 是 A43DL 行星齿轮变速器的传动简图，各换挡执行元件在不同挡位时的工作情况见表 11-1。

表 11-1　A43DL 自动变速器各构件及各挡工作状况

选位挡位置	挡位	离合器				制动器					单向离合器		
		C_0	C_1	C_2		B_0	B_1	B_2	B_3		F_0	F_1	F_2
				内圈	外圈				内圈	外圈			
P	停车	√							√	√	√		
R	倒车	√		√	√				√	√	√		
N	空挡	√									√		
D	一挡	√	√								√		√
	二挡	√	√					√			√	√	
	三挡	√	√		√			√			√		
	四挡		√		√	√		√					
2	一挡	√	√								√		√
	二挡	√	√				√	√			√	√	
L	一挡	√	√						√	√	√		√

注：√表示对应部件起作用。

② A43DL 行星齿轮变速器的工作原理

a. 超速排工作原理

· 若超速离合器 C_0 接合，超速单向离合器 F_0 起作用，则将超速排太阳轮和超速排行星架锁为一体，其输入和输出部分以相同转速转动，故传动比 $i_0=1$，实现超速排的直接传动。

· 若超速制动器 B_0 接合，则超速排行星架输入，超速排齿圈输出，输出转速高于输入转速，实现超速传动，其传动比为

$$i_0=n_{03}/n_{02}=\alpha_0/(1+\alpha_0)=0.689$$

式中　i_0——超速排传动比；

n_{03}——超速排行星架转速；

n_{02}——超速排齿圈转速；

α_0——超速排齿圈齿数 Z_{02} 与超速排太阳轮齿数 Z_{01} 之比，即

$$\alpha_0=Z_{02}/Z_{01}=2.21$$

超速排超速挡的传动路线为：主动轴→超速排行星架→超速排行星齿轮→超速排齿圈→前、后排输入轴。

b. "D" 位工作原理

· "D" 位一挡（D_1）　位于 "D_1" 挡位时，超速离合器 C_0、前进离合器 C_1 接合，单向

离合器 F_0 和 F_2 起作用。

超速离合器 C_0 和超速单向离合器 F_0 起作用时，超速排传动比 $i_0=1$；动力由主动轴通过超速排传到前、后排输入轴，经前进离合器 C_1（接合）传给中间轴，再传给后排齿圈。后排齿圈顺时针转动，后排行星齿轮顺时针转动，前、后排太阳轮则逆时针转动，并将动力传给前排行星齿轮，进而使前排行星架逆时针转动。由于单向离合器 F_2 能够防止前排行星架的逆时针转动，因而前排行星架被锁定不动，前排行星齿轮只能自转而不能公转。故此前、后行星排由于前排行星架的固定而使动力得以输出。

通过分析可知，位于"D_1"挡位时，前后两个行星排均参加工作，行星齿轮机构所承受的负荷被分为两部分，以免过载。其动力传递路线为：主动轴→超速行星排→前进离合器 C_1→中间轴→后排齿圈→后排行星齿轮→后排行星架→输出轴；太阳轮→前排行星齿轮→前排齿圈→输出轴。

由运动特性方程得

$$n_{11}+\alpha_1 n_{12}-(1+\alpha_1)n_{13}=0$$

$$n_{21}+\alpha_2 n_{22}-(1+\alpha_2)n_{23}=0$$

因此可得前、后排传动比为

$$i'_{D1}=n_{22}/n_{23}(n_{12})=(1+2\alpha_2)/\alpha_2=2+1/\alpha_2=2+1/2.22=2.45$$

故"D_1"挡位传动比为

$$i_{D1}=i_0 i'_{D1}=2.45$$

·"D"位二挡（D_2） 位于"D_2"挡位时，超速离合器 C_0、前进离合器 C_1、二挡制动器 B_2 接合，单向离合器 F_0、F_1 起作用。

超速离合器 C_0 和单向离合器 F_0 起作用，超速排传动比仍为 $i_0=1$，前进离合器 C_1 的接合继续使输入轴转矩通过中间轴传给后排齿圈。后排齿圈顺时针转动，后排行星齿轮顺时针转动，前、后排太阳轮将具有逆时针转动趋势；由于二挡制动器 B_2 的接合固定了单向离合器 F_1 的外圈，则 F_1 将会使太阳轮的逆时针转动趋势锁止，从而使太阳轮固定，因此动力不会传到前行星排，只有后行星排起作用。其动力传递路线为：主动轴→超速排→输入轴→前进离合器 C_1→中间轴→后行星排齿圈→后排行星齿轮→后排行星架→输出轴。

由运动特性方程得

$$n_{21}+\alpha_2 n_{22}-(1+\alpha_2)n_{23}=0$$

则前、后排传动比为

$$i'_{D2}=n_{22}/n_{23}=1+1/\alpha_2=1.45$$

故"D_2"挡位传动比为

$$i_{D2}=i_0 i'_{D2}=1.45$$

·"D"位三挡（D_3） 位于"D_3"挡位时，超速离合器 C_0，前进离合器 C_1，高速挡、倒挡离合器 C_2，二挡制动器 B_2 接合，单向离合器 F_0 起作用。

超速离合器 C_0 和单向离合器 F_0 起作用，超速排传动比 $i_0=1$，前高速挡、倒挡离合器 C_1、C_2 同时接合，使前后两个行星排固连为一个整体一起旋转，形成直接传动，前、后行星排传动比 $i'_{D3}=1$。故"D_3"挡位传动比为

$$i_{D3}=i_0 i'_{D3}=1$$

即“D_3”挡位为直接挡，其动力传递路线为：主动轴→超速排→前、后排输入轴→前高速挡、倒挡离合器 C_1 和 C_2→前、后行星排（固连）→输出轴。

•“D”位四挡（D_4） 位于“D_4”挡位时，超速挡开关置于“ON”位，超速制动器 B_0，前进离合器 C_1，高速挡、倒挡离合器 C_2，二挡制动器 B_2 接合。

超速制动器 B_0 接合，超速排实现超速传动，传动比 $i_0=0.689$；前进离合器 C_1，高速挡、倒挡离合器 C_2 同时接合使前后排实现直接传动，传动比 $i'_{D4}=1$，故“D_4”挡位传动比为

$$i_{D4}=i_0 i'_{D4}=0.689$$

“D_4”挡位动力传递路线为：主动轴→超速排行星架→超速排行星齿轮→超速排齿圈→前、后排输入轴→离合器 C_1、C_2→前、后行星排（固连）→输出轴。

c.“2”位工作原理

•“2”位一挡 位于该挡位时，各执行元件的动作情况、传动比及动力传递路线与“D_1”挡位时完全相同。

•“2”位二挡 该挡位的动力传递路线及传动比与“D_2”挡位完全相同。

与“D_2”挡位相比，“2”位二挡位增加了二挡强制制动器 B_1，以便利用发动机进行制动。

利用发动机进行制动时，输出轴顺时针转动，后排行星架也以相同的方向旋转，发动机减速后，后排齿圈比输出轴旋转更慢，促使后排行星齿轮按逆时针方向自转，因此太阳轮被强制按顺时针方向旋转。而位于“D_2”挡位时，单向离合器 F_1 不能阻止太阳轮顺时针转动，因此动力不能由输出轴传至后排齿圈，即不能利用发动机制动。位于“2”位二挡挡位时，二挡强制制动器 B_1 的接合使太阳轮固定，后排行星齿轮顺时针转动，后排齿圈也顺时针转动，发动机在“2”位二挡挡位时便产生了制动作用。

d.“L”位工作原理 位于“L”位时，超速离合器 C_0，前进离合器 C_1，低速挡、倒挡制动器 B_3 接合，单向离合器 F_0 起作用。

变速杆位于“L”位时，自动变速器闭锁在一挡，其动力传递路线及传动比与“D_1”挡位完全相同，但由于“L”位增加了低速挡、倒挡制动器 B_3，从而使自动变速器在“L”位时可以利用发动机进行制动。

利用发动机进行制动时，发动机怠速运转，因而后排齿圈也以相同的转速顺时针转动；而与整车相连的变速器输出轴由于惯性较大，其转速并不能立即下降，从而使后排行星架和前排齿圈以较高转速顺时针转动。因此，后排行星齿轮逆时针转动，太阳轮顺时针转动，前排行星架也顺时针转动。而单向离合器 F_2 不能阻止前排行星架顺时针转动，故“D_1”挡位时不能将动力由输出轴传递到输入轴。“L”位时，低速挡、倒挡制动器 B_3 的接合将前排行星架固定，前排行星齿轮顺时针转动，促使太阳轮逆时针转动，进而使后排齿圈顺时针转动，动力传递到输入轴，实现发动机制动。

e.“R”位工作原理 变速杆位于“R”位时，超速离合器 C_0，高速挡、倒挡离合器 C_2 和低速挡、倒挡制动器 B_3 接合，单向离合器 F_0 起作用。

超速离合器 C_0 和单向离合器 F_0 的作用，使超速排传动比 $i_0=1$；高速挡、倒挡离合器 C_2 的接合，使得动力由输入轴经高速挡、倒挡离合器 C_2 传至前后排太阳轮，太阳轮顺时针转动，前行星齿轮逆时针转动，低速挡、倒挡制动器 B_3 接合使前排行星架固定，因而使前

排齿圈逆时针转动，实现倒挡。而后排行星齿轮由于没有受限制的构件不能传递动力，只有前行星排参加工作。其动力传递路线为：主动轴→超速排→输入轴→高速挡、倒挡离合器 C_2 →前、后排太阳轮→前排行星齿轮→前排齿圈→输出轴。

由运动特性方程可知，倒挡传动比为

$$i_R = n_{11}/n_{12} = -\alpha_1 = -2.22$$

f.“N”位和“P”位工作原理　变速杆位于“N”位和“P”位时，虽然超速离合器 C_0 和单向离合器 P_0 的作用使得动力经超速排传到前、后排输入轴，但前进离合器 C_1，高速挡、倒挡离合器 C_2 均处于分离状态，动力不能继续向后传递，因此无动力输出。

11.5.4　自动变速器的控制系统

自动变速器的控制系统由包含各种控制阀的阀板总成、液压控制管路、各种电磁阀、变速杆、控制开关、控制电路等组成。控制系统的主要任务是：控制液压泵的泵油压力，使之符合自动变速器各系统的工作需要，根据变速杆的位置和汽车的行驶状态实现自动换挡，控制液力变矩器中液压油的循环和冷却，以及控制液力变矩器中锁止离合器的工作。

控制系统的工作介质是液压油泵运转时产生的液压油，油泵运转时产生的液压油进入控制系统后被分为两部分：一部分用于控制系统本身的工作；另一部分则在控制系统的控制下送至液力变矩器或指定的换挡执行元件，用于操纵液力变矩器及换挡执行元件等液力元件的工作。

液压控制自动变速器和电子控制自动变速器中的液力变矩器、液压油泵、行星齿轮变速器三部分的结构及工作原理完全相同，不同之处在于控制系统的类型，前者采用的是液压式控制系统，后者采用的是电液式控制系统。两者主要区别是控制原理不同。液压式控制系统是利用液压控制原理来完成控制任务的，在这种控制系统中，汽车的主要运行参数——节气门开度和汽车车速是以机械的方式传入控制系统，并转化为相应的液压控制信号，控制系统根据这两个液压控制信号的变化进行各种自动控制工作。电液式控制系统是利用电子自动控制的原理来完成各种控制任务的，传感器将汽车及发动机的各种运转参数转变为电信号，ECU 根据这些电信号，按照设定的控制程序发出控制信号，通过各种电磁阀，如换挡电磁阀、油压电磁阀等，来操纵阀板总成中各个控制阀的工作，以完成各种控制任务。

11.6　万向传动装置

11.6.1　概述

万向传动装置一般由万向节和传动轴组成，对传动距离较远的分段式传动轴，还设置有中间支承。万向传动装置的功用是在轴线相交且相互位置经常变化的两转轴之间传递动力。万向传动装置在汽车上的具体应用主要有以下方面。

(1) 变速器（或分动器）与驱动桥之间

发动机前置、后轮驱动汽车的变速器通常与发动机、离合器连成一体支承在车架的前部，而驱动桥则通过弹性悬架与车架连接，变速器输出轴轴线与驱动桥的输入轴轴线难以布置得重合，并且在汽车行驶过程中，由于路面不平而产生冲击等因素，造成弹性悬架系统的振动，从而使两轴相对位置经常发生变化。因此，要适应在两轴之间传递动力，不能采用刚性连接，必须设置由两个万向节和一根传动轴组成的万向传动装置，如图 11-53 (a) 所示。

同理，越野汽车分动器与各驱动桥之间也应设置万向传动装置，如图 11-53（b）所示。

（2）离合器与变速器或变速器与分动器之间

当离合器与变速器或变速器与分动器之间分开布置时，如图 11-53（b）、（c）所示，各部件虽然都支承在车架上，且轴线也可以设计得重合，但为了消除制造和装配误差以及车架变形对传动的影响，需装用万向传动装置。

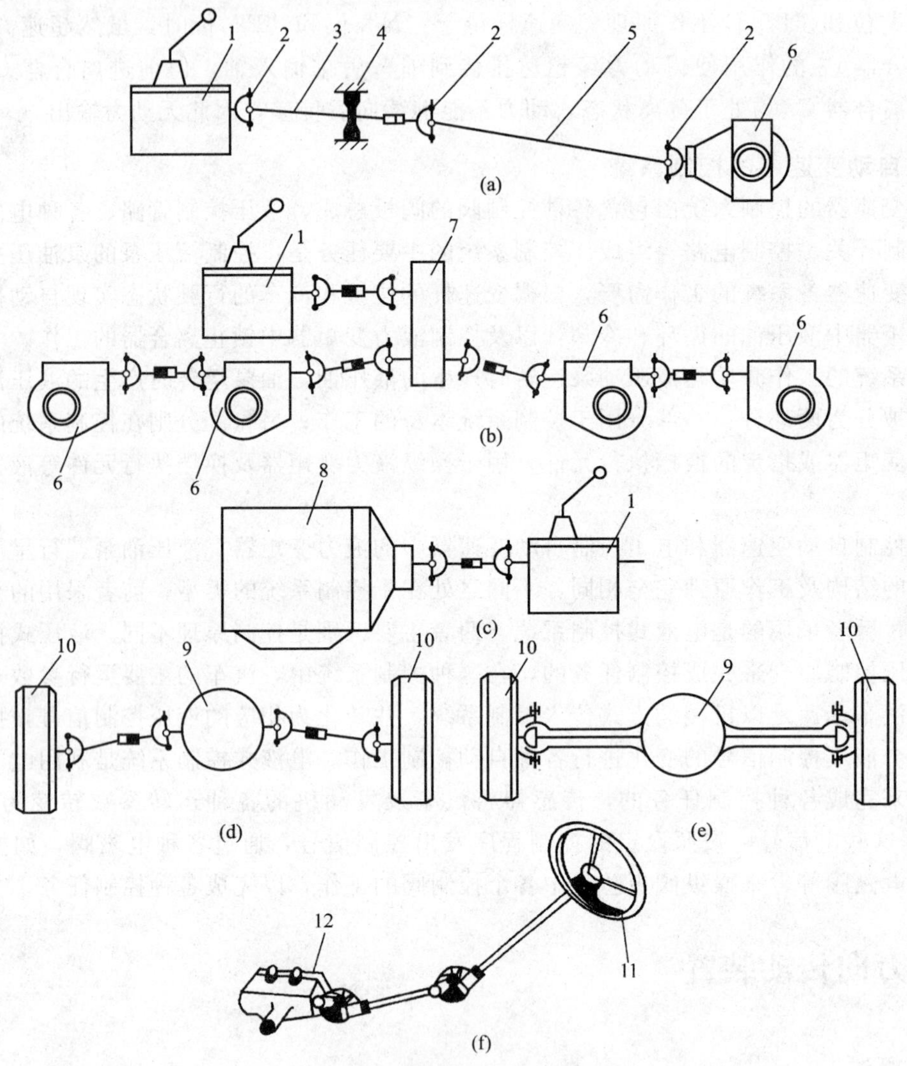

图 11-53　万向传动装置在汽车上的应用

1—变速器；2—万向节；3—中间传动轴；4—中间支承；5—主传动轴；6—驱动桥；7—分动器；8—发动机；9—主减速器；10—驱动车轮；11—转向盘；12—转向器

（3）转向驱动桥和断开式驱动桥中

在转向驱动桥中，前轮既是转向车轮又是驱动车轮。作为转向车轮，要求其能在最大转角范围内任意偏转；作为驱动车轮，要求半轴不间断地把动力传给驱动车轮。因此，转向驱动桥中的半轴必须分段，并用万向节连接，如图 11-53（e）所示。在断开式驱动桥中（配用独立悬架），主减速器与车架固定，而驱动车轮可以相对于主减速器上下摆动。因此，在靠近主减速器处，半轴也要分段并用万向节相连接，如图 11-53（d）所示。

(4) 汽车转向操纵机构中

有些汽车的转向操纵机构受整体布置的限制，转向盘轴线与转向器输入轴轴线不能重合，因此转向操纵机构中也常采用万向传动装置，如图 11-53 (f) 所示。

11.6.2 万向节

万向节的功用是在轴间夹角及相互位置不断变化的两轴之间可靠地传递动力。

万向节按其扭转方向上是否有明显的弹性分为刚性万向节和挠性万向节。前者是靠刚性铰链式零件传递动力，其弹性较小；而后者则是靠弹性元件传递动力，其弹性较大，且具有缓冲减振作用。汽车上普遍采用刚性万向节。根据其输出轴和输入轴轴线夹角大于零时传动的瞬时角速度是否相等，刚性万向节又分为不等速万向节（常见的为十字轴式）、准等速万向节（三销式、双联式）和等速万向节（球叉式、球笼式）等。

(1) 十字轴式刚性万向节

如图 11-54 所示，十字轴式刚性万向节主要由万向节叉 2 和 6、十字轴 4 及轴承等组成。两个万向节叉轴分别与主、从动轴相连，其叉形上的孔分别活套在十字轴的两对轴颈上。当主动轴转动时，从动轴既能随之转动，又可绕十字轴中心在任意方向摆动。为了减小摩擦和磨损，提高传动效率，在十字轴轴颈和万向节叉孔之间装有由滚针 8 和套筒 9 组成的滚针轴承，并用轴承盖 1 定位、螺钉紧固，然后用锁片将螺钉锁紧。为了润滑轴承，十字轴内钻有互相贯通的油道，并与润滑脂嘴 3、溢流阀 5 及四个轴颈外端面相通，如图 11-55 所示。轴颈端面上加工有径向凹槽，从润滑脂嘴注入的润滑脂通过油道、轴颈端部凹槽进入轴承的工作面。为防止润滑脂从轴承内端溢出及外滚面尘垢进入轴承，在十字轴轴颈上套装有带金属壳的毛毡油封 7。在十字轴中部装有溢流阀，当十字轴内腔的润滑脂压力超过允许值时，溢流阀即顶开使油脂外泄，避免因油压过高而损坏油封。近年来在十字轴式刚性万向节上多采用橡胶油封，其密封性能好，且当十字轴内腔润滑脂压力超过允许值时，润滑脂即从油封与轴颈配合面溢出，故可以不装设溢流阀。

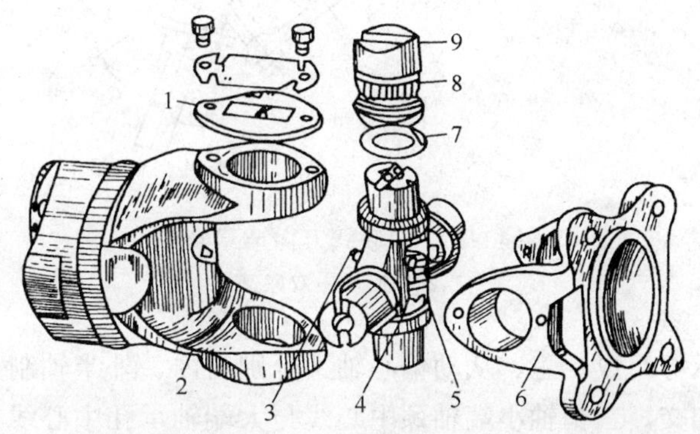

图 11-54 十字轴式刚性万向节

1—轴承盖；2,6—万向节叉；3—润滑脂嘴；4—十字轴；5—溢流阀；7—油封；8—滚针；9—套筒

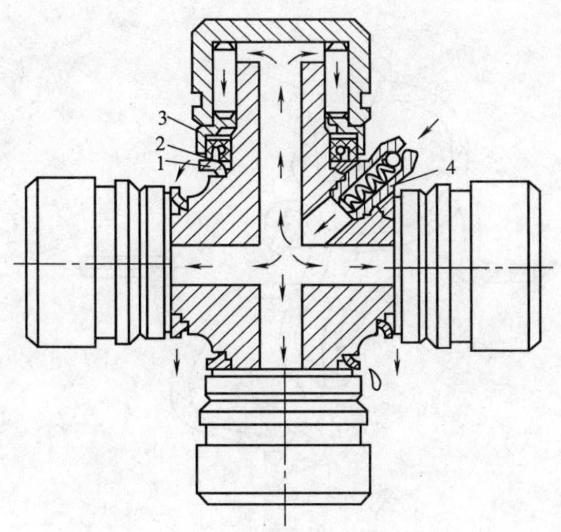

图 11-55 十字轴润滑油道和密封装置

1—油封挡盘；2—油封；3—油封座；4—注油嘴

由于刚性万向节可以保证轴向交角变化时可靠的传动，且结构简单，并有较高的传动效率，因此在汽车上广泛应用。其缺点是单个万向节在输入轴和输出轴之间有夹角的情况下，其两轴的角速度不相等。

(2) 准等速万向节

准等速万向节实际上是根据两个十字轴式刚性万向节实现等速传动的原理设计而成的，只能近似地实现等速传动，所以称为准等速万向节。其结构形式有双联式、三销轴式。

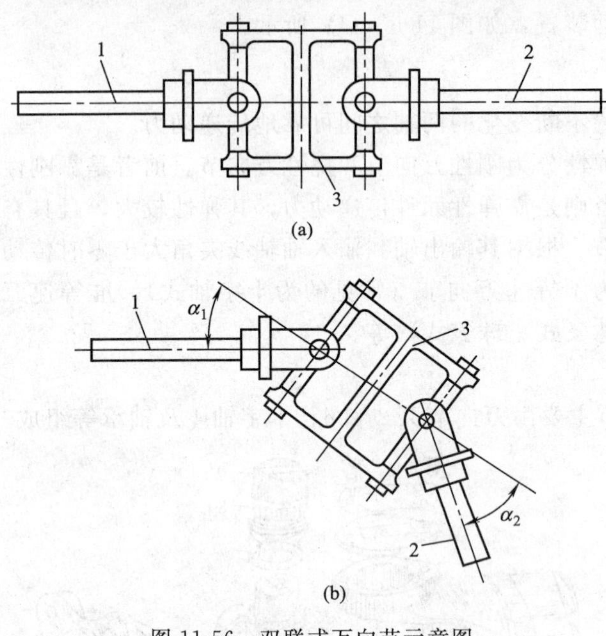

图 11-56　双联式万向节示意图

1，2—轴；3—双联叉

① 双联式　双联式万向节是传动轴长度缩短至最小的一种双万向节等速传动装置，如图 11-56 所示。双联叉即相当于处于同一平面上的两个万向节叉及传动轴。欲使轴 1 和 2 的角速度相等，应保证两轴间的夹角相等，即 $\alpha_1=\alpha_2$。为此，有的双联式万向节的结构中装有分度机构，以使双联叉的轴线平分所连两轴的夹角。

双联式万向节可使两轴之间有较大的夹角，并具有结构简单、制造方便、工作可靠等特点，因此在转向驱动桥中应用较广泛。北京切诺基、延安 SX2150、斯太尔等汽车均采用了这种结构。

② 三销轴式　三销轴式准等速万向节如图 11-57 所示。它主要由主动偏心轴叉、从动偏心轴叉、两个三销轴及六个轴承等组成。主、从动偏心轴叉分别与内、外半轴制为一体，叉孔中心线与叉轴中心线垂直但不相交。三销轴小端轴颈中心线与大端轴承孔中心线重合，装合时每个三销轴大端两侧的两个轴颈与偏心轴叉上的两个叉孔配合，两个三销轴小端的轴颈互相插入对方大端的轴承孔内，这样便形成了 Q_1-Q_1'、R-R'、Q_2-Q_2' 三根轴线，如图 11-57（b）所示。传动时，转矩由主动偏心轴叉 2，经轴线 Q_1-Q_1'、R-R'、Q_2-Q_2' 传到从动偏心轴叉 4。为了减轻摩擦和磨损，轴与孔的配合面装有轴承，并用卡环轴向限位。

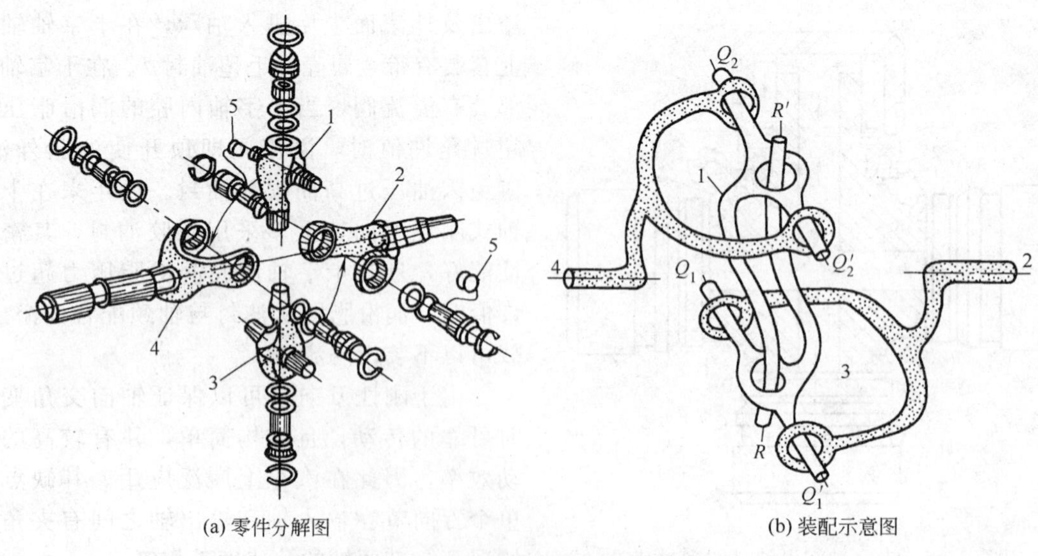

图 11-57　三销轴式准等速万向节

1，3—三销轴；2—主动偏心轴叉；4—从动偏心轴叉；5—推力垫片

在与主动偏心轴叉2相连的三销轴3的两个轴颈端面和轴承座之间装有推力垫片5，其余各轴颈端面均无推力垫片，且轴颈端面与轴承座之间留有较大的间隙，以允许适当的轴向运动，避免转向时发生运动干涉而损坏万向节。

三销轴式万向节最大的特点是允许相邻两轴有较大的夹角，最大可达45°，采用此万向节的转向驱动桥可使汽车获得较小的转弯半径，提高了汽车的机动性。

(3) 等速万向节

等速万向节的基本原理是从结构上保证万向节在工作过程中，其传力点始终处于两轴交角的平分面上。这一原理可用一对大小相同的锥齿轮传动来说明，如图11-58所示。两齿轮夹角为α，两齿轮啮合点P位于夹角的平分面上，因此两个齿轮旋转的角速度也相等。在汽车上采用较广泛的等速万向节有球叉式和球笼式万向节。

① 球叉式万向节　球叉式万向节的构造如图11-59所示，由主动叉3、从动叉1、四个传动钢球2、定心钢球4组成。其主、从动叉分别与内、外半轴制为一体，叉内各有四条曲面凹槽，装合后，形成两条相交的环形槽，作为传动钢球的滚道，四个传动钢球装于槽中，定心钢球装在两叉中心凹槽内，以定中心。

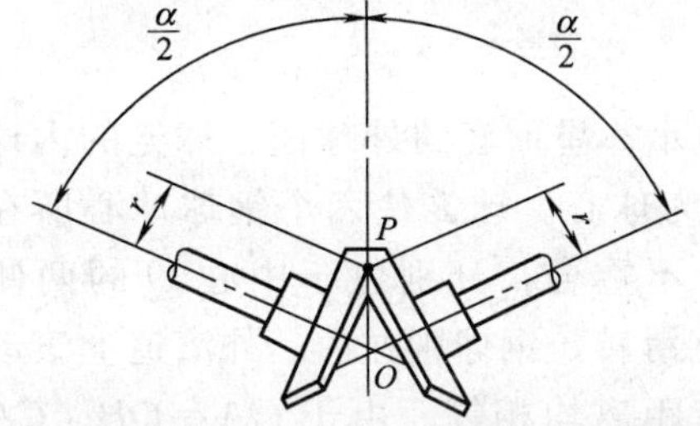

图11-58　等速万向节工作原理示意图

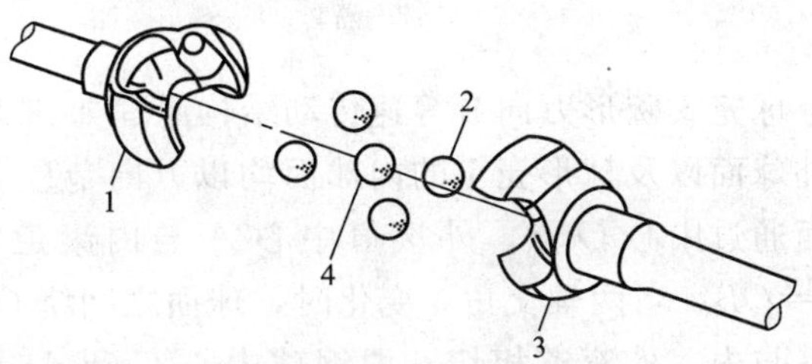

图11-59　球叉式万向节

1—从动叉；2—传动钢球；3—主动叉；4—定心钢球

球叉式万向节等速传动的结构原理如图11-60所示。主、从动叉曲面凹槽的中心线分别是以O_1、O_2为圆心的两个半径相等的圆，且圆心O_1、O_2到万向节中心O的距离相等（即$O_1O=O_2O$）。这样，无论主、从动轴以任何角度相交，四个传动钢球只能位于两交叉曲面凹槽的交叉部位，即钢球中心一定处于两圆的交点上，从而保证所有传动钢球始终位于两轴交角α的角平分面上，因而保证了等速传动。

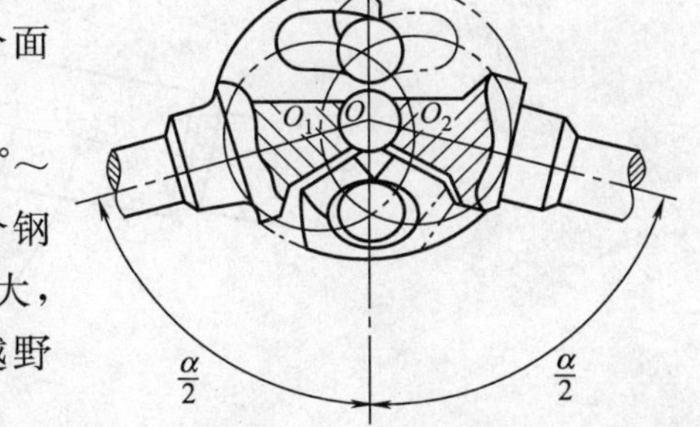

图11-60　球叉式万向节等速传动原理

球叉式万向节结构简单，允许轴间最大交角为32°～33°。但由于工作时只有两个传动钢球传力，而另两个钢球则在反转时传力，因此钢球与滚道之间接触压力大，磨损快，影响其使用寿命。所以通常用于中、小型越野汽车转向驱动桥。

② 球笼式万向节　球笼式万向节的构造如图11-61所示，主要由星形套6、保持架（球笼）3、球形壳1及钢球4等组成。星形套通过花键与主动半轴9相连接，用卡环2、隔套7和碟形垫圈8（轴向弹性）轴向限位。星形套的外表面有六条曲面凹槽，形成内滚道。球形壳与带花键的外半轴制为一体，内表面制有相应的六条曲面凹槽，形成外滚道。球笼上有六个窗孔。装合后六个钢球分别装于六条凹槽中，并用球笼使之保持在一个平面内。动力由中段半轴传至星形套，经六个钢球、球形壳及外半轴传给转向驱动车轮。

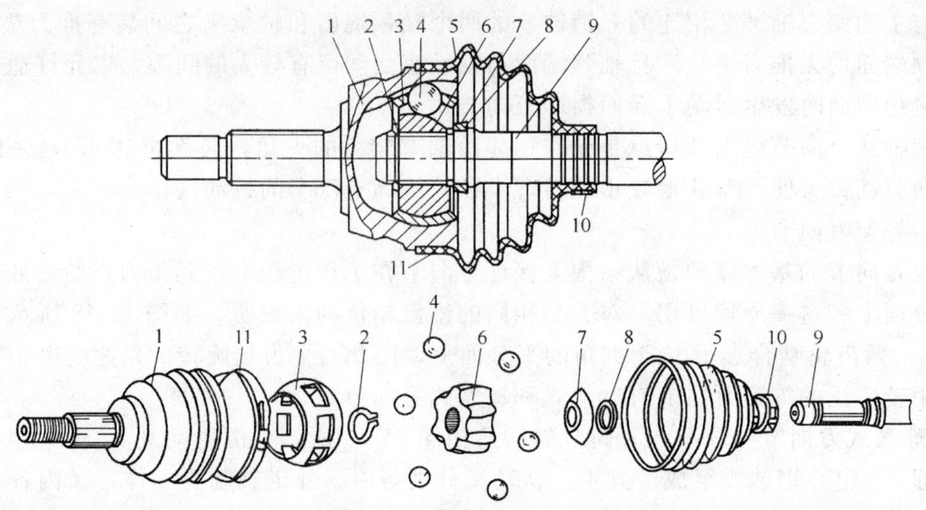

图 11-61　球笼式万向节示意图

1—球形壳；2—卡环；3—保持架（球笼）；4—钢球；5—外罩；6—星形套；
7—隔套；8—碟形垫圈；9—主动半轴；10,11—钢箍带

球笼式碗形万向节等速传动结构原理如图 11-62 所示。星形套的外球面、球笼的内球面和外球面以及球形壳 1 的内球面均以万向节中心 O 点为球心。球笼使六个钢球球心所在的平面通过中心 O 点。外滚道中心 A 与内滚道中心 B 不重合，分别位于中心 O 的两侧且 $OA=OB$。当两轴交角 α 变化时，球面之间绕 O 点相互滑转，钢球则在内、外滚道上滚动且始终与内、外滚道相切，即钢球中心 C 到 A、B 两点距离均相等。由于 $OA=OB$、$CA=CB$，CO 是公共边，故 $\triangle COA \cong \triangle COB$，所以 $\angle COA=\angle COB$，即两轴相交任意夹角 α 时，所有传动钢球都位于交角的平分面上。

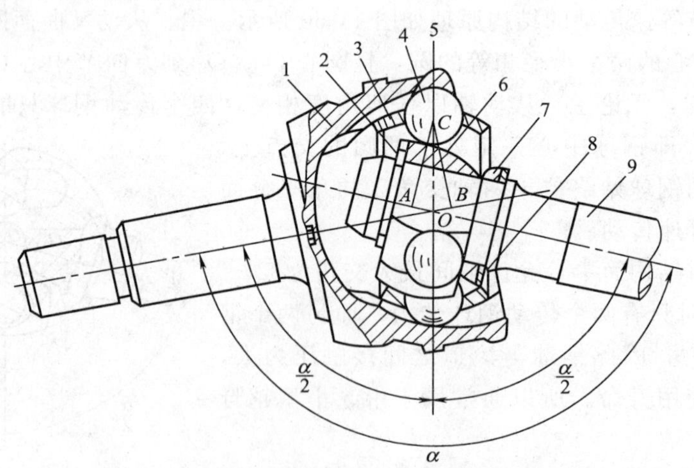

图 11-62　球笼式万向节的等速传动原理

1—球形壳；2—卡环；3—保持架（球笼）；4—钢球；5—外罩；6—星形套；
7—隔套；8—碟形垫圈；9—主动半轴；O—万向节中心；A—外滚道中心；
B—内滚道中心；C—钢球中心；α—两轴交角

此时钢球到两轴之间的距离相等，从而保证了外半轴与主动半轴以相等的角速度旋转。这种万向节允许在轴间最大交角为 42°的情况下传递转矩，且在工作时，无论传动方向如何，所有钢球全都传力。与球叉式万向节相比，其承载能力强，受力均匀，结构紧凑，拆装

方便，因此在轿车转向驱动桥中得到广泛应用。

(4) 挠性万向节

挠性万向节的特点是其传力元件采用夹布橡胶盘、橡胶块、橡胶环等弹性元件，从而保证在相交两轴间传动时不发生机械干涉。图 11-63 是上海 SH3540A 型自卸汽车发动机与变速器之间安装的万向传动装置，它由一个十字轴式刚性万向节、传动轴和一个挠性万向节组成。由于弹性元件的变形量有限，故挠性万向节一般用于夹角较小(3°～5°) 的两轴间和有微量轴向位移的传动场合。挠性万向节不仅结构简单，无需润滑，而且具有缓冲和减振作用。

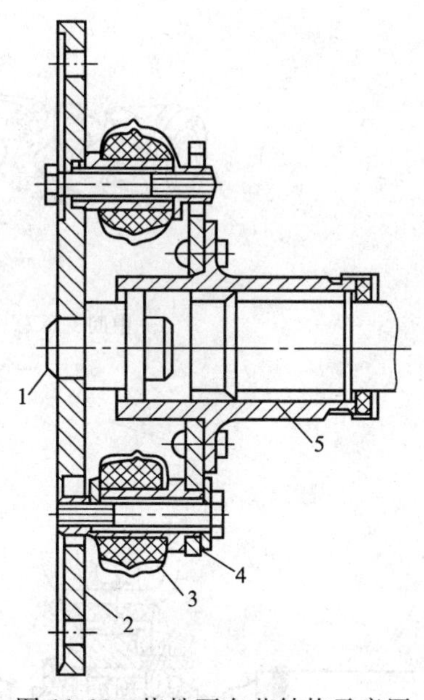

图 11-63　挠性万向节结构示意图

1—中心轴；2—大圆盘；3—弹性连接件；4—连接圆盘；5—花键毂

11.6.3　传动轴与中间支承

(1) 传动轴

传动轴是万向传动装置中的主要传力部件，通常用来连接变速器（或分动器）和驱动桥，在转向驱动桥和断开式驱动桥中，则用来连接差速器和驱动车轮。

图 11-64 与图 11-65 分别为中间传动轴、主传动轴。由于传动距离较远，为了避免因传动轴过长而使自振频率降低及高速时产生共振，将传动轴分为两段，后端部设有中间支承，前段称为中间传动轴，其后段称主传动轴，都用薄钢板卷焊而成。由于传动轴所连接的两部分的相对位置经常变化，为避免运动干涉，前传动轴上设有由滑动叉和花键轴组成的滑动花键连接，使传动轴的长度能随传动距离的变化而伸缩。传动轴在工作过程中处于高速旋转状态，其转速和所传递的转矩都在不断发生变化。为了避免由于离心力引起传动轴的振动，在传动轴和万向节装配后，必须进行平衡试验以满足动平衡的要求。因此，在有的传动轴上贴焊有平衡块。平衡后在滑动花键部分还制有箭头标记，以便拆装时保持两者的相对位置。为了减轻花键处的摩擦和磨损，还在花键套上装有润滑脂嘴、油封和防尘罩等，可对花键部位进行润滑并保持清洁。由于万向传动装置中润滑脂嘴较多，为了加注润滑脂方便，装配正确的万向传动装置应保证所有润滑脂嘴处于同一条母线上，且十字轴上的润滑脂嘴指向传动轴。

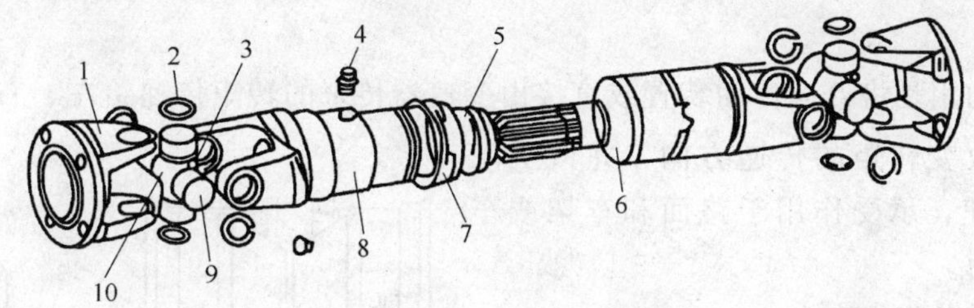

图 11-64　汽车中间传动轴

1—凸缘叉；2—卡环；3,4—注油嘴；5—油封；6—中间传动轴；7—油封护罩；8—滑动叉；9—滚针轴承；10—万向节十字轴

为了减轻传动轴的重量，节省材料，提高轴的强度、刚度及临界转速，传动轴多为空心轴，一般用厚度为 1.5～3.0mm 且厚薄均匀的钢板卷焊而成，超重型货车则直接采用无缝钢管。转向驱动桥、断开式驱动桥及微型汽车的传动轴通常制成实心轴。

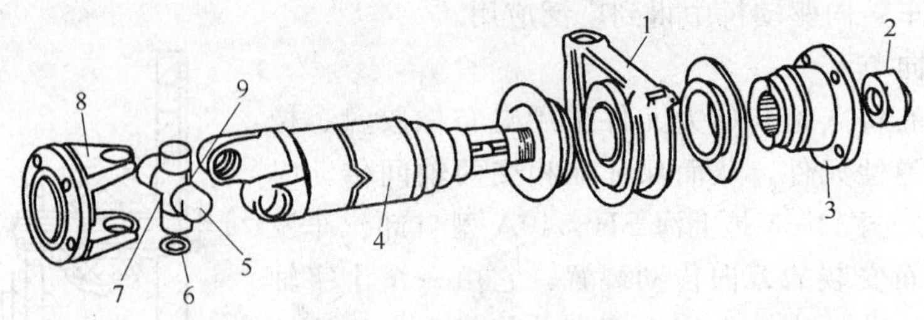

图 11-65 汽车主传动轴

1—中间支承总成；2—螺母；3—凸缘；4—主传动轴；5—滚针轴承；
6—卡环；7—万向节十字轴；8—凸缘叉；9—注油嘴

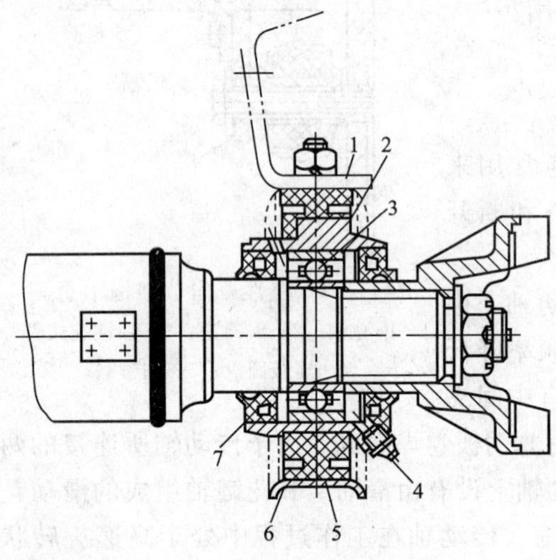

图 11-66 蜂窝软垫式中间支承

1—车架横梁；2—轴承座；3—轴承；4—注油嘴；
5—蜂窝形橡胶垫；6—U形支架；7—油封

(2) 中间支承

传动轴分段时需加设中间支承，中间支承除对传动轴起支承作用外，还应能补偿传动轴轴向和角度方向的安装误差，以及汽车行驶过程中由于发动机窜动或车架变形等引起的位移。普通中间支承通常用弹性元件来满足上述要求，它主要由轴承及其带油封的盖、支架和使轴承与车架间成弹性连接的弹性元件所组成。图 11-66 所示为蜂窝软垫式中间支承。轴承 3 可在轴承座 2 内轴向滑动。轴承座装在蜂窝形橡胶垫 5 内，通过 U 形支架 6 固定在车架横梁上。由于采用弹性支承，传动轴可在一定范围内向任意方向摆动，并能随轴承一起作适当的轴向移动，因此能有效地补偿安装误差及轴向位移，此外，还可以吸收振动，减少噪声等。这种中间支承结构简单，效果良好，应用较广泛。

11.7 驱动桥

11.7.1 概述

驱动桥的功用是将万向传动装置或直接由变速器传来的转矩传递给左、右驱动车轮，实现降速增扭、改变转矩的传递方向，并可实现两侧车轮的差速，承受作用于路面和车架或车厢之间的各向力。

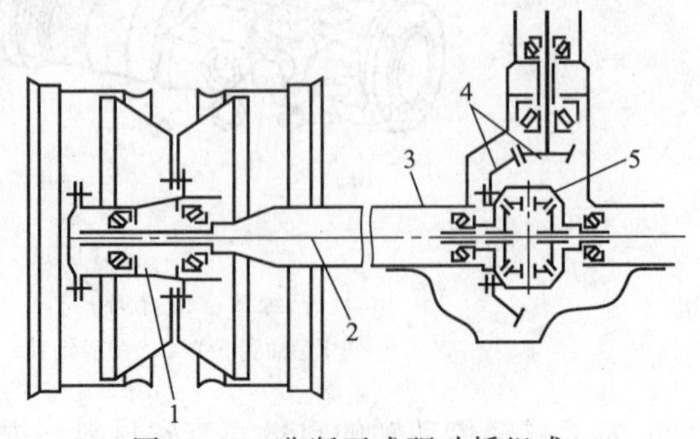

图 11-67 非断开式驱动桥组成

1—轮毂；2—半轴；3—驱动桥壳；
4—主减速器；5—差速器

(1) 驱动桥的组成

一般汽车的驱动桥如图 11-67 所示，它由主减速器、差速器、半轴和驱动桥壳等组成。

发动机的动力经离合器、变速器（或分动器）、万向传动装置输入驱动桥，首先传到主减速器 4，增大扭矩、降低转速后，再由差速器 5 分配给左、右半轴 2，最后通过半轴外端的凸缘盘传至驱动车轮的轮毂 1。驱动桥壳 3 由主减速器壳和半轴套管组成。轮毂借助轴承支承在半轴套管上。

(2) 驱动桥的类型

驱动桥按其半轴套管与主减速器壳体的连接方式可分为非断开式（或整体式）驱动桥和断开式驱动桥两种。

非断开式驱动桥（如图 11-67 所示）中，半轴套管与主减速器壳刚性连成一体，整个驱动桥通过非独立弹性悬架与车架连接，故左、右半轴和驱动轮相对主减速器没有相对运动。其结构简单，但平顺性差，一般多用于普通车辆。

断开式驱动桥采用独立悬架，如图 11-68 所示。其主减速器 4 固定在车架上，驱动桥壳 1 制成分段结构并用铰链连接，半轴 2 也分段并用万向节 6 连接。驱动桥两端分别用悬架与车架连接。这样，两侧的驱动车轮 7 及驱动桥壳 1 可以彼此独立地相对于车架上下跳动。断开式驱动桥的优点是可以提高汽车行驶平顺性和通过性。其缺点是结构相对复杂，制造成本高。断开式驱动桥常见于轿车和越野汽车的驱动桥中。

若驱动桥同时兼作转向桥时，则此类驱动桥称为转向驱动桥，它与车架之间可以是非独立悬架式连接，也可以是独立悬架式连接，后者称为断开式转向驱动桥。

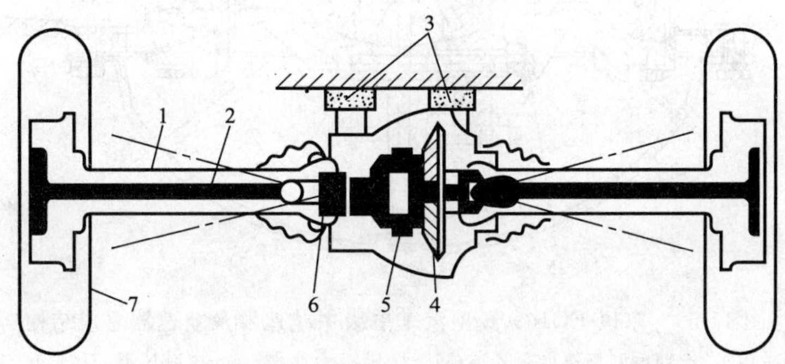

图 11-68 断开式驱动桥

1—驱动桥壳；2—半轴；3—支架；4—主减速器；5—差速器；6—万向节；7—驱动车轮

11.7.2 主减速器

一般车辆正常行驶时，由于主减速器的减速比通常是传动系统中最大的，起到主要的降速增扭作用，故称这为主减速器，通常由一对或若干对减速齿轮副构成。主减速器的功用是降速增扭，改变转矩的传递方向。

根据主减速器的使用目的和要求不同，其结构形式也有很大差异。按主减速器所处的位置，可分为中央主减速器和轮边减速器。按参加减速传动的齿轮副数目不同，可分为单级式主减速器和双级式主减速器。按主减速器速比的变化不同，分为单速式主减速器和双速式主减速器。

(1) 单级主减速器

单级主减速器具有结构简单、体积小、重量轻和传动效率高等优点，轿车和一般轻、中型货车是以速度为主，采用单级主减速器即可满足汽车动力性要求，因此单级主减速器在轿车及中型以下货车上得以普遍采用。

① 轻、中货车的单级主减速器　在发动机纵向布置的汽车上，由于需要改变动力传递方向，单级主减速器都采用一对锥齿轮传动。图 11-69 为东风 EQ1090E 型汽车的单级主减

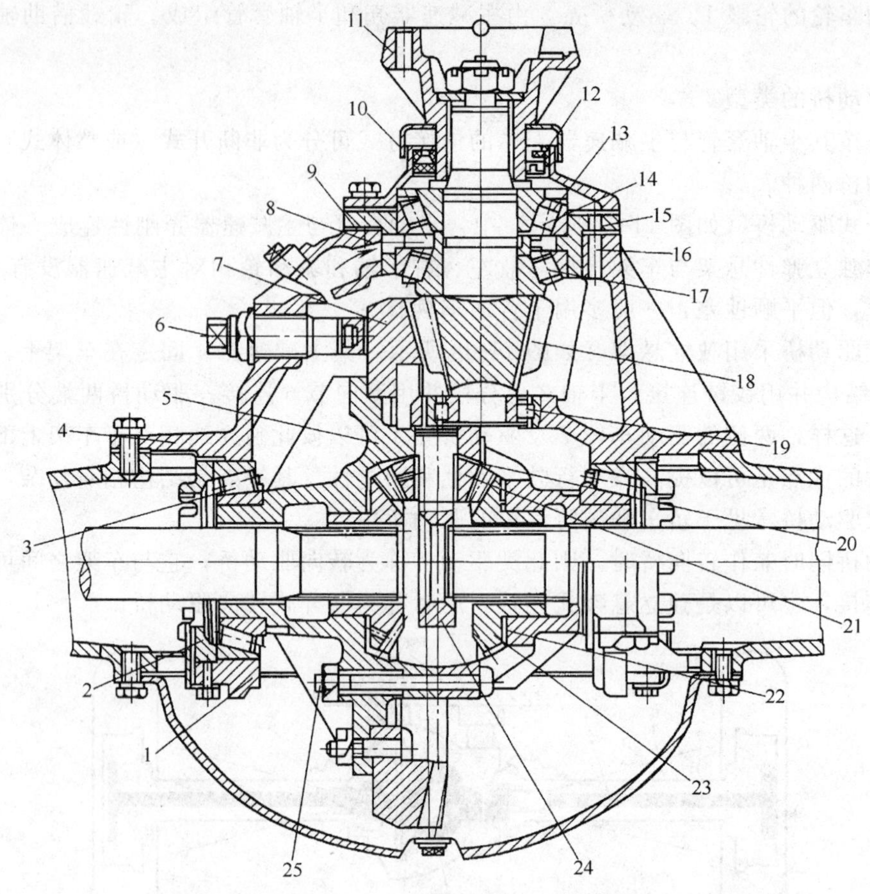

图 11-69　东风 EQ1090E 型汽车单级主减速器及差速器总成结构

1—差速器轴承盖；2—轴承调整螺母；3,13,17—圆锥滚子轴承；4—主减速器壳体；5—差速器壳体；6—支承螺栓；7—从动锥齿轮；8—进油道；9,14—调整垫片；10—防尘罩；11—叉形凸缘；12—油封；15—轴承座；16—回油道；18—主动锥齿轮；19—圆柱滚子轴承；20—行星齿轮球面垫片；21—行星齿轮推力垫片；22—半轴齿轮调整垫片；23—半轴齿轮；24—行星齿轮轴；25—螺栓

速器。它由一对双曲面锥齿轮 18 和 7 及其支承调整装置、主减速器壳体 4 等组成。主动锥齿轮 18 的齿数为 6，从动锥齿轮 7 的齿数为 38，因此其传动比

$$i_0=\frac{38}{6}=6.33$$

主动锥齿轮与主动轴制成一体。为了保证主动锥齿轮有足够的支承刚度，并改善啮合条件，其前端支承在两个距离较近的圆锥滚子轴承 13 和 17 上，后端支承在圆柱滚子轴承 19 上，形成跨置式支承。圆柱滚子轴承 19 压装在主动轴的后端，依靠座孔上的台阶限位。圆锥滚子轴承 13 和 17 以小端相对压入主动轴前端，之间有隔套和调整垫片 14，它们和叉形凸缘 11 用螺母与主动轴固装在一起，并支承在轴承座 15 内。轴承座 15 依靠凸缘定位，用螺钉固装在主减速器壳体 4 的前端，两者之间有调整垫片 9。从动锥齿轮 7 依靠凸缘定位，用螺栓紧固在差速器壳体 5 上，而差速器壳体则用两个圆锥滚子轴承 3 支承在主减速器壳体的瓦盖式轴承座孔中。差速器轴承盖 1 与主减速器壳体是装配在一起加工的，不能互换，两者之间有装配记号，轴承座孔外侧装有环形轴承调整螺母 2。在从动锥齿轮啮合处背面的主减速器壳体上，装有支承螺栓 6。装配时，应在支承螺栓与从动锥齿轮背面之间预留一定间

隙（0.3～0.5mm），转动支承螺栓可以调整此间隙。

为了减小主减速器齿轮、轴承等处的摩擦和磨损，其采用飞溅润滑，即在主减速器壳体内加注一定量的齿轮油，利用从动锥齿轮转动时甩溅到各齿轮、轴承等表面进行润滑。主动轴前端的两个圆锥滚子轴承 13 和 17 远离从动齿轮，润滑困难，在主减速器壳体和轴承座上铸有进油道 8 和回油道 16，以便润滑。主减速器壳体上装有通气塞，以防止内部气压过高而使齿轮油渗漏。此外，还装有加油螺塞和放油螺塞。

② 轿车单级主减速器　图 11-70 所示为桑塔纳轿车单级主减速器。因采用发动机纵向前置、前轮驱动，整个传动系统都集中布置在汽车前部，其主减速器装于变速器壳体内，没有专门的主减速器壳体。由于省去了变速器到主减速器之间的万向传动装置，所以变速器输出轴即为主减速器主动轴。主减速器由一对双曲面锥齿轮 4 和 9 组成。主动锥齿轮 4 的齿数为 9，从动锥齿轮 9 的齿数为 37，因此其传动比

$$i_0=\frac{37}{9}=4.111$$

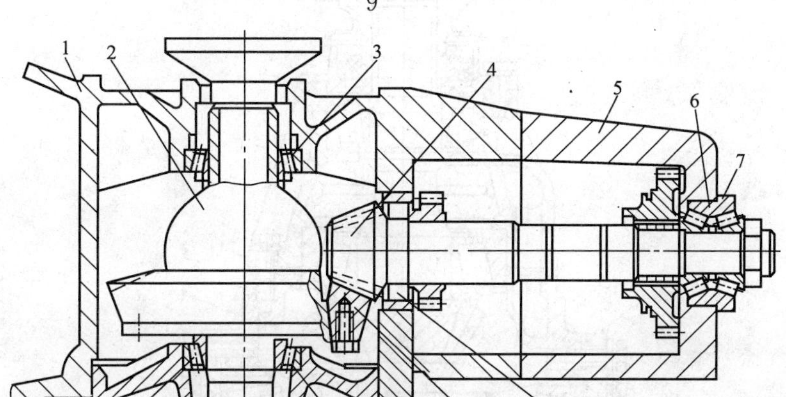

图 11-70　桑塔纳轿车单级主减速器结构

1—变速器前壳体；2—差速器；3,7,11—调整垫片；4—主动锥齿轮；5—变速器后壳体；6—双列圆锥滚子轴承；8—圆柱滚子轴承；9—从动锥齿轮；10—传动器盖；12—圆锥滚子轴承

主动锥齿轮与变速器输出轴制为一体，用双列圆锥滚子轴承 6 和圆柱滚子轴承 8 支承在变速器壳体内。环状的从动锥齿轮靠凸缘定位，并用螺钉与差速器壳体连接。差速器壳体由一对圆锥滚子轴承 12 支承在变速器壳体上。

桑塔纳轿车主减速器的主、从动锥齿轮采用双曲面锥齿轮，有些车型的主、从动锥齿轮采用螺旋锥齿轮。双曲面锥齿轮的主、从动齿轮轴线不相交，主动锥齿轮轴线可低于（也可高于）从动锥齿轮轴线，在保证一定离地间隙的情况下，与之相连的传动轴的位置也相应降低，从而使汽车质心降低，提高了行驶的稳定性。其次，双曲面锥齿轮发生根切的最少齿数较少（最少可为 5 个），因此主动锥齿轮在满足传动比和强度要求的条件下尺寸可尽量小一些，相应从动锥齿轮的尺寸也可减小，从而减小了主减速器壳体外形轮廓尺寸，有利于车身布置和控制最小离地间隙。此外，双曲面锥齿轮的啮合系数大，同时参加啮合的齿数多，传动平稳，噪声小，承载能力大。缺点是啮合面间相对滑动速度大，接触压力大，摩擦面的油膜易被破坏，因而对润滑油要求高，必须使用专门的双曲面齿轮油。

另外，双曲面锥齿轮螺旋角较大，传动时轴向力大，易造成轴的支承定位件的损坏而引

起轴向窜动。因此对这些机件的强度、刚度要求高，相应地调整精度要求也较高。

（2）双级主减速器

对载重量较大的载货汽车和城市公交车辆来说，根据发动机的特性和使用条件，要求主减速器具有较大的传动比，由一对锥齿轮构成的单级主减速器已不能保证足够的离地间隙，这时需采用双级主减速器。双级主减速器一般第一级采用螺旋锥齿轮或准双曲面锥齿轮，第二级采用圆柱齿轮。

解放 CA1091 型汽车驱动桥即为双级主减速器（图 11-71)。第一级传动为一对螺旋锥齿轮 11 和 16，传动比为 1.923；第二级传动为一对斜齿圆柱齿轮 5 和 1，传动比为 3。主减速器的传动比等于两级齿轮传动比的乘积，即 $i_0=5.77$。

第一级主动锥齿轮 11 和第一级主动锥齿轮轴 9 制成一体，用两个圆锥滚子轴承（相距

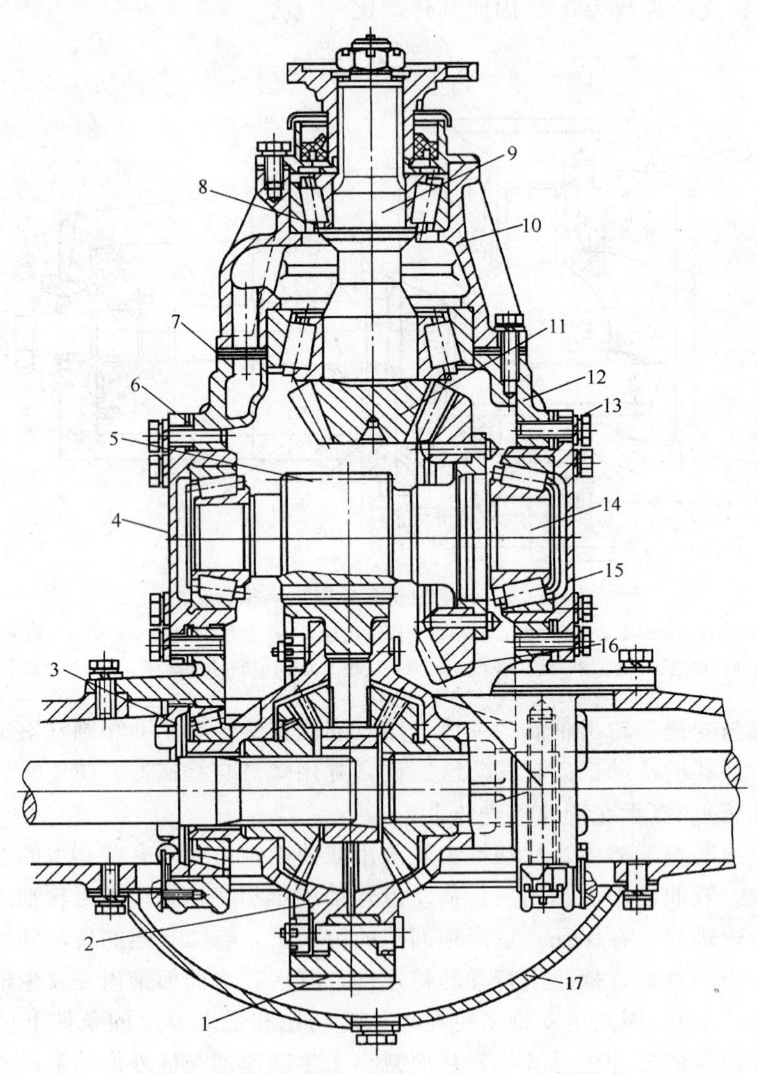

图 11-71　解放 CA1091 型汽车双级主减速器及差速器结构

1—第二级从动齿轮；2—差速器壳体；3—调整螺母；4,15—轴承盖；5—第二级主动齿轮；6,7,8,13—调整垫片；9—第一级主动齿轮轴；10—轴承座；11—第一级主动锥齿轮；12—主减速器壳体；14—中间轴；16—第一级从动锥齿轮；17—后盖

较远）支承在轴承座10的座孔中，因第一级主动锥齿轮悬伸在两轴承之后，为悬臂式支承。这种支承形式结构简单，虽支承刚度不及跨置式支承大，但由于传动比小，第一级主动锥齿轮及第一级主动齿轮轴的尺寸可以制得大一些，同时还可以尽量加大两轴承之间的距离，以提高支承刚度，使其同样能满足承载的要求。第一级从动锥齿轮16用铆钉铆接在中间轴14的凸缘上。第二级传动的主动斜齿圆柱齿轮5与中间轴制成一体，用两个圆锥滚子轴承支承在两端轴承盖4和15的座孔中，轴承盖用螺钉与主减速器壳体12固定连接。第二级从动斜齿圆柱齿轮1夹在左右两半差速器壳体之间，并用螺栓将它们紧固在一起。

（3）双速主减速器

对于多用途载重汽车和半挂车，为适应复杂的使用条件，常装用两挡可变速比的主减速器，增多了传动系统的挡数，根据使用条件选择所需要的挡位，充分提高汽车的动力性和经济性。具有双速主减速器的驱动桥称为双速驱动桥。双速主减速器可分为行星齿轮式和圆柱齿轮式两种。

如图11-72所示为一种常见的双速主减速器的结构示意图。它由一对锥齿轮、一套行星齿轮机构及其操纵机构组成。行星齿轮机构的内齿圈8与从动锥齿轮7组成一体，并用两个圆锥滚子轴承支承在主减速器壳体上。有内齿圈C的行星架9与差速器壳体连成一体，行星架轴上松套着行星齿轮4。在左半轴2上松套着接合套1，可由气压控制的拨叉3操纵。接合套上制有短接合齿A和长接合齿D（即太阳轮）。主减速器壳体上制有固定齿圈B。

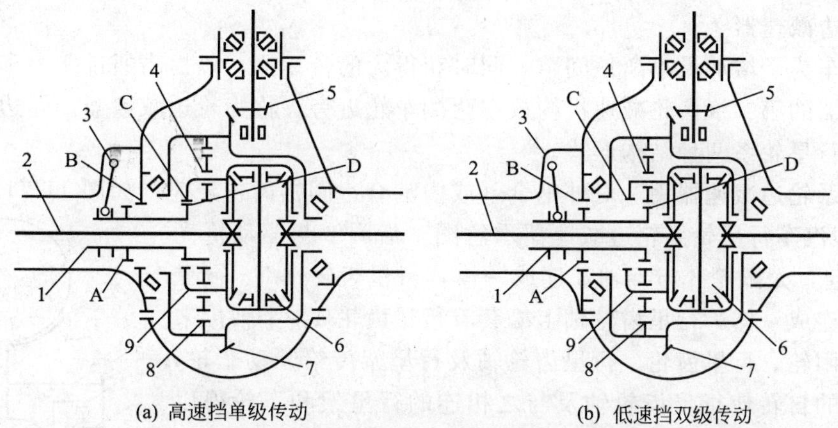

图11-72 汽车行星齿轮式双速主减速器

1—接合套；2—左半轴；3—拨叉；4—行星齿轮；5—主动锥齿轮 6—差速器；7—从动锥齿轮；8—齿圈；9—行星架；A—短接合齿；B—固定齿圈；C—行星架内齿圈；D—长接合齿

当需要在高速挡行驶时，通过拨叉使接合套的长接合齿左移，将行星架内齿圈C与行星齿轮连成一体，如图11-72（a）所示，行星齿轮不能自转，因此行星齿轮机构不起减速作用，即差速器壳体与从动锥齿轮一起以相同转速旋转，传动比等于1（即直接传动）。这时，主减速器相当于单级锥齿轮传动，主减速器的传动比等于锥齿轮传动的传动比。

当需要在低速挡行驶时，通过操纵拨叉拨动接合套右移，使接合套上的短接合齿与主减速器壳体上的固定齿圈套合，接合套即被固定。此时接合套上的长接合齿（随接合套一起被固定）与内齿圈脱离而仅与行星齿轮啮合，如图11-72（b）所示。与从动锥齿轮连在一起的内齿圈带动行星齿轮转动，行星架及与之相连的差速器壳体将因行星齿轮的自转而降速。主减速器则为双级传动，传动比为两级传动比的乘积。此时行星齿轮机构的传动比为$i_0=1+$（太阳轮的齿数/齿圈的齿数)。

(4) 贯通式主减速器

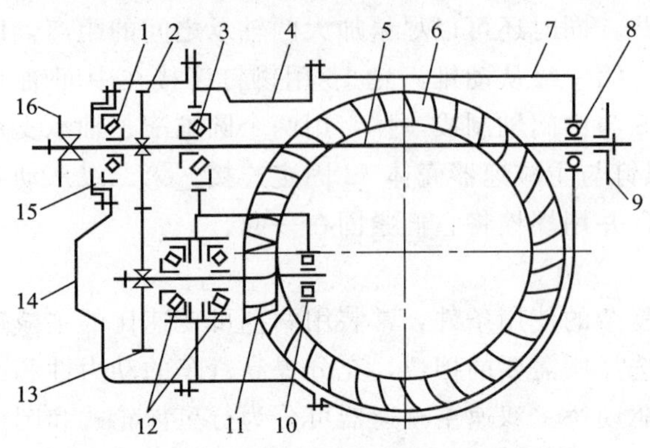

图 11-73 贯通式双级主减速器示意图

1,3,12—圆锥滚子轴承；2—主动斜齿圆柱齿轮；4,7—主减速器壳体；5—贯通轴；6—从动双曲面锥齿轮；8—深沟球轴承；9,16—传动凸缘；10—圆柱滚子轴承；11—主动准双曲面齿轮；13—从动斜齿圆柱齿轮；14—主减速器盖；15—轴承座

有些多轴驱动的越野汽车，为了简化结构，增大离地间隙，分动器到同一方向的两驱动桥之间只用一套万向传动装置。这样，传动轴须从距离分动器较近的驱动桥中穿过，再通向距离分动器较远的驱动桥，这种被传动轴穿过的驱动桥称为贯通式驱动桥。图 11-73 为延安 SX2150 型 6×6 越野汽车贯通式双级主减速器示意图。第一级传动为斜齿圆柱齿轮 2 和 13，传动比为 1.19。主动斜齿圆柱齿轮 2 用花键套装在贯通轴 5 上，贯通轴穿出主减速器壳体 7 通向后驱动桥。第二级传动为双曲面锥齿轮 11 和 6，传动比为 5.429。故主减速器传动比 $i_0=6.46$。从动锥齿轮 6 用铆钉铆接在差速器壳体上。

(5) 轮边减速器

有些汽车为了增加最小离地间隙，同时获得大的传动比，以提高通过能力和动力性，将双级主减速器的第二级齿轮减速机构放在两侧车轮近旁，称为轮边减速器。轮边减速器又有定轴轮系和行星轮系两种结构形式。

定轴轮系轮边减速器用一对外啮合（或内啮合）圆柱齿轮减速。如图 11-74 所示为上海 SH3540A 型汽车行星轮系轮边减速器示意图。齿圈 6 与驱动桥壳 1 固定在一起，太阳轮 3 与半轴 2 连成一体，行星齿轮轴 5、行星架 7 与轮毂连成一体。行星齿轮轴上松套着行星齿轮 4。半轴传来的动力经太阳轮、行星齿轮、行星齿轮轴及行星架传给驱动车轮，因行星齿轮的自转使行星齿轮轴及与之相连的行星架和车轮得以降速。其传动比为 $i_0=1+$(齿圈 6 的齿数/太阳轮 3 的齿数)。

11.7.3 差速器

差速器的作用是：使左右驱动车轮能以不同的转速进行滚动转向和直线行驶，此称为差速特性（即 n 特性）；将主减速器传来的扭矩平均分给两半轴，尽量使两侧车轮驱动力相等，此称为扭矩等分特性（即 M 特性）。

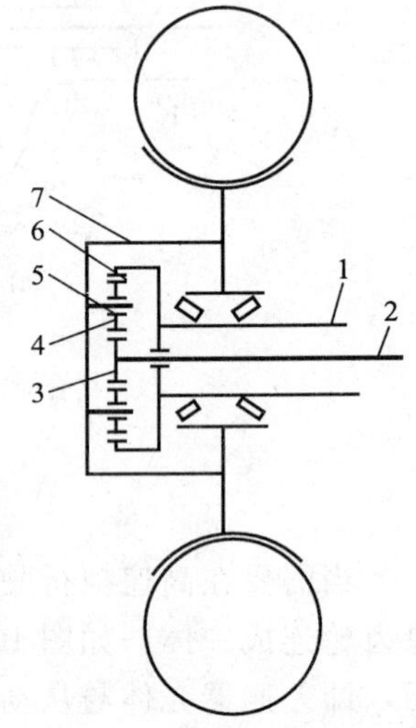

图 11-74 轮边减速器示意图

1—驱动桥壳；2—半轴；3—太阳轮；4—行星齿轮；5—行星齿轮轴；6—齿圈；7—行星架

差速器按其用途分为轴间差速器和轮间差速器。无论是轮间差速器还是轴间差速器，按其工作特性均可分为普通齿轮式差速器和防滑差速器两大类。防滑差速器常见的形式有强制锁止式齿轮差速器、高摩擦自锁差速器以及自由轮式差速器等。

(1) 普通齿轮式差速器

普通齿轮式差速器有锥齿轮式和圆柱齿轮式两种。由于锥齿轮式差速器结构简单、紧凑、工作平稳，因此目前应用最为广泛。

图 11-75 为桑塔纳轿车采用的一字轴式行星锥齿轮差速器。它由两个行星锥齿轮 4、一字形行星锥齿轮轴 5、两个半轴锥齿轮 2、整体框架式差速器壳体 9 及复合式推力垫片 1 组成。一字形行星锥齿轮轴装入差速器壳体后用止动销 6 定位。两个行星锥齿轮分别松套在一字形行星锥齿轮轴的轴颈上。两个半轴锥齿轮分别与行星锥齿轮啮合，以其轴颈支承在差速器壳体中，并以花键孔与半轴连接。螺纹套 3 用来紧固半轴锥齿轮。行星锥齿轮背面和差速器壳体相应位置的内表面，均制成球面，以保证行星锥齿轮良好的对中性，使其与两个半轴锥齿轮能正确啮合。行星锥齿轮和半轴锥齿轮的背面与差速器壳体之间装有复合式推力垫片，用以减轻摩擦面间的摩擦和磨损，提高差速器的使用寿命。使用中还可以通过更换垫片来调整齿轮的啮合间隙。

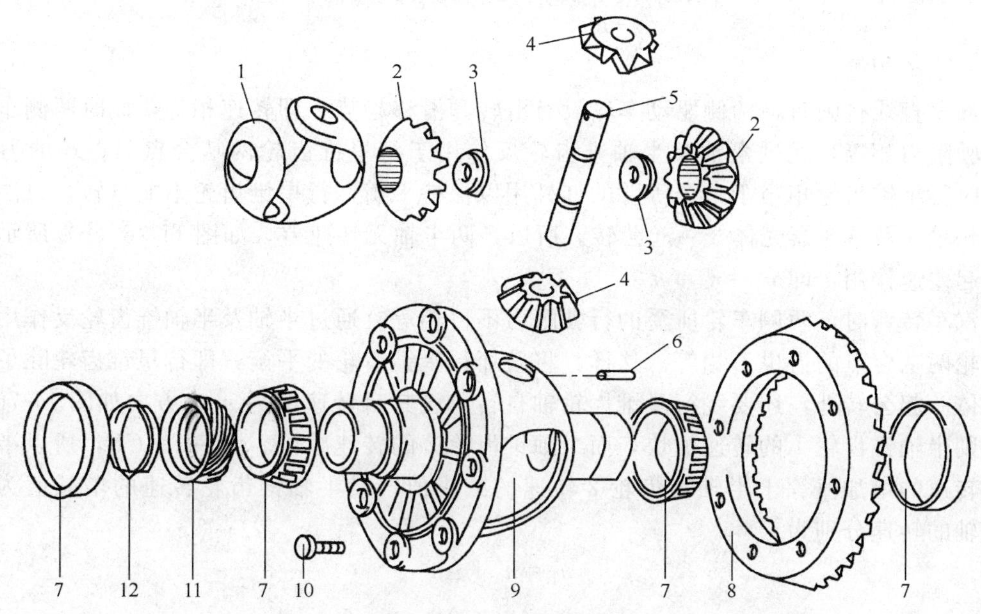

图 11-75　行星锥齿轮差速器

1—复合式推力垫片；2—半轴锥齿轮；3—螺纹套；4—行星锥齿轮；5—一字形行星锥齿轮轴；6—止动销；7—圆锥滚子轴承；8—主减速器从动锥齿轮；9—差速器壳体；10—螺栓；11—车速表齿轮；12—车速表齿轮锁紧套筒

差速器靠主减速器壳体内的齿轮油来润滑。为了保证行星齿轮与行星齿轮轴轴颈之间的润滑，在十字轴轴颈上铣有平面，并在行星齿轮的齿间钻有油孔与其中心孔相通。同样，半轴锥齿轮齿间也钻有油孔，与其背面相通，以加强背面与差速器壳体之间的润滑。

工作时，传至差速器壳体的动力依次经行星齿轮轴、行星齿轮和半轴齿轮传给半轴，再由半轴传给驱动车轮。

而在有些汽车上，因传递的扭矩较大，可用四个行星锥齿轮，相应的行星齿轮轴为十字形行星锥齿轮轴。

① 差速器的运动特性　图 11-76 为行星锥齿轮差速器的运动原理。差速器壳体 3 与行星锥齿轮轴 5 连成一体，并由主减速器从动齿轮 6 带动一起转动，是差速器的主动件，设其转速为 n_0。半轴齿轮 1 和 2 为从动件，设其转速分别为 n_1 和 n_2。A、B 两点分别为行星锥齿轮 4 与半轴锥齿轮 1 和 2 的啮合点。C 点为行星锥齿轮 4 的中心。A、B、C 点到差速器旋

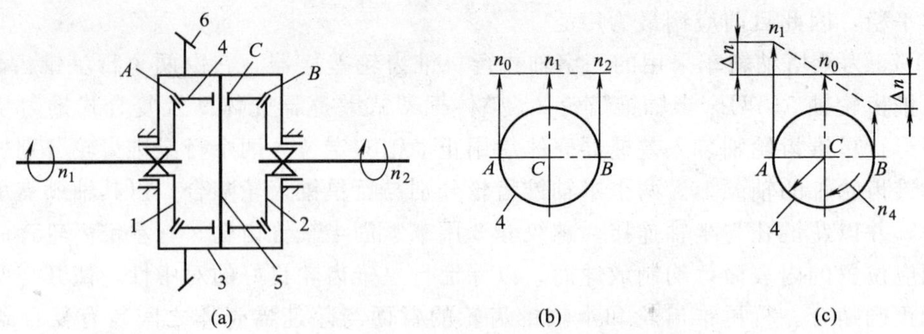

图 11-76 差速器运动原理示意图

1,2—半轴锥齿轮；3—差速器壳体；4—行星锥齿轮；

5—行星锥齿轮轴；6—主减速器从动锥齿轮

转轴线的距离相等。

当汽车直线行驶时，两侧驱动车轮没有滑转和滑移趋势，即转速相等，此时两侧车轮所受的行驶阻力相等，通过半轴及半轴锥齿轮反作用于行星锥齿轮两啮合点 A、B 的力也相等。这时行星锥齿轮相当于一个等臂的杠杆用以保持平衡，行星锥齿轮不能自转，只能随行星锥齿轮轴 5 及差速器壳体 3 一起公转。所以，两半轴无转速差，如图 11-76（b）所示，差速器不起差速作用，即 $n_1=n_2=n_0$。

当汽车转弯时，两侧车轮所受的行驶阻力不再相等，通过半轴及半轴锥齿轮反作用于行星锥齿轮两啮合点的力也不相等。这样，将破坏行星锥齿轮的平衡，即行星锥齿轮除了随差速器壳体一起公转外，还要绕行星锥齿轮轴自转。设其自转速度为 n_4，方向如图 11-76（c）所示。则半轴锥齿轮 1 的转速加快，而半轴锥齿轮 2 的转速减慢。因 $AC=CB$，所以半轴锥齿轮 1 转速的增加值等于半轴锥齿轮 2 转速的减小值。设半轴锥齿轮转速的增减值为 Δn，则两半轴的转速分别为

$$n_1=n_0+\Delta n$$
$$n_2=n_0-\Delta n$$

这就是差速器的差速作用。即汽车在转弯或其他情况下行驶，两侧车轮有滑转和滑移趋势时，行星锥齿轮即发生自转，借行星锥齿轮的自转，使两侧车轮以不同的转速在地面上滚动。显然此时仍有

$$n_1+n_2=2n_0$$

上式即为行星锥齿轮差速器的运动特性方程式，由这一特性可知，当任何一侧半轴锥齿轮的转速为零时，另一侧半轴锥齿轮的转速为差速器壳体转速的两倍；当差速器壳体转速为零时，若一侧半轴锥齿轮受其他外来力矩而转动，则另一侧半轴锥齿轮即可以相同的转速反向转动。

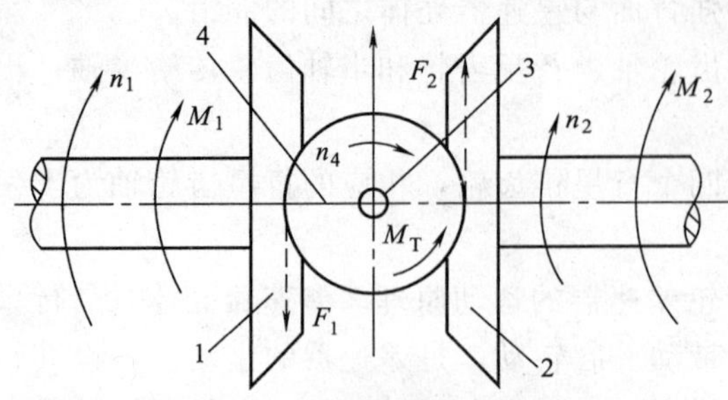

图 11-77 差速器转矩分配示意图

1,2—半轴锥齿轮；3—行星锥齿轮轴；4—行星锥齿轮

② 差速器的转矩等分特性 图 11-77 为行星锥齿轮差速器的转矩分配示意图。设主减速器传至差速器壳体的转矩为 M_0，M_0 经行星锥齿轮轴和行星锥齿轮传给两半轴锥齿轮，两半轴锥齿轮的转矩分别为 M_1 和 M_2。

当行星锥齿轮不自转时，即 $n_4=0$，$M_T=0$（M_T 为行星锥齿轮自转时，其内孔和背面所受的摩擦力矩），行星锥齿轮相当于一个等臂杠杆，均衡拨动两半轴锥齿轮转动。所以，差速器将转矩 M_0 平均分配给两半轴锥齿轮，即 $M_1= M_2= M_0/2$。

当行星锥齿轮如图 11-77 中 n_4 方向自转时（即 $n_1>n_2$），行星锥齿轮所受摩擦力矩 M_T 与其自转方向相反，从而使行星锥齿轮分别对半轴锥齿轮 1 和 2 附加作用了大小相等而方向相反的两个圆周力 F_1 和 F_2，F_1 使传到转得快的半轴锥齿轮 1 上的转矩 M_1 减小，而 F_2 却使传到转得慢的半轴锥齿轮 2 的转矩 M_2 增加，且 M_1 的减小值等于 M_2 的增加值，等于 $M_T/2$。所以，当两侧驱动车轮存在转速差时（$n_1>n_2$），

$$M_1=(M_0-M_T)/2$$

$$M_2=(M_0+M_T)/2$$

即转得慢的车轮分配到的转矩大于转得快的车轮分配到的转矩，差值为差速器的内部摩擦力矩 M_T。由于 M_T 很小，可忽略不计，则 $M_1=M_2=M_0$，可见，无论差速器差速与否，行星锥齿轮差速器都具有转矩等量分配的特性。

上述普通锥齿轮式差速器转矩等量分配的特性对于汽车在完好路面上行驶是有利的。但汽车在损坏的路面上行驶时却会严重影响其通过能力。例如当汽车的一个驱动车轮处于泥泞路面因附着力小而原地打滑时，即使另一驱动车轮处于附着力大的路面上未滑转，汽车仍不能行驶。这是因为附着力小的路面只能对驱动车轮作用一个很小的反作用力矩，而驱动转矩也只能等于这一很小的反作用力矩。由于差速器等量分配转矩的特性，附着力好的驱动车轮也只能分配到同样小的转矩，以致总的牵引力不足以克服行驶阻力，汽车便不能前进。为了提高汽车通过损坏路面的能力，可采用防滑差速器。当汽车某一侧驱动车轮发生滑转时，差速器的差速作用即被锁止，并将大部分或全部转矩分配给未滑转的驱动车轮，充分利用未滑转车轮与地面之间的附着力，产生足够的牵引力使汽车继续行驶。

（2）防滑差速器

汽车上常用的防滑差速器有人工强制锁止式和自锁式两大类。前者通过驾驶员操纵差速锁，人为地将差速器暂时锁住，使差速器不起差速作用。后者是在汽车行驶过程中，根据路面情况自动改变驱动车轮间的转矩分配。

① 强制锁止式差速器　强制锁止式差速器就是在行星锥齿轮差速器上装设了差速锁。图 11-78 所示为奔驰 2026A 型汽车强制锁止式差速器。它的差速锁由牙嵌式接合器及其操纵机构两大部分组成。牙嵌式接合器的固定接合套 26 用花键与差速器壳体 24 左端连接，并用弹性挡圈 27 轴向限位。滑动接合套 28 用花键与半轴 29 连接，并可在轴上轴向滑动。操纵机构的拨叉 37 装在拨叉轴 36 上并可沿导向轴 39 轴向滑动，其叉形部分插入滑动接合套的环槽中。

当汽车在完好路面上行驶不需要锁止差速器时，牙嵌式接合器的固定接合套与滑动接合套不接合，即处于分离状态，此时为普通行星锥齿轮差速器。

当汽车通过坏路面需要锁止时，通过驾驶员的操纵，压缩空气由气管接头 30 进入气动活塞缸左腔，推动活塞向右移，并经调整螺钉 33 和拨叉轴推动拨叉压缩弹簧 38 右移，从而拨动滑动接合套右移与固定接合套嵌合，将左半轴 29 与差速器壳连成一个整体，则左、右两半轴被联锁成一体随差速器壳体一起转动，即差速器被锁止，不起差速作用。

这样，转矩可全部分配给位于较好路面上的车轮。与此同时，差速锁指示灯开关 32 接通，驾驶室内指示灯亮，以提醒驾驶员差速器处于锁止状态，汽车驶出坏的路面后应及时摘

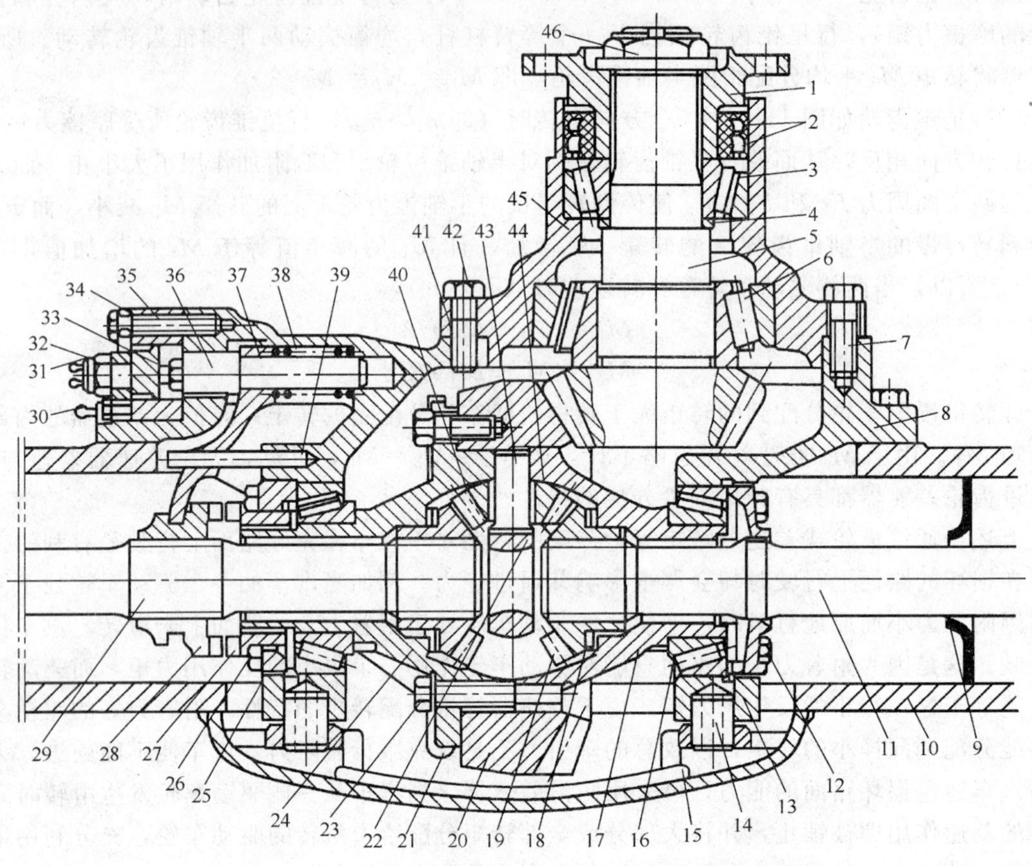

图 11-78　奔驰 2026A 型汽车强制锁止式差速器结构

1—传动凸缘；2—油封；3—轴承；4—调整隔圈；5—主减速器主动齿轮；6—轴承；7—调整垫片；8—主减速器壳体；9—挡油盘；10—驱动桥壳；11,29—半轴；12—带挡油盘的调整螺母；13—轴承盖；14—定位销；15—集油槽；16—轴承；17,24—差速器壳体；18—推力垫片；19—半轴锥齿轮；20—主减速器从动齿轮；21—锁板；22—衬套；23—螺栓；25—调整螺母；26—固定接合套；27—弹性挡圈；28—滑动接合套；30—气管接头；31—带密封圈的活塞；32—差速锁指示灯开关；33—调整螺钉及其锁紧螺母；34—缸盖；35—缸体；36—拨叉轴；37—拨叉；38—弹簧；39—导向轴；40—行星锥齿轮；41—密封圈；42—螺栓；43—十字轴；44—推力垫圈；45—轴承座；46—螺母

下差速锁。

当需要解除差速器的锁止时，通过操纵机构放掉汽缸内压缩空气，作用在活塞左端面的气压力消失，拨叉及滑动接合套在弹簧作用下左移回位，接合器分离，差速器恢复差速作用，同时差速器指示灯熄灭。强制锁止式差速器结构简单，易于制造，但操纵不便，一般要在停车时进行。

② 摩擦片式自锁差速器　图 11-79 所示为摩擦片式自锁差速器。它是在普通行星锥齿轮差速器的基础上发展而成的。两半轴齿轮背面与差速器壳体 1 之间各安装了一套摩擦式离合器，用以增大差速器的内部摩擦阻力矩。摩擦片式离合器由推力压盘 4，主、从动摩擦片 3 和 2 组成。推力压盘以内花键与半轴相连，而其外花键与从动摩擦片 2 的内花键连接。主动摩擦片 3 的外花键与差速器壳体的内花键连接。主、从动摩擦片及推力压盘均可作微小的

轴向移动。十字轴6由两根互相垂直的行星齿轮轴组成，其轴颈端部均切有凸V形斜面7，差速器壳体上的配合孔较大，相应地也加工有凹V形斜面。两根行星齿轮轴的凸V形斜面是反向安装的，壳体通过凸V形斜面向行星齿轮轴传递转矩。

当汽车直线行驶，两半轴无转速差时，转矩平均分配给两半轴。由于差速器壳体通过V形斜面驱动行星齿轮轴，在传递转矩时，斜面上产生的平行于差速器轴线的轴向分力迫使两根行星齿轮轴分别向左、右方向略微移动，通过行星齿轮推动推力压盘压紧摩擦片。此时转矩经两条路线传给半轴：一路经行星齿轮轴、行星齿轮和半轴齿轮将大部分转矩传给半轴；另一路则由差速器壳体，主、从动摩擦片，推力压盘传给半轴。

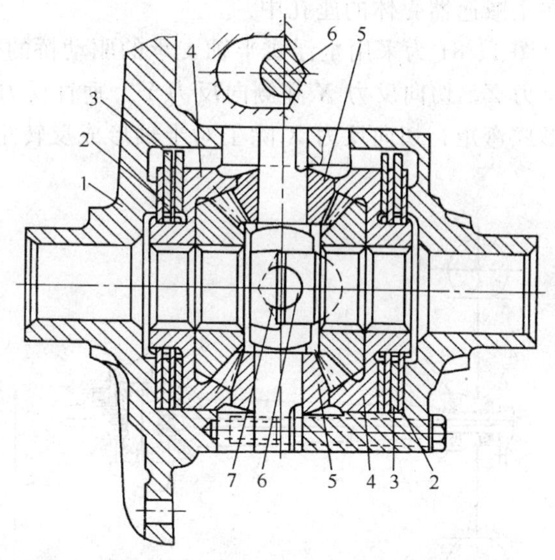

图 11-79　摩擦片式自锁差速器结构
1—差速器壳体；2—从动摩擦片；3—主动摩擦片；4—推力压盘；5—行星齿轮；6—十字轴；7—凸V形斜面

当一侧车轮在坏的路面上滑转或转弯时，差速器起差速作用，使两半轴转速不相等，一侧的转速高于差速器壳体的转速，另一侧低于差速器壳体的转速。这样，由于转速差及轴向力的存在，主、从动摩擦片间将产生摩擦力矩，且经从动摩擦片及推力压盘传给两半轴的摩擦力矩方向相反，与快转半轴的转向相反，而与慢转半轴的转向相同，因而使得慢转半轴所分配到的转矩大于快转半轴所分配到的转矩。摩擦作用越强，两半轴的转矩差增大，最大可达5～7倍。摩擦片式自锁差速器结构简单，工作平稳，多用于轿车或轻型货车。

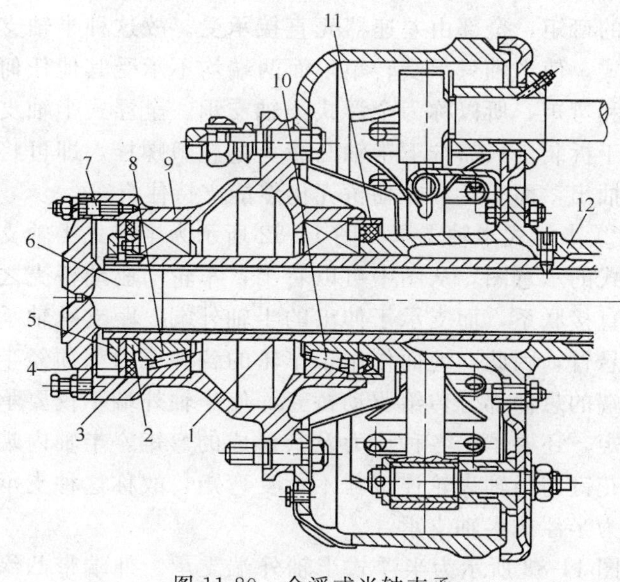

图 11-80　全浮式半轴支承
1—半轴套管；2—调整螺母；3—油封；4—锁紧垫圈；5—锁紧螺母；6—半轴；7—轮毂螺栓；8,10—圆锥滚子轴承；9—轮毂；11—油封；12—空心梁

11.7.4　半轴与驱动桥壳

(1) 半轴

半轴的功用是将差速器传来的动力传给驱动车轮。因其传递的转矩较大，常制成实心轴。半轴内端一般制有外花键，与半轴齿轮连接；外端与轮毂相连。现代汽车常采用全浮式半轴支承和半浮式半轴支承两种形式。

① 全浮式半轴支承　全浮式半轴支承的结构如图11-80所示。半轴外端锻造有半轴凸缘，通过轮毂螺栓7与轮毂9相连，轮毂用两个距离较远的圆锥滚子轴承8和10支承在半轴套管1上，半轴套管与空心梁12压配成一体，组成驱动桥壳。这种支承形式，半轴与驱动桥壳没有直接联系。半轴内端用花键与半轴齿轮套合，并通过差速器壳体支

承在主减速器壳体的座孔中。

图 11-81 为采用全浮式半轴支承的驱动桥的受力情况。地面对驱动车轮的作用力有：垂直反力 Z、切向反力 X 和侧向反力 Y。垂直反力 Z 和侧向反力 Y 在横向垂直平面内对驱动桥形成弯矩；切向反力 X 除了对半轴形成反转矩外，还在水平面内对驱动桥形成弯矩。而

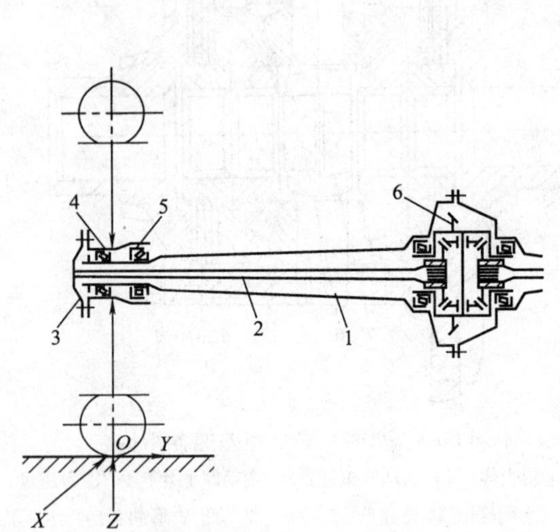

图 11-81　全浮式半轴支承的驱动桥受力情况示意图

1—驱动桥壳；2—半轴；3—半轴凸缘；4—轮毂；5—圆锥滚子轴承；6—主减速器从动齿轮

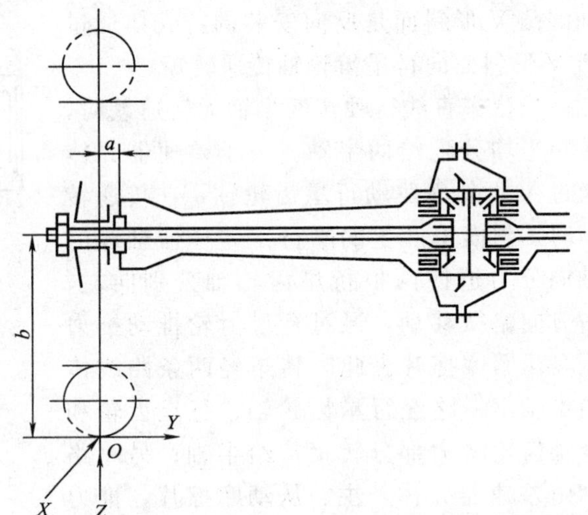

图 11-82　半浮式半轴支承示意图

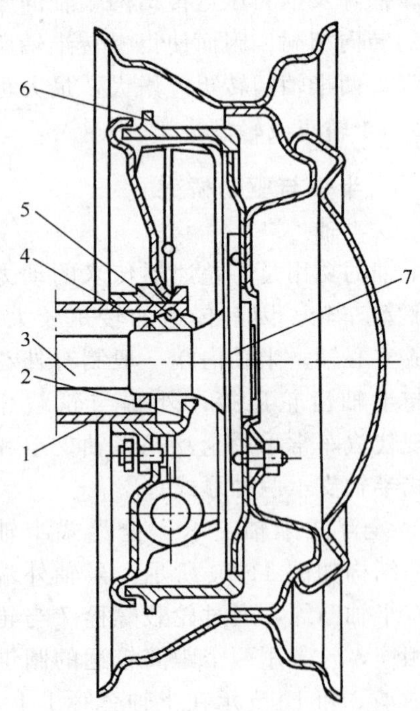

图 11-83　半浮式半轴外端支承

1—驱动桥壳；2—轴承盖；3—半轴；4—定位环；5—轴承；6—制动鼓；7—半轴凸缘盘

X、Y、Z 三个反力及其形成的弯矩经轮毂、两个圆锥滚子轴承传给了驱动桥壳，即全部由驱动桥壳来承受，因此，半轴只承受差速器输出的转矩。同样，半轴内端也只承受转矩，而作用在主减速器从动齿轮上的力及其形成的弯矩，全部由差速器壳直接承受。故这种半轴支承形式，使半轴只承受转矩，而两端均不承受其他任何反力和弯矩，所以称为全浮式半轴支承。全浮式半轴支承便于拆装，只需拧下半轴凸缘上的轮毂螺栓，即可将半轴抽出，而车轮和驱动桥壳仍然能支持住汽车。

② 半浮式半轴支承　图 11-82 所示为半浮式半轴支承形式的示意图，从图中可以看出，车轮与驱动桥壳之间无直接联系，而支承于伸出的半轴外端，距支承轴承有一悬臂，因此，地面作用于车轮的各种反力都须经半轴外端的悬伸部分传给驱动桥壳，使半轴外端不仅要承受转矩，还要承受各种反力及其形成的弯矩。半轴内端通过花键与半轴齿轮连接，不承受弯矩，故称这种支承形式为半浮式半轴支承。

图 11-83 所示为半浮式半轴外端支承。外端带凸缘的半轴 3 支承在轴承 5 上，并用定位环 4 进行轴向定位。支承在驱动桥壳内的轴承 5 被用螺栓固定在驱动桥壳凸缘上的轴承盖 2 轴向定位。轮毂和制动鼓 6 用螺栓

和螺钉安装在半轴凸缘盘 7 上。

半浮式半轴支承结构简单，但半轴受力情况复杂且拆装不便，被广泛用于反力、弯矩较小的各类轿车上。

（2）驱动桥壳

驱动桥壳既是传动系统的组成部分，同时也是行驶系统的组成部分。作为传动系统的组成部分，其功用是安装并保护主减速器、差速器和半轴。作为行驶系统的组成部分，其功用是安装悬架或轮毂，和从动桥一起支承汽车悬架以上各部分重量，承受驱动车轮传来的作用力和力矩，并在驱动车轮与悬架之间传力。因此，要求驱动桥壳应具有足够的强度和刚度，质量小，便于主减速器的拆装和调整。

驱动桥壳可分为整体式驱动桥壳和分段式驱动桥壳两种类型。

复习思考题

1. 汽车传动系统中为什么要装离合器？摩擦式离合器分为哪些类型？
2. 简述离合器的功用、组成及工作原理。
3. 为什么离合器从动部分的转动惯量要尽可能小？
4. 膜片弹簧离合器有何特点？
5. 简述汽车离合器从动盘和扭转减振器的构造和作用。
6. 离合器的操纵机构有哪几种？各有何优缺点？
7. 变速器有何功用？有哪些类型？
8. 两轴式变速器有何特点？
9. 三轴式变速器由哪些部件组成？其工作过程是怎样的？
10. 变速器换挡装置有哪些结构形式？防止自动脱挡的结构有哪些？
11. 同步器的作用是什么？锁环式惯性同步器的结构和工作过程是怎样的？
12. 变速器操纵机构的定位锁止装置有哪些？各有何作用？
13. 分动器的作用是什么？对其操纵机构有何要求？
14. 自动变速器由哪几部分组成？有何优点？
15. 何谓综合式液力变矩器？分析其工作特性。
16. A43DL 自动变速器的“D”位与“L”位一挡的动力传递有何差别？
17. 汽车传动系统中为什么要设万向传动装置？该装置由哪几部分组成？
18. 万向节可分为哪几种类型？各有何特点？
19. 试述十字轴式万向节传动的不等速性，如何实现等速传递？
20. 汽车传动系统中为什么要设中间支承？它有哪几种类型？各有什么特点？
21. 简述驱动桥的功用、类型及组成。
22. 单级主减速器的构造是怎样的？有哪些调整项目？
23. 何谓双曲面齿轮传动主减速器？有何特点？
24. 试分析双级主减速器的工作原理。
25. 驱动桥中为什么要设差速器？画简图并叙述行星锥齿轮差速器的工作原理。
26. 试述全浮式半轴与半浮式半轴在结构上各有什么不同？
27. 防滑差速器有哪些类型？各有什么特点？

第 12 章　行驶系统

学习要求

1. 掌握汽车行驶系统的功用和类型；
2. 掌握车架的功用、分类和比较典型的车架形式；
3. 了解综合式车架结构形式和特点；
4. 掌握车轮和轮胎的功用、种类、结构和特点；
5. 掌握轮胎花纹的种类和适用范围；
6. 掌握轮胎的表示方法；
7. 了解轮辋的表示方法；
8. 掌握独立悬架和非独立悬架的功用、类型及组成；
9. 掌握悬架弹性元件和减振器的类型、构造及工作原理；
10. 了解电控悬架的基本组成及工作原理。

行驶系统的基本功用是：支承汽车的总重量；接受传动系统传来的转矩，并通过驱动车轮与地面之间的附着作用，产生驱动力，以保证汽车正常行驶；传递并支承路面作用于车轮上的各种反力及其所形成的力矩；尽可能地缓和不平路面对车身的冲击和振动，保证汽车平顺行驶。

行驶系统的基本组成和结构形式，主要取决于汽车行驶路面的性质。

汽车（轮式汽车）行驶系统一般由车架、车桥、车轮和悬架等部分组成，见图 12-1。车轮 4 和 5 分别支承驱动桥 3 和从动桥 6，车桥又通过弹性悬架 2 和 7 与车架 1 相连接。车架是整个汽车的基体，它将汽车的各相关总成连接成一个整体，构成汽车的装配和支承基础。

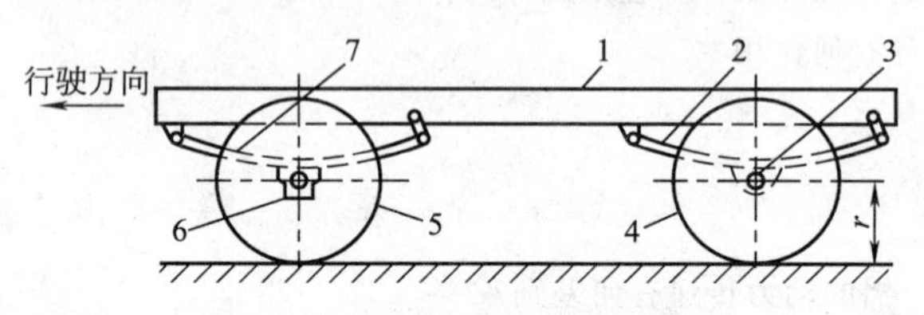

图 12-1　行驶系统的组成简图

1—车架；2—后悬架；3—驱动桥；4—后轮；5—前轮；6—从动桥；7—前悬架

汽车行驶系统的基本类型主要有轮式、履带式、半履带式、车轮-履带式和水陆两用汽车等形式。汽车行驶在比较坚实的道路上，其行驶系统中直接与路面接触的部分是车轮，这种行驶系统称为轮式行驶系统，这样的汽车便是轮式汽车。行驶系统中直接与路面接触的部分为履带的汽车称为履带式汽车。行驶系统中直接与路面接触的部分既有车轮又有履带的汽车称为半履带式汽车或车轮-履带式汽车。应用较多的是轮式汽车行驶系统。

水陆两用汽车除具有普通汽车或车轮-履带式汽车的行驶系统以外，还备有一套在水中航行的行驶机构。

12.1　车架

车架俗称“大梁”，是整个汽车的骨架，汽车的所有总成和部件以及车厢、驾驶室等都直接或间接地安在车架上面。车架具有较高的强度和适当的刚度，以承受来自车上和地面上的各种静、动载荷。

车架的功用是支承、连接发动机、变速器、传动轴、前后桥、车身等总成和部件。使它们保持正确的相对位置，并承受汽车内外的载荷。车架通过悬架装置坐落在车轮上。

当汽车车身与车架通过弹簧或橡胶垫等作柔性连接时（这种车身叫做非承载式车身），有的客车和轿车为了减轻重量，取消了车架，制成了能够承受各种载荷的承载式车身，即无梁式车身。当汽车车身与车架用螺钉、铆钉或焊接等方法刚性连接时（这种车身叫做半承载式车身），由于车架是整个汽车的基础，要承受汽车内外的各种载荷。

目前，汽车车架的结构形式主要有两种，即边梁式车架和中梁式车架（或称脊骨式车架），其中边梁式车架应用较广泛。

12.1.1 边梁式车架

边梁式车架是由两根位于两边的纵梁和若干根横梁通过铆接或焊接而连接成刚性构架。由于边梁式车架便于安装车身和布置总成，有利于改装变型车和满足多品种车型发展的需要，因此被广泛应用。

边梁式车架的纵梁通常用低合金钢板（常采用16Mn钢）冲压而成。其断面形状有槽形断面、箱形断面、“Z”字形断面和“工”字形断面等几种。根据汽车形式和结构布置的要求，纵梁可以在水平面内或纵向平面内采用弯曲的、等截面或非等截面的结构形式。纵梁的形式很多，有前窄后宽结构、前宽后窄结构和前后等宽结构，还有平行式结构和弯曲式结构。此外，纵梁上还钻有若干安装孔，用以安装脚踏板、车身、转向器和悬架总成等。

边梁式车架的横梁不仅用以保证车架的扭转刚度和承受纵向载荷，而且还用来支承汽车上的主要部件。通常载货汽车有5～8根横梁，分别布置在安装散热器、发动机、驾驶室、传动轴中间支承、备用轮胎架和钢板弹簧的前、后支点等处。

载货汽车车架的前端和轿车车架的前后两端装有横梁式的保险杠，以防汽车突然发生碰撞时散热器和翼子板等机件受到损伤，对轿车来说，保险杠还可以起到装饰作用。载货汽车的保险杠上还装有挂钩，以便牵引。有些越野汽车的保险杠后面另装有绞盘，以便汽车陷入打滑路段时进行自救。载货汽车和部分大型客车有时要拖带挂车，故在车架的后端一般还装有拖钩。大多数拖钩通过螺旋弹簧与车架横梁弹性相连，并用加强梁和角撑加固，它可以在车架平面内绕轴销摆动，拖钩上边装有防脱装置，牵引时拖钩具有缓冲、转向和防脱作用。

图12-2（a）为东风EQ1090E型汽车车架，它由两根纵梁和八根横梁铆接而成，又称阶梯形车架。由于纵梁中部所受弯矩最大，为了使应力分布均匀，同时减小质量，纵梁6制成中部断面为最高面的不等高槽形截面梁。每根纵梁上都有上百个安装其他机件的孔。前横梁3上装有散热器，横梁4作为发动机的前悬支座。为降低发动机高度，改善驾驶员的视野，横梁4和5均制成下凹形。在横梁7的上面装置驾驶室的后悬置支架，在其下面装置传动轴中间支承，由于传动轴安装位置的需要，横梁7制成拱形，其余横梁都做成简单的直槽形。后横梁12的中部装有拖带挂车用的拖钩部件13［图12-2（b）］，因后横梁要承受拖钩传来的很大的作用力，故采用角撑加强。拖钩18的尾部支承在两个衬套16与19上，在两个衬套的凸缘间装有弹簧17，而在拖钩尾部的端头旋有螺母15，并用开口销锁住。弹簧17用以缓和汽车行驶时所受到的冲击力，此冲击力可能由主车传到挂车，也可能由挂车传到主车。为保持挂车拖架的挂环与拖钩的衔接，拖钩具有可掀转的锁扣21，其上有带弹簧的锁

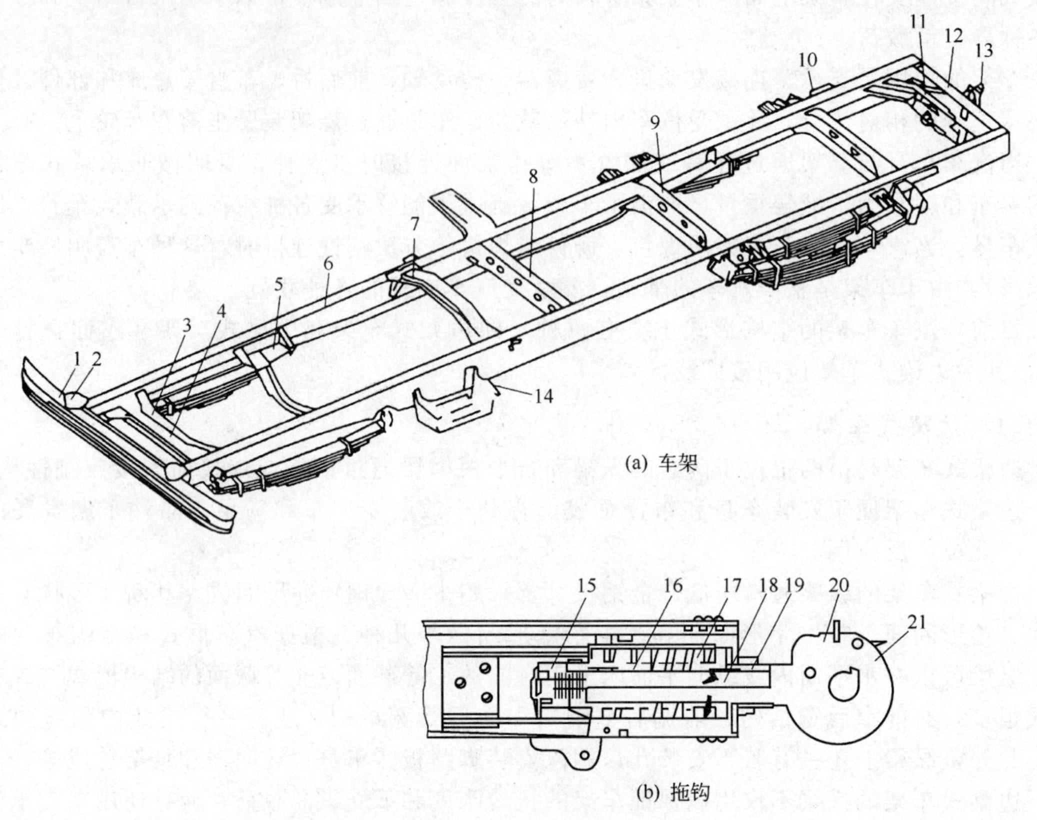

(a) 车架

(b) 拖钩

图 12-2 东风 EQ1090E 型汽车车架

1—保险杠；2—挂钩；3—前横梁；4—发动机前悬置横梁；5—发动机后悬置支架和横梁；6—纵梁；7—驾驶室后悬置横梁；8—第四横梁；9—后钢板弹簧前支架横梁；10—后钢板弹簧后支架横梁；11—角撑横梁组件；12—后横梁；13—拖钩部件；14—蓄电池托架；15—螺母；16，19—衬套；17—弹簧；18—拖钩；20—锁块；21—锁扣

块 20，锁扣可用平头销及开口销固定在闭合位置，此时平头销穿过锁扣与锁块上相重合的小孔。

在许多小轿车上，为了降低重心高度和提高车架的扭转刚度，通常制成前窄后宽而后部向上弯曲的车架结构，且两根横梁制成 X 形（X 形车架），如图 12-3 所示。X 形车架一般只用于轿车车架。大型客车的车架，在前后两车桥的上面有较大的弯度，保证了汽车重心和底板都较低，因此，车架纵梁一般是用槽钢制成的，大型货车的两根纵梁像两根平行直线一样布置。轻型货车、轿车和大型客车的纵梁大多数如图 12-4 所示。车架纵梁剖面形状如图 12-5 所示。在应力很大的地方常采用图 12-5（b）、（c）所示的剖面形状来加强。在有些汽车车架中，为将车架局部加强，可装上加强板或在某处槽形断面内嵌入板件。

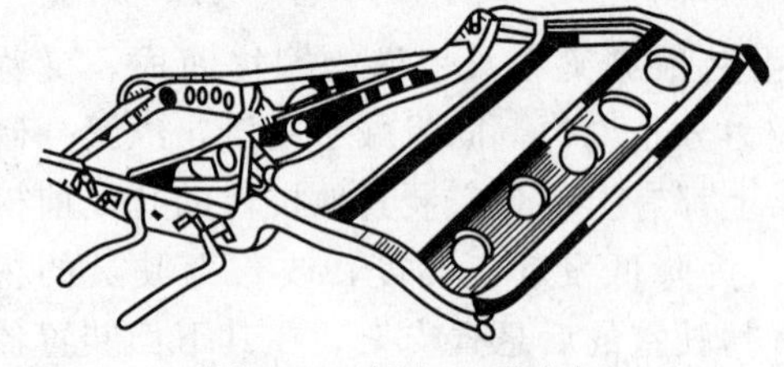

图 12-3 轿车 X 形车架

12.1.2 中梁式车架

中梁式车架只有一根位于中央而贯穿汽车全长的纵梁，所以又称脊骨式车架，如图 12-

(a)货车车架
(b)客车车架
(c)轿车车架
(d)轻型货车车架

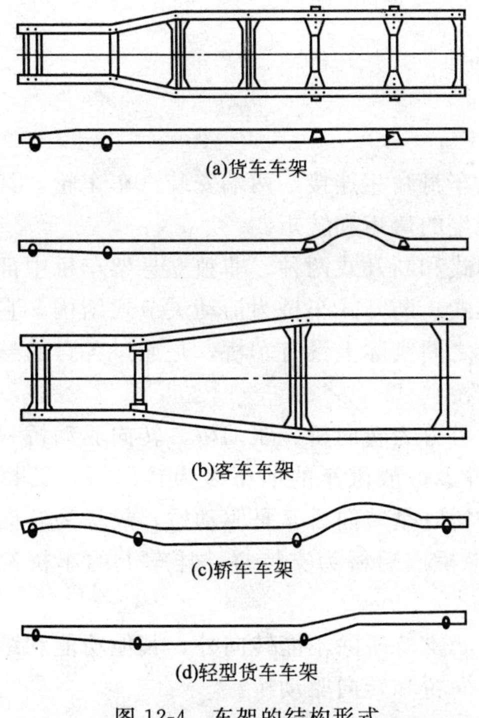

图 12-4　车架的结构形式

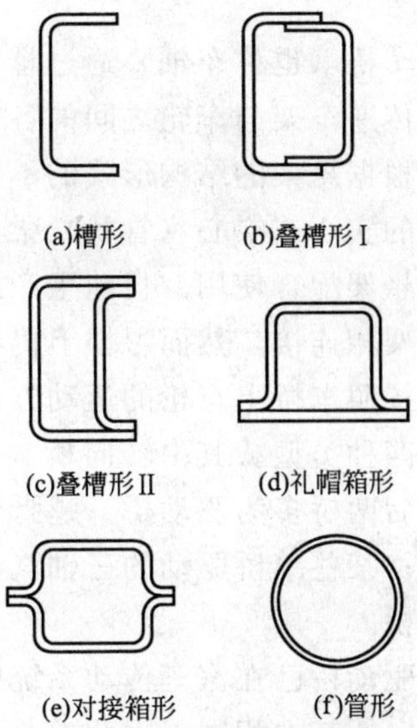

(a)槽形
(b)叠槽形Ⅰ
(c)叠槽形Ⅱ
(d)礼帽箱形
(e)对接箱形
(f)管形

图 12-5　车架纵梁的剖面形状

6 所示。中梁的断面可做成管形、槽形或箱形。中梁的前端伸出支架，用以固定发动机，而主减速器壳体通常固定在中梁的尾端，形成断开式后驱动桥。中梁上的悬伸托架用以支承汽车车身和安装其他机件。若中梁是管形的，传动轴可在管内穿过。

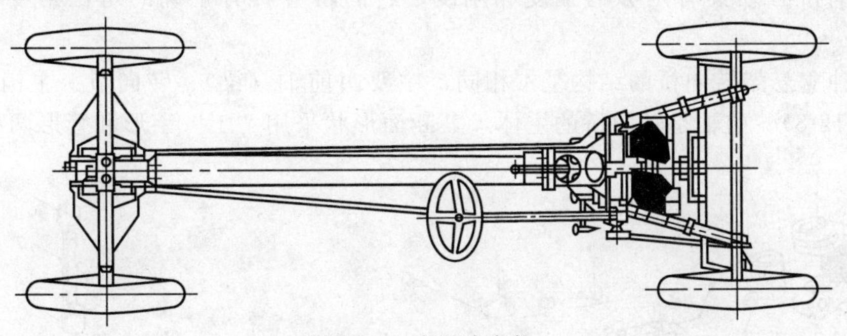

图 12-6　中梁式车架

中梁式车架的优点：有较好的抗扭转刚度和较大的前轮转向角，在结构上允许车轮有较大的跳动空间，便于装用独立悬架，从而提高了汽车的越野性；与同吨位的载货汽车相比，其车架轻、整车质量小，同时质心也低，故行驶稳定性好；车架的强度和刚度较大；脊梁还能起封闭传动轴的防尘罩作用。中梁式车架的缺点：制造工艺复杂，精度要求高，总成安装困难，维护修理也不方便，所以，目前应用较少。

12.1.3　综合式车架

图 12-7 所示的车架前半部是边梁式而后半部是中梁式，这种车架称为综合式车架。其边梁部分用以安装发动机，悬伸出来的支架用以固定车身。这种车架

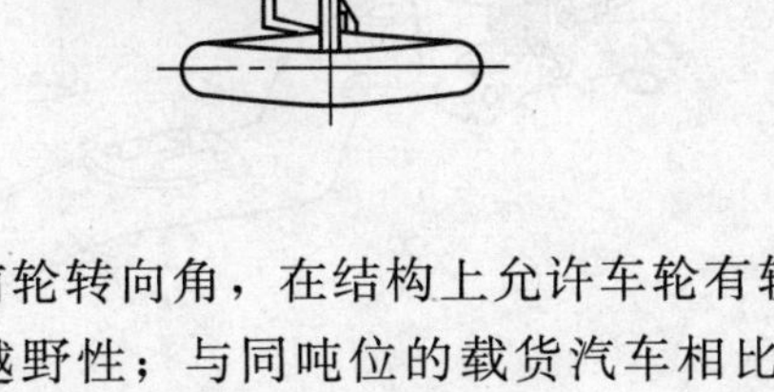

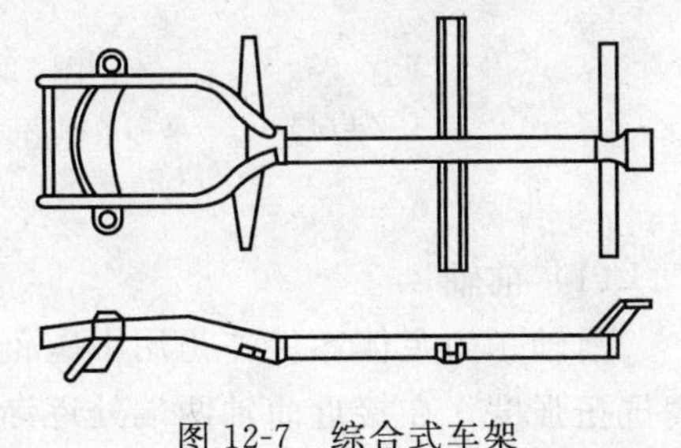

图 12-7　综合式车架

实际上属于中梁式车架的变形。

12.2 车桥

车桥（也称车轴）通过悬架与车架（或承载式车身）相连接，两端安装汽车车轮，其功能是传递车架与车轮之间的各方向作用力及其所产生的弯矩和转矩。

根据悬架的结构形式的不同，车桥可分为整体式和断开式两种。非独立悬架车桥中部为刚性的实心或空心（管状）梁，这种车桥称为整体式；断开式车桥为活动关节式结构，它与独立悬架配合使用。目前生产的轿车往往左右车轮之间实际上没有车桥，是通过各自的悬架与车架相连接，然而习惯上仍将它们称为断开式车桥。

按照车桥上车轮的运动方式和作用不同，车桥可分为转向桥、驱动桥、转向驱动桥和支持桥四种类型。其中转向桥和支持桥都属于从动桥。一般汽车的前桥多为转向桥，后桥或中、后两桥多为驱动桥。越野汽车和一些轿车的前桥既是转向桥又是驱动桥，故称为转向驱动桥；某些单桥驱动的三轴汽车（6×2 汽车）的中桥或后桥为支持桥。挂车上的车桥都是支持桥。

驱动桥已在汽车传动系统中介绍过，不再重复。支持桥除不能转向外，其他功能和结构与转向桥基本相同，因此本节主要介绍整体式的转向桥和转向驱动桥。

12.2.1 转向桥

转向桥通常位于汽车的前部，因此也常称为前桥。其功用如下：通过转向节使车轮偏转一定的角度以实现汽车转向；转向桥承受垂直载荷、纵向力和侧向力以及这些力形成的力矩，因此转向桥必须具有足够的强度和刚度；转向桥应具有正确的定位角度与合适的转向角。

汽车非独立悬架转向桥的结构基本相同，主要由前轴（梁）、转向节、主销和轮毂四部分组成（图 12-8）。前轴是转向桥的主体，其断面形状采用“工”字形和管形两种。

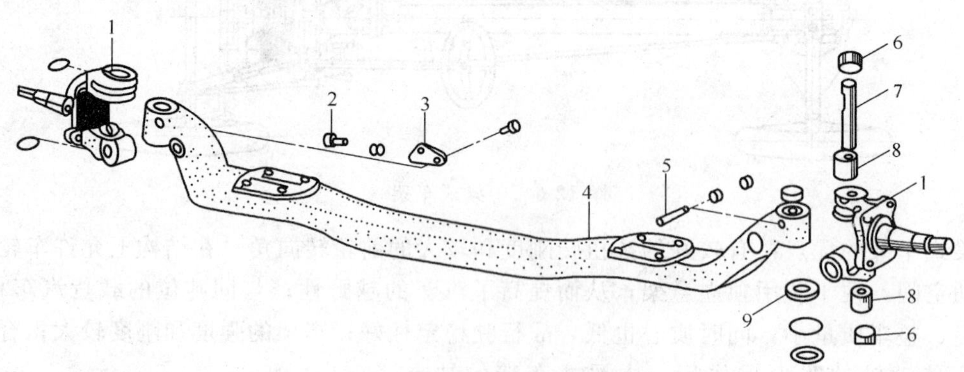

图 12-8 非独立悬架汽车转向桥

1—转向节；2—转向节固定螺栓；3—转向节固定器；4—前轴；5—主销固定螺栓；6—螺塞；7—主销；8—青铜衬套；9—止推轴承

（1）前轴

前轴 4 为主体零件，是用中碳钢经模锻和热处理而制成的。其断面是“工”字形，为提高抗扭强度，在接近前轴两端处逐渐由工字形断面过渡到方形断面。前轴在两端加粗的拳部有通孔，主销 7 即插入此孔内，将前轴与转向节相连接。前轴中部向下弯曲成凹形，其目的是降低发动机位置，以降低汽车质心，扩展驾驶员视野，减小传动轴与变速器输出轴之间的夹角。

(2) 转向节

转向节 1 是车轮转向的铰链，它是一个叉形件。上下两叉有安装主销的两个同轴线的孔，转向节轴颈用来安装车轮。转向节上销孔的两耳通过主销与前轴两端的拳部相连，使前轮可以绕主销偏转一定角度而使汽车转向。为了减小磨损，转向节销孔内压入青铜衬套 8，通过装在转向节上的注油嘴注入润滑脂润滑。为使转向灵活，在转向节下耳与前轴拳部之间装有止推轴承 9。在转向节上耳与前轴拳部之间还装有调整垫片，以调整转向节的轴向间隙。

(3) 主销

主销的作用是铰接前轴及转向节，使转向节绕着主销摆动以实现车轮的转向。主销 7 的中部切有凹槽，安装时用主销固定螺栓 5 与它上面的凹槽配合，将主销固定在前轴的拳部孔中。主销与转向节上的销孔是间隙配合，以便实现转向。

(4) 轮毂

车轮轮毂通过两个圆锥滚子轴承支承在转向节 1 外端的轴颈上。轴承的松紧度可通过调整螺母（装于轴承外端）进行调整。轮毂外端用冲压的金属罩盖住，内端装有油封。转向节上靠近主销孔的一端有方形的凸缘，制动底板固定在其上。

12.2.2 车轮定位

转向桥在保证汽车转向功能的同时，为保证汽车稳定地直线行驶，转向轮应具有自动回正作用，以减少轮胎与机件的磨损。这种自动回正作用是通过车轮定位来保证的。所谓车轮定位，就是要使汽车的每个车轮在汽车上安装的位置、方向以及同其他车轮之间的相互位置关系保持正确、适当。这些定位参数有：主销后倾角、主销内倾角、前轮外倾角、前轮前束。

汽车在使用过程中，如果安装车轮的车架发生永久变形、车轮在车架上定位不准或紧固不适当、汽车的左右侧车轮及前后车轮之间的距离、位置关系不正确，都会影响汽车稳定行驶，并会造成轮胎异常磨损。因此，汽车在使用中要经常检查并保持各车轮的正确位置和定位关系。

(1) 主销后倾角

主销安装在前轴上，在纵向平面内，其上端略向后倾斜，这种现象称为主销后倾。在纵向垂直平面内，主销轴线与铅垂线之间的夹角叫主销后倾角 γ，如图 12-9 所示。主销后倾后，它的轴线与路面的交点 a 位于车轮与路面接触点 b 之前，这样 b 点到 a 点之间就有一段垂直距离 l。若汽车转弯时（图中所示向右转弯），则汽车产生的离心力将引起路面对车轮的侧向反作用力 F，F 通过 b 点作用于轮胎上，形成了绕主销的稳定力矩 $M=Fl$，其作用方向正好与车轮偏转方向相反，使车轮有恢复到原来中间位置的趋势。即使在汽车直线行驶偶尔遇到阻力使车轮偏转时，也有此作用。由此可见，主销后倾的作用是保持汽车直线行驶的稳定性，并力图使转弯后的前轮自动回正。后倾角愈大，车速愈高，前轮的稳定性愈强，但后倾角过大

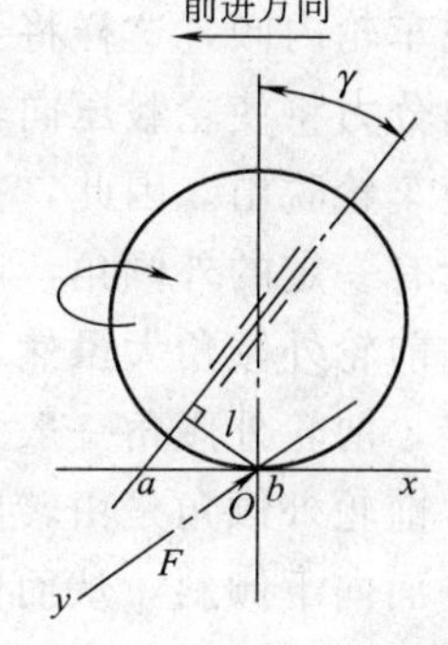

图 12-9 主销后倾示意图

会造成转向盘转向沉重，一般采用 $\gamma<3°$。目前生产的高速轿车由于轮胎气压低，弹性较大，行驶时轮胎与地面的接触面中心向后移动，引起稳定力矩增加，故后倾角可以减小到接近于零，甚至为负值（即主销前倾）。

主销后倾角一般是由前轴、钢板弹簧和车架三者装配在一起时，前轴断面向后倾斜而形成的。

(2) 主销内倾角

主销安装到前轴上，在横向平面内，其上端略向内倾斜，这种现象称为主销内倾。在横向垂直平面内，主销轴线与铅垂线之间的夹角叫主销内倾角 β，如图 12-10 所示。

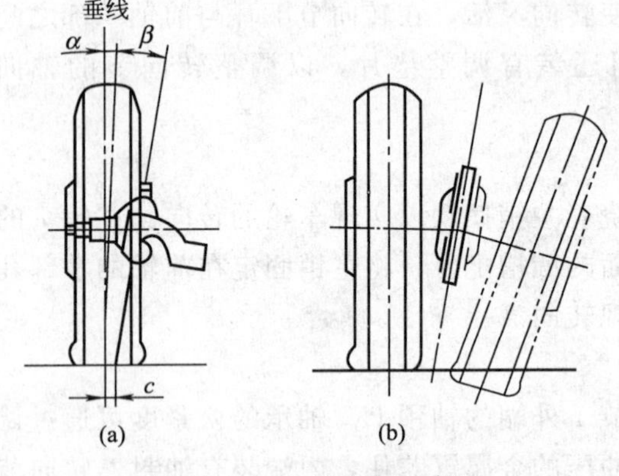

图 12-10　主销内倾示意图

主销内倾后，主销轴线的延长线与地面交点到车轮中心平面与地面交线的距离 c 减小[图 12-10 (a)]，从而可减小转向时驾驶员加在转向盘上的力，使转向操纵轻便，也可减少从转向轮传到转向盘上的冲击力；与此同时，当车轮转向或偏转时，车轮有向下陷入地平面的倾向[图 12-10 (b)]，但事实上这是不可能的，而只能使转向轮连同整个汽车前部向上抬起一个相应的高度，这样在汽车本身重力的作用下，迫使车轮自动回到原来的中间位置。由此可见，主销内倾的作用是使前轮自动回正，转向轻便。主销内倾角越大或前轮转角越大，则汽车前部抬起就越高，前轮的自动回正作用就更明显，但转向时转动转向盘费力，转向轮的轮胎磨损增加。

一般主销内倾角控制在 5°～8°之间为宜。主销内倾角是由在制造前轴时使主销孔轴线的上端向内倾斜而获得的。主销后倾和主销内倾都有使汽车转向自动回正、保持直线行驶位置的作用。但主销后倾的回正作用与车速有关，而主销内倾的回正作用几乎与车速无关。因此，高速时主销后倾的回正作用起主导地位，而低速时则主要靠主销内倾起回正作用。此外，直行时前轮偶尔遇到冲击而偏转时，也主要依靠主销内倾起回正作用。

(3) 前轮外倾角

前轮安装在车轮上，其旋转平面上方略向外倾斜，这种现象称为前轮外倾。前轮旋转平面与纵向垂直平面之间的夹角 α 称为前轮外倾角，如图 12-10 (a) 所示。

前轮外倾的作用在于提高了前轮工作的安全性和操纵轻便性。由于主销与衬套之间、轮毂与轴承等处都存在间隙，若空车时车轮垂直地面，则满载后，车桥将因承载变形，可能会出现车轮内倾，这样将会加速汽车轮胎的磨损。另外，路面对车轮的垂直反作用力沿轮毂的轴向分力将使轮毂压向轮毂外端的小轴承，加重了外端小轴承及轮毂紧固螺母的负荷，严重时使车轮脱出。因此，为了使轮胎磨损均匀和减轻轮毂外轴承的负荷，安装车轮时应预先使车轮有一定的外倾角，以防止车轮出现内倾。同时，车轮有了外倾角也可以与拱形路面相适应。前轮外倾角大虽然对安全和操纵有利，但是过大的外倾角将使轮胎横向偏磨增加，油耗增多，前轮外倾角一般为 1°左右。

前轮外倾角是由转向节的结构确定的。当转向节安装到前轴上后，其转向节轴颈相对于水平面向下倾斜，从而使前轮安装后出现前轮外倾。

(4) 前轮前束

汽车两个前轮安装后，在通过车轮轴线并与地面平行的平面内，两车轮前端略向内束，这种现象称为前轮前束。左右两车轮间后方距离 A 与前方距离 B 之差（$A-B$）称为前轮前束值，如图 12-11 所示。当 $A-B>0$，前束值为正，反之则为负。

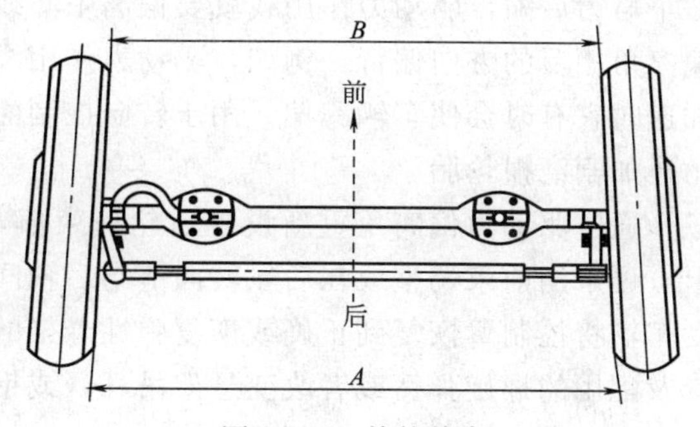

图 12-11　前轮前束

前轮前束的作用是消除汽车行驶过程中因前轮外倾而使两前轮前端向外张开的不利影响。由于前轮外倾，当车轮在地面纯滚动时，车轮将向外侧方向运动，实际上装在汽车上的两个前轮只能向正前方滚动，因而前轮外倾使两前轮有向内侧滑动的作用。当两车轮具有前束时，两车轮在向前滚动时会产生向外侧的滑动。这样，由于外倾和前束使两前轮产生的滑动方向相反，可以互相抵消，使两前轮基本上是纯滚动而无滑动的向前运动。此外，前轮前束还可以抵消滚动阻力造成的使两前轮前部都向外张开的作用，使两前轮基本上是平行地向前滚动。

前轮前束可通过改变横拉杆的长度来调整。调整时，可根据厂家规定的测量位置，使两轮前后距离差 $A-B$ 符合规定的前束值，一般前束值为 0～12mm。测量位置除图 12-11 所示的位置外，还通常取两轮胎中心平面处的前后差值，也可以选取两车轮钢圈内侧面处的前后差值。

(5) 轿车的四轮定位

随着轿车的行驶速度的提高，为防止高速行驶时汽车出现的自动转向和“激转”现象，在设计结构上应确保汽车的安全可靠性。为此轿车设置四轮定位，即不仅采用前轮定位，而且还要有后轮定位。以下介绍后轮定位。

① 后轮外倾角　传统的设计思想只考虑前轮定位角，但随着道路条件的改善，现代轿车的速度越来越高，在中、高档轿车上已开始设置后轮定位角。当汽车高速行驶时，操纵稳定性是至关重要的。为了防止高速行车时出现的“激转”及危险的自动转向现象，在结构设计上应当确保汽车具有不足转向特性。汽车后轮具有一定程度的外倾和前束可使后轮获得合适的侧偏角，提高高速行驶的操纵稳定性。例如桑塔纳轿车后轮的外倾角是 $-1°40'$，前束 $25'$。

② 车轮外倾角减小、前束减小　传统的设计思想是使车轮具有一定的外倾角，防止轮毂外轴承承受向外的拉力，避免锁紧螺母承受拉力而损坏螺纹，造成车轮在运行中脱落而酿成事故。这对于大型车辆是十分重要的，但对于高速行驶的轿车，应重点考虑在汽车转向过程中车轮倾角的变化，所以轿车前轮不一定具有外倾角。

高速转向时汽车具有很大的惯性力，即使悬架具有横向稳定杆，车身也自然向外倾斜。因此，在静止状态具有正外倾的车辆在转向时外倾角更大，造成外侧车轮轮胎的侧偏角比内侧车轮大得多。内、外车轮的实际转向角与纯滚动时的转向角差距较大，从而引起内、外侧车轮产生不同程度的拖滑。这种拖滑状态不但增加了车轮的不正常磨损，还降低了车身的横向稳定性。基于这种考虑，车轮具有负外倾，即车轮在静止状态时向内倾斜，在转向时车轮外倾角趋于零，可减小转向时的磨损和提高转向时的横向稳定性。由于外倾角为负值，为了抵消直线行驶时前轮行驶轨迹的偏离，则采用负前束。

③ 驱动力作用线　如果两后轮相互平行并且与整车平行，那么驱动力作用线将垂直于后轴并与车辆纵轴线重合。但如果一个或两个后轮前端偏里或偏外，或者一个车轮相对于另一个略为后缩，驱动力作用线就要偏离中心线，从而出现了一个驱动力偏离角，使车辆朝与偏离角相反的方向偏行。例如，驱动力作用线偏右时，汽车向左侧跑偏。在车辆制动或急剧加速时它有时会使车辆跑偏。用于转向控制的前轮要克服后轮的这种作用，所以驱动力偏离角还加剧磨损轮胎。

通过驱动力偏离角重新设置后轮前束值，使驱动力作用线回中。在一般的前驱动车辆上，可采用前束调整或在后轮转向节与后轴间放置前束车轮外倾角垫片等方法。如果后轮驱动车辆将控制臂恢复到正确或恢复弹性悬架的正确几何特性，可以通过试用某种偏置纵臂轴套及配用的螺旋弹簧或者改变悬架吊耳（或钢板弹簧 U 形螺栓）的位置来给予校正。

12.2.3　转向驱动桥

转向驱动桥是既要转向又要传递动力的车桥。对于前轮驱动汽车和全轮驱动汽车，前桥都是转向驱动桥。有的全轮驱动、四轮转向汽车，后桥也是转向驱动桥。

如图 12-12 所示，在结构上，转向驱动桥既有一般驱动桥所具有的主减速器 1、差速器 3 及半轴 4 和 8；又有一般转向桥所具有的转向节壳体 11、主销 12 和轮毂 9 等。它与单独的驱动桥相比，其不同之处是，由于转向时车轮需要绕主销偏转过一个角度，故与转向轮相连的半轴必须分成内、外两段，分别叫做内半轴 4（与差速器连接）和外半轴 8（与轮毂连接），两者用等速万向节 6 连接起来。同时，主销也因此分成上下两段，分别固定在等速万向节的球形支架 14 上。转向节轴颈 7 是制成空心的，以便外半轴从中穿过。转向节的连接叉是球形转向节壳体，既满足了转向的需要，又适应了转向节的传力作用。转向驱动桥一般应用于金轮驱动及轿车等车辆上。

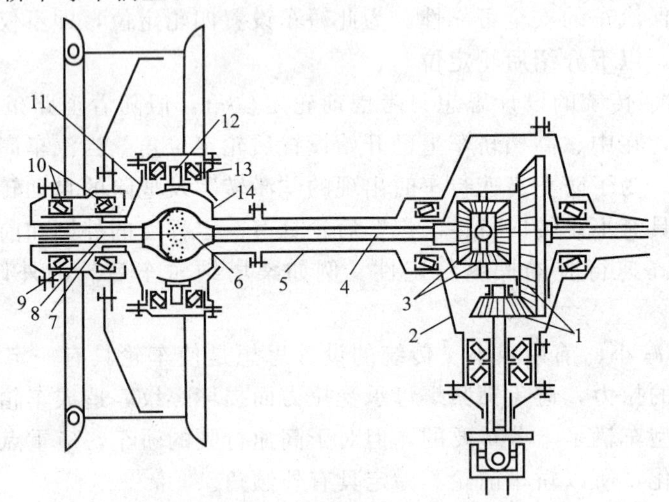

图 12-12　转向驱动桥结构

1—主减速器；2—主减速器壳；3—差速器；4—内半轴；5—半轴套管；6—等速万向节；7—转向节轴颈；8—外半轴；9—轮毂；10—轮毂轴承；11—转向节壳体；12—主销；13—主销轴承；14—球形支架

12.2.4　支持桥

支持桥属于从动桥。有些单桥驱动的三轴汽车，其中桥或后桥是支持桥，挂车上的车桥也是支持桥。图 12-13 所示为后支持桥组成示意图。这种后支持桥采用的是四连杆式非独立悬架，它主要由后轴1、纵臂2、横向推力杆3、支撑臂4以及下端安装于后轴头上的减振器5和套装在减振器上的螺旋弹簧6等部件所组成。后轴两端连接着轮毂轴，其上装有制动器总成。为使后从动轮行驶稳定和减少轮胎磨损，后轮有可变的车轮前束角和外倾角。

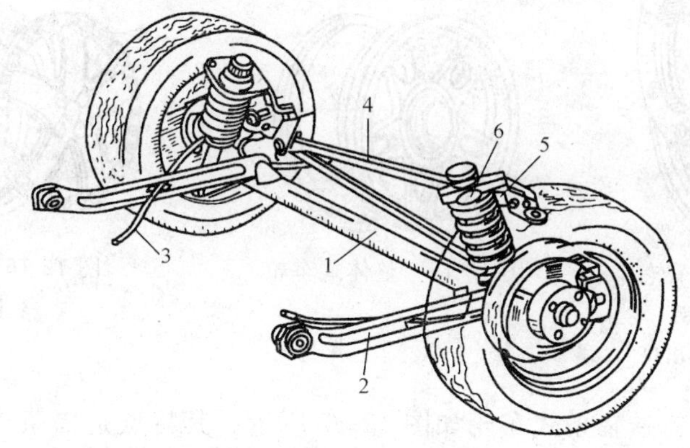

图12-13　后支持桥组成示意图

1—后轴；2—纵臂；3—横向推力杆；4—支撑臂；5—减振器；6—螺旋弹簧

12.3　车轮和轮胎

汽车行驶性能的好坏与车轮和轮胎有密切的关系。车轮与轮胎是汽车行驶系统中的重要部件，安装在车架上，可以绕车轴转动并沿地面滚动。汽车通过车轮由轮胎直接与地面接触在道路上行驶。其主要功用是：支承整车的重量；缓和由路面传来的冲击力；产生驱动力和制动力；使车轮保持直线行驶的方向；承担越障、提高通过性的作用。

12.3.1　车轮

车轮由轮毂、轮辋及其连接元件（轮辐）组成。轮毂通过圆锥滚子轴承套装在车桥或转向节轴颈上。轮辋也叫钢圈，用以安装轮胎，与轮胎共同承受作用在车轮上的负荷，并散发高速行驶时轮胎上产生的热量及保证车轮具有合适的断面宽度和横向刚度。轮辐将轮辋与轮毂连接起来。轮辋与轮辐可以是整体的（不可拆式），也可以是可拆式的。

（1）车轮的类型

按轮辐的结构不同，车轮可分为辐板式和辐条式两种。目前，普通级轿车和轻、中型载货汽车多采用辐板式车轮，而高级轿车、赛车及重型载货汽车多采用辐条式车轮。

① 辐板式车轮　辐板式车轮如图12-14所示，由挡圈1、轮辋2、辐板3、气门嘴出口4组成。辐板3为钢质圆板，它与轮毂和轮辋连接为一体，大多数是冲压制成的，少数是与轮毂制成一体。辐板与轮辋是铆接或焊接在一起的。焊接在一起的称为整体式车轮，而铆接在一起的称为二体式车轮，如图12-15和图12-16所示。对使用无内胎轮胎的车轮，为提高轮辋的密闭性，一般采用整体式车轮。轿车车轮的辐板所用材料较薄，常冲压成起伏多变的形状，以提高刚度。辐板上开有若干个孔，用以减轻重量，同时有利于制动器散热，方便于接近气门嘴，同时作为安装时的把手。车轮螺栓用于将轮辋固定在轮毂上，车轮饰板起防尘和美观的作用，辐板将轮毂与轮辋连接在一起，轮辋为深槽轮辋，其外围安装子午线轮胎。平衡块和夹子是车轮平衡件，用于调整车轮的动平衡，消除由车轮不平衡引起的振动。

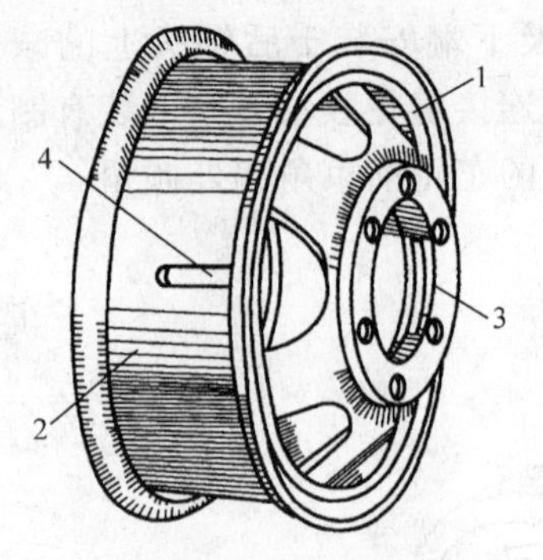

图 12-14　辐板式车轮

1—挡圈；2—轮辋；
3—辐板；4—气门嘴出口

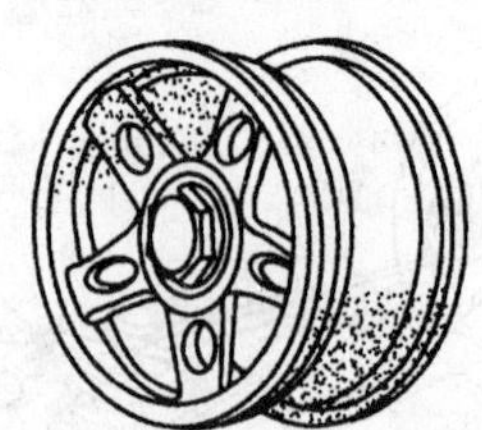

图 12-15　整体式车轮

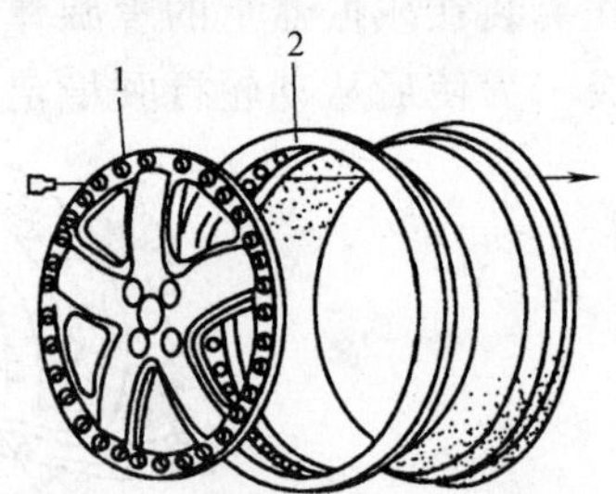

图 12-16　二体式车轮

1—辐板；2—轮辋

② 辐条式车轮　铸造辐条式车轮如图 12-17 所示。其特点是辐条 4 与轮毂 5 铸成一体，与轮辋 1 用衬块 2 及螺栓 3 固定在一起。为了使轮辋与辐条很好地对中，在轮辋与辐条上加工出配合锥面 6。这种辐条式车轮主要用于重型载货汽车。也有采用类似于自行车的钢丝作辐条的车轮，这种车轮质量小，但价格高，维修安装不方便，故仅用于某些高级轿车及赛车上。

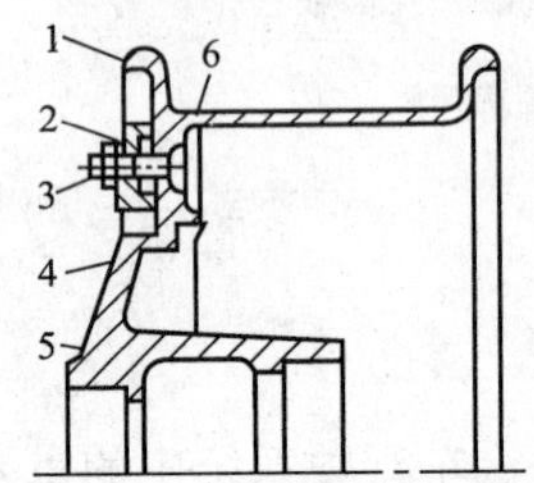

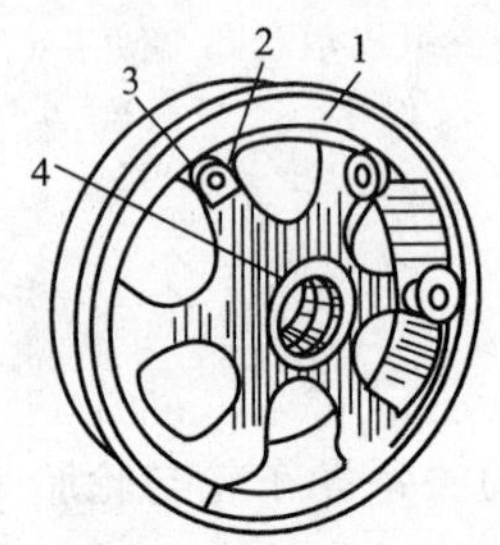

图 12-17　辐条式车轮

1—轮辋；2—衬块；3—螺栓；4—辐条
5—轮毂；6—配合锥面

(2) 轮辋的类型

轮辋的作用是用以安装轮胎，因而其尺寸及形式应符合国家有关标准的规定。按照轮辋结构特点的不同，轮辋可分为深槽式、平底式和可拆式（对开式）三种形式。

① 深槽轮辋　深槽轮辋［图 12-18（a)］是一种整体轮辋，两侧有带肩的凸缘用来固定轮胎，并与胎圈接触。其肩部通常略向中间倾斜，倾斜度一般为 5°±1°。倾斜部分的最大直径即称为轮胎胎圈与轮辋的着合直径。为了外胎拆装方便，断面中部制成深凹槽。深槽轮辋结构简单、刚度大、质量小，对于尺寸小而弹性大的轮胎最适宜，故适用于轿车或轻型、微型汽车的车轮上。但是尺寸较大、较硬轮胎则很难装进这样的整体轮辋内。

② 平底轮辋　平底轮辋［图 12-18（b)］的结构特点是轮辋断面中部为平直的，一侧有

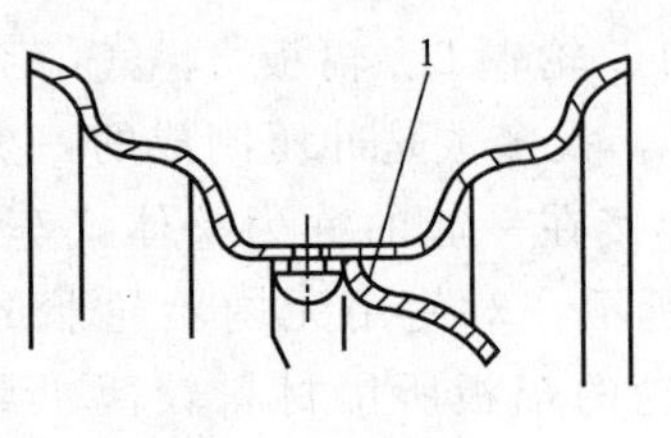

(a) 深槽轮辋

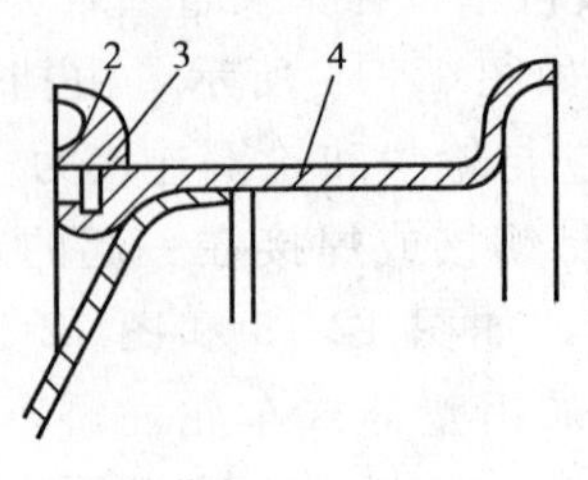

(b) 平底轮辋

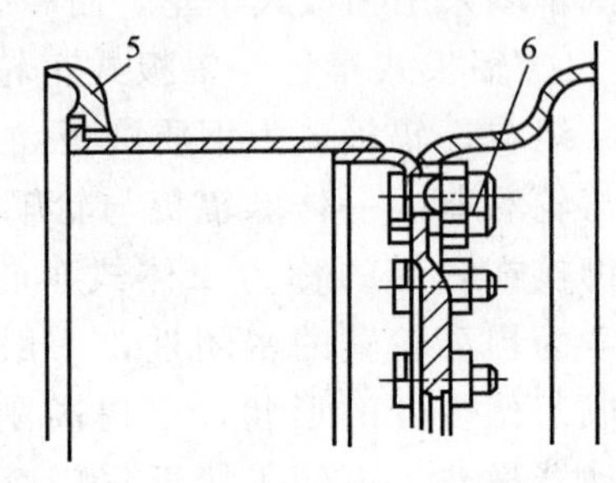

(c) 可拆式(对开式)轮辋

图 12-18　轮辋断面形式

1—轮辐；2，5—挡圈；3—锁圈；4—轮辋；6—螺栓

凸缘，另一侧以可拆的挡圈 2 作凸缘。开口的锁圈 3 用来将挡圈固定在轮辋上。安装轮胎时，先将轮胎套在轮辋上，再套上挡圈，并将它向内推，直至越过轮辋上的环形槽，再将开口的弹性锁圈嵌入环形槽中。由于载货汽车多采用较大较硬的外胎，为使其拆装方便，一般多采用平底轮辋。

③ 可拆式轮辋　可拆式轮辋又可称为对开式轮辋，其结构如图 12-18（c）所示，主要由内、外两部分组成，用螺栓 6 将两部分连成一体。内、外两部分中，有一部分（往往是内轮辋）与轮辐固连。这种轮辋在拆装轮胎时，只需拆下螺栓即可。如东风 EQ2080 型汽车及延安 SX2150 型越野汽车都采用可拆式轮辋。

轮辋是轮胎的装配基础，原则上每种轮胎只配用一种标准轮辋，必要时也可用与标准轮辋相接近的容许轮辋。如果轮辋与轮胎配合不当，会造成轮胎早期损坏，特别是安装在过窄的轮辋上的轮胎。

轮辋的结构形式很多，除上述几种形式外，还有半深槽轮辋、深槽宽轮辋、平底宽轮辋、全斜底轮辋等形式。

（3）轮毂

轮毂是连接制动鼓、轮辐和半轴凸缘的重要零件，一般由圆锥滚子轴承套装在轴管或转向节轴颈上。按轮辐的结构形式不同可分为辐板式车轮轮毂和辐条式车轮轮毂两种。辐板式车轮轮毂拆装方便，一般用于轻型和中型汽车车轮；辐条式车轮轮毂常常将辐条与轮毂铸造成一体，多用于重型车轮。

轮毂内装有轮毂轴承，为使其润滑，可在轮毂内加少量润滑脂。

（4）国产轮辋的规格代号

轮辋规格用轮辋名义宽度和轮辋名义直径以及轮缘高度代号（用拉丁字母作代号）来表示。轮辋名义宽度和名义直径均以英寸数表示（当新设计轮胎以毫米表示直径时，轮辋直径用毫米表示）。直径数字前面的符号表示轮辋结构形式代号，符号是“×”表示该轮辋为一件式轮辋，符号“-”表示该轮辋为两件或两件以上的多件式轮辋。在轮辋名义宽度代号之后的字母表示轮缘的轮廓（如 E、F、JJ、KB、L、V 等）。有些类型的轮辋（如平底宽轮辋），其名义宽度代号也代表了轮缘轮廓，不再用字母表示。最后面的代号表示了轮辋轮廓类型代号（图 12-19）。

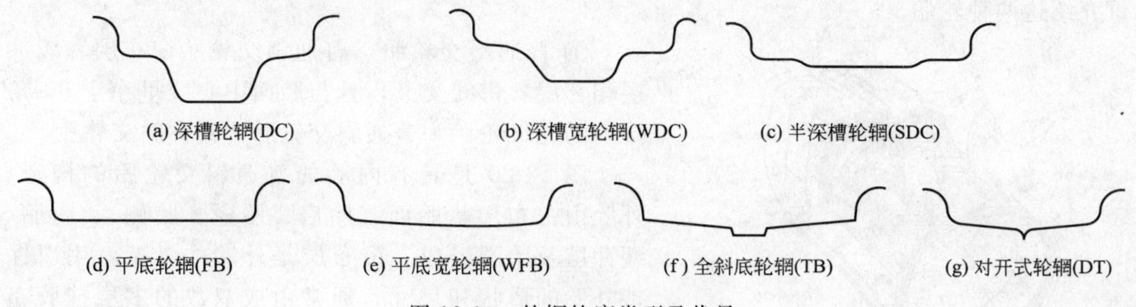

图 12-19　轮辋轮廓类型及代号

例如，北京 BJ2020 型汽车轮辋为 4.50E×160，表明该轮辋名义宽度 4.5in、名义直径 16in、轮缘轮廓代号为 E 的一件式深槽轮辋。对于平底式宽轮辋，只有表示轮辋名义宽度和名义直径的数字，而没有表示轮缘轮廓的拉丁字母代号。例如，东风 EQ1090 型汽车轮辋规格为 7.0-20；解放 CAl091 型汽车轮辋规格为 6.5-20。

新设计的轮辋以下列方式表示。

轿车：10×3.50C，15×6JJ；

轻型货车：16.5×6.00，15-5.50F（SDC）；

中型、重型货车：22-8.00V；22.5 ×8.25。

12.3.2 轮胎

（1）轮胎的作用

轮胎安装在轮辋上，直接与路面接触，其作用如下。

① 承受载荷　一辆汽车不论是它的自重，还是乘人或载物，其重量都要通过车体传到轮胎，最后由轮胎肩负起全部的重担，所以，轮胎在承载方面起着十分重要的作用。

② 产生驱动力与制动力　因为轮胎是汽车上唯一与路面接触的部位，因此，不论是汽车的启动、行驶，还是制动、停车，都要通过轮胎与路面“沟通”，并通过轮胎来完成汽车或汽车驾驶人员的意愿。

③ 缓冲和吸振　未经铺设的路面，大多是凸凹不平的石子路，路面上会有很多碎石或坑、包，即使是铺设的路面，也经常有一些障碍物，影响汽车的正常行驶。在这种情况下，轮胎就会发挥它的卓越的缓冲和吸振功能，使汽车能在较为舒适的情况下前行。这是因为轮胎本身就是由具有弹性的50%左右的橡胶制成，加之轮胎内的空气的绝妙的吸振功能，使得汽车在恶劣的路面上也能轻松自如地前行。

（2）轮胎的类型

按轮胎的用途可分为乘用车轮胎、商用车轮胎以及越野汽车轮胎三种。

按轮胎的胎体结构可分为实心轮胎、充气轮胎和特种轮胎等。实心轮胎的缓冲性能（指轮胎靠本身的弹性缓和路面冲击的能力）由橡胶层的弹性决定。这种轮胎仅用于沥青混凝土路面干线道路行驶的低速汽车、重型挂车或战车上。

充气轮胎分为有内胎和无内胎两种结构；按胎体中帘线的排列方向不同，分为普通斜交轮胎、子午线轮胎和带束斜交轮胎等；按胎的内气压不同可分为超低压轮胎（0.2MPa 以下）、低压轮胎（0.2～0.5MPa）和高压轮胎（0.5～0.7MPa）等。因低压轮胎具有弹性好、断面宽、与道路接触面大和壁薄而散热性好等优点，提高了轮胎的使用寿命，所以轿车、货车基本上都采用低压轮胎。在汽车上得到广泛应用的是普通斜交轮胎和子午线轮胎。下面着重介绍这两种轮胎。

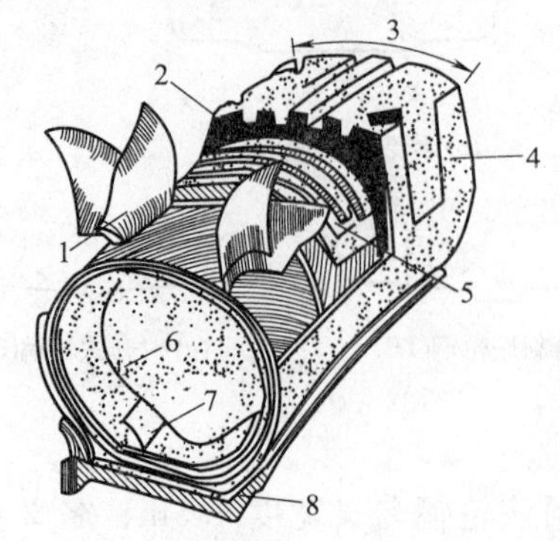

图 12-20　具有内胎的普通斜交轮胎的构造

1—帘布层；2—胎肩；3—胎冠；4—胎侧；5—缓冲层；6—内胎；7—垫带；8—胎圈

① 普通斜交轮胎　普通斜交轮胎帘布层和缓冲层相邻层各帘线交叉，且与胎面中心线呈小于90°角排列的充气轮胎为普通斜交轮胎，常称斜交轮胎。

图 12-20 是具有内胎的普通斜交轮胎的构造。外胎由帘布层、胎面（胎肩、胎冠、胎侧）、内胎、缓冲层及胎圈组成。帘布层是外胎的骨架，用以保持外胎的形状和尺寸，通常由成双数的多层挂胶布（帘布）用橡胶贴合而成，帘布的帘线与轮胎子午断面的交角（胎冠角）一般为52°～54°，相邻层帘线相交排列。帘布层数愈多者强度愈大，但弹性降低。在外胎表面上标注帘布层数。

帘布由纵向的强韧的经线和放在各经线之间的

少数纬线织成。帘线可以是棉线、人造丝线、尼龙线和钢丝。当采用人造丝、尼龙线或钢丝帘线时，在轮胎的承载能力相同的情况下帘布层数可以减少，此时在外胎表面上标注的层级是相当于棉线帘布层的层数，而不是实际的帘布层数。

缓冲层位于胎面与帘布层之间，是用胶片和两层或数层挂胶稀帘布制成，故弹性较大，能缓和汽车在行驶时所受到的不平路面冲击，并防止汽车在紧急制动时胎面与帘布层脱离。

胎面是外胎最外的一层，可分为胎冠、胎侧和胎肩三部分。胎冠用耐磨的橡胶制成，它直接承受摩擦和全部载荷，能减轻帘布层所受冲击，并保护帘布层和内胎免受机械损伤。为使轮胎与地面有良好的附着性能，防止纵横向滑移等，在胎面上有着各种形状的凹凸花纹，主要有普通花纹、混合花纹和越野花纹等。

胎肩是较厚的胎冠与较薄的胎侧间的过渡部分，一般也制有花纹，以利散热。

胎侧橡胶层较薄，它用以保护帘布层侧壁免受潮湿和机械损伤。

胎圈使外胎牢固地装在轮辋上，有很大的刚度和强度，由钢丝圈、帘布层包边和胎圈包布组成。

内胎是一个环形橡胶管，应具有良好的弹性，耐热和不漏气。为保证在充气状态下不产生皱褶，内胎的有效尺寸应稍小于外胎内壁尺寸。

内胎上装有充、放气用的气门嘴，其结构如图 12-21 所示。当轮胎被充气时，阀门 4 被空气压力压下，充气完毕后，套在导杆 5 上的弹簧 6 便将它紧密地压在阀座上。

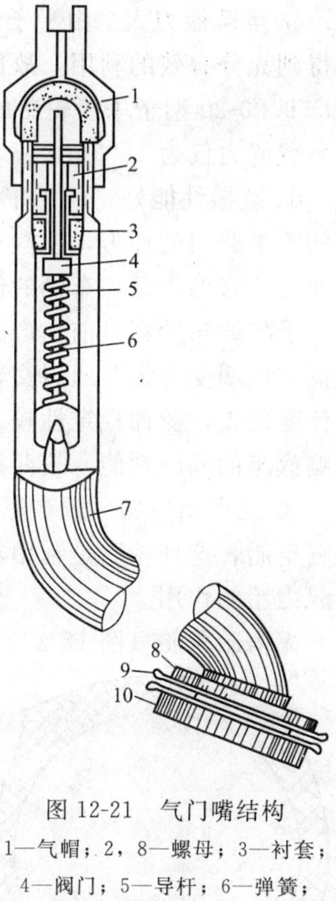

图 12-21　气门嘴结构

1—气帽；2，8—螺母；3—衬套；4—阀门；5—导杆；6—弹簧；7—座筒；9—垫片；10—凸缘

② 子午线轮胎　子午线轮胎性能明显优越于普通斜交轮胎，因此，它的应用越来越广泛。子午线轮胎（图 12-22）帘布层 2 的帘线与轮胎子午断面接近一致（即与胎面中心线成 90°或接近 90°排列），以带束层 3 箍紧胎体。其特点是帘线的这种排列能使其强度被充分利用，故它的帘布层数比普通轮胎可减少将近一半，最少的只有一层，并且没有偶数限制，所以胎体柔软，帘线在圆周方向上只通过橡胶来联系。为了承受汽车行驶时产生的较大切向力，子午线轮胎具有若干层帘线与子午断面呈大角度（交角 70°～75°）、高强度、不易拉伸的周向环形的类似缓冲层的带束层。同时带束层采用强度高、伸缩率小的帘线材料制成，故带束层像一条刚性环带箍在胎体上，极大地提高了胎面的刚度和强度。子午线轮胎与普通斜交轮胎相比，具有以下特点。

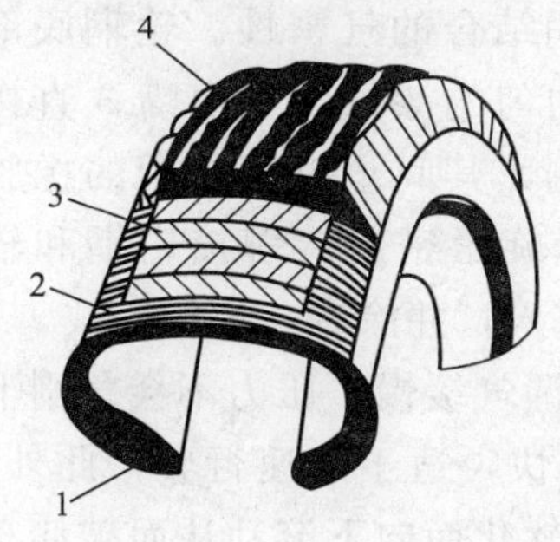

图 12-22　子午线轮胎

1—胎圈；2—帘布层；3—带束层；4—胎冠

a. 使用寿命长　由于子午线轮胎胎面与胎体帘布层之间具有刚性较大的带束层，因此轮胎在路面上滚动时，周向变形小，相对滑移小。又因轮胎体的径向弹性大，使轮胎接地面积增大，压强减小，故胎面耐磨性强，且耐刺扎，不易爆胎，行驶里程可比普通斜线轮胎多 30%。

b. 滚动阻力小，耗油少　由于子午线轮胎帘布层数少，行驶温度低，散热快，又因周向变形小，故滚动阻力比普通斜线轮胎小15%～20%，滑行距离多25%左右，因此，使用子午线轮胎不但可提高汽车的行驶速度，还可提高汽车燃油经济性（一般可降低油耗5%～12%）。

c. 承载能力大　由于子午线轮胎帘线排列与轮胎主要的变形方向一致，因而使帘线强度得到充分有效的利用，故比普通斜线轮胎承载能力高10%以上。如仅具有一层钢线帘布的国产9.00-20型子午线轮胎的承载能力为1800kg，而具有10层棉线帘布的同类型斜线轮胎的承载能力仅为1500kg。

d. 减振性能好　因子午线胎体的径向弹性大，径向（垂直于地面方向）变形大，可以缓和不平路面的冲击，使汽车平顺性得到改善，乘坐舒适，同时也降低了车辆受冲击损坏的可能性，有助于延长车辆的使用寿命。

子午线轮胎在目前生产的汽车上得到了广泛的应用。但它也有缺点：胎侧薄，变形大，胎侧与胎圈受力比普通斜交轮胎大很多，容易在胎侧和与轮辋接触处产生裂纹。同时，因其胎侧变形大，侧面稳定性较差。另外，其成本也较高。子午线轮胎与普通斜交轮胎混装将会影响汽车的操纵性能，故两种轮胎不能装于同一辆车上。

③ 无内胎轮胎　顾名思义，无内胎轮胎就是没有内胎的轮胎。无内胎轮胎俗称原子胎或真空胎，这种轮胎是利用轮胎内壁和胎圈的气密层保证轮胎与轮辋间良好的气密性，外胎兼起内胎的作用。

无内胎轮胎（图12-23）在外观和结构上与有内胎轮胎相似，所不同的是，它没有内胎和垫带，空气直接压入外胎中，其密封性是由外胎和轮辋来保证的。无内胎轮胎的内壁上附加了一层厚2～3mm的专门用来封气的橡胶密封层1，有的还在该层下面贴着一层特殊混合物制成的自黏层。

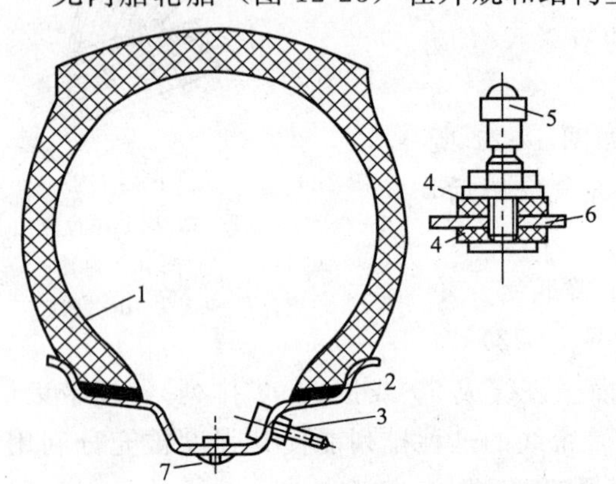

图12-23　无内胎轮胎

1—橡胶密封层；2—胎圈橡胶密封层；3—气门嘴；4—橡胶密封垫；5—气门嘴帽；6—轮辋；7—铆钉

当轮胎穿孔时，自黏层能自行将刺穿的孔黏合，故这种轮胎也称为有自黏层的无内胎轮胎。在胎圈外侧也有一层胎圈橡胶密封层2，用以增加胎圈与轮辋结合的气密性。轮辋底部是倾斜的，并涂有均匀的漆层。气门嘴3直接固定在轮辋6的一侧，其间垫以密封用的橡胶密封垫4，并用螺母旋紧密封。铆接轮辋和辐板的铆钉7自内侧塞入，并涂有一层橡胶。

无内胎轮胎的优点是：只在爆破时才会失效，而轮胎穿孔时漏气缓慢，压力不会急剧下降，汽车仍能安全地继续行驶；因无内胎，故摩擦发热少，散热快，适于高速行驶；此外，自黏层只有在穿孔尺寸不大时方能黏合。天气炎热时自黏层可能软化而向下流动从而破坏车轮平衡，因此，一般常常采用无自黏层的无内胎轮胎。它的外胎内壁只有一层密封层，当轮胎穿孔后，由于其本身处于压缩状态而紧裹着穿刺物，故能长期不漏气，即使穿刺物拔出，亦能保持胎内气压。无内胎轮胎一般配用深式轮辋，目前在轿车上应用较多。

(3) 轮胎的规格

轮胎规格的表示方法有米制和英制两大系统，目前大多数国家包括我国在内均采用英制表示法。

充气轮胎的尺寸标注如图 12-24 所示，其单位用英寸（in）。其中 D 为轮胎外径，d 为轮胎内径，H 为轮胎断面高度，B 为轮胎断面宽度。轮胎断面高度 H 与宽度 B 之比称为轮胎的高宽比（以百分比表示，又称做轮胎的扁平率）。常见的高宽比有 80、75、70、60、55 等。

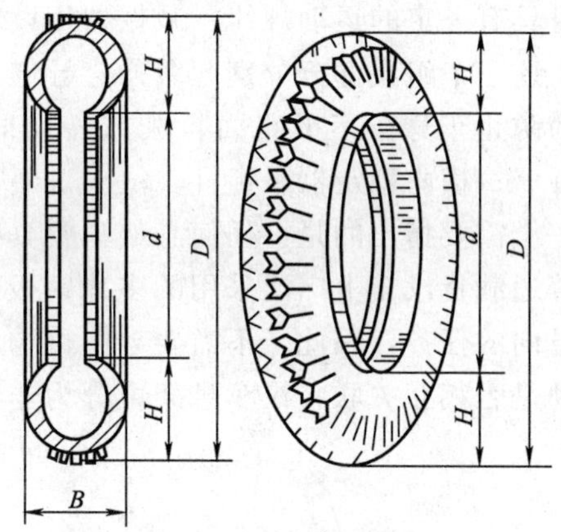

图 12-24　充气轮胎的尺寸标注
D—外径；d—内径（即轮辋直径）；
B—断面宽度；H—断面高度

轮胎的高宽比（扁平率）越小，说明轮胎的断面越宽，故高宽比小的轮胎称为宽断面轮胎。宽断面轮胎的优点是：接地面积大、接地比压小、磨损减小、滚动阻力小、抗侧向稳定性强。因此在相同承载能力下，宽断面轮胎较普通轮胎的直径可以减小，这样车轮中心距离地面比采用普通轮胎时更近，从而降低了整车的质心，提高了汽车的行驶稳定性。因此宽断面轮胎在高级轿车上得到了广泛应用。

随着汽车工业的发展，我国针对轮胎产品也制定了相应的标准。现执行的标准为《轿车轮胎》（GB 9743—1997）、《轿车轮胎系列》（GB/T 2978—1997）、《载重汽车轮胎》（GB 9744—1997）、《载重汽车轮胎系列》（GB/T 2977—1997）。标准规定了每条外胎两侧必须模压上规格、制造厂商和厂名（或地名）、轮辋标准、生产编号、骨架材料及结构代号；轿车轮胎还需标有速度级别代号和胎面磨耗标志的符号；载货汽车轮胎还需标有层级；胎面花纹有行驶方向要求的，还需有行驶方向标志。轿车轮胎规格的表示方法如下。

例：　185/60　　R　13　86　T

185 表示轮胎名义断面宽度为 185mm；

60 表示轮胎名义高宽比为 60%；

R 表示子午线轮胎；

13 表示轮辋名义直径为 13in；

86 表示轮胎的负荷指数，该例中轮胎的负荷能力为 5.3kN；

T 表示轮胎速度级别符号，该例中轮胎的最高速度为 190km/h。

12.4　悬架

汽车车架（或车身）如果直接安装于车桥上，由于道路不平而上下颠簸振动，从而使车上的乘员感到不舒适或者损坏货物，因此，汽车上必须安装悬架装置。悬架是汽车的车架与车桥（或车轮）之间的一切传力连接装置的总称，其作用是传递作用在车轮和车架之间的力和力矩，并且抑制和缓和由不平路面引起的振动和冲击，以保证汽车能平顺地行驶。

正确合理地选择悬架结构形式和性能参数，直接保证汽车行驶的平顺性和操纵稳定性。

12.4.1　普通悬架

（1）普通悬架的作用、组成与分类

如图 12-25 所示，悬架结构主要由弹性元件 1、导向装置（纵向推力杆 2 和横向推力杆 5）和减振器 3 三部分组成，此外还包括某些特殊功能的部件，如缓冲块、横向稳定杆等。

弹性元件使车架与车桥之间作弹性连接，承受和传递垂直载荷，缓和及抑制不平路面所引起的冲击；导向装置用来传递纵向反力、侧向反力及其力矩，并保证车轮相对于车架或车身具有一定的运动规律；减振器用以加快振动的衰减，限制车身和车轮的振动。由此可见，上述三个组成部分分别起缓冲、导向和减振作用，三者合理地组合能实现共同传力的作用。为防止车身在不平路面行驶或转向时发生过大的横向倾斜，有些汽车还装有辅助弹性元件——横向稳定器平衡杆。

需要指出的是：任何悬架只要具备上述功用，在结构上可以有所取舍以上的装置。例如普通载货汽车上广泛采用的多片钢板弹簧悬架，它既有缓冲、减振的功能，又担负起传力和导向的任务，因此，不需要导向机构，甚至不要减振器（如后悬架）。根据汽车两侧车轮运动是否相互关联，汽车悬架可分为非独立悬架和独立悬架两种形式（图 12-26）。

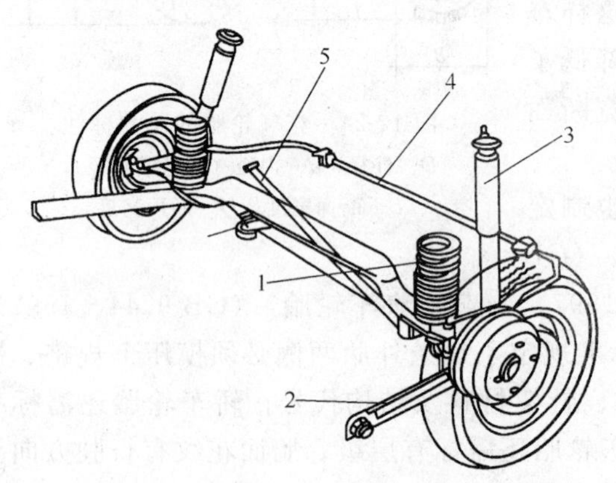

图 12-25　悬架组成示意图

1—弹性元件；2—纵向推力杆；3—减振器；
4—横向稳定器；5—横向推力杆

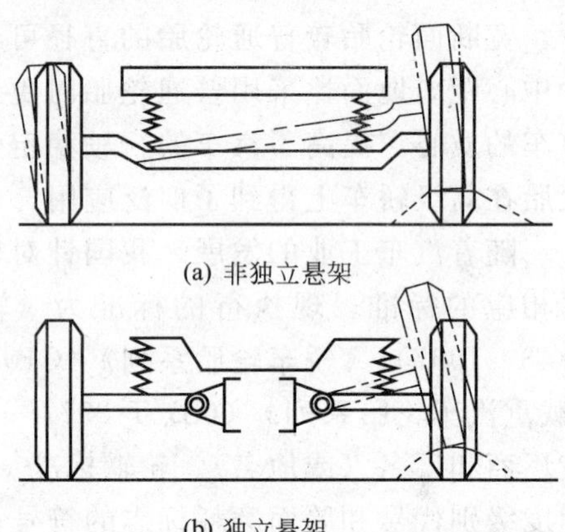

图 12-26　非独立悬架与独立悬架示意图

非独立悬架［图 12-26（a）］的结构特点是汽车两侧车轮分别安装在一根整体式的车轴两端，车轴则通过弹性元件与车架相连接。这种悬架当一侧车轮因道路不平而跳动时，将要影响另一侧车轮的工作，因此称为非独立悬架。

独立悬架［图 12-26（b）］则是两侧车轮分别安装在断开式的车轴两端，每段车轴和车轮单独通过弹性元件与车架相连。这样当一侧车轮跳动时，对另一侧车轮不产生影响，因此称为独立悬架。独立悬架的前轮可调整其定位，故在轿车上被广泛应用，而非独立悬架因结构简单、制造和维修方便，故中、重型汽车普遍采用。

一般载货汽车均采用钢板弹簧作为弹性元件的非独立悬架，因钢板弹簧既有缓冲、减振的功能，又起传力和导向的作用，使得悬架结构大为简化；而采用螺旋弹簧或气体弹簧则需要有较复杂的导向机构。

（2）弹性元件

汽车悬架所用的弹性元件可分为钢板弹簧、螺旋弹簧、扭杆弹簧、气体弹簧和橡胶弹簧等。一般载货汽车的非独立悬架广泛采用钢板弹簧，大多数轿车的独立悬梁应用螺旋弹簧和扭杆弹簧；而在重型载货汽车上，气体弹簧得到广泛的应用。

① 钢板弹簧　钢板弹簧由多片等宽但不等长和不等曲率的钢板叠合而成。安装好后两端自然向上弯曲。当路面对车轮的冲击力传来时，钢板产生变形，起到缓冲、减振的作用，

纵向布置时还具有导向传力的作用。非独立悬架大多采用钢板弹簧做弹性元件，可省去导向装置和减振器，结构简单。

② 螺旋弹簧　螺旋弹簧广泛地应用于前独立悬架。螺旋弹簧与钢板弹簧相比，具有无需润滑、不忌泥污、所占纵向空间不大、弹簧质量小等优点。

螺旋弹簧本身没有减振作用，因此在螺旋弹簧悬架中必须另装减振器。此外，螺旋弹簧只能承受垂直载荷，故必须装设导向机构以传递垂直力以外的各种力和力矩。螺旋弹簧通常用弹簧钢棒料卷制而成，可做成等螺距或变螺距的，前者刚度不变，后者刚度是可变的。

③ 扭杆弹簧　扭杆弹簧（图 12-27）一端与车架固定连接，另一端与悬架控制臂连接，通过扭杆的扭转变形达到缓冲作用。

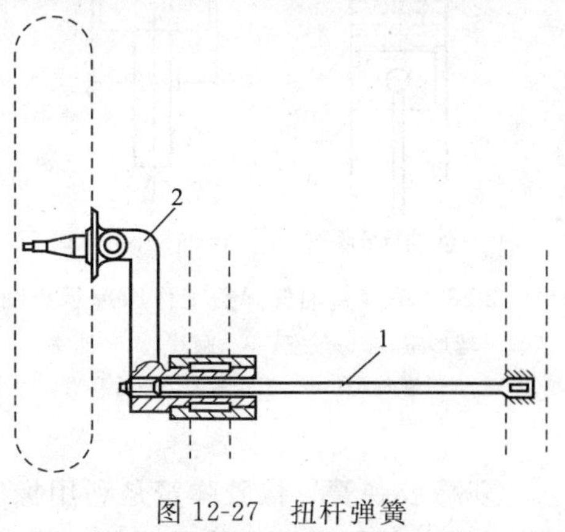

图 12-27　扭杆弹簧

1—扭杆；2—摆臂

从截断面上看，扭杆弹簧有圆形、管形、矩形、叠片及组合式等。使用最多的是圆形扭杆，它呈长杆状，两端可以加工成花键、六角形等，以便将一端固定在车架上而另一端通过控制臂固定在车轮上。

扭杆用合金弹簧钢做成，具有较高的弹性，既可扭曲变形又可复原，实际上起到螺旋弹簧相同的作用，只不过表现形式不一样而已。汽车运行时，车轮受地面凹凸的影响上下运动，控制臂也会随之上升或下降。当车轮向上时控制臂上升，使扭杆被迫扭转变形，吸收冲击能量。当冲击力减弱时，杆的自然还原能力能迅速恢复到它原来的位置，使车轮回到地面，避免车架受到颠簸。

扭杆弹簧能够储存较大的能量，比相等应力的螺旋弹簧和钢板弹簧大得多。杆越短越粗，刚度也越大。一般来讲，与钢板弹簧、螺旋弹簧两种弹簧比较，扭杆弹簧单位重量的储能量较大，且占用的空间位置最小，易于布置。扭杆本身的扭转刚度虽然是常数，但采用扭杆的悬架刚度却是可变的。若将扭杆的固定端转过一个角度，则摆臂的初始位置将改变，借以调节车架与车轮间的距离，即调节车身高度。所以不少乘用车悬架采用扭杆弹簧。

扭杆弹簧与钢板弹簧相比较，具有质量小、不需润滑的特点。

④ 气体弹簧　气体弹簧是在一个密封的容器中充入压缩气体，利用气体的可压缩性实现其弹簧作用的。这种弹簧的刚度是可变的，因为作用在弹簧上的载荷增加时，容器内的气体气压升高，弹簧的刚度增大。反之，当载荷减小时，弹簧内的气压下降，刚度减小，故它具有较理想的弹性特性。

气体弹簧有空气弹簧和油气弹簧两种。

a. 空气弹簧　空气弹簧是利用压缩空气作弹簧的。它是变刚度的，当压缩量较小时，刚度较小，这可使汽车在良好路面行驶时，振动频率小，平顺性较好；当汽车在不平路面行驶、车轮所受冲击力较大而气体压缩量大时，刚度变大而可吸收更多的冲击能量。空气弹簧的这种弹性特性是较为理想的。

b. 油气弹簧　在密闭的容器中充入压缩气体和油液，利用气体的可压缩性实现弹簧作用的装置称为油气弹簧。油气弹簧以惰性气体（氮气）作为弹性介质，用油液作为传力介质，一般是由气体弹簧和相当于液力减振器的液压缸所组成的。

油气弹簧类型有简单式油气弹簧、不带隔膜式油气弹簧、带隔膜式油气弹簧等。其中带隔膜式油气弹簧将气体和液体分开，便于充气并防油液乳化，如图 12-28 所示。油气分隔式油气弹簧工作原理见图 12-28 (a)。气室充入高压氮气，当汽车受到载荷增加时，活塞 7 上升，使油压升高，打开左边的阀 5，推动膜片 3 向上移动，气体压力随之增加，使油气弹簧刚度变大。当载荷减小时，在气压作用下膜片 3 向下移动，油液通过右边的阀 5 流回工作缸，活塞下移，同时油压和气压下降，使油气弹簧刚度降低。随汽车行驶中状况变化，油压和气压也随之变化，此时活塞处于工作缸中的不同位置。因此，油气弹簧有可变刚性的特点。

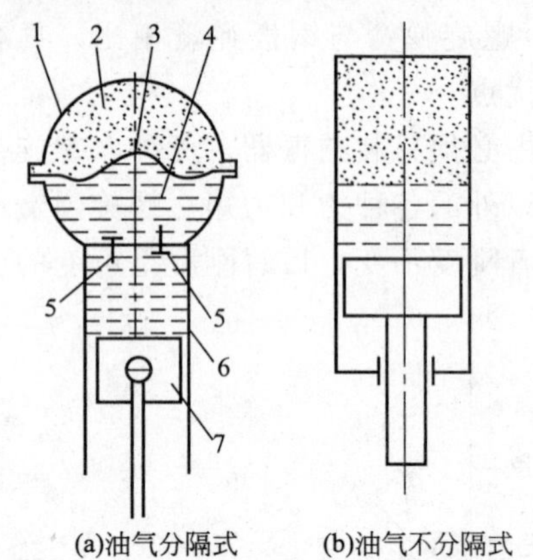

图 12-28　单气室油气弹簧工作原理示意图

1—球形室；2—气室；3—膜片；4—油室；5—单向阀；6—工作缸；7—活塞

空气弹簧和油气弹簧都同螺旋弹簧一样，只能承受轴向载荷，因此气体弹簧悬架中必须设置纵向和横向推力杆等导向机构，同时还必须设有减振器。

气体弹簧可以通过专门的高度控制阀自动调节气室中的初始充气压力，以调节车身与地面的高度。

⑤ 橡胶弹簧　橡胶弹簧是利用橡胶本身的弹性来缓和冲击、减小振动的。它可以承受压缩载荷与扭转载荷。橡胶弹簧的优点是：单位质量的储能量比金属弹簧多，隔音性能好，常常用在悬架的副簧和缓冲块上。

(3) 减振器

减振器的作用是迅速衰减起落状态时车辆的振动，使其迅速恢复平稳的状态，以改善汽车行驶的平稳性，增强车轮与路面的附着性能。

汽车悬架系统中广泛采用的减振器，其作用原理是利用液体流动的阻力来消耗振动的能量。当车架与车桥相对运动时，活塞在缸筒内上下移动，减振器壳体内的油液便反复地从一个内腔通过一些阻尼小孔隙流入另一内腔。此时，孔壁与油液间的摩擦及液体分子内摩擦便形成对振动的阻尼，使车身和车架的振动能量转化为热能而被油液和减振器壳体所吸收，最后散到大气中去。减振器的阻尼力随车架与车桥的相对运动速度的大小而增减，并且与油液的黏度有关。

车身相对于车轮向下振动，悬架中弹性元件变形量加大的行程叫做压缩行程；车身相对于车轮向上振动，悬架中弹性元件变形量减小的行程叫做伸张行程。目前在汽车悬架中的减振器，大部分都是在压缩行程和伸张行程都有阻尼力的双向作用筒式减振器。

① 双向作用筒式减振器　图 12-29 是双向作用筒式减振器（又称双筒式减振器）的工作原理。该减振器一般都具有压缩阀 6、伸张阀 4、流通阀 8 和补偿阀 7。流通阀和补偿阀是一般的单向阀，其弹簧刚度很小，当阀上的液压作用力与弹簧力同向时，阀处于关闭状态，而当液压作用力与弹簧力反向时，只要有很小的压力，阀便能开启。压缩阀和伸张阀是卸载阀，其弹簧刚度很大，预紧力较大，只有当压力增高到一定程度时，阀才能开启；而当压力减低到一定程度时，阀即自行关闭。

双向作用筒式减振器的工作过程分为压缩和伸张两个行程，以图 12-29 为例加以说明。

a. 压缩行程　当汽车车轮滚上凸起或滚出凹坑时，车轮移近车架（车身），减振器受压缩，减振器活塞 3 下移。活塞下面的腔室（下腔）容积减小，压力升高，油液经流通阀 8 流到活塞上面的腔室（上腔）。由于上腔被活塞杆 1 占去一部分，上腔的有效容积小于下腔的有效容积，故还有一部分油液推开压缩阀 6，流回储液缸 5。这些阀对油液的节流作用便造成对悬架压缩运动的阻尼力。

b. 伸张行程　当车轮滚进凹坑或滚离凸起时，车轮相对车身移开，减振器受拉伸。此时减振器活塞向上移动。活塞上腔压力升高，流通阀 8 关闭。上腔内的油液便推开伸张阀 4 流入下腔。同样，由于活塞杆的存在，自上腔流来的油液还不足以充满下腔所增加的容积，下腔内产生一定的真空度，这时储油缸中的油液便推开补偿阀 7 流入下腔进行补油。此时，这些阀的节流作用即造成对悬架伸张运动的阻尼力。

压缩阀和伸张阀的节流阻力都应设计成随活塞运动速度变化而变化。

当车架或车身振动缓慢（即活塞向下的运动速度低）时，压力不足以克服压缩阀弹簧的预紧力而推开阀门。此时多余部分的油液便经一些常通的缝隙（图上未画出）流回储油腔。当车身振动剧烈，即活塞向下运动的速度高时，则活塞下腔压力骤增，达到能克服压缩阀弹簧的预紧力时，便推开压缩阀，使油液在很短的时间内，通过较大的通道流回储油缸。

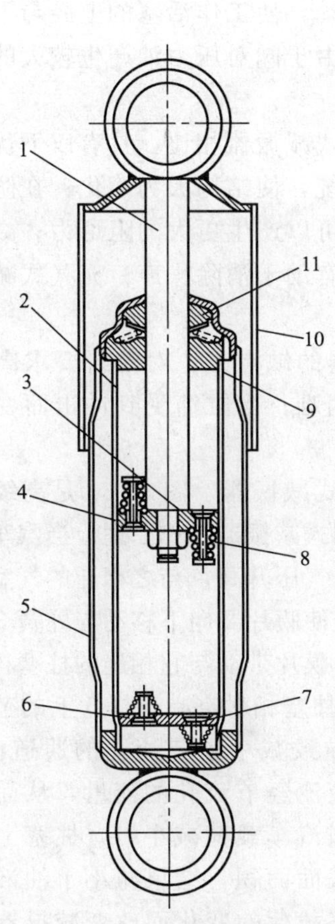

图 12-29　双向作用筒式减振器示意图

1—活塞杆；2—工作缸筒；3—活塞；4—伸张阀；5—储液缸；6—压缩阀；7—补偿阀；8—流通阀；9—导向座；10—防尘罩；11—油封

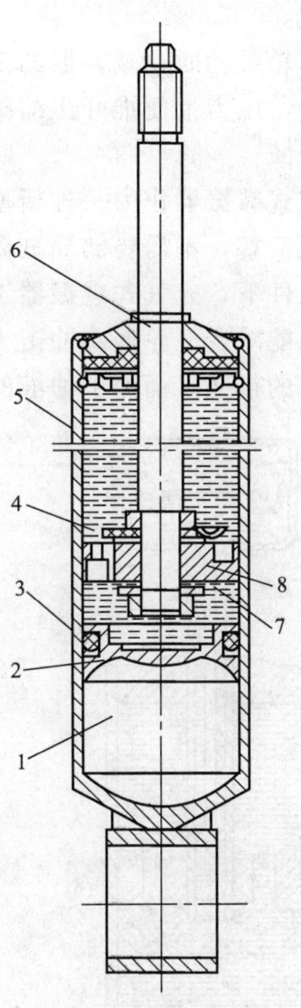

图 12-30　充气式减振器结构

1—密封气室；2—封气活塞；3—O 形密封圈；4—压缩阀；5—工作缸；6—活塞杆；7—伸张阀；8—工作活塞

当车轮向下运动速度不大（即活塞向上的运动速度不大）时，油液经伸张阀的常通孔隙（图上未画出）流入下腔，由于通道截面积很小，便产生较大的阻尼力，从而消耗了振动能量，使振动迅速衰减。当车身振动剧烈时，活塞上移速度增大到使压力足以克服伸张阀弹簧的预紧力时，伸张阀开启，通道截面积增大，使压力和阻尼力保持在一定限度以内。这样，压力和阻尼力都不致超过一定限度，保证了压缩行程中弹性元件的缓冲作用得到充分发挥，同时也使减振器及悬架系统的某些零件不会因超载而损坏。

由于伸张阀弹簧的刚度和预紧力比压缩阀的大，在同样的油压力作用下，伸张阀及相应的常通缝隙的通道截面积总和小于压缩阀及相应的常通缝隙的通道截面积和。这就保证了减振器在伸张行程内产生的阻尼力比压缩行程内产生的阻尼力大得多。

② 充气式减振器　图 12-30 所示为一种轿车上用的充气式减振器的结构。其特点是：在减振器缸筒的下部有一个封气活塞 2 并能上下移动，使工作腔形成三个部分。在封气活塞与缸筒一端形成的腔室中充入高压氮气；封气活塞的上面是减振器油液，封气活塞上装有大断面的 O 形密封圈 3，把油和气完全隔开。工作活塞 8 上装有随其运动速度大小而改变通道截面积的压缩阀 4 和伸张阀 7，此二阀均由一组厚度相同、直径不等、由大到小排列的弹簧钢片组成。

当车轮跳动时，减振器的工作活塞在油液中往复运动，使工作活塞的上腔与下腔之间产生压力差，压力油便推开压缩阀或伸张阀而来回流动。由于阀对压力油产生较大的阻尼力而使振动衰减。

充气式减振器作为一种新型减振器，与双向作用筒式减振器相比，具有以下优点：由于采用封气活塞，不需要储油缸筒，还减少了一套阀门系统，使结构大为简化；在防尘罩直径相同的条件下，充气式减振器工作缸筒及活塞直径大，可以产生更大的阻尼力；减振器中的高压氮气能减少车轮遇到冲击力时产生的高频振动，且有助于消除噪声；充气式减振器由于封气活塞的存在，消除了油液的汽化现象。

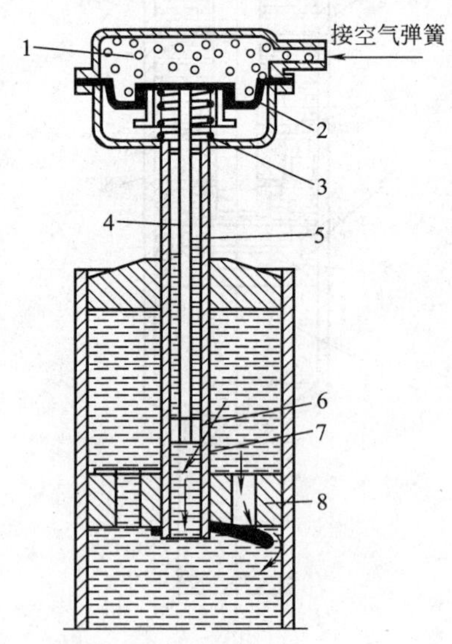

图 12-31　阻力可调式减振器工作原理

1—气室；2—膜片；3—弹簧；4—柱塞杆；5—空心连杆；6—柱塞；7—节流孔；8—活塞

充气式减振器的缺点是：对油封要求高；充氮气工艺复杂，维修困难；当缸筒受到冲击而变形时，减振器就不能工作。

③ 阻力可调式减振器　图 12-31 是高级轿车上所用的一种阻力可调式减振器工作原理。当汽车载荷增加时，空气弹簧中的气压升高，与之相通的气室 1 内的气压也随之升高，促使膜片 2 向下移动与弹簧 3 产生的压力相平衡。同时，膜片带动与它相连的柱塞杆 4 和柱塞 6 下移，因而使得柱塞相对空心连杆 5 上的节流孔 7 的位置发生变化，导致减小了节流孔的通道截面面积，也就是减小了油液流经节流孔的流量，从而增加了油液的流动阻力。当汽车载荷减小时，柱塞上移，增大了节流孔的通道截面面积，结果减小了油液的流动阻力，达到了随汽车载荷的变化而改变减振器阻力的目的，保证了悬架系统具有良好的减振特性。

12.4.2　非独立悬架

非独立悬架具有结构简单、成本低、强度高、保养容易、行车中前轮定位变化小的优点，但由于其舒适性及操纵稳定性都较差，目前在轿车中基本上已不再使用，大多数用在货车和大客车上。

（1）钢板弹簧式非独立悬架

钢板弹簧被用作非独立悬架的弹性元件，由于它兼起导向机构的作用，使得悬架系统大为简化。钢板弹簧式非独立悬架结构如图12-32所示，悬架中部用U形螺栓3将钢板弹簧固定在车桥上，悬架前端为固定铰链，它由钢板弹簧销钉15将钢板弹簧前端卷耳部与钢板弹簧前支架1连接在一起（见图12-32中B—B），为减小磨损，前端卷耳孔中装有衬套。后端卷耳通过钢板弹簧吊耳销14与后端吊耳9和吊耳架相连，后端可以自由摆动，形成“活动吊耳”。

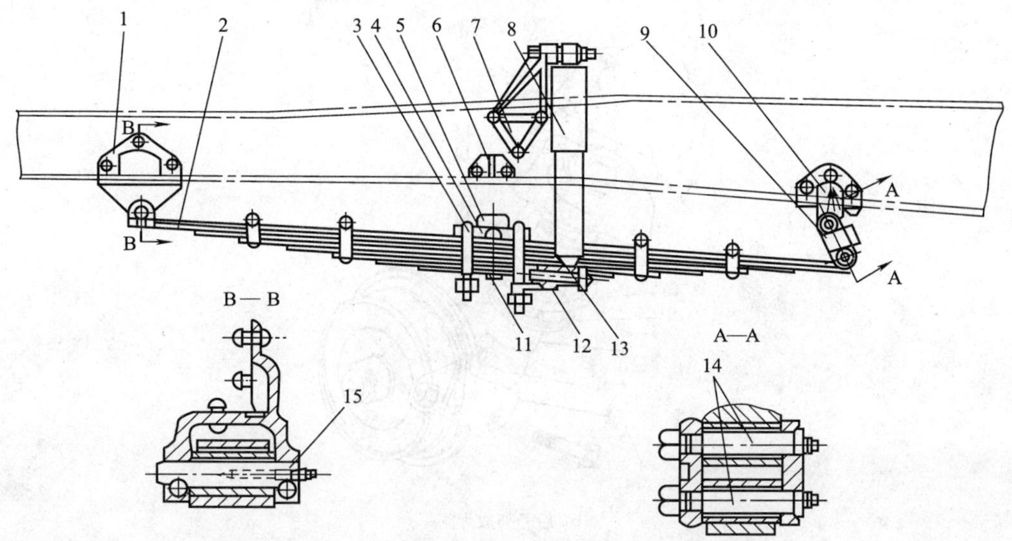

图12-32　钢板弹簧式非独立悬架

1—钢板弹簧前支架；2—钢板弹簧前端；3—U形螺栓；4—前板簧盖板；5—缓冲块；6—限位块；7—减振器上支架；8—减振器；9—吊耳；10—吊耳支架；11—中心螺栓；12—减振器下支架；13—减振器连接销；14—钢板弹簧吊耳销；15—钢板弹簧销钉

当车架受到冲击、弹簧变形时，使前端卷耳与后端卷耳之间的距离发生变化。

（2）螺旋弹簧非独立悬架

螺旋弹簧非独立悬架一般常常用于轿车的后悬架。图12-33（a）是轿车后悬架组成示意图，图12-33（b）为后悬架放大图。它主要由纵摆臂1、后悬架2、后桥3、加强杆4、横向推力杆5、螺栓6、后桥7、减振器8等组成。减振器8内装有上下缓冲块，当车轮在不平的路面上下跳动时，上下缓冲块可减小车身所受的冲击并有助于车身振动衰减。后悬架中，导向元件横向推力杆5下连后桥、上连车身，用来传递车桥和车身之间的横向作用力及其力矩。加强杆4也是下连车桥、上连车身，此杆的作用是加强横向推力杆的安装强度，并可减轻车重和使车身受力均匀。

（3）空气弹簧非独立悬架

汽车在行驶时由于载荷和路面的变化，要求悬架刚度随着变化。当空车时车身被抬高，满载时车身则被压得很低，会出现撞击缓冲块的情况。因而对于不同类型汽车提出不同的要求，矿山及大型客车要求其空车与满载时的车身高度变化不大；对于轿车，要求在良好路面

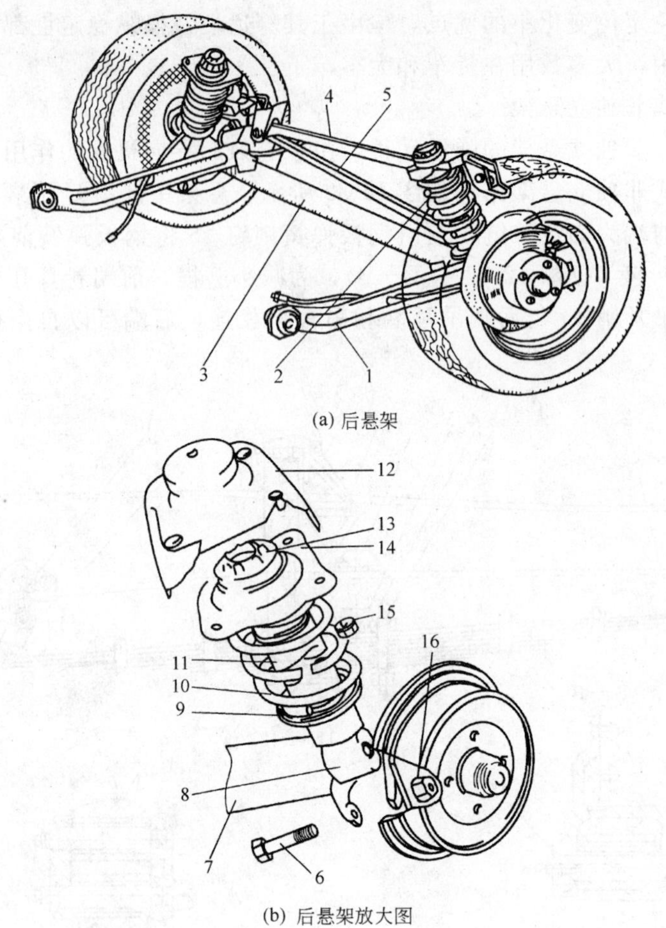

图 12-33　轿车后悬架组成示意图

1—纵摆臂；2—后悬架；3—后桥；4—加强杆；5—横向推力杆；6—螺栓；7—后桥；8—减振器；9—下弹簧座；10—螺旋弹簧；11—防尘罩；12—连接件；13—橡胶支承；14—上弹簧座；15，16—自锁螺母

上降低车身离地高度，提高车速行驶；在不平路面上提高车身离地高度，可以增大通过能力。因而要求车身离地高度随行驶道路的不同状况可以调节。采用空气弹簧非独立悬架时，可以通过车身高度控制阀来改变空气弹簧内的空气压力，从而自动调节车身离地高度，以保证车身离地高度不因载荷变化而变化。

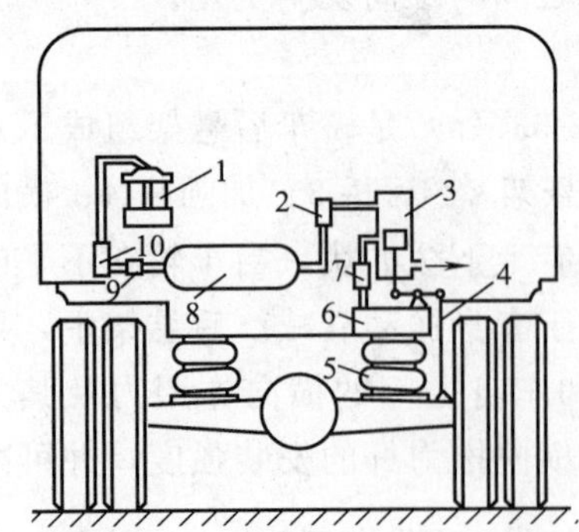

图 12-34　空气弹簧非独立悬架

1—空气压缩机；2，7—空气滤清器；3—车身高度调节阀；4—控制杆；5—空气弹簧；6—储气罐；8—储气筒；9—压力调节阀；10—油水分离器

空气弹簧非独立悬架多用于重型车和高级轿车中。现代电控自动悬架也有采用空气弹簧做弹性元件。

如图 12-34 所示，空气弹簧 5 的上下端分别固定在车架和车桥上。经空气压缩机 1 产生的压缩空气经油水分离器 10 和压力调节阀 9 进入储气筒 8。压力调节阀可使储气筒中的压缩空气保持一定的压力。储气罐 6 通过管路与 2 个空气弹簧相通。储气罐和空气弹簧中的空气压力由车身高度调节阀 3 控制。空气弹簧与螺旋弹簧相同，只能承受垂直载荷，其纵向力和横向力及其力矩由悬架中的纵向推力杆和横向推力杆来传递。该悬架需要装有减振器。

12.4.3 独立悬架

独立悬架采用断开式车桥，两侧车轮都是单独地通过弹性悬架悬挂在车架或车身下面的。其优点是：重量轻，减少了车身受到的冲击，并提高了车轮的地面附着力；可用刚度小的较软弹簧，改善汽车的舒适性；可以使发动机位置降低，汽车重心也得到降低，从而提高汽车的行驶稳定性；左右车轮单独跳动，互不相干，能减小车身的倾斜和振动。不过，独立悬架存在着结构复杂、成本高、维修不便等缺点。目前轿车大都是采用独立式悬架，按其结构形式的不同，独立悬架主要有横臂式（车轮在汽车横向平面内摆动的悬架）、纵臂式（车轮在汽车纵向平面内摆动的悬架）、烛式和麦弗逊式（车轮沿主销移动的悬架）几种类型（图 12-35）。

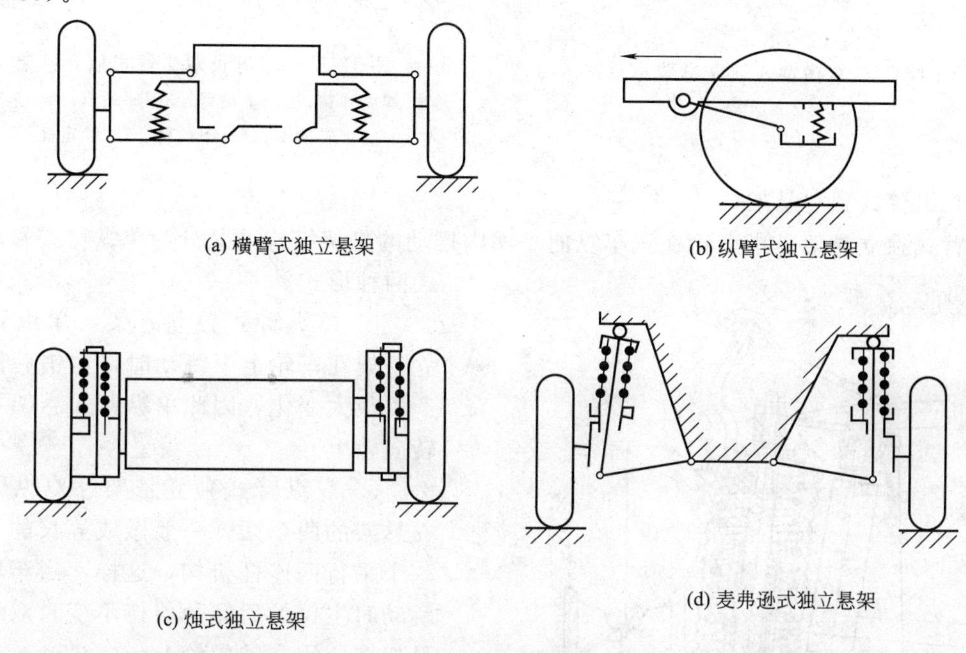

图 12-35 独立悬架分类

(1) 横臂式独立悬架

横臂式独立悬架分为单横臂式和双横臂式独立悬架两种。

① 单横臂式独立悬架 单横臂式具有结构简单、侧倾中心高、有较强的抗侧倾能力等优点。但随着汽车速度的提高，侧倾中心过高会引起车轮跳动时轮距变化大，轮胎磨损加剧，而且在急转弯时左右车轮垂直力转移过大，导致后轮外倾增大，减少了后轮侧偏刚度，从而产生高速甩尾的严重工况。单横臂式独立悬架多应用在后悬架上，但由于不能适应高速行驶的要求，目前应用不多。

② 双横臂式独立悬架 双横臂式独立悬架按上下横臂是否等长，又分为等长双横臂式和不等长双横臂式两种悬架。等长双横臂式独立悬架在车轮上下跳动时，能保持主销倾角不变，但轮距变化大（与单横臂式相类似），造成轮胎磨损严重［图 12-36（a）］。对于不等长双横臂式悬架，只要适当选择、优化上下横臂的长度，并通过合理地布置，就可以使轮距及前轮定位参数变化均可在限定范围内［图 12-36（b）］，保证汽车具有良好的行驶稳定性。

目前不等长双横臂式悬架已广泛应用在轿车的前后悬架上，部分运动型轿车及赛车的后轮也采用这一悬架结构。

图 12-37 所示为一种典型的不等长双横臂式独立悬架。上横臂 2 和下横臂 6 为不等长横臂。螺旋弹簧 1 与减振器位于上、下横臂之间。

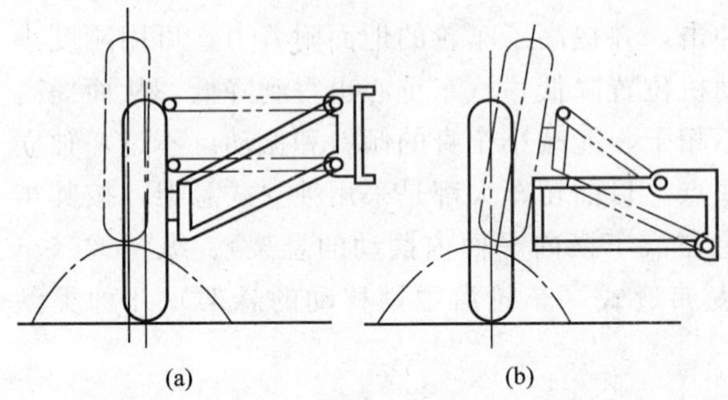

图 12-36 双横臂式独立悬架示意图

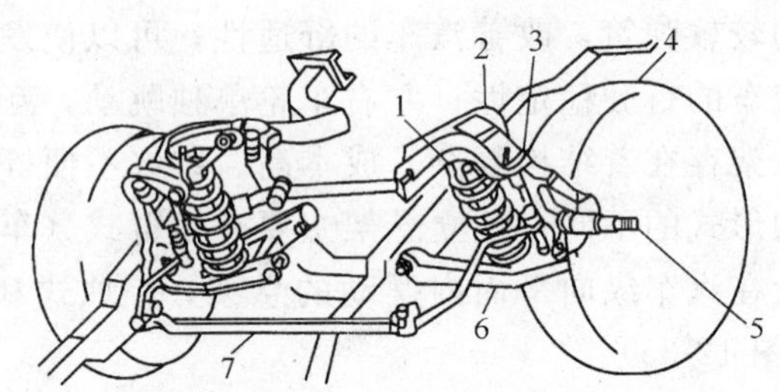

图 12-37 不等长双横臂式独立悬架

1—螺旋弹簧；2—上横臂；3—球关节；4—车轮；5—转向节；6—下横臂；7—稳定杆

(2) 纵臂式独立悬架

纵臂式独立悬架是指车轮在汽车纵向平面内摆动的悬架结构，又分为单纵臂式和双纵臂式两种形式。

① 单纵臂式独立悬架　单纵臂式独立悬架在车轮上下跳动时，主销后倾角会产生很大变化，因此单纵臂式悬架不用在转向轮上。

② 双纵臂式独立悬架　双纵臂式独立悬架的两个摆臂一般做成等长的，形成一个平行四连杆机构，这样，当车轮上下跳动时主销的后倾角保持不变。双纵臂式悬架多应用在转向轮上。

(3) 车轮沿主销移动的悬架

车轮沿主销移动的悬架包括两种形式：一种是车轮沿固定不动的主销轴线移动的烛式独立悬架；另一种是车轮沿摆动的主销轴线移动的麦弗逊式独立悬架。

① 烛式独立悬架　烛式独立悬架采用车轮沿主销轴线上下方向移动的悬架形式，形状似烛形而得名。其结构如图 12-38 所示，主销 1 刚性地固定在车架上，转向轮、转向节则装在套筒 5 上。这种悬架的主销定位角固定不变，使汽车转向操纵及行驶稳定性较好，但侧向力全部由套在主销上的套筒和主销承受，套筒与主销之

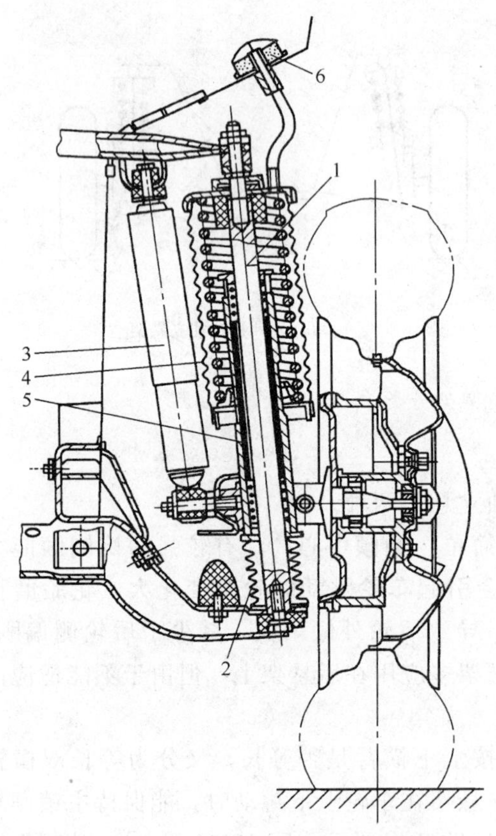

图 12-38 烛式独立悬架结构

1—主销；2，4—防尘罩；3—减振器；5—套筒；6—通气管

间的摩擦阻力大，磨损严重。

② 麦弗逊式独立悬架　这种悬架是车轮沿摆动的主销轴线移动，主要由横摆臂、车轮、转向节、减振器、车身、螺旋弹簧等零件组成。如图 12-39 所示，横摆臂 1 以铰链与转向节 3 相连接。外面套装螺旋弹簧 6 的减振器 4 上端通过螺栓与橡胶垫圈和车身 5 相连接，下端固定在转向节上。主销的轴线为上下铰链中心的连线。当车轮上下跳动时，减振器的下支点随横摆臂摆动，故主销轴线的角度是变化的，显然车轮是沿着摆动的主销轴线运动。

这种悬架的优点是结构紧凑，车轮跳动时前轮定位参数变化小，有良好的操纵稳定性，加上由于取消了上横臂，给发动机及转向系统的布置带来方便。麦弗逊式悬架多应用在中小型轿车的前悬架上，保时捷 911、国产奥迪、桑塔纳、夏利、富康等轿车的前悬架均为麦弗逊式独立悬架。

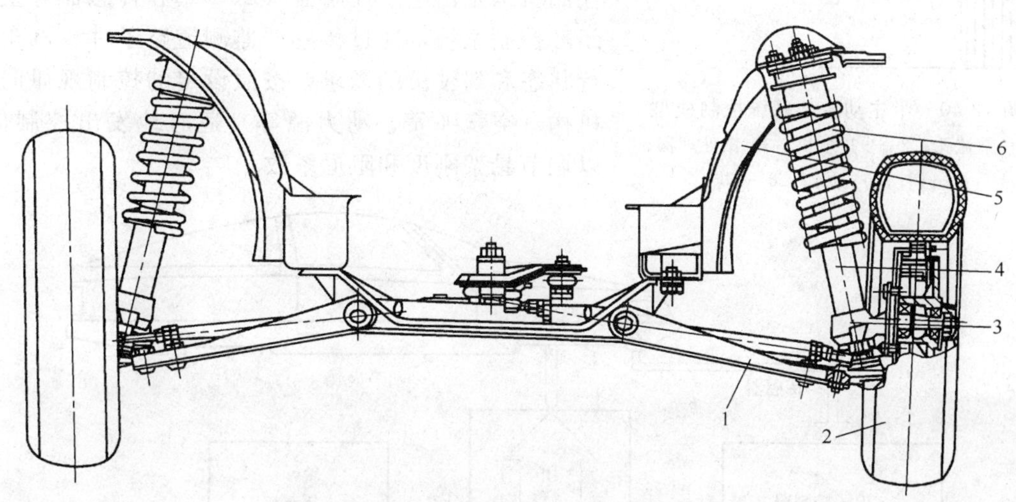

图 12-39　麦弗逊式独立悬架结构

1—横摆臂；2—车轮；3—转向节；4—减振器；5—车身；6—螺旋弹簧

12.4.4　电控悬架

随着电子技术的发展，出现了电控汽车悬架。它是通过电子控制器（ECU）来控制相应的执行机构，改变悬架特性以适应各种复杂的行驶工作情况，改善汽车的舒适性、平顺性和操纵稳定性。电控悬架可以调节悬架刚度和阻尼系数，突破被动悬架的局限区域，因此，电控悬架正逐步被应用于各种车辆上。

电控悬架根据调节悬架的刚度和阻尼系数分为半主动悬架系统和全主动悬架系统。

（1）半主动悬架

为了减小执行机构需要的功率，半主动悬架系统通常不考虑调节悬架刚度，而只对悬架的阻尼系数进行调节。半主动悬架系统根据调节阻尼系数的特点分为有级半主动悬架和无级半主动悬架两种。因半主动悬架控制系统比较简单，同时又能达到与全主动悬架相近的性能，因此被广泛使用。

图 12-40 所示为半主动悬架系统控制模型。悬架系统的传感器将速度、位移、加速度等信号，经过输入电路进行转换后，以数字的形式送入系统的微处理器，微处理器经过计算处理后发出指令，控制步进电机动作，通过阀杆调节阀门，从而调节阻尼系数，达到控制车身振动的目的。

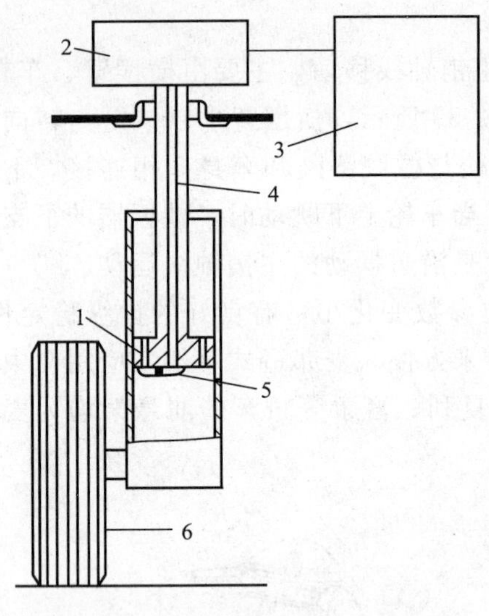

图 12-40　半主动悬架系统控制模型

1—节流孔；2—步进电机；3—微处理器；4—阀杆；5—阀门；6—车轮

（2）全主动悬架（简称主动悬架）

全主动悬架是近十几年发展起来的、由电脑控制的一种新型悬架。它汇集了力学和电子学的技术知识，是一种比较复杂的高技术装置。

全主动悬架系统对悬架的刚度和阻尼系数均能进行实时调节，如图 12-41 所示是该系统的控制模型。

它采用油气悬架和空气悬架取代被动悬架的弹性元件和减振器。目前，全主动悬架系统根据控制的介质可分为主动空气悬架、主动油气悬架和主动液力悬架三种。全主动悬架一般包括控制机构和执行机构。控制机构是由电子控制器（ECU）和传感器等组成的闭环控制系统，通过传感器监测道路条件、汽车的运行状态和驾驶员的需求，按照设定的控制规律向执行机构（空气弹簧、动力源等）适时地发出控制信号，以调节悬架刚度和阻尼系数。

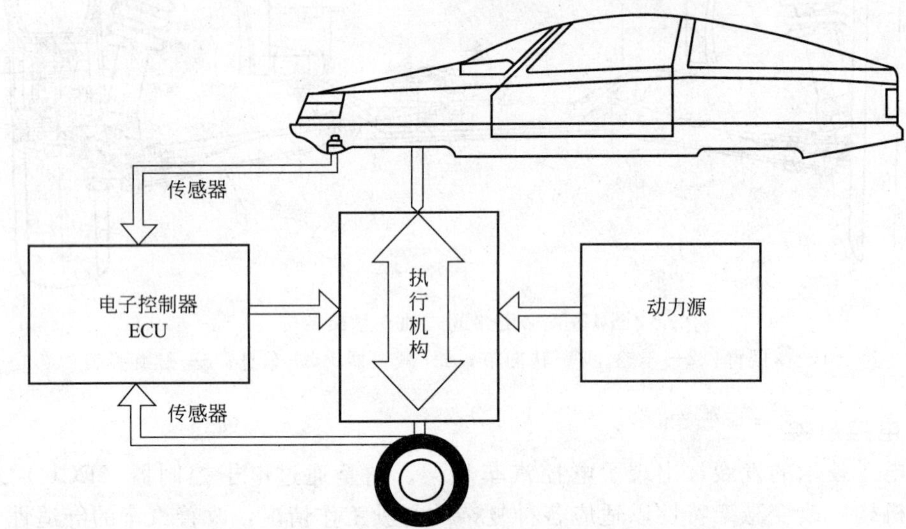

图 12-41　全主动悬架系统的控制模型

复习思考题

1. 试述汽车轮式行驶系统的组成及其主要功用。
2. 汽车半履带式和车轮-履带式行驶系统有何区别？
3. 汽车车架应满足哪些要求？
4. 何谓边梁式车架、中梁式车架和综合式车架，其结构特点是什么？
5. 汽车车桥包括哪几种？各有何作用？
6. 普通斜交轮胎与子午线轮胎相比，有什么区别和特点？为什么子午线轮胎使用越来越广泛？
7. 常见的轮胎规格表示方法是什么？
8. 一般汽车的悬架由哪些主要部件组成？各自的功用是什么？
9. 独立与非独立悬架相比，各自的特点是什么？

第13章 转向系统

学习要求

1. 掌握转向系统的功能、类型及组成；
2. 掌握转向器的类型和工作原理，了解转向器的构造；
3. 掌握转向操纵机构的工作原理，了解转向操纵机构的构造；
4. 理解动力转向系统的工作原理，了解动力转向系统的构造；
5. 了解电动助力转向系统的工作原理。

13.1 概述

汽车在行驶中，需要经常改变行驶方向。改变或恢复汽车行驶方向的机构称为汽车转向系统。驾驶员通过操纵转向系统来改变转向轮（一般是前轮）的偏转角度，从而实现汽车行驶方向的变化。转向系统不仅可以改变汽车的行驶方向，使其按照驾驶员规定的方向行驶，而且还可以克服由于路面侧向干扰力使车轮自行产生的转向，恢复汽车原来的行驶方向。

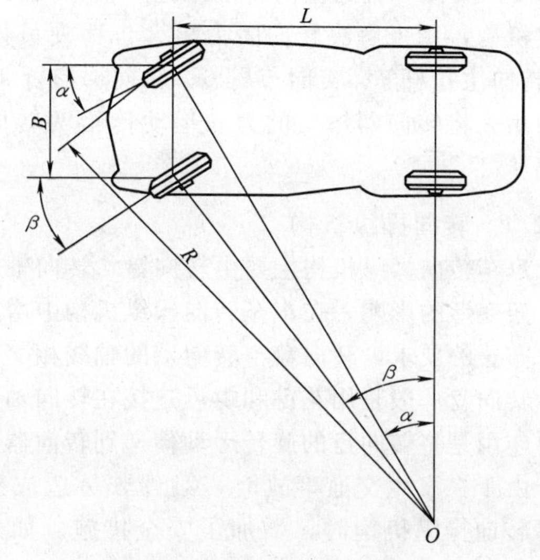

图 13-1 汽车转向示意图

L—轴距；B—两主销中心线延长线与地面交点之间的距离；R—转弯半径；α—外转向轮转角；β—内转向轮转角

汽车的转向系统根据其转向动力的不同，可以分为机械转向系统和动力转向系统两大类型。

为了使汽车在转向时减少附加阻力和轮胎磨损，汽车转向时各个车轮都应作纯滚动，这时各车轮轴线必须相交于一点，此交点 O 称为转向中心（图 13-1）。由转向中心 O 到外转向轮与地面接触点的距离被称为汽车的转弯半径。转弯半径越小，则汽车转向所需场地越小，其机动性就越好。

13.2 机械转向系统

机械转向系统以驾驶员的体力作为转向动力，又称为人力转向系统。

机械转向系统一般由转向操纵机构、转向器和转向传动机构三部分组成（图 13-2）。驾驶员操纵转向盘 13、转向轴 12、转向万向节 11 和转向传动轴 10，将转向力矩输入转

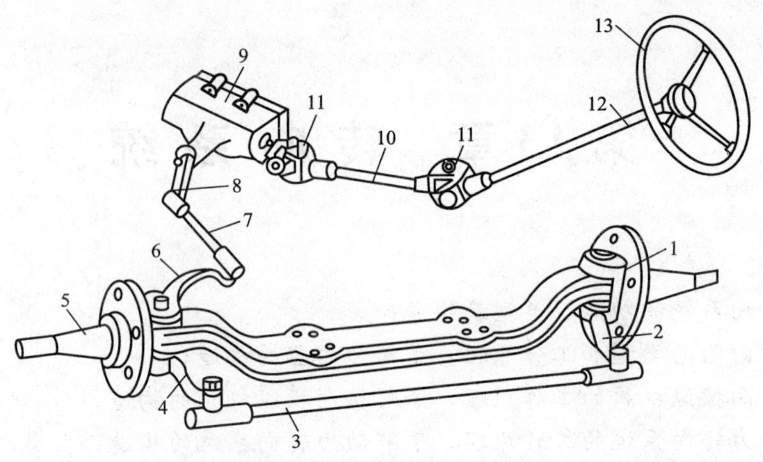

图 13-2　机械转向系统

1—右转向节；2,4—梯形臂；3—转向横拉杆；5—左转向节；6—转向节臂；
7—转向主拉杆；8—转向摇臂；9—转向器；10—转向传动轴；
11—转向万向节；12—转向轴；13—转向盘

向器 9。从转向盘到转向传动轴这一些系列零部件称为转向操纵机构。转向器是一个减速增扭机构，用来解决转向阻力矩大与驾驶员体力小的矛盾。转向传动机构包括转向摇臂 8、转向主拉杆 7、转向节臂 6、转向梯形臂 4、转向横拉杆 3 和转向梯形臂 2 等零件。该机构用来将转向器输出的力和运动传给两转向节，从而使左、右转向轮按照所需要求进行偏转。

13.2.1　转向操纵机构

汽车转向操纵机构主要由转向盘、转向轴以及转向管柱等零部件组成。目前转向系统考虑车架变形的影响，在汽车转向操纵机构中增加了一个挠性万向节。还有一些转向系统，由于总布置的要求，转向盘与转向器的轴线相交成一定的角度，在结构中采用了万向节和传动轴。转向盘一般是用花键和螺母连接在转向轴的上端。转向管柱包括转向轴和转向柱管，其主要作用是将转向盘的旋转运动传递到转向器上。

由于在发生交通事故时，对驾驶员造成主要威胁的是转向盘及转向管柱等，所以在设计转向操纵机构时，增加了安全措施。如采用安全转向柱、安全万向节及能量吸收装置等。

目前，转向操纵机构都采用了万向传动装置，它具有以下优点：有利于汽车结构的合理布置；转向盘、转向器等零部件有利于标准化、通用化、系列化生产；可补偿部件的安装误差和基本变形造成的不利影响；拆装方便，维修容易。

13.2.2　转向器

目前常用的转向器类型有齿轮齿条式、循环球式和蜗杆曲柄指销式。它的作用是增大转向盘传给转向传动机构的力和改变力的传递方向。

(1) 齿轮齿条式转向器

与独立悬架相配的机械转向系统大多数采用齿轮齿条式转向器。它的工作原理如图13-3所示。在转向过程中，驾驶员转动转向盘，通过转向轴带动转向齿轮 1 旋转时，则齿轮又带动齿条 2 作轴向运动，带动拉杆移动，使车轮偏转，实现转向。为保证齿轮齿条无间隙啮合，补偿弹簧 3 产生的压紧力通过压板 6 将转向齿轮 1 和转向齿条 2 压靠在一起，保证无间隙啮合。弹簧的预紧力可以通过调整螺钉 4 和螺母 5 进行调整。

齿轮齿条式转向器结构简单，制造方便。它的传动方式是齿轮齿条直接啮合，操纵灵敏度非常高，滑动和转动阻力小，转矩传递性能较好，转向力非常轻，并可安装转向助力机构。因此常用于轻型轿车的转向系统中。但由于其传动比较小，在使用中受到一定的限制。

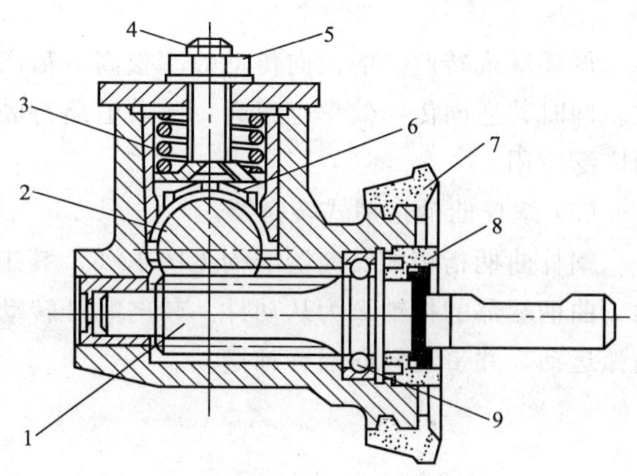

图 13-3　齿轮齿条式转向器工作原理

1—转向齿轮；2—转向齿条；3—补偿弹簧；4—调整螺钉；5—螺母；6—压板；7—防尘罩；8—油封；9—轴承

(2) 循环球式转向器

与非独立悬架相配的机械转向系统大多数采用循环球式转向器。

循环球式转向器一般有两级传动副，第一级是螺杆螺母传动副，第二级是齿条齿扇传动副或滑块曲柄销传动副。

图 13-4 和图 13-5 所示为常见汽车的循环球式转向器的结构。由转向螺杆、转向螺母、滚珠和滚珠导管、齿条、齿扇等组成。转向螺杆由两个锥轴承支承在壳体上，垫片可用来调整轴承预紧力。由方向盘转动带动转向螺杆转动，通过滚珠将力传给转向螺母，转向螺母将沿轴向移动。同时由于摩擦力的作用，所有滚珠在转向螺杆和转向螺母内的滚道流动，形成"滚珠流"。滚珠在转向螺母内绕行两周后，流出转向螺母而进入导管，再由导管流回转向螺母通道内，故在转向器工作时，两列滚珠只是在各自的封闭通道内循环，而不会脱出。转向螺母的轴向移动，通过齿条和齿扇，带动转向摇臂转动，实现车轮的转向。

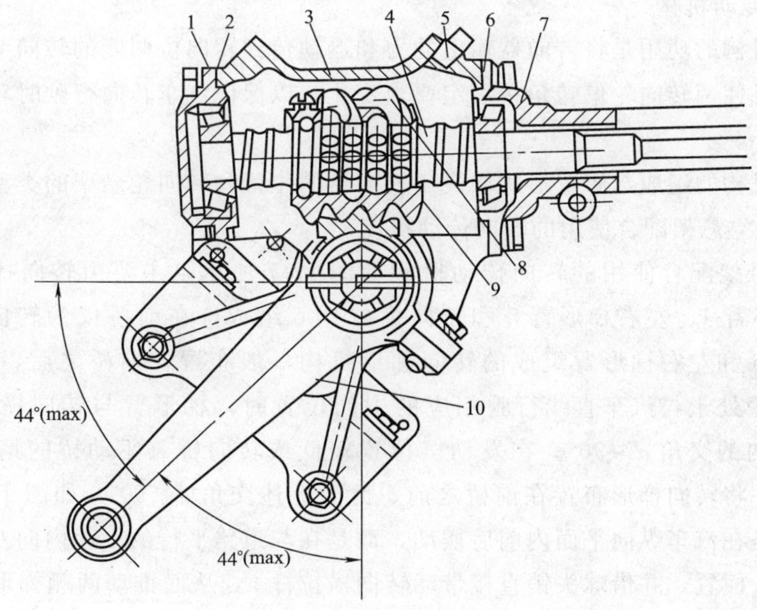

图 13-4　循环球-齿条齿扇式转向器整体结构

1—下盖；2,6—垫片；3—壳体；4—转向螺杆；5—螺塞；7—上盖；8—滚珠导管；9—转向螺母；10—转向摇臂

循环球式转向器的正向传动效率很高（最高可达 90%～95%），故操纵轻便，使用寿命长。同时其逆向传动效率也很高，随着道路行驶条件的改善，“打手”的现象明显减少，得到广泛应用。

（3）蜗杆曲柄指销式转向器

蜗杆曲柄指销式转向器结构见图 13-6，其工作原理是以转向蜗杆 3 为主动件，装在摇臂轴 1 曲柄端部的指销 2 为从动件。转向蜗杆转动时，与之啮合的指销即绕转向摇臂轴轴线沿圆弧运动，并带动转向摇臂轴摆动。

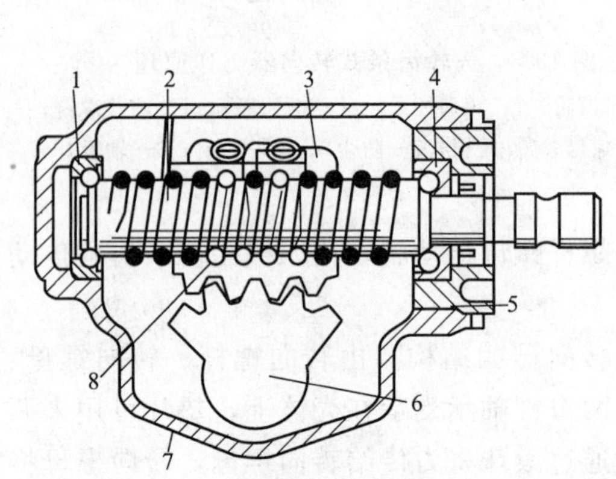

图 13-5　循环球式转向器齿轮结构

1—轴承；2—转向螺杆；3—转向螺母；4—轴承；5—调整螺母；6—扇形齿轮轴；7—壳体；8—滚珠

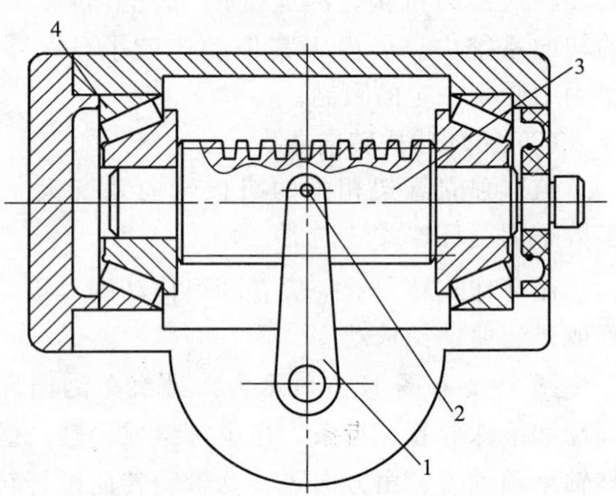

图 13-6　蜗杆曲柄指销式转向器

1—摇臂轴；2—指销；3—转向蜗杆；4—轴承

13.2.3　转向传动机构

转向传动机构的功用是将转向器输出的力和运动传到转向桥两侧的转向节，使两侧的转向轮偏转，并且使两转向轮偏转角按一定要求变化，以保证汽车转向行驶时车轮与地面的相对滑动尽可能小。

转向传动机构的组成与布置形式取决于转向器的位置和转向轮悬架的类型。

（1）与非独立悬架配合使用的转向传动机构

与非独立悬架配合使用的转向传动机构如图 13-7 所示，主要由转向摇臂 2、转向直拉杆 3、转向节臂 4、左右梯形臂 5 和转向横拉杆 6 组成。在前桥仅为转向桥的情况下，由转向横拉杆 6 和左右梯形臂组成的转向梯形机构一般布置在前桥之后，如图 13-7（a）所示。当转向轮处于与汽车直线行驶相应的中间位置时，梯形臂与转向横拉杆在与道路平行的水平面内的交角 $\alpha>90°$。在发动机位置较低或转向桥兼驱动桥的情况下，为避免运动干涉，往往将转向梯形布置在前桥之前，此时上述交角 $\alpha<90°$，如图 13-7（b）所示。若转向摇臂不是在汽车纵向平面内前后摆动，而是在与道路平行的平面内向左右摇动，则可将转向直拉杆 3 横置，并借球头销直接带动转向横拉杆 6，从而推动两侧梯形臂转动，如图 13-7（c）所示。

（2）与独立悬架配合使用的转向传动机构

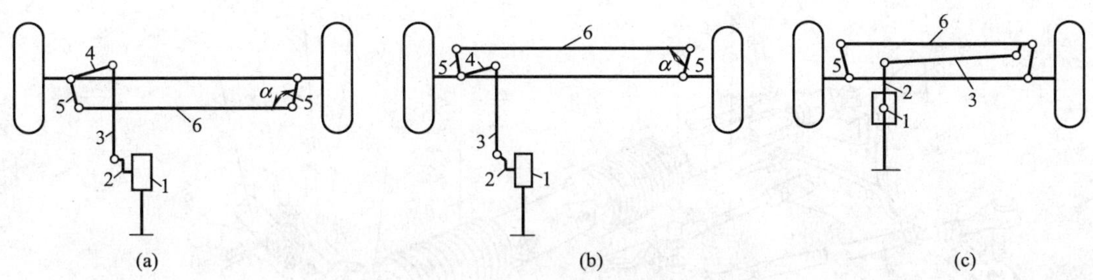

图 13-7　与非独立悬架配合使用的转向传动机构

1—转向器；2—转向摇臂；3—转向直拉杆；4—转向节臂；5—梯形臂；6—转向横拉杆

当转向轮采用独立悬架时，每个转向轮都需要相对于车架作独立运动，因而转向桥必须是断开式的。与此相应，转向传动机构中的转向梯形也必须是断开式的。图 13-8 所示为四种与独立悬架配合使用的转向传动机构。其中图 13-8（a）、（b）所示机构与循环球式转向器配合使用，图 13-8（c）、（d）所示机构与齿轮齿条式转向器配合使用。

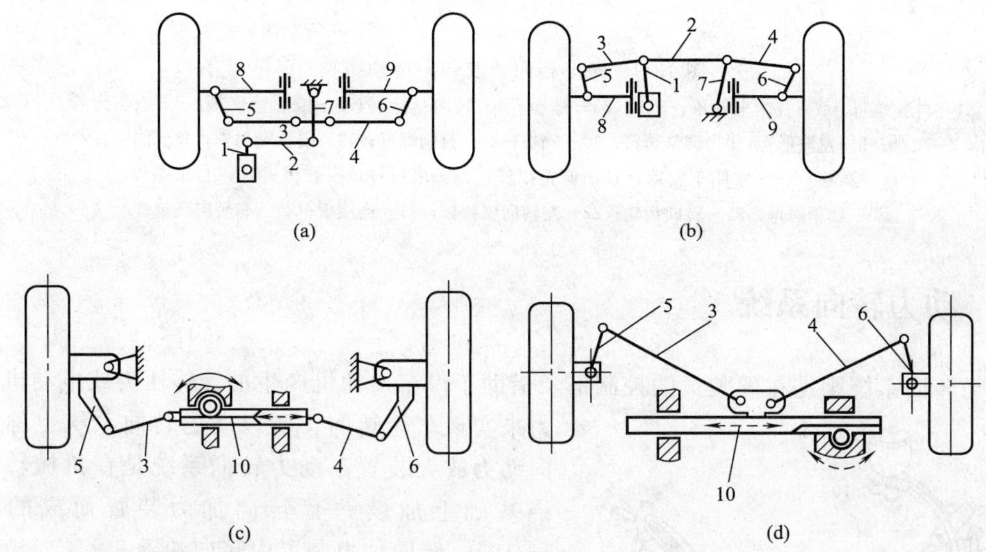

图 13-8　与独立悬架配合使用的转向传动机构

1—转向摇臂；2—转向直拉杆；3—左转向横拉杆；4—右转向横拉杆；5—左梯形臂；6—右梯形臂；7—摇杆；8—悬架左摇臂；9—悬架右摇臂；10—齿轮齿条式转向器

典型轿车转向传动机构的结构如图 13-9 所示。左、右转向横拉杆 22、25 和转向减振器 4 内端通过支架 7、螺栓 23 固定在转向齿条上。转向减振器的外端固定在车身支架上。为防止运动干涉，左、右转向横拉杆的外端用横拉杆球头铰链 18 铰接并与左、右转向节臂连在一起，而转向节臂和转向节是焊成一体的。

汽车转向时，转向齿条横向移动，使左、右转向横拉杆一个受压、一个受拉，并随之移动。转向横拉杆的外端通过左、右转向横拉杆球头铰链带动左、右转向节臂和转向节绕主销转动，使转向节上的车轮偏转一个角度。

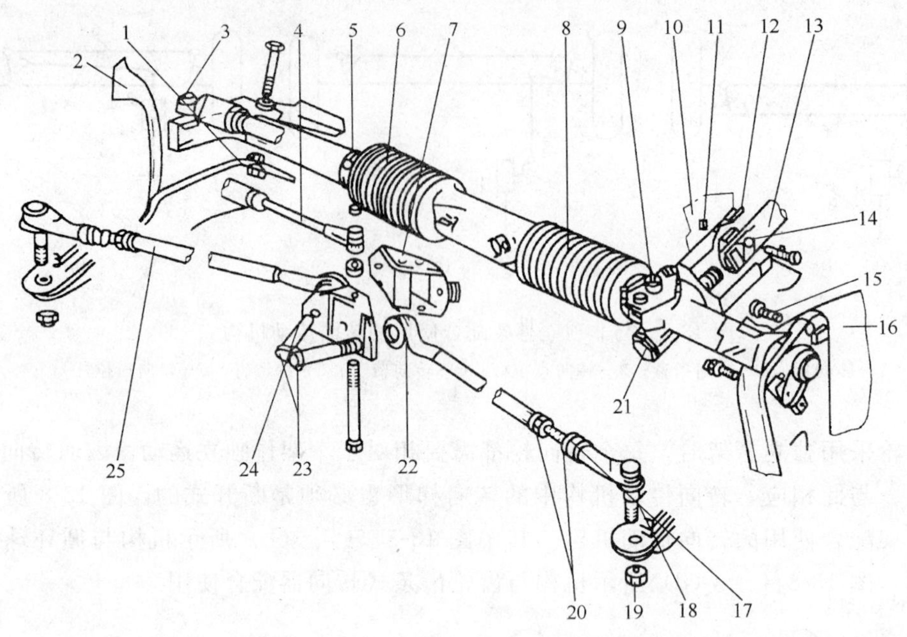

图 13-9　轿车转向器及转向传动机构

1—自锁螺母；2—右侧车轮罩；3,15,23—螺栓；4—转向减振器；5—波形管夹箍；6—右波形管；7—支架；8—左波形管；9—调整螺钉；10—隔板；11—自锁螺母；12—隔板密封件；13—法兰套管；14—夹箍；16—左侧车轮罩；17—调整拉杆；18—横拉杆球头铰链；19—自锁螺母；20—锁紧螺母；21—转向齿轮；22—左转向横拉杆；24—连接板；25—右转向横拉杆

13.3　动力转向系统

动力转向系统则是在驾驶员的控制下，借助于汽车发动机产生的液体压力或电动机驱动力来实现车轮转向。所以动力转向系统也称为转向动力放大装置。动力转向系统是在机械转向系统基础上加设一套转向加力装置而成的（图 13-10）。转向加力装置由转向油罐 9、转向液压泵 10、转向控制阀 5 和转向动力缸 11 等零件组成。发动机驱动转向液压泵，以供给高压的液压油。

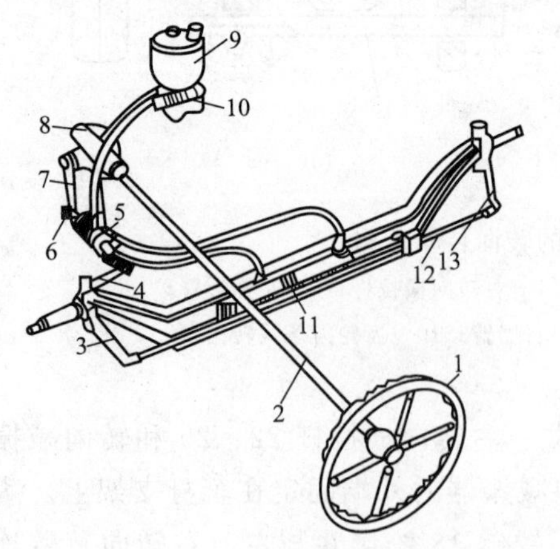

图 13-10　动力转向系统示意图

1—转向盘；2—转向轴；3—转向梯形臂；4—转向节臂；5—转向控制阀；6—转向直拉杆；7—转向摇臂；8—机械转向器；9—转向油罐；10—转向液压泵；11—转向动力缸；12—转向横拉杆；13—梯形臂

当驾驶员逆时针方向转动转向盘 1 时，转向摇臂 7 将拉动转向直拉杆 6 向前运动。转向直拉杆的拉力作用在转向节臂 4 上，使左侧转向节及左侧转向轮绕主销向左偏转一个角度，同时通过转向梯形臂 3 和转向横拉杆 12 使另一侧转向节与转向轮绕该侧转向主销偏转一定的角度，这时汽车将向左转向。

与此同时，转向直拉杆还带动了转向控制阀中的滑阀移动，使转向动力缸的左腔接通转向油泵的出油口，右腔通过转向控制阀与转向油罐接通，转向动力缸的活塞所受的向右的液压作用力经其推杆作用在转向横拉杆上。由于液压作用力较大，便在很大程度上减轻了驾驶员的操纵力。

重型汽车或装有超低压轮胎的轿车转向阻力矩较大，为了减轻驾驶员的操作强度，改善转向系统的技术性能，采用动力转向装置。采用动力转向的汽车转向时，所需的能量在正常情况下，只有小部分是驾驶员提供的体能，而大部分是发动机驱动的转向液压泵旋转，将发动机输出的部分机械能转化为压力能，并在驾驶员控制下，对转向传动装置或转向器中某一传动件施加不同方向的随动渐进压力，从而实现转向。另外，在一些大型客车、中高级轿车和中型货车上也采用动力转向。

13.3.1 动力转向系统的类型

动力转向系统根据动力源不同，可分为气压式和液压式两种。气压式动力转向系统以压缩空气为动力源，仅应用于一部分其前轴最大轴载重量为3～7t并采用气压制动系统的货车和客车。载重量特大的货车也不宜采用气压动力转向系统，因为其工作气压较低（一般不大于0.7MPa），如用于这种重型汽车上时，其部件尺寸将过于庞大。液压动力转向系统的工作压力可达到10MPa以上，且其部件尺寸很小。液压动力转向系统工作时无噪声，工作滞后时间短，而且能吸收来自不平路面的冲击。因此，液压动力转向系统已在各种汽车上被应用。

液压动力转向系统根据油液的工作情况可分为常压式与常流式两种；按动力缸、控制阀及转向器的相对位置可分为整体式与分置式两种。

(1) 常压式液压转向加力装置

图13-11为常压式液压转向加力装置的工作原理。其工作原理是无论汽车是否处于转向状态，液压动力转向系统的工作管路总是保持高压状态，所以称为常压式。当转向盘处于中位时，转向控制阀5关闭，转向液压泵3输出的压力油进入蓄能器2，当蓄能器的压力达到规定值后转向液压泵即自动卸荷。驾驶员转动转向盘时，机械转向器6工作，同时带动转向控制阀开启，蓄能器中的压力油流入转向动力缸4，产生推力帮助转向。当转向盘停止转动时，转向控制阀随之关闭，助力作用停止。蓄能器起到了系统保持高压的作用。

(2) 常流式液压转向加力装置

常流式液压转向加力装置的工作原理见图13-12。其转向加力装置无论汽车是否处于转向状态，液压动力转向系统的工作管路中的液压油总是在流动，平时压力较低，只有在转向时才产生高压，因此称为常流式。当转向盘处于中位时，流量控制阀4保持开启，转向动力缸8活塞两侧压力相等，不产生动作，这时，系统中的液压泵处在卸荷状态，油液处于低压流动。驾驶员转动转向盘时，机械转向器7工作，同时带动转向控制阀6动作，处于某一转弯方向相应的工作位置，此时转向动力缸相应的工作腔与回油管路断开，与液压泵输出管路相通，压力急剧升高，而另一工作腔仍然与回油管路相通，压力较低，转向动力缸活塞移动，产生推力。转向盘停止转动后，转向控制阀随即回到中位，转向动力缸停止工作。

以上两种液压转向加力装置相比较，常压式液压转向加力装置因具有蓄能器来积蓄

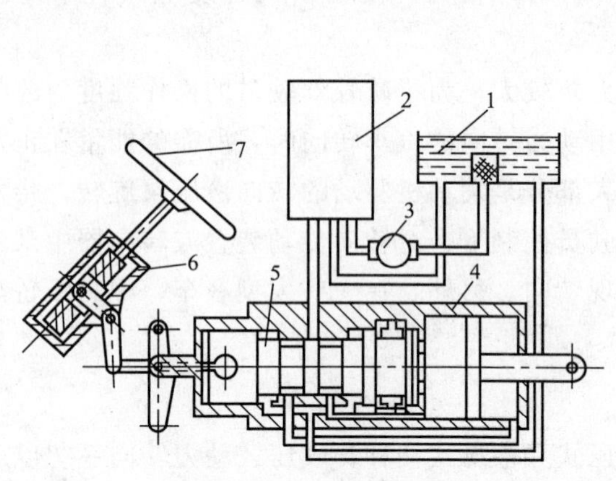

图 13-11 常压式液压转向加力装置的工作原理

1—转向油罐；2—蓄能器；3—转向液压泵；
4—转向动力缸；5—转向控制阀；
6—机械转向器；7—转向盘

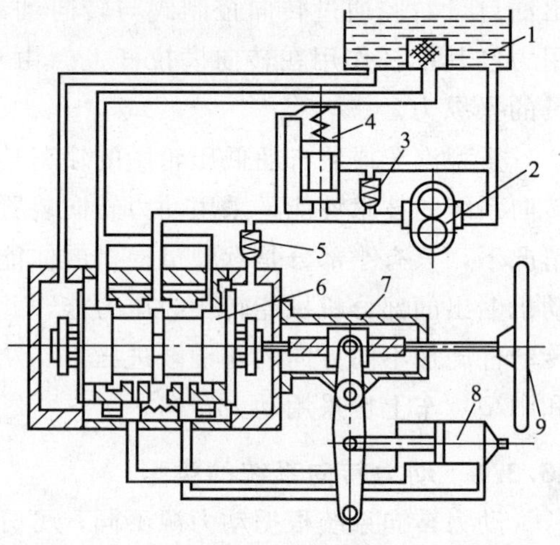

图 13-12 常流式液压转向加力装置的工作原理

1—转向油罐；2—转向液压泵；3—溢流阀；
4—流量控制阀；5—单向阀；6—转向控制阀；
7—机械转向器；8—转向动力缸；9—转向盘

液压能，可以使用小流量的转向液压泵，而且还可以在液压泵不工作的情况下保持一定的动力转向能力，使汽车能够继续行驶相当大的距离。常流式液压转向加力装置结构简单，液压泵功率损耗小，压力低，泄漏少，工作寿命长，广泛应用于各种汽车上，一汽奥迪100型轿车即采用这种形式的转向加力装置。

（3）整体式与分置式

目前，在汽车上常见的常流式液压动力转向系统中，转向控制阀、转向动力缸与机械转向器有多种配置方案，如图13-13所示。

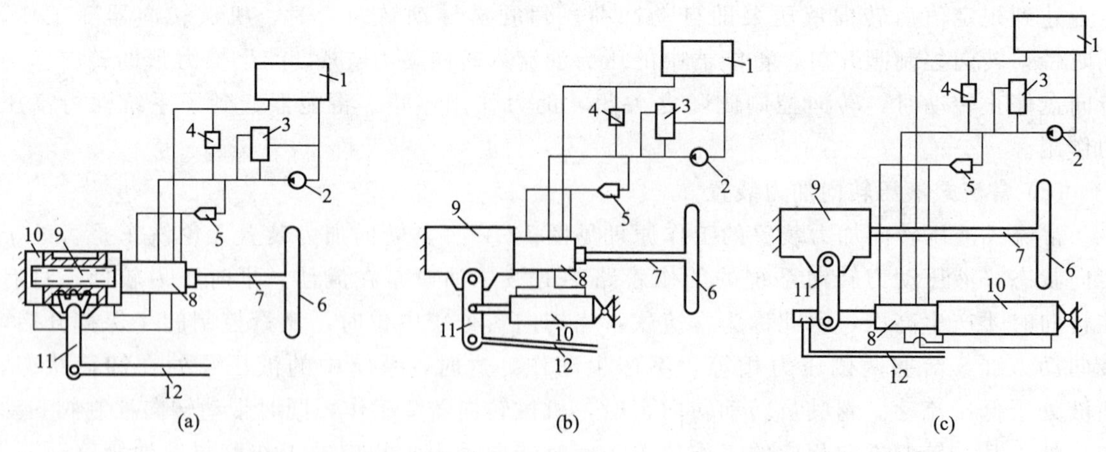

图 13-13 常流式液压动力转向的几种配置方案

1—转向油罐；2—转向液压泵；3—流量控制阀；4—溢流阀；5—单向阀；
6—转向盘；7—转向轴；8—转向控制阀；9—机械转向器；
10—转向动力缸；11—转向摇臂；12—转向直拉杆

机械转向器和转向动力缸设计成一体，并与转向控制阀组装在一起，这种三合一的部件称为整体式动力转向器。如图 13-13（a）所示，把机械转向器 9、转向动力缸 10 和转向控制阀 8 结合组装成一体，形成整体式动力转向器。在图 13-13（b）中，将转向控制阀同机械转向器组合成一个部件，该部件称为半整体式动力转向器，转向动力缸则做成独立部件。还有一种如图 13-13（c）所示的配置，机械转向器作为独立部件，而将转向控制阀和转向动力缸组合成一个部件，称为分置式转向加力器。

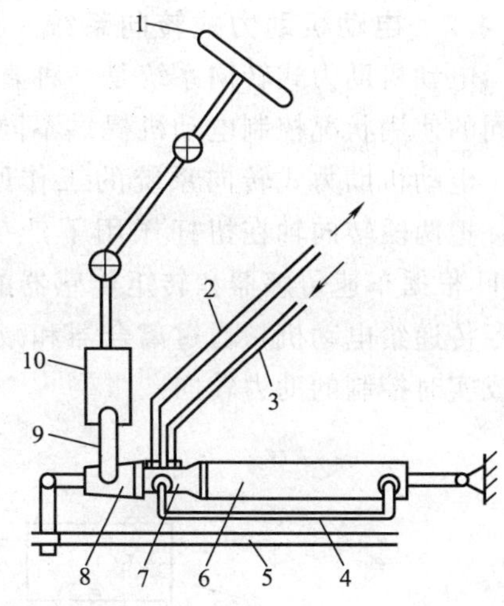

图 13-14　带转向加力器的动力转向系统

1—转向盘；2—回油管；3—进油管；4—油管；5—转向直拉杆；6—转向动力缸；7—转向控制阀；8—接头；9—转向摇臂；10—机械转向器

13.3.2　转向加力器

由转向控制阀和转向动力缸组成一体的装置，称为转向加力器。图 13-14 所示为带转向加力器的动力转向系统。转向加力器由转向控制阀 7 和转向动力缸 6 组成。转向盘通过机械转向器 10 使转向摇臂 9 摆动。一方面由球头铰链带动转向直拉杆 5 使车轮转向，另一方面通过转向控制阀中的滑阀移动，使转向动力缸在液压力的作用下对转向直拉杆施加作用力，起到助力作用。

13.4　电动助力转向系统

电动助力转向系统（简称 EPS）利用直流电动机提供转向动力，辅助驾驶员进行转向操作。电动助力转向系统根据其助力机构的不同可以分为电动液压式（简称 EPHS）和电动机助力式两种。

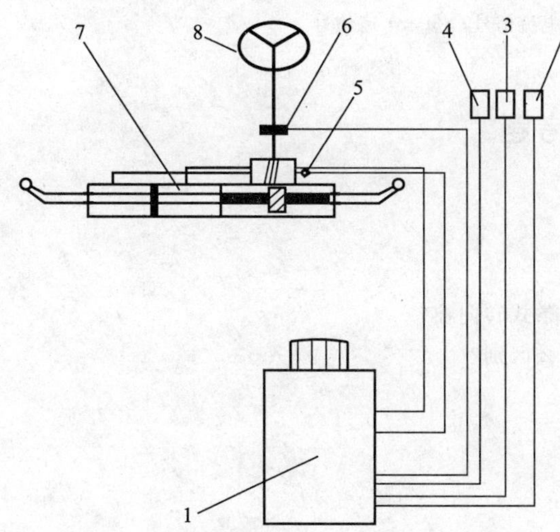

图 13-15　电动液压助力转向系统示意图

1—电液控制装置；2—发动机信号传感器；3—转向控制灯；4—车速传感器；5—单向阀；6—转向助力信号传感器；7—动力转向器；8—转向盘

13.4.1　电动液压助力转向系统

如图 13-15 所示，电动液压助力转向系统由液压与电子控制装置（包括动力转向 ECU、电动液压泵、限压阀、蓄油罐等）、动力转向器、发动机传感器等零部件组成。电动液压泵通过电动机驱动，与发动机在机械上毫无关系，助力效果只与转向盘角速度和行驶速度有关，是典型的可变助力转向系统。其特点是由 ECU 根据供油特性，汽车低速行驶时助力作用大，驾驶员操纵轻便灵活；在高速行驶时，转向系统的助力作用减弱，驾驶员的操纵力增大，具有明显的“路感”，既保证转向操纵的舒适性和灵活性，又提高了高速行驶中转向的稳定性和安全感。

13.4.2 电动机助力式转向系统

电动机助力式转向系统是一种直接依靠电动机提供辅助转矩的动力转向系统，可以根据不同的使用状况控制电动机提供不同的辅助动力。

电动机助力式转向系统的工作原理见图 13-16。当转向轴转动时，转矩传感器开始工作，把两段转向轴在扭杆作用下产生的相对转角转变成电信号传给电子控制器（ECU），ECU 根据车速传感器和转矩传感器的信号决定电动机的旋转方向和助力电流的大小，并将指令传递给电动机，通过离合器和减速机构将辅助动力施加到转向系统（转向轴）中，从而完成实时控制的助力转向。

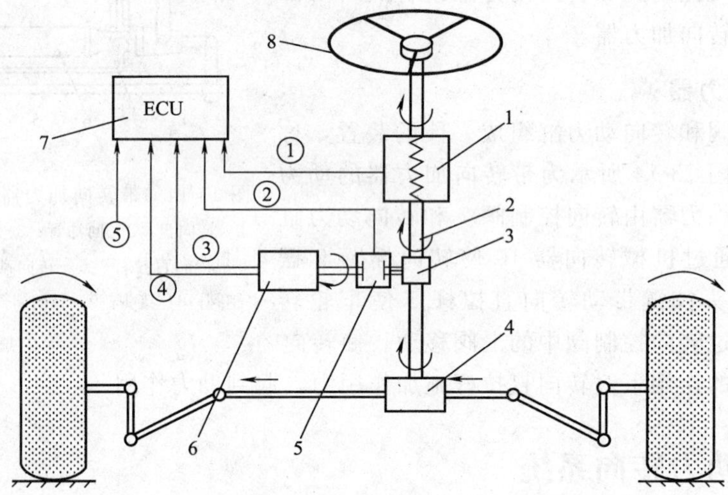

图 13-16 电动机助力式转向系统的工作原理

1—转矩传感器；2—转向轴；3—减速机构；4—齿轮齿条转向器；5—离合器；6—电动机；7—电子控制器 ECU；8—转向盘；①—转矩信号；②—离合器信号；③—转角信号；④—电流信号；⑤—车速信号

复习思考题

1. 转向系统由哪几部分组成？各起什么作用？
2. 动力转向系统有哪些优点？
3. 什么是转向盘的自由行程？它的一般范围有多大？
4. 为什么微型及轻型货车和轿车上广泛采用齿轮齿条式转向器？
5. 转向减振器的作用是什么？它与悬架减振器有什么区别？
6. 试说明动力转向系统的工作原理。

第14章　制动系统

学习要求

1. 掌握制动系统的功能、组成及工作原理；
2. 掌握鼓式制动器和盘式制动器的类型及工作原理；
3. 掌握人力液压式、真空液压式、气压式制动传动装置的组成及工作原理；
4. 掌握限压阀和比例阀的结构及工作原理；
5. 了解ABS的作用、组成与分类。

14.1　概述

14.1.1　制动系统的功能和组成

(1) 制动系统的基本功能

汽车上用以使外界（主要是路面）在汽车某些部分（主要是车轮）施加一定的力，从而对其进行一定程度的强制制动的专门装置统称为制动系统。其基本功能如下：汽车紧急制动时，在尽可能短的距离内将车速降为零；汽车下长坡时，将车速限制在一定安全值内，并保持稳定；汽车在坡道驻停时，应使汽车可靠地驻留在原地不动。

(2) 制动系统的组成

汽车制动系统一般至少装有两套各自独立的系统：一套是行车制动系统，另一套是驻车制动系统。行车制动系统是在汽车行驶过程中使用，由驾驶员用脚来操纵，故又称脚制动系统，它的功用是使行驶中的汽车减速或在最短的距离内停车。而驻车制动系统是由驾驶员用手来操纵的，故又称手制动系统，它的功用是使已经停在各种路面上的汽车停车驻留原地不动。但是，在紧急情况下，两套制动系统可同时使用，以增加汽车的制动效果。

重型货车还设置有应急制动或辅助制动系统。其作用是一旦行车制动装置失效，保证汽车仍能实现减速或停车。经常在山区行驶的汽车，若单靠行车制动装置来限制汽车下长坡的车速，则可能导致制动器过热而降低制动效能，甚至完全失效，故还应增装辅助制动系统，用以在下坡时稳定车速。另外，较完善的制动系统还应具有报警装置、压力保护装置等附加装置。

汽车制动系统主要由四部分组成。

① 制动器　产生制动力矩，阻止车轮转动的装置。

② 制动操纵机构　控制制动器工作的机构，如操纵手柄和制动踏板等。

③ 制动传动机构　将操纵力传到制动器。

④ 制动力调节机构　用来调节前、后轮制动力的分配元件（如比例阀、ABS等）。

14.1.2　制动系统的工作原理

制动系统的工作原理是：非旋转元件和车身或车架相连，旋转元件与车轮或半轴相连，依靠旋转元件与非旋转元件之间的相互摩擦，来阻止车轮的转动或转动的趋势，并将运动着

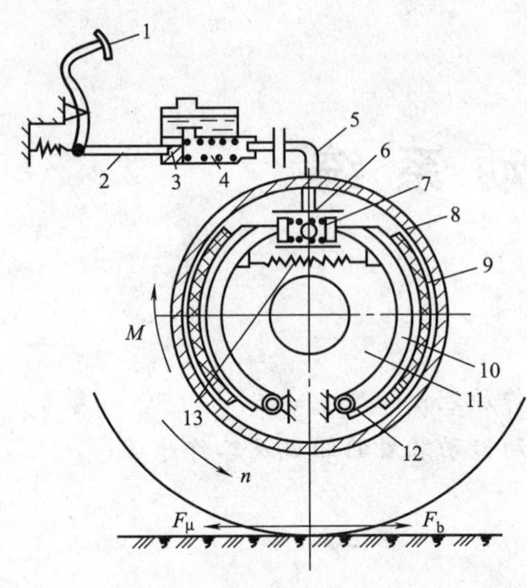

图 14-1　制动系统工作原理

1—制动踏板；2—推杆；3—液压制动主缸活塞；4—液压制动主缸；5—制动油管；6—液压制动轮缸；7—轮缸活塞；8—制动鼓；9—摩擦片；10—制动蹄；11—制动底板；12—支承销；13—制动蹄回位弹簧

的汽车的动能转化为摩擦副的热能散到大气中。

图 14-1 所示为一种简单的制动系统工作原理。它主要由车轮制动器和液压传动装置两部分组成。车轮制动器是由非旋转部分、旋转部分和张开结构所组成。旋转部分由制动鼓 8 固定在车轮轮毂上，随车轮一同旋转。固定部分由制动蹄 10 和制动底板 11 组成。

在固定不动的制动底板 11 上，有两个支承销 12，支承着两个弧形制动蹄 10 的下端，制动蹄的外圆上装有摩擦片 9。制动底板上还装有液压制动轮缸 6，通过制动油管 5 与装在车架上的液压制动主缸 4 相连通。驾驶员踩踏制动踏板 1，经过推杆 2 来操纵制动主缸中的活塞 3，迫使制动油液经管路 5 进入轮缸，推动轮缸活塞使制动蹄 10 张开，与制动鼓全面贴合压紧。

车辆不制动时，制动鼓的内圆与制动蹄摩擦片的外圆之间保持一定的间隙，使车轮和制动鼓可以自由旋转。

车辆制动时，驾驶员应踩下制动踏板，通过推杆推动液压制动主缸活塞，使主缸内的油液在一定压力下流入液压制动轮缸，并通过两个轮缸活塞 7 推动两制动蹄绕支承销旋转而张开，使其摩擦片压紧在制动鼓的内表面上。这样，不旋转的制动蹄就对旋转着的制动鼓作用一个摩擦力矩，其方向与车轮旋转方向相反。制动鼓将该力矩传到车轮后，由于车轮与路面间有附着作用，车轮对路面作用一个向前的周缘力，同时路面也对车轮作用着一个向后的反作用力（即制动力）。制动力是由车轮经车桥和悬架传给车架及车身，迫使整个汽车产生一定的减速度。制动力愈大，则汽车减速度也愈大。当放开制动踏板时，制动蹄回位弹簧 13 即将制动蹄拉回原位，摩擦力矩和制动力矩消失，制动作用随之也消失。

当然，阻碍汽车运动的制动力不仅取决于制动力矩大小，还取决于轮胎与路面间的附着条件。

14.1.3　制动系统应满足的要求

为了保证汽车在安全条件下发挥出高速行驶的能力，制动系统必须满足如下要求。

① 具有优良的制动性能。汽车制动性能的主要指标是制动距离、制动减速度、制动力和制动时间。这些制动性能均可用有关的仪器来检验。在实际使用中，常以制动距离来间接衡量整车的制动性能，汽车的制动距离愈小愈好。制动距离是指汽车以某一速度行驶时，当驾驶员踩下制动踏板开始，直到汽车停止不动过程中汽车所走过的距离。一般在水平良好路面上车速为 30km/h 制动时，要求轻型货车和轿车不大于 7m；中型货车不大于 8m；重型货车不大于 12m。

② 操纵轻便。操纵制动系统所需的力不应过大，对于人力液压系统，最大踏板力不大于 500N（轿车）和 700N（货车）。踏板行程，货车不大于 150mm，轿车不大于 120mm。

③ 制动稳定性好。制动时，前后车轮制动力矩分配应合理，使左右车轮上的制动力矩基本相等，力保制动时汽车不跑偏或不甩尾。

④ 制动平顺性好。制动力矩既能迅速而平稳地增加，又能迅速而彻底地解除。

⑤ 散热性好。连续制动时，制动鼓的温度可高达400℃，摩擦片的散热性能要好，同时水湿后恢复能力快。

⑥ 对挂车的制动系统，要求挂车的制动作用略先于主车，挂车自行脱挂时能自动进行应急制动。

14.2 制动器

制动器是制动系统中用以产生阻止车辆运动或运动趋势的力的重要部件。凡利用固定元件与旋转元件的工作表面摩擦而产生制动作用的制动器称为摩擦制动器。摩擦制动器按照制动力矩产生的位置不同，分为车轮制动器和中央制动器。车轮制动器的摩擦副中，旋转元件固装在车轮或半轴上，制动力矩作用于两侧车轮；中央制动器的摩擦副中，旋转元件固装在传动轴上，制动力矩需经驱动桥再作用于两侧车轮。按照摩擦工作表面的不同，分为鼓式和盘式制动器。鼓式制动器的摩擦副中，旋转元件为制动鼓，其工作表面为圆柱面；盘式制动器的摩擦副中，旋转元件为圆盘状的制动盘，其工作表面为端面。

14.2.1 鼓式制动器

鼓式制动器多为内张式。但因制动蹄张开机构的形式、张开力作用点及制动蹄支承点的布置等不同，使制动器的工作性能也不同。根据上述原因，鼓式制动器分为领从蹄制动器、单向双领蹄制动器、双向双领蹄制动器、双从蹄制动器、自增力式制动器。

(1) 领从蹄制动器

① 增势和减势作用　图14-2是领从蹄制动器的工作原理。图中 n 箭头所示为汽车前进时制动鼓的旋转方向，即制动鼓的正向旋转方向。制动轮缸6所施加给制动蹄1的作用力 F，使得该制动蹄绕支承销2张开时的旋转方向与制动鼓的旋转方向相同，具有这种性能的制动蹄称为领蹄。与此相反，制动轮缸所施加给制动蹄4的促动力 F，使得该制动蹄绕支承销3张开时的旋转方向与制动鼓的旋转方向相反，具有这种性能的制动蹄称为从蹄。当汽车倒驶，即制动鼓反向旋转时，领蹄变成从蹄，而从蹄则变成领蹄。这种在制动鼓正向旋转和反向旋转时，都有一个领蹄和一个从蹄的制动器即称为领从蹄制动器。

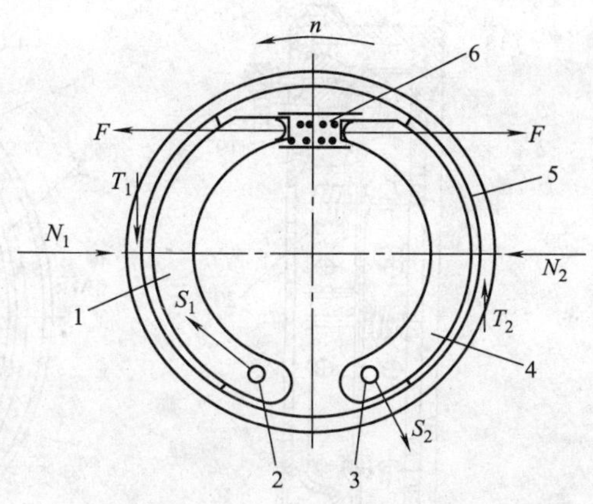

图14-2　领从蹄制动器工作原理
1—领蹄；2,3—支承销；4—从蹄；5—制动鼓；6—制动轮缸

在图14-2中，制动轮缸中的两活塞直径相同，并且都可在制动轮缸内作轴向移动，因此，制动时两活塞对两个制动蹄所施加的作用力是相等的。这种两个制动蹄所受作用力相等的领从蹄式制动器称为等作用力制动器。制动时，在相等的 F 力的作用下，领蹄和从蹄分别绕各自的支承销2和3旋转并逐渐压紧在制动鼓5上。旋转的制动鼓对制动蹄1、4分别产生法向反力 N_1 和 N_2，以及相应的切向反力 T_1 和 T_2，这里法向反力 N 和切向反力 T 均为分布力的合力。这些力的作用点和方向如图14-2所示。两个制动蹄受到的这些力分别被各自的支承点2和3的支承反力 S_1 和 S_2 所平衡。由图14-2可见，领蹄上的切向力 T_1 所造成的绕支承点2的力矩与作用力 F 所造成的绕同一支承点的力矩是同向的。所以作用力 T_1

使领蹄在制动鼓上压得更紧，即 N_1变得更大，从而 T_1也相应变得更大。

这表明领蹄具有“增势”作用。与此相反，切向力 T_2使从蹄有减小制动的趋势，从而使 N_2和 T_2有变小的趋势，故从蹄具有“减势”作用。

从上述分析可见，虽然领蹄和从蹄所受作用力相等，但所受制动鼓法向反力 N_1和 N_2却不相等，而且 $N_1>N_2$，相应的 $T_1>T_2$。因此产生两个制动鼓上的制动力矩不相等。一般说来，领蹄产生的制动力矩为从蹄制动力矩的 2～2.5 倍。倒车制动时，虽然从蹄变成领蹄，领蹄变成从蹄，但整个制动器的制动效果还是同前进时制动相同。

由此可见，因领蹄与从蹄所受法向反力不相等，在两个制动蹄摩擦片工作面积相等的情况下，领蹄摩擦片上的单位压力较大，因而磨损较严重。为了使领蹄和从蹄的摩擦片寿命相近，有的领从蹄式制动器，其领蹄摩擦片的周向尺寸设计得较大。这样又造成两个制动蹄的摩擦片不能互换，从而增加了零件生产管理成本。

领从蹄制动器的制动鼓所受到的两个法向反力 N_1和 N_2不平衡，则 N_1和 N_2只能由车轮轮毂轴承的反力来平衡，这就对轮毂轴承造成了附加径向载荷，缩短其寿命。这种制动鼓所受到的 N_1和 N_2不能互相平衡的制动器又称为非平衡式制动器。

② 领从蹄制动器的结构及工作原理　领从蹄制动器的结构见图 14-3。它由旋转部分、固定部分、张开机构和定位调整机构组成。旋转部分的制动鼓 18 多用铸铁制成。它以鼓盘中部的止口和端面定位，并用螺栓固定在轮毂的凸缘上，随同车轮旋转。制动鼓的边缘有一个孔用于检查蹄与鼓间隙。

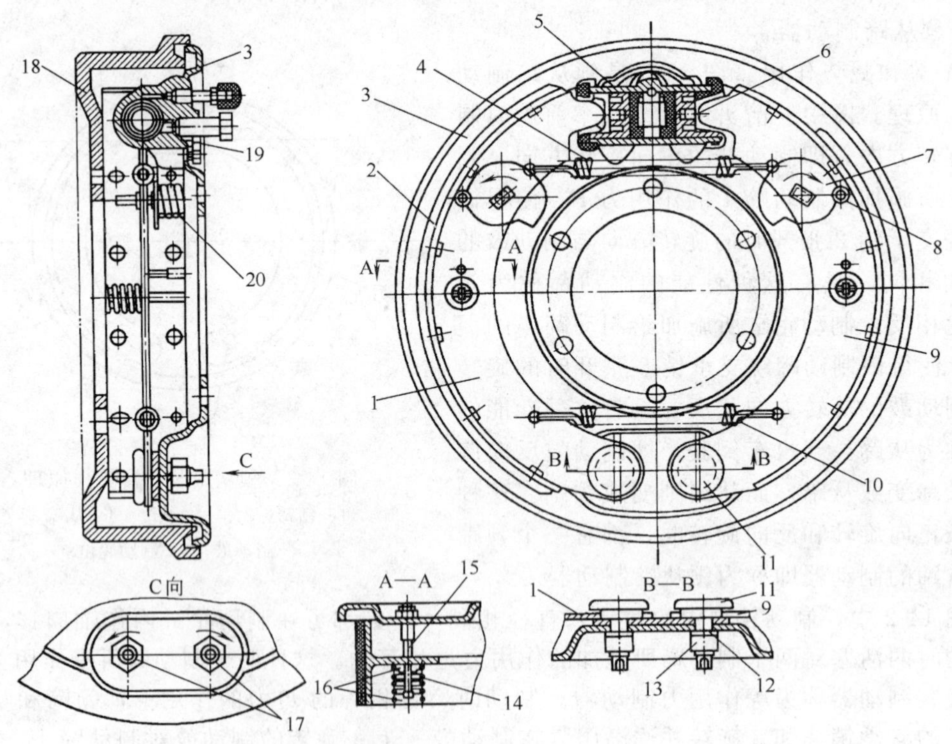

图 14-3　领从蹄制动器结构

1—前制动蹄；2—摩擦片；3—制动底板；4,10—回位弹簧，5—轮缸活塞；6—活塞顶块；7—调整凸轮；8—锁销；9—后制动蹄；11—支承销；12—弹簧垫圈；13—螺母；14—限位弹簧；15—制动蹄限位杆；16—弹簧座；17—标记；18—制动鼓；19—制动轮缸；20—凸轮压簧

制动鼓分整体浇铸式和组合浇铸式两种。后者的鼓盘用钢板冲压，鼓圈用铸铁在浇铸时结为一体。它具有钢的强度和铸铁的耐磨特性。有的轿车用钢板冲压成制动鼓，并在摩擦表面浇铸有一层铸铁。不少制动鼓的外圆表面铸有散热片，以便散热。为此，有的轿车采用铝合金制动鼓，鼓圈的摩擦表面敷以铸铁层。

固定部分是制动底板 3 和制动蹄 1、9，冲压的制动底板固装在车桥的凸圆盘上，通过其支承销 11 与制动蹄相连。制动蹄多用钢板焊接，其截面呈 T 形，有的制动蹄用铸铁或铝合金压铸，以增大其刚度。蹄的下端孔与偏心的支承销 11 作动配合，上端顶靠在轮缸 19 的活塞顶块上。

摩擦片 2 多用塑料石棉压制而成，用埋头铝铆钉铆接于制动蹄上，以增大蹄鼓间的摩擦系数。为了提高摩擦片的利用率，有些轻型车采用了树脂胶黏剂将其与蹄黏结。

张开机构是制动蹄的促动装置，主要包括轮缸 19 和顶块 6 等，轮缸 19 用螺钉与制动底板固接，顶块 6 压入活塞外端，制动蹄即嵌入顶块的槽中。制动蹄利用活塞的位置来运动，活塞直径相同时，推动两个蹄的推力始终大小相等，方向相反。

定位调整机构主要用于保持和调整制动蹄和鼓正确的相对位置。调整凸轮 7 安装在制动底板上，用凸轮压簧 20 来定位，凸轮的工作表面为凹槽，与腹板上的锁销 8 定位接触，在回位弹簧 4、10 的作用下保持凸轮的正确位置和蹄鼓间隙。限位杆 15 固定安装在制动底板上，是制动蹄的横向顶销。

弹簧 14 的拉杆在其相应位置穿过制动底板和制动蹄腹板上的大孔将弹簧压缩，使制动蹄的腹板紧靠在限位杆 15 的端部，以防止制动蹄横向的偏摆和振动。制动蹄通常有两处调整部位：转动凸轮 7 可使蹄内外摆动，蹄鼓间隙按上大下小的规律变化，有利于合理恢复间隙。转动偏心的支承销 11，可使蹄上下、内外地运动，不仅改变了蹄鼓间隙，而且还可以使摩擦副的实际工作区域发生变化，有利于蹄鼓之间的全面贴合。在支承销尾部端面上打有标记，表明偏心轴的轴线的偏移方向。协调地使用上述两处调整部位，便可得到规定的蹄鼓间隙值（一般为 0.25～0.5mm），使蹄面张开时的外圆与鼓的内圆同轴，即处于全面贴合的理想状态。为此，修理制动鼓内圆柱工作表面时，应以轮毂轴承定位，才能保证蹄、鼓、毂三者同轴而全面贴合。

制动蹄的支承类型见图 14-4。制动蹄的支承类型分为固定式和浮动式两种。固定式支承是把蹄的一端套在或顶在支承销上，只能绕支承销摆转，只有一个自由度。如果摩擦表面的几何形状加工不正确，摩擦片只能部分地和制动鼓表面接触。

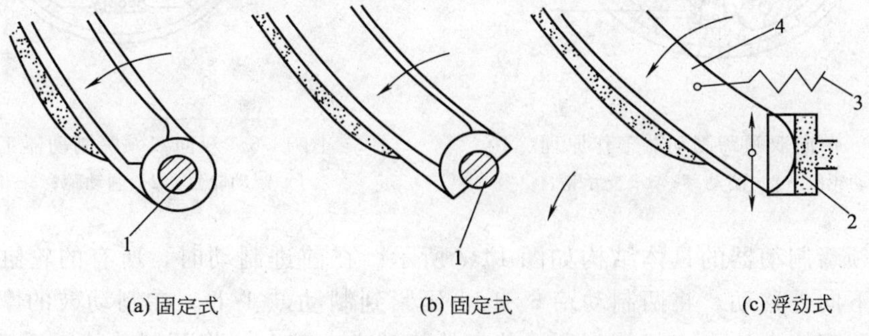

图 14-4　制动蹄的支承类型

1—支承销；2—支承块；3—弹簧；4—制动蹄

浮动式支承蹄的支承端呈弧形，支靠在制动底板上的支承块 2 上，需用两个回位弹簧来拉紧定位。它可使整个制动蹄向鼓的方向张开，又可沿支承块的支承平面上下移动。其优点是：在制动过程中，蹄与鼓可以自动定心，保证两者能处于全面贴合状态。浮动式支承可以省掉一个调整点，调整蹄鼓间隙时，需踩下制动踏板，使蹄贴合在鼓上，转动轮缸端的调整机构使蹄与鼓脱离接触即可。为了防止不制动时蹄片滑移，多把轮缸布置在相当于时钟的三点钟或九点钟的位置上。此种结构在小型汽车的制动器上广泛地使用。

(2) 平衡式制动器

平衡式制动器有单向双领蹄制动器、双向双领蹄制动器、双从蹄制动器，它们的固定元件布置都是中心对称的。如果间隙调整正确，则其制动鼓所受两制动蹄施加的两个法向合力能互相平衡，不会对轮毂轴承造成附加径向载荷。因此，这三种制动器被称为平衡式制动器。

① 单向双领蹄制动器　为了提高制动效果，在领从蹄制动器中把转松蹄颠倒安装，就出现了两蹄都成为转紧蹄的制动器。当前进制动时，两制动蹄均为领蹄的制动器称为单向双领蹄制动器，并且从图 14-5 中可看出，单向双领蹄制动器与领从蹄制动器（图 14-3）在结构上主要有两点不相同。

a. 领从蹄式制动器的两制动蹄只用一个活塞式制动轮缸，单向双领蹄制动器的两制动蹄各有一个单活塞制动轮缸。

b. 领从蹄式制动器中的制动蹄、制动轮缸、支承销在制动底板上按垂直中心线对称布置。单向双领蹄式制动器的两套制动蹄和制动轮缸、支承销在制动底板上是按中心对称布置的。

② 双向双领蹄制动器　当汽车前进制动或者倒车制动，两个制动蹄都是领蹄的制动器称为双向双领蹄制动器，其工作原理如图 14-6 所示。与领从蹄制动器相比，双向双领蹄制动器在结构上采用两个双活塞式制动轮缸，并且制动蹄的两端均采用浮式支承（同时支承点的周向位置也是浮动的），制动底板上的制动蹄、制动轮缸、回位弹簧等所有固定元件都是成对的，而且既按垂直中心对称布置，又按水平中心对称布置。

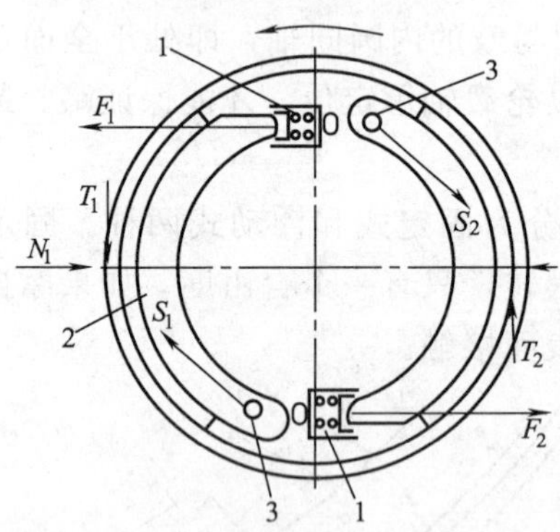

图 14-5　单向双领蹄制动器工作原理

1—制动轮缸；2—制动蹄；3—支承销

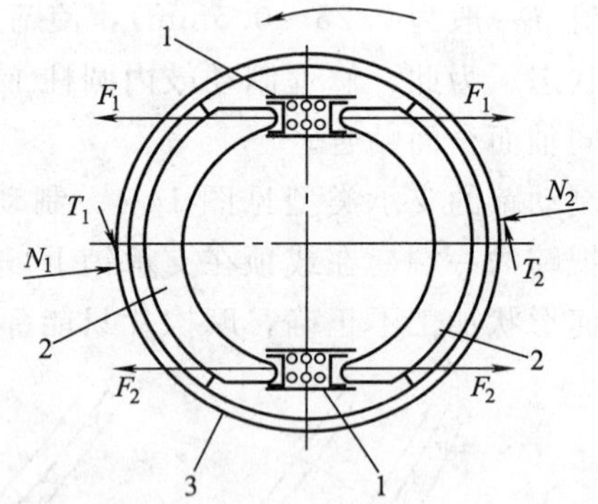

图 14-6　双向双领蹄制动器工作原理

1—制动轮缸；2—制动蹄；3—制动鼓

双向双领蹄制动器的具体结构如图 14-7 所示。在前进制动时，所有的轮缸活塞 8 都在液压力作用下向外移动，将两制动蹄 6 和 11 压紧到制动鼓 1 上。在制动鼓的摩擦力矩作用下，两制动蹄都绕车轮中心朝箭头所示的车轮旋转方向转动，将两制动轮缸活塞外端的支座 7 作为制动蹄的支承点，两个制动蹄均为领蹄。

倒车制动时，摩擦力矩的方向相反，使两制动蹄绕车轮中心逆箭头方向转过一个角度，

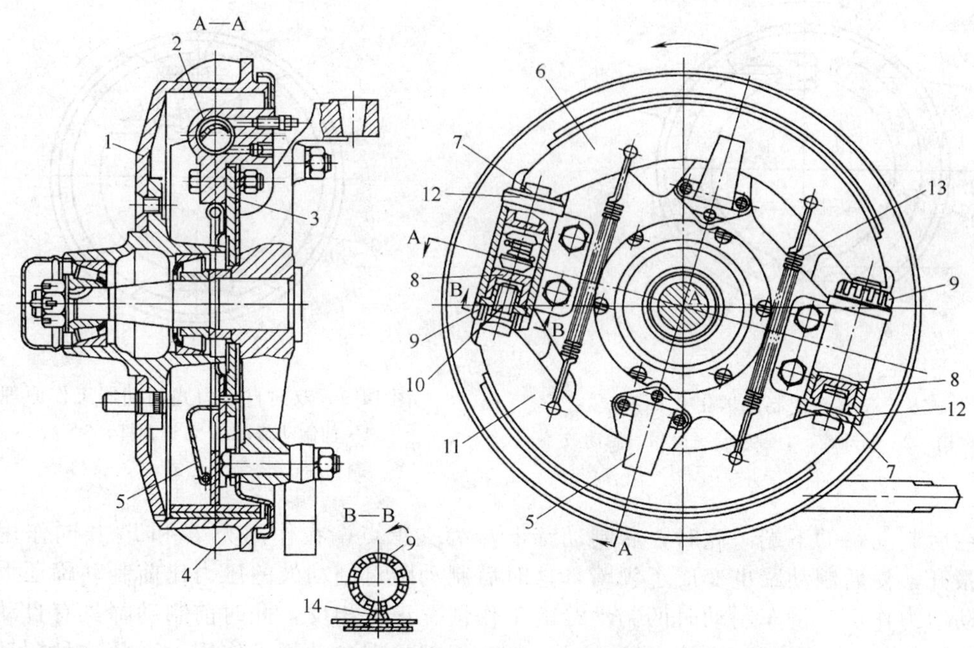

图 14-7　双向双领蹄制动器结构

1—制动鼓；2—制动轮缸；3—制动底板；4—制动鼓散热筋片；5—制动蹄限位片；
6—上制动蹄；7—支座；8—轮缸活塞；9—调整螺母；10—可调支承座；
11—下制动蹄；12—防护套；13—回位弹簧；14—锁片

将可调支承座 10 连同调整螺母 9 一起推回原位，于是两个可调支承座便成为制动蹄的新支承点。这样，每个制动蹄的支承点和作用力作用点的位置都与前进制动时相反，其制动效能同前进制动时完全一样。

③ 双从蹄制动器　图 14-8 所示是一种汽车在前进制动时两制动蹄均为从蹄制动器的工作原理，这种制动器称为双从蹄制动器。

它与双领蹄制动器结构很相似，两者的差异仅仅在于固定元件与旋转元件的相对运动方向不同。虽然双从蹄制动器前进制动效能低于双领蹄式和领从蹄式制动器，但其效能对摩擦变化的敏感程度较小，即具有良好的制动效能稳定性。

(3) 自增力式制动器

自增力式制动器的工作原理为两蹄用推杆浮动铰接，利用液压作用力促动，使两蹄产生增力作用，并充分利用前蹄的增力作用推动后蹄，使总的摩擦力矩进一步增大，即称为“自动增力”。自增力式制动器分为单向式（单活塞）和双向式（双活塞）两种，两者在结构上只是制动轮缸中的活塞数目不同而已。单向自增力式制动器在国产汽车上应用很少。现仅介绍双向自增力式制动器。

双向自增力式制动器工作原理见图 14-9。

当汽车处于前进状态时，两制动蹄在相同的轮缸的液压作用力 F 作用下同时向外张开，压靠到旋转的制动鼓上，并由于摩擦力的作用，使两制动蹄均沿顺时针方向移动。当后制动蹄 3 尚未顶到支撑销 5 时，前制动蹄 1 与制动鼓所产生的切向合力所造成的绕下支承点的力矩与液压作用力 F 所造成的绕同一支承点的力矩同向，故前蹄为领蹄；当两制动蹄继续移动到后制动蹄顶靠在支撑销上以后，前制动蹄即对浮动的可调顶杆 2 产生作用力 F'，并间

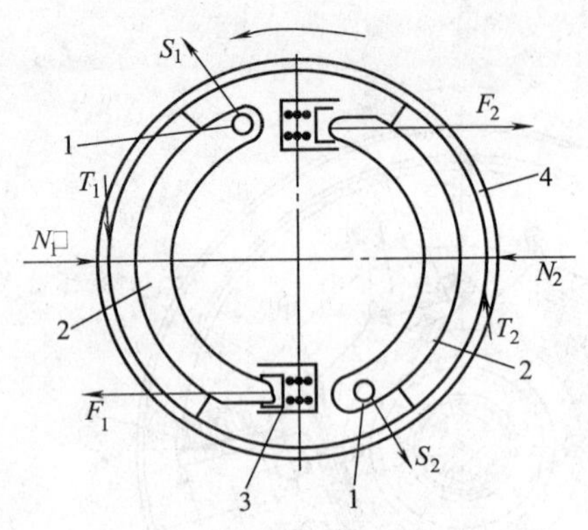

图 14-8 双从蹄式制动器工作原理

1— 支撑销；2—制动蹄；3—制动轮缸；4—制动鼓

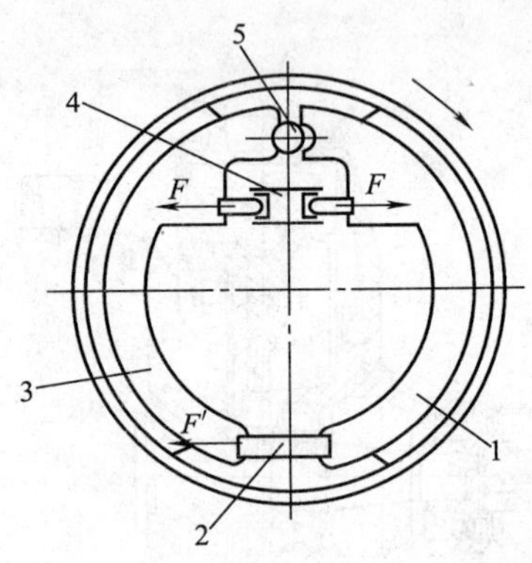

图 14-9 双向自增力式制动器工作原理

1—前制动蹄；2—可调顶杆；3—后制动蹄；4—制动轮缸；5—支撑销

接作用在后制动蹄的下端。此时，后制动蹄上端为支承点，在作用力 F 和 F' 共同作用下向外旋转张开，使后制动蹄也变成了领蹄，这时后制动蹄对制动鼓的压力比前制动蹄还大，产生了自动增力作用。倒车制动时两制动蹄的工作情况正好相反，此时前制动蹄具有自动增力效果。由于在前进行车制动和倒车制动时，制动器都具有自动增力作用，因此这种制动器称为双向自增力式制动器。

14.2.2 盘式制动器

盘式制动器又称为碟式制动器，顾名思义是取其形状而得名。它由液压控制，主要零部件有制动盘、轮缸、制动钳、油管等。制动盘用合金钢制造并固定在车轮上，随车轮转动。轮缸固定在制动器的底板上不动，制动钳上的两个摩擦片分别装在制动盘的两侧，轮缸的活塞受油管输送来的液压作用，推动摩擦片压向制动盘发生摩擦制动，动作起来就好像用钳子钳住旋转中的盘子，迫使它停下来一样。盘式制动器散热快、重量轻、构造简单、调整方便。特别是高负载时耐高温性能好，制动效果稳定，而且不怕泥水侵袭，在冬季和恶劣路况下行车，盘式制动器比鼓式制动器更容易在较短的时间内使车停下。有些盘式制动器的制动盘上还开了许多小孔，以加速通风散热和提高制动效率。盘式制动器的缺点是结构相对于鼓式制动器来说比较复杂，对制动钳和管路系统要求也较高，而且造价高于鼓式制动器。因此，盘式制动器广泛用于轿车和轻型货车的前轮制动。但是近年来，前后轮都采用盘式制动器的结构也日渐增多。

盘式制动器有两种：一种是固定钳盘制动器，另一种是浮动钳盘制动器。

(1) 固定钳盘制动器

图 14-10 是固定钳盘制动器的基本结构。它的旋转零件（制动盘 9）是固定在车轮上，以端面为摩擦工作面。其固定的摩擦零件为制动块 4、导向支承销 5、活塞 3，它们都跨装在制动盘两侧的钳体上，总称为制动钳。制动钳的钳形支架 6 通过螺栓与转向节（前桥）或驱动桥壳（后桥）固定在一起，并用调整垫片 2 控制制动钳与制动盘之间的相对位置。还有防尘护罩等零件在图中均未画出。

制动时，制动油液被压入内、外两油缸中，在液压油的作用下两活塞 3 带动两侧制动块 4 向制动盘移动压紧制动盘，产生摩擦力矩。在活塞移动过程中，矩形橡胶密封圈的刃边在活塞摩擦力作用下随活塞移动而产生微量的弹性形变［图 14-11 (a)］。消除制动时，活塞和制动块依靠密封圈的弹力和复位弹簧 8（图 14-10）的弹力复位［图 14-11 (b)］。由于矩形橡胶密封圈的刃边变形量很小，在不制动时，制动块摩擦片与制动盘之间的间隙每边都只有0.1mm左右，以保证消除制动。又因制动盘受热膨胀时，厚度方面只有微小的变化，故不会发生“拖滞”现象。因此，制动盘的端面跳动、平面度、垂直度等技术要求较高。同时应严格控制轮毂轴承的预紧度。如要修整制动盘的工作表面，应与轮毂一起加工，并需进行平衡试验。一定要注意盘式制动器使用的制动液是特制的合成型制动液，不能使用受热易膨胀的醇类制动油液。

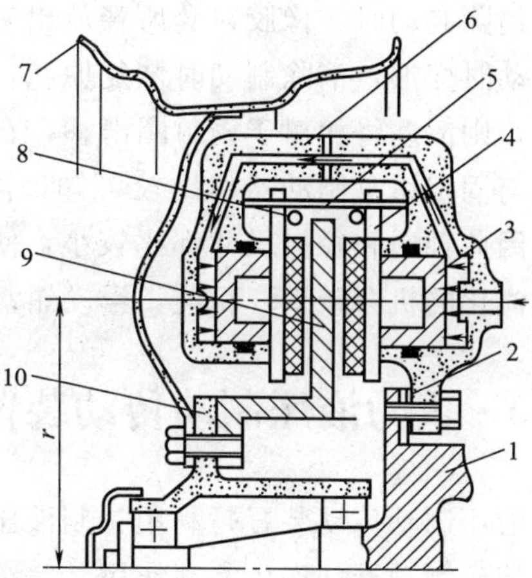

图 14-10　固定钳盘制动器的基本结构

1—转向节（或驱动桥壳）；2—调整垫片；3—活塞；4—制动块；5—导向支承销；6—钳形支架；7—轮辋；8—复位弹簧；9—制动盘；10—轮毂；r—制动盘摩擦半径

如果制动块摩擦片与制动盘的间隙因磨损加大，制动时活塞矩形橡胶密封圈变形达到极限后，活塞仍可在液压力的作用下，克服矩形橡胶密封圈的摩擦力，继续移动，直到摩擦片压紧制动盘为止。

消除制动时，矩形橡胶密封圈所能将活塞推回的距离与摩擦片磨损之前是相同的，仍保持标准值。显然，这种结构对橡胶密封圈的弹性、耐油性、耐热性、刃边表面粗糙度及几何精度等技术要求较高。

(2) 浮动钳盘制动器

浮动钳盘制动器的特点是制动钳体在轴向处于浮动状态，轮缸布置在制动钳的内侧，且数目只有固定式的一半，为单轮缸。制动时利用摩擦片的反作用力，推动制动钳体移动，使外侧的摩擦片也相继压紧制动盘，以产生制动力。

图 14-12 是浮动钳盘式制动器的工作原理。制动时，活动制动块 6 在液压作用力 P_1 作用下，使活塞推靠在制动盘 4 上，同时制动钳上的液压反作用力 P_2 推动制动钳沿导向销 2 移动，使外侧的固定制动块 7 也压靠在制动盘上，产生制动力，于是制动盘两边都被紧紧钳住，使车轮停止转动，达到了制动效果。橡胶衬套 8 既能作稍微变形，起到消除制动器的间隙的作用，又能起到密封作用，防止尘土侵入导向销。

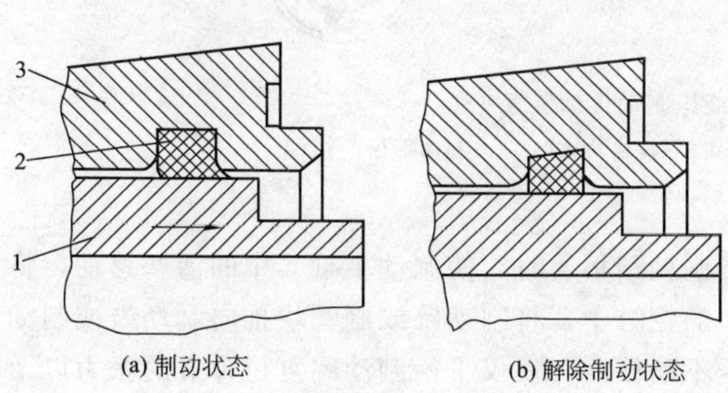

图 14-11　矩形橡胶密封圈工作状态

1—活塞；2—矩形橡胶密封圈；3—油缸

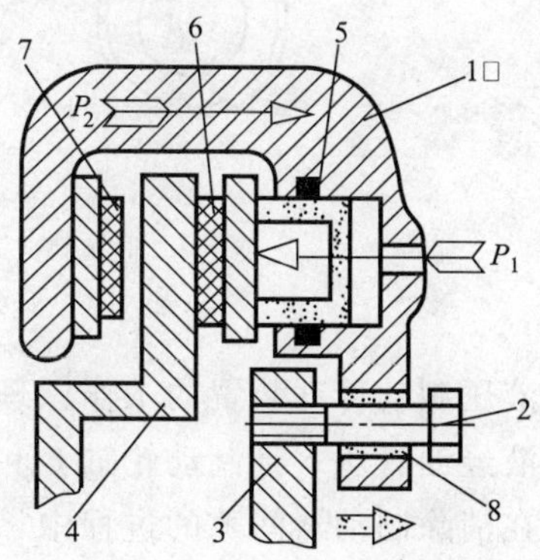

图 14-12　浮动钳盘式制动器的工作原理

1—制动钳体；2—导向销；3—制动钳支架；4—制动盘；5—活塞密封圈；6—活动制动块；7—固定制动块；8—橡胶衬套；P_1—液压作用力；P_2—液压反作用力

消除制动时，橡胶衬套所释放出来的弹性能有助于外侧制动块离开制动盘。活塞密封圈在制动时变形，消除制动时恢复原状，使活塞复位。若制动盘和固定制动块之间产生了过量间隙，则活塞将相对于密封圈滑移，自动调整间隙。

与固定钳盘制动器相比较可知，浮动钳盘制动器的单侧轮缸结构没有跨越制动盘的油道，因此轴向和径向尺寸都比较小，使浮动钳盘式制动器能更加接近车轮轮毂，而且制动液受热汽化的机会较少。目前，浮动钳盘制动器已基本取代了固定钳盘制动器。

14.3 人力液压制动传动装置

液压制动传动装置是利用特制液压油作为传动介质，将驾驶员作用于制动踏板上的力放大后传到制动器，产生制动作用。它结构简单，制动滞后时间短（约 0.2s），没有摩擦件的影响，制动稳定性好，能适应多种制动器，因此广泛应用在轿车、轻型货车的行车制动系统上。

14.3.1 液压制动传动装置的组成和工作原理

如图 14-13 所示，液压制动传动装置主要由制动主缸、液压管路、后轮鼓式制动器中的制动轮缸、前轮钳盘式制动器中的液压缸等组成。制动踏板机构和制动主缸都装在车架上，而车轮是通过弹性悬架与车架联系的，制动主缸和制动轮缸的相对位置是经常变化的，故连接油管除用金属管外，有相对运动的部位采用了高强度橡胶软管连接。制动前，整个液压制动系统中应充满专门配置的制动液。

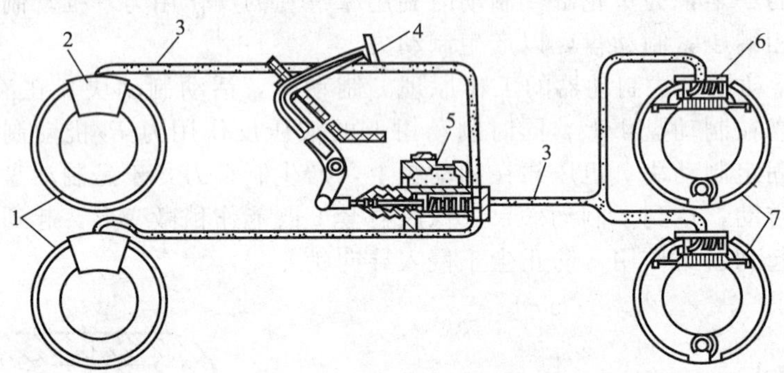

图 14-13 液压制动传动装置

1—前轮制动器；2—制动钳；3—制动油管；4—制动踏板；
5—制动主缸；6—制动轮缸；7—后轮制动器

液压制动传动装置的工作原理：当踩下制动踏板 4 时，使制动主缸 5 中的活塞移动，将制动液经油管压入到制动轮缸 6 和制动钳 2 的轮缸中，将制动蹄或制动块推向制动鼓或制动盘。在消除制动器间隙的过程中，管路油压不是很高，仅仅平衡制动蹄复位弹簧的张力以及油液在管路中的流动阻力。在制动间隙消失并开始产生制动力矩时，液压力与踏板力方能继续增长，直到完全制动。从开始制动到完全制动的过程中，由于在液压力作用下，油管（主要是橡胶软管）的弹性膨胀变形和摩擦元件的弹性压缩变形，制动踏板和轮缸活塞都可以继续移动一段距离。放开制动踏板，制动蹄和轮缸活塞在复位弹簧的作用下复位，将制动液压回制动主缸。

14.3.2 液压制动传动装置的双管路布置形式

液压制动传动装置的双管路布置主要是当一套管路发生故障时，只能部分降低制动效能，仍能保持其前、后桥制动力分配的比值，以提高附着力的利用率，保证汽车良好的操作性和稳定性。液压制动传动装置的双管路布置形式主要有如下几种。

（1）两桥制动器独立布置方案

两桥制动器独立布置方案如图 14-14 所示。制动主缸通过各自的管路分别控制前、后桥上的制动器。如果其中一套管路失效时，另一套管路仍有一定的制动效能。由于前、后桥制动力分配的比值被破坏，造成附着力利用率下降，使制动效能小于 50%。该方案适用于前、后桥载荷分布均匀，制动时轴荷转移量少，并且是发动机前置、后轮驱动的汽车。

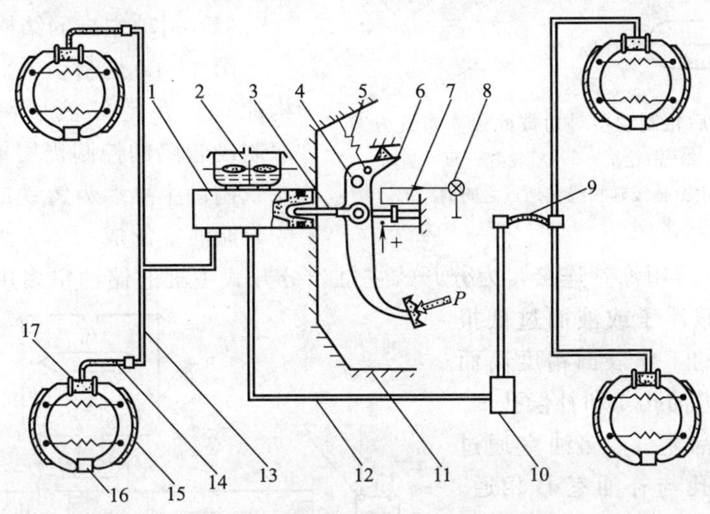

图 14-14 两桥制动器独立布置方案

1—制动主缸；2—储油罐；3—推杆；4—支承销；5—回位弹簧；6—制动踏板；7—制动灯开关；8—指示灯；9，14—软管；10—比例阀；11—地板；12—后桥油管；13—前桥油管；15—制动蹄；16—支承座；17—轮缸

（2）两个轮缸独立布置方案

两个轮缸独立布置方案如图 14-15 所示。双腔主缸通过各自的管路分别控制前、后桥制动器中轮缸之一。如果其中一套管路失效时，另一套管路仍能保持一定的制动性能。此时，制动效能虽有下降，但前、后桥制动力分配的比值没有改变，附着力利用率高，制动效能为 50%。该方案适用于具有两个轮缸的制动器。

（3）前、后轮制动器对角彼此独立布置方案

前、后轮制动器对角彼此独立布置方案如图 14-16 所示。双腔主缸通过各自的管路分别控制前、后桥对角轮制动器。如果其中一套管路失效时，另一套管路对角地使前、后桥制动器保持一定的制动效能。由于前、后桥

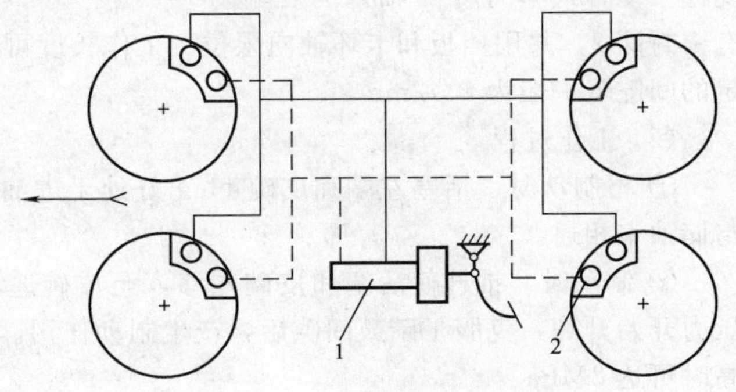

图 14-15 两个轮缸独立布置方案

1—双腔主缸；2—双轮缸盘式制动器

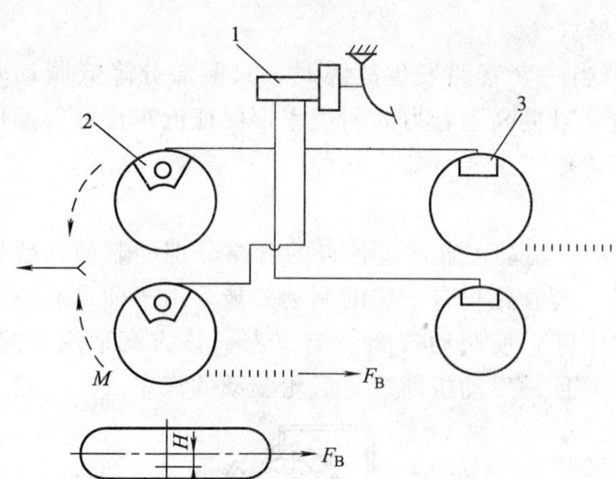

图 14-16　前、后轮制动器对角彼此独立布置方案
1—双腔主缸；2—前轮缸；3—后轮缸；H—制动力作用线与主销轴线延长线接地点之间的距离

制动力分配的比值没有改变，附着力利用率高，制动效能为50%。此种方案被广泛用于单轮缸轿车上。应该说明这里存在着某一管路失效、制动跑偏问题。为此，多采用加大主销内倾角的办法，使主销的转点在力点之外，成为负值力臂，产生抗偏力矩，保持制动时方向的稳定性。

14.3.3　制动主缸

(1) 制动主缸的结构

图14-17是制动主缸为单腔主缸的结构原理，在空气液压制动传动装置中，双制动管路的控制仍用单腔主缸。

制动主缸多为铸铁或铝合金制成，有的与储油室制成一体，为整体式主缸；也有的将两者分开，再用油管连接，为分开式主缸。分开式主缸的储油室多用透明塑料模压制成，有的内装防溅浮子或液面过低报警灯开关。主缸的工作表面精度高而光洁，缸筒上有进油孔4和补偿孔5。

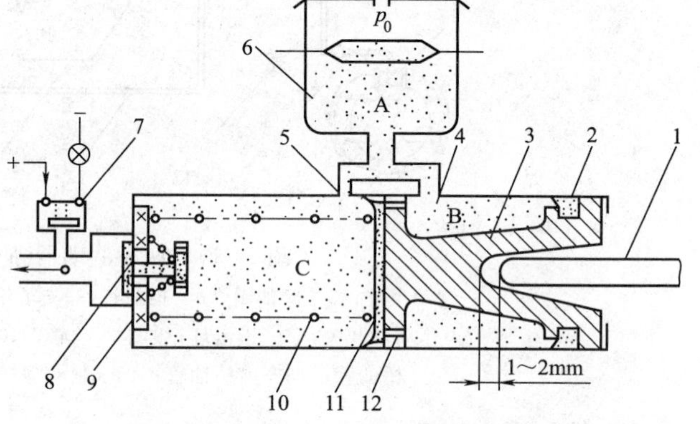

图 14-17　制动主缸为单腔主缸的结构原理
1—推杆；2—密封圈；3—活塞；4—进油孔；5—补偿孔；6—储油室；7—液压制动开关；8—出油阀；9—回油阀；10—回位弹簧；11—皮碗；12—轴向孔；A—储油室；B—补油室；C—压力室

缸内装有铝活塞3，储油室通过直径较大的进油孔与补油室B相通。橡胶皮碗外圆表面多制有一环形槽，并有若干轴向槽与其相通，以便在工作时能使油液单向地补偿。回位弹簧10处于橡胶皮碗与回油阀9之间，它有一定的预紧力，将活塞推靠在后挡板上，并使回油阀9关闭。

回油阀为环形有骨架的橡胶圈。其中心孔被带弹簧的出油阀8所封闭，统称“复合式单向阀”。活塞的后端装有密封圈2，并用挡板和卡环轴向限位。工作长度可调的推杆1伸入活塞的凹部，并保持一定的间隙（一般为1～2mm）。

(2) 工作过程

① 不制动时　活塞左端和皮碗11正好处于进油孔4与补偿孔5之间，进油孔和补偿孔与储油室相通。

② 制动时　推杆使活塞和皮碗左移，至皮碗遮盖住补偿孔5后，压力室C即被封闭，压力开始升高，克服了蹄鼓间隙后，产生制动作用。压力的高低与踏板力成正比例增加，最高时可达8MPa。

③ 维持制动时　保持踏板于某一位置，主缸活塞即维持不动，压力室C及轮缸内压力不再增高。出油阀前后压力平衡，并在其弹簧的作用下关闭，双阀处于关闭状态，维持一定

的制动强度。

④ 缓慢放松制动时　制动踏板、主缸活塞和轮缸活塞均在各自的回位弹簧促动下复位，高压油液自管路顶开回油阀流回主缸，制动随之解除。

由于活塞回位弹簧在装配时有一定的预紧力，在油液回流过程中，轮缸和油管内油压降到不能克服此预紧力时，回油阀即关闭，油液停止回流。这时油管及轮缸内的压力比主缸压力室C内压力高0.05～0.1MPa，使轮缸和油管中保持一定的残余压力。

残余压力的作用：一是使轮缸内的活塞皮碗处于密封状态，以提高其密封性能（防止漏油或渗气）；二是使轮缸内的活塞靠在制动蹄的端部，以免存在滞后的间隙。但是，如回位弹簧预紧力过大，残压会过高，将造成制动活塞不能彻底复位，影响解除制动作用。

⑤ 迅速放松制动时　活塞在回位弹簧的作用下迅速右移，压力室内容积迅速扩大，压力迅速降低，管路中油液由于管路阻力和回油阀阻力的影响，来不及充分流回压力室，使压力室形成一定真空度（负压），而补油室B为大气压力，在压力差的作用下，补油室油液经活塞左端若干轴向孔并推翻皮碗边缘流入压力室，以备第二脚制动，使出油量增多，踏板即愈踩愈高，制动作用加强。如果第一脚就实现了完全制动，快松踏板后，由于“后油前补”功能的存在，管路中流回的超量油液便经补偿孔流回储油室。

⑥ 放松制动踏板后　活塞即完全复位，补偿孔即开放，管路中多排出的超量油液经补偿孔流回储油室。管路中压力降至残压规定值时，回油阀即关闭。

应该说明，正常情况下，制动踏板踩到底即能实现完全制动。如因蹄鼓间隙过大或空气渗入等原因，一脚制动感到制动力不足时，可迅速放松踏板，再踩第二脚或第三脚，使出油量增多，踏板高度即愈踩愈高，制动力进一步增大。通过轮缸上的放气螺钉，可排除管路中的空气。

可见，复合式单向阀的存在，不仅能使管路中保持残压，还能连续加大排油量；并具有换油、排气方便的功能。

要特别注意补偿孔和活塞皮碗的相对位置至关重要，相距过远，压力建立过晚；相距过近，易遮堵补偿孔。如果液压系统漏油以及因温度变化，引起轮缸、管路、主缸中压力的下降或升高时，都可以通过补偿孔来调节。

(3) 典型双腔制动主缸的结构和工作原理

① 结构　双腔制动主缸结构如图14-18所示。双腔制动主缸多为串联式，利用液压联动。就是利用一个缸体，装入两个活塞，形成两个彼此独立的压力室，分别和各自的控制管路连接。每个管路分别有单独的储油室，防止一管路漏油，影响另一管路正常工作。

鼓式制动器的双腔主缸，缸体内装有活塞7和10，分别形成前压力室B和后压力室A，又通过各自的补偿孔、进油孔和各自的储油室相通。前活塞7两端都承受弹簧力，但前活塞回位弹簧的张力大于后活塞回位弹簧16，故主缸不工作时，前活塞被推靠在限位螺钉8上，以保证前活塞正确的起始位置，使其补偿孔、进油孔与缸内相通。前活塞后端的两个密封圈17为两腔的隔墙，两皮圈的刃口方向应相反，以便两腔都建立油压时保持密封。后活塞有两个特点：一是回位弹簧通过其弹簧座与活塞预装在一起；二是活塞导向部分不是圆柱体，形成补油室和进油孔相通。复合式单向阀垂直地安装在两腔的一侧，与前后桥轮缸相通。

② 工作过程

a. 正常状态制动　推杆推动后活塞10左移，在其皮圈15遮盖住补偿孔之后，后压力室A建立压力。油压经出油阀流入后制动管路，推动前活塞7左移，前压力室B也产生压

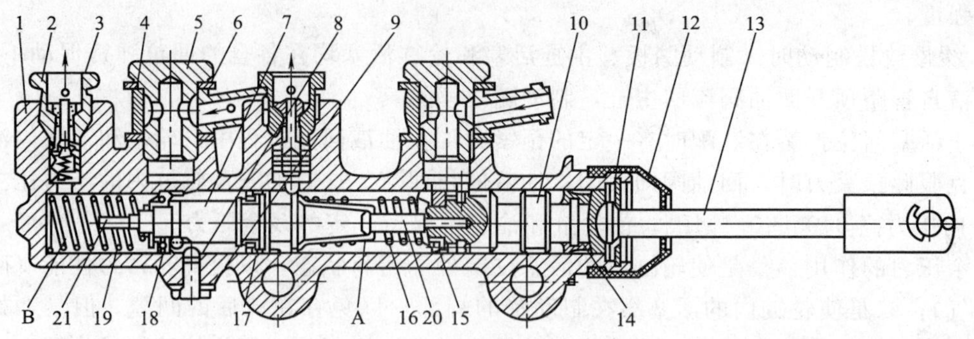

图 14-18 双腔制动主缸结构

1—缸体；2—出油管；3—嘴式出油阀；4—进油管；5—空心螺栓；6,9—密封垫；7—前活塞；8—限位螺钉；10—后活塞；11—挡板；12—护罩；13—推杆；14—后活塞密封圈；15—后活塞皮圈；16—后活塞回位弹簧；17—前活塞密封圈；18—前活塞皮圈；19—前活塞回位弹簧；20—后活塞顶杆；21—前活塞定位杆；A—后压力室；B—前压力室

力，推开前出油阀流入前制动管路，于是两制动管路在等压下对汽车制动。

b. 如果前桥管路损坏漏油　只能使后压力室 A 建立一定的压力，而前压力室 B 无压力。此时，在压力差的作用下，前活塞 7 被迅速地向左移动，前活塞定位杆 21 接触到前压力室 B 的左端为止。后压力室 A 中的压力方能升高到所需的数值。

c. 如果后桥管路损坏漏油　后活塞前移，后压力室 A 不能建立压力，不能推动前活塞。但在后活塞的顶杆触到前活塞时，推杆的作用力便推动前活塞，使前压力室 B 压力升高而制动。

可见，双管路液压系统中任何一套管路漏油时，另一套管路仍能工作，仅仅是所需的踏板行程加大，制动效能降低。

③ 双腔制动主缸的特点　利用液压联动使后压力室 A 压力的建立略早于前压力室 B，这对远离制动主缸的后轮制动器是很有必要的。

为了保持前活塞的初始位置，前回位弹簧的张力大于后回位弹簧的张力。因而后压力室的压力大于前压力室的压力。这一特点对于具有不同初始工作压力要求的混合式制动系统是有利的。在前盘式制动器中，钳盘间隙较小，且无回位弹簧，制动工作的始点和压力的增高同时发生。而在后鼓式制动器中，促动力必须克服回位弹簧力后才开始工作。因而后轮管路压力的建立应早一点和大一点，使前后轮制动器同步工作。为此，有的主缸在通往钳盘式制动器的管路上加装了“节流阀”(又叫滞后阀)，使其工作稍有滞后。

制动管路是否漏损，驾驶员可根据制动效能的降低和踏板行程的增大来判断排除。有的汽车在制动管路中设置了“制动低效警告灯开关”，又叫压差阀。压差阀中的菱形自由活塞在正常情况下两端分别承受两套管路的压力，是平衡状态。

当一管路漏损丧失压力时，活塞向漏损端移动，触动微动开关接通电路，使仪表盘上的警告灯亮。这种活塞式的开关还能起自动堵塞失效管路的作用，能使正常管路较快地建立起制动压力，制动滞后时间被缩短。

14.3.4 制动轮缸

制动轮缸的功用是将液体压力转变为制动蹄张开的机械推力。因制动器形式不同，轮缸的数目和形式各异。制动轮缸常见的有双活塞式和单活塞式两类。单活塞式制动轮缸主要应用于双领蹄和双从蹄制动器；而双活塞式制动轮缸应用较广，既可应用于领从蹄制动器，又可应用于双向双领蹄及自增力式制动器。如图 14-19 所示为双活塞式制动轮缸结构。制动轮缸体 1 用螺栓固定在制动底板上，缸内有两个活塞 2，两者之间的内腔由两个皮碗 3 密封。制动时，制动液自油管接头和进油孔 7 进入，活塞 2 在液压力的作用下外移，通过顶块 5 推动制动蹄进行制动。弹簧 4 保证皮碗、活塞、制动蹄的紧密接触，并保持两活塞之间的进油间隙。防护罩 6 主要防尘、防水，以免活塞和制动轮缸生锈而卡住。

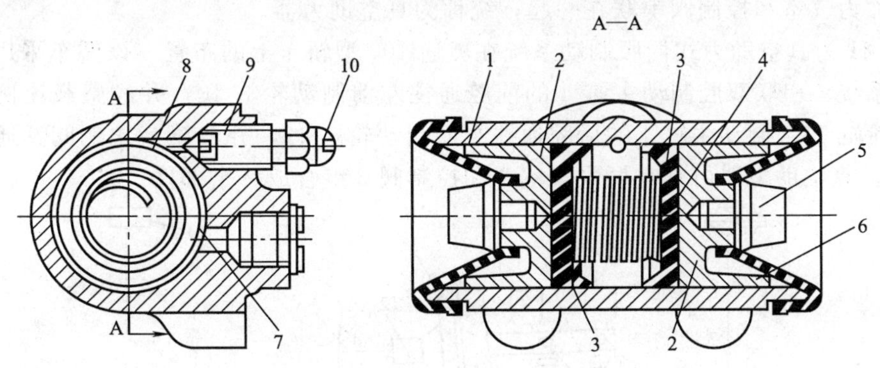

图 14-19　双活塞式制动轮缸结构

1—缸体；2—活塞；3—皮碗；4—弹簧；5—顶块；6—防护罩；
7—进油孔；8—放气孔；9—放气螺塞；10—防护螺钉

单活塞式制动轮缸的结构如图 14-20 所示。为缩小轴向尺寸，取消了液压腔密封件，而采用装在活塞导向面上切槽内的皮圈 4 来进行密封。进油间隙依靠活塞端面的小台阶保证。放气螺钉 1 的尾部有密封锥面，平时旋紧压靠在阀座上。与密封锥面相连的圆柱面两侧有径向孔，与阀中心的轴向孔相通。需要放气时，先取下橡胶护罩 2，再连踩几下制动踏板，对缸内加压，然后踩住制动踏板不放，将放气螺钉 1 旋出少许，空气即排出。空气排尽后再将放气螺钉 1 旋紧。

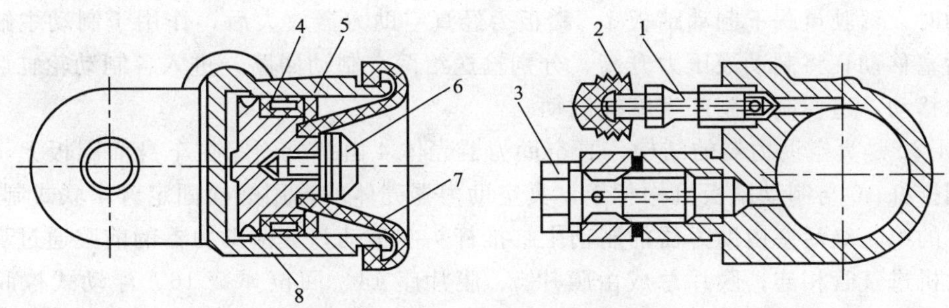

图 14-20　单活塞式制动轮缸结构

1—放气螺钉；2—护罩；3—进油管接头；4—皮圈；5—缸体；6—顶块；7—防护套；8—活塞

14.4　真空液压制动传动装置

在普通液压制动系统中，加装真空加力装置，可以减轻驾驶员施加于制动踏板上的力，增加车轮制动力，达到操纵轻便、制动可靠的目的。真空加力装置是利用发动机工作时在进气管中形成的真空度（或利用真空泵）为动力源的制动传动装置。它可分为真空增压式与真空助力式两种。真空增压式是装在主缸之后，通过增压器将制动主缸的液压力进一步增大。真空助力式是装在踏板与主缸之间，通过助力器来帮助制动踏板对制动主缸产生推力。

真空助力器是轻型车、轿车制动系统中的制动伺服装置，利用汽油发动机工作时所产生的真空或柴油发动机所加装的真空泵所产生的真空按一定比例放大制动踏板力，推动主缸活塞，使制动主缸产生液压力，使轮制动器产生阻力，控制车辆减速或制动。

真空加力气室和控制阀串联在一起，统称为真空助力器。

图 14-21 为真空助力式伺服制动系统在奥迪 100 型轿车上的布置。该轿车采用对角线双回路制动系统。串联双腔制动主缸 4 的前腔通往左前制动轮缸 10，并经感载比例阀 9 通往右后制动轮缸 13。制动主缸 4 的后腔通往右前制动轮缸 12，并经感载比例阀 9 通往左后制动轮缸 11。真空助力器由真空伺服气室 3 和控制阀 2 组合成一个部件。

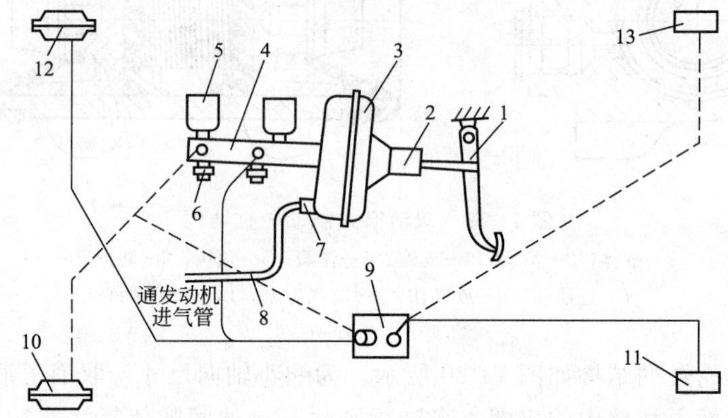

图 14-21 真空助力式伺服制动系统在奥迪 100 型轿车上的布置

1—制动踏板；2—控制阀；3—真空伺服气室；4—制动主缸；5—储液罐；6—制动信号灯液压开关；7—真空单向阀；8—真空管；9—感载比例阀；10—左前制动轮缸；11—左后制动轮缸；12—右前制动轮缸；13—右后制动轮缸

制动时，驾驶员踩下制动踏板 1，踏板力经真空助力器放大后，作用于制动主缸的活塞上，使活塞移动，将制动液压力升高，分别输送给两个制动回路，进入各制动轮缸后，推动轮缸活塞移动，迫使制动副产生摩擦制动。

图 14-22 是真空助力器的结构。真空助力器壳体 4 由螺栓固定在车身前围板上，通过制动控制阀推杆 10 与制动踏板机构相连，真空助力器壳体前端用螺栓固定着串联式制动主缸，制动主缸的第一级活塞由助力器的制动主缸推杆头 1 推动；真空助力器的前腔通过真空单向阀与发动机进气管相连；膜片总成由膜片 5、膜片座 14、回位弹簧 16、浮动式橡胶真空阀 12、大气阀 17、橡胶反作用盘 15 等零件组成，膜片座后端内孔安装空气过滤芯 9，保证清洁空气进入。

真空助力器的工作原理如图 14-23 所示。未踩制动踏板时，发动机所产生的真空度通过真空单向阀 4 作用在膜片前腔，又通过开启的橡胶真空阀 7、真空通道 9 作用在膜片总成 5 的后腔，则膜片总成在回位弹簧 3 的作用下处于最右（后）的位置，空气阀紧压阀座而关闭，加力气室前腔和后腔都处于真空状态。

制动时，踩下制动踏板的初期，控制阀推杆 8 推动大气阀 10 左（前）行；橡胶真空阀在其后边弹簧的作用下随大气阀前行，直到将真空通道关闭。继续踩下制动踏板后，当大气

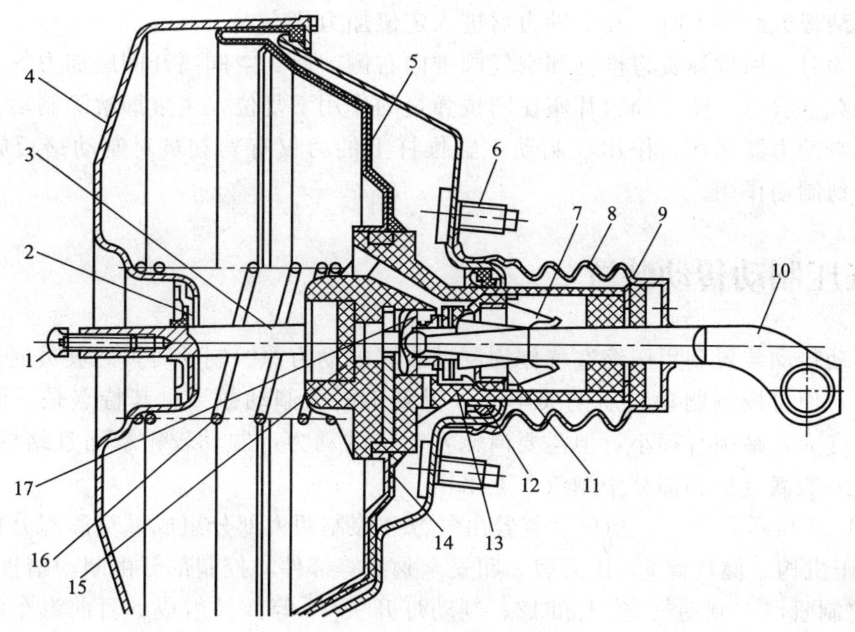

图 14-22 真空助力器的结构

1—制动主缸推杆头；2—气体密封圈；3—制动主缸推杆；4—真空助力器壳体；5—橡胶膜片；6—螺栓；7—控制阀推杆弹簧；8—防护套；9—空气过滤芯；10—制动控制阀推杆；11—阀门弹簧；12—橡胶真空阀（大气阀座）；13—真空阀座；14—膜片座；15—橡胶反作用盘；16—回位弹簧；17—大气阀

阀继续前行，离开橡胶真空阀，则外部的空气经过空气过滤器从膜片座 6 的后部进入，通过大气阀和橡胶真空阀之间的大气通道 12 进入膜片总成的后腔，随着空气的进入，在加力气室膜片的两侧出现压力差而产生推力，此推力使膜片总成帮助大气阀并通过橡胶反作用盘 11 推动制动主缸推杆完成制动助力作用。

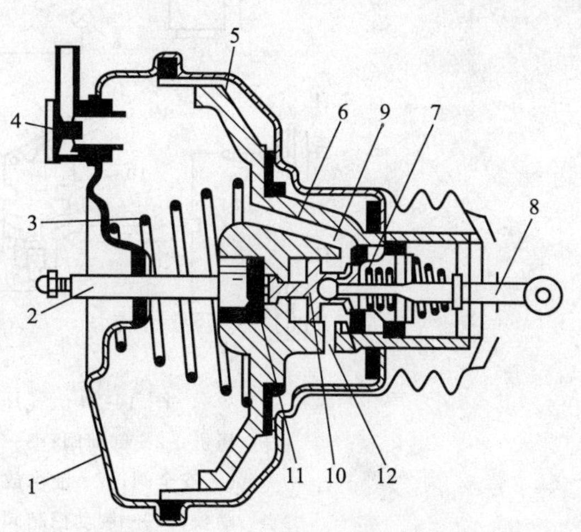

图 14-23 真空助力器工作原理

1—真空助力器壳体；2—制动主缸推杆；3—回位弹簧；4—真空单向阀；5—膜片总成；6—膜片座；7—橡胶真空阀；8—制动控制阀推杆；9—真空通道；10—大气阀；11—橡胶反作用盘；12—大气通道

维持制动时，即制动踏板踩下停在某一位置时，开始由于压差的作用膜片还在继续左移，而大气阀门和制动控制阀推杆已停止移动，从而使大气阀的开口逐渐关闭。与此同时，中心部分被压凹的橡胶反作用盘也变平，于是出现双阀关闭的平衡状态，膜片不再左移而维持制动。此时，制动主缸推杆 2 作用于橡胶反作用盘的推力与制动控制阀推杆和膜片座作用于橡胶反作用盘的合力相平衡。由于只存在橡胶反作用盘变平，也就是大气阀与膜片座对其单位压力相等时，双阀才关闭，所以助力越大，制动主缸推杆的推力越大，橡胶反作用盘通过大气阀反作用于制动踏板的力也就越大，即踏板力与制动主缸的压力成正比增加，起到随动作用。真空助力器的随动作用一直保持到助力气室右腔的压力等于大气压。制动踏板继续踩下时，真空助力器进入定值加力状态。

放松制动时，回位弹簧将推杆和空气阀推向右侧，使真空阀离开阀座加力气室与真空室相通，成为真空状态。膜片和膜片座在回位弹簧的作用下复位，主缸即解除制动。

如果真空助力器损坏，作用在制动主缸推杆上的力仅有驾驶员对制动踏板施加的踏板力，仍能起到制动作用。

14.5 气压制动传动装置

气压制动传动装置利用压缩空气作为制动装置的动力源。制动时，驾驶员通过控制制动踏板的行程，便可控制制动气压的大小，以得到不同的制动效果。其特点是：制动操纵省力，制动强度大，踏板行程小，但需要消耗发动机的动力，制动较粗暴而且结构相对复杂。因此，只在一般载重型和部分中型汽车上采用。

如图 14-24 所示，气压制动传动装置由气源和控制两大部分组成，气源部分包括空气压缩机 1、调压机构、储气筒 5、压力表 8 和安全阀 6 等部件。控制部分由制动踏板 9、制动控制阀 10、控制管路、制动气室 11 和 12、制动灯开关 13 等部件组成。目前汽车的气压制动传动装置都是双管路控制系统，还增加了不少改善制动性能的泵类、阀类装置，使气压系统进入完善而复杂的境地。

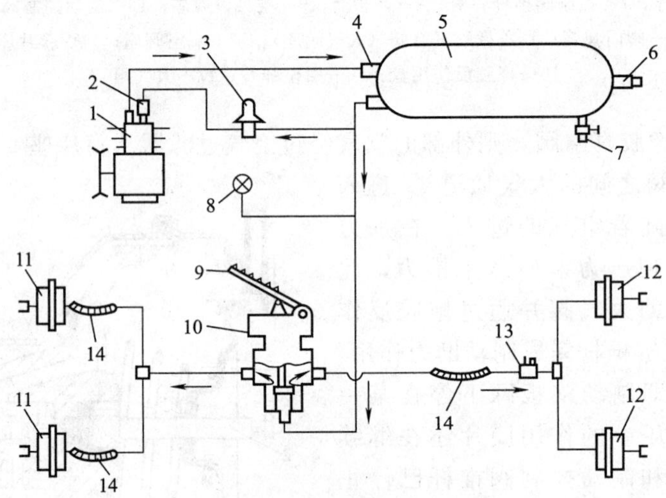

图 14-24 气压制动传动装置原理

1—空压机；2—卸荷阀；3—调压阀；4—单向阀；5—储气筒；6—安全阀；7—油水放出阀；8—压力表；9—制动踏板；10—制动控制阀；11—前制动气室；12—后制动气室；13—制动灯开关；14—软管

发动机通过带装置或齿轮传动带动空气压缩机，将压缩空气压入储气筒，筒内气压利用调压机构保持在 0.7～1MPa 范围内，用安装在仪表板上的压力表显示。储气筒通过制动控制阀和管路与前、后制动气室连通，并通过制动踏板来操纵制动控制阀，使制动气室在制动时与储气筒相通，而在解除制动时与大气相通。制动时，在制动气室建立的气压应与踏板行程成正比。踏板踩到底时，制动气室内最高气压为 0.5～0.8MPa，但储气筒中的气压任何时候都应高于或等于此值。制动控制阀就是这样一个渐进随动装置。

气压制动传动装置的特点是：用小的踏板压力和行程，控制大的制动力。其附件多而复杂，制动滞后时间比液压制动传动装置长。适用的制动器形式仅是凸轮促动或楔杆促动的。摩擦零件较多，制动稳定性较差，大多数用于总质量为8t以上的载货汽车及大客车上。其压缩空气还可以用于挂车制动、轮胎充气、开闭车门、转向助力、离合器操纵等工作。

双管路气压制动装置是利用一个双腔（或三腔）的制动控制阀、两或三个储气筒，组成两套或三套彼此独立的管路，分别控制两桥或三桥的制动器。

如图14-25所示，它由气源和控制部分组成，其工作原理如下。

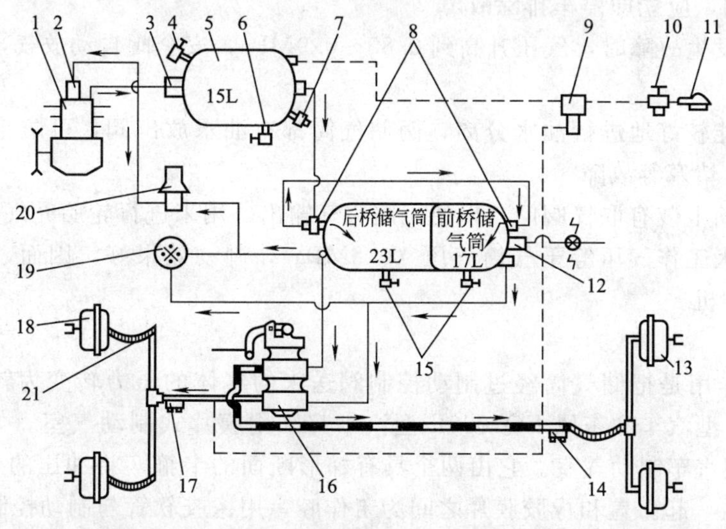

图14-25　双管路制动传动装置原理

1—空压机；2—卸荷阀；3，8—单向阀；4—取气阀；5—湿储气筒；6，15—油水放出阀；7—安全阀；9—挂车制动控制阀；10—分离开关；11—连接头；12—气压过低报警开关；13—后轮制动气室；14，17—制动灯开关；16—双腔串联制动控制阀；18—前轮制动气室；19—双针气压表；20—调压阀；21—软管

(1) 气源部分

包括空压机和调压机构（调压阀20、卸荷阀2）、储气筒和双针气压表19、气压过低报警开关12、油水放出阀6、15和取气阀4、安全阀7等部件。

空压机1所产生的压缩空气经单向阀3先进入容积较小的湿储气筒5，并利用压缩空气在容器内的骤然膨胀和冷却，使油水分离出来并沉淀于筒底。因而，它起到油水分离器的作用。然后，清洁干燥的压缩空气又经单向阀8分别进入独立的主储气筒的前、后腔。主储气筒的前腔（即后桥储气筒）与制动控制阀16的上腔相连，以控制后轮制动。同时通过管路与双针气压表19、调压阀20相连，储气筒后腔（即前桥储气筒）与制动控制阀的下腔相连，以控制前轮制动。同时也通过管路与双针气压表上的另一弹簧管相连。双针气压表的上指针显示储气筒前腔的气压；下指针显示储气筒后腔的气压。

(2) 控制部分

控制管路从双腔串联制动控制阀16开始。当踩下制动踏板时，拉臂使控制阀16动作，储气筒前腔的压缩空气由控制阀16的上腔进入后轮制动气室13，使后轮制动；同时，储气筒后腔的压缩空气通过控制阀16的下腔进入前轮制动气室18，使前轮也制动。

该双管路制动传动装置的特点如下。

① 主储气筒的前、后两腔和制动控制阀的上、下两腔及前、后桥制动管路都是互相独立的。

② 两储气筒上有单向阀保证压缩空气正向导通、反向截止，保持每个储气筒的独立性，并且大大减少了漏气。

③ 调压机构保证储气筒管路中的气压稳定在0.63～0.83MPa范围内。

④ 储气筒内的气压低于0.45MPa时，低压报警开关触点闭合，连通电路报警灯亮，同时蜂鸣器发出声响，应立即停车排除故障。

⑤ 当调压阀发生故障时，气压升高到0.85～0.9MPa，安全阀自动放气，保证了储气管路的安全。

⑥ 湿储气筒能较好地进行油水分离，两储气筒都有油水放出阀，可防止管路系统的锈蚀、结冰、发卡、堵塞等故障。

⑦ 在湿储气筒上装有取气阀门，以便压缩空气输出，用来进行轮胎充气等工作。

⑧ 制动时最大工作气压等于气筒气压（0.8MPa），制动效果好，因而，采用了充气较快的双缸空气压缩机。

(3) 制动气室

制动气室的作用是把储气筒经过制动控制阀送来的气体的压力转变为转动凸轮的机械力。解放CA1092型汽车和东风EQ1090E型汽车都采用膜片式制动气室。如图14-26所示为解放CA1092型汽车制动气室。它由两个具有梯形断面的卡箍7将冲压的外壳3、盖2和橡胶膜片1紧固在一起。盖和橡胶膜片之间为工作腔，用橡胶软管与制动控制阀接出的钢管连接，膜片右腔通大气。回位弹簧4通过焊接在推杆5上的圆盘将橡胶膜片推至左边极限位置。推杆的右端通过连接叉6与制动器的制动调整臂相连。

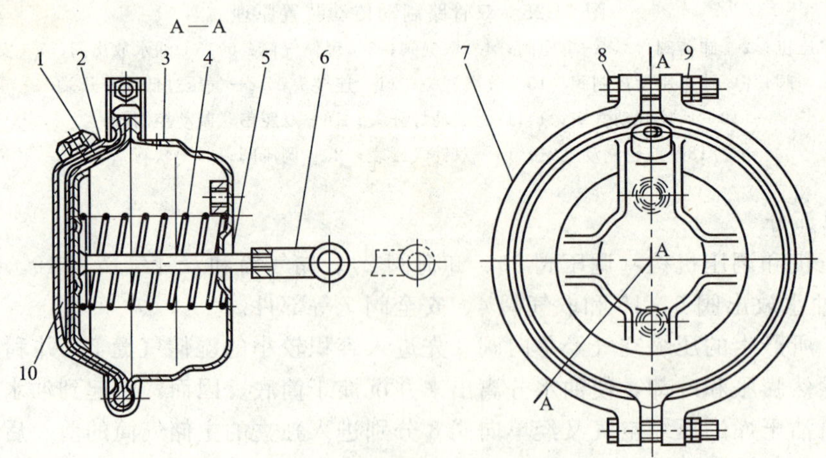

图14-26　解放CA1092型汽车制动气室

1—橡胶膜片；2—盖；3—外壳；4—回位弹簧；5—推杆；
6—连接叉；7—卡箍；8—螺栓；9—螺母；10—工作腔

当踩下制动踏板，压缩空气自制动控制阀充入制动气室的工作腔，使橡胶膜片向右拱曲，将推杆推出，使制动调整臂和制动凸轮转动而实现制动。放松制动踏板，工作腔则经制动控制阀的排气口通大气，橡胶膜片与推杆都在回位弹簧作用下复位而解除制动。

14.6 制动力调节装置

驾车经验告诉我们，当行车在湿滑路面上突遇紧急情况而实施紧急制动时，汽车会发生侧滑，严重时甚至会出现旋转调头，相当多的交通事故便由此而产生。当左、右侧车轮分别行驶于不同摩擦系数的路面上时，汽车的制动也可能产生意想不到的危险。弯道上制动遇到上述情况则险情会更加严重。所有这些现象的产生，均来自于制动过程中的车轮抱死。

由实验得知，当车轮抱死拖滑时，车轮与地面之间的侧向附着力为零。如果前轮先于后轮抱死拖滑，汽车将沿原方向制动到停车，但失去转向能力；如果后轮先于前轮抱死拖滑，汽车即使受到一个很小的侧向力也会产生侧滑，即出现甩尾现象，甚至掉头。无论是前轮还是后轮产生滑移，都极易造成车祸，尤其是因后轮单独滑移而发生甩尾现象所造成的交通事故更多，其后果也更为严重，所以应当尽量避免制动时后轮先抱死滑移。

制动力调节装置就是为了消除在紧急制动过程中出现上述非稳定因素，避免出现由此引发的各种危险状况而专门设置的制动力调节系统。制动力调节装置主要有限压阀、比例阀、感载阀和惯性阀等，这些阀一般都串联在后轮制动器的促动管路中。

14.6.1 限压阀

限压阀的作用是当前、后促动管路压力 p_1 和 p_2 由零同步增长到一定值后，即自动将 p_2 限定在该值不变。因此限压阀是串联于液压制动回路的后促动管路中的，防止后轮制动时抱死。

限压阀的具体结构见图 14-27（a）。当限压阀尚未起作用时，自进油口输入的控制压力是前促动管路压力 p_1，从出油口输出的是后促动管路中的压力 p_2。阀门 2 与活塞 3 连成一体，装入阀体 6 后，弹簧 5 即受到一定的预紧力。在弹簧力的作用下，阀门离开阀体上的阀座而紧靠着阀盖 1。阀门凸缘上有若干个通油槽。当输油压力 p_1 较低时，阀门保持开启，因而 $p_1 = p_2$。当 p_1 与 p_2 同步增长到一定值 p_s 时，活塞上所受的液压作用力将弹簧压缩使阀门关闭，后轮缸与主缸的油路不通。这时 p_2 即保持定值 p_s 不再随 p_1 增长。

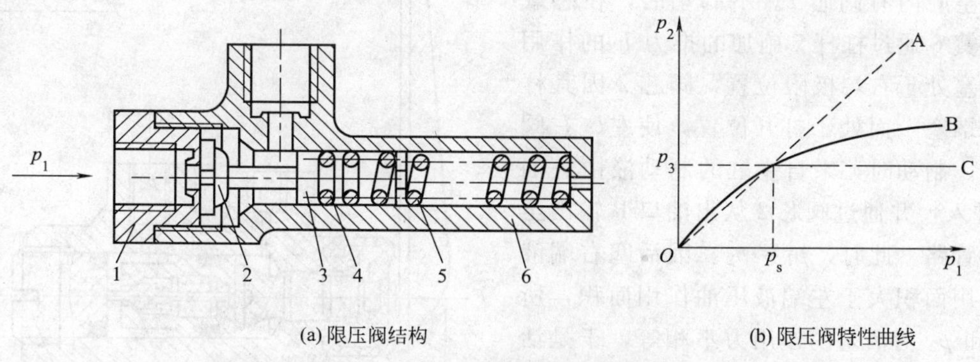

(a) 限压阀结构　　(b) 限压阀特性曲线

图 14-27 限压阀的结构及其静特性

1—阀盖；2—阀门；3—活塞；4—活塞 O 形密封圈；5—弹簧；6—阀体；A—无调节装置的制动力分配特性；B—理想的制动力分配特性；C—装限压阀后的制动力分配特性

图 14-27 曲线 C 为采用上述限压阀时的液压分配特性曲线，它只能近似符合理想曲线 B，由于从 p_s 点（限压点）以后 p_2 值低于理想值，不会出现后轮先抱死，这较符合制动稳定性的要求。限压点 p_s 仅决定于限压阀结构（弹簧和活塞的结构），而与汽车的轴荷无关。

14.6.2 比例阀

比例阀的作用是当前、后促动管路压力 p_1 与 p_2 同步增长到一定值 p_s 后，即自动对 p_2 的增长加以节制，亦即使 p_2 的增量小于 p_1 的增量。比例阀一般串联于液压制动回路的后促动管路中。

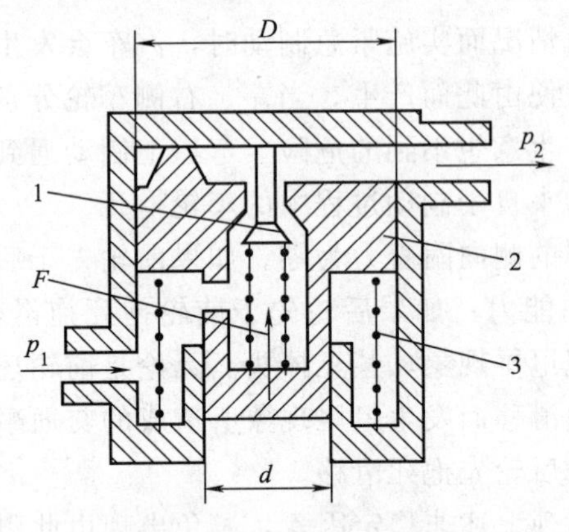

图 14-28 比例阀的结构图

1—阀芯；2—异径活塞；3—弹簧

图 14-28 所示为比例阀的结构，一般采用两端液压力作用面积不等的异径活塞。不工作时，异径活塞 2 在弹簧 3 的作用下处于上端极限位置。此时阀芯 1 打开，因而在输入控制压力 p_1 与输出压力 p_2 从零同步增长的初始阶段 $p_1=p_2$。但是压力 p_1 的作用面积为 $A_1=\pi(D^2-d^2)/4$，压力 p_2 的作用面积为 $A_2=\pi D^2/4$，因而 $A_2>A_1$，故活塞上腔液压作用力大于活塞下腔作用力。在 p_1、p_2 同步增长过程中，活塞上、下两端液压作用力之差超过弹簧 3 的预紧力时，活塞便开始下移。当 p_1 和 p_2 增长到一定值 p_s 时，活塞内腔中的阀座与阀芯接触，进油腔与出油腔即被隔断，此即比例阀处于平衡状态。如果压力 p_1 进一步上升，则活塞将回升，阀门再度打开，油液继续流入出油腔使 p_2 也升高，但由于 $A_2>A_1$，p_2 尚未上升到新的 p_1 值，活塞又下降到平衡位置。

14.6.3 液压感载比例阀

因汽车装载情况变化较大，其总重力和重心位置变化也较大，因而满载和空载下的理想促动管路压力分配特性曲线差距也较大。在这种情况下，需要采用特性曲线随汽车实际装载质量而变化的感载阀以满足制动安全性的要求。

液压感载比例阀及其感载控制机构如图 14-29 所示。阀体 3 安装在车身上，活塞 4 右部的空腔内有阀芯 2。不制动时，在感载拉力弹簧 6 通过杠杆 5 施加的推力 F 的作用下，活塞处于右端极限位置，阀芯 2 因其杆部顶触螺塞 1 而处于打开位置，使左、右阀腔连通。制动时，来自主缸的制动液由进油口 A 进入，并通过阀芯 2 从出油口 B 输出至后促动管路。此时，$p_1=p_2$。因活塞右端液压油作用面积大于左端液压油作用面积，所以 p_1 和 p_2 对活塞的作用力不相等，于是活塞不断左移，最后使其上的阀座与阀芯接触而达到平衡状态。此后，p_2 的增量小于 p_1 的增量。

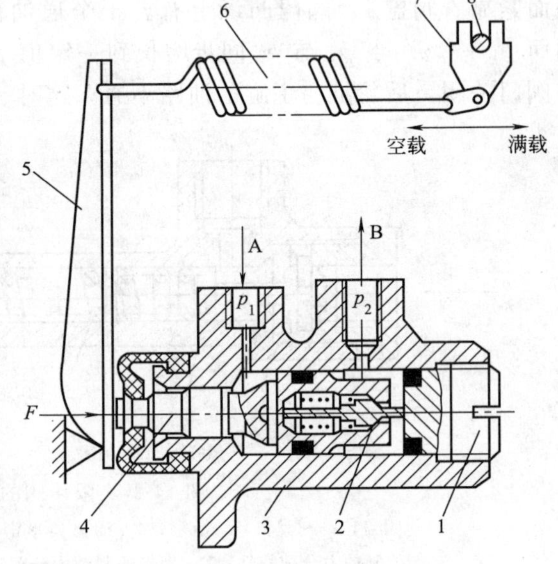

图 14-29 液压感载比例阀及其感载控制机构

1—螺塞；2—阀芯；3—阀体；4—活塞；5—杠杆；6—感载拉力弹簧；7—摇臂；8—后悬架横向稳定杆；A—进油口；B—出油口

这种比例阀的特点是作用于活塞上的轴向力 F 是可变的。感载拉力弹簧右端经吊耳与摇臂 7 相连，而摇臂则夹紧在汽车后悬架的横向稳定杆8的中部。当汽车装载质量增加时，后悬架载荷也增加，因而后轮向车身移近；后悬架的横向稳定杆便带动摇臂7逆时针方向转过一个角度，将感载拉力弹簧6进一步拉伸，作用于活塞上的推力F随之增大。反之，汽车装载质量减小，则推力F也随之减小。这样，调节作用起始点控制压力就随汽车实际装载质量的变化而变化。

通过感载控制机构输入感载阀的控制信号，一般是有关悬架的变形量。然而影响悬架变形量的因素，除了汽车总重力分配到该悬架上的载荷（包括制动时的载荷转移）以外，还有汽车行驶时不平路面对车轮和悬架的瞬时冲击载荷。感载控制机构中设置容量较大的弹簧的目的就在于吸收这种冲击载荷，以排除其对感载阀工作的干扰。另外，液压感载阀油液的阻尼也有利于消除这些干扰。

14.7 防抱死制动系统（ABS）

14.7.1 概述

为了使汽车在行驶过程中以适当的减速度降低速度直至停车，保证行驶的安全性，汽车上均装有行车制动器。在汽车制动防抱死装置出现之前，所用的都是开环制动系统。其特点是制动器制动力矩的大小仅与驾驶员的操纵力、制动力的分配调节以及制动器的尺寸和形式有关。由于没有车轮运动状态的反馈信号，无法测知制动过程中车轮的运动状态，因此就不能据此调节轮缸或气室制动压力的大小。这样在紧急制动时，不可避免地出现车轮在地面上抱死拖滑的现象。当车轮抱死时，地面的横向附着性能很差，所能提供的横向附着力很小，在汽车所受到种种干扰外力作用下就会出现方向失稳问题，容易发生交通事故。在潮湿路面或冰雪路面上制动时，这种方向失稳的现象更常发生。

随着前后轮制动力分配装置技术的发展，提高路面车辆制动性能的其他相关技术同时也在发展着。例如汽车的液压制动技术、钳盘式制动器技术、双管路制动系统、真空伺服制动装置等都得到了应用和推广。

然而以上技术的应用，并不能完全解决车轮制动时的抱死问题，这是因为它是开环制动系统，无法感知制动轮的运动状况，轮缸或气室压力不能相应地调节，制动轮得不到相应的控制。制动时汽车方向失稳问题仍未得到根本改善。

汽车制动防抱死装置（anti-lock braking system，ABS）的基本功能就是可感知制动轮每一瞬时的运动状态，并根据其运动状态相应地调节制动器制动力矩的大小，避免出现车轮的抱死现象，因而是一个闭环制动系统。它是电子控制技术在汽车上最有突出成就的一项应用。制动防抱死系统是在汽车制动状态下，将车轮滑动率控制在8%～35%的最佳范围内。在上述最佳范围内，不仅车轮和地面之间的纵向附着系数较大，而且横向附着系数的值也较大，使汽车在制动时维持方向稳定性和缩短制动距离，有效地提高了行车的安全性。

轮胎与路面间的附着系数和滑移率的关系如图14-30所示。在ABS工作范围内，紧急制动时，车辆的转向性也能绕过某一障碍物，使制动过程中的转向安全性得到保证。

（1）增加制动时的稳定性

汽车在制动时，四个轮子上的制动力是不一样的。如果汽车的前轮先抱死，驾驶员就无法控制车轮的行驶方向，容易出现撞车的危险。倘若汽车的后轮先抱死，则会出现侧滑、甩尾，甚至出现汽车“掉头”的严重事故。ABS可防止四个轮子制动时被完全抱死，从而提高了汽车在制动过程中的稳定性。

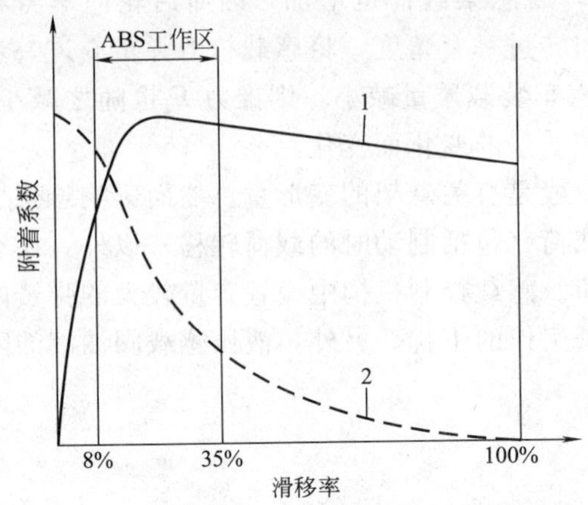

图 14-30　附着系数和滑移率之间的关系

1—纵向附着系数；2—横向附着系数

(2) 缩短制动距离

在紧急制动的状态下，ABS 能使车轮处于既滚动又拖动的状态，拖动的比例占 20%左右，这时的轮胎与地面的摩擦力最大，即所谓的最佳制动点或区域。普通的制动系统无法做到这一点。

(3) 防止轮胎过度磨损

事实上，车轮完全抱死会造成轮胎表面磨耗不均匀，使轮胎损耗增加。经测定，汽车在紧急制动时车轮抱死所造成的轮胎累加磨损费，已超过一套防抱死制动系统的价格。

(4) 使用方便，工作可靠

ABS 系统的使用与普通制动系统的使用几乎没有什么不同，制动时只要把脚踏在制动板上进行正常的制动即可。遇到雨雪路滑，驾驶员再也没有必要用一连串的点刹车方式进行制动，ABS 会使制动保持在最佳点。

14.7.2　防抱死制动系统的基本组成和工作原理

防抱死制动系统主要由车轮速度传感器、制动压力调节器和电子控制器（ECU）等组成。

工作原理：汽车制动时，首先由车轮速度传感器测出与制动车轮转速成正比的交流电压信号，并将该电压信号送入电子控制器（ECU）。由 ECU 中的运算单元计算出车轮速度、滑移率及车轮的加、减速度，然后再由 ECU 中的控制单元对这些信号加以分析比较后，向制动压力调节器发出制动压力控制指令。使制动压力调节器中的电磁阀等直接或间接地控制制动压力的增减，以调节制动力矩，使之与地面附着状况相适应，防止制动车轮抱死。

奥迪 100 型和 200 型轿车 ABS 的系统如图 14-31 所示，每个车轮上都装有车轮速度传感器 1，制动主缸旁边装有制动压力调节器 2，电子控制器（ECU）4 装于座椅下左后侧。继电器装在仪表板下左侧的断电器盘上，电压保护器装在控制单元电动液压调节器旁边。车轮速度传感器不断地将测出的车轮运动参数转化成电压信号传给电子控制器（ECU）4，电子控制器（ECU）4 又将这些信号转化成电压信号传给制动压力调节器。当控制单元判明某一车轮有抱死的趋势，制动压力调节器就调节该轮轮缸的液压力，使之减小，前两轮轮缸压力的调节是独立进行的，后两轮轮缸压力的调节则同时进行。

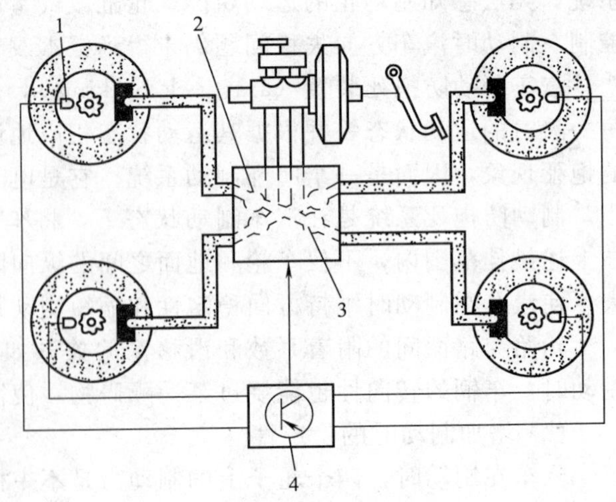

图 14-31　奥迪 100 型和 200 型轿车 ABS 的系统

1—车轮速度传感器；2—制动压力调节器；

3—电磁阀；4—电子控制器（ECU）

施行制动时，制动压力调节过程如下。

(1) 制动常规工作状态［图 14-32 (a)］

制动开始时，驾驶员踩下制动踏板，这时电磁阀 2 中的电磁柱塞 1 由于弹簧压

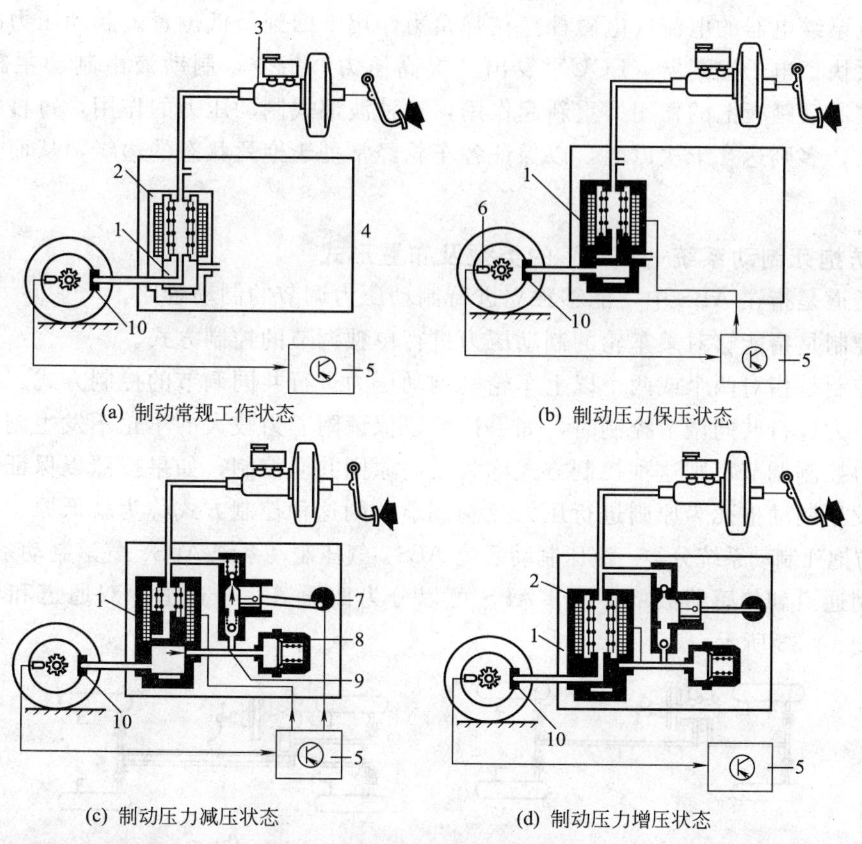

(a) 制动常规工作状态　(b) 制动压力保压状态

(c) 制动压力减压状态　(d) 制动压力增压状态

图 14-32　制动压力控制过程

1—电磁柱塞；2—电磁阀；3—制动主缸；4—液压单元；5—电子控制器（ECU）；
6—车轮速度传感器；7—回流泵；8—降压器；9—回流通道；10—制动轮缸

力而保持在最低位置。制动液从制动主缸 3 通过电磁阀中的管路流向制动轮缸。制动压力很快地建立起来，车轮速度很快下降。

（2）制动压力保压状态［图 14-32（b）］

随着车轮速度的下降，滑移率持续上升。当滑移率接近 35%时，电子控制器（ECU）5 发出“保持压力”的指令。这时即将抱死的车轮上的电磁阀通过有限电流，电磁柱塞被提起，制动液通往制动轮缸的通道被切断，从而达到制动压力保压状态，使制动力不再增加。

（3）制动压力减压状态［图 14-32（c）］

如在“保持压力”指令发出之后，车轮速度传感器继续传来抱死的信号，电子控制器（ECU）则发出“减小压力”的指令。此时，电子控制器（ECU）提供强电流，电磁柱塞进一步被提起，通往回流泵 7 的回流通道被打开，一部分制动液流入回流泵，另一部分制动液流入降压器 8，将压力转化成弹性势能。当解除制动时，踏板力消失，制动压力也迅速消失，电磁柱塞上升到底，降压器释放储存的能量，使制动平稳地解除。同时，电子控制器（ECU）给回流泵继电器通电，回流泵开始工作，制动液被强行送入制动主缸，以抵抗制动踏板的压力。这时，制动压力开始下降，车轮速度增快，滑移率下降，在制动踏板上能感觉到轻微的振动。

（4）制动压力增压状态［图 14-32（d）］

当滑移率下降到 ABS 工作区下限 8%时，电子控制器（ECU）发出信号，切断通往电磁阀和回流泵继电器的电流，电磁柱塞在弹簧力作用下回到最低位置。制动压力减小后，车轮如加速太快，电子控制器（ECU）发出“提高压力”指令，制动液由制动主缸流回制动轮缸，加在制动踏板上的作用力重新起作用，这种波浪式制动压力的作用，每秒钟的控制频率少则几次，多则达几十次以上，以保证各车轮经常处于抱死状态的边缘，从而发挥最大的制动效能。

14.7.3 防抱死制动系统（ABS）的类型及布置形式

控制通道是指在ABS中，能够独立进行制动压力调节的制动管路。

独立控制是指能够对某车轮的制动压力进行单独调节的控制方式。

共同控制是指对两个或两个以上车轮的制动压力进行共同调节的控制方式。在对两个车轮的制动压力进行共同调节控制时，如果按照以保证附着力较大的车轮不发生制动抱死为原则进行压力控制调节，则这种控制方式称为就高原则共同控制；如果按照以保证附着力较小的车轮不发生制动抱死为原则进行压力控制调节，则这种控制方式称为就低原则共同控制。

汽车防抱死制动系统分类：液压制动系统ABS、气压制动系统ABS、气液制动系统ABS。

按控制通道和传感器数量不同，ABS可以分为四通道、三通道、双通道和单通道四种形式，如图14-33所示。

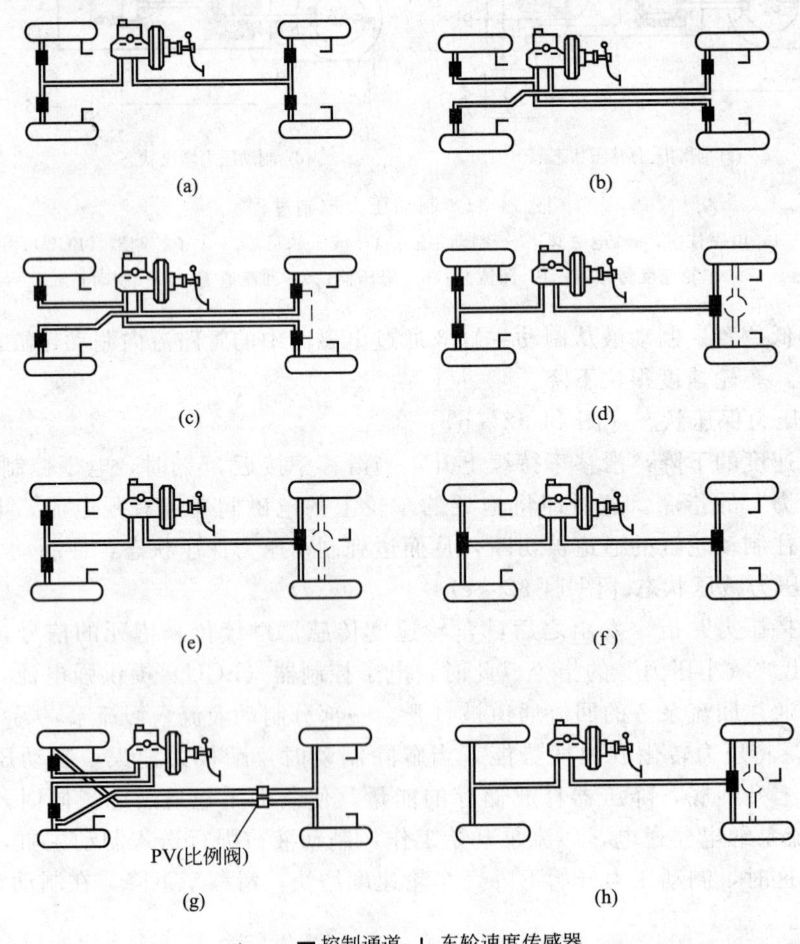

图14-33　ABS布置形式示意图

（1）四通道 ABS

图 14-33（a）、（b）为两种形式的四通道四传感器四轮独立控制 ABS。在每个车轮上都安装车轮速度传感器便于实行独立控制。四通道 ABS 可以最大程度地利用每个车轮的附着力，因此制动效能最好。但是如果两侧车轮在附着系数不同的路面上制动，会使同轴两车轮制动力不同，进而会造成汽车产生偏转力矩而跑偏，故这两种形式的四通道 ABS 很少应用。

（2）三通道 ABS

图 14-33（c）、（d）为三通道四传感器控制 ABS，图 14-33（e）为三通道三传感器控制 ABS，这也是大多数汽车采用的布置方式。三通道 ABS 是对两前轮的制动压力进行单独控制，对两后轮的制动压力按照就低原则进行共同控制。

汽车在紧急制动时，前轮的附着力要比后轮的附着力大很多。对两前轮的制动压力进行单独控制，可以充分利用两前轮的附着力以便产生较佳的制动效能。虽然对两前轮的制动压力进行单独控制有可能导致两车轮制动力不同，但其对汽车行驶的方向稳定性影响较小，且可以通过转向操纵对其进行弥补。对两后轮的制动压力按照就低原则进行共同控制，即使在两车轮制动力显著不同的情况下，由于两后轮的制动力均被限制在较小的附着力水平上，此时所造成的制动力的损失不大，而汽车行驶的方向稳定性却有很大提高。

（3）双通道 ABS

图 14-33（f）、（g）为双通道四传感器控制 ABS，由于该系统在制动时不能兼顾方向的稳定性、转向操纵性和制动效能等方面，所以目前双通道四传感器控制 ABS 很少采用。

（4）单通道 ABS

图 14-33（h）为单通道单传感器控制 ABS，它是在前后布置的双管路制动系统的后制动管路中设置一个制动压力调节器，对后轮驱动的汽车只需在传动系统中安装一个车轮速度传感器，一般单通道 ABS 对两后轮采用就低原则共同控制。单通道 ABS 能够显著地提高汽车制动时的方向稳定性，又具有结构简单、成本低的优点，因此在轻型货车上应用广泛。

复习思考题

1. 汽车制动系统的功用是什么？它由哪些主要部分组成？汽车制动系统应满足哪些基本要求？
2. 制动器有哪些类型？
3. 画出领从蹄、单向双领蹄、双向双领蹄、双从蹄、单向自增力式、双向自增力式轮缸制动器的工作示意图并进行运动分析。
4. 盘式制动器与鼓式制动器相比有何特点？
5. 画出液压式制动传动装置组成的示意图，并简述其工作原理。
6. 防抱死制动系统（ABS）的优点是什么？
7. 防抱死制动系统（ABS）由哪几部分构成？有何类型及布置形式？

第15章　汽车车身

学习要求

1. 了解车身的作用；

2. 掌握轿车车身的分类及承载式车身的特点。

15.1　概述

汽车车身是载运乘客或货物的活动建筑物，既是乘客的遮蔽外壳，又是货物的承载装置。因此，它不仅应具有运输的功能，还要有建筑物的雕塑美和居住的安全性及舒适性。

汽车车身结构主要包括车身壳体、车前板制件、车门、车窗、车身外部装饰件和内部覆饰件、车身附件、座椅以及空气调节装置等。在货车和专用汽车上还包括货箱和其他设备。

车身壳体是一切车身部件的安装基础。它是由各种承力元件组成的刚性空间结构。

车身结构可按承载方式分为非承载式、承载式和半承载式车身三种类型。

非承载式车身（又称有车架式车身）的特点是车身与车架通过弹性元件连接。汽车车身仅承受本身和所装载客、货的重量和汽车行驶时的惯性力与空气阻力。而发动机、底盘各部件的重量及这些部件工作时的作用力以及汽车行驶时道路对汽车的外加载荷等都由车架承受。

承载式车身（又称无车架式车身）的底架就是发动机和底盘各总成的安装基础，全部载荷都由车身来承受。其优点是抗弯、抗扭刚度较高，重量轻，地板高度较低，能更有效地利用厢内空间。轿车多采用这种结构。

半承载式车身的结构特点是车身与前支架用焊接法或螺栓刚性连接，两者成为一体而承受载荷。它实质上是另一种无车架车身，只是装了前支架起着一部分车架的作用，发动机和悬架均安装在车身前支架上。

15.2　轿车车身

15.2.1　轿车车身类型

按车身类型大体可分为普通轿车、硬顶普通轿车、硬顶轻便轿车、轻便轿车、活顶轿车、整体活顶车、前后座由玻璃板隔开的轿车、客货两用车、运动车等（图15-1）。

15.2.2　轿车车身一般结构

轿车车身没有明显的骨架，而是由外部覆盖件和内部板件等经冲压、焊接的空间结构。它一般由发动机罩、顶盖、地板、行李箱盖、前后翼子板、散热器框、门窗、支柱、侧梁、门槛、保险杠、车轮罩、车内外装饰等构成。

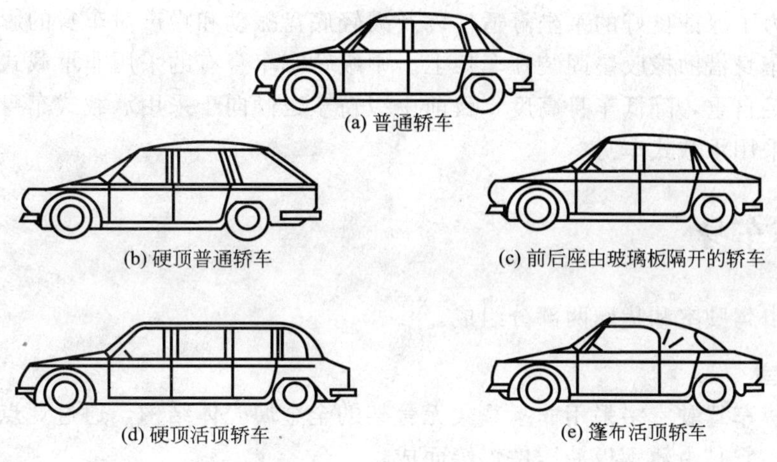

图 15-1　轿车车身外形

一般轿车的车身结构如图 15-2 所示，该种车身的底座地板与用来加强的短纵梁和横梁焊成一体，其前端包括纵梁前部、前围板、挡泥板与前照灯支架形成刚性框架，车身壳体与座焊接后，组成一承载的空间受力系统。

非承载式轿车车身与承载式轿车车身在结构上有较多相同之处，主要区别是后者较坚固而前者较薄弱——板厚较小而且承力构件的断面尺寸也较小。此外，后者前部有较粗大的前纵梁、挡泥板等焊接成的刚性构架，而前者没有。

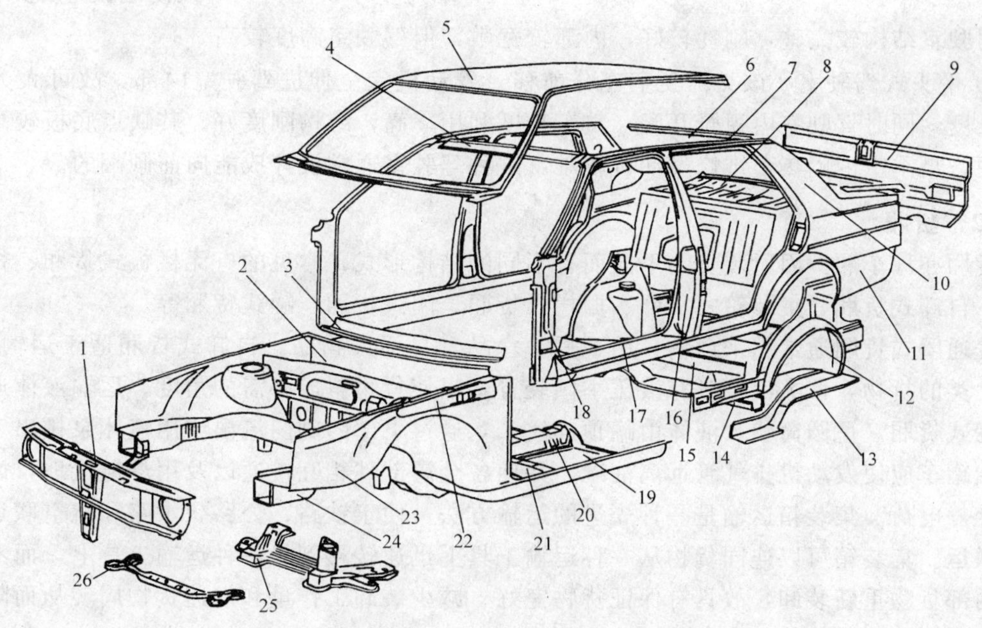

图 15-2　轿车承载式车身

1—散热器框架；2—前围板；3—前风窗框下横梁；4—前风窗框上横梁；5—顶盖；6—后风窗框上横梁；7—上边梁；8—后窗台板；9—后围板；10—后立柱（C 柱）；11—后翼子板；12—后轮罩；13—后纵梁；14—地板后横梁；15—后地板；16—中立柱（B 柱）；17—门槛；18—前立柱（A 柱）；19—前地板；20—地板通道；21—前座横梁；22—前挡泥板加强撑；23—前挡泥板；24—前纵梁；25—副车架；26—前横梁

高档轿车为了保证良好的乘坐舒适性以及减轻底盘振动和噪声对车身的影响，多采用非承载式车身，车身借助橡胶垫固装在车架上。中级轿车车身有的采用非承载式，也有的采用承载式。为减轻自重，降低车身高度，目前中级轿车也倾向于采用承载式车身。普通轿车和微型轿车广泛采用承载式车身。

15.3 货车车身

货车车身由驾驶室和货厢两部分组成。

15.3.1 驾驶室

绝大多数货车驾驶室多采用非承载式无骨架的全金属壳体结构，通过 3 点或 4 点弹性悬置与车架连接。它是由薄钢板冲压件焊接而成。

一般货车驾驶室如图 15-3 所示，按其结构大体可分为长头式、短头式和平头式。

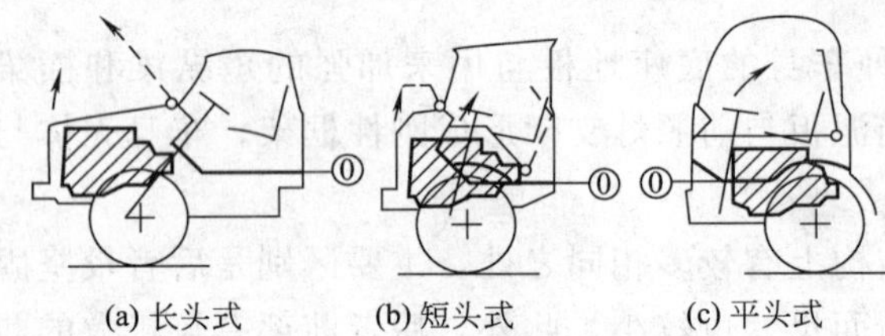

(a) 长头式　(b) 短头式　(c) 平头式

图 15-3　货车驾驶室的形式

① 长头式驾驶室　该类驾驶室因发动机位于其后，可使驾驶室地板布置得较低，座椅也较宽敞。其主要缺点是驾驶员视野较差，但整车长度利用低。

② 短头式驾驶室　该类驾驶室部分前移，发动机部分地伸入驾驶室内，因此既缩短整车长度，又不致使地板过分太高。这种驾驶室结构较完整，刚性较好，内部较宽敞，但驾驶室高度较高。

③ 平头式驾驶室　该类驾驶室充分前移，发动机完全伸进驾驶室内部，故可大大缩短整车长度，同时驾驶室内视野开阔，整车长度利用率高，结构刚度好。其缺点底板较高，上下不便，夏季室内闷热，维修发动机较难。这种驾驶室通常设计成能向前倾翻的。

15.3.2 货厢

货厢亦称车厢。因所装货物不同而有不同的结构形式，常见的有无栏板式货厢、栏板式货厢、自卸式货厢、集装箱式货厢、栅栏式货厢、闭式货厢、罐式货厢等。

普通闭式货厢通常用来运输日用百货、食品等易污染物品。自卸式货厢适于运输沙土、矿石之类的货物，该类汽车备有液压举倾装置，以使货物斜成必需的角度。运输液体通常使用容罐式货厢，呈圆筒状，液体由罐顶部注入，通过下部的阀门流出或用液体泵排出。运输类的油罐车应使发动机排气管远离油罐，并使各金属部件相互接通以及用悬链接地，以防车体积存静电荷。集装箱运输是一种先进的运输方法，便于铁路、公路、水路和航空联运以及国际联运。集装箱可以连同货物从一种运输工具上迅速转移到另一种运输工具上，而不需要将其内部货物重新装卸，故具有保证货物完好、减少装卸工作量和加速货物周转从而降低运输成本等许多显著优点。

15.4 客车车身

客车车身按车身承载形式分为半承载式和承载式。

半承载式客车车身结构，通常是在现成的客车专用底盘上将车架用若干悬臂梁加宽并与车身侧壁刚性连接，使车身骨架也分担车架一部分载荷。许多国产大客车车身均采用这种结构形式。

承载式客车车身结构，其底架采用若干薄钢板制成的纵格栅和横格栅，以取代笨重的车架；格栅是高度较大（约 500mm）的桁架结构，因而车内两侧地板也较高，只能布置坐席而不可能布置立位，而坐席下方高大的空间可用作行李舱，故适用于大型长途客车。整体承载式结构的特点是所有的车身壳体构件（包括外蒙皮和内蒙皮）都参与承载。这种车身经过精心设计计算，使各构件承载时相互牵连和协调，充分发挥材料的最大潜力，使车身质量最小而强度刚度最大。

客车车身按车身结构分为：骨架式结构（以骨架受力为主，蒙皮作为装饰件）；应力蒙皮结构（蒙皮与骨架焊接成牢固的薄壳）；复合式结构（前后围用应力蒙皮结构，第二立柱与最末立柱之间为框架结构）。

客车车身由车厢壳体、顶盖、左右侧围、前后围、内饰、地板、门窗、座椅及室内外附件组成。一般厢式小型客车多采用应力蒙皮结构，而大中型客车一般采用有骨架的承载式车身。承载式车身可分为基础承载式和整体承载式。

15.5 车门、车窗及附件

15.5.1 车门及附件

车门是车身上重要的部件之一。车门的结构形式很多，有旋转式、水平移动式、折叠式、外摆式及上掀式等。其中折叠式和外摆式主要用于大客车，货车和轿车多采用旋转式。

车门（旋转门）由壳体、附件和内饰盖板三部分组成（图 15-4）。车门内板是各种附件的安装基础，其上装有门铰链、玻璃升降器、门锁、车门开度限位器、旋转窗和玻璃导槽及导轨。轿车车门还有暖气通道和立体声收音机的扬声器等。车门借铰链安装在车身壳体上。

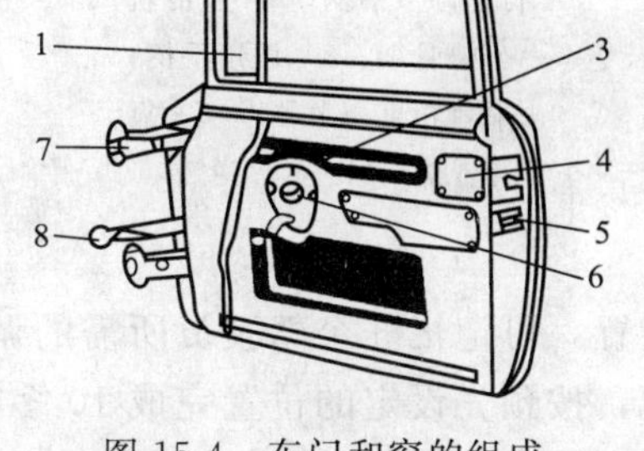

图 15-4 车门和窗的组成

1—旋转窗；2—窗框；3—门锁拉杆；4—门锁；5—导向楔；6—玻璃升降器；7—铰链；8—开度限制器

15.5.2 车窗

汽车的前后车窗通常采用视野开阔而又美观的曲面玻璃。轿车车窗一般做成可升降的（手动或自动）。大客车的侧窗多为可移动的推拉窗，其结构简单，开拉方便。也有的做成斜撑式或部分升降式。

15.6 座椅

座椅是车身内部的重要装置。座椅的作用是支承人体，使驾驶员操作方便和乘坐舒适。座椅由骨架、坐垫、靠背和调节机构等部分组成。座椅骨架常用型材（钢管、型钢）制造或用钢板冲压焊接而成，并用螺栓直接固定或通过座椅调节机构与车身连接。坐垫和靠背的形状应与人体相适应，以使人体与坐椅接触的压力合理分布。坐垫和靠背中部常常略为凹陷，其表面制成凹入的格线，以提高人体的附着性能且改善透气性。

坐垫和靠背的覆饰材料应具有美观、强度高、耐磨、阻燃等性能。座椅面料采用富有弹性的针织布料，能很好地适应座椅在人的体重作用下的反复变形。起毛织物可增加吸湿性和透气性，其原料以纯羊毛最好，但价格较昂贵。真皮座椅面料不但耐用，而且显得高雅，适于高级轿车。普通汽车的座椅面料常采用人造革或连皮发泡塑料，以便于擦拭。

坐垫和靠背的弹性元件应保证弹性特性适当。弹性元件分为金属和非金属两大类。金属弹性元件由弹簧钢丝绕制成螺旋弹簧或S形弹簧，绷在座椅骨架上。非金属弹性元件广泛采用聚氨酯泡沫塑料。用以制造坐垫或靠背芯子的聚氨酯泡沫塑料是在金属模子中发泡成所需形状，其密度、刚度可按需要调配并且有较好的阻尼。

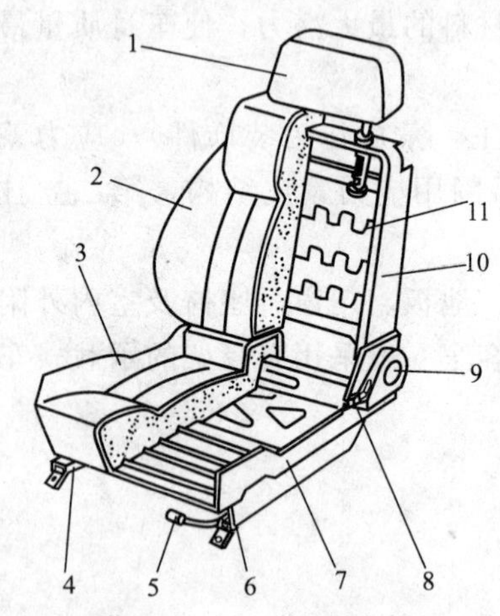

图 15-5　驾驶员座椅结构

1—头枕；2—靠背芯子及蒙皮；3—坐垫芯子及蒙皮；4—右滑轨；5—行程调节手柄；6—左滑轨；7—坐垫骨架；8—调角手柄；9—靠背角度调节器；10—靠背骨架；11—S形弹簧

座椅调节机构的作用是改变座椅与操纵装置的相对位置，以适合不同身材的驾驶员。最基本的两种调节方法是座椅行程调节和靠背角度调节。行程调节装置可使座椅在左、右两根滑轨6与4（图15-5）上前后移动，定位方法是使移动的卡爪（由手柄5操纵）与固定的齿条上某个齿扣紧。靠背角度调节器9装在靠背的倾翻轴上，包括内部的发条状弹簧、齿轮、卡爪以及手柄8等。发条状弹簧两端分别与坐垫和靠背相连，力图使靠背前倾。靠背调角时，装在倾翻轴上的齿轮亦随之转过相同的角度，装在坐垫上的卡爪（由手柄8操纵）可扣住齿轮某个齿，从而使靠背定位。

座椅调节机构也可采用微型电动机驱动。最先进的“记忆座椅”有10多种行程和角度调节方式，包括调节转向盘和后视镜的倾角。这种座椅有调节按钮以及电子记忆装置，可记忆3个驾驶员所需的调节方式。驾驶员就座后，开动记忆装置就可操纵微型电动机，按预先设定的位置完成10多项调节。

复习思考题

1. 汽车车身按照受力情况不同可分为几种？
2. 轿车一般采用哪种车身结构？
3. 汽车车身结构主要包括哪些零部件？

参 考 文 献

[1] 吉林工业大学汽车工程系编著. 陈家瑞主编. 汽车构造. 上、下册. 第3版. 北京：人民交通出版社，1993.

[2] 吉林大学汽车工程系编著. 陈家瑞主编. 汽车构造. 上、下册. 第4版. 北京：人民交通出版社，2002.

[3] 蒋兴阁编. 中外汽车构造图册发动机分册. 长春：吉林科学技术出版社，1995.

[4] (日) GP企画室编. 汽车发动机图解. 刘若南译. 长春：吉林科学技术出版社，香港万里机构联合出版，1995.

[5] 钱耀义编著. 现代汽车发动机燃料供给装置. 北京：人民交通出版社，1996.

[6] 中国第一汽车集团公司编著. 中国轿车丛书：红旗. 北京：北京理工大学出版社，1998.

[7] 一汽-大众汽车有限公司编著. 中国轿车丛书：捷达. 北京：北京理工大学出版社，1998.

[8] 上海大众汽车有限公司编著. 中国轿车丛书：上海桑塔纳. 北京：北京理工大学出版社，1998.

[9] 神龙汽车有限公司编著. 中国轿车丛书：富康. 北京：北京理工大学出版社，1998.

[10] 韩德恩，郭玉久等编. 奥迪轿车构造. 北京：机械工业出版社，1992.

[11] 胡光辉主编. 汽车电气设备构造与检修. 北京：机械工业出版社，2007.

[12] 陈志恒，胡宁编著. 汽车电控技术. 北京：高等教育出版社，2003.

[13] 刘峥，王建昕编著. 汽车发动机原理教程. 北京：清华大学出版社，2001.

[14] 李晶华主编. 汽车构造. 北京：机械工业出版社，2006.

[15] 郭新华主编. 汽车构造. 北京：高等教育出版社，2004.

[16] 李卓森等编. 中外汽车构造图册车身分册（一）. 长春：吉林科学技术出版社，1995.

[17] (日) GP企画室编. 汽车车身底盘图解. 宋桔桔，董国良译. 长春：吉林科学技术出版社，香港万里机构联合出版，1995.

[18] 余志生主编. 汽车理论. 第3版. 北京：机械工业出版社，2000.

[19] 天天汽车工作室编著. 轿车底盘维修技能实训. 北京：机械工业出版社，2003.

[20] 张月相等编. 汽车自动变速器原理与检修. 哈尔滨：黑龙江科学技术出版社，2005.

[21] 徐清富编. 国外汽车最新结构图册. 北京：机械工业出版社，1996.

[22] 吴定才，吴珂民主编. 汽车维修1000问. 北京：化学工业出版社，2007.

[23] 吴文琳主编. 图解汽车底盘构造手册. 北京：化学工业出版社，2007.

[24] 卢圣春主编. 汽车机械维修培训教程. 北京：化学工业出版社，2007.